C'ÉTAIT DE GAULLE

DU MÊME AUTEUR

Rue d'Ulm, chroniques de la vie normalienne, 1946 (nouvelles éditions, 1964, 1978 et 1994).
Le Sentiment de confiance, essai, 1947.
Les Roseaux froissés, roman, 1948 (nouvelle édition, 1978 ; édition de poche, 1985).
Le Mythe de Pénélope, essai, 1949 (nouvelle édition, 1977).
Faut-il partager l'Algérie ? essai, 1961.
Quand la Chine s'éveillera... le monde tremblera, essai, 1973 (nouvelles éditions, 1980, 1990 et 1997 ; éditions de poche, 1975, 1979, 1991).
Le Mal français, essai, 1976 (édition de poche, 1978 ; nouvelles éditions, 1979 et 1996).
Discours de réception à l'Académie française et Réponse de Claude Lévi-Strauss, 1977.
Les Chevaux du lac Ladoga — la justice entre les extrêmes, essai, 1981 (édition de poche, 1982 ; nouvelle édition, 1996).
Quand la rose se fanera, essai, 1982 (édition de poche, 1984).
Chine immuable et changeante, album (texte de l'auteur, photographies de Michel Piquemal), 1984.
Encore un effort, Monsieur le Président..., essai, 1985 (édition de poche, 1986).
Réponse au discours de réception à l'Académie française de Georges Duby, 1988.
L'Empire immobile ou le Choc des mondes, récit historique, 1989 (édition de poche, 1991 ; nouvelle édition, 1997).
Images de l'Empire immobile, album (reproductions d'aquarelles de William Alexander et des Pères Castiglione et Attiret, ainsi que de peinture chinoise anonyme sur soie ; textes de l'auteur), 1990.
Discours de remise du prix Tocqueville à Octavio Paz, 1990.
Réponse au discours de réception à l'Académie française de Jacqueline de Romilly, 1990.
La Tragédie chinoise, essai, 1990 (édition de poche, 1992 ; nouvelle édition, 1997).
Un choc de cultures, * La vision des Chinois, 1991.
La France en désarroi, 1992 ; édition de poche, 1994.
Réponse au discours de réception à l'Académie française de Jean-François Deniau, 1993.
C'était de Gaulle, * « La France redevient la France », 1994.
Du « miracle » en économie, Leçons au Collège de France, 1995.
La société de confiance, essai sur les origines et la nature du développement, 1995.
La Chine s'est éveillée, 1996 (édition de poche, 1997).

DIRECTION D'OUVRAGES COLLECTIFS

Qu'est-ce que la participation ? (auditions de François Bloch-Laîné, José Bidegain, François Ceyrac, Eugène Descamps..., avec une introduction et des commentaires de l'auteur), 1969.
La Drogue (exposés du Pr Jean Delay, du Pr Deniker, du Pr Lebovici, du Dr Olievenstein..., introduits et commentés par l'auteur), 1970.
Décentraliser les responsabilités. Pourquoi ? Comment ? (rapports d'enquêtes de Michel Crozier et Jean-Claude Thœnig, d'Octave Gélinier, d'Élie Sultan, présentés par l'auteur), 1976 (édition de poche, 1979).
Réponses à la violence. Rapport au président de la République du Comité d'études sur la violence, la délinquance et la criminalité, présidé par l'auteur, 1977 (édition de poche, 1977).
L'Aventure du XXe siècle, 1986 (nouvelles éditions, 1987, 1988, 1989, 1990, 1991, 1992, 1993, 1994, 1995, 1997).
Yingshi Magaerni fang Hua dang'an shiliao huibian, Recueil des documents des Archives impériales sur l'ambassade Macartney en Chine, réalisé sous la direction de Xu Yipu et de l'auteur, Pékin, 1996.

À PARAÎTRE

C'était de Gaulle, ***.
Un choc de cultures, ** Le regard des Anglais. *** L'œil des missionnaires.

ALAIN PEYREFITTE
de l'Académie française

C'ÉTAIT DE GAULLE

* *

« La France reprend sa place dans le monde »

Éditions de Fallois

FAYARD

IL A ÉTÉ TIRÉ DE CET OUVRAGE
CINQUANTE EXEMPLAIRES
SUR PAPIER VERGÉ INGRES DES PAPETERIES DE LANA,
DONT TRENTE EXEMPLAIRES NUMÉROTÉS DE 1 À 30
ET VINGT EXEMPLAIRES HORS COMMERCE
NUMÉROTÉS DE H.C. I À H.C. XX,
LE TOUT CONSTITUANT L'ÉDITION ORIGINALE

Photo 4e de couverture : Keystone

AVERTISSEMENT

Le tome I de cet ouvrage allait de 1958 au début de 1963. Le tome II prend la suite, jusqu'en janvier 1966 (installation du second septennat). Pendant ces trois années, l'auteur n'a cessé d'exercer les fonctions de ministre de l'Information, porte-parole du gouvernement — c'est-à-dire essentiellement du Président de la République et accessoirement du Premier ministre — avec le privilège qui leur était attaché : prendre des notes complètes au cours des conseils de gouvernement, ou d'entretiens privés avec les deux premiers responsables de l'État.

Les propos, confidentiels jusqu'à ce jour, qu'on va lire sont tirés de mes notes, le plus souvent transcrites ou dictées le jour même. J'ai contrôlé leur exactitude auprès des comptes rendus établis par les secrétaires généraux de l'Élysée et du gouvernement.

Rappelons toutefois que, *seuls, peuvent être considérés comme engageant le général de Gaulle ses écrits ou déclarations publiés.*

On verra comme il maîtrisait ses différents registres de langage. Devant le Conseil des ministres, le Général parle avec une confiance retenue. Il a communiqué aux membres du gouvernement sa religion du secret ; mais il sait qu'un secret partagé par vingt-cinq personnes n'est pas à l'abri d'un bavardage. Le style est naturel, volontiers enjoué ; il reste prudent. Pour le Général, le Conseil est l'institution suprême de la République : une scène où l'État se donne un spectacle à lui-même. Les greffiers de l'Histoire sont présents.

Dans le tête-à-tête qui suit, au *Salon doré* — le bureau du Général —, ses propos prennent deux formes. Ou bien, il s'adresse à son porte-parole et, à travers lui, à la presse, aux micros, au grand public. Il atténue, ou même censure, ce qu'il vient de dire devant les ministres. Sauf quand il donne une forme catégorique à ce qui a été seulement esquissé en Conseil ; les ministres en seront surpris.

Ou bien, la séance qui précède fournit à sa réflexion un tremplin pour s'élancer. Il se sert du confident pour lâcher la bride à son imagination, toujours en éveil ; pour susciter une contradiction par des formules provocatrices, poussant une hypothèse dans toutes ses conséquences de façon à en éprouver la solidité, ou à éprouver à travers elle la fermeté du jugement de son vis-à-vis ; pour épancher aussi ses sentiments, ses jugements. Il faut donc se garder de prendre ses déclarations au pied de la lettre : elles ont besoin d'être relativisées.

Ce qu'il dit en Conseil est toujours étroitement lié aux actes du gouvernement ; c'est la parole qui passe à l'acte. Dans le tête-à-tête, il profite d'une liberté de parole qu'aucun passage à l'acte ne vient, pour l'instant du moins, refréner.

Entre ce qui doit être répété aussitôt et ce qui doit être couvert par le secret, il opère fort bien, en lui-même, la distinction. Il me la précise parfois, sur un ton comminatoire. Le plus souvent, il laisse toute latitude à ma discrétion.

Son langage, dans le secret du Conseil et dans l'abandon du tête-à-tête, n'est pas plus *vrai* que celui dont il use sous les contraintes de l'expression publique. Mais il permet d'aller plus avant dans les motivations, les calculs à court ou long terme, les inspirations profondes ou les tics de pensée, les hésitations et les rebroussements qui précèdent la décision ; il éclaire le mystère soigneusement protégé du chef. Ce n'est qu'après plus de trente ans de réserve, que cet ensemble m'a paru pouvoir et devoir être livré au public.

Les titres et intertitres, entre guillemets, sont tirés des propos du général de Gaulle, sauf quand ils sont précédés d'un autre nom (Pompidou, Malraux, etc.).

À l'intérieur des interventions des différents protagonistes, des parenthèses encadrent les commentaires de l'auteur.

Les épisodes relatés à chaud figurent en pleine page, avec mention de la date et du lieu de l'entretien. Les souvenirs, commentaires, précisions rédigés en 1995-1997 figurent en retrait (comme p. 9).

Chacune des parties ou sous-parties de l'ouvrage est consacrée à l'un des grands thèmes de l'œuvre extérieure ou intérieure du général de Gaulle. Les chapitres respectent la chronologie, c'est-à-dire le mouvement même de la réflexion et de l'action, dans le contexte où elles cherchent à s'affirmer.

Les propos du Général s'insèrent dans des circonstances, qu'il fallait rendre sensibles au lecteur. En Conseil des ministres, le Général réagit à une communication, intervient dans un dialogue. Il ne pouvait être question de transcrire entièrement mes notes sur ces échanges, beaucoup plus riches et vifs qu'on ne l'imagine souvent, ni sur ces communications, dont chacune était un exercice politique à part entière. Des uns et des autres, je ne retiens que les quelques phrases qui vont susciter l'intervention du Général.

Il a donc fallu beaucoup sacrifier, et pas seulement dans le contexte. Après la publication du tome III, qui ira de 1966 à 1970, je me propose, si Dieu me prête vie, d'établir, à l'intention des historiens et chercheurs, une édition intégrale, comportant le recensement exhaustif des propos tenus devant moi par le général de Gaulle à partir de 1958. Ils seront présentés selon un ordre non plus thématique, mais strictement chronologique.

PROLOGUE

Chez Lasserre, 17 janvier 1963.

André Malraux m'a invité chez Lasserre, où il tient sa cantine. Étonnant, ce héros des révolutions d'avant-guerre qui ne peut déjeuner que dans des restaurants quatre étoiles.

Pendant que le toit de la salle s'ouvre sur le ciel et se referme en silence, j'écoute cette voix rauque, le flot heurté de cette parole intarissable sur de Gaulle, auquel il revient toujours, comme l'aiguille de la boussole revient vers le nord. Il le suit, fidèle et incantateur, depuis 1945. À la différence de tant d'autres intellectuels, il ne lui a jamais manqué.

La première fois qu'il m'a convié ici, voici un an, je me suis laissé surprendre. Sans regarder la carte, j'ai commandé un tournedos-salade. Il m'a repris sèchement : « Vous ne pouvez pas faire ça, ce serait faire injure au chef ! Vous *devez* choisir un plat cuisiné. »

Sa conversation, ce jour-là, avait roulé autour de cette seule question : « Où le Général va-t-il maintenant nous entraîner ? Il est pressé d'en finir avec l'affaire algérienne. Il est pressé par son âge aussi. Il veut passer à autre chose. Autre chose, c'est le monde : il est impatient d'en rouvrir les horizons… »

À la fin du repas, il m'a dit : « Dans six mois, c'est vous qui m'inviterez et la fois suivante, ce sera moi. » Consigne bienveillante, qui nous met sur un pied d'égalité, tout en me tenant à distance.

> Naturellement, je n'ai pas oublié cette invitation à l'inviter. Nous sommes restés fidèles jusqu'au bout à cette habitude de deux déjeuners annuels. Même quand, plus tard, il sombra dans la maladie au point que son élocution devenait incompréhensible, sans que jamais l'abandonnât la passion de réfléchir à haute voix — un trait qu'il partageait avec de Gaulle.

C'est aujourd'hui son tour à nouveau. Bon élève, je consulte la carte. Il a déjà entamé son sujet favori :

Malraux : « Cela fait juste quatre ans que le Général est à l'Élysée. Il va si vite qu'on n'a pas le temps de se retourner pour prendre la mesure de ce qui a été parcouru. Mais avez-vous réfléchi à ceci ? C'est une réussite sans exemple dans notre histoire : même le Premier Consul pâlit à côté de lui.

AP. — Vous n'exagérez pas un peu ?

Malraux. — Je ne pense pas. On a toujours tendance à glorifier ceux à qui les siècles ont donné la dimension historique, et à la refuser à nos contemporains. Mais plus tard, aucun homme d'État britannique n'apparaîtra sans doute aussi grand, depuis Guillaume le Conquérant, que Churchill de nos jours.

« De Gaulle a donné à la France un éclat qu'elle n'avait pas connu depuis Louis XIV et Napoléon. Ce n'est quand même pas si mal. Or, quand Louis XIV et Napoléon ont pris le pouvoir, elle était déjà la plus grande puissance d'Europe, donc de la planète, et quand ils l'ont quitté, la France était ruinée et diminuée. De Gaulle l'a prise par deux fois, alors qu'elle était au fond de l'abîme ou qu'elle y roulait, et l'a remise sur pied par la seule force de sa volonté.

« Il nous a sortis, à l'admiration du monde, de la glu de cette infernale guerre d'Algérie. Il nous a débarrassés d'un siècle d'illusions coloniales. Il nous a débarrassés de la IVe en 58, et il vient de nous débarrasser de son personnel politique voici deux mois. Il nous a débarrassés des Anglais, et deux fois : la première en 58, quand ils ont voulu torpiller le Marché commun de l'extérieur * ; la seconde, l'autre jour, alors qu'ils s'apprêtaient à le torpiller de l'intérieur. Il vient de dire non aux États-Unis, qui voulaient empocher notre bombe atomique... Il fait des coups d'éclat comme le pommier fait des pommes. Nous le savions depuis la guerre, mais c'est plus frappant dans la paix : il est un héros de l'Histoire. Il ne peut s'empêcher d'accomplir des travaux héroïques.

AP. — Oui, mais justement, les travaux d'Hercule sont achevés. Comment se le représenter se reposant aux pieds d'Omphale ? Le train-train quotidien va l'assommer.

Malraux. — N'en croyez rien. Il est le premier à savoir que toutes ses constructions sont fragiles. La ruine les guette. Il doit consolider ces structures édifiées à la hâte, et c'est un travail d'Hercule aussi. L'efficacité de l'État, l'indépendance de la France, l'image de la France dans le vaste univers, tout cela ne s'est fait que par une série de coups de force. Qu'il s'en aille, et tout sera emporté. La IVe est toujours là, aux aguets derrière la moindre erreur. Et les Américains, et les tenants de l'Europe médiocre, et ces bourgeois rancuniers (il avale une gorgée d'un vin précieux) qui le haïssent, ils attendent tous, comme des vautours qui tournoient patiemment en attendant que la bête se couche pour mourir.

AP. — Il faut consolider, sans doute. Il a bâti sur le sable, certes. Mais est-ce bien une tâche pour lui ? Il n'y est pas indispensable. Nous sommes condamnés à entrer dans le temps des gestionnaires. Un Pompidou ferait très bien l'affaire. Il donnerait justement le

---

* Cf. récit de la dramatique rupture de la négociation avec la Grande-Bretagne sur la zone de libre-échange, dans *Le Mal français*, ch. 5 (« Dites que je vais rompre »).

sentiment que tout cela n'était pas seulement extraordinaire, mais peut devenir notre ordinaire. Et puis, je vous le répète, si le Général se confine dans des tâches de consolidation, il va s'ennuyer. Et s'il s'ennuie, il ne sera plus lui-même.

Malraux. — Je ne dis pas que Pompidou ferait mal, mais je sais que le Général aura envie de le faire lui-même. Vous oubliez que ce sont ses œuvres, et qu'il peut être tenté de penser qu'il est le mieux placé pour les faire durer. Et puis, ne sous-estimez pas sa capacité de forger du neuf. À chacune de ses conférences de presse, tout le monde se demande ce qu'il va encore inventer. Il est l'homme à voir des tâches à accomplir là où, vous et moi, ne verrions rien. Le 18 Juin, c'est ça. Les autres ne voyaient qu'un trou noir, et des façons de s'arranger le moins mal possible avec le malheur. Lui, il a vu ce que personne ne voyait, ne pouvait voir. Il a vu « la flamme », la résistance, la présence dans la victoire. Faites confiance à son imagination. Elle n'est jamais en repos. Voudrait-il s'arrêter, par des considérations de prudence, qu'il ne pourrait pas. Il reprendra le bâtiment en sous-œuvre, il y ajoutera des ailes nouvelles, de nouvelles façades. Et dans le même souffle, il ne cessera pas de nous étonner. Il partira en croisade pour des causes que ni vous ni moi ne pouvons deviner aujourd'hui. Il n'a jamais attendu que l'Histoire vienne à lui. Il la suscite, il la provoque, il la fait. Détrompez-vous, il ne nous décevra pas. Il ne s'ennuiera pas, et il ne nous laissera pas le temps de nous ennuyer ! »

Cette aventure, qui tire la sienne, l'envoûte. D'un déjeuner à l'autre, la question d'une nouvelle candidature en 1965 se fera plus insistante. Mais je le trouverai toujours dans la même disposition d'esprit. Il ne se demande pas s'il « vaudrait mieux » que le Général se retire, ou poursuive. La seule question qui l'intéresse est : « Que va faire de Gaulle ? A-t-il en lui l'envie de continuer ? S'il a cette envie, il sera toujours le de Gaulle qui tient la France vivante à bout de bras. » Dans la bouche de Malraux, j'ai toujours entendu la certitude que tel serait le cas en 1965.

Il appréciait Georges Pompidou, sa loyauté exemplaire, son intelligence sûre, sa finesse dans le bon sens, son énergie sans esbroufe, sa singularité dans le paysage gaullien. Mais tant que le Général se voulait de Gaulle, ce n'était même pas la peine de penser à un successeur.

Pourquoi a-t-il pu, selon le témoignage que m'a donné Michel Debré, donner une impression différente au Général lui-même, lors d'un dîner à l'Élysée aussi mystérieux que célèbre * ? Peut-

---

* Voir *infra*, partie VI, ch. 12, p. 593.

être qu'en sollicitant le conseil, à propos d'un second septennat éventuel, de quatre proches — Debré, Pompidou, Palewski et Malraux — le Général mit justement ce dernier dans une situation à laquelle il n'était pas préparé. Si le Général posait cette question, c'est qu'il doutait. Dès lors, dans sa complète loyauté, Malraux n'aura pas voulu, en plaidant pour ou contre la candidature, se mettre dans le cas de peser sur la liberté de décider de De Gaulle. C'était au Général de trouver en lui-même, et seul, sa réponse. Par définition, elle serait la bonne, puisqu'elle exprimerait son énergie intérieure.

On sait quelle fut la réponse. Décidément, Malraux avait eu raison : 1963, 1964, 1965, pendant ces trois années, de Gaulle n'allait pas cesser de nous étonner, d'étonner la France, l'Europe, le monde. Et c'est au nom de l'œuvre accumulée qu'il voulut renouveler son contrat avec la France, en prenant le risque, cette fois, de faire signer ce contrat par le peuple français sous le déferlement des critiques de cinq autres prétendants.

I

« APRÈS AVOIR DONNÉ L'INDÉPENDANCE À NOS COLONIES, NOUS ALLONS PRENDRE LA NÔTRE »

Chapitre 1

« À LA FIN DES FINS, LA DIGNITÉ DES HOMMES SE RÉVOLTERA »

Salon doré, 4 janvier 1963.* Le Général m'offre en étrennes une réflexion de Nouvel An — l'ouverture d'une nouvelle époque pour la France et l'Europe :

« Nous avons procédé à la première décolonisation jusqu'à l'an dernier. Nous allons passer maintenant à la seconde. Après avoir donné l'indépendance à nos colonies, nous allons prendre la nôtre. L'Europe occidentale est devenue, sans même s'en apercevoir, un protectorat des Américains. Il s'agit maintenant de nous débarrasser de leur domination. Mais la difficulté, dans ce cas, c'est que les colonisés ne cherchent pas vraiment à s'émanciper. Depuis la fin de la guerre, les Américains nous ont assujettis sans douleur et sans guère de résistance.

« En même temps, ils essaient de nous remplacer dans nos anciennes colonies d'Afrique et d'Asie, persuadés qu'ils sauront faire mieux que nous. Je leur souhaite bien du plaisir.

« Les capitaux américains pénètrent de plus en plus dans les entreprises françaises. Elles passent l'une après l'autre sous leur contrôle.

« Les décisions se prennent de plus en plus aux États-Unis »

« Il devient urgent de secouer l'apathie générale, pour monter des mécanismes de défense. Les Américains sont en train d'acheter la biscuiterie française. Leurs progrès dans l'électronique française sont foudroyants. Qu'est-ce qui empêchera IBM de dire un jour : "Nous fermons nos usines de France, parce que l'intérêt de notre firme le commande" ? Qu'est-ce qui empêchera que recommence ce qui s'est passé l'autre année pour Remington à Vierzon ? Les décisions se prennent de plus en plus aux États-Unis. Il y a un véritable transfert de souveraineté. C'est comme dans le monde communiste, où les pays satellites se sont habitués à ce que les décisions se prennent à Moscou.

« Les vues du Pentagone sur la stratégie planétaire, les vues du

---

* C'est de ce salon, situé au premier étage, que le Général a fait son bureau, précédé du salon des aides de camp, qui le sépare de la salle du Conseil des ministres. Le Salon doré restera le bureau de Georges Pompidou et de François Mitterrand. Mais ni Alain Poher pendant ses deux intérims, ni Valéry Giscard d'Estaing ne voudront s'y installer.

business américain (il prononce *bu-zi-nès*) sur l'économie mondiale nous sont imposées.

« Bien des Européens y sont favorables. De même que bien des Africains étaient favorables au système colonial : les colonisés profitaient du colonialisme. Les nations d'Europe reçoivent des capitaux, certes ; mais elles ne veulent pas se rendre compte que ces capitaux, c'est la planche à dollars qui les crée ; et qu'en même temps, elles reçoivent aussi des ordres. Elles veulent être aveugles. Pourtant, à la fin des fins, la dignité des hommes se révoltera.

« Un jour viendra où les Américains diront : "Nous avons assez de fusées qui portent à 8 000 kilomètres. Inutile d'entretenir des troupes outre-mer." Ils rapatrieront leurs divisions d'Europe sans crier gare.

« De même, un jour viendra où ils diront, après avoir raflé nos fabriques de téléviseurs : "Nous préférons concentrer nos usines sur le continent américain. Nous avons décidé de supprimer l'usine de Bordeaux." »

De toute évidence, ce topo a été ruminé par le Général pendant ses vacances de Noël à Colombey. Va-t-il le développer dans sa conférence de presse ?

Le 7 janvier 1963, à Matignon, Pompidou, devant notre petit cercle du matin*, aborde le même thème. Je m'attendais à son scepticisme amusé. Je me trompais. Il nous sert avec conviction une analyse presque identique :

« Si l'Angleterre entrait dans le Marché commun, rien n'empêcherait plus les firmes américaines d'envahir le continent. La parenté de langue, de culture, d'esprit entre les Anglais et les Américains forme un consortium anglo-saxon d'un pouvoir écrasant en affaires. »

Pompidou martèle, en serrant ses puissantes mâchoires : « Nous sommes les seuls à défendre l'Europe contre l'invasion américaine. J'en ai parlé avec Bergeron **, il est sur la même longueur d'onde. Nous avons décolonisé l'Empire français. Il nous reste à secouer la colonisation anglo-saxonne. »

Pompidou parle volontiers avec ironie des « dadas » du Général ; le voilà qui chevauche à francs étriers ce « dada »-là. En prenant ses fonctions, il m'affirmait : « Je n'ai aucune idée à moi. Je n'ai que les idées du Général. » Au cours de ces neuf mois, j'ai douté de plus en plus qu'il n'ait « pas d'idées à lui » en politique intérieure ; mais, en politique extérieure, il « colle » parfaitement au Général.

Olivier Guichard roule sa cigarette placidement. Je l'interroge

---

* Olivier Guichard (chargé de mission auprès de lui), François-Xavier Ortoli (directeur de cabinet), Simonne Servais (attachée de presse), Pierre Juillet (conseiller technique).

** André Bergeron, secrétaire général de Force ouvrière, entretenait avec Georges Pompidou des relations cordiales.

à la sortie : « Vous ne trouvez pas ça un peu gros, Olivier ? J'aimerais bien accueillir des usines américaines à Provins.

Guichard. — Bof ! Georges nous sert de vieilles rengaines du Général. Le Général dit ça pour s'échauffer. Vous le voyez devenir le Sékou Touré de l'Europe ? Mettre la France dans l'état où Sékou a mis la Guinée *… ? C'est des choses dont il parle, mais qu'il ne fait jamais. »

« Tout le monde en colonne par deux derrière l'oncle Sam »

Salon doré, 9 janvier 1963.

Le premier point d'application de la « seconde décolonisation », au début de 1963, c'est l'arme nucléaire.

GdG : « Les Américains font croire que ne pas être d'accord avec eux, c'est vouloir rompre l'Alliance atlantique et mettre en danger la liberté de l'Occident. Cuba ** leur est monté à la cervelle. En Amérique du Sud, en Europe, en Asie, tout le monde en colonne par deux derrière l'oncle Sam, sinon gare à vous ! (Rire.) Ce serait contraire à la solidarité et à la morale ! Voyons, Peyrefitte, c'est de la rigolade !

« Les Américains racontent que je voudrais obtenir des concessions, que je suis sur le chemin de la négociation, c'est-à-dire de la capitulation : eh bien, non ! Je ne demande rien, je ne souhaite rien, si ce n'est boire dans mon verre et coucher dans mon lit. (Il a déjà cité devant moi cette parodie de Musset par Flers et Caillavet ***.) En matière atomique, les Anglais n'ont rien fait qu'avec et par les Américains. Nous avons tout fait sans personne et par nous-mêmes. Les Américains croyaient :

« 1) que nos scientifiques ne seraient pas capables ;

« 2) que nous n'aurions pas les moyens financiers ;

« 3) que de Gaulle allait être contraint de quitter le pouvoir dès qu'ils fronceraient les sourcils. Évidemment, Guy Mollet ou Félix Gaillard se seraient contentés de quelques paillettes d'intégration ou de communauté atlantique.

« Le grand problème, maintenant que l'affaire d'Algérie est réglée, c'est l'impérialisme américain. Le problème est en nous, parmi nos couches dirigeantes, parmi celles des pays voisins. Il est dans les têtes. »

---

* La Guinée, après avoir voté *non* au référendum de septembre 1958 et rompu avec la France, s'était enfoncée dans la misère.

** Voir chapitre suivant.

*** Musset : « *Mon verre n'est pas grand, mais je bois dans mon verre* », Flers et Caillavet, *Le Roi*, acte II, scène 5 : « *Mon verre n'est pas grand, mais je couche dans mon lit.* »

Élysée, 14 janvier 1963. Pas une seule phrase de ce topo dans la conférence de presse de cet après-midi. Le Général a dû estimer qu'il cassait suffisamment d'assiettes en bloquant l'entrée de l'Angleterre dans le Marché commun, et en repoussant le projet américain de Force multilatérale *. A-t-il remisé le thème pour plus tard ** ? Il n'a sûrement pas cessé d'y penser.

« Kennedy ira loin, s'il ne se casse pas la figure »

Conseil du 16 janvier 1963.

Malraux n'ouvre presque jamais la bouche en Conseil. Mais aujourd'hui, il fait une communication — sur son voyage aux États-Unis — et elle est éclatante.

Après nous avoir conté le succès mondain de la Joconde ***, le voici lancé sur Kennedy, « personnage de roman » doté d'une extraordinaire « ouverture de compas ». « Il n'y a sans doute que vous, mon général, dans le monde, qui ayez une vision aussi planétaire que lui.

« Type de propos entendus : "Comment englober des troupes alliées dans une défense commune, sans détruire leur raison d'être, qui est de défendre le sol national ? C'est notre sujet de réflexion actuel." Votre thèse commence à leur parvenir, même s'ils ne savent pas d'où elle provient. »

À l'issue du Conseil, le Général me dit de Kennedy, avec presque un ton de tendresse :

« Malraux a été ébloui par Kennedy ; comme toujours, il s'emballe un peu. Il est vrai que Kennedy est un jeune homme doué. Ce n'est pas un politicien de province. Il a des vues larges et l'esprit tourné vers l'avenir. Dans l'affaire de Cuba, il a montré qu'il avait de l'instinct national et du cran. Il ira loin, s'il ne se casse pas la figure. Il est quelquefois un peu téméraire. »

Le Général bataille contre Kennedy — mais il sait apprécier un talent… Il aborde ensuite son thème favori de la promptitude :

« Quand il y a une menace grave et imminente, ce qui compte,

---

* Proposition du Président Kennedy, en décembre 1962, tendant à regrouper les forces nucléaires britannique et française avec une partie de la force américaine, tout en y associant les Allemands, mais en plaçant l'ensemble sous commandement américain. À Nassau, dans les Bahamas, le Premier ministre britannique Macmillan avait aussitôt accepté de mettre la force britannique dans ce système, en échange de la livraison de fusées Polaris.

** Il ne l'a repris publiquement que deux ans après, dans sa conférence de presse du 4 février 1965.

*** Voir tome I, p. 357 *sq.*

c'est la rapidité de la résolution. Ça compte beaucoup plus que la quantité d'avions, de chars ou de bombes dont on dispose. Mais quand on dépend des autres, on laisse le terrain à l'hésitation, on perd son temps et on finit par se dégonfler.

« En 61, quand les Russes ont commencé à édifier le Mur de Berlin, on pouvait agir aux premières heures. Le général qui commandait notre garnison m'a averti à Colombey que les Russes étaient en train d'installer des réseaux de barbelés. Je lui ai dit aussitôt : "C'est contraire au statut de Berlin et aux accords interalliés ! Il faut écraser immédiatement ces barbelés avec des chars." Il s'est concerté avec ses collègues américains et anglais, qui n'ont rien voulu faire sans ordres supérieurs. J'ai essayé de trouver Macmillan, il chassait la grouse. On a cherché vainement Kennedy, il faut dire que c'était un dimanche d'août. La journée s'est passée. La construction allait bon train. Ils se sont dégonflés ! S'ils m'avaient suivi dès le matin, il n'y aurait pas eu de Mur de Berlin. »

Conseil du 30 janvier 1963.

La tempête soulevée par la conférence de presse du 14 fait rage. Mais le Général ne s'intéresse plus à ces péripéties : c'est du passé. Pompidou fait des gammes sur le thème de l'impérialisme économique :

« L'Amérique a développé longtemps son industrie par son marché intérieur. Maintenant, son expansion n'est plus possible que par le marché extérieur. Mais, après les pays sous-développés qui ne paient pas, elle est obligée maintenant de vendre à des gens qui paient. (Couve aurait dit : à "des pays solvables" et "insolvables". Pompidou a cela de commun avec le Général, de parler le langage de tous les jours — la gouaille en moins.)

GdG. — C'est une phase de l'impérialisme économique des États-Unis. Il faut maintenir nos affaires en ordre, pour ne pas prêter le flanc aux pressions de cet impérialisme. »

« Nous sommes les porte-parole de deux cents millions de muets »

Au Salon doré, le Général me dit *après le Conseil* :

« Les États-Unis seraient dans une situation difficile, si nous ne leur servions pas de trop-plein.

« Tout se tient. Il faut avoir une vision du monde cohérente. La nôtre suppose la non-dépendance. Nous devons avoir la disposition de nous-mêmes. Cela n'empêche pas de coopérer, ni de faire des affaires avec les autres. L'essentiel, c'est que nous prenions nos décisions nous-mêmes, sans laisser à personne le droit de nous les dicter.

AP. — Sans l'appui du reste de la Communauté européenne ?

GdG. — L'Europe manque de volonté politique. Même les Français sont tentés par un nouveau Munich. Tout accepter, c'est, pour des politiciens, le seul moyen d'éviter une tension dont ils pourraient être rendus responsables. On sacrifie l'avenir au présent, parce qu'on ne sait pas dire non. Encore et toujours, se rouler aux pieds des Américains, comme entre les deux guerres on se roulait aux pieds des Anglais, comme Vichy s'est roulé aux pieds des Allemands.

AP. — Vous pensez que les Six pourraient parler d'égal à égal avec les Américains ?

GdG. — Parmi les Six, seule la France peut avoir une politique étrangère. Les gouvernements d'Italie, Belgique, Hollande, Luxembourg n'imaginent même pas d'en avoir une ; l'Allemagne est infirme. Leur population, leur jeunesse, aspire à autre chose, mais leurs politiciens restent sourds à ces aspirations. Les peuples voudraient bien relever le front, mais ils ne le peuvent pas parce que leurs dirigeants les trahissent.

« Nous sommes le seul État à pouvoir tenir tête aux Américains. En fait, nous sommes les porte-parole de deux cents millions de muets, qui nous sont secrètement reconnaissants de parler à leur place. »

La légitimité de sa parole, de Gaulle la fonde toujours sur les masses.

Matignon, jeudi 28 février 1963.

Pompidou nous résume l'entretien d'Habib-Deloncle * avec le Chancelier autrichien à Vienne : « Kreisky lui a déclaré : "Un grand pays doit présenter trois caractéristiques. Avoir une économie saine : c'est le cas pour vous. Avoir une idée politique nette : vous êtes un des rares dans ce cas. Jouir de la sympathie des autres : cette troisième condition, vous ne la remplissez pas ; comment voulez-vous faire une grande politique étrangère, si les pays anglo-saxons vous détestent ?" »

Pompidou raconte cet entretien avec ironie. Mais je parierais que, si Habib rapporte les propos de Kreisky au Général, celui-ci inversera brutalement le troisième critère : « l'idée politique nette », c'est justement de ne pas s'aligner sur les Anglo-Saxons !...

---

* Secrétaire d'État aux Affaires étrangères.

Chapitre 2

« SI C'EST LA GUERRE, NOUS LA FERONS AUX CÔTÉS DES AMÉRICAINS »

Pourtant, il n'y a pas trois mois, pendant la crise de Cuba, le Général s'était montré l'allié des États-Unis le plus empressé.

Au Conseil du 24 octobre 1962, Couve fait un long exposé, pour une fois captivant, sur l'affaire de Cuba : « Nous avons frôlé depuis quatre jours la troisième guerre mondiale. Nous avons été prévenus dimanche matin que Dean Acheson * arrivait à Paris et désirait s'entretenir le jour même avec le général de Gaulle, avant de tenir une réunion de l'OTAN à 22 heures. Le gouvernement des États-Unis avait les preuves de la présence de 20 bombardiers Ilyoutchine, de 40 Migs 21, de rampes de lancement pour des engins à tête nucléaire qui seraient capables d'atteindre la totalité du territoire des États-Unis.

« Les Anglais et l'Europe des Six se sont bornés à exprimer une grande inquiétude. Le général de Gaulle est le seul à avoir marqué aussitôt sa totale solidarité.

« Vingt-cinq cargos soviétiques, accompagnés de sous-marins, se dirigent vers Cuba : des incidents sérieux ne sont pas exclus.

« Si les Américains cédaient sur Cuba, il faudrait céder sur Berlin »

GdG (grave). — Dean Acheson m'a apporté une lettre de Kennedy. Il m'a donné un paquet de photos aériennes. J'ai regardé les deux premières, où l'on voyait nettement des avions très modernes et des emplacements de missiles, et lui ai rendu le tout. Il m'a dit que les Américains ne pouvaient pas admettre que ça dure.

« J'ai répondu que la France ne désapprouverait pas les États-Unis de prendre des mesures contre cette menace. Ils ont bien demandé l'aide du Conseil de sécurité, mais ça ne sert à rien ; je lui ai pourtant promis que nous les aiderions dans cette enceinte.

« Les répercussions sur la sécurité européenne sont évidentes. Si les Américains cédaient sur Cuba, il faudrait céder sur Berlin. Là, ce serait une décision à prendre entre alliés. Si les intérêts de la France sont respectés en Europe comme nous aurons respecté ceux des États-

---

* Ancien secrétaire d'État du Président Truman, envoyé spécial du Président Kennedy.

Unis en Amérique, nous ne sortirons pas de l'OTAN. (Comme aux échecs, il cherche toujours à imaginer deux ou trois coups d'avance.)

« Jusqu'où les Soviets vont-ils aller ? Les Américains ne nous ont pas consultés, mais seulement informés. Nous avions préconisé, en septembre 58, des consultations entre les trois plus grands alliés, pour des risques au-delà du territoire couvert par l'Alliance, ce qui est à présent le cas. La preuve est faite que nous avions raison de le proposer et que les Américains ont eu tort de le refuser.

« Nous avons décidé de nous-mêmes de manifester notre solidarité. (*Nous*, c'est "moi et la France".) Cuba ne fait pas partie de la zone de l'OTAN. Les Américains appliquent simplement la doctrine Monroe : l'Amérique aux Américains. Nous n'avons pas à participer au blocus de Cuba. Mais si la sécurité de l'Europe est en cause, ce qui est probable, nous agirons aux côtés de nos alliés. Si c'est la guerre, nous la ferons aux côtés des Américains.

« Et maintenant, le Conseil doit donner son avis. J'avais préparé quelques mots… Je vous les soumets. »

Couve lit le texte, écrit de la main du Général, qu'il me remet à la sortie. Le Général veut engager nos responsabilités :

« Le Conseil des ministres a marqué la compréhension de la France à l'égard des inquiétudes suscitées à Washington par l'installation récente et croissante d'armes offensives soviétiques à Cuba... Le Conseil a examiné les conséquences qui pourraient éventuellement en résulter quant à la sécurité de l'Europe... Les engagements réciproques qui constituent l'Alliance atlantique sont et demeurent la base de la politique de la France. »

GdG : « Y a-t-il des observations ? »

Il n'y en a pas. Comment marquer une différence par rapport à celui qui incarne la nation, alors qu'il prend sur lui, devant le risque de guerre, d'effacer tout ce qui le sépare des Américains ?

« Quand un allié est gravement menacé, on se met aussitôt à ses côtés »

Au Conseil du 31 octobre 1962, Couve fait le point de l'affaire de Cuba, heureusement terminée depuis le dernier Conseil. Dans un message adressé à Kennedy, Khrouchtchev a offert de démanteler les fusées soviétiques à Cuba et de tout ramener en URSS, si les États-Unis acceptaient de démanteler simultanément leurs fusées en Turquie et de renoncer à leur politique agressive.

« Kennedy a répondu qu'il n'admettait pas le chantage de la réciprocité Cuba-Turquie *, mais qu'il était prêt à suspendre aussitôt le blocus si les Soviétiques démantelaient leurs engins.

---

* Le Général estimera pourtant que les États-Unis ont en réalité cédé à ce chantage, avec effet différé, en retirant plus tard leurs missiles de Turquie.

« Kennedy avait donné l'impression de flotter lors de l'affaire ratée du débarquement à Cuba, dans la baie des Cochons, en 1961. Son hésitation a incité les Soviétiques à prendre une attitude offensive.

GdG. — C'est une affaire grave. Elle aurait pu mal tourner. Elle a bien tourné parce que les Américains ont eu un sursaut.

« Il me suffisait de répondre à Acheson que nous les laissions faire, notre Alliance ne s'étendant pas aux Caraïbes. Mais si le conflit devait s'étendre à l'Europe, il n'y a pas de question, l'Alliance atlantique devrait jouer pleinement.

« J'ai reçu Bohlen * le samedi 27. Je lui ai redit : " Je comprends l'attitude américaine. Nous ne nous mêlerons pas de cette affaire sur place, mais, si c'est la guerre, nous la ferons avec vous." (La formule même qu'il a utilisée, devant le Conseil, trois jours plus tôt.)

« C'est la première fois de leur vie que les Américains sont menacés directement. Pour nous, c'est une vieille habitude : les Anglais et les Allemands nous ont régulièrement envahis.

« Eux, ils ont sursauté. Tout leur dispositif de défense est orienté vers l'Est surtout, vers l'Ouest accessoirement, pas du tout vers le Sud. Je leur ai donc dit : " Sachez que si la guerre devait s'étendre, la France vous appuiera. Quand un allié est gravement menacé, on se met aussitôt à ses côtés."

« Bohlen m'a répondu : " Si, d'ici quarante-huit heures, l'affaire n'est pas réglée, nous engagerons les opérations militaires. Cela nous donne un grand courage, de savoir que nous pouvons compter sur vous."

« Il y a eu un sursaut national aux États-Unis, qui sont prêts à se battre pour se protéger »

« Dans la journée du lendemain, Khrouchtchev s'est dégonflé. Les conséquences pour l'Alliance atlantique ne devraient pas être mauvaises. J'ai été persuadé, dès le début, qu'il en sera de même pour Berlin. Car les États-Unis ont senti qu'en étant fermes, ils pouvaient obliger la Russie à reculer.

« Il ne tient qu'à l'Occident que les Russes reculent une fois de plus. Mais il est possible qu'ils cherchent une compensation. Nous verrons bien.

« Notre attitude a été sobre et claire. Macmillan m'a écrit plusieurs fois, en se contredisant. Nos autres alliés ont manifesté le même désarroi. Finalement, nous aurons été les seuls, de toute l'Alliance, à prendre une position solidaire. Il suffit de savoir ce qu'on veut. »

Au Conseil du 7 novembre 1962, Couve décrit les effets de la crise : « Pour les Russes, c'est une perte de prestige du fait de leur

* Ambassadeur des États-Unis à Paris de 1962 à 1968.

reculade, mais c'est aussi la preuve qu'ils traitent le tiers-monde comme un instrument. Des critiques de plus en plus dures se multiplient à Pékin et à Tirana contre eux.

GdG. — Il y a eu un sursaut national chez les Américains, qui sont prêts à se battre pour défendre leur propre sol ; un deuxième en sens contraire en URSS, où le peuple ne veut pas se battre pour Cuba ; un troisième à Cuba, où on ne veut pas mourir pour les Soviets. Dans les crises graves, c'est l'instinct national qui est le plus fort ; les constructions artificielles s'effondrent. »

« Solidaires dans la tempête, indépendants par temps calme »

Au Conseil du 6 mars 1963, Couve : « La négociation entre les États-Unis et l'URSS est continue depuis l'arrivée de Kennedy : sur Berlin, sur l'Allemagne, sur le désarmement. Lors de la crise, elle s'est arrêtée. Les Américains m'avaient dit en décembre qu'il n'était pas question de la reprendre tant que Cuba n'était pas évacué. Mais ils ne s'en sont pas tenus à cette position rigoureuse. Les discussions avaient repris avant l'évacuation de Cuba. »

Après le Conseil, le Général me dit : « Les Américains, le danger éloigné, oublient le sursaut. Ils retombent dans la facilité. C'est plus fort qu'eux : la tentation de Yalta reste permanente. »

> Ainsi, la main loyalement tendue aux Américains n'a pas été saisie. Le Général ressentira avec amertume que Washington n'ait pas compris, à cette occasion, qu'il y avait une autre façon de concevoir les rapports avec la France et l'Europe. Cette affaire aura marqué fermement la limite de l'« anti-américanisme » du Général ; mais elle l'aura aussi renforcé.

Salon doré, 7 juillet 1964 — dix-huit mois depuis la crise — nous évoquons Cuba. Puis, il m'annonce que les troupes américaines devront quitter le sol français. Y a-t-il contradiction ? « Le principe est simple : quand un conflit mondial menace, la France est la première, et en fait la seule, à marquer sa solidarité avec les Américains. Quand les choses sont normales, la France est la première pour mettre fin à la dépendance de l'Europe envers les Américains.

AP. — Mais toujours, hélas ! la seule.

GdG. — Pour le moment. Un jour ou l'autre, notre exemple sera suivi. (Un silence.) Ou alors, ce serait à désespérer. »

Il reprend : « Solidaires dans la tempête, indépendants par temps calme. Il n'est pas possible que nous restions seuls dans ce cas. »

Chapitre 3

« KENNEDY PROPOSE UNE NOUVELLE FORME DE PROTECTORAT »

Conseil du mardi 11 juin 1963.

Palewski * doit faire une communication à propos d'un colloque sur « la faim dans le monde », aux États-Unis, dont il revient.

GdG : « Je pousse quelques soupirs, à voir les ministres prendre contact avec des gouvernements étrangers, et même s'envoler vers l'Amérique (évidemment, circonstance aggravante), pour des raisons qui ne sont pas liées à leurs activités. Je sais bien que les Américains sont très inviteurs de généraux, de fonctionnaires ; mais de ministres, c'est autre chose ! Un ministre, c'est le gouvernement tout entier... Enfin, vous avez voulu lutter contre la faim. C'est très méritoire !... Alors, nous vous écoutons.

Palewski. — Mon général, je n'ai plus rien à dire.

GdG (contraint par cette bouderie de dévoiler sa curiosité). — De fil en aiguille, vous avez donc vu Kennedy. »

Palewski, heureux de montrer que les entretiens qu'il a eus ne manquaient pas d'intérêt, rapporte que Kennedy lui a fait part de ses inquiétudes du fait du Concorde et du fait de la bombe atomique chinoise. Bien que ce rapprochement soit flatteur pour nous, il ne l'exploite pas. Le cœur n'y est plus. Le Général lui a coupé ses effets.

« De l'Atlantique à l'Oural »

Matignon, jeudi matin 13 juin 1963.

Pompidou raconte que Bohlen lui a demandé : « Pourquoi donc le Président — c'est ainsi, figurez-vous, que les Américains appellent le Général — parle-t-il tout le temps de *l'Europe de l'Atlantique à l'Oural* ? » « Je lui ai répondu : "Parce qu'il a lu cette formule dans ses manuels de géographie quand il était enfant. N'allez pas chercher plus loin." »

C'est une explication plaisante, à la limite de l'irrespect, comme souvent chez Pompidou dans l'intimité. Il y aurait une thèse amusante à faire sur « *les réminiscences de Charles de Gaulle* ». Par exemple, l'expression « *Je me suis toujours fait une certaine idée de la France* » lui a été soufflée par Barrès, qui l'emploie dans ses *Cahiers* en 1921. La formule « *Qui a jamais cru que le général de Gaulle devrait se contenter d'inaugurer les chrysanthèmes ?* »

---

* Ministre d'État chargé de la Recherche scientifique.

lui a été inspirée par un article de 1901 annonçant que le Président Loubet allait « inaugurer les chrysanthèmes » *. Charles avait alors onze ans. On voit bien le professeur Henri de Gaulle, ouvrant son *Figaro* avant le déjeuner familial, et s'écriant devant ses enfants : « Est-ce que la France a besoin d'un Président de la République qui inaugure les chrysanthèmes ? »... Nos réminiscences nous révèlent peut-être plus que nos inventions.

Pompidou conclut : « C'est naturel que cette formule *De l'Atlantique à l'Oural* irrite les Américains. Elle nie la coupure de l'Europe en deux. Elle nie Yalta, dont de Gaulle rend Roosevelt responsable. Elle nie l'existence de l'Union soviétique, comme si les réalités ethniques étaient les seules qui durent, les constructions politiques étant éphémères. Tout ce qu'un Américain ne peut admettre. »

« Kennedy va se présenter devant le Mur en faisant apparaître qu'il ne peut le briser »

Au Conseil du mardi 25 juin 1963, Couve commente la visite de Kennedy en République fédérale : « On veut établir une comparaison entre ce voyage et le vôtre de septembre dernier. Mais les États-Unis et l'Allemagne ne sont pas, comme la France et l'Allemagne, deux voisins devenus ennemis irréductibles depuis des générations. La réconciliation franco-allemande est une véritable mutation. La visite de Kennedy n'a pas la même signification historique. »

Le Général s'attarde sur l'étape que Kennedy fait demain à Berlin ** :

« Il va se présenter devant le Mur, en faisant apparaître, par son silence, qu'il ne peut le briser. Il reconnaîtra solennellement le fait accompli de la construction du Mur. Ça peut avoir des inconvénients.

« L'Allemagne risque de se rendre compte qu'elle n'a rien à attendre de ce côté-là. C'est une révolution dans l'attitude américaine, par rapport à celle de Dulles ***, pour qui la division était temporaire. Aujourd'hui, il est établi sur le terrain qu'elle est durable et qu'on n'y peut rien.

« Il importe que les Allemands reconnaissent que leur destin, c'est l'Europe, et que l'Europe, c'est par excellence l'union avec la France. »

26 juin 1963. « *Ich bin ein Berliner* **** », a lancé Kennedy devant la foule.

---

* *Le Figaro* du 5 novembre 1901.

** Le Président Kennedy fait une tournée en Europe, du 24 au 30 juin 1963. Il se rend tour à tour à Bonn, Francfort et Berlin-Ouest (le 26), Dublin, Londres, Rome, le Vatican, Naples.

*** Secrétaire d'État américain de 1952 à 1959.

**** « Je suis un Berlinois. »

Salon doré, 3 juillet.

AP : « Le "*Ich bin ein Berliner*" de Kennedy a eu du succès. Pourquoi n'êtes-vous pas allé vous-même à Berlin, en septembre dernier ? Vous auriez fait un triomphe.

GdG. — Mon voyage en Allemagne occidentale était déjà assez dur à faire avaler aux Russes comme ça. Mon but était de mettre un terme définitif à la guerre de soixante-quinze ans qui nous a opposés et qui continuait dans les esprits. Il fallait que tout le monde comprenne que les Allemands et les Français devaient devenir comme des frères. Placer Berlin dans mon itinéraire n'aurait rien ajouté à cet égard. Kennedy, lui, ne pouvait pas se contenter de marcher sur mes traces. Il fallait qu'il fasse autre chose. Il l'a fait avec panache. Je reconnais qu'il n'en manque pas. »

Après un silence, le Général me gratifie d'une de ces improvisations qu'il médite en se promenant dans les allées de la Boisserie et qu'ensuite il écrit pour les graver dans sa mémoire :

« L'Alliance atlantique, nous savons, aussi bien que personne, quel prix nous devons y attacher. La France a été envahie par les Allemands en 14, les Américains sont intervenus en 17. En 39, ça a recommencé, les Américains ont attendu que le Japon les attaque en 41, pour commencer à affronter les Allemands en 43 ; sinon, ils n'auraient sûrement pas bougé.

AP. — En 14 et en 39, ils n'étaient pas chargés de la défense de la France. Aujourd'hui, ils s'en sont chargés en prenant l'initiative de l'Alliance.

GdG (poursuit son idée). — L'Alliance est nécessaire pour le monde libre. Nous sommes payés pour le savoir. Nous sommes aux côtés de nos alliés, contre toute agression venant d'un ennemi commun. Nous l'avons montré pour Cuba.

« Nous faisons partie intégrante de l'Alliance. Intégrante, mais non intégrée. La France ferait la guerre contre un assaillant éventuel d'un pays de l'Alliance ; autre chose est d'être intégré dans l'organisation militaire actuelle de l'Alliance atlantique, c'est-à-dire l'OTAN.

« Une France qui se croirait protégée par d'autres estimerait n'avoir pas besoin de faire d'efforts pour sa défense. Si notre communauté nationale n'avait pas la responsabilité de sa défense, elle se dissoudrait. Les Américains ne savent pas ce que c'est que d'être envahis. Ils ne connaissent pas ce drame national. Ils ne connaissent pas la division entre ceux qui collaborent avec l'occupant et ceux qui lui résistent. Cette épreuve terrible, nous la connaissons, hélas...

« Voilà pourquoi la France consent à mettre certaines de ses forces dans l'OTAN, mais ne veut pas que toutes ses forces soient livrées au commandement américain.

« Il y a trois puissances navales dans le monde libre : l'Amérique, l'Angleterre et la France. L'Amérique a sa force et son commandement, l'Angleterre aussi. Pourquoi la France, qui a sa force, n'aurait-elle pas son commandement ? Les Américains commanderaient les Anglais et les Français, les Anglais commanderaient les Français, et les Français ne commanderaient personne ? (Il a haussé le ton.)

« Casser l'OTAN ? Non. Nous voulons la réformer. Les dispositions prises à Lisbonne il y a quinze ans ne tiennent plus. La France acceptait de se fondre quand elle n'existait pas. Maintenant qu'elle a reparu, elle n'accepte plus le protectorat américain. Tous les jours qui passent accentuent cette évolution. La Grande-Bretagne n'est pas vraiment dans l'OTAN. Elle y est avec ses 50 000 hommes en Allemagne (alors que nous en avons 68 000). Leur flotte, les Anglais en disposent, leurs forces aériennes de même. Pourquoi pas nous ? C'est une mauvaise querelle qu'on nous fait.

« Et puis, on ne nous dit pas ce qu'on ferait. Quelle parade, en cas d'invasion soviétique ? Il subsiste une terrible incertitude.

« On n'imagine pas que les Allemands rompent le traité franco-allemand qu'ils ont proposé eux-mêmes. La France en a fait l'axe de sa politique. Si elle était déçue, on ne peut prévoir ce qui s'ensuivrait. L'Allemagne est un pays à la dérive.

« Kennedy propose une nouvelle forme de protectorat. Il affirme que l'Amérique ferait la guerre plutôt que de nous laisser tomber dans la poche des Soviets. Mais dans quelles conditions, à quel moment, avec quels moyens ? Pendant la première puis la seconde guerre, elle a bien fini par nous secourir, mais dans quel état nous étions !

« Voilà des choses sérieuses, que vous pouvez essayer de faire comprendre à vos journalistes. »

« Ne vous défendez pas, je vous défendrai »

Le surlendemain, *5 juillet 1963*, je m'adresse à l'Association de la presse parlementaire, pour développer l'idée que notre défense ne peut être déléguée aux États-Unis :

« Le gouvernement français n'a jamais mis en doute la résolution du Président Kennedy ni celle du peuple américain d'aujourd'hui. Il s'est seulement borné à se demander : "Qui peut aujourd'hui assurer ce que le peuple américain souhaitera, ce que le successeur du successeur du successeur du Président Kennedy décidera, dans quinze ou vingt-cinq ans ? La France aurait bien aimé avoir les États-Unis à ses côtés en 1914 et en 1939." »

Ces propos agacent la presse américaine, *Newsweek* * en parti-

* Du 15 juillet 1963.

culier. J'aurais révélé « la sottise des prétentions » du gouvernement français.

Giscard me téléphone sur l'inter : « Vous avez lu l'article de *Newsweek* à votre sujet ? Vous allez apparaître aux États-Unis comme anti-américain. Il est inutile d'enfourcher tous les dadas du Général. »

Ce souci de mon image devrait me toucher. Je ne m'étais jamais posé la question : qu'importe mon image aux États-Unis ? Peut-être pense-t-il aussi un peu à la sienne ? Peut-être ne souhaite-t-il pas que de jeunes collègues s'associent à un « anti-américanisme » qui, chez le Général, peut s'expliquer par de vieilles histoires de guerre...

Salon doré, 17 juillet 1963.

AP : « Les Américains ont très mal pris mes propos.

GdG. — Oui, j'ai vu ça. C'est une tempête dans un verre d'eau. Vous avez énoncé une vérité qui devrait être banale : l'Amérique n'est pas l'Europe. Ne vous défendez pas vous-même, je vous défendrai dans ma conférence de presse sans en avoir l'air.

« Les intérêts vitaux de l'Amérique peuvent, un jour, ne pas coïncider absolument avec les intérêts vitaux de l'Europe. Il n'y a rien là d'insultant ni d'agressif. Ça a souvent été dit par d'autres. (Son regard se fait malicieux.) Vos propos manquent plus d'originalité que de fondement. »

« Les Européens se ruent à Washington pour y prendre leurs ordres »

Conseil du mardi 23 juillet 1963.

Couve : « Des négociations sont engagées à Moscou entre Russes, Américains et Anglais, pour interdire les essais nucléaires dans l'air, en mer et dans le cosmos. Seules resteraient autorisées les expériences souterraines. Cet accord gênerait le programme nucléaire français. Il est aussi question d'y associer les Allemands de l'Est comme de l'Ouest — une façon pour les Américains de contrer l'effet du récent traité franco-allemand. »

Salon doré, après le Conseil.

GdG : « Cet accord sur les expériences nucléaires, il faut prévoir de multiples interventions auprès de nous pour nous amener à nous y associer. Il faudra tenir bon.

« Sur l'Allemagne, les Russes n'ont pas changé de position. Ils vont répétant qu'il n'y aura de véritable paix que quand le *statu quo* sera juridiquement consacré. De notre côté, il est impossible de reconnaître juridiquement ce *statu quo,* c'est-à-dire la division définitive de l'Allemagne. L'essentiel des rapports Est-Ouest tourne autour du règlement allemand. Que sera l'Allemagne, divisée ou non ? Quelles seront ses frontières ? Son orientation ? »

Élysée, Salle des fêtes, conférence de presse, 29 juillet 1963.

J'attends avec curiosité de voir si le Général tient sa promesse de me « couvrir ». Il le fait au-delà de ce que je pouvais espérer :

« On a été très agité, en particulier dans les journaux américains, depuis quelques mois. Je vous dirai que la pratique que je peux avoir personnellement depuis tantôt vingt-cinq années des réactions publiques aux États-Unis, fait que je m'étonne assez peu des saccades de ce qu'on est convenu d'y appeler l'opinion. Cependant, j'avoue que, voici quelque temps, le ton et la chanson, en ce qui concerne la France, m'ont paru assez excessifs. »

Là-dessus, il fait le récit des *pilonnages* qu'il a dû subir de la presse américaine depuis 1940 : sa décision d'occuper Saint-Pierre-et-Miquelon ; sa rivalité avec Giraud ; sa désapprobation de Yalta et son refus de se rendre à Alger pour y rencontrer Roosevelt au retour ; le maintien de nos troupes à Stuttgart jusqu'à ce que la zone d'occupation en Allemagne ait été reconnue à la France. Il conclut sur la relativité des engagements, s'agissant de survie dans un monde nucléaire :

« Du fait que les Russes ont, eux aussi, maintenant, de quoi détruire l'univers, et notamment le Nouveau Continent, il est tout naturel que l'Amérique voie dans sa propre survie l'objectif principal d'un conflit éventuel. »

« Recouvrer leur dignité »

Au Conseil du 31 juillet 1963, Pisani* fait le point des négociations de Bruxelles : « À propos des poulets américains, nous nous sommes livrés à des débats obscurs. Nous sommes vraiment les seuls disposés à nous battre. »

Après le Conseil, le Général me dit : « Les Européens n'auront pas recouvré leur dignité, tant qu'ils continueront à se ruer à Washington pour y prendre leurs ordres. »

Pompidou, dans son petit cours du matin, nous a dit la semaine dernière : « L'idée clé de la philosophie du Général, c'est le respect de la dignité. En politique intérieure, dignité des individus, des ouvriers, des paysans, des classes défavorisées. En politique étrangère, dignité des peuples, si pauvres et si arriérés soient-ils, et surtout s'ils le sont. Dignité des humiliés et offensés. »

---

* Ministre de l'Agriculture.

Chapitre 4

« PLUS TÔT LES AMÉRICAINS QUITTERONT LA FRANCE, MIEUX ÇA IRA ! »

Conseil du 13 août 1963.

Couve commente le traité de Moscou sur les essais nucléaires non souterrains, signé à Moscou le 5 août. Ni la France, ni la Chine n'y adhéreront : « Il ne comporte pas de mesures réelles de désarmement. Nous n'avons aucune raison d'arrêter notre programme atomique.

GdG. — La seule discussion sérieuse serait celle qui s'attacherait au contrôle des vecteurs *. Cette hypothèse a peu d'échos. Il n'y a donc pas de vraies conversations sur le désarmement. »

Couve souligne que « le problème allemand évolue du fait d'un élément nouveau : l'Allemagne de l'Est a signé le traité aux côtés de l'Allemagne de l'Ouest. Un tabou est rompu.

« Le traité va susciter l'adhésion empressée de tous les pays du monde qui n'ont jamais pensé à faire de recherches atomiques. Ce qui compte, c'est le geste : de nouveaux rapports s'instituent entre l'URSS et l'Occident.

GdG. — Les Américains ont déclenché un énorme battage. Nous sommes en ce moment le seul pays, avec la Chine, qui puisse l'encaisser sans broncher. Pour la suite, nous verrons.

« Dans l'immédiat, le succès de Khrouchtchev est évident :

« 1. Ça se passe à Moscou.

« 2. Les Américains renoncent à toute inspection.

« 3. Surtout, Pankow ** est partie prenante dans un accord international. Bonn le subit et l'accepte. En apposant sa signature sur le traité, à côté de celle de la République démocratique allemande, la République fédérale a elle-même violé le principe selon lequel elle parlait au nom de l'Allemagne tout entière.

« 4. La République fédérale essuie un grave échec. Mais puisqu'elle ne fait rien pour s'affranchir du protectorat américain, c'était inévitable.

« Quant à nous, il apparaîtra clairement que notre politique ne se confond pas avec celle des États-Unis. »

---

* C'est bien vu, mais la négociation sur une limitation des fusées intercontinentales ne commencera entre Américains et Russes qu'en novembre 1969 ; elle aboutira aux premiers accords SALT en 1972.

** Quartier de Berlin où était établi le gouvernement de la République démocratique allemande, au-delà du Mur.

« *Les Anglo-Saxons craignent de perdre leur hégémonie* »

Impitoyable au désir de vacances de ses ministres, le Général réunit le *Conseil le 21 août 1963*. Demain, c'est l'anniversaire du Conseil après lequel il avait essuyé le feu du Petit-Clamart.

Couve revient sur les accords de Moscou : « Les Allemands ont adhéré, quoique Ulbricht * se soit aussi rendu à Moscou, ce qu'ils auraient naguère considéré comme scandaleux. La position française ? Pour les expériences nucléaires, elle est simple, connue, sans équivoque. Pour la prétendue "Force multilatérale", nous n'y participerons pas. En ce qui concerne l'Allemagne, s'il s'agit d'apparences, c'est inutile : s'il s'agit de réalités, c'est dangereux.

« La France mène une politique d'indépendance. Elle ne va pas compromettre ce qui est, pour elle et pour l'avenir, l'essentiel de cette politique : la construction d'une force nucléaire totalement indépendante. Puis viendra le jour où on pourra négocier.

GdG. — Dans une conjoncture grave, nous pouvons toujours parler et coordonner notre action. En temps ordinaire, nous suivons notre chemin.

Pisani. — Dans ces conversations entre Russes et Américains, est-ce qu'il n'y a pas le désir d'empêcher l'Europe économique ?

GdG. — La puissance des Américains est devenue rapidement énorme. Cette situation les satisfait dans leur désir d'hégémonie. C'est l'éternelle histoire des hommes. Quand ils dominent, ils craignent de perdre leur domination. Les Américains ne souhaitent plus l'union de l'Europe, qui serait contraire à leur désir d'hégémonie. L'Europe dispersée facilite l'élargissement de leurs possibilités commerciales. C'est un ensemble d'intérêts dans lequel ils sont pris.

« *La politique des États-Unis et celle de l'Union soviétique, c'est trop fort de café* »

« Nous pouvons vivre comme un satellite, comme un instrument, comme un prolongement de l'Amérique. Il y a une école qui ne rêve que de ça. Ça simplifierait beaucoup de choses. Ça dégagerait des responsabilités nationales ceux qui ne sont pas capables de les porter. Ils pourraient faire des discours, être ministres, escorter les Américains dans les conférences.

« C'est une conception. Ce n'est pas la mienne. Ce n'est pas celle de la France. Dans son essence. *Dans son essence*. (Il a répété, comme pour signifier que ce n'est pas une position personnelle.) Il nous faut mener une politique qui soit celle de la France. Notre

* Chef du Parti et du gouvernement de RDA.

devoir est de ne pas disparaître. Il est arrivé que nous ayons été momentanément effacés. Nous ne nous y sommes jamais résignés. Nous avons aujourd'hui le moyen de ne pas le faire. Notre substance est telle que nous *pouvons être indépendants*.

« Il y a une chance à saisir pour l'Europe. La politique de l'Union soviétique et celle des États-Unis aboutiront toutes deux à des échecs. C'est trop fort de café. Le monde européen, si médiocre qu'il ait été, n'est pas prêt à accepter indéfiniment l'occupation soviétique d'un côté, l'hégémonie américaine de l'autre.

« Ça ne peut pas durer toujours.

« L'avenir est à la réapparition des nations. Parmi elles, il y a la nation russe et la nation américaine, mais ce ne sont pas les seules nations au monde ! Quand ? Après quelles péripéties ? Je n'en sais rien. Mais la politique d'indépendance que nous menons a sa chance.

« L'Italie n'est pas sérieuse ; donc, elle n'existe pas. Les Anglais se consolent de leur déclin en se disant qu'ils partagent l'hégémonie américaine. L'Allemagne a les reins cassés.

(L'expression lui revient, quand il parle de l'Allemagne, comme chez Homère, Athéna a "les yeux pers" et l'aurore "les doigts de rose". Rapproché de l'éclatante vitalité allemande, ce mot a quelque chose de singulier. De Gaulle voit toujours l'Allemagne comme ce géant que Bismarck avait planté au milieu de l'Europe. Fortement rétrécie, et surtout coupée en deux, cette Allemagne-là, virtuellement surpuissante, a eu, en effet, les reins cassés en 1945.)

« S'il fallait choisir entre l'indépendance et le Marché commun, il vaudrait mieux l'indépendance »

« Finalement, en Europe, il n'y a que nous pour être vraiment indépendants. Nous ne sommes pas rien. On bave sur nous, mais on voudrait nous imiter. C'est vrai en Europe, en Amérique latine, en Afrique, peut-être même en Asie et même de l'autre côté du rideau de fer. À condition d'être simples, clairs, pas outrecuidants, mais fermes dans notre position. C'est là une grande politique.

« Tant que les Américains étaient maîtres du Marché commun, ils étaient pour. Maintenant que ça devient sérieux, ils sont contre. Quelle blague ! Ils ont poussé les Anglais à le détruire de l'intérieur. Ils vont l'attaquer par le GATT *. Eh bien, mieux vaut l'indépendance qu'un Marché commun vassalisé. Et même, s'il fallait choisir entre l'indépendance et le Marché commun, il vaudrait mieux l'indépendance que le Marché commun. Il faut que les Allemands le voient et le comprennent.

---

* *General Agreement on Tariffs and Trade*, Organisation mondiale du commerce.

« La partie est dure ; mais pas tellement ; nous en avons connu de plus dures. (Un silence, puis l'ironie éclaire son visage.) Il faut faire confiance aux démocraties : ça n'ira jamais très loin.

« Je ne suis pas convaincu que cette politique de condominium entre l'Amérique et la Russie dure longtemps. Les intérêts restent les intérêts. Les rivalités restent les rivalités. Elles sont inconciliables. Le moment viendra où l'Amérique et la Russie ne pourront plus s'entendre sur le dos de l'Europe. »

Quand nous nous levons, Joxe * me glisse : « Nous avons eu du grand de Gaulle. Il a su se faire pardonner de nous avoir cassé nos vacances. »

Après le Conseil, le Général ajoute seulement :

« Ce qui se passe tous les jours montre qu'il vaut mieux ne pas dépendre des autres pays pour prendre ses décisions. En 36, la réoccupation de la rive gauche du Rhin, ça s'est passé comme ça : Sarraut n'a rien voulu faire sans avoir l'accord des Anglais. On n'a donc rien fait. On a laissé traîné et on s'est dégonflé. Si on avait réagi sur-le-champ, Hitler était cuit. Pour Cuba, Kennedy a gagné parce qu'il a fait tout de suite le nécessaire. Il ne s'est pas suspendu à ses alliés ; il a d'ailleurs bien fait, puisque ces alliés, à notre seule exception, se sont bien gardés de le soutenir. »

« Yalta continue à exercer ses funestes effets »

Salon doré, 4 septembre 1963.

AP : « Est-ce que notre politique étrangère n'évolue pas vers une forme de neutralisme ?

GdG. — Qu'appelez-vous neutralisme ?

AP. — Il y a deux sens : ou bien se tenir à égale distance des Américains et des Russes ; ou bien se refuser d'avance à prendre parti dans tout conflit armé, où qu'il apparaisse. Je pensais au premier sens.

GdG. — On ne peut pas mettre tout le monde dans le même sac. Les pays sous-développés ont tout avantage à ne pas dépenser d'argent en forces armées, à évoluer vers votre neutralisme seconde manière. Pour ce qui est de nous, nous devons être assez armés pour jouer le rôle national et international conforme à notre génie. C'est-à-dire, pour être des inspirateurs du tiers-monde, le jour où il voudra échapper aux deux colosses américain et communiste.

« Cuba n'a pas eu à se féliciter d'être devenu le théâtre de la lutte entre les Russes et les Américains. Batista était l'homme des

* Ministre d'État chargé de la Réforme administrative.

Américains. Il a été remplacé par Fidel Castro, qui est l'homme des Russes. Mais Cuba n'y a pas son compte. Yalta continue à exercer ses funestes effets. Tout ce qui n'est pas sous la botte communiste est sous protectorat américain. C'est pourquoi le tiers-monde regarde vers la France. »

Conseil du mardi 1er octobre 1963.

Couve expose le problème né de la volonté américaine de modifier leur organisation logistique : « Ils ont annoncé leur intention de raccourcir, par économie, leurs lignes de communication en Europe. Brême remplacerait Saint-Nazaire comme tête de pont de leurs forces. Il se peut aussi qu'ils aient voulu nous être désagréables...

GdG. — En quoi ça peut nous désobliger qu'il y ait moins d'Américains en France et moins de Français au service des Américains, alors que nous manquons de main-d'œuvre ?

« Mais leur opération consistait à rétrocéder leurs installations aux Allemands et à transformer leur système en une logistique allemande. Tout ça se faisait tranquillement dans notre dos. Vous pensez bien que nous ne l'accepterons jamais. Le Chancelier m'a écrit qu'il l'avait bien compris. Il me l'a répété dix fois. Nous n'admettons pas qu'on décide de ce qui appartient à la souveraineté française, sans même nous prévenir. »

« Chacun des deux mastodontes ne voudrait voir aucune tête qui dépasse »

Après le Conseil, le Général revient sur le sujet :

« Que les Américains veuillent remplacer Saint-Nazaire par Brême, ça ne m'est pas désagréable du tout. Je n'y vois même que des avantages. Plus tôt ils quitteront la France, mieux ça ira ! Mais ils ont eu une idée abracadabrante. Ils ont essayé de refiler leurs installations en France aux Allemands, en nous cachant soigneusement leurs intentions. Et leur opération aurait failli se faire, si nous n'avions pas été mis très loyalement au courant par la Chancellerie fédérale. Devant ma réaction, Adenauer a mis le holà. Le traité franco-allemand sert quand même à quelque chose : c'est que le Président américain ne peut pas avoir de relations plus étroites avec le Chancelier fédéral que le Chancelier fédéral avec moi. »

Salon doré, 9 octobre 1963.

GdG : « Les Russes et les Américains ne peuvent se mettre d'accord que sur ce qui peut garantir leur monopole. Chacun des deux mastodontes ne voudrait voir aucune tête qui dépasse. Les Russes ne voudraient pas plus voir les Chinois se doter d'un armement atomique, que les Américains ne souhaitent que nous menions à bien le nôtre. Les positions de la France et de la Chine sont symétriques. »

Chapitre 5

« IL FAUT OSER REGARDER LES AMÉRICAINS EN FACE, ILS FINISSENT PAR S'Y FAIRE »

Au Conseil du mardi 15 octobre 1963, Couve raconte trois jours à Washington, où il a vu Kennedy, Rusk, McNamara, George Ball, Dillon *, plus des parlementaires et des journalistes.

Couve : « Tout le monde ne pense qu'à l'élection présidentielle de l'an prochain. Il est peu probable que Kennedy ne soit pas réélu, mais sait-on jamais ? Goldwater ** représente ce qu'il y a de plus réactionnaire face aux Noirs.

« La crise de janvier, avec notre refus de la Force multilatérale et de l'entrée des Anglais dans le Marché commun, est considérée comme ayant mis fin au grand dessein du Président Kennedy. De là, date un prurit francophobe dans le monde officiel et la presse... Tout ce qui vient de France est supposé riche en arrière-pensées.

« Au sujet de Moscou, Rusk a mis un soin méticuleux à me montrer qu'il n'y a pas de détente, à l'exception de la non-dissémination de l'arme atomique. Sur ce point, j'ai rappelé que si nous ne voulons pas des accords de Moscou, c'est que nous aurions été le seul pays — avec la Chine — à en faire les frais.

GdG (le coupe, ce qui est rare). — C'est comme s'il y avait deux hommes capables de traverser la Manche à la nage et les autres pas. Ceux qui ne sont pas capables d'une performance peuvent faire sans peine le sacrifice d'y renoncer, ça ne leur coûte rien. »

« Les Américains perdent les agréments de l'hégémonie, sans en perdre les charges »

Couve, après un silence (de surprise, ou de respect ?), reprend, comme s'il n'avait rien entendu : « Les conversations subséquentes (c'est son langage) entre Américains et Soviétiques accroissent le trouble dans une Allemagne qui n'en avait vraiment pas besoin, au moment du départ d'Adenauer. » Il montre l'absurdité d'une rivalité des États-Unis et de la France, qui contraindrait l'Allemagne

* Secrétaires d'État, respectivement, aux Affaires étrangères, à la Défense, au Commerce extérieur, au Trésor.

** Barry Goldwater sera désigné comme candidat par la Convention républicaine de San Francisco, le 15 juillet 1964.

à choisir entre l'amitié des États-Unis et celle de la France. Ce serait mauvais pour tout le monde. Puis il conclut :

« Dans l'ensemble, nos politiques nationales sont très différentes. Il faut qu'on s'y habitue. Pour notre programme atomique, on a cessé de vouloir nous faire changer d'avis. Pour l'entrée de la Grande-Bretagne dans le Marché commun, nos interlocuteurs se résignent à ce que la question ne se pose pas avant longtemps.

« Il convient de faire un long effort de "relations publiques", comme on dit, en évitant les changements brutaux (Couve hasarde une critique à peine voilée du style du Général). Il faudrait déployer un effort d'explication, pour que les Américains admettent qu'il y a une autre position que la leur.

« Face aux Anglo-Saxons, on est toujours en minorité »

GdG. — On ne voit pas trop ce que vous auriez pu faire ou dire d'autre.

« Pour les Américains, il est assez pénible d'être contraint à changer de position. L'hégémonie a des agréments et des charges. Ils sont en train de perdre les agréments, sans perdre les charges. Pour notre part, nous ne leur causons plus de charges, mais quelques désagréments ; leur hégémonie s'effiloche.

« Il n'y a de notre part aucun désir de jeter de l'huile sur le feu. Le jour où ils renonceront à leur hégémonie, les choses seront plus simples.

« Ils s'en prendraient volontiers à nous du fait que ça va mal. La Grande-Bretagne titube, l'Allemagne est incertaine, l'Italie ne sait pas où elle va. Tout cela est préoccupant pour les États-Unis — mais également pour nous.

« Une France qui se tient, qui est sortie du désarroi, ça devrait les réconforter, face aux spasmes qui agitent le monde. Encore faut-il qu'ils s'y habituent.

Pisani. — J'ai reçu la visite du nouveau conseiller économique de l'ambassade des États-Unis. Je crois qu'ils finissent par prendre leur parti de la politique agricole commune.

GdG. — Vous croyez ? J'en doute fort. (Pisani croyait aller dans son sens, en lui apportant l'exemple d'un succès, et le voici à contrepied.) Pourquoi disait-on que, si l'affaire de la politique agricole commune venait devant le GATT, ça ne pourrait pas nous gêner ? Dans cet organisme, États-Unis, Grande-Bretagne et Dominions sont toujours en majorité. Face aux Anglo-Saxons, on est toujours en minorité. »

« Les Américains finiront par se faire détester de tout le monde »

Salon doré, 6 novembre 1963, le Général me dit :

« Voyez, même à l'OTAN, que les Américains ont bâtie de leurs mains, qui est leur chose, vous avez vu ça ? Les parlementaires de l'OTAN déclarent que la Force multilatérale n'est qu'une vaste blague. La vérité, c'est que les Américains finiront par se faire détester par tout le monde. Même par leurs alliés les plus inconditionnels. La Force multilatérale, ce serait un trucage de plus. Tous les trucages qu'imaginent les Américains sont démentis par les événements. C'est de plus en plus vrai. Regardez leur soi-disant détente…

AP. — Que signifie, à votre avis, le fait que les Soviets se remettent à arrêter les convois américains vers Berlin ?

GdG. — Bien sûr, les Russes font la démonstration que la propagande américaine est mensongère, quand elle parle de " l'esprit de Moscou " et qu'elle veut faire croire qu'on a fait un grand pas vers la détente.

AP. — Don Cook, dans le *Herald Tribune*, se félicite de la solidarité qu'a montrée la France en envoyant un convoi vers Berlin.

GdG. — Solidarité ? C'est stupide ! Nous n'avons pas fait ça pour faire plaisir aux Américains ! La France n'admet pas que ses relations avec Berlin soient interrompues. Alors, nous avons décidé de faire passer un convoi, conformément au plan établi. Le convoi a foncé. Il est passé. Les Russes n'ont pas osé l'empêcher de passer. Il se trouve que ça a permis aux Américains de passer ensuite et que ça les a fait sortir de la situation ridicule où ils s'étaient mis eux-mêmes en se laissant intercepter. Mais ce n'est pas pour ça que nous l'avons fait !

« Voyez-vous, la France est un allié, mais un allié indépendant, farouchement décidé à n'obéir à aucun diktat, à aucune pression. Elle a des droits à proportion de ses devoirs et des devoirs envers ses alliés à proportion de leur attitude à son égard. Nous ne sommes pas des moutons. »

« Je dois une visite à Kennedy »

Salon doré, 20 novembre 1963.

AP : « Comptez-vous toujours aller en Amérique au début de 64 ?

GdG. — Oui. Je dois une visite à Kennedy. Il faut que je la lui rende.

AP. — Même si nos relations continuent à être tendues ?

GdG (avec un geste dédaigneux). — Nos relations ne sont pas

tendues ! Nous avons dit leur fait aux Américains. Maintenant, ils savent à quoi s'en tenir. Pourquoi voulez-vous que la situation soit tendue ? Parce qu'on dit la vérité aux gens ? Il faut oser regarder les Américains en face, ils finissent par s'y faire.

AP. — La crise, ce fut quand la France s'est dotée de sa force nucléaire et a refusé de la placer dans la Force multilatérale ?

GdG. — Oui. Mais maintenant, c'est un fait accompli, on ne pourra pas revenir là-dessus. La preuve a été faite que la France pouvait se doter d'une force nucléaire par elle-même, grâce à ses savants, à ses techniciens, à la situation de son économie, à son infrastructure industrielle, à ses prolongements outre-mer, alors que tout le monde en doutait. La preuve aussi a été faite que les Américains étaient impuissants à nous en empêcher, malgré les efforts énormes d'intimidation qu'ils ont déployés. Il faut bien que les Américains admettent qu'il y a une donnée tout à fait nouvelle dans la stratégie mondiale. Alors, maintenant, pourquoi ne voulez-vous pas qu'on cause ?

AP. — Mais vous ne pensez pas donner à ce voyage un caractère spectaculaire de visite d'État, avec mouvements de foule ?

GdG. — Ben non, au contraire ! La visite d'État, je l'ai faite en 60. Peut-être, il y aura la foule, parce que les Américains savent qu'il n'y a qu'un pays qui leur tient tête, tout en restant fidèle à l'amitié et à l'Alliance ; et on voudra voir le chef de ce pays... Ça sera fin février. »

Dans l'incertitude, très inhabituelle chez le Général, sur la forme que prendrait sa visite, faut-il chercher comme un pressentiment que la mort allait lui donner son visage tragique ?

Chapitre 6

« LA BALLE A FAIT ÉCLATER LA BOÎTE CRÂNIENNE DE KENNEDY »

Vendredi soir, 22 novembre 1963. À peine avais-je, à 19 heures, inauguré la Télévision régionale de Strasbourg, que je monte dans le minable bimoteur du GLAM pour rejoindre Nice, où doivent se tenir demain et après-demain les assises de l'UNR *. Le pilote, qui a capté un message, hurle dans le casque : « Les aérodromes de l'OTAN en France et les couloirs aériens sont mis en alerte. » Puis les messages se succèdent : « Le Président des États-Unis aurait été transporté à l'hôpital... » « Il aurait été victime d'un attentat... » « On essaie de le sauver... » « Il est mort... » Ensuite, parviennent par saccades des détails sur l'attentat de Dallas.

> Le Général me dira, le mercredi suivant : « On a voulu ménager les nerfs des Américains, on a fait croire qu'il allait s'en tirer, mais la balle a fait éclater sa boîte crânienne. »

Nous arrivons vers minuit dans l'hôtel où sont regroupés les caciques de l'UNR et les ministres qui en sont issus. Dans les salons, au bar, des groupes de trois ou quatre parlent à voix basse. Des journalistes américains pleurent. Une anxiété se peint sur les visages. Chacun y va de son hypothèse ou de son pronostic.

Nice, samedi matin 23 novembre.

De bonne heure, je téléphone à Burin **. Il m'annonce que le Général, en apprenant la nouvelle hier soir, a décidé aussitôt de se rendre à Washington pour les funérailles. « Surtout, ne le dites pas encore. Le déplacement du Général sera annoncé par communiqué, quand les Américains auront fait connaître leur agrément. »

Le communiqué tombe vers 11 heures : le Général arrivera à Washington demain dimanche, assistera aux funérailles lundi matin et rentrera lundi soir.

Avec son sens aigu du mouvement des âmes, le Général a-t-il deviné qu'il capterait l'émotion populaire en étant le premier à prendre position ? A-t-il voulu effacer par l'empressement de son hommage les froissements qu'il avait infligés à Kennedy ? Ou plutôt, manifester son respect à un homme d'État dont il appréciait le courage et l'audace ?

---

* Union pour la Nouvelle République, le nom d'alors du mouvement gaulliste.

** Étienne Burin des Roziers, ambassadeur, secrétaire général de l'Élysée.

Le communiqué de l'Élysée a semé la panique dans les chancelleries. Comment la Reine et le Premier ministre de Grande-Bretagne, le Chancelier allemand, etc., feraient-ils moins que le Président de la République française ? Tous les chefs d'État et de gouvernement de la planète vont se précipiter sur ses pas.

La combinaison de notre Constitution et d'un homme d'exception donne à la France un atout que les autres pays, paralysés par leurs instances de concertation, ne possèdent pas : la rapidité de décision. Cet atout, le Général l'avait joué dans l'affaire des fusées soviétiques à Cuba, voici un an : il le joue encore pour honorer l'homme qu'il avait alors soutenu, le premier et le seul, au plus fort de la crise.

> Il a, du même coup, créé, en fait de funérailles, une tradition qui n'avait pas de précédent : pour Adenauer, pour Churchill, pour Eisenhower, pour lui-même, pour Pompidou, pour Mitterrand, une centaine de souverains, de chefs d'État ou de gouvernement allaient prendre l'habitude de se déplacer.

« Comment ça a pu se faire comme ça ? »

Au *Conseil du 27 novembre 1963*, Couve s'arrache à son laconisme :

« Ce qui s'est passé à Dallas, on n'en sait ni les conditions ni la cause. Il y a des doutes sur l'enquête locale au Texas, sur l'arrestation d'un suspect déclaré coupable avant enquête, sur son assassinat en présence même de la police. On a aussitôt affirmé que l'enquête était close et que le problème était résolu. D'où un malaise : ce drame a révélé que la situation aux États-Unis est malsaine. Ce meurtre est sans doute lié au grand problème de la *ségrégation raciale*. (Couve détache les mots, lui qui parle d'ordinaire d'un ton monocorde.)

« Il entraîne un changement brutal dans la direction du pays le plus puissant du monde. Le pouvoir passe brusquement au successeur légal, qui n'en a pas l'expérience. Les perspectives de la réélection de Kennedy sont détruites.

« Le geste du général de Gaulle a eu un retentissement extraordinaire, du gouvernement au peuple. La terre entière a été représentée à un niveau très élevé, le Président de la République en ayant donné l'exemple. Au cours de la réception à la Maison-Blanche après les funérailles, il était le point de mire. On n'avait d'yeux que pour lui. Chacun souhaitait pouvoir lui dire un mot, lui serrer la main, lui être présenté. Une file d'attente spontanée s'est formée, comme si c'était lui qui recevait.

« Contact Johnson-général de Gaulle : entretien d'une demi-heure, le premier que Johnson ait eu depuis qu'il est Président.

Bonne volonté, désir d'avoir des relations amicales. Ils ont parlé de la rencontre qui devait avoir lieu en février. Mais ce n'est plus une visite à rendre à Kennedy, c'est une réunion à organiser entre les deux Présidents. On a tiré sur ce point des conclusions précipitées.

GdG. — Tout ça est très dramatique et fort important pour ce qui s'ensuivra, aux États-Unis et dans le monde. J'ai eu l'impression que le peuple américain était très touché : à cause du caractère de cette mort, de la personne du disparu, qui était humainement populaire, de sa famille, de son environnement, de sa manière d'être... Il est troublé dans ses profondeurs.

« Il a des inquiétudes sur les conditions dans lesquelles cet événement s'est passé. Tout le monde se demande comment ça a pu se faire et, surtout, comment ça a pu se faire comme ça. On sent qu'il y a quelque chose qui ne va pas ; quelque chose qui doit être mis en ordre, et qui ne l'a pas été jusqu'à maintenant, sans qu'on s'en soit rendu compte. D'où un sentiment d'alarme discret chez beaucoup d'Américains.

(Le Général s'arrête un moment, comme si son propos était plein de sous-entendus. Les regards des ministres se croisent, interrogateurs.)

« Ne nous abandonnons pas à Washington ! »

« Il était nécessaire que le Président de la République française y fût. J'ai senti un concours de sympathie et de considération. (Il est beaucoup plus sobre que Couve : modestie oblige.)

« Mme Kennedy a eu beaucoup de courage et de dignité, à la hauteur des circonstances. Quant au Président Johnson, on ne peut pas savoir comment il sera. Il était au bout de la fatigue. Il s'était trouvé là au moment du drame. Depuis lors, il a été secoué sans arrêt par sa prise de fonctions, par les préparatifs de la cérémonie. Il a été obligé de suivre le cortège en voiture, alors que les autres allaient à pied. Et sa fatigue était visible au cours de la réception et de notre conversation.

« Il m'a accueilli en me disant : "C'était presque arrangé avec Kennedy pour février. Tout naturellement, ça doit se faire." Étant donné les circonstances, je n'ai pas dit non, mais je suis resté réservé sur le moment et sur le lieu. Dans son désir de faire aux journaux américains des communications agréables, il a été au-delà de ce que j'avais dit.

« Ce changement de personnes ne sera pas sans conséquences. Pour nous, la politique que nous menons est plus nécessaire que jamais. Ne nous abandonnons pas à Washington, c'est la tentation de la facilité ! Ça coûte moins cher que de rester soi-même. Mais ça n'est pas l'intérêt national, ni la vérité nationale. Ayons une politique à nous dans tous les domaines ! Il nous faut traiter d'égal à égal avec les États-Unis. Non pas d'égal à égal pour nos moyens, qui sont évidemment très inégaux, mais d'égal à égal en tant qu'États souverains. »

« Fermez le ban », souffle Missoffe *.

« L'histoire de Kennedy, c'est la mienne »

Salon doré, après le Conseil.

AP : « Comment interprétez-vous cet assassinat ?

GdG. — Je n'ai qu'une intuition, et peut-être on ne saura jamais la vérité. Je m'en vais vous dire comment je ressens les choses. C'est bien simple : ce qui est arrivé à Kennedy, c'est ce qui a failli m'arriver. Son histoire, c'est la mienne. Le meurtre du Président des États-Unis à Dallas, c'est ce qui aurait pu se produire quand le Président de la République française se baladait à Alger ou Oran, en 60 ou 61. Ça a l'air d'être une histoire de *cow-boys*, mais ce n'est qu'une histoire d'OAS. La police est de mèche avec les ultras. Les ultras, en Amérique, c'est le Ku Klux Klan, la Birch Society ** et toutes ces associations secrètes d'extrême droite. Et là-bas, leurs Arabes, ce sont les Noirs.

« N'en doutez pas, le conflit entre Noirs et Blancs est à l'origine de ce meurtre, soit directement parce que les ultras l'auront commandité, soit en tout cas indirectement, en créant un climat de violence, d'exaspération, un climat tel que la société n'obéit plus aux règles et aux lois. C'est l'histoire qui a failli nous arriver, si nous n'avions pas donné l'indépendance à l'Algérie. C'est l'histoire de races qui ne peuvent pas s'entendre, et dont chacune craint d'être dominée par l'autre.

AP. — Avec cette différence que vous aviez la solution de l'indépendance, que les Américains n'ont pas sur leur propre sol.

GdG. — Il faudra bien qu'ils donnent à leurs Noirs une véritable égalité. Sinon, ils seront pris dans un tourbillon de violences dont celle-ci n'est qu'une des premières.

AP. — Vous pensez vraiment que c'est la police qui a fait le coup ?

GdG. — Ou bien elle a fait le coup, ou bien elle l'a fait faire, ou bien elle l'a laissé faire. De toute façon, elle est dans le coup. Ça se passe toujours comme ça dans un pays où il y a des haines raciales, où il y a des oppresseurs et des opprimés, où les oppresseurs ont encore plus la trouille que les opprimés ; où la police, ou du moins certains de ses éléments, ne fait qu'un avec les oppresseurs. Ces éléments veulent s'imposer, veulent donner l'impression qu'ils représentent l'opinion publique et font des coups de main et des

* Ministre des Rapatriés.

** *John Birch Society*, groupe de pression raciste et anticommuniste, créé en 1958.

coups de force. Ils veulent exiger du Congrès le maintien de leurs privilèges et de leur supériorité pitoyable, de leur supériorité contredite par les réalités. C'est l'éternelle histoire. Ça a été l'histoire des États-Unis jusqu'à la guerre de Sécession. Ça a été notre histoire et, Dieu merci, ça a cessé de l'être. Mais ça risque de redevenir l'histoire des États-Unis. Leurs Blancs d'un côté, leurs Noirs de l'autre, comme nos petits Blancs en Algérie, en Afrique noire ou en Indochine, face à nos Arabes, à nos Noirs ou à nos Jaunes. La lutte est inexpiable. Il n'y a pas de solution qui puisse satisfaire tout le monde. C'est pourquoi on ne saura jamais la vérité. Car elle est trop terrible, trop explosive ; c'est un secret d'État. Ils feront tout pour le cacher ; c'est un devoir d'État. Sinon, il n'y aurait plus d'États-Unis.

« Ils observeront la loi du silence »

AP. — Vous pensez qu'Oswald est un prête-nom ?

GdG. — Tout porte à le croire. Ils se sont saisis de ce communiste qui n'en était pas un, tout en l'étant. C'est un *minus habens* et un exalté. C'était l'homme qu'il leur fallait. Un merveilleux accusé. La fable était de faire croire que le type avait agi par amour du communisme. Ça aurait permis de déclencher une chasse aux sorcières communistes et de détourner l'attention. Vous avez vu comment ils l'ont arrêté ? Ils le gardaient en réserve ! Ils se sont saisis de lui dès qu'il a fallu le trouver. Le type s'est enfui, car il devait se méfier. Ils ont voulu l'abattre sur-le-champ, sans même que la justice ait pu se saisir de lui.

« Malheureusement, ça ne s'est pas passé exactement comme ils l'avaient sans doute prévu. Le type s'est défendu. Un policier a été tué. Il y a eu des témoins. Par suite, on était obligé de le poursuivre en justice. On ne pouvait pas le descendre sans autre forme de procès. Mais un procès, vous vous rendez compte, c'est épouvantable ! Des gens auraient parlé. On en aurait remué, des choses ! On aurait tout déballé ! Alors, la police est allée chercher un indicateur qui n'avait rien à lui refuser et qu'elle tenait parfaitement en main ; et ce type s'est dévoué pour tuer le faux assassin, sous prétexte qu'il fallait défendre la mémoire de Kennedy !

« C'est de la rigolade. Toutes les polices du monde se ressemblent, quand elles font ces basses besognes. Dès qu'ils ont réussi à supprimer le faux assassin, ils ont déclaré que la justice n'avait plus à s'en occuper, puisque l'action publique était éteinte par la mort du coupable. Plutôt assassiner un innocent, que de laisser éclater une guerre civile. Plutôt une injustice qu'un désordre.

AP. — Mais Bob Kennedy * essaie de prendre l'affaire en main.

GdG. — Je me demande bien comment il fera. Chaque État fait

* Robert Kennedy, frère du Président, est ministre de la Justice.

la justice sur son territoire. C'est une loi fondamentale. Le gouvernement fédéral peut faire une enquête, mais il ne pourra pas en tirer de conséquences.

« L'Amérique risque de connaître des soubresauts. Mais vous verrez. Tous ensemble, ils observeront la loi du silence. Ils se serreront les coudes. Ils feront tout pour étouffer le scandale. Ils jetteront le manteau de Noé sur ces turpitudes. Pour ne pas perdre la face devant le monde entier. Pour ne pas risquer de déchaîner des émeutes aux États-Unis. Pour sauver l'unité du pays et éviter une nouvelle guerre de Sécession. Pour n'avoir pas à se poser des questions à eux-mêmes. On ne veut pas savoir. On interdit aux autres de savoir. On se l'interdit à soi-même.

« Les États-Unis ne sont pas une nation, c'est un costume de Polichinelle »

AP. — David Schoenbrunn *...

GdG (vivement). — C'est un faux témoin sans importance.

AP. — Peut-être, mais il a fait ce matin une déclaration intéressante sur Europe 1 — un mea culpa collectif. "Nous sommes tous des assassins. Nous avons tous tiré sur le Président avec le fusil à lunettes. C'est notre société que ce meurtre condamne et, en particulier, notre goût des *westerns*."

GdG. — Oui, le goût des *westerns* y est peut-être pour quelque chose. Tout ça est un *western*. Mais c'est aussi un penchant naturel du peuple américain, qui est toujours enclin à chasser les sorcières. Tantôt, la sorcière communiste ; tantôt, la sorcière noire.

« En fait, les États-Unis sont un costume de Polichinelle. Les *Negroes* ou les *Latinos*, qui s'entassent dans des ghettos misérables, ne font pas partie de la même nation que des descendants d'Européens qui détiennent tous les leviers, toute la richesse, tout le savoir, tous les pouvoirs.

« Voyez-vous, la France est une nation. Elle est la nation qui a su fondre dans son creuset, de siècle en siècle, toute sa diversité, tous ses agrandissements, toutes ses immigrations, toutes ses populations hétérogènes. L'Algérie ne méritait pas d'être proclamée française, parce que le peuple musulman n'avait pas fondu dans le creuset. Aujourd'hui, sans l'Algérie, la France se retrouve le modèle des États-nations. Les États-Unis sont une puissance, la plus grande, mais ils ne sont pas une vraie nation. »

De Gaulle supporte d'autant moins l'hégémonie des États-Unis, que la société américaine lui paraît frappée d'un vice de légitimité. Pour lui, ces États sont unis, la société ne l'est pas ; elle a ses colonies intérieures.

---

* Journaliste américain. Voir tome I, p. 494-495.

Chapitre 7

« IL FAUT LAISSER À CE TYPE LE TEMPS DE COMPRENDRE QUELQUE CHOSE »

Salon doré, après le Conseil du 27 novembre 1963 (suite).

Le Général, aujourd'hui, est causant comme il l'est rarement.

AP : « Avez-vous l'intention de vous rendre aux États-Unis au printemps prochain ?

GdG. — Non, ou en tout cas, je veux me laisser le temps de voir.

AP. — Pourtant, Johnson a bien déclaré que vous étiez d'accord ?

« Johnson, le pauvre diable, veut se faire couronner »

GdG. — Bien sûr. Il veut créer le fait accompli. Le pauvre diable, il veut se faire *couronner* ! (Rire, comme souvent ambigu : il rit de Johnson, et de cette énormité.) C'était déjà un peu le cas pour Kennedy, qui avait besoin, dans l'année électorale, que j'aille le voir. Il me faisait demander à cor et à cri de venir. Tant que je n'étais pas allé le voir, c'était une sorte d'hypothèque qui pesait sur sa politique. Une rencontre ayant le même caractère, une visite de travail, est souhaitable avec Johnson : deux jours pour passer en revue les grandes questions.

AP. — À Washington ?

GdG. — La mort de Kennedy change les données du problème. Ça rend plus indiqué qu'il y ait des consultations par la voie diplomatique pour préciser le lieu et les modalités.

AP. — En février, comme vous aviez prévu pour votre rencontre avec Kennedy ?

GdG. — Il faut laisser à ce type le temps de s'installer, de comprendre quelque chose aux questions ; ça ne lui sera pas si facile. Et puis, il faut qu'il reçoive lord Home (le Général ne dit pas Sir Alec *), et Erhard **, puisque ces deux-là se croient obligés de courir le voir. Et puis il aura à traiter des histoires de tous calibres : Amérique latine, monde soviétique. Tout ça fera bien des rencontres et des conférences. Alors, je serais surpris que nous puissions nous voir en février. Je ne suis pas pressé.

AP. — Plus on avancera dans l'année, plus ce sera difficile pour lui, à cause de la proximité des élections.

---

* Sir Alec Douglas Home était *lord Home* avant de résigner sa pairie pour briguer un siège à la Chambre des Communes, passage obligé pour devenir ministre.

** Chancelier fédéral d'Allemagne, successeur d'Adenauer.

GdG. — Il trouvera toujours un moment, parce que justement, c'est important pour ses élections. Vous savez, je l'ai mesuré au cours de mon voyage, ça compte, la France en Amérique. Un Président des États-Unis ne peut pas se présenter aux élections en ayant l'air de s'être isolé de nous.

(Gros rire. Je ris aussi, alors que d'habitude je m'abstiens : il n'aime pas — et moi non plus — les attitudes complaisantes, qu'il taxe de *veulerie* ou d'*approbationnisme*. Mais cette fois, je ne peux m'empêcher de trouver désopilante l'idée que le Président des États-Unis *s'isole* de la France, alors que l'opposition reproche précisément à de Gaulle de s'isoler des États-Unis. Il y a dans cette inversion le même orgueil, mâtiné d'humour, que dans le célèbre titre du *Times* : "Tempête sur la Manche — Le continent est isolé".)

AP. — Et c'est plus important pour Johnson que pour Kennedy ?

GdG. — Évidemment ! Johnson n'est pas sûr d'être élu l'an prochain. Vous parlez, si Nixon * et Rockefeller font leur publicité du fait que je les ai reçus à déjeuner ! C'est pour ça que Kennedy tenait tant à cette rencontre et c'est pourquoi Johnson a tout de suite clamé que j'irais le voir à Washington. Ça a été le premier acte de sa vie officielle. Il était trop heureux de pouvoir se valoriser.

AP. — Vous ne croyez pas que c'est un simple malentendu ? Il ne comprend pas le français...

GdG. — Ta, ta, ta ! Il a très bien compris. Il n'a pas voulu comprendre. Il a fait la bête. Il m'a dit exactement ceci : "Votre visite de février doit se faire comme s'il ne s'était rien passé." Évidemment, en un jour pareil, je ne lui ai pas dit : "Non, n'y comptez pas. C'est d'abord à vous de venir à Paris et je ne me déplacerai pas tant que vous ne serez pas d'abord venu me faire visite." Mais je n'ai pas été très engageant.

« Il faut donner une leçon à ce type-là »

« Je n'aime pas qu'on me force la main. Il faut donner une leçon à ce type-là. Johnson a fait ses débuts en commettant une gaffe.

AP. — Kennedy se serait sans doute exprimé avec plus de nuances. Il était prudent et avait la pratique du pouvoir.

GdG. — Non, ce n'est pas ça. Kennedy, pendant trois ans, avait appris à qui il avait affaire. Quand il parlait avec moi ou de moi, il savait à quoi s'en tenir. Johnson n'a pas encore compris. Il faut lui

* Finalement, Nixon, candidat républicain contre Kennedy en 1960, ne sera pas candidat en novembre 1964 contre Johnson ; il laissera passer un tour, et battra Humphrey en 1968.

apprendre : il n'y a pas de raison de reculer devant la publication d'un texte.

AP. — Sous quelle forme voyez-vous cette mise au point ?

GdG. — Faites-vous donc poser une question. Vous donnerez une réponse conforme à ce que j'ai préparé et que voici. (Il me tend un papier écrit de sa main, tout raturé.)

AP. — Si vous souhaitez que je reproduise ce texte intégralement — et ce serait peut-être préférable, étant donné son importance et le soin que vous avez pris à le corriger — il vaudrait peut-être mieux que je le présente honnêtement comme un véritable communiqué, non pas comme une réponse improvisée par moi.

GdG. — Ah bon ! Si vous voulez. (Quand on invoque l'honnêteté, le Général s'incline toujours.) Faites comme vous l'entendrez. (Après un temps d'arrêt.) Mais alors, si ça doit être un communiqué, rendez-le-moi ; il faut que je le relise. »

Le Général le modifie encore : « *a eu* avec le Président Johnson *une assez brève conversation* d'ordre politique », au lieu de : « *a pu s'entretenir un moment* avec le Président Johnson ». L'expression « a pu » suggérait que Johnson lui avait fait la grâce d'un entretien. Dans ma bouche, elle aurait été mise au compte de ma maladresse. Dans un communiqué du Général, c'est différent.

« *Un* cow-boy *radical* »

AP : « Qu'avez-vous pensé de Johnson ?

GdG. — C'est un radical de la IIIe ou de la IVe.

AP. — Debré, lorsqu'il était Premier ministre, l'avait reçu à déjeuner et nous avait dit de lui, après l'avoir raccompagné : "C'est un *cow-boy* radical."

GdG (d'abord un peu contrarié, comme s'il lui déplaisait d'être pris en flagrant délit de semi-plagiat, mais vite souriant). — Un *cow-boy* radical, cette formule est tout à fait juste. Pour lui, l'histoire se réduit à des combinaisons de couloirs. C'est une sorte d'Hippolyte ou de Théodule américain. Kennedy était un homme d'une autre envolée. La politique américaine va retomber au niveau de la politicaille.

AP. — Comme candidat démocrate, peut-être devra-t-il céder la place à Bob Kennedy ?

GdG. — Si les élections avaient été rapides, l'émotion du peuple américain à chaud aurait été favorable à un Kennedy. Mais, dans un an... Tout dépendra de la façon dont Johnson se tiendra à son poste.

« Notre force atomique, c'est le starter »

AP. — Pensez-vous qu'une réorganisation de l'Alliance atlantique sera plus faisable avec Johnson qu'avec Kennedy ?

GdG. — Il faut distinguer l'Alliance et l'organisation de l'Alliance.

« L'Alliance continue d'être nécessaire, sans aucun changement. Si la France est attaquée, il est certain que les Américains interviendront. Mais quand et comment ? Leur intérêt peut ne pas coïncider avec le nôtre. L'Alliance ne les oblige pas à être à nos côtés tout de suite, avec tout leur poids et toutes leurs armes. C'est pour ça que notre force atomique est nécessaire. C'est une force de déclenchement et d'entraînement. C'est le starter. Inversement, si les États-Unis sont attaqués, nous serons à leurs côtés. L'Alliance jouera de toute façon. Mais elle jouera plus ou moins — et c'est pourquoi nous devons être capables de commencer à nous défendre par nous-mêmes.

« Et puis, il y a l'organisation de l'Alliance, c'est-à-dire l'OTAN. Eh bien, j'en suis sorti, pratiquement. Nous en avons retiré toutes nos forces navales, la plupart des forces terrestres, à peu près toutes nos forces aériennes. Et bien entendu, notre force de dissuasion en formation. Nous avons notre armée à nous, ne dépendant que de nous. Ce que nous avons laissé dans l'OTAN, c'est à titre symbolique. Ça ne nous gêne pas.

AP. — Mais vous pensez qu'en 69, à la fin du pacte de l'OTAN, nous pourrons nous en retirer complètement, ou nous pourrons exiger un remaniement de l'Alliance ?

GdG. — Pourquoi voulez-vous ? Il n'y a qu'à laisser courir. (Rire.) Il n'y a plus besoin de changer quoi que ce soit. Sauf le jour où nous voudrons retirer les quelques troupes ou les quelques escadrilles que nous avons encore laissées sous le commandement de l'OTAN, c'est-à-dire sous les ordres des Américains. Mais, pour le moment, je ne vois pas à quoi ça servirait. »

« Il faudrait que la France se précipite pour lécher les bottes des Américains »

Salon doré, 4 décembre 1963.

AP : « Votre refus d'une rencontre avec Johnson à Washington ne crée-t-il pas un premier incident dans vos rapports ?

GdG. — Pourquoi ? J'ai déclaré à Johnson que j'étais tout à fait disposé à le rencontrer au printemps prochain. Je n'ai jamais dit que j'irais chez lui. S'il veut venir, il sera le bienvenu !

AP. — Certains journaux sont déçus par la publication de son calendrier, où vous ne figurez pas.

GdG. — Bon prétexte pour eux de baver sur la France ! Ils ne peuvent pas supporter que la France ne s'aplatisse pas. Pour vos journaleux, il faudrait qu'elle se précipite pour lécher les bottes des Américains, et plus vite que les autres !

AP. — Finalement, vous ne le ferez pas, ce voyage…

GdG (avec impatience). — Mais je n'ai aucune raison d'y aller ! J'y étais allé en 60, en visite d'État. Une en un septennat, ça suffit. De même en Angleterre, ça suffit ! En Allemagne, ça suffit ! En Italie, ça suffit ! Kennedy était ensuite venu me voir à Paris. Quand j'étais allé aux États-Unis, il n'était pas au pouvoir ; il était donc normal que je rende sa visite au Président Kennedy. Ma dette envers lui s'est éteinte par ma présence à son enterrement.

AP. — Les Américains auront des réactions désagréables…

GdG. — Ça m'est complètement égal. Ils comprendront que la France est un allié, et le plus sûr dans les moments difficiles, mais indépendant. »

« Les Anglo-Saxons, je les aime, à condition qu'ils ne prétendent pas nous dominer »

Salon doré, 11 décembre 1963. Je questionne le Général sur la prochaine réunion annuelle de l'OTAN.

AP : « La France va-t-elle demander une révision des stratégies nucléaires occidentales ?

GdG. — Pour quoi faire ? Tout ça, ce ne sont que des faux-semblants. Il faut laisser courir.

AP. — Quelle sera l'attitude de la délégation française ?

GdG. — Elle n'aura aucune attitude. Elle laissera dire.

AP. — Elle sera d'une totale passivité ?

GdG. — Il y a une réalité, c'est que les Américains se dégagent nucléairement de l'Europe. Ils ne veulent pas qu'un conflit en Europe les entraîne automatiquement dans la grande apocalypse. Ils veulent se laisser la possibilité d'y échapper, quitte à nous y plonger par là même, et c'est ça qui est grave.

« Ils cherchent à tromper l'opinion, en inventant des trucs compliqués et pleins de bons sentiments. Nous nous opposerons à ce qu'ils fassent endosser par l'OTAN leur théorie de la pause atomique, qui n'est destinée qu'à couvrir leur dégagement nucléaire. »

Un silence, puis il conclut : « Si Johnson veut venir me voir à Fort-de-France, terre française, où je serai dans deux mois, je n'y vois pas d'inconvénient. Il ne faut pas qu'on croie que je n'aime pas les Anglo-Saxons. Je les aime. À condition qu'ils ne prétendent pas nous dominer. »

« Il ne sert à rien d'envenimer les choses »

Salon doré, 29 janvier 1964.

AP : « Notre reconnaissance de la Chine va peser sur les élections aux États-Unis. Les Américains prennent ça très mal.

GdG. — Qu'est-ce que vous voulez que ça me fasse que Johnson soit élu ou pas ? D'ailleurs, je préfère encore Nixon à Johnson *.

AP. — La presse américaine donne l'impression qu'il y a une détérioration grave de nos relations.

GdG. — Les Américains, chaque fois qu'on fait quelque chose qui ne leur plaît pas, proclament qu'on pourrait avoir des relations meilleures. Ça, c'est vrai. Quand nous ne voulons pas que l'Angleterre entre dans le Marché commun — ce qui ne les regarde pas —, et qu'ils adoptent une attitude agressive, eh bien, *eux*, ils n'améliorent pas les relations. C'est exact. Quand ils proposent de placer nos malheureuses bombes sous leur commandement et que nous déclinons cette offre généreuse, c'est notre affaire. Ce n'est pas une raison pour eux d'être hostiles. Si nous reconnaissons la Chine communiste, c'est notre affaire. Nous les aurons prévenus. Nous ne sommes pas obligés de leur demander la permission. Quand ils ont monté un débarquement à Cuba et que, maintenant, ils trafiquent avec Khrouchtchev, eh bien, ils ne nous ont pas demandé la permission ? Et ainsi de suite, n'est-ce pas ?

AP. — Vous comptez le dire dans votre conférence de presse ?

GdG. — Non. Il ne sert à rien d'envenimer les choses. »

Le Général est bien en selle sur son « dada ». Il aime le chevaucher, mais il reste maître des allures. Comme il a l'intention d'aller loin, il sait ménager sa monture.

---

* Le Général pense encore que Nixon sera candidat (cf. note, p. 47).

Chapitre 8

« IL FAUT QUE LES AMÉRICAINS S'EN AILLENT »

Salon doré, 3 juin 1964.

AP : « Qu'est-ce que vient faire George Ball ?

GdG. — Je ne sais pas. En ce moment-ci, je suis assailli de messages de Johnson. Il m'a envoyé, mais ne le dites pas, Anderson * l'autre jour en catimini. Il m'envoie maintenant George Ball à grand renfort de trompes. Il est ficelle, Johnson. Comme il n'a pas pu me faire venir à Washington, il essaie de m'entreprendre. Il me fait de bonnes manières. »

« J'aurais foutu ce gouvernement au clou »

Salon doré, 17 juin 1964.

AP : « C'est bizarre, qu'on ait fait sortir — en même temps que Johnson vous envoie ses messages affectueux — les lettres, insultantes pour vous, de Roosevelt à Churchill.

GdG. — Oh ! Il ne doit y être pour rien. Ça doit être automatique. Vous savez que le statut du Département d'État, c'est de rendre les archives publiques au bout de vingt ans.

AP. — Quand même, ça se retourne contre les démocrates, ça prouve que Roosevelt, leur idole, n'avait rien compris.

GdG. — Roosevelt avait très bien compris. Seulement, c'était un type qui voulait dominer l'univers et, bien entendu, décider du sort de la France. Alors, de Gaulle, ça l'embêtait ; il ne le trouvait pas assez souple. Il pensait que le jour où les Américains auraient débarqué en France, si le Maréchal était encore là, il n'aurait rien à leur refuser ; ce qui était bien vrai. Ensuite, Vichy étant devenu vraiment impossible, il a laissé tomber Vichy. Il a essayé de se rattraper sur Giraud. Puis, voyant que ça ne donnait rien, il a essayé de se rabattre sur Herriot. Il a même tenté de fabriquer un gouvernement à Paris au moment où j'allais y entrer, avec Laval, Herriot. Tout ça a été manigancé en liaison avec Abetz **, et avec le frère de Dulles, qui était à Genève pour le compte de la CIA (il prononce à la française).

---

* Secrétaire d'État au Trésor de 1957 à 1961, a été reçu par le Général le 30 mai, à l'instigation du général Billotte, hors du circuit diplomatique.

** Représentant du Führer à Paris sous l'Occupation.

AP. — Allen Dulles.

GdG. — Oui, c'est ça. D'abord moi, en arrivant à Paris, j'aurais foutu ce gouvernement au clou. (Ai-je mal entendu ? il aurait dû dire *au trou* — le mont-de-piété n'est pas la place d'un gouvernement, même comme celui-là !) Vous pensez, à l'époque, Herriot, Laval et Abetz, ça ne pesait pas lourd. Tous au clou ! (Il dit bien *au clou.*) Mais Roosevelt se figurait qu'Herriot assurerait la continuité avec la IIIe et Laval avec Vichy, et que tout ça allait apparaître comme la République. Seulement, Hitler, ça l'a exaspéré quand il a su ça. Il a dit : "De quoi, de quoi ? Laval, Herriot, et tous ceux-là ?" Alors, il a fait savoir à Laval de s'en aller à Sigmaringen, il l'a fait dire aussi au Maréchal, il a désavoué Abetz, il a fait remettre Herriot dans sa prison. Il a tout nettoyé.

« Seulement, Bohlen se comporte envers moi comme Roosevelt il y a vingt ans. Il reçoit en permanence des députés, des sénateurs, des journalistes, et il les monte contre nous. Je n'en ignore rien. Ils font tous ça, les Américains.

« Churchill piquait une lèche éhontée à Roosevelt »

« Roosevelt, c'était pareil, il ne traitait qu'avec des gens qui étaient mes ennemis. Il avait autour de lui, à Washington, des types comme Chautemps.

AP. — Et Saint-John Perse.

GdG. — Oui, Léger qui avait été limogé par Paul Reynaud *. Et d'autres du même tonneau, avec qui Roosevelt prenait le thé. Ils le montaient contre moi, en remâchant leurs échecs. Seulement, ça continue. Alors, Bohlen ne voit que nos adversaires, les Mitterrand et les Maurice Faure. Je suis sûr de gagner, n'est-ce pas ? On peut se fier aux démocraties. (Rire — "les démocraties", c'est ainsi que se présentaient pendant la Seconde Guerre les États-Unis et l'Angleterre ; mais le Général prend ce vocabulaire avec des pincettes : dans ces démocraties auto-proclamées, il voit surtout, le danger passé, l'impuissance du parlementarisme.)

AP. — En attendant, la presse américaine est exécrable à votre égard. Mais les lettres de Roosevelt se retournent contre lui.

GdG. — Et contre Churchill aussi.

« Churchill, lui non plus, n'admettait pas qu'on ne plie pas. Au lieu de trouver des gens de caractère qui lui auraient tenu tête, il s'entourait de gens qui étaient couchés par terre.

---

* Alexis Léger, secrétaire général du Quai d'Orsay de 1933 à 1940, artisan de la rencontre de Munich (et grand poète sous le pseudonyme de Saint-John-Perse), avait été mis en disponibilité par Paul Reynaud, Président du Conseil, le 20 mai 1940. Il s'était ensuite réfugié aux États-Unis.

« Je me rappelle un soir, quand j'ai rencontré Roosevelt pour la première fois, au Maroc. Roosevelt voulait m'obliger à me soumettre à Giraud. J'ai envoyé Roosevelt faire foutre, poliment mais fermement. Alors, Churchill m'a fait une scène invraisemblable. Je l'ai mal pris, et je lui ai dit : " Qu'est-ce que ça veut dire : *On ne vous comprend pas* ? Vous n'êtes pas digne de votre charge ! " Je l'ai très mal traité. Alors, le dernier jour, on s'est réuni autour de Roosevelt pour se dire adieu. Churchill, devant tout le monde, a commencé à me refaire une scène en me disant : " Vous n'avez pas suivi le Président." Il piquait une lèche éhontée à Roosevelt, et c'est Roosevelt qui, à la fin, a trouvé que ça suffisait et lui a imposé silence. Il a dit : " Maintenant, il faut que ces deux généraux se serrent la main devant les photographes."

« La politique de Roosevelt, c'était exactement celle qu'ont aujourd'hui les Américains dans le Sud-Est asiatique. Ils ne peuvent pas en imaginer d'autre. Des marionnettes, c'est ça qu'ils veulent en face d'eux. »

« Eux qui n'ont à la bouche que l'Europe, l'Europe, l'Europe »

Au Conseil du mardi 7 juillet 1964, Couve présente un accord pour une organisation « Telstar * » : 61 % pour les États-Unis ; l'Angleterre aura autant, avec le Canada et l'Australie, que le reste de l'Europe réuni.

Le Général, *après le Conseil*, ne me cache pas qu'il ressent une véritable souffrance en constatant que les Européens, même ensemble, ne sont pas capables de rivaliser avec les États-Unis : « Vous voyez ça ? La prépondérance américaine est écrasante, et la prédominance anglo-saxonne encore plus. Tout accord avec les États-Unis est léonin. (Un temps.) Mais enfin, il faut bien le signer. Il ne faut pas compromettre l'avenir. L'Europe semble en train de se rendre compte de son intérêt solidaire, face aux États-Unis. Il faut éviter qu'il y ait un monopole américain. Il faut que la situation entre les États-Unis et l'Europe soit le moins inégale possible. Il faut sauvegarder les chances futures de la France. Il paraît que nous avons une avance en lanceurs et en électronique spatiale. Ce qu'on peut espérer, c'est que les Européens se mettent d'accord entre eux pour faire quelque chose tout seuls, sans les Américains, le plus vite possible. Mais nos partenaires sont-ils vraiment européens, eux qui n'ont à la bouche que l'Europe, l'Europe, l'Europe ** ? Il m'arrive

---

* Satellite de communication.

** Un an et demi plus tard, entre les deux tours de la campagne présidentielle, le Général rendra célèbre cette invocation, dans un entretien télévisé avec Michel Droit.

de me demander si je ne suis pas le seul véritable Européen (j'ai déjà entendu ça *). »

Il garde le silence. Il reprend :

« Il faut que les Américains s'en aillent.

AP (sursautant). — Comment, s'en aillent ? D'où ?

GdG. — Qu'ils quittent le sol français ! Puisqu'ils font la sourde oreille à toutes nos demandes de directoire ou de concertation à trois, puisqu'ils ne veulent pas comprendre que la France est un grand pays, puisqu'ils refusent d'avoir avec nous des relations spéciales comme avec les Anglais, il faut qu'ils quittent notre territoire. Pas un seul uniforme américain ne doit rester.

AP. — Quand comptez-vous faire ça ? En 65 ?

GdG. — Non.

AP. — Mais, après 65, il n'y a que vous qui puissiez le faire. »

Il se rend compte qu'il s'est coupé. Il est clair qu'en ce moment, il ne doute pas qu'il sera encore là dans deux ans. Il reprend, agacé :

« On verra… Il faudra bien qu'après 66, on puisse le faire. »

Cette confidence involontaire semble signifier qu'il est sûr d'être réélu en 1965. À moins qu'il songe à faire élire un successeur (qui ne pourrait être que Pompidou) en lui mettant le marché en main ? Mystère **. Je ne sais pas s'il a pris la décision d'être candidat, mais je connais au moins une des raisons qui le pousseraient à la prendre.

« Ils toléraient les Noirs quand c'étaient des domestiques »

Salon doré, 22 juillet 1964.

AP : « Que pensez-vous de l'élection de Goldwater à San Francisco pour le camp républicain ?

GdG. — Les problèmes raciaux, l'Amérique n'en sort pas. Voyez ce qui se passe à Harlem, c'est tout de même inquiétant. Elle tolérait les Noirs quand c'étaient des esclaves, il n'y en avait jamais assez, ou à la rigueur des domestiques ; tout comme les pieds-noirs d'Alger aimaient bien les Arabes quand ils leur ciraient les chaussures. Mais maintenant qu'ils prétendent à l'égalité ? Ils en ont vingt millions ***. Ils en voudraient bien quelques-uns, comme ça, pour faire marcher les ascenseurs. Mais ils n'acceptent pas qu'il y en ait partout avec eux, pêle-mêle, qui leur demandent leur fille en mariage.

---

* Par exemple le 22 janvier 1964, à propos de la reconnaissance de la Chine (cf. p. 491).

** Ce n'est pas la première fois qu'il tient devant moi des propos qui laissent à penser qu'il se voit à l'Élysée après décembre 1965. Cf. *infra*, p. 149 et 174.

*** Le recensement de 1960 dénombrait 19 millions de Noirs sur une population totale avoisinant 180 millions d'habitants, soit 10,5 %.

AP. — On ne peut quand même pas les renvoyer en Afrique !

GdG. — Mais l'Afrique n'en voudrait pas ! Elle dit : “Vous êtes des esclaves.” Et les Noirs d'Amérique ne veulent pas y retourner. Ils reprochent aux Noirs d'Afrique de les avoir vendus.

AP. — Alors, quelle solution voyez-vous ?

GdG. — Il y a des problèmes qui n'ont pas de solution. »

« Ça ne peut plus durer, l'hégémonie »

Salon doré, 14 août 1964.

Il a été question au Conseil de l'ouverture prochaine, à Genève, d'une conférence internationale sur l'utilisation et la diffusion de l'énergie atomique — civile et militaire. Nous ne la voyons pas d'un bon œil. Le Général me donne les grandes lignes de ce que je dois en dire à la presse :

« La France estime que, dans le monde d'aujourd'hui, la condition de la paix, c'est la non-ingérence dans les affaires d'autrui. Aucun pays ne doit se mêler des affaires des autres pays. Les peuples peuvent toujours finir par trouver leur équilibre en eux-mêmes, par eux-mêmes, à condition qu'il n'y ait aucune intervention extérieure — et à condition bien entendu de les aider à se développer. »

Puis : « Tout ça veut dire, entre les lignes, que les deux hégémonies doivent cesser de faire la loi et que les deux blocs doivent se dissoudre. Il n'y a d'avenir de paix que si les Russes et les Américains comprennent, une bonne fois, qu'ils doivent renoncer à diriger chacun la moitié du monde. Il faut donc que les protectorats cessent d'accepter d'être des protectorats. Tout le monde en a assez des interventions incessantes des Américains dans le camp occidental, des ingérences permanentes des Russes dans le camp communiste.

« Voilà le grand fait actuel. Alors, du côté de l'Est, l'instrument, l'artisan, le symbole, le champion de cet affranchissement, c'est la Chine. Du côté de l'Ouest, le champion, le symbole, c'est la France. De toute façon, ça devait se produire, et ça se produit. Le moment est venu où ça ne peut plus durer, l'hégémonie. Ou alors, il aurait fallu qu'ils fassent la guerre. Et comme ils ne veulent pas faire la guerre, ni l'un ni l'autre, alors cette espèce d'hégémonie, qui ne se justifiait que par le danger de guerre, perd sa raison d'être. »

Chapitre 9

« LA SUPRÉMATIE AMÉRICAINE EST UN ÉNORME DANGER MONDIAL »

Au Conseil du 21 octobre 1964, Couve commente l'explosion de la première bombe atomique chinoise, le 16 octobre.

GdG : « Quels que soient le sous-développement de la Chine et son retard éventuel à exploiter ce succès, elle acquerra cette immunité que confère la force nucléaire. Elle sera inattaquable. Elle entrera dans le cercle de ces quelques nations contre lesquelles on ne peut rien, ce cercle auquel nous avons la satisfaction d'appartenir. Il est vraisemblable que ça entraînera des changements dans l'équilibre mondial. Un pays qui n'est pas peuplé de Blancs a, pour la première fois, acquis l'arme terrible. Nombreux sont les peuples de couleur qui en ressentiront la fierté. »

« La bombe chinoise, c'est excellent »

Après le Conseil :

AP : « Vous l'aviez prévue, cette bombe chinoise...

GdG. — Je pensais bien qu'elle éclaterait, mais je ne m'attendais pas à ce qu'elle éclate si tôt.

AP. — Vous croyez qu'elle va changer beaucoup les choses ?

GdG. — Oui, et c'est excellent. Elle va changer l'équilibre mondial. Je vous demande de souligner l'importance attachée par le gouvernement à l'entrée de la Chine dans une voie qui la conduira tôt ou tard à un armement atomique... à moins qu'elle en soit empêchée auparavant. Elle se procurera l'immunité qui est l'apanage des pays dotés d'un armement nucléaire ; lequel est tellement effrayant qu'aucun autre pays n'oserait s'attaquer à eux. N'oubliez pas de dire ça. »

Salon doré, 28 octobre 1964.

GdG : « La suprématie américaine est un énorme danger mondial.

AP. — Malheureusement, nous sommes seuls à nous en soucier. (Je n'ose pas dire : "Vous êtes le seul.")

GdG. — Non, mais nous sommes seuls à avoir le culot de faire front. Les autres sont trop trouillards. Les travaillistes sont trouillards *. Avant eux, les conservateurs l'étaient un peu moins,

---

* Vainqueurs aux élections du 15 octobre 1964, les travaillistes sont revenus aux affaires après treize ans dans l'opposition. Harold Wilson a été nommé Premier ministre le 16 octobre.

mais pas beaucoup moins. Depuis le départ d'Adenauer, les Allemands sont à la dérive. Les Italiens, je n'en parle pas.

AP. — Nos partenaires de Bruxelles devraient comprendre aujourd'hui qu'on ne peut pas attendre les Anglais pour aller de l'avant ?

GdG. — Tout le monde admet aujourd'hui que les Anglais sont incapables de choisir entre le rôle de cheval de Troie des Américains et celui de membre à part entière de la Communauté européenne. Mais, pour reconnaître cette évidence, il a fallu des années. Il a fallu que les Anglais nous fassent tout rater : le plan Fouchet *, c'est-à-dire la construction d'une Europe politique, diplomatique, militaire, culturelle…

« C'est l'OTAN qui nous tournerait le dos »

« C'est une inconsistance totale. Alors, il reste Spaak **, qui fait un tour de piste de temps en temps, jamais dans le même sens. Tout ça n'a aucune valeur, aucune vigueur. Alors, puisque le plan Fouchet n'a pas marché, autant vaut avoir les mains libres, et, grâce à Dieu, nous les avons. »

L'« inconsistance », cette défaillance des individus ou des sociétés, il est prompt à la déceler. C'est une façon de simplifier le jeu, dont tant d'acteurs s'éliminent ainsi d'eux-mêmes. Dans le même entretien, il me dit, sur son périple en Amérique latine :

« Le tiers-monde, finalement, c'est d'une totale inconsistance. En revanche, il y a les puissances. Ça, c'est important. Alors, il y a l'hégémonie américaine, à laquelle il faudra mettre un terme. Alors, il y a les Soviets, dont la menace était jusqu'à présent odieuse. Maintenant que les Soviets cessent de nous menacer, et que l'hégémonie américaine devient colossale, nous allons nous rapprocher des Russes, naturellement. Les Allemands ne l'auront pas volé. »

Dans les apparences, il parle comme un nationaliste français, méditant un nouvel assaut dans le duel franco-allemand. Mais au fond, ce qu'il reproche à l'Allemagne, ce n'est pas d'être forte, c'est de ne pas l'aider à secouer les deux jougs de Yalta.

Salon doré, 4 novembre 1964, j'interroge le Général sur la réorganisation de l'OTAN, dont les journaux reparlent.

GdG : « Nous n'y appartenons pour ainsi dire déjà plus. De toute

---

* Plan « pour une union des États d'Europe » proposé par la France en 1961, mis au point par une commission présentée par Christian Fouchet ; rejeté en avril 1962 par nos partenaires.

** Ministre des Affaires étrangères de Belgique.

façon, il va falloir la renouveler en 69, puisqu'elle a été conclue pour vingt ans.

AP. — Allons-nous attendre 69 ?

GdG (évitant de se laisser embarquer sur la date). — Nous n'y faisons plus rien. Nous la quitterons sans douleur. Nous en faisions partie, forcément, tant que nous n'avions pas nos bombes. Mais à partir du moment où nous les avons, et où elles ne font pas partie de l'OTAN, nous ne sommes plus vraiment dans l'OTAN. C'est d'ailleurs pourquoi les Américains ont inventé cette Force multilatérale, ont obligé les Anglais à y entrer, et auraient voulu nous obliger à y entrer aussi.

« Au sein du monde libre, les responsabilités majeures ne peuvent plus être assumées par un seul côté de l'Atlantique. Deux politiques, parfaitement conciliables, devraient pouvoir être élaborées, l'une en Europe occidentale, l'autre aux États-Unis. Elles devraient s'équilibrer.

« La Force multilatérale conduirait à augmenter le déséquilibre militaire en faveur des États-Unis. Tout pas dans cette direction nous éloignerait de celle que nous estimons souhaitable. Ce n'est pas nous qui nous éloignerions de l'OTAN, c'est l'OTAN qui nous tournerait le dos. Tant pis pour elle. Nous sommes toujours prêts à aller de l'avant dans la construction économique et politique de l'Europe, ainsi que dans la création d'une véritable défense. Nous attendons maintenant nos partenaires aux actes. »

« L'assurance tous risques, les Américains ne la donneront jamais à l'Europe »

Salon doré, 12 novembre 1964.

AP : « Comment voyez-vous l'évolution du problème de la Force multilatérale ?

GdG. — Au début, ça devait être une étude. D'après les Américains, on allait réfléchir.

« Et puis, la politique s'y est mise. La Force multilatérale est devenue un moyen pour les Américains d'éviter de prendre des engagements formels, pour le cas où l'Europe serait attaquée. L'alliance de l'Europe et des États-Unis, qui met l'Europe aux mains des États-Unis, sous leur commandement *absolu* (l'intonation souligne l'adjectif), n'a de sens que s'ils garantissent à l'Europe une assurance tous risques. Mais cette garantie, ils ne la donneront jamais.

« La Force multilatérale leur sert à noyer le poisson. Ils réservent toujours le droit *absolu* (l'intonation se répète) du gouvernement américain de jeter des bombes ou de ne pas les jeter.

« La seule véritable question à leur poser, c'est : "Vous engagez-vous à jeter en masse vos bombes atomiques, stratégiques et tactiques, si nous étions attaqués *nous*, et pas *vous* ?" Ils ne répondront jamais à cette question. Par conséquent, leur commandement de l'OTAN ne se justifie pas.

AP. — Quel est l'intérêt de ce projet pour les Allemands ?

GdG. — Ils voudraient faire croire qu'ils seront pour quelque chose dans l'emploi de cette Force multilatérale. En fait, ils n'y seront pour rien ; mais ça leur fait plaisir, vis-à-vis de leur amour-propre et vis-à-vis de leur opinion.

« Toutefois, l'effet produit est mauvais. D'abord, ils aident les Américains à prendre la tangente. Ça fait mauvais effet également parmi les pays au-delà du rideau de fer. Ça a l'air de donner aux Allemands une part de l'arme atomique de l'Occident. Ça accrédite l'idée que les Allemands sont des revanchards et sont une menace pour l'équilibre du monde. Ça met la paix en cause.

« Ou bien la Force multilatérale est une blague, dès lors que ça ne donnera pas aux Allemands la disposition des bombes ; auquel cas ça n'a pas d'importance. Ou bien, si ça devait leur donner cette disposition, nous nous y opposerions, parce que nous ne voulons pas que les Allemands aient des bombes, et nous nous mettrions avec les Russes pour les en empêcher.

AP. — Et comment voyez-vous les rapports entre la Force multilatérale et l'OTAN ?

GdG. — C'est bien simple. L'OTAN, c'est la règle de l'unanimité. Dès lors que nous ne donnons pas notre agrément à ce projet, on ne peut pas le faire dans l'OTAN. Ou bien, on fait la Force multilatérale en dehors de l'OTAN, mais alors à quoi sert l'OTAN ? La situation est très claire. »

Chapitre 10

« CE N'EST PAS JOHNSON QUI A BARRE SUR MOI, C'EST MOI QUI AI BARRE SUR LUI »

Salon doré, 18 novembre 1964.

AP : « Maintenant que Johnson est élu, croyez-vous utile une rencontre avec lui ?

GdG. — Que me dirait Johnson et qu'est-ce que je lui dirais ? Une rencontre avec Johnson n'est pas comme une rencontre avec Kennedy. Il n'est pas à la hauteur et il le sait. Il est complètement dépendant de ses services. Il ne connaît aucun dossier. Il ignore tout de l'Europe. Il croyait que Napoléon était italien. (Gros rire.) Alors, que voulez-vous faire avec des types comme ça ?

AP. — Vous ne craignez pas qu'il fonce sur nous, maintenant ?

GdG. — Il foncera sur quoi et pourquoi ? Qu'est-ce que vous voulez que ça me fasse ? Par des discours ? Au besoin, j'en ferai aussi. Ce n'est pas lui qui a barre sur moi, c'est moi qui ai barre sur lui. Que voulez-vous qu'il fasse contre nous, Johnson ?

AP. — Il cherchera à nous isoler, sans doute ?

GdG. — Si je claque la porte à tout le saint-frusquin de l'OTAN, qu'est-ce qu'il peut faire contre moi ? Rien.

« Johnson va mobiliser ses domestiques ? Ça le conduira à quoi ? »

AP. — Il va chercher sans doute à conjuguer contre nous nos opposants de l'extérieur et de l'intérieur.

GdG. — L'opposition intérieure, ça n'est pas sérieux. Et notre opposition extérieure, ce sont ses domestiques. Il va mobiliser ses domestiques ? Ça le conduira à quoi ? Ce sont des histoires pour les journaux. On avait prise sur nous, autrefois, quand nous avions une monnaie fondante, quand nous étions obligés de quémander pour boucler nos fins de mois. Maintenant, nous n'avons besoin de personne. Nous avons une balance des paiements qui est indéfiniment positive. On n'a plus prise sur nous.

AP. — Dans les premiers temps, nous disions : "Votre Force multilatérale, faites-la si vous voulez, ça ne nous intéresse pas." Maintenant, nous dirions plutôt : "Cette Force multilatérale est dangereuse et nous n'en voulons pas." Nous avons donc évolué.

GdG (agacé d'être mis en contradiction avec lui-même). — Non ! Vous n'avez pas compris ! J'ai toujours dit que la Force multilatérale n'était bonne à rien, que c'étaient des bombes américaines, que c'est toujours Johnson qui en disposerait, qu'elles soient maniées par des *boys* américains ou par des *boys* allemands. Seulement, je conviens qu'étant donné l'importance que les Allemands y attachent et les arrière-pensées qu'ils y mettent, alors je n'y suis pas favorable, certainement. Je ne veux pas que les Allemands disposent de bombes atomiques. Depuis qu'Adenauer est parti, ils sont engagés dans la voie de la pagaille. Nous savons où mène la pagaille en Allemagne, et ailleurs aussi. Adenauer était le premier à me dire que les Allemands risquent de redevenir dangereux. En tout cas, ils le sont pour l'Est. Et du même coup, ils introduisent un élément de tension internationale, qui est absolument fâcheux. Quant à la réunification, vous pensez bien qu'elle ne vaut pas la peine d'une guerre nucléaire.

« D'autre part, du côté américain, ça devient une prétention à acculer la France, à nous dire : “Vous êtes des empêcheurs de danser en rond, vous êtes des *séparatistes*”, comme le dit Wilson. À partir de ce moment-là, la Force multilatérale prend une certaine importance à cause de l'esprit dans lequel on la fait. Alors, ça, nous ne l'admettons pas.

« *Si les Allemands se font les* boys *des Américains...* »

AP. — Si nous nous y opposons, nous finirons par nous rapprocher des Soviétiques, qui seront les seuls à s'y opposer aussi.

GdG. — Automatiquement, nous nous rapprocherons des Russes dans la mesure où les Allemands s'éloigneront de nous. Pourquoi nous sommes-nous éloignés des Russes, après la guerre, alors que nous leur avions proposé de nous arranger sur le sort des Allemands ? Je l'avais offert à Staline, et il n'a pas voulu. Il s'est précipité à Yalta, il s'est arrangé avec Roosevelt, il a cru qu'il allait pouvoir disposer de tout, et même de l'Allemagne, en dehors de qui que ce soit en Europe, et en particulier en dehors de la France. À partir du moment où il a fait cette politique — qui du même coup était menaçante pour nous —, alors nous avons fait une politique qui a consisté à attirer les Allemands à l'Ouest, et par conséquent à leur faire d'énormes concessions, donc à les renforcer. On leur a rendu leur charbon et leur acier, on a liquidé la Sarre, on a permis qu'ils aient une armée, et ainsi de suite. Et un peu plus, si je n'avais pas été là, on faisait la Communauté économique européenne exclusivement à leur avantage, à l'avantage de leur industrie, et en mettant notre agriculture à la porte. Bon. Alors, ça suffit comme ça ! Si maintenant, au lieu d'être gentils et complaisants, autrement dit de pratiquer le traité franco-allemand, ils vont courir à Washington et se font les *boys* des Américains, à partir de ce moment-là, je ne les regarde plus, les Allemands.

(Cherche-t-il à m'intoxiquer ? Me provoque-t-il pour que je réagisse ?)

AP. — Les Allemands, ni les Américains, ne s'imaginent que nous aurions le culot de faire une politique d'entente avec les Russes.

GdG. — Tout dépend de ce qu'on appelle une politique d'entente avec les Russes. Il y a une chose certaine, c'est que, pour leur réunification, les Allemands ne pourront plus compter sur nous.

« Notre position est incomparable. Il n'y a personne d'autre qui soit capable d'avoir une politique indépendante, excepté la Chine. Seulement la Chine et nous. Si je veux, je supprime l'OTAN et le commandement américain en Europe, je renvoie Lemnitzer*, et tous les Américains qui sont ici. Et alors, qu'est-ce qu'ils feront ? Ils iront se mettre en Allemagne. (Gros rire.) Ça va arriver, d'ailleurs, un de ces jours.

AP. — S'ils font la Force multilatérale ?

GdG. — Dans ce cas-là, tout de suite. Mais ça se fera de toute façon… Seulement, nous attendrons qu'ils soient en faute, comprenez-vous.

AP. — Alors, ils vous rendent service avec la Force multilatérale.

GdG. — Mais oui. Bien sûr. C'est le premier acte de la fin de l'OTAN… La vérité, c'est que les Américains n'auraient pas lancé l'idée de la Force multilatérale, si nous ne faisions pas de bombes. Ils voulaient nous rattraper au tournant, mais ils n'ont pas pu. »

Salon doré, 25 novembre 1964.

AP : « Deux journalistes américains, Walter Lippmann et Cyrus Sulzberger, m'ont évoqué l'idée d'une Force multilatérale qui serait proprement européenne.

GdG. — Mais non ! (Gros rire.) Je ne vais pas donner nos bombes à l'Allemagne ! Vous pensez bien que je ne renoncerai pas à cet avantage colossal que nous prenons sur les cinq autres du Marché commun, par le fait que nous sommes les seuls à disposer d'un armement nucléaire et par conséquent les seuls qui soyons sûrs de nous en matière de défense ! Nous n'avons aucune espèce de raison de dilapider ce capital ! D'ailleurs, c'est bien ce qui les embête, spécialement les Allemands.

AP. — Est-ce que vous admettriez, à mesure des progrès dans la construction européenne, que notre force, tout en restant nationale, puisse protéger nos partenaires dans certains cas ?

GdG. — Mais elle les protégera automatiquement ! Beaucoup

* Le général Lemnitzer a succédé au général Norstadt comme commandant en chef de l'OTAN.

mieux que la force américaine ! Pour la simple raison que nous sommes Européens, et que les Américains ne le sont pas. L'intérêt des Américains à ne pas laisser détruire l'Europe est infime par rapport au nôtre. Nous, si l'Europe est envahie, nous sommes foutus. Tandis que les Américains ne seront pas foutus parce que les Russes arriveraient sur le Rhin. Les Allemands sont bien arrivés à Paris, l'Amérique ne se sentait pas foutue.

« Tape sur mon client... mais ne tape pas sur moi »

AP. — Les Américains répliquent qu'alors, il n'y avait pas d'alliance. Alors que maintenant, ils sont obligés par l'Alliance.

GdG. — Une alliance ? Les traités ne valent que dans la mesure où ils couvrent les intérêts nationaux. Le jour où ce n'est plus le cas, il n'y a plus de traité. D'ailleurs, il n'y a aucun traité qui oblige les Américains à lancer leurs bombes atomiques si l'Europe est attaquée. Ils n'ont jamais voulu s'y engager, et il est tout naturel qu'ils ne le fassent pas.

AP. — Ils sont quand même obligés d'engager leurs forces conventionnelles, alors qu'en 14 et 39 ils n'y étaient pas obligés.

GdG. — Oui, ils engageraient leurs divisions d'Allemagne. Peut-être même engageraient-ils leurs petites bombes tactiques en Europe, parce que ça n'amènerait pas les Russes à lancer de grosses bombes stratégiques sur l'Amérique. Ce qu'ils détruiraient avec leurs armes tactiques, ce serait simplement l'Europe, mais non la Russie. La Prusse serait détruite par les bombes américaines, l'Allemagne de l'Ouest et la France par les bombes russes. Qu'est-ce que ça peut bien leur foutre, en définitive, aux Américains ? Vous comprenez ?

AP. — Les Américains n'engageraient pas d'action nucléaire stratégique sur la Russie et inversement ?

GdG. — C'est toute la question. "Tape sur mon client et je tape sur le tien, mais ne tape pas sur moi et je ne tape pas sur toi."

« Nous aurons de quoi anéantir 80 millions de Russes »

« Alors, pour donner le change aux Allemands, les Américains ont inventé cette Force multilatérale qui n'ajoute rien à rien. Ça consiste à mettre des bombes atomiques américaines sur des bateaux, et sur ces bateaux à mettre des marins allemands. En attendant le jour où Johnson dirait : "Lancez les bombes de la Force multilatérale là où je vais vous dire." Lesquelles ne sont pas stratégiques, mais tactiques, faites pour taper sur la Prusse, sur la Tchécoslovaquie, pas sur la Russie ! Encore une chose qu'on ne dit jamais ! Tandis que la force nucléaire française sera faite pour taper sur la Russie. Avant six mois, nous aurons ce qu'il faut pour détruire en quelques heures Leningrad, Moscou, Kiev, Odessa. Voilà la réalité ! À plus forte raison, dans sept ou huit ans, nous aurons de quoi anéantir 80 millions de Russes. C'est un fait ! Alors, on n'attaque pas des gens qui peuvent vous tuer 80 millions de vos concitoyens. Même si on a de quoi tuer 300 millions de Français, au cas où il y en aurait 300 millions.

AP. — Puisque les Allemands ne disposeront pas des bombes de cette Force multilatérale, nous ne pouvons pas invoquer le traité de Paris de 54 * ?

GdG. — Naturellement. De toute façon, les Américains ne laisseront jamais aux Allemands la disposition de leurs armes atomiques. Ce ne sont pas les Allemands qui donneront l'ordre de les lancer. Seulement, on leur donne sur les Américains une influence qu'ils utiliseront à leur profit.

AP. — C'est un premier pas vers l'accès des Allemands à l'armement nucléaire.

GdG. — Ce ne sont que des armes tactiques. Ça n'amènera que la destruction de l'Europe. Ça ne fait pas le moins du monde progresser la seule protection efficace de l'Europe, qui serait la menace de représailles immédiates et massives sur la Russie.

« Et puis, cette Force multilatérale installera les Allemands dans leur psychologie, à savoir qu'ils ne seront définitivement à l'abri de tout risque que par l'Amérique et que, par conséquent, leur politique ne peut être qu'une politique américaine. Alors, c'en est fini pour l'Europe. Ce qui est capital, c'est que l'Europe soit indépendante de l'Amérique.

AP. — C'est pourtant bien la psychologie d'Erhard, ça.

GdG. — C'est peut-être la psychologie d'Erhard, mais c'est une psychologie que nous n'admettons pas. Et c'est pourquoi il n'y aura pas de Force multilatérale. »

« Nous aurions payé nos bombes pour qu'elles soient placées sous commandement américain »

Chasse de Rambouillet, mardi 8 décembre 1964.

Le Général a invité aujourd'hui des députés et sénateurs de la majorité gouvernementale. Il nous rejoint pour la dernière traque : bien qu'il se garde de porter un fusil, il pousse la courtoisie jusqu'à partager le plaisir qu'il nous offre. Il a choisi de se placer derrière moi. Veut-il m'honorer, ou m'éprouver ? Ce qui est sûr, c'est que

---

* Les accords de Paris du 23 octobre 1954 rendaient à l'Allemagne sa liberté dans le domaine atomique civil, mais la contraignaient à renoncer à la possession, la fabrication et l'expérimentation sur son sol de l'arme atomique.

mon fusil tremble ; grâce à quoi, peut-être, le résultat est satisfaisant. « Ce n'est pas mal », consent-il à dire.

On expose le tableau sur le perron du château — pour une dizaine de fusils, plus de trois cents faisans, rangés comme à la parade. Le Général adresse des paroles aimables aux chasseurs, aux gardes et aux rabatteurs. Le sénateur Geoffroy de Montalembert lui dit : « Vous ne trouvez pas que c'est triste, ces pauvres oiseaux, alignés comme des soldats tués, après la bataille ? » Le Général répond froidement : « Ils ont bien servi. »

Nous allons déjeuner à l'étage. Le Général met Messmer en face de lui. Il ne se donne aucun mal pour une conversation générale. Il n'adresse la parole qu'à ses deux voisins, Habib-Deloncle et moi. Bonne occasion pour le faire parler.

GdG : « Maintenant qu'il est élu, Johnson n'est pas plus porté qu'avant à prendre des décisions. Il finasse. Il n'entreprendra pas d'action d'envergure. Sauf si son entourage le persuade que rien ne peut résister à un Président des États-Unis. Comme c'est un esprit élémentaire, et qu'il est entouré de flagorneurs, il peut tomber dans le piège. Mais la Force multilatérale, je le défie de la faire, parce que nous n'en voulons pas.

AP. — En somme, vous pensez que le Marché commun agricole, que nous sommes seuls à vouloir, se réalisera, et que la Force multilatérale, dont nous sommes seuls à ne pas vouloir, ne se fera pas ?

GdG. — Pour le Marché commun agricole, je n'en suis pas encore sûr ; en tout cas, s'il se réalise, c'est seulement parce que nous l'aurons voulu. Quant à la Force multilatérale, si nous avions fait comme auraient fait les Félix Gaillard ou Guy Mollet d'autrefois, nous y serions entrés comme des couillons, n'est-ce pas ? Nous aurions payé nos bombes pour qu'elles soient placées sous commandement américain ! Et la presse aurait crié : "Bravo !" »

« Entre nous et les Américains, c'est la lutte »

Salon doré, 9 décembre 1964.

AP : « Bohlen a raconté, après son audience, que vous lui aviez dit que vous vouliez sortir de l'OTAN.

GdG. — Non ! Je lui ai dit : "L'OTAN se termine en 69 et nous ne serons certainement pas dans l'OTAN telle qu'elle est, après 69. Il n'y a pas d'intégration possible pour nous. Un traité qui la prévoit, nous ne l'accepterons pas. Il faut maintenir l'alliance entre la France et les États-Unis, entre la France et d'autres pays. C'est actuellement indispensable. Mais l'intégration et le commandement américain, c'est terminé." Alors, évidemment, ça les émeut.

Tous les types qui sont au SHAPE * vont être obligés de quitter la France.

AP. — Ils ont cinq ans devant eux.

GdG. — Oh, non ! Trois à peine. S'ils doivent être partis en mars 69, il faudra qu'ils aient commencé leur déménagement dès 67, pas trois mois avant.

AP. — Et si la Force multilatérale était réalisée, malgré vous ?

GdG. — Alors là, nous sortirions tout de suite. Nous prendrions acte de ce que l'OTAN est terminée. Les forces que nous avons en Allemagne, ou bien nous nous arrangerons directement avec les Allemands pour les y laisser, ou bien nous les ramènerons en France. Quant à tous les militaires étrangers en France, eh bien, ils ne pourront plus y rester, sauf à la condition d'être sous commandement français.

AP. — Pour la Force multilatérale, tout risque de se précipiter, si les Allemands s'arrangent avec les Anglais pour étendre à trois l'accord de Nassau.

GdG. — Ils ne pourront pas m'avoir. Je leur mettrai le marché en main : bon, alors si c'est comme ça, il n'y pas plus d'OTAN, vous êtes libres, moi aussi. Ils sont incapables de supporter cette responsabilité.

AP. — Alors, une rencontre avec Johnson ne servirait à rien ?

GdG. — Elle ne servirait que dès lors que l'Amérique aurait renoncé à l'intégration ; dès lors qu'elle conviendrait qu'il faut faire une alliance d'égal à égal ; et en s'engageant réciproquement à faire la guerre si l'autre est attaqué. Alors ça, c'est possible. Dans ce cas, Johnson pourra venir à Paris. Sinon, il sait bien que ça n'aboutirait à rien, donc il ne viendra pas. Ou bien, il viendra pour une réunion de l'OTAN, une histoire comme ça. Dans ce cas-là, je l'ignore. »

Salon doré, après le Conseil du 16 décembre 1964.

GdG : « Entre nous et les Américains, sous des dehors courtois, c'est la lutte. Nous sommes les seuls qui leur tiennent tête ; alors, ils ont décidé de nous combattre durement. Tels qu'ils sont, les Américains, c'est-à-dire une démocratie, ça n'ira pas très loin. Seulement, ça ira tout au moins jusqu'à ce qu'ils quittent la France. Leurs troupes et leurs chefs. »

---

* *Supreme Headquarter (of the) Allied Powers in Europe*, Haut Commandement des forces alliées en Europe, installé à Rocquencourt (Seine-et-Oise, depuis lors Yvelines) ; tandis que l'OTAN l'était à Paris, dans les locaux actuels de l'Université Dauphine.

Chapitre 11

« L'INDÉPENDANCE, ÇA NE SE NÉGOCIE PAS »

Salon doré, 23 décembre 1964.

AP : « Ce mémorandum de Johnson, c'est extraordinaire ! Cette consigne lénifiante qu'il donne à l'égard de la France *.

GdG. — Il l'a fait publier exprès, il prend du recul vis-à-vis de tous ces excités de son Département d'État et de son Pentagone.

AP. — La Force multilatérale, c'était bien son gouvernement.

GdG. — Ça avait été inventé par les *lobbies*. Kennedy avait pris l'initiative à son compte. Johnson ne s'y était pas vraiment mis. Maintenant, il prend ses distances. Comme c'est curieux ! (Rire.)

« Johnson est un noyeur de poissons »

Salon doré, 6 janvier 1965.

AP : « Johnson fera sans doute une tournée en Europe ?

GdG. — S'il vient en Europe et à Paris, nous le recevrons du mieux que nous pourrons. S'il vient, ce serait pour noyer les poissons. Il a déjà commencé à noyer la Force multilatérale. Il tâchera de noyer aussi la réunification allemande. Il voudrait bien noyer le poisson du Sud-Est asiatique. C'est un noyeur de poissons. »

Début décembre, le Général menaçait de ne pas voir Johnson si celui-ci venait à Paris. Aujourd'hui, il parle de le recevoir comme il convient. Il a senti que Johnson faiblissait. Il est prêt à l'aider à « noyer le poisson » — mais pas de n'importe quelle façon.

Conseil du 17 février 1965.

Couve, qui partira avant la fin du Conseil pour Washington, évoque les principaux sujets qu'il y abordera : le dollar, le Vietnam **. Le Général lui donne un dernier viatique :

GdG : « Votre voyage sera utile, indépendamment des aigreurs de la presse et de certains milieux qui vous verront arriver comme la misère sur le pauvre monde. On ne voit pas comment nous pourrions adopter les positions des Américains. Il ne s'agit pas de leur être désagréable. Mais ils font des choix auxquels nous ne pouvons pas nous rallier.

---

* Dans un mémorandum adressé aux Départements d'État et de la Défense, Johnson déclare qu'il n'approuvera aucun plan de défense qui n'ait été discuté en détail avec la France et affirme que les États-Unis n'exerceront aucune « tactique de pression » sur les Alliés.

** Les bombardements quotidiens du Nord-Vietnam ont commencé le 5 février 1965.

« À Washington, nous ne sommes pas demandeurs, ce qui est assez agréable »

« Sur le plan monétaire, les Américains sont étreints par le déficit de leur balance. Ce n'est pas à nous de l'équilibrer. Leur position ira en empirant.

« Pour l'Alliance atlantique, étant donné notre propre existence, notamment notre armement nucléaire, nous ne voulons point d'intégration.

« Pour l'Extrême-Orient, les Américains sont entraînés sur une pente où ils ne savent pas s'arrêter. Ils sont aux prises directes avec l'Asie. L'Asie, c'est énorme. De plus en plus, ils s'engluent. L'Asie, frappée par eux, va se dresser contre eux.

« Partout où les Occidentaux étaient encore présents en Asie, le climat se gâte. Les Américains vont au-devant d'une immense réprobation asiatique. Nous ne pouvons pas les escorter dans cette voie.

« Les Russes restent sur leurs gardes, parce qu'une fois les Blancs chassés, l'Asie se tournerait contre eux.

« Nous avons donné, en Afrique et en Algérie, l'exemple de ce qu'il faut faire, mais cet exemple n'est pas encore suivi à ce jour.

« (Se tournant vers Couve.) Votre position n'est pas facile ; sauf que nous ne sommes pas demandeurs, ce qui est assez agréable : il y a longtemps qu'on n'avait pas vu ça. »

« Vous êtes le représentant d'une France qui a de l'audience partout »

Conseil du 24 février 1965.

Couve, retour de Washington, rend compte du voyage qui aura surtout permis de s'expliquer : « Les Américains avaient le désir de ne pas trop marquer leur désaccord avec la France. Bien au contraire. J'ai eu trois conversations avec Dean Rusk et une heure avec Johnson. Je l'avais connu quand j'étais en poste à Washington et qu'il était sénateur démocrate. J'avais porté sur lui un jugement superficiel et sommaire. J'ai été amené à le modifier, maintenant qu'il a la charge des États-Unis. (Couve, en feignant de ne rectifier que son propre jugement, prend le contre-pied de celui du Général.) C'est un homme d'autorité, personnel, méfiant, réservé. Il prend ses décisions lui-même. Il ne se fie pas à ses conseillers. Il a un instinct très sûr dans ce qu'il considère comme l'essentiel de sa mission : "La Grande Société".

« Les États-Unis sont exaspérés par nos prises de position, dans la mesure où elles contredisent les positions américaines, par exemple sur l'or. Mais aussi, nous disposons d'une audience exceptionnelle. C'est la conséquence de deux faits : d'abord, vous-même ; ensuite, la France apparaît aux États-Unis comme le seul pays qui exprime un point de vue européen, ne s'alignant pas servilement sur le point de vue américain.

GdG. — Votre voyage était important, parce qu'on a vu que la France ne refusait pas de parler de tout sujet qui intéresse le monde ; et parce que vous êtes le représentant d'une France qui a de l'audience partout. »

Dîner avec Charles Bohlen, 25 février 1965. Un mot de Johnson me fait comprendre qu'aux États-Unis, l'audience du Général a ses apparences et sa réalité. Bohlen me raconte qu'à Washington, au cours d'un déjeuner chez Alphand *, Johnson a dit à l'oreille de John Leddy **, à propos de De Gaulle : « Quand ce vieux monsieur fait un discours, je porte la main à mon chapeau de peur qu'il ne s'envole. Et quand il se lance à toute allure sur ses rails, je m'écarte pour lui laisser la voie libre. Les Allemands font comme moi. Et quand la locomotive est passée, nous reprenons tranquillement notre place et notre conversation. »

Curieuse inversion de la réalité : sur l'affaire de la Force multilatérale, c'est Washington qui s'agite, et le Général qui refuse de se laisser agiter. Chargés de séductions ou de menaces, les trains américains ne cessent de passer. De Gaulle reste obstinément assis sur le quai. C'est Johnson qui se lassera le premier, mais nous ne le savons pas encore.

« McNamara veut avoir l'air de faire quelque chose »

Salon doré, 2 juin 1965.

McNamara a proposé de faire, entre États-Unis, Grande-Bretagne, France et Allemagne, un Comité des affaires nucléaires.

AP : « Il a l'air d'accepter ce que vous demandiez dans votre mémorandum de septembre 58.

GdG. — Mais non. D'abord, en 58, j'avais dit qu'il fallait que la politique mondiale soit concertée entre l'Amérique, l'Angleterre et la France. Eisenhower n'a pas voulu aller dans mon sens, en alléguant que les autres n'en voudraient pas... Bon. Alors, c'est terminé. Maintenant, ils sortent cette histoire de concertation

---

* Hervé Alphand, ambassadeur de France à Washington.

** Secrétaire d'État adjoint aux Affaires européennes.

nucléaire entre l'Amérique, qui a des armes nucléaires, l'Angleterre qui en a mais qui en a perdu la libre disposition, la France qui commence à en avoir, et l'Allemagne qui ne *doit* pas en avoir.

AP. — Une autre présentation de la Force multilatérale ?

GdG. — C'est leur psychologie. Ils veulent avoir l'air de faire quelque chose. »

« Comme vous êtes nos amis, ça nous ennuie de vous voir vous enfoncer »

Salon doré, 23 juin 1965.

AP : « Que dire de la visite d'Humphrey * ? Il a insisté avec les journalistes sur le caractère très chaleureux de votre entretien.

GdG. — Aimable, mais pas vraiment chaleureux. Il n'y avait pas de raison de lui jeter des pierres à la figure, pas plus à lui qu'à ses compatriotes. Mais je lui ai dit qu'ils ont tort, tort à Saint-Domingue **, tort au Vietnam. "Nous le regrettons, parce que, comme vous êtes nos amis, ça nous ennuie de vous voir vous enfoncer. Vous étiez considérés jusqu'à présent comme un champion du droit des peuples à disposer d'eux-mêmes. Maintenant, vous perdez cette position. Alors, c'est mauvais pour la paix. Par exemple, vis-à-vis des Soviets : ils évoluaient peu à peu vers la paix, et vous, au contraire, vous les obligez à interrompre cette évolution."

AP. — Toute l'opinion américaine est derrière Johnson et le pousse à aller de l'avant, non ?

GdG. — Oui. L'opinion élémentaire croyait qu' "il n'y a qu'à". Car l'Amérique n'a jamais souffert, sauf de la guerre de Sécession ; c'est maintenant qu'elle commence à souffrir. Ses entreprises à l'extérieur ont toujours été couronnées par le succès, même si la guerre de Corée n'a pas été très brillante. Vous comprenez, ce ne sont pas des gens qui ont reçu la bûchette ***, comme nous. Mais les gens qui comptent commencent à trouver que l'aventure vietnamienne est dangereuse.

AP. — Quand il y aura 200 000 *boys* au Vietnam, l'opinion commencera à s'inquiéter.

GdG. — Oui. C'est ça. Mais 200 000 ne suffiront pas » ****.

---

* Vice-président des États-Unis.

** Sous le couvert de l'Organisation des États américains, des forces militaires américaines et latino-américaines viennent, en avril 1965, d'assurer la victoire à Saint-Domingue du général Imbert contre les partisans du Président Bosch.

*** Expression familière du Général : essuyer une défaite.

**** Les forces expéditionnaires américaines au Vietnam atteindront 580 000 hommes en décembre 1968.

« L'organisation militaire de l'Alliance se terminera pour nous au plus tard en 69 »

Salon doré, 1er septembre 1965.

AP : « Je vais faire allusion à la visite de George Ball ?

GdG. — Il ne faut pas s'étendre. Parlez de la lettre du Président Johnson, qui me demandait de le recevoir... (Il ne convient pas d'insister sur une audience qu'il a accordée à un personnage d'un rang inférieur, mais sur le message du Président des États-Unis, son égal.) C'était un entretien de routine, tout ce qu'il y a de normal.

AP. — Normal entre amis et alliés.

GdG. — Non, non. Pas "normal parce que nous sommes amis et alliés", comme beaucoup d'autres le sont. Normal parce qu'il s'agit de l'Amérique par rapport à la France, et de la France par rapport à l'Amérique. »

Voilà sa version du « parce que c'était lui, parce que c'était moi » de Montaigne. Mais s'agit-il seulement d'amitié ?

« Je n'ai pas à répondre au New York Herald *»*

Salon doré, 22 septembre 1965.

AP : « Le *Herald Tribune* annonce que vous auriez dit à George Ball que les bases américaines en France devraient être évacuées.

GdG. — Encore des ragots. J'ai dit à George Ball qu'en 69 au plus tard, l'organisation actuelle de l'Alliance atlantique cessera pour ce qui concerne la France. Et puis c'est tout.

AP. — On me posera la question.

GdG. — Eh bien, vous direz que non. Voilà, c'est tout. Quant au reste, ce sont des suppositions. Ce sont des choses qui ne sont pas engagées et ne le seront pas avant l'an prochain. George Ball n'a rien à dire. Je n'ai pas à répondre au *New York Herald*, même par votre bouche. Laissez tomber. »

Ainsi, il est évident que le Général a prévenu George Ball de son intention de faire évacuer les bases américaines l'an prochain ; que les prétendus « ragots » sont exacts ; que les Américains ont organisé une fuite ; que je suis prié de démentir... la vérité. Et il est donc clair aux yeux des Américains que le Général va se représenter, puisque nul autre que lui n'aurait le culot de les chasser du sol français. Mais pourquoi le leur avoir annoncé à l'avance, puisqu'ils vont user de tous leurs moyens pour le faire échouer ?

Salon doré, 13 octobre 1965.

AP : « La Force multilatérale ne sera finalement que bilatérale, entre les Américains et les Allemands ?

GdG. — Si jamais elle existe. Auquel cas, c'en est fini de l'Alliance atlantique. C'est pourquoi ils y renonceront.

AP. — Inversement, s'ils renoncent à créer la Force multilatérale, c'est une obligation pour nous de rester dans l'Alliance ?

GdG. — L'Alliance est souhaitable tant qu'une menace subsiste à l'Est ! L'Alliance, oui, mais pas l'OTAN, pas l'organisation militaire intégrée aux ordres des Américains.

« L'Alliance cessera d'exister quand le rideau de fer se lèvera »

AP. — Le rideau de fer se lèvera seulement le jour où il n'y aura plus l'Alliance atlantique face au pacte de Varsovie ?

GdG. — Je dirais l'inverse : l'Alliance ne cessera d'exister que le jour où le rideau de fer se lèvera et où les pays de l'Est deviendront pareils aux autres.

AP. — Dans un proche avenir ?

GdG. — Non, pas proche... mais progressif. Ça prend du temps, tout ça. La normalisation s'établit peu à peu, il y a de grands changements, déjà, dans les esprits. Ce sentiment de menace du temps de Staline et, il faut bien le dire, de Foster Dulles, a disparu. »

> Le rideau de fer s'est levé en 1989. Les pays de l'Est sont devenus « pareils aux autres ». Et pourtant, il n'est pas question de mettre fin à l'OTAN, mais au contraire de l'étendre et, avec elle, l'hégémonie américaine. Faut-il que les habitudes d'asservissement de l'Europe se soient invétérées ? Plus que ne l'avait craint de Gaulle, qui était si confiant, finalement, dans le génie collectif de l'Europe.

Conseil du 17 novembre 1965.

GdG : « J'ai reçu le sénateur Mansfield. Il m'a déclaré qu'il n'était pas question que la Force multilatérale permette à quelque pays étranger que ce soit, de participer à la fabrication ou à l'utilisation de la bombe. Les Américains ne partagent pas. Ils gardent jalousement leurs secrets, leurs sites d'expériences, le commandement de leurs forces atomiques. En somme, il n'y a d'exception qu'en faveur des Russes, dont l'espionnage vole tout aux Américains ; et en faveur des Anglais, à condition qu'ils renoncent à l'indépendance et se contentent de se blottir sous l'aile des Américains. Si nos savants atomistes coopéraient avec les savants américains, les réactions du Congrès seraient épouvantables. D'ailleurs, nous paierions sous forme de sujétion ce que nous gagnerions en temps et en argent. Mais il n'en a jamais été question ! »

Il conclut, avec une certitude sereine : « L'indépendance, ça ne se négocie pas. »

Encore faut-il l'avoir dans la tête et dans le cœur.

Chapitre 12

« L'IMPÉRIALISME AMÉRICAIN LE PLUS INSIDIEUX EST CELUI DU DOLLAR »

Salon doré, 27 février 1963.

GdG : « L'impérialisme américain, aucun domaine ne lui échappe. Il prend toutes les formes, mais la plus insidieuse est celle du dollar.

« Les États-Unis ne sont pas fichus d'avoir un budget en équilibre. Ils se permettent d'avoir des dettes énormes. Comme le dollar est partout la monnaie de référence, ils peuvent faire supporter par les autres les effets de leur mauvaise gestion. Ils exportent leur inflation dans le monde entier. C'est inacceptable. Ça ne doit pas durer.

AP. — Ça ne doit pas, ou ça ne peut pas ?

GdG. — Ça peut très bien durer ! Tout le monde se couche. Ça durera... tant que nous n'y mettrons pas le holà.

« Heureusement que nous avons empêché les Anglais d'entrer dans le Marché commun. Sinon, les investissements américains en Angleterre se seraient multipliés. Elle aurait été le point de passage des capitaux américains envahissant l'Europe. Et tant pis si notre économie passait sous la coupe des Américains. »

Curieux que le Général se lance ainsi dans une critique économico-financière qui ne lui est pas familière. Il est vrai qu'il ne lui faut pas longtemps pour assimiler une discipline nouvelle. En 1946, entre son départ du pouvoir et le discours de Bayeux, il avait, en quelques semaines, absorbé nombre de livres de droit constitutionnel et bâti pour notre pays une Constitution selon son cœur. Elle est la nôtre aujourd'hui. Voici que, plus âgé de dix-sept ans, il assimile les techniques de la finance mondiale et des relations économiques extérieures.

Il est vrai que Rueff doit être passé par là, relayé par les conseils de Burin et les éclaircissements de Lévêque *. Ce que ces deux derniers me confirment dans l'après-midi.

« L'invasion américaine se déroule comme le cours d'un fleuve »

Salon doré, 30 avril 1963.

GdG : « Les Américains sont engagés dans un processus de mainmise sur l'ensemble des circuits économiques, financiers, militaires, politiques dans le monde. C'est une invasion qui se

* Jean-Maxime Lévêque, inspecteur des finances, conseiller technique à l'Élysée.

déroule comme le cours d'un fleuve. Les Américains le voudraient-ils, ils ne pourraient pas s'y opposer. D'ailleurs, il n'y a pas de risque qu'ils le veuillent. Qui dresse une digue ? Ce n'est pas le fleuve. Ce sont les hommes qui ont intérêt à se mettre à l'abri de l'inondation. Personne n'en a le courage. C'est donc à nous qu'incombe ce devoir. Vous verrez, on finira par suivre notre exemple, si nous le donnons avec éclat. »

Il se reprend : « Avec éclat, mais sans arrogance. Il faut ménager l'amitié.

AP. — Tant que vous serez là, cette ligne peut être suivie : contenir la poussée américaine, mais sans se fâcher. Seulement, votre successeur, quel qu'il soit, n'en aura pas la capacité.

GdG. — C'est pourquoi, là comme ailleurs, il faut créer l'irréversible. L'irréversible, pour les monnaies, ce serait l'étalon-or. Nous y sommes théoriquement, mais pratiquement nous lui tournons le dos. Le dollar a remplacé l'or. Si nous retournions à l'étalon-or, les monnaies seraient sur des rails. Ça supposerait que, chaque fois que nous avons des dollars, nous les convertissions en or, et que tout le monde en fasse autant. Les pressions politiques ne pourraient plus manipuler les monnaies, même si les gouvernements sont soumis aux pressions électorales ou sociales. Les autorités monétaires auraient les moyens d'empêcher les dérives.

(C'est du Rueff pur sucre, mais concentré et cristallin.)

« Tant que je serai là, j'obligerai le gouvernement à lutter contre le déficit et l'inflation, donc à tenir le franc. Quand je ne serai plus là, vous verrez, la facilité reprendra son cours. Mais le franc pourrait tenir s'il était rattaché à l'or comme les autres monnaies ; ça obligerait les gouvernements à être raisonnables, le gouvernement américain et tous les autres comme lui.

« L'élection populaire du Président n'est pas faite pour moi, mais pour qu'après moi, l'État et le pays aient une tête. De même, il faut créer une situation telle que les autorités politiques et monétaires soient *obligées* d'assumer leurs responsabilités. »

« Bull, c'est vraiment une entreprise française ? »

Conseil du mardi 18 février 1964.

Le Général, méfiant, se tourne vers Giscard : « Bull, c'est vraiment une entreprise française, avec ce nom ?

Giscard (incollable). — Bull était un ingénieur norvégien qui a vendu son brevet à une entreprise française. Cette société est venue demander au Crédit national un crédit de 45 millions. Dans une firme fabriquant des machines pour connaître à tout instant les comptes au centime près, on avait laissé se créer une situation financière désespérée, sans que personne s'en fût aperçu.

« La General Electric propose d'apporter de l'argent frais contre une participation de 20 % au capital. Nous avons décidé de ne pas autoriser cette prise de capital. Nous allons constituer une solution française. Non sans mal. Les compagnies voisines, qui sont jalouses de leurs prérogatives, ne voient pas l'importance de l'enjeu. Le nouveau groupe apporte 70 millions et détiendra deux tiers des parts, les anciens ne disposant que d'un tiers. L'aide de l'État se fera sous forme de passations de marchés.

Pompidou. — Les capacités financières et techniques des grandes sociétés américaines sont telles, qu'il n'y a guère de sociétés françaises, voire européennes, dans l'aéronautique, l'électronique, l'informatique, l'automobile, qui soient en mesure de résister à leur puissance, par absorption ou par achat, si les gouvernements ne se mettent pas en travers. Des entreprises familiales, incapables de soutenir le rythme, ne suivent pas l'avance technique et ferment les yeux devant le trou qui se creuse.

« Il faut donc sauver cette entreprise, mais en lui gardant son caractère privé. Si nous la nationalisions, elle vivoterait aux crochets de l'État. Seule l'Europe formera un marché suffisant. Il ne faut pas s'imaginer pouvoir tenir, face aux colosses américains, avec un petit marché intérieur.

GdG. — Tout cela est bien préoccupant. C'était fâcheux que Bull soit menacé. Il s'agit d'une entreprise française de pointe, qui n'est quand même pas mal dans sa partie technique. (La foi du Général dans le génie français est émouvante.) Si General Electric entrait dans le capital, ce serait le loup dans la bergerie. Mais si on s'allie avec un partenaire européen, il ne faut pas tomber sous sa coupe. Ce ne serait qu'une autre façon de tomber sous celle des Américains. »

Pompidou me fait passer un billet : « Pas un mot sur Bull. On n'en a pas parlé. »

« Sans indépendance économique, il n'y a plus d'indépendance tout court »

Conseil du 18 novembre 1964.

Giscard et Pompidou présentent au Conseil un projet de loi sur le vote plural. Il s'agit de protéger les entreprises françaises contre des immixtions étrangères, en accordant plusieurs voix à des actions qui sont restées depuis dix ans attachées à la même société.

GdG (visiblement fort satisfait) : « C'est un gros coup. Comment croyez-vous que cela va passer à l'Assemblée ?

Pompidou. — Ça passera sans difficulté. »

Après le Conseil, le Général me commente ce texte : « Vous pouvez dire que cette disposition va permettre d'éviter que des capitaux américains ne viennent sauvagement faire basculer le pouvoir dans une société française. Vous savez, sans indépendance économique, il n'y a plus d'indépendance tout court. »

« Nous payons les Américains pour qu'ils nous achètent »

Un an plus tard, *au Conseil du 20 octobre 1965*, le sujet revient, à l'occasion d'une communication de Maurice-Bokanowski *.

Bokanowski : « L'Allemagne, où les entreprises sont plus concentrées, poursuit la modernisation de son équipement à un rythme accéléré, et les moyens de nos deux pays s'écartent de plus en plus. Chez nous, les concentrations sont très difficiles, elles posent des problèmes de personnes insurmontables.

GdG. — Nous devons nous armer pour amener, et au besoin pour contraindre, notre industrie à la concentration. Le mouvement général y pousse, mais je ne crois pas que ce soit suffisant.

« Nous ne sommes pas armés non plus pour lutter contre l'invasion américaine. Compte tenu de l'énormité américaine, nous ne pourrons tenir le coup que si nous sommes armés pour lutter. Je vous demande d'y réfléchir très sérieusement. C'est primordial. Comment ferons-nous pour empêcher que nous soyons submergés par un monstre comme General Motors ou IBM ?

« Les Américains exportent partout leur inflation, et à notre détriment. Ils veulent absolument investir à l'étranger, et ça ne leur coûte à peu près rien. Nous les payons pour qu'ils nous achètent !

Pompidou. — Le traité de Rome nous interdit de faire aucune discrimination entre les entreprises installées dans le Marché commun. Or, compte tenu des investissements étrangers très importants en Hollande, en Belgique, en Italie, nous ne savons comment faire pour empêcher ces entreprises d'essaimer ensuite chez nous.

« Est-il de l'intérêt français de laisser Ford s'installer en Italie, ou plutôt en France de manière à faire travailler des Français ? De toute façon, les investissements se feront et nous n'y pourrons rien. »

Pompidou, voici moins de trois ans, enchérissait sur la diatribe du Général contre l'invasion des capitaux américains **. Il est devenu beaucoup plus nuancé.

Quand le Général ne voit encore dans l'investissement étranger en France qu'une défaite de la France, son Premier ministrc y voit une source d'activité. Le premier reste méfiant. Le second, sur ce point, me semble avoir des vues plus sereines et sans doute plus justes.

---

* Ministre de l'Industrie.

** Cf. p. 16.

Chapitre 13

« LE DOLLAR DÉCROCHERA UN JOUR OU L'AUTRE DE L'OR »

Salon doré, 18 septembre 1963.

GdG : « Les Américains vont beaucoup s'intéresser à la prochaine réunion du Fonds monétaire. Le système monétaire mondial ne fonctionne pas correctement. Il oblige la France et l'Allemagne à garder des dollars aux États-Unis, qui sont source d'inflation.

AP. — Alors, vous allez dénoncer ce système ?

GdG. — Pas tout de suite. Nous ne ferons pas encore cette fois de propositions révolutionnaires. Pompidou, Giscard et Couve m'ont conjuré de ne pas bousculer le pot de fleurs. Je reconnais que ce n'est pas immédiatement nécessaire de dire leur fait aux Américains. Mais ils ne perdront rien pour attendre. »

Le lendemain matin, je tamise cette confidence pour Pompidou : « Le Général m'a laissé entendre qu'il remettrait à plus tard... ». Le Premier ministre éclate de rire :

« Le Général voudrait dénoncer le système monétaire international, mais j'essaie de l'en dissuader. Ce n'est pas le moment ! »

Pour Pompidou, on ne prend jamais assez de précautions, ce n'est jamais le moment. Pour le Général, son Premier ministre en prend trop, et cette inopportunité sans cesse invoquée ne lui paraît qu'un prétexte pour se dérober devant l'obstacle.

« Il faut rendre à l'or son rôle de support essentiel »

Conseil du 16 septembre 1964.

Un an plus tard, Giscard rend compte d'une nouvelle réunion du Fonds monétaire international à Tokyo. Cette fois, par sa bouche, la France a sinon bousculé, du moins déplacé le « pot de fleurs ».

GdG : « Nous avons lu la communication que vous avez faite à Tokyo ; elle correspondait bien à ce que nous pensions devoir être dit. Ce système monétaire ne peut pas durer. Il est américain. Il n'est pas mauvais parce qu'il est américain, mais parce qu'il est déséquilibré. »

(En Conseil, le Général ménage ceux de ses ministres qui pourraient s'offusquer de son « antiméricanisme ». Il ne tient pas à renouveler l'incident de la démission des ministres MRP *.)

---

* Cf. tome I, p. 128 *sq.*

Après le Conseil, j'essaie d'aller plus loin : « Allez-vous prendre une initiative ?

GdG. — Giscard a dit tout haut à Tokyo ce que beaucoup pensent tout bas, à savoir que tout ne va pas pour le mieux dans le système actuel des règlements monétaires internationaux. Ce système, établi au gré des circonstances du moment, permet aux pays dits "à monnaie de réserve", c'est-à-dire les États-Unis et la Grande-Bretagne, de solder les déficits chroniques de leur balance des paiements. Il est en grande partie responsable du déséquilibre des règlements internationaux, ainsi que des tendances inflationnistes qui se manifestent actuellement un peu partout dans le monde.

« Il faut donc rendre pleinement à l'or son rôle de support essentiel du système mondial des paiements. Seul l'or, parce qu'il est inaltérable et qu'il inspire confiance, échappe aux fluctuations des soi-disant "étalons de change or"* et à l'égoïsme des politiques nationales.

AP. — Vous prônez un changement radical du système actuel ?

GdG. — Non, ce qu'il faudrait, c'est une évolution progressive et concertée, qui devrait permettre un meilleur ajustement du système mondial des paiements aux besoins réels. En attendant, il faudrait mettre sur pied une surveillance multilatérale des politiques monétaires nationales. »

> Où l'on voit que le Général n'a pas la religion de la « souveraineté monétaire » des États. Il sait qu'ils ne l'utilisent que trop pour manipuler la monnaie. L'or fait la police. Il est extrapolitique.

« La livre est à bout de souffle, les Anglais aussi »

Salon doré, 23 décembre 1964.

Le Général m'annonce qu'il compte tenir une conférence de presse en février prochain.

AP : « Quels thèmes comptez-vous développer ?

GdG. — En particulier, la question monétaire internationale.

(Ainsi, il aura attendu un an et demi avant de "bousculer le pot de fleurs".)

AP. — D'ici là, le sterling risque d'être dévalué ?

GdG. — Oh ! Les Anglais tiendront bien cahin-caha jusque-là, et même au-delà. Le Trésor américain leur a donné assez de dollars pour ça. Mais ça va très mal. La livre est à bout de souffle, les Anglais aussi. Ils peuvent, comme les faibles, essayer d'abord une

---

* Le dollar et la livre sterling.

dévaluation masquée, vous savez, à la manière de Félix Gaillard. Ils feront 10 %, 15 %, camouflés en prélèvements sur les importations et en détaxes sur les exportations. Et puis, ça ne suffira pas *.

AP. — Si le dollar suivait le sterling, nous serions obligés d'en faire autant nous-mêmes…

GdG. — Je ne sais pas encore. Cela dépendra des conditions. Les Anglais ont en caisse quatre milliards de dollars. Nous n'avons qu'un milliard trois cents millions de dollars en billets verts. Nous avons converti en or tout le reste, quatre milliards de dollars. Évidemment, si tous les avoirs étrangers en dollars voulaient être convertis en or, ça mettrait à sec les réserves d'or américaines, ça démontrerait que le dollar n'est plus la monnaie de réserve qu'il prétend être. Seulement, si le dollar est dévalué, nos prix deviendraient tout de suite trop chers par rapport aux prix américains. Alors, pour nos exportations, ça deviendrait difficile. »

« Nous ne sommes pas assez riches pour nous ruiner »

Salon doré, 3 février 1965.

AP : « Annoncerez-vous des choses importantes, demain, dans votre conférence de presse sur le système monétaire international ?

GdG. — Je dirai que le *Gold Exchange Standard* est devenu caduc.

AP. — C'est un vœu pieux ?

GdG. — Ce n'est pas un vœu ! C'est ce qu'il faut faire. J'indiquerai que le *Gold Exchange Standard* ne repose plus sur les mêmes bases qu'autrefois et que, par conséquent, il faut un changement.

AP. — Nous ne pouvons pas le changer à nous tout seuls ?

GdG. — Le fait que nous le condamnons justifie à lui tout seul que nous ne voulions plus des dollars, mais de l'or. On nous imitera. Il suffit que nous le répétions pendant suffisamment de temps pour qu'à la longue, le *Gold Exchange Standard* s'effondre. Mais il vaudrait mieux qu'il fût délibérément supprimé par une négociation.

AP. — Les Américains, accessoirement les Anglais, vont prendre ça pour une agression.

GdG. — Nous ne considérons plus le dollar comme de l'or, puisque maintenant nous échangeons systématiquement nos dollars contre de l'or… Un tas d'entreprises mondiales sont expropriées au profit des Américains, avec des capitaux qu'ils se procurent par leur inflation… Ils réagiront, mais ça n'a pas beaucoup d'importance.

---

* La livre sterling tiendra encore trois ans, jusqu'en novembre 1967.

AP. — On dit que la France refuserait de participer au prochain relèvement des participations du Fonds monétaire international.

GdG. — Parfaitement ! Nous avons déjà énormément de participations internationales. Tout ça pour soutenir une livre qui, en définitive, ne sera pas sauvée, et un dollar qui commence à être ébranlé. Ça suffit comme ça ! Nous ne sommes pas favorables à l'augmentation des quotas. On les a déjà augmentés ! Nous ne sommes pas assez riches pour nous ruiner.

AP. — Ça va nous faire quelques mois agités.

GdG. — Les Américains n'ont qu'à faire ce qu'ils doivent faire pour redresser leur balance des paiements. »

Salle des fêtes de l'Élysée, 4 février 1965.

Conférence de presse des grands jours. Les journalistes sont partagés entre l'éblouissement de cette leçon magistrale, la stupeur de voir ce militaire se lancer dans un sujet technique dont il devrait tout ignorer, et l'ironie de le voir monter allégrement à l'assaut de la forteresse dollar, inexpugnable par définition.

À peine suis-je rentré dans mon bureau, que Rueff* me téléphone. Jamais il n'a entendu parler du dollar, du *Gold Exchange Standard*, du système monétaire international, avec tant de clarté, de profondeur, de maîtrise. Il est émerveillé.

AP : « Vous êtes content de votre élève ?

Jacques Rueff. — Je croyais qu'il était mon maître en toute chose, sauf pour celle-là. Je me demande s'il ne le devient pas aussi pour celle-là. »

« Rétablir l'équilibre, c'est une opération terrible »

Salon doré, 17 février 1965.

AP : « Ce que vous avez dit dans votre conférence de presse sur l'étalon-or est mal passé dans la presse anglo-saxonne et dans la presse française…

GdG. — C'est la même chose !

AP. — Mais c'est bien passé dans l'opinion, peut-être par patriotisme et puis, parce qu'on a confiance dans l'or, pas dans le dollar.

GdG. — Exactement. Dans le tréfonds français, on est pour l'or, parce qu'on sait, héréditairement, que le règne de l'or s'est confondu avec une situation économique stable.

AP. — Finalement, la presse elle-même a baissé le ton. Vous n'êtes plus guère contredit en France que par l'opposition, y compris les MRP qui disent que c'est un mauvais coup aux Américains…

---

* Inspecteur général des finances, économiste célèbre, chancelier de l'Institut, conseiller financier privé du Général.

GdG. — Ou par Raymond Aron.
AP. — Mais vous êtes suivi par la population.
GdG. — La masse comprend ce que les intellectuels ne veulent pas comprendre.
AP. — Ça va déboucher sur quoi ?
GdG. — Sur l'effondrement de la livre et, un jour ou l'autre, du dollar, qui cessera d'être convertible en or.
AP. — Mais nous ne pouvons pas souhaiter l'effondrement de la livre et du dollar !
GdG. — Bah ! pourquoi le craindre ?
(Il pense à l'effondrement en tant que monnaie de réserve, alors que je pensais à l' "effondrement" en termes de dévaluation — qui ne nous serait pas favorable.)
AP. — Nous sommes solidaires, quand même ?
GdG. — Les Américains et les Anglais ont pu maintenir artificiellement leur suprématie. Tant qu'ils étaient en mesure de changer leur monnaie contre de l'or, et tant qu'ils avaient des balances de paiement favorables, ça n'incommodait pas les gens. Aujourd'hui, cette situation s'est retournée, leurs balances de paiement sont défavorables, et ils perdent de l'or.

« Pour que les Américains arrivent à maintenir le *Gold Exchange Standard*, comme ils sont censés le faire, il faudrait que leur balance des paiements soit équilibrée. Mais ils en sont incapables. Alors, le dollar décrochera un jour ou l'autre de l'or, malgré toutes les pressions.

« Rétablir l'équilibre, c'est une opération terrible. Il faudrait une force politique qu'ils n'ont pas. Le père Johnson ne l'a pas. Il ne peut pas faire ça. De même qu'il ne peut pas faire la paix avec l'Asie.
AP. — Ne croyez-vous pas qu'avant de revenir à l'étalon-or pur et simple, on sera obligé de passer par une monnaie de réserve autre que le dollar, peut-être un panier de devises ?
GdG. — Il ne faut pas se laisser couillonner ! Les Américains et leurs séides tâcheraient de garder quand même le dollar comme principale monnaie de réserve, parce qu'elle serait la plus forte des devises du panier ! »

« Les Américains se prennent pour les gendarmes du monde monétaire »

Conseil du 1er septembre 1965.

Giscard : « Le secrétaire d'État américain au Trésor, Fowler, est venu à Paris. Il assure que les États-Unis ont mesuré les troubles provoqués par les déséquilibres continus de leur balance des comptes et considèrent son rétablissement comme un objectif prioritaire. Mais ils arguent que leur déficit financier est un déficit mondial. Fowler évoque la possibilité d'un panier de devises. Il reprend à son compte votre thème de la réforme monétaire internationale, mais sans lui donner de contenu pratique.

GdG. — Les Américains se prennent pour les gendarmes du monde monétaire. Fowler a dit à la radio que le Fonds monétaire international serait le cadre approprié pour régler la question. En réalité, c'est pour donner l'impression de l'action, mais ils ne veulent rien faire. »

Après le Conseil, j'entreprends le Général sur cette démarche :

GdG : « La visite de Fowler n'a abouti à rien et ne devait aboutir à rien. Ça n'a été qu'une première prise de contact, inévitable, sur un sujet que j'ai mis à l'ordre du jour. Rien qui modifie les positions respectives.

AP. — Le franc et le mark pourraient devenir monnaies de réserve ?

GdG. — Les monnaies de réserve, ça suffit comme ça ! On ne va pas encore en inventer d'autre ! Il y a l'or. Le reste, c'est des histoires, c'est fait pour nous couillonner.

AP. — Petit à petit, les Américains reconnaissent que le système actuel n'est pas satisfaisant.

GdG. — Pour eux, il n'est plus satisfaisant du tout, puisqu'il a pour effet qu'ils perdent leur or !

AP. — Nous allons continuer à changer nos dollars en or ?

GdG. — Bien sûr ! Il n'y a pas de raison que ça s'arrête. Les Hollandais et les Suisses en font autant. Puis d'autres suivront. C'est pour ça que le dollar finira par décrocher.

AP. — Quand même, les Américains ont un peu rétabli leur balance des paiements.

GdG. — Ils l'ont rétablie pour un mois ; c'est peu, après des années d'insouciance. Ils sont en pleine inflation. Alors, ils fabriquent des dollars à la planche à billets, ils les exportent, les gogos les prennent comme si c'était de l'or ; c'est très commode pour les Américains. Comment voulez-vous qu'ils renoncent à exporter des capitaux ? Il faudrait qu'ils cessent de les créer ! »

Le Général surestimait quelquefois les difficultés des autres. En tout cas, il sous-estima sûrement la capacité politique de Washington de faire pression sur ses créanciers pour qu'ils ne présentent pas leurs créances. L'exemple français ne fut guère suivi. Et quand il le fut, plus tard, devant l'ampleur prise par la dette américaine, et que la situation fut devenue intenable, Nixon imposa en 1971 son coup de force monétaire : en découplant le dollar et l'or, il allégeait brutalement le fardeau de la dette extérieure américaine. Le Général, en un sens, avait gagné : il avait tué le *Gold Exchange Standard.* Mais, en un autre sens, il avait perdu : Nixon s'acharna à interdire tout retour à l'étalon-or. Mais ceci est une autre histoire...

Chapitre 14

« IL FAUT COMMÉMORER LA FRANCE, ET NON LES ANGLO-SAXONS »

En nommant Jean Sainteny ministre des Anciens combattants en décembre 1962, le Général lui avait demandé de consacrer son énergie à l'année 1964. Elle était propice à raviver le souvenir de deux années glorieuses : cinquantenaire de 1914 et vingtième anniversaire de 1944.

À la fin du Conseil du 30 octobre 1963, où Sainteny a évoqué les cérémonies prévues pour la commémoration de la Libération, Pompidou me prend à part : « Tâchez de faire revenir le Général sur son refus d'aller sur les plages de Normandie... » Je suis stupéfait et de l'information et de la demande. « Enfin, reprend Pompidou, prenez des précautions... Je m'y suis cassé les dents. »

Sainteny m'apprend ensuite qu'il se les était déjà lui-même cassées. Naturellement, je vais me les casser aussi.

« La France a été traitée comme un paillasson »

Salon doré.

AP (l'air candide) : « Croyez-vous, mon général, que les Français comprendront que vous ne soyez pas présent aux cérémonies de Normandie ?

GdG (sévèrement). — C'est Pompidou qui vous a demandé de revenir à la charge ? (Je ne cille pas.) Eh bien, non ! Ma décision est prise ! La France a été traitée comme un paillasson ! Churchill m'a convoqué d'Alger à Londres, le 4 juin. Il m'a fait venir dans un train où il avait établi son quartier général, comme un châtelain sonne son maître d'hôtel. Et il m'a annoncé le débarquement, sans qu'aucune unité française ait été prévue pour y participer. Nous nous sommes affrontés rudement. Je lui ai reproché de se mettre aux ordres de Roosevelt, au lieu de lui imposer une volonté *européenne* (il appuie). Il m'a crié de toute la force de ses poumons : "De Gaulle, dites-vous bien que quand j'aurai à choisir entre vous et Roosevelt, je préférerai toujours Roosevelt ! Quand nous aurons à choisir entre les Français et les Américains, nous préférerons toujours les Américains ! Quand nous aurons à choisir entre le continent et le grand large, nous choisirons toujours le grand large !" (Il me l'a déjà dit. Ce souvenir est indélébile.)

« Le débarquement du 6 juin, ç'a été l'affaire des Anglo-Saxons, d'où la France a été exclue. Ils étaient bien décidés à s'installer en

France comme en territoire ennemi ! Comme ils venaient de le faire en Italie et comme ils s'apprêtaient à le faire en Allemagne ! Ils avaient préparé leur AMGOT*, qui devait gouverner souverainement la France à mesure de l'avance de leurs armées. Ils avaient imprimé leur fausse monnaie, qui aurait eu cours forcé. Ils se seraient conduits en pays conquis.

« C'est exactement ce qui se serait passé si je n'avais pas imposé, oui imposé, *mes* commissaires de la République, *mes* préfets, *mes* sous-préfets, *mes* comités de libération ! Et vous voudriez que j'aille commémorer *leur* débarquement, alors qu'il était le prélude à une seconde occupation du pays ? Non, non, ne comptez pas sur moi ! Je veux bien que les choses se passent gracieusement, mais ma place n'est pas là !

« Les Français sont déjà trop portés à croire qu'ils peuvent dormir tranquilles »

« Et puis, ça contribuerait à faire croire que, si nous avons été libérés, nous ne le devons qu'aux Américains. Ça reviendrait à tenir la Résistance pour nulle et non avenue. Notre défaitisme naturel n'a que trop tendance à adopter ces vues. Il ne faut pas y céder !

« En revanche, ma place sera au mont Faron le 15 août, puisque les troupes françaises ont été prépondérantes dans le débarquement en Provence, que notre 1re Armée y a été associée dès la première minute, que sa remontée fulgurante par la vallée du Rhône a obligé les Allemands à évacuer tout le Midi et tout le Massif central sous la pression de la Résistance. Et je commémorerai la libération de Paris, puis celle de Strasbourg, puisque ce sont des prouesses françaises, puisque les Français de l'intérieur et de l'extérieur s'y sont unis, autour de leur drapeau, de leur hymne, de leur patrie ! Mais m'associer à la commémoration d'un jour où l'on demandait aux Français de s'abandonner à d'autres qu'à eux-mêmes, non !

« Les Français sont déjà trop portés à croire qu'ils peuvent dormir tranquilles, qu'ils n'ont qu'à s'en remettre à d'autres du soin de défendre leur indépendance ! Il ne faut pas les encourager dans cette confiance naïve, qu'ils paient ensuite par des ruines et par des massacres ! Il faut les encourager à compter sur eux-mêmes ! Allons, allons, Peyrefitte ! Il faut avoir plus de mémoire que ça ! Il faut commémorer la France, et non les Anglo-Saxons ! Je n'ai aucune raison de célébrer ça avec éclat. Dites-le à vos journalistes. »

Il reprend : « Ceux qui ont donné leur vie à leur patrie sur notre terre, les Anglais, les Canadiens, les Américains, les Polonais, Sainteny et Triboulet seront là pour les honorer dignement**. »

---

* *Allied military government for occupied territories*, Gouvernement militaire allié pour les territoires occupés.

** Ministres des Anciens combattants et de la Coopération.

Je n'ai rien dit aux journalistes. J'ai même dit : « Il n'en a pas été question au Conseil des ministres », ce qui est exact.

Le Général a sûrement vu que je n'avais pas accompli cette mission. Aucune remarque. Peut-être m'en a-t-il su gré ?

« Le débarquement en Normandie se passait en dehors de la France »

Espérant que le Général aura oublié sa vive réplique, ou en tout cas aura oublié que c'est à moi qu'il l'a adressée, je remets la question sur le tapis, dix mois et demi plus tard, *le 13 mai 1964.*

AP : « Ne craignez-vous pas, si nous ne donnons pas du moins quelques explications, que votre absence le 6 juin en Normandie soit mal interprétée ?

GdG. — Mais je vous l'ai déjà dit ! Il n'a jamais été question que j'y aille ! Je n'y suis pas allé pour le cinquième anniversaire ; ni pour le dixième ; ni pour le quinzième. Pourquoi voulez-vous que j'y aille pour le vingtième ? Et j'ai demandé au Premier ministre de ne pas y aller non plus. D'ailleurs, le Premier ministre anglais n'y va pas. Johnson n'ira pas non plus. Pourquoi irions-nous ?

(Évidemment, Wilson et Johnson n'y vont pas, parce que de Gaulle n'y va pas.)

AP. — Eisenhower et Montgomery doivent y aller.

GdG. — Ce sont des acteurs, qui se font payer cher par la télévision *. »

Après le Conseil du 10 juin 1964, le Général laisse percer encore son agacement : « Ces messieurs de la presse qui me reprochent de ne pas aller en Normandie vingt ans après, que faisaient-ils alors ? S'étaient-ils battus pour que la France recouvre sa liberté, pour qu'elle contribue à sa délivrance ? Que faisaient-ils pendant la guerre ? Ils ne se battaient ni en Normandie, ni ailleurs. La Libération s'est passée sans eux. Elle s'est passée d'eux. »

Et lui, il a dû se battre pour que le débarquement ne se passe pas complètement de la France Libre. S'il a prononcé son discours de Bayeux le 16 juin 1946, ce ne fut pas pour commémorer *le* débarquement du 6 juin, mais *son* débarquement sur les talons des Américains, le 16 juin 1944 à Bayeux.

Il recule son fauteuil, cale son dos. Il a envie de parler.

* Finalement, Eisenhower et Montgomery, après avoir annoncé leur participation, ne sont pas venus.

« Les Américains ne se souciaient pas plus de délivrer la France, que les Russes de libérer la Pologne »

GdG : « Vous croyez que les Américains et les Anglais ont débarqué en Normandie pour nous faire plaisir ? Ce qu'ils voulaient, c'était glisser vers le nord le long de la mer, pour détruire les bases des V1 et des V2, prendre Anvers et, de là, donner l'assaut à l'Allemagne. Paris et la France ne les intéressaient pas. Leur stratégie, c'était d'atteindre la Ruhr, qui était l'arsenal, et de ne pas perdre un jour en chemin.

« Churchill avait demandé à Eisenhower d'essayer de libérer Paris pour Noël. Il lui avait dit : "Personne ne pourra vous en demander davantage." Eh bien si, nous étions décidés à demander davantage ! Le peuple de Paris s'est soulevé spontanément et il aurait été probablement écrasé sous les décombres, comme le peuple de Varsovie, s'il n'avait pas été soutenu. Mais il y avait des hommes qui, trois ans plus tôt, à Koufra *, s'étaient juré de libérer Paris, puis Strasbourg. Ce sont eux qui ont libéré Paris avec son peuple.

« Mais nous n'avions pas l'accord des Américains. Quand j'ai vu que l'insurrection parisienne allait être écrasée par une division allemande intacte qui arrivait de Boulogne-sur-mer, j'ai donné l'ordre à Leclerc de foncer. C'est ainsi que nous avons évité à Paris le sort de Varsovie. Nous avons obligé les Anglo-Saxons à changer de stratégie. Les Américains ne se souciaient pas plus de libérer la France que les Russes de libérer la Pologne. Ce qu'ils voulaient, c'était en finir avec Hitler, en essuyant le moins de pertes possible. Ce qu'ils voulaient épargner, c'était le sang des *boys*, ce n'était pas le sang, les souffrances et l'honneur des Français.

« Effectivement, si les Anglo-Saxons avaient pu mener leur stratégie jusqu'au bout, ils auraient peut-être réussi à frapper l'Allemagne au cœur plus vite. De toute façon, Hitler aurait fini par être battu, et la France aurait fini par être libérée. Mais si les Français étaient restés passifs, si nous n'avions pas eu de part à la défaite d'Hitler, c'est au bout du compte lui qui aurait vaincu la France. »

Au Conseil du 14 août 1964, Jean Sainteny donne le calendrier des manifestations anniversaires de la libération de Paris : le 25 août, le Général se rendra à la gare Montparnasse, à la Préfecture de Police, à l'Hôtel de Ville où il prononcera un discours.

GdG : « Discours, oui, mais pas de balcon ! Une fois, ça a suffi ! Un podium sur le perron ! »

* Leclerc et sa colonne, qui venaient du Tchad pour rejoindre la Tunisie en guerroyant, avaient fait, dans l'oasis de Koufra, le serment de ne pas déposer les armes avant d'avoir libéré Paris et Strasbourg.

A-t-il gardé un mauvais souvenir de la scène du balcon, où Bidault et le Conseil national de la Résistance avaient essayé — en vain — de lui faire proclamer la République ? Ou bien, par souci d'authenticité, ne veut-il pas que l'on procède à une fausse reconstitution, de même qu'il a toujours refusé de répéter son appel du 18 Juin, dont on n'avait pas gardé d'enregistrement * ?

Il n'aime pas qu'on lui force la main. Et il n'aime pas qu'on semble faire de lui le parrain de la République. La République n'est pas au-dessus de la France et de l'État. Elle n'est qu'une de leurs incarnations à travers le temps. Il l'a emportée avec lui à Londres, en même temps que l'État et que la France. Il n'allait tout de même pas, le 25 août 1944, se proclamer… lui-même.

« La Libération, c'est l'affaire de la France »

Le 26 août 1964, Sainteny reçoit de vifs compliments.

GdG : « Vos fêtes étaient bien organisées. Tout s'est bien passé. On est un peu surpris de la coïncidence de grandes réjouissances avec l'anniversaire de combats sanglants. Mais ce n'est pas inutile. C'est un rappel profitable pour l'esprit public. »

Rappel, comme on le dit d'un vaccin ? Il doit penser surtout au rappel de l'Histoire, donné par ceux qui l'ont faite à ceux qui ne l'ont pas connue.

Il assortit les compliments de quelques piques : « Ne vous laissez pas embarquer par les associations ! Voilà qu'on a émis un timbre pour les orphelins de la 2e DB ! Mais ils ont trente ans, ces orphelins ! Les cérémonies nationales, c'est pas la 2e DB ! Je ne veux pas voir ça à Strasbourg ! La Libération, c'est pas l'affaire d'une association, c'est l'affaire de la France et donc l'affaire de l'État. »

« C'est l'affaire de la France. » La Résistance, la Libération sont un héritage d'honneur qui appartient à tous. Mieux que personne, le Général connaît les lâchetés et les divisions d'hier. Elles sont vivaces en lui, dans son jugement privé sur les personnes. Mais il fait tout pour les effacer de la mémoire collective. Les Français ne sont d'aucune manière engagés par elles ; ils sont, au contraire, grandis par les combats de toutes les Résistances.

Y compris sa propre résistance aux Libérateurs.

---

* François Mitterrand a donné une troisième explication : le Général aurait gardé mauvais souvenir du balcon, parce qu'il aurait manqué tomber dans le vide, si Mitterrand ne l'avait retenu par les jambes (F.O. Giesbert, *François Mitterrand, une vie*, 1996, p. 91). Interrogé, Pierre de Chevigné, aide de camp de service ce jour-là, et futur compagnon de la Libération, dément cette version et assure que le futur Président de la République n'était nullement aux côtés du Général.

II

« UN PAYS QUI TIENNE DEBOUT »

« FERME SUR SES JAMBES »

Chapitre 1

« LA GRANDEUR, C'EST LE CHEMIN QU'ON PREND POUR SE DÉPASSER »

Dans l'avion entre Cayenne (Guyane) et le Lamentin (Martinique), 22 mars 1964.

Devant des visages d'ébène massés sur la place Félix-Éboué, à Cayenne, le Général a parlé hier de la « grandeur », dont la France a besoin pour être elle-même. Avant-hier, à Basse-Terre, il a clamé : « Nos pères, de tout temps, n'ont pu faire quelque chose de valable, de fort, qu'à condition de vouloir que ce soit grand. » Quand l'aide de camp m'appelle auprès de lui dans l'avion, je lui demande :

« Vous parlez souvent de la grandeur, mon général. Qu'est-ce que la grandeur ?

GdG. — C'est le chemin qu'on prend pour se dépasser.

AP. — Alors, pour la France, la grandeur...

GdG. — C'est de s'élever au-dessus d'elle-même, pour échapper à la médiocrité et se retrouver telle qu'elle a été dans ses meilleures périodes.

AP. — C'est-à-dire ?

GdG. — Rayonnante. »

Je n'ai pas osé poursuivre. Pour lui-même, naturellement, la grandeur, c'est de dépasser sa « pauvre humanité » en s'identifiant à la France. Toujours, cette énigme : pourquoi, comment, Charles de Gaulle a-t-il eu si tôt la conviction qu'il serait un héros de notre Histoire ? La France le grandit, et il grandit la France. Sa pudeur lui défend d'en parler, mais il sait qu'il est de ceux dont la grandeur peut entraîner la grandeur de leur pays.

Il sait que les figures de proue ne sont pas des flotteurs de liège qui montent et descendent au gré des vagues, mais qu'elles ouvrent de nouvelles routes sur les océans du destin. Il sait qu'un homme peut changer le cours de la fatalité.

Avant de le prouver à son tour, de Gaulle l'a su. Et il a su qu'il y fallait plus qu'un rêve d'enfant ou une ambition vulgaire : une obsédante contention d'esprit. Dès l'adolescence, il s'est forgé un personnage qui lui imposait sa contrainte. À ses camarades, voire à ses supérieurs, pourquoi paraissait-il distant, méprisant même ? Il était déjà dans le rôle qu'il pensait être appelé à jouer un jour.

Dans sa vieillesse, il continue : sans cesse il affronte ce personnage. Ainsi, par une de ces indiscrétions que même les plus discrets laissent échapper, j'ai appris hier qu'il porte sur lui une sonde. Dans ses déplacements, dans ses discours publics, il doit souffrir mort et passion. Nul ne s'en aperçoit. Je scrute sur son visage des signes d'épuisement : aucun n'apparaît. Au champ d'Arbaud, à Basse-Terre, il criait avant-hier, à pleins poumons, à une immense foule guadeloupéenne : « Mon Dieu ! comme vous êtes Français ! »

« En politique, on n'a pas d'amis »

Au cours d'un déjeuner dans la petite préfecture de Mamers (Sartre), *le 22 mai 1965*, il lâche à ses voisins, Roger Frey * et moi, une sorte de confidence qui montre que son identification à la France lui donne la force de résister aux haines qu'il a soulevées :

GdG : « À Venise, des billets anonymes de dénonciation étaient placés dans la gueule du lion de Saint-Marc. Nous, ils nous arrivent par la poste. Toujours anonymes, toujours insultants, toujours bas ! Il existe une couche de Français, peut-être un sur cinq ou un sur dix, qui m'en voudront jusqu'à leur dernier souffle, de les avoir transformés en débris de l'Histoire. Les gens de Vichy, les politiciens de la IVe, les pieds-noirs, m'exècrent moins pour les déboires qu'ils ont connus de mon fait, que pour les bienfaits que j'ai procurés à la France en les rudoyant. Le temps fournit la preuve qu'ils s'étaient trompés. Ils ne me le pardonneront jamais. »

Nous nous promenons ensuite dans le mail qui longe le bâtiment. Il nous parle de Caillaux, l'enfant du pays, puis de Clemenceau qui le fit poursuivre pour trahison. Il connaît à fond son histoire politique et parlementaire : « Clemenceau, quand il était candidat à la présidence de la République, avait demandé à Pams **, un sénateur radical des Pyrénées-Orientales, de voter et faire voter pour lui. Pams se faisait tirer l'oreille et le quitta en lui disant : "Moi, je n'hésiterais pas, mais il faut que je consulte mes amis." Il était déjà dans le couloir, que Clemenceau lui cria : "En politique, on n'a pas d'amis !" »

Le Général rit de bon cœur. Il ajoute : « Clemenceau avait raison. Un homme d'État ne doit pas avoir d'amis. Sinon, il a des faiblesses pour ses amis. Il cautionne leurs faiblesses. Il endosse leurs erreurs. »

Ainsi, il récuse l'amitié autant qu'il se protège de la haine... Les gens que dans ses lettres (jamais oralement) il appelle ses amis ou assure de son « amitié » sont déjà fort rares. Plus rares encore ceux qui méritent vraiment le nom d'ami. Leclerc, Malraux : je ne crois pas qu'on puisse en citer beaucoup d'autres.

---

* Ministre de l'Intérieur.

** Jules Pams (1835-1930) fut député (1893-1904) puis sénateur (1904-1930) des Pyrénées-Orientales, ministre de l'Agriculture (1911-1913) et de l'Intérieur (1917-1920).

Quand il doit trancher pour la France, il s'efforce de ne se guider ni sur la rancune, ni sur l'amitié. Y réussit-il ?

Ses proches seraient tentés de dire qu'il n'y réussit que trop. Intraitable, il l'est aussi envers sa famille, avec une constance qui le met à l'abri de l'accusation de favoritisme ou de népotisme. Son frère Pierre, déporté en Allemagne, avait fait l'objet d'une tentative dramatique de chantage de Himmler. L'homme qui faisait régner la terreur dans les camps de concentration avait adressé, quelques jours avant l'effondrement du Reich, *via* la Suisse, un courrier personnel au Général. Il lui garantissait la vie sauve pour son frère, si on lui fournissait à lui-même un sauf-conduit jusqu'à la frontière espagnole. Sinon... Le Général avait écrit froidement sur la lettre : « Classer sans suite. » Pierre de Gaulle parlait encore, dix ans plus tard, de ce trait, digne de l'histoire romaine, avec un mélange d'admiration et d'effroi.

Et le Général s'est refusé à coucher le nom de son fils dans la liste de l'Ordre de la Libération. Plusieurs Compagnons de la Libération m'ont assuré que Philippe avait plus de titres qu'eux-mêmes à recevoir le ruban vert ; mais il avait le tort d'être son fils.

« On s'attache plus à un enfant fragile qu'à un enfant normal »

Même la vie privée la plus impeccable était comme tenue en lisière. En dix ans, il n'est guère de sujets, sur lesquels nos entretiens n'aient porté... Mais il n'était presque jamais question de sa vie privée. Frères et sœurs, enfants et petits enfants, grande famille, affections, ambitions personnelles, son passé militaire, ses projets littéraires, ses loisirs, étaient comme occultés. Sauf au cours de repas intimes, le plus souvent en présence de Mme de Gaulle, ou à l'occasion de voyages, il ne se permettait — et on ne se permettait — aucune incursion dans ce domaine, qu'un rideau épais séparait de l'univers public. On eût dit qu'il ne devait pas se laisser distraire, ni laisser ses collaborateurs se distraire, de cela seul qui comptait pour lui et donc pour eux : sa mission.

Il arrivait pourtant — bien rarement — qu'une émotion se laissât percevoir.

Ce 11 juin 1962, lundi de Pentecôte, Manu * a été renversée par une voiture ; sa tête a heurté le capot. Elle est dans le coma. Ambulance, hôpital, consultation de neurologues. Diagnostic : « fracture du crâne avec hémorragie méningée ». Pronostic : « très réservé ».

---

* Notre fille Emmanuelle, huit ans.

De lundi à dimanche, elle a continué à ressembler à une morte. Pour éviter une agitation inutile, nous n'avons averti personne. Enfin, dimanche après-midi, un premier mouvement de tête fait espérer que l'enfant reviendra à elle.

Lundi 18 juin, elle a ouvert un instant les yeux. Après huit jours, la presse du soir finit par percer le secret. L'émotion des autres ne se déclenche que quand la nôtre commence à s'apaiser.

À Matignon, mardi 19, pour notre réunion matinale, Pompidou se lève et vient me dire quelques mots sobres et délicats.

Ce jeudi 21 juin, au Conseil, le Général, quand il serre les mains en rejoignant sa place, m'interroge brièvement. « Nous en reparlerons tout à l'heure. » De fait, *à l'issue du Conseil*, il me pose des questions, mais, pratique, va à ce qui lui paraît l'essentiel : « L'a-t-on trépanée ?

AP. — On estime ne rien pouvoir faire, tant qu'elle n'est pas sortie du coma. »

Salon doré, 27 juin 1962.

Il revient sur le sujet : « Va-t-on la trépaner ?

AP. — On m'assure que ça ne se fait plus. On laisse la nature agir, avec l'aide d'un goutte-à-goutte pour essayer de résorber l'hématome. »

Salon doré, 4 juillet 1962.

Le Général me questionne encore : « Est-ce qu'il lui en restera quelque chose ?

AP. — On ne pourra le savoir qu'à son adolescence. »

Il se tait un instant, puis me dit, avec une infinie douceur dans la voix : « S'il devait lui en rester quelque chose, vous savez, on s'attache plus à un enfant fragile qu'à un enfant normal. »

Dans le regard qu'il m'a jeté, dans le silence qui a suivi, j'ai senti passer une tendresse, et comme une souffrance, qui m'ont bouleversé.

Provins, 17 juin 1965.

Après le déjeuner, nous présentons au Général et à Mme de Gaulle nos cinq enfants. Trois ans après, il n'a pas oublié. Pendant que les filles, après avoir fait leur révérence, s'éloignent sur la pelouse, il me demande : « C'est laquelle, celle qui a été accidentée ? » Je la lui désigne. « Est-ce qu'il reste des séquelles ?

— Aucune, apparemment ; elle a si bien récupéré qu'elle n'a peur de rien, elle grimpe au sommet des arbres en disant : “Je suis en caoutchouc.” »

Il me lance le même regard, si plein de tristesse et d'humanité, qu'il y a trois ans. Je m'en veux d'avoir répondu gaiement, sans penser à sa fille infirme. Il se tait un long moment, en tournant sa cuillère dans sa tasse de café. Se souvient-il de son instant d'émotion, quand il avait pensé à Anne à propos de Manu ? On dirait que c'est dans le silence qu'il se transmet le mieux.

« De Gaulle ne serait plus de Gaulle »

Au-dessus de toutes ses décisions, flottent, non seulement une certaine idée de la France, mais une certaine idée de De Gaulle, qui se superposent. Depuis que, le 18 juin 1940, il est entré dans l'Histoire, une image s'impose à lui : ce héros qu'il a voulu être dès son plus jeune âge ; qu'il doit être ; que, si souvent, il fut ; et dont il parle à la troisième personne, avec une sorte d'étonnement. Il est à lui-même sa propre statue du Commandeur.

« De Gaulle doit faire sortir la France du guêpier algérien. » « De Gaulle doit trouver une fin des combats honorable pour tous. » « De Gaulle n'a pas le droit, devant les Français, de s'afficher comme un dévot. » « De Gaulle ne serait plus de Gaulle s'il baissait les bras. »

C'était de Gaulle : un homme qui habitait sa statue.

Chapitre 2

« QUE VOUS NE ME RÉSERVIEZ PAS UNE AFFAIRE PROFUMO, ET TOUT IRA BIEN »

Au Conseil du 19 juin 1963, Pierre Dumas * a déploré la tendance à l'absentéisme dans les deux Assemblées. Le Général lui répond :

« Si les parlementaires ne viennent pas en séance, qu'ils ne s'en prennent qu'à eux-mêmes ! Le Parlement est menacé. Le gouvernement ne l'est pas. Pour Dieu ! Que vous ne me réserviez pas une affaire Profumo **, Messieurs, et tout ira bien. »

Il dit cela sans rire, sans la moindre trace de complicité ou d'indulgence masculines. Du ton du maître.

« Un ministre doit être insoupçonnable »

À l'issue du Conseil, le Général me dit, de lui-même : « Cette affaire Profumo est scandaleuse, dégoûtante et lamentable. »

Il reprend : « Un ministre doit être insoupçonnable.

AP. — Qu'est-ce à dire, mon général ?

GdG. — C'est simple ! Il ne faut pas qu'un homme détenant un pouvoir d'État, donc dépositaire de la confiance du peuple, trahisse cette confiance, ou paraisse en être capable. »

Être insoupçonnable, ce n'est pas seulement n'avoir pas commis de faute grave ; c'est ne pas prêter le flanc à un quelconque soupçon de défaillance. Les ministres représentent quelque chose de plus grand qu'eux-mêmes ; ils doivent donc se hisser au-dessus d'eux-mêmes. La faiblesse est humaine ; elle ne peut être ministérielle.

Cette exigence va de soi, pour tout ce qui relève de l'intégrité, article essentiel du contrat de confiance entre l'élu et le peuple.

L'intégrité… Nous sommes nombreux, autour de la table, à nous rappeler la mésaventure de ce ministre qui, séance tenante, a été congédié comme un domestique indélicat. Vieux militant dont on avait voulu récompenser la fidélité, il fut limogé silencieusement. Il avait donné à un État étranger des informations probablement stipendiées et avait eu l'imprudence de le faire par téléphone. Pompidou l'apprit et, dans l'heure, avertit le secrétaire général de l'Élysée, qui mit immédiatement au courant de ce fait, ou de ce

---

* Secrétaire d'État chargé des relations avec le Parlement.

** John Profumo, ministre britannique de la Défense, venait de démissionner, au milieu d'un scandale retentissant, après qu'eut été révélée sa liaison avec Christine Keeler, une *call-girl* impliquée dans une affaire d'espionnage au profit de l'URSS.

soupçon, le Général ; lequel, sans en demander davantage, prononça son verdict :

« Le Premier ministre doit lui demander aujourd'hui même sa démission et lui interdire de retourner à son ministère. »

Le lendemain matin, le bouche à oreille du téléphone interministériel avait fonctionné. Pas un ministre, pas un directeur de cabinet qui ne fût au courant. Pourtant, rien ne transparut dans la presse, encore qu'elle se fût posé bien des questions sur cette éclipse soudaine.

Le Général est intraitable. « La femme de César »... Un soupçon sérieux lui suffit et, à la limite, peu lui importe que les faits soient avérés : il ne peut garder auprès de lui un ministre dont il serait dit, dans les milieux « bien informés », qu'il est corruptible. De plus, il connaît la vertu des sanctions. Il sait que ceux des ministres ou de leurs principaux collaborateurs qui auraient pu succomber à pareille tentation, sauront dorénavant mieux y résister.

Trente-cinq ans après, les initiés, entre eux, citent encore cet exemple d'une carrière brisée, d'un ministre écarté de son ministère sans même pouvoir reprendre sa serviette ni faire ses adieux à ses collaborateurs. Mais il n'y avait pas eu de trouble dans l'esprit public. Seule avait été atteinte la cible qui devait l'être.

Certes, on pourrait reprocher au Général d'avoir, en faisant justice lui-même, empêché la Justice de faire son travail. Mais que vaut-il mieux ? Un État au sein duquel, depuis le sommet, la rigueur morale se fait durement sentir, ou un État de facilité, où tous les débordements paraissent acceptables, jusqu'au jour où la Justice doit y mettre bon ordre — dans le désordre de ses procédures — avec cette conséquence, que le peuple est en droit de se dire : « Tous pourris ! » Les Français ont connu ces deux États. Ils peuvent faire la différence.

Dans le respect que le peuple — et même l'opposition — porte au Général, je crois bien que sa réputation de rigueur entre pour beaucoup.

Rigueur dans le désintéressement. Son train de vie modeste. Sa pension refusée. La Fondation Anne de Gaulle pour handicapés, au profit de laquelle il versait ses droits d'auteur. Les honneurs déclinés, jusque dans ses obsèques et dans sa tombe.

« Encore heureux que ce zigoto n'ait pas été ministre »

L'exigence du Général s'étend aux relations avec le sexe, si propres à fragiliser un homme public et à scandaliser les braves gens.

Matignon, jeudi matin 19 septembre 1963.

Les journaux sont pleins d'une affaire d'espionnage qui éclate, avec l'arrestation de Georges Pâques, chef-adjoint du service de presse de l'OTAN. Pompidou est stupéfait. Il l'a connu à Normale : « Il y entrait quand j'en sortais. On lui aurait donné le Bon Dieu sans confession. Or, il espionnait pour le compte de l'URSS depuis la Libération. Les bras m'en tombent. Comment a-t-il pu ainsi bousiller sa vie ? »

Après le Conseil du 1er octobre 1963, le Général me parle à son tour de l'arrestation de Pâques : « Nous avons frôlé notre affaire Profumo. Encore heureux que ce zigoto n'ait pas été ministre ! Les Soviets l'ont fait tomber dans un traquenard dégoûtant ; puis ils l'ont fait chanter. Dans la défense et la diplomatie, il ne faut jamais employer d'homosexuels. Ce sont des cibles trop faciles. »

« Alors, on aime les femmes ? »

Salon doré, 14 janvier 1964.

GdG : « Encore une histoire lamentable. Ce pauvre X...* a trouvé le moyen de se faire faire aux pattes. Les Soviets l'ont fait tomber dans les griffes d'une bonne femme. Un peu plus, et les collections de nos télégrammes passaient au Kremlin. »

L'aide de camp me raconte que cet ambassadeur, qui avait été dans les premiers diplomates à rejoindre la France libre, avait demandé audience pour se justifier. Le Général l'a reçu quelques secondes seulement : « Alors, X..., on aime les femmes ? » Et il l'a congédié sans lui serrer la main. L'homosexualité n'est donc pas la seule cause de vulnérabilité...

Il ne recule pas devant les mots de corps de garde : « Les pieds-noirs ont été lamentables ! Ils ont eu peur qu'on leur coupe les... » Mais quand je réponds : « Ça compte quand même, on comprend qu'ils s'en soient souciés », le Général ne rit pas. S'il emploie ces termes vifs, il n'aime pas qu'on file la métaphore jusqu'à en imaginer la réalisation : il en a évacué la vigueur et n'apprécie pas qu'elle resurgisse.

De temps en temps, le Général lâche un mot drôle sur les femmes : « Quand elles sont laides, il vaut mieux les regarder de profil ; comme ça, on n'en voit que la moitié. » Mais la plupart du temps, il fuit ce sujet, qui ne l'intéresse pas. Un seul l'intéressait vraiment, la France.

---

* X..., notre ambassadeur dans un pays de l'Est, a été rappelé précipitamment à Paris. La police politique de ce pays l'avait fait tomber dans ses rets.

Il sait lui-même se mettre à l'abri du soupçon :

1er juin 1978. Maurice Schumann nous raconte, au cours d'un déjeuner avec Roger Frey et Edgar Faure :

« Le soir de Bir-Hakeim, le Général, très ému mais voulant dominer son émotion, marche à pied dans les rues de Londres vers 11 heures du soir. Deux Françaises, qui exercent visiblement le plus vieux métier du monde, l'accostent, le reconnaissent. L'une d'elles sort de son sac une photographie de lui, pour qu'il l'agrémente de sa signature. Je songe à le mettre en garde : ces dames risquent de se servir d'un autographe pour orner leurs murs et hausser leurs tarifs. Mais le Général demande déjà aux deux Françaises leur nom de jeunes filles — elles étaient mariées à des Anglais, condition nécessaire et suffisante pour être admises à exercer leur métier. Il griffonne cette dédicace : *À Madame Ginette Dupont, qui a travaillé pour l'entente cordiale.* »

« Quand on a eu l'Histoire pour amie, comment pourrait-on en avoir d'autres ? »

Le Général a-t-il eu des femmes dans sa vie ? Les gaullistes se posaient souvent la question.

On murmurait qu'il avait eu une maîtresse en Pologne, quand il est allé servir dans l'armée Weygand contre les bolcheviques, en 1919-1921. L'ambassadeur Gajewski racontait, dans les dîners diplomatiques à Paris, que Mme de Gaulle lui aurait demandé : « C'est vrai, ce qu'on raconte, que mon mari a eu une liaison en Pologne ? » Gajewski prétendait qu'il avait juré sur ses grands dieux qu'il n'en était rien. Mme de Gaulle, sceptique tout de même, aurait soupiré : « Enfin… c'était avant de m'épouser. »

De fait, tous ces ragots, imaginaires ou non, se rapportent aux années d'avant 1940, même s'ils ont surtout alimenté les conversations après 1940, dès que le Général devint célèbre.

Les Français libres de Londres, et plus tard l'entourage du Comité français de Libération nationale à Alger, ne se privaient pas de fouiner pour savoir si le Général avait des faiblesses. S'il y avait un guerrier français qui aurait eu droit au repos, n'était-ce pas lui ? Jamais ils ne purent le prendre en défaut. Cette austérité monacale ne fut pas étrangère à l'espèce d'admiration sacrée qu'ils éprouvaient pour lui.

« Quand on a eu l'Histoire pour amie, comment pourrait-on en avoir d'autres ? » a-t-il écrit. L'Histoire était sa maîtresse exigeante et exclusive. Elle ne lui aurait pas pardonné la moindre infidélité.

Chapitre 3

« POUR LE RANG DE LA FRANCE »

Salon doré, 12 juin 1963.

Maurice Herzog a fait aujourd'hui son entrée au Conseil des ministres. On peut prévoir une question de journaliste :

AP : « Pourquoi avez-vous souhaité que Maurice Herzog, de haut-commissaire à la Jeunesse et aux Sports, accède au rang de secrétaire d'État ?

GdG. — Il est utile que la jeunesse et les sports soient représentés au Conseil des ministres. »

Un silence, puis il reprend :

GdG : « Herzog a travaillé pour le rang de la France. Il a été le premier à se hisser dans l'Himalaya sur un pic de plus de 8 000 mètres et il y a laissé ses mains et ses pieds *. »

Ses mains et ses pieds : il ne croit qu'aux témoins qui s'adonnent à leur foi à tous risques — et à corps perdu. « *Le premier* » : connaît-il l'épitaphe qui, sur la tombe d'Alain Gerbault, à Bora-Bora, entoure un globe terrestre en pierre ** ? Beaucoup d'autres l'ont fait depuis. Mais il avait été le premier. Lui aussi, il avait « travaillé pour le rang de la France ».

« *Il faut surtout que nos athlètes gagnent* »

Le Général est obsédé par le rang de la France — et celui-ci commence par le rang des Français dans les compétitions internationales. Il attache aux Jeux Olympiques une importance qui a surpris plus d'un d'entre nous, autour du tapis vert. Nos résultats piteux aux Jeux de Rome en 1960 l'avaient affligé : ils signaient à ses yeux le triste bilan de la IVe. Il tient à effacer la tache.

Conseil du 18 septembre 1963.

Lyon est candidate pour les Jeux d'été et Grenoble pour les Jeux d'hiver de 1968. Le Général trouve déplacé que ce soient des villes et non des États qui posent leur candidature. « Alors que ce sont les

---

* Le 3 juin 1950, Maurice Herzog et Louis Lachenal († 1955) parvenaient au sommet de l'Annapurna (8 091 m). Les doigts des mains et des pieds d'Herzog, gelés, durent être amputés.

** Elle est en latin, et le passant doit avoir quelque mal à la déchiffrer : *Primus circumdedisti me solus*, « Tu fus le premier à faire mon tour en solitaire ».

nations qui sont concernées ! Ce sont les États qui doivent mettre en œuvre les moyens nécessaires pour organiser convenablement les Jeux ! » Mais on doit bien s'incliner devant les règles du Comité olympique. Il maugrée : « Ce sont les règles des Anglo-Saxons ! Ils les imposent aux autres ! »

Il soutient avec feu les mérites de Lyon : « C'est la première fois depuis la guerre, en dehors de Rome, que les Jeux Olympiques se feraient dans un endroit qui attirerait des visiteurs. Qui va à Helsinki ou à Melbourne ? Toute l'Allemagne, la Suisse, la France, l'Angleterre, l'Italie s'abattront pour les vacances aux Jeux Olympiques de Lyon. Il faudra loger tout ce monde. Ils seront plusieurs millions. Il faudra rester fermes sur les prix du bifteck et du jambon... Si Lyon ou Grenoble doivent être retenus, il faut que l'accueil soit très bien. (Il ne dit jamais *parfait*. La perfection, à ses yeux, n'est pas de ce monde.) Mais il faut aussi et surtout que nos athlètes gagnent ! »

« Ce n'est pas la masse qui compte le plus »

Salon doré, après le Conseil.

AP : « Mais comment gagner, en face des États-Unis ou de l'Union soviétique ? Nous ne faisons pas le poids…

GdG. — Il en est des Jeux Olympiques comme de la grande politique. Ce n'est pas la dimension, ce n'est pas la masse qui compte le plus. C'est l'organisation, c'est la volonté. »

Il relève la tête, ôte ses lunettes. Je sais qu'il ne me voit plus que comme une masse grise. Mais ce qu'il veut en cet instant, ce n'est pas me voir, c'est que je le voie, sans les loupes qui le vieillissent et l'enlaidissent. Il veut que son visage reste gravé dans ma mémoire. Je suis sûr de ne jamais oublier cette expression :

GdG : « Voyez-vous, la France n'est plus un mastodonte. Elle n'est pas à la taille des deux pays qui le sont devenus. Mais elle peut de nouveau, avec ses dimensions modestes, jouer un rôle de grande puissance. C'est ce que nous sommes en train de réussir. Nous bénéficions dans le monde d'un acquis moral incomparable. Le jeu de la France consiste à placer nos efforts à l'endroit où ils produisent le plus d'effet. »

Des sports à la force de dissuasion, il faut reconnaître qu'il y a cohérence de vision et unité de méthode.

Au Conseil du 5 février 1964. Hélas, Mexico a été préféré à Lyon. Du moins peut-on se réjouir d'un succès : « Il est heureux que Grenoble ait été choisie pour les Jeux d'hiver. » Il s'inquiète des équipements : « Les pistes seront-elles suffisantes ? Est-ce qu'elles sont loin de Grenoble ? Il faut que tout soit très bien. »

Il écoute, avec une délectation visible, Herzog commenter nos résultats aux Jeux d'hiver d'Innsbruck — trois médailles d'or et quatre médailles d'argent : « Les efforts accomplis depuis 1960 se sont concrétisés. Nous obtenons des résultats sans précédent pour nous dans l'histoire des Jeux Olympiques. Les pratiques traditionnelles sont remplacées par des techniques ultramodernes, des souffleries pour mettre dans les conditions de la résistance du vent, un entraînement poussé... Les sportifs ont présenté une requête : voir le Général. »

Requête aussitôt acceptée. Le Général n'est avare de compliments ni pour nos athlètes, ni pour le secrétaire d'État : « C'est un encouragement pour tous les sports français. » Mais il tire vite la leçon d'État : « Les résultats obtenus sont ceux de la méthode et de la persévérance.

— Et des crédits », ajoute Pompidou, goguenard.

Le Général réplique vivement : « Il n'y a pas de crédits, s'il n'y a pas de services pour les consommer et de volonté pour animer les services ! Tout cela montre l'importance du déclenchement d'un effort national, que seul l'État peut provoquer. »

Il ajoute, un sourire aux lèvres : « Il n'y a rien de plus saisissant que d'assister à ces performances, même pour ceux qui ne prétendent pas y participer. » Éclat de rire de mes collègues. Plus d'un pense au dessin de Faizant, pendant les calamiteux Jeux de Rome, dont la légende est devenue une rengaine : « Dans ce pays, si je ne fais pas tout moi-même... »

« Quand l'État s'abstient, ça merdoie ! »

Après le Conseil. Le Général craint-il que je me sois laissé influencer par Pompidou ? Il me met en garde contre l'explication par les crédits : « Ce succès, c'est la récompense d'un effort de l'État. On a substitué des méthodes scientifiques aux routines artisanales. L'État a pris la chose en main. Les initiatives sont concertées. Si, un jour, l'État prenait en main le football, croyez-moi, on battrait les autres ! Mais s'il faut laisser ça à un quelconque club... on ne gagnera jamais.

AP. — L'occasion est quand même bonne de montrer que les crédits d'équipement sportif ont été multipliés par dix en cinq ans.

GdG. — Ce qui compte, c'est qu'il y a une politique volontaire pour la jeunesse et les sports ! Il n'y en avait pas. Dans le domaine sportif comme ailleurs, quand l'État fixe le cap, nous remportons des succès éclatants. Quand il s'abstient, ça merdoie ! Ce succès, c'est celui de la France, c'est celui de l'État. Il faut avoir l'orgueil de la France et l'orgueil de l'État. »

Richelieu, s'il avait eu à s'occuper de Jeux Olympiques, aurait-il tenu un autre langage ?

« Ça arrondirait notre total »

Conseil du 28 octobre 1964.

Les Jeux d'été, à Tokyo, ont été moins brillants que le Général ne l'espérait : 15 médailles, mais une seule d'or. Il apostrophe Herzog : « Pourquoi ne pas tenir compte, dans les performances de chaque pays, des médailles d'hiver ? Pourquoi n'en parle-t-on pas ? Je comprends que Reuter et AFP n'en parlent pas, ça ne nous étonne pas d'eux. Mais vous ? Pourquoi n'en parlez-vous pas ? Si on additionnait ces médailles, ça arrondirait notre total ! »

À l'issue du Conseil, il m'engage vivement à donner instruction à la radio et à la télévision de procéder à cette addition : « Il faut que les Français soient fiers de la France. »

Le 2 décembre 1964, Palewski informe le Conseil que les Américains, les Russes, les Japonais ont demandé l'autorisation d'observer l'éclipse de soleil du 30 mai 1965 depuis l'île polynésienne de Bellingshausen, le seul point du monde d'où l'on apercevra la couronne du soleil.

Le Général donne libre cours à sa méfiance : « Il faudra vérifier qu'aucun appareil de détection et d'enregistrement de nos explosions nucléaires ne soit installé ! Un administrateur français devra s'installer dans l'île Bellingshausen et, dans chacune des missions étrangères, il faudra inclure au moins un observateur français. »

Palewski le rassure. Le Général conclut : « Nous pouvons avoir la fierté de constater qu'une terre française est la seule d'où l'on puisse regarder le soleil. » Éclat de rire autour de la table. Le Général ne rit pas. A-t-il seulement voulu faire rire ?

« La presse nous vomit, les peuples nous admirent »

Le 27 septembre 1963, dans le train vers Oyonnax.

Le Général me fait asseoir sur la banquette de velours vert, face à la sienne. Nous sommes seuls dans le compartiment. Il a envie de parler. Sans doute veut-il essayer sur moi des thèmes dont il sèmera des bribes au cours de sa randonnée :

« Vous savez, la France, c'est devenu quelque chose. C'est quelque chose aux États-Unis, précisément parce que nous ne nous aplatissons pas devant eux. C'est quelque chose dans le monde, parce que le monde supporte de moins en moins l'hégémonie américaine. C'est quelque chose en Afrique. L'accueil qui me serait fait serait le même en n'importe quel point : l'Afrique française ou l'Afrique anglaise, l'Afrique noire ou le Maghreb. Et ce serait la même chose en Asie. Et en Amérique latine.

AP. — Précisément, ne serait-il pas utile, pour manifester le prestige que la France a recouvré, que vous voyagiez davantage ?

GdG. — On ne peut pas passer son temps à se balader ! Ça va bien quand on n'a rien à faire.

AP. — Mais aussi quel contraste entre l'accueil qui vous est fait en province ou à l'étranger, et les critiques dans la presse !

GdG. — La presse est aux basques des Américains. La plupart de nos journaux participent du parti pris des dirigeants de la IVe. S'abaisser, s'effacer, s'humilier, courber l'échine, voilà l'idéal. Abandonner sa défense, donner son économie, adopter la politique étrangère des autres, ça, c'est beau ; ça, c'est irréprochable. Depuis que la France est indépendante, la presse internationale nous vomit ! Mais les peuples nous admirent !

AP. — Surtout les peuples du tiers-monde.

GdG. — Surtout eux, bien sûr, parce qu'ils ont soif de dignité plus que les autres et qu'ils voudraient faire comme la France : échapper à l'hégémonie américaine comme à l'hégémonie russe. La France, ils en rêvent. Les autres peuples aussi. »

« Soutenir les nationaux de tous les pays ! »

Il a enlevé ses lunettes. Il a sa tête noble des grandes heures :

« La France reprend sa place dans le monde, la place qu'elle a eue aux meilleures époques de son histoire. Peu à peu, la sympathie du monde glisse vers elle. Son redressement est long à venir ? Mais sa décadence a été beaucoup plus longue encore !

AP. — Ne craignez-vous pas qu'on nous taxe de nationalisme ?

GdG. — Les nationalistes sont ceux qui se servent de leur nation au détriment des autres, les nationaux sont ceux qui servent leur nation en respectant les autres. Nous sommes des nationaux. Il est naturel que les peuples soient nationaux ! Tous les peuples le sont ! C'est la mission de la France que de soutenir les nationaux de tous les pays ! Il n'y a pas d'équilibre, pas de justice dans le monde, si les nations n'y sont pas indépendantes ! Il n'y a pas de justice dans le monde, sans une forte nation française qui soit un encouragement pour les autres nations ! » Il reprend : « C'est en servant sa patrie qu'on sert le mieux l'univers ; les plus grandes figures du Panthéon universel ont d'abord été de grandes figures de leur pays. »

Sur l'essentiel, c'est-à-dire sur la France, de Gaulle ne transige jamais. Dans les questions secondaires, il lui arrive d'être accommodant, de ruser. Dans les grandes affaires, il préfère renoncer, et même collectionner les échecs provisoires, plutôt que de se renier. Il m'a cité Pascal à Port-Royal : « Plutôt mourir que de signer le formulaire. »

Sa stratégie répond comme infailliblement à cette intuition : la mission de la France, qui l'a toujours rassemblé lui-même, comme elle a rassemblé ceux qui l'ont suivi. Elle lui a permis de surmonter ses contradictions, comme aux gaullistes de surmonter leurs querelles.

« Être gaulliste, c'est être de gauche et de droite à la fois »

Ces querelles-là, si elles ne portent pas atteinte à l'unité profonde, il ne les décourage pas. Il sent que ceux qui le servent, quand ils se disputent, méritent d'être écoutés.

« Il n'y a pas de gaullistes de gauche ni de droite. Être gaulliste, c'est être de gauche et de droite *à la fois*, vous voyez ce que je veux dire, *à la fois* ! C'est être passionné et raisonnable, mais *en même temps* ! C'est être pour le mouvement et pour l'ordre, mais *conjointement* ! Il n'y a pas d'ordre qui tienne, sans mouvement ; ni de mouvement qui tienne, sans ordre. Vouloir l'un sans l'autre, c'est un délire ! »

« Être gaulliste », c'est cela parfois, non sans effort. Mais « être de Gaulle », c'est cela toujours. Il a fait en lui l'unité, d'où il tire cette simplicité dans la grandeur qui n'appartient qu'à lui.

Sa mission lui paraît être d'unir aussi le passé et l'avenir. Homme du passé, il récapitule en lui des siècles de notre histoire ; il ne renie aucune de nos traditions diverses et même opposées. Homme de l'avenir, il l'est dans le même élan ; au point que je n'ai jamais vu pareille attention au futur ; ni, au bord de l'extrême vieillesse, pareille jeunesse dans l'esprit.

C'est sans doute là qu'il puise cette force permanente. Par un phénomène étrange d'identification, il se confond avec la France et avec la rumeur des siècles. Il ne se contente pas de parler *au nom de* la France. Il *est* la France elle-même. Dans l'écheveau embrouillé des circonstances, dans les conflits des intérêts, dans les jeux du hasard, il se guide sur cette seule certitude.

Il conclut :

« La personnalité française doit être maintenue coûte que coûte, pour qu'elle serve d'exemple aux autres nations et les encourage à s'affirmer pacifiquement. C'est notre mission essentielle. Une lampe n'est pas faite pour rester cachée, mais pour porter la lumière. C'est le rôle de la France. À condition de rester la France et de s'affirmer comme telle. La France ne se confond pas. »

Chapitre 4

« ON A UN PEU HONTE D'ÊTRE À DROITE, ON SE PAVANE D'ÊTRE À GAUCHE »

À la fin de 1962, après le référendum et les élections, le Général s'était cru « débarrassé des politiciens ». Mais ils continuent d'occuper des positions, retrouvent des mandats électifs, s'agitent dans la presse. Ils ne sont restés assommés que quelques mois : la grève des mineurs leur a rendu courage en faisant apparaître que la victoire du Général n'était pas irréversible. Ils reportent leur espoir vers les élections cantonales de 1964, municipales de mars 1965, et surtout présidentielle de décembre 1965. La parenthèse de Gaulle finira bien par se refermer ! Du coup, ils recommencent à s'attirer les foudres privées du Général.

Salon doré, 26 juin 1963.

GdG : « Tixier-Vignancour rallie le Front populaire * ! C'est la collusion des extrêmes ! Les politiciens sont toujours prêts à se coaliser contre de Gaulle, c'est-à-dire contre l'intérêt national.»

Dimanche en Maine-et-Loire, dans une cantonale partielle, un MRP ** a rassemblé toutes les voix, même communistes, contre le candidat gaulliste. Et mardi, Tixier-Vignancour est élu membre du conseil de l'Ordre des avocats.

GdG : « C'est un comble ! »

« Monnerville et Mitterrand sont les princes des politichiens *»*

Plus que tous les autres, Gaston Monnerville et François Mitterrand ont le don de l'irriter. *Au Conseil du 1er octobre 1963*, le Général : « Le président du Sénat a dit que les magistrats démissionnaient en masse et qu'il y avait des camps de concentration en France. Quels magistrats démissionnent ? Où sont les camps de concentration ? Il faudrait le poursuivre pour fausses nouvelles.

Pompidou. — Il faut faire la part de la mythomanie. Monnerville

---

* Me Jean-Louis Tixier-Vignancour, avocat et homme politique d'extrême-droite, futur candidat à la présidence de la République, vient de se déclarer prêt à s'allier avec les socialistes et les communistes pour battre les gaullistes.

** M. Goujon, canton de Tiercé, en remplacement d'André Cointreau, indépendant, décédé. Au premier tour, le neveu de celui-ci, Pierre Cointreau, soutenu par l'UNR, arrivait largement en tête, mais les voix recueillies au premier tour par les candidats communiste, poujadiste et indépendant l'ont battu au second tour.

se fait garder avec soin, parce qu'il est convaincu qu'il va être assassiné. Sans doute à la manière de Mitterrand à l'Observatoire.

GdG. — Mitterrand, il n'a pas très bien su comment il se tirerait de ce coup monté, bien que ce soit lui qui l'ait monté. »

Après le Conseil, je demande au Général : « Vous avez récupéré pas mal d'hommes politiques qui auraient dû vous être hostiles. Vous finirez bien par récupérer Monnerville et Mitterrand ?

GdG. — Ceux-là, ils sont irrécupérables, ce sont les princes des *politichiens.* »

Salon doré, 14 novembre 1963. Je demande au Général ce qu'il pense du voyage de Guy Mollet en URSS.

GdG : « Je n'en pense rien. C'est absolument sans intérêt. Que voulez-vous qu'il en sorte ? Les socialistes s'arrangeront toujours pour bénéficier des voix communistes au second tour, et réciproquement. Les communistes s'arrangeront toujours pour se dédouaner de l'accusation d'obéir aux ordres de Moscou en se liant avec les socialistes, de manière à faire semblant d'établir un front commun des ouvriers. Il ne faut rien attendre de ces marionnettes.

AP. — Auriez-vous rangé Herriot parmi elles ? »

Je croyais provoquer quelque mot féroce :

« La tentative d'Herriot, me répond-il, pour faire passer le flambeau de la prétendue "légitimité", quelques jours avant la Libération, de Pétain à lui, avec l'aide des Américains et de Laval, c'était dérisoire. Mais il ne faut pas en tenir compte. Herriot n'a pas été indigne.

AP. — Vous n'aviez pas été tendre avec lui à l'Assemblée, en janvier 46, pour l'affaire des décorations *.

GdG. — Mais il s'est racheté en prenant position contre l'armée européenne, en 53-54. Il a montré que la France l'emportait quand même en lui sur la politicaillerie... »

Il rit : « Il a eu la bonne idée de mourir avant que je revienne aux affaires, ça m'a évité d'avoir à décider sur ses funérailles nationales.

AP. — Vous les lui auriez refusées ?

GdG. — Je les lui aurais sans doute accordées, parce qu'il a finalement choisi la France. »

« Il y a une internationale des politiciens »

Mais à l'inverse de Herriot, qui avait eu l'audace, exceptionnelle pour un vieil « européen », de dire *non* à la CED, les politiciens lui paraissaient enclins à suivre les impulsions de l'étranger.

---

* Décorations décernées par le gouvernement provisoire à des militaires qui avaient combattu en Syrie pour le compte de Vichy. Herriot avait pris à partie le Général, qui l'avait alors récusé rudement comme juge de l'honneur militaire.

Après le Conseil du 3 mars 1964, le Général me dit : « Il y a une internationale des politiciens. Notamment des politiciens socialistes. On se trouve devant une opération socialiste de grande envergure. En France, c'est encore dérisoire. Mais, en Allemagne, il y a Brandt, il y a le SPD. En Angleterre, il y a les travaillistes. En Italie, il y a Saragat et Nenni *. Tous ces types-là sont pour l'Amérique et contre la France. Alors, tout ce qu'il y a de lâcheurs, de trouillards et d'abandonneurs se dresse contre nous.

« Les socialistes ont horreur de ce qui est consistant, solide, efficace. Je n'ai jamais vu un homme d'État qui soit socialiste. Alors, les socialistes français ont des relations avec les socialistes de tous les pays. Ils les montent contre nous. »

La gauche est sa principale cible ; mais s'il accable un peu moins la droite, c'est qu' « elle n'en vaut pas la peine ».

« La gauche, c'est bavard, mais ça a des couleurs »

Salon doré, 22 juillet 1964 :

GdG : « Il n'y a rien de plus déplorable que la gauche quand il s'agit de la France, en tout cas de la France au-dehors. D'ailleurs, vous n'avez qu'à relire l'Histoire. La gauche n'a pas raté un désastre. Avant 1870, elle a empêché le maréchal Niel de faire une armée qui aurait été à la hauteur de l'armée prussienne **. Je me rappelle la gauche d'avant 14 ! Et la gauche du Front popu, qui s'est terminée par la capitulation : l'abdication de la République entre les mains de Pétain, voilà la gauche !

AP. — La droite n'a pas toujours été plus maligne.

GdG. — La droite est tout aussi bête. La droite, c'est routinier, ça ne veut rien changer, ça ne comprend rien. Seulement, on l'entend moins. Elle est moins infiltrée dans la presse et dans l'université. Elle est moins éloquente. Elle est plus renfermée. Ça se passe dans des cercles plus restreints. Tandis que la gauche, c'est bavard, ça a des couleurs. Ça fait des partis, ça fait des conférences, ça fait des pétitions, ça fait des sommations, ça se prétend du talent. C'est une chose à quoi la droite ne prétend pas. On a un peu honte d'être à droite, tandis qu'on se pavane d'être à gauche.

---

* Respectivement Président de la République italienne (1964-1970), et chef du parti socialiste, plusieurs fois ministre, notamment dans les gouvernements d'Aldo Moro.

** Poussé vigoureusement par Napoléon III, le maréchal Niel, ministre de la Guerre, propose une réforme de l'armée sur le modèle prussien, en ajoutant à l'armée active constituée par le tirage au sort et le service de sept ans une « garde mobile » entraînée, formant une armée de réserve. Devant les réticences de sa majorité et le déchaînement de l'opposition républicaine, Napoléon et Niel ne purent faire voter qu'un projet émasculé, sans portée. Jules Favre résumait l'opinion de la gauche en s'exclamant : « La nation la plus puissante est celle qui serait le plus près du désarmement. »

« De toute façon, les politiciens et les partis n'ont plus grand prestige. Ils n'entraînent plus le peuple.

AP. — Mais ils entraînent les journalistes, les dirigeants syndicaux, les dîners en ville, bref, la classe politique…

GdG. — Vous voulez dire la classe papoteuse, ragotante et jacassante. »

Il a retrouvé, vraisemblablement sans la connaître, la formule anglaise « *chattering class* », pour désigner ces deux ou trois mille personnes qui font la pluie et le beau temps.

« Qui a pourchassé les sociétés de pensée, les francs-maçons ? C'est moi ? »

Préfecture de Lyon, 26 septembre 1963.

Au cours du dîner, je questionne le Général, à côté duquel je suis placé, sur la formule qu'il a utilisée hier à Orange : « L'essentiel, ce n'est pas ce que peuvent penser le comité Gustave, le comité Théodule ou le comité Hippolyte. »

« Qui visiez-vous, mon général, par cette formule ? » Il se prête volontiers à la question :

GdG : « Par exemple, je pensais au Club Jean Moulin, ou à la franc-maçonnerie.

AP. — Vous les mettez tous les deux dans le même panier ?

GdG. — Ce n'est pas pareil, mais ça revient au même. Ils ne pensent qu'à me faire des embarras, l'un comme l'autre ; sans compter ceux qui cumulent, et il y en a sûrement plus d'un. Ce sont des féodalités qui se dressent contre l'État. S'appeler Jean Moulin, ça ne manque pas de culot, alors que Jean Moulin a été un de mes compagnons les plus fidèles, peut-être le plus précieux. Ce comité Anatole est une façon pour des hauts fonctionnaires de fournir gratuitement des heures supplémentaires. »

Le Général a tenu un propos du même ordre à Pompidou, qui me l'a rapporté sous une autre forme en riant : « On ne réussit pas toujours à faire travailler les fonctionnaires le jour, le Club Jean Moulin réussit à les faire travailler la nuit. »

Le Club s'est montré particulièrement sévère à l'égard de De Gaulle pour l'Algérie. Il n'a pas poussé à l'indépendance « pour aider de Gaulle », mais « pour lutter contre de Gaulle ».

Le Général reprend : « Ce que je reproche à ce club, ce n'est pas d'avoir des idées, mais de n'admettre que ses propres idées et d'anathématiser celles des autres, à commencer par les miennes.

« Ceux qui se réunissent au Club Jean Moulin s'enferment dans leur intolérance. Or, justement, ce que nous avons voulu faire, c'est de donner le pouvoir au peuple, en effaçant les sectarismes, les ghettos et les pouvoirs occultes. »

Pas plus au Club Jean Moulin qu'aux francs-maçons, il ne pardonne l'ingratitude :

« Pendant la guerre, poursuit-il, qui a pourchassé, qui a décimé les sociétés de pensée, les francs-maçons ? C'est moi, ou c'est Vichy ? Ils sont venus me rejoindre un à un en tremblotant ! À la Libération, qui donc les a rétablis dans toutes leurs libertés ? Qui leur a rendu l'honneur ? Qui leur a permis de jaspiner ? Et, de surcroît, ils flirtent avec le parti communiste, qui les aurait tous déportés dans un camp si je lui avais permis de prendre le pouvoir ! »

« Des francs-maçons, il faut bien en avoir un ou deux avec soi »

Salon doré, 15 avril 1964.

Un pas de clerc vient de me valoir la seule vraie colère du Général que j'aie essuyée jusqu'à ce jour.

Le grand-maître du Grand-Orient, Jacques Mitterrand, était venu m'inviter à faire, devant le conseil suprême de son obédience, un exposé qui serait suivi d'un « cordial échange de vues » sur les problèmes de mon ressort : presse, information, radiotélévision. J'avais accepté. Or, des F.·. socialistes, qui devaient participer à ce colloque, ont annoncé la veille leur intention de le boycotter, en raison de ma présence. Leur porte-parole, Albert Gazier, ancien ministre de l'Information lui-même, avait expliqué : « Ce n'est pas à la personne de M. Peyrefitte que nous en avons, c'est au symbole qu'il représente. » Jacques Mitterrand, non sans se confondre en excuses, avait retiré son invitation. Deux ou trois journaux en ont fait des gorges chaudes, tout en publiant ma lettre au grand-maître :

« Vous m'aviez indiqué que vous m'adressiez cette invitation au nom du conseil du Grand-Orient *unanime.* (...) Je constate que le fanatisme de certains prétend interdire au cours de ce colloque le droit de parole à un gouvernement qui est l'expression de la majorité de la nation. Je regrette qu'il ne vous ait pas été possible d'assurer le respect de la pluralité des points de vue. »

Le Général me fait de vifs reproches sur mon acceptation : « Vous avez eu tort ! Vous êtes tombé dans le piège qu'on vous tendait ! Vous avez compromis la dignité du gouvernement ! Pourquoi ? Pourquoi ?

AP. — J'ai pensé que répondre aimablement à une invitation aimable et unanime, ça faisait partie de la normalisation souhaitable, maintenant que les grands combats de 1962 sont terminés !

GdG. — Mais vous ne savez donc pas que ces gens ne manquent pas une occasion pour nous jeter des peaux de bananes sous les pieds ?

AP. — Pas tous ! Vous en avez pris plusieurs dans votre gouvernement !

GdG. — Justement. Il faut bien en avoir un ou deux avec soi. Laissez-les faire et ne vous substituez pas à eux. »

Après un silence, il reprend :

« Sénat, Club Jean Moulin, francs-maçons, tout se tient. Ces gens-là cherchent à me mettre des sabots aux pieds. On m'assure que la moitié des sénateurs, de la gauche à la droite, sont francs-maçons. On m'en dit autant des magistrats, qu'ils soient du siège ou du parquet. Ça expliquerait bien des choses. Ces gens-là n'aiment pas la France, ils préfèrent les Anglo-Saxons. »

Comme s'il voulait compenser une dureté excessive par une touche d'humour, il ajoute : « Il est bon que les catholiques soient des catholiques, les protestants des protestants, les juifs des juifs et les francs-maçons des francs-maçons. Tout ça, ça fait la France. Mais s'ils se mettent à passer d'une catégorie à l'autre, c'est la pagaille. »

Étrange face à face : celui qui a rendu les libertés, la dignité, la vie même aux sociétés de pensée, aux francs-maçons, au Sénat — et les amnésiques qui le combattent en usant contre lui des dons qu'il leur a faits...

En me raccompagnant à la porte, il conclut : « Ce qu'il faut et suffit, pour ne pas se laisser emprisonner, c'est s'adresser au souverain, qui, lui, n'est pas ingrat. Il faut interroger le pays. »

« Si nous durons assez longtemps, les politiciens s'étoufferont »

Mais parfois, il se prenait à espérer qu'il finirait par amender les politiciens eux-mêmes.

Le 25 mars 1964, je lis au Général une dépêche sur Gaston Defferre, candidat virtuel à la prochaine élection présidentielle, qui était hier l'hôte du *National Press Club* à Washington. Il a fait remarquer que sa divergence de vues avec le général de Gaulle « ne signifie pas que la France doive être soumise aux États-Unis. Qu'il soit bien établi qu'aucun pays ne peut nous imposer son point de vue ». J'ajoute : « Vous ne trouvez pas, mon général, qu'on dirait que c'est de vous ?

GdG. — Même un politicien est obligé, vis-à-vis des Américains, de faire de la surenchère par rapport à moi. Son entreprise électorale échouerait s'il oubliait un instant les intérêts de la France, même s'il faut les affirmer durement face au monde anglo-saxon. C'est nouveau ; et ça ne disparaîtra pas de si tôt. Les politiciens voudraient bien s'aplatir devant Washington, mais ils ne le peuvent plus. Nous les avons pris au piège. Si nous durons suffisamment longtemps, ils n'en sortiront plus. Ils s'étoufferont. La Ve République sera établie. L'État sera ferme sur ses jambes. »

Chapitre 5

« IL FAUT SE PRÉPARER À TIRER TOUS AZIMUTS »

Au Conseil du 25 juin 1963, Messmer* rend compte des manœuvres de la 3e division blindée allemande, au Hanovre, dans les landes de Lunebourg : « L'élite militaire et aristocratique retourne à ces forces blindées. Tout l'armorial des *Panzer Divisionen* revient. Les fils des maréchaux sont devenus lieutenants ou capitaines.

GdG. — C'est très intéressant ("très" est rare dans sa bouche). Je ne suis pas surpris. Leur arme blindée leur a permis d'abattre la Pologne puis la France instantanément, de se ruer sur le Caucase, de se balader deux ans en Afrique impunément. Mais c'est l'éternelle histoire : ce qui a été bon une fois le sera-t-il la prochaine fois ? On croit la méthode insurpassable.

« Nous, nous jouons la dissuasion, qui a pour effet qu'on ne fait pas la guerre. Eux, ils supposent qu'on fait la guerre. Aujourd'hui, il y a l'arme atomique. Les Allemands ne l'ont pas. Que vaudra une armée sans ça ? En ce qui nous concerne, nous aurons l'arme atomique. Ça ne nous empêchera pas d'avoir le reste. Mais c'est notre principal objectif.

Messmer. — S'ils avaient le choix entre l'arme blindée et l'arme atomique, ils choisiraient la seconde ; ils n'ont pas le choix. »

« Héroïsme pour soi, trouille pour les autres »

À l'issue du Conseil, je reviens sur la question : « Pensez-vous que l'idée de défendre notre sanctuaire et lui seul soit tenable longtemps ? Si l'Allemagne, la Belgique, la Hollande étaient submergées par les blindés et l'aviation soviétiques, resterions-nous l'arme au pied ? Est-ce crédible ?

GdG. — Ne confondez pas ! Si les Russes attaquent n'importe quel pays de l'Alliance, elle doit jouer sans réserve. Nous enverrons immédiatement nos troupes sur le sol envahi. (Il écarte le conditionnel : il se projette tout de suite dans le futur.) Nous tiendrons sans réserve nos engagements conventionnels. Et je voudrais croire que l'Amérique dissuadera la guerre, par la menace sans équivoque d'employer l'arme absolue, si les Russes attaquent un territoire de l'Alliance même avec leurs seules forces convention-

* Ministre des Armées.

nelles. Ça, je l'espère ; mais je n'en suis pas sûr du tout, du tout ! » Un bon rire le libère de cette perspective.

« Ensuite, nous autres, nous avons notre sanctuaire. Si nous sommes attaqués sur notre territoire, nous répondons par l'armement atomique. Nous engageons notre existence pour défendre notre existence. Mais nous ne l'engageons que pour cela. On ne nous croirait pas si nous prétendions l'engager pour les autres. Nous ne sommes pas assez forts pour ça.

« À supposer qu'il suffise d'être fort. Ce dont je doute. Il faut par-dessus tout avoir le courage de risquer sa vie et la vie de tous les siens. On peut le faire pour soi-même ; mais on ne peut pas le faire pour des étrangers. Dans ces moments-là, c'est l'instinct de survie qui parle. C'est-à-dire à la fois le courage de risquer sa vie pour soi-même, et le recul devant la perspective de risquer sa vie pour les autres. Héroïsme pour soi, trouille pour les autres. »

Ce contraste machiavélien déclenche à nouveau son hilarité.

« La guerre atomique remet en cause tous les engagements »

29 septembre 1963. Dans l'avion du retour, après sa visite dans le Vaucluse, l'Ain et le Rhône, le Général me dit sa satisfaction de ce qu'il a vu à Pierrelatte et Cadarache. Il grogne quand même un peu : « Toujours la même manie de retarder, quand tout n'est pas parfait. Si c'est acceptable, il faut le faire, sans attendre ! Mais le personnel fait bonne impression. Ce sont des gens en possession de leur affaire. Les délais semblent devoir être tenus. Notre première génération de bombes A sera remplacée plus tard par des bombes H. Je n'ai qu'à me louer de ce que j'ai vu. »

Comme chaque fois à la fin d'une performance risquée et réussie, il est euphorique. On avait annoncé que les populations boycotteraient le voyage du Général, que la vallée du Rhône serait « un désert ». Or, les consignes ont été peu suivies ; à Lyon, la place des Terreaux était noire de monde. Les discours sont bien passés.

Le Général, détendu, est porté à la confidence.

GdG : « Voyez-vous, pendant longtemps, on a pu compter sur le jeu automatique des alliances, parce qu'elles n'engageaient pas totalement l'existence d'une nation. Aujourd'hui, la guerre atomique remet en cause tous les engagements. Vous imaginez un Président des États-Unis prenant le risque de condamner à mort des dizaines de millions d'Américains en vertu d'un traité d'alliance ?

« Comment voulez-vous être sûr que le Président des États-Unis pressera sur le bouton, si le destin du peuple américain n'est pas directement menacé ? On peut être sûr du contraire.

« Après le déclenchement par l'Allemagne de la première puis de la seconde guerre, les Américains ont attendu trois ans et cinq ans pour débarquer chez nous. Comment voulez-vous qu'ils se décident en quelques secondes, si l'Europe occidentale est envahie par les Russes ?

« Depuis qu'ils ont appris qu'Israël avait sa bombe »

« Quand ils avaient le monopole de la bombe, ils pouvaient intervenir partout. Ils ont pu obtenir la capitulation immédiate du Japon, alors que, sans elle, rien ne prouve qu'ils auraient gagné avant des années et des années. Grâce à la bombe, Truman a pu refuser à Staline une zone d'occupation au Japon, comme celles qu'il avait dû lui concéder en Allemagne et en Autriche. Grâce à la bombe, il a pris le risque du pont aérien de Berlin et de l'intervention en Corée. Grâce à la bombe, il a pu instaurer l'Alliance atlantique et faire échapper la Grèce et la Turquie à la mainmise de Moscou.

« Mais, depuis que les Russes ont des armes atomiques équivalentes, l'équilibre de la terreur a neutralisé la bombe américaine. Rien ne prouve que les Américains courraient le risque d'être vitrifiés pour défendre un de leurs alliés.

« Avoir ou n'avoir pas la possibilité de lancer une bombe atomique, ça change tout. Vous savez depuis quand les Américains se sont décidés à reconnaître Israël, ce qu'ils avaient refusé jusque-là ? Depuis qu'ils ont appris qu'Israël avait sa bombe. Même s'il ne l'a pas essayée, il la possède. Et c'est nous qui la lui avons fournie * !

« Naturellement, gardez tout ça pour vous. »

Il reste un instant silencieux. Il ne veut pas en dire davantage sur ce secret d'État et regrette peut-être de m'en avoir trop dit.

« Pour longtemps, les seuls pays à disposer d'un système opérationnel d'armes nucléaires sont les cinq vainqueurs de la guerre, les cinq membres permanents du Conseil de sécurité. Ce n'est pas un hasard. Comment des patriotes français pourraient-ils admettre que la France se déclasse elle-même, en renonçant à l'effort que se sont imposé les quatre autres ?

---

* En octobre 1956, alors qu'il préparait secrètement une attaque franco-anglaise à partir de Chypre contre le canal de Suez, le gouvernement Guy Mollet - Bourgès Maunoury pressait les Israéliens de s'associer à l'opération. Ils s'y refusaient. La seule raison qui pourrait les décider, c'est que la France s'engageât à associer les savants israéliens aux recherches sur la bombe A, que Pierre Mendès France, en décembre 1954, avait décidé de pousser. Guy Mollet, au bout de quelques jours, accepta cette condition. Israël non seulement entra en guerre dans les jours où les Franco-Britanniques arrêtaient leur attaque et se retiraient sans gloire. La coopération franco-israélienne pour les applications militaires de l'atome se poursuivit jusqu'à ce que le Général l'ait apprise. Il l'arrêta aussitôt, comme il avait dénoncé, dès le début de juin 1958, l'accord Chaban-Delmas-Strauss pour une fabrication franco-allemande de la bombe atomique.

« Aucun des pays qui possèdent des armes ne s'en défera. En revanche, d'autres s'en doteront tôt ou tard. La bombe se disséminera. C'est inévitable. Le danger peut venir de n'importe où. Vous m'entendez ? *N'importe où.* Il faut se préparer à tirer tous azimuts ».

C'est la deuxième fois que j'entends cette formule d'artilleur *.

« Si des éléments hostiles s'installaient à Bizerte... »

Au Conseil du 9 octobre 1963, Messmer annonce froidement :

« Notre ambassade à Tunis a fait une démarche auprès de Bourguiba pour annoncer que nous évacuerions Bizerte le 15 octobre. Bourguiba en a tiré parti pour faire des manifestations verbales. Mais la décision remonte à quinze mois **. Elle sera entièrement exécutée la semaine prochaine.

GdG. — Bizerte est de moins en moins utilisable, de plus en plus vulnérable. Si des éléments hostiles s'y installaient et nous menaçaient, nous savons ce qu'il nous resterait à faire. »

Il m'avait dit, en avril 1963 *** : « Si une explosion nucléaire avait lieu sur le goulet, elle enfermerait tout le monde dans le lac, et le raz de marée anéantirait l'arsenal et le port. Bizerte devient un piège. Nous l'évacuerons donc. »

Il n'en dit pas davantage. Il préfère enchaîner sur l'attitude de Bourguiba et les sottises du Quai :

« Bourguiba, en 61, nous avait attaqués en espérant nous chasser honteusement. On a réagi comme il fallait. Ce ne sont pas nos troupes qui ont pris la fuite, ce sont les siennes.

« Il n'y avait pourtant pas de raison de revenir sur la décision que nous avions prise de nous retirer. Mais j'avais bien dit qu'il fallait partir sans en parler ! C'est la maladie des ambassadeurs : faire les aimables. »

---

* La première fois, c'était le 8 mai 1962 (cf. tome I, p. 290). L'expression fut rendue célèbre beaucoup plus tard par le général Ailleret, dans un article de la *Revue de Défense nationale* de décembre 1967.

** Elle remonte à l'été 1962, quand la France s'apprêtait à reprendre ses relations diplomatiques avec la Tunisie, interrompues après l'agression tunisienne contre Bizerte, en juillet 1961. L'armée tunisienne avait alors sommé l'amiral commandant à Bizerte d'évacuer la place. Sur son refus, elle avait attaqué. Elle avait été repoussée avec de lourdes pertes.

*** Dans *C'était de Gaulle*, tome I, p. 414.

« ...nous aurions tôt fait de liquider Bizerte avec une petite bombe »

Après le Conseil, le Général m'apostrophe : « C'est terrible, vos copains du Quai ! (Je croyais qu'il avait oublié mes origines. Mais non. Pour lui, je ne suis pas un "politique", je suis "du Quai". Il n'est pas loin de m'englober dans la responsabilité collective de ces diplomates qui "font les aimables".)

« C'est plus fort qu'eux ! Ils se croient obligés de donner des gages ! Ils se comportent non comme des ambassadeurs de la France auprès d'un pays étranger, mais comme des ambassadeurs de ce pays auprès de la France ! Notre ambassadeur a donné une magnifique occasion à Bourguiba de bomber le torse ! Devant son pays, il apparaît comme celui qui a arraché cette évacuation ! Ce n'est plus nous qui lui avons donné une correction, c'est lui qui nous l'a donnée ! L'armée a fait son travail, la diplomatie ne l'a pas fait. L'armée se tient droite, les diplomates font des courbettes. »

Pour détourner l'algarade, je l'interroge sur ses allusions : « Vous avez dit que si des éléments menaçants s'installaient à Bizerte, nous savons ce qu'il nous resterait à faire. Qu'est-ce à dire ?

GdG. — Eh bien, vous n'avez pas compris ? Nous aurions tôt fait de liquider Bizerte avec une petite bombe. »

C'était donc bien ça qu'il avait voulu me dire il y a six mois et que je n'avais pas voulu croire. Le pense-t-il vraiment ? En disant : « une petite bombe », il fait comme s'il prenait une pincée de sel entre le pouce et l'index.

« Nous sommes à l'abri d'une attaque nucléaire »

Salon doré, 22 janvier 1964. Après le Conseil, où Messmer a décrit la défense opérationnelle du territoire, je m'enhardis à demander :

« Comment les choses vont-elles se passer, si une guerre se déclenche ? Force de dissuasion, unités de combat au front, défense du territoire sur place, je vois mal l'articulation. »

C'est quitte ou double. Ou il vous met à la porte, ou il est patient. Aujourd'hui, il est toute patience.

GdG : « D'abord, la force de dissuasion. Elle est faite pour empêcher la guerre. Et ce sera le cas. Nous allons avoir quarante bombes, chacune puissante comme trois fois la bombe d'Hiroshima, chacune portée par un Mirage ultra-rapide. Certes, nous n'avons pas la certitude que toutes atteindraient leur objectif, mais beaucoup le feraient. Elles infligeraient aux Russes des dégâts sans commune mesure avec l'avantage de conquérir notre sol.

AP. — Mais ils pourraient écraser nos propres villes et nos grandes industries, bref nous vitrifier.

GdG. — Quel bénéfice ? Ils peuvent être sûrs qu'il ne resterait plus une pierre sur l'autre à Moscou, Leningrad, etc., et que tous leurs combinats, leurs barrages, leurs centrales électriques seraient pulvérisés. D'ailleurs, Khrouchtchev m'a dit que Lénine montrait qu'il était de l'intérêt de l'Union soviétique de maintenir intacte l'industrie d'Europe occidentale. Face aux États-Unis, qui seraient ensuite leur seul adversaire, ils auraient tout avantage à profiter du potentiel de l'Europe en le gardant intact. Et aussi, à garder intactes les villes et industries de Russie !

« Donc, ils ne commettront jamais la folie de nous attaquer avec leurs bombes atomiques. Ce serait suicidaire. Depuis que nous possédons notre propre force nucléaire, c'est totalement exclu. Jusque-là, c'était tout à fait incertain. Car rien ne permettait de penser que les États-Unis déclencheraient le feu nucléaire pour autre chose que pour se protéger eux-mêmes. Risquer de provoquer l'anéantissement de leurs centres vitaux, simplement pour protéger un territoire étranger à 6 000 kilomètres de leurs côtes, ça n'est pas de l'ordre du raisonnable ; alors que riposter à mort si on est soi-même agressé à mort, c'est de l'ordre de l'inéluctable.

« Peut-être mon successeur s'installerait-il à la Martinique »

AP. — En revanche, nous ne sommes pas à l'abri d'une attaque conventionnelle ?

GdG. — Évidemment pas. Mais dans cette hypothèse, l'usage de notre force de frappe en représailles n'est nullement exclu. Bien au contraire.

AP. — Même si le territoire allemand est le seul attaqué par les Soviétiques ? Allons-nous couvrir le territoire allemand par notre garantie atomique ? Mourir pour Berlin, ou pour Bonn ?

GdG. — Nous n'avons pris aucun engagement. Je l'ai proposé à Adenauer. Ça n'a pas pris forme définitive. Mais ce n'est pas exclu. Ça fait partie des hypothèses plausibles auxquelles les Russes doivent penser.

AP. — Et si les troupes soviétiques s'avancent en Allemagne fédérale sans que le feu nucléaire soit déclenché ?

GdG. — Les troupes allemandes seront au contact, ainsi que l'armée française d'Allemagne et les contingents américain et anglais.

AP. — Le commandement sera américain ?

GdG. — Il serait plus indiqué qu'il soit allemand. Les Allemands connaîtront mieux le terrain, seront plus prêts à faire de grands sacrifices. Les meilleurs défenseurs d'une nation, ce sont les nationaux.

AP. — Et si les Soviétiques pénètrent sur notre sol ?
GdG. — Sur notre sol, le commandement sera français.
AP. — Dans ce cas, déclenchons-nous le feu nucléaire ?
GdG. — Ce n'est pas exclu, c'est même probable. Mais nous donnerons sans doute un coup de semonce préalable.
AP. — Et la défense opérationnelle du territoire, comment entrerait-elle en ligne ?
GdG. — Ce serait une force clandestine en territoire occupé, qui intercepterait les trains, saboterait l'électricité, les communications, bref, rendrait la vie impossible à l'occupant. Comme nous l'avons fait en 44. Mais sans avoir à attendre quatre ans.
AP. — Supposons que, malgré la force de dissuasion, la guerre ait éclaté, que les batailles d'Allemagne puis de France aient été perdues... Vous repartiriez pour Londres ? »

Le Général me regarde sévèrement, de l'air de dire : « Il n'y a pas de quoi plaisanter. »

GdG : « Celui qui serait alors en charge de la France verrait ce qu'il conviendrait de faire. Peut-être s'installerait-il à la Martinique. Fort-de-France ferait une bonne capitale provisoire de la France. Ce qui est sûr, c'est que le Président de la République devra rester libre, que la France le serait avec lui et qu'elle lutterait pour recouvrer partout sa liberté. »

Autant le Général est convaincu que la force de frappe française nous protège d'une menace nucléaire, autant il est prudent quant à l'usage de nos bombes atomiques comme réplique à une agression conventionnelle. Prendre l'initiative du feu nucléaire contre une puissance capable de représailles, c'est une décision à « ne pas exclure », mais à ne pas considérer non plus comme acquise. S'il va jusqu'à prévoir la défense opérationnelle du territoire, et même le repli sur Fort-de-France, c'est qu'il n'est pas assuré à 100 % que notre force de frappe nous « sanctuariserait »...

Ce qui nous sanctuarise à ses yeux, c'est l'Histoire, c'est la réversibilité de toute défaite, c'est la foi dans l'éternel retour de la France.

« L'armement atomique, c'est une affaire de quarante ans au moins »

Salon doré, 22 juillet 1964.

GdG : « L'armement atomique, c'est une affaire de quarante ans au moins ; pour le mettre sur pied, il nous aura fallu quinze ans, et il sera valide pour au moins vingt-cinq ans encore, sans doute davantage. Alors, allons-nous nous priver de faire un armement atomique maintenant, quand nous savons très bien que, dans quinze ans, l'Amérique et le monde peuvent devenir tout autre chose que ce qu'ils sont ? Nous ne savons pas ce qu'ils seront. Nous ne savons qu'une chose, c'est que, si nous ne faisons pas notre armement atomique maintenant, nous ne le posséderons jamais. »

« La reconquête de l'indépendance est le principal objet de notre force nucléaire »

Préfecture de Strasbourg, 22 novembre 1964.

J'interroge le Général sur le discours qu'il vient de prononcer pour le vingtième anniversaire de la libération de la ville.

GdG : « La défense de l'Europe n'est plus une question aiguë, pour la bonne raison que personne ne se sent plus menacé. Et c'est pourquoi les pays d'Europe ne feront rien. Mais nous, nous faisons des bombes atomiques et leurs vecteurs, et nous continuerons d'en faire. Nous le faisons moins pour faire face à une menace, que parce que nous voulons redevenir souverains. La reconquête de l'indépendance est le principal objet de notre force nucléaire. Et puis, également, tout de même, la défense. Si actuellement on n'est pas menacé, on peut l'être un jour.

AP. — Vous avez évoqué une organisation européenne de défense.

GdG. — Mais non ! J'ai dit qu'il fallait une organisation politique, qui comporte la coopération organisée des six États, c'est-à-dire la confrontation périodique des chefs d'État et de gouvernement, celle de leurs ministres, une commission commune qui ne soit naturellement pas constituée avec des Jean Monnet, des apatrides soi-disant supranationaux, mais avec des fonctionnaires qualifiés, qui resteront là plusieurs années et qui, en commun, prépareront les délibérations. Et puis un état-major pour discuter des affaires militaires, des fabrications d'armement et tout et tout. Voilà ce que j'ai proposé. Mais je ne propose pas ce que voudraient tous les couillons, tous les laissés-pour-compte de l'Europe supranationale, qui disent à la France : “ À la rigueur, on peut admettre que vous fassiez des bombes atomiques, mais à condition que vous les donniez à l'OTAN, ou tout au moins à Spaak”. Voilà leur maladie. Ils peuvent courir ! »

Chapitre 6

« QUE LA FRANCE SE LANCE DANS LE PACIFIQUE, ÇA A QUELQUE CHOSE D'INCROYABLE »

Au Conseil du 22 janvier 1964, Messmer rend compte d'une semaine passée à inspecter les travaux du Centre d'essais du Pacifique. « C'est une entreprise immense ; surtout sur un atoll désert, à 1 200 km de Tahiti et à 20 000 de Paris. On doit construire tout ce qu'il faut pour la vie des hommes, casernements, nourriture, usine pour dessaler l'eau de mer ; à Tahiti même, les logements pour les familles, car faire venir femmes et enfants est la meilleure manière de prouver qu'il n'y a aucun danger. À Mururoa, 500 hommes balisent, draguent, bâtissent des quais, construisent un terrain d'aviation, ainsi qu'à Hao, autre atoll, base logistique et aérienne pour les gros avions. À Fangataufa, second champ de tir, atoll sans passe, il faut en creuser une. Le personnel est jeune, enthousiaste, travaille sans mesurer sa peine douze heures par jour et six jours par semaine. Sur les 500 hommes, il y a eu un seul volontaire pour aller prendre du repos à Tahiti.

GdG. — Il faut quand même qu'ils y aillent !

Messmer. — Aux escales de Sydney et de Los Angeles, des journalistes avaient envahi le terrain d'aviation. J'ai préféré me borner à une conférence de presse à Tahiti. C'est la rentrée politique de la France dans le Pacifique. »

« Que la population polynésienne trouve son avantage dans l'arrivée des militaires »

Palewski intervient : les questions atomiques, c'est lui ! « Les scientifiques du CEA préparent les installations nucléaires. Ils ont acquis au Sahara une grande expérience. Ils résolvent les problèmes avec élégance. Ils respectent les délais. Ils coordonnent parfaitement des mouvements simultanés et complexes. »

Le Général tire les conclusions :

« 1. Le démarrage paraît satisfaisant. 2. Pour emmancher le présent avec l'avenir, il faut un gouverneur à Tahiti. Celui que nous avons est au bout de son rouleau. Nommons quelqu'un qui joue sa carrière là-dessus. 3. Il ne faudrait pas, après cette activité intense, qu'il y ait un reflux, que les commerces tombent, que les bâtiments soient désaffectés. 4. Il faut un grand port à Papeete, sans que les crédits soient dépassés.

(Puis le ton s'élève à mesure que l'horizon s'élargit.)

« Quand j'y étais passé, en 56, j'avais senti qu'il y a un monde du Pacifique. Que dans ce monde-là, la France se lance dans une grande entreprise, ça a quelque chose d'incroyable. Les Anglo-Saxons tiennent Hong-Kong, Singapour, Formose, l'Australie, la Nouvelle-Zélande, les Hawaï, l'Alaska, la Colombie britannique, la Californie, bref, tout le Pacifique. Quand nous ne bougions pas, on ne disait rien. Mais que nous apparaissions, ça semble scandaleux. »

Triboulet plaide pour le profil bas : « L'arrivée de la France dans le Pacifique est un pavé dans la mare. Il y aurait lieu d'éviter les conférences de presse » (une pierre dans le jardin de Messmer).

Le Général : « Le fait qu'on réalise ce Centre d'essais ne peut passer inaperçu. Si nous n'en parlons pas, d'autres en parleront à notre place, et de façon moins pertinente. »

« Notre bombe est pacifique ! »

Après le Conseil du 3 juin 1964, où a été relatée une visite de Couve à Madrid, le Général me dit : « Soulignez bien que nous entrons avec l'Espagne dans la voie de la coopération pratique, y compris nucléaire. Enfin, pas pour qu'ils fassent des bombes, mais de l'électricité.

AP. — Bien sûr, c'est du nucléaire pacifique.

GdG (sévèrement). — Ne parlez donc pas de *nucléaire pacifique* ! Ce sont nos adversaires qui disent ça, pour faire croire que notre bombe est belliqueuse ! Notre bombe est pacifique ! C'est ce qu'on a inventé de plus pacifique depuis que la France existe ! Elle rend une guerre contre la France impossible ! Dites donc *civil,* par opposition à *militaire.* »

« Y a-t-il quelqu'un qui en soit mort ? »

Au Conseil du 14 août 1964, Pompidou rend compte de l'inspection qu'il vient de faire en Polynésie :

« L'économie marche, la population autochtone travaille. Le maire de Papeete, Poroï, est d'un gaullisme effervescent. Mais il y a des éléments sensibles à la tentation de l'indépendance ; travaillés en sous-main par des Français d'Europe, surtout des enseignants, dont beaucoup sont communistes ou progressistes.

« L'information et la culture françaises sont très insuffisantes. Il est indispensable que M. Peyrefitte aille sur place prendre des dispositions pour installer la télévision à Papeete et à Nouméa.

GdG. — Dans le cas de la Nouvelle-Calédonie, aussi bien que dans celui de la Polynésie, il ne peut pas y avoir de question quant à notre souveraineté ! Leur situation n'a aucun rapport avec les territoires que nous avons affranchis.

« En Calédonie, tout a été fait par la France. Les Français d'origine représentent la moitié de la population. Il faut s'acheminer vers un statut analogue à celui des départements d'outre-mer.

« La Polynésie, c'est 70 000 habitants. Le développement, l'information, la scolarisation, la pratique du français doivent être le corollaire de l'installation du Centre et demeurer après lui. »

Pompidou insiste sur les précautions du Commissariat en matière de sécurité, qu'on n'a jamais prises ailleurs.

GdG : « Depuis qu'on fait des expériences atomiques, y a-t-il quelqu'un qui en soit mort ? Qu'on nous foute la paix ! (Il est rarissime qu'il emploie en Conseil les expressions triviales qui lui sont familières dans le tête-à-tête.) Après la masse énorme d'explosions en mégatonnes, il n'est jamais rien arrivé.

Couve; — Sauf à Bikini, où on n'avait pas pris les précautions nécessaires. »

« Que les Polynésiens vivent en français »

Après le Conseil, le Général me donne ses instructions :

« Puisque vous allez en Polynésie et en Calédonie, la télévision ne doit pas traîner ! Il faut que les Polynésiens vivent en français, avec des nouvelles de Polynésie, de métropole et du monde en français. Il faut qu'ils baignent dans la France. C'est un cadeau que nous leur devons *avant* (il insiste) les campagnes de tirs. »

Après le Conseil du 9 septembre 1964, j'interroge le Général à propos de la conférence de Genève sur l'utilisation de l'énergie atomique :

GdG : « La recherche atomique, c'est un tout. Les puissances nucléaires surclassent de loin, pour les applications civiles de l'atome, les nations qui ont renoncé à la bombe. La bombe, donc la sécurité, nous est donnée en premier lieu ; et l'électricité par surcroît. En lançant nos scientifiques dans la course à l'atome, nous avons fait d'une pierre deux coups. »

Conseil du 21 octobre 1964.

Je fais une communication sur mon inspection en Polynésie : le projet de télévision ; mais aussi les chantiers de Tahiti et Mururoa. L'Église protestante est hostile au Centre d'essais. L'Église catholique est très loyale, mais beaucoup moins bien implantée. Les pasteurs tahitiens rencontrent des pasteurs anglais et américains qui les excitent contre la France, et des pasteurs des îles du Pacifique, Samoa, Fidji, Cook, Tonga, avec lesquels ils se montent mutuellement la tête.

Le Général pique une colère, parle d'expulser les pasteurs étrangers, d'assigner à résidence les pasteurs polynésiens. « Il y a cent vingt ans que l'affaire Pritchard* s'est produite, et ces querelles sont toujours aussi vives ! Le monde change à toute vitesse. Mais les luttes religieuses, les oppositions de cultures, les chocs d'ambitions nationales ont quelque chose d'éternel. Et derrière tout ça, on retrouve toujours les Anglo-Saxons. »

À la fin du Conseil, pendant que le Général serre les mains, Pompidou me fait de vifs reproches : « Il faut lui épargner ces coups de sang ! J'avais gommé ce sujet. On ne sert bien le Général qu'en lui cachant certaines choses. Il n'a pas besoin d'excitants, mais de tranquillisants. Ne vous conduisez pas avec lui comme Debré. Faites comme moi, calmez-le. »

Après le Conseil, le Général me dit : « Ces pasteurs se croient toujours investis de la même mission en face du même ennemi, qui est la France. Ou bien les protestants font allégeance à la France, et on leur ouvre grands les bras. Ou bien ils complotent contre la France avec les Anglo-Saxons, et on les réduit ; c'est ce que Richelieu avait fait. »

« La Nouvelle-Zélande est à plus de 2 000 km à l'Ouest et les vents vont vers l'Est »

Au Conseil du 25 novembre 1964, Herzog, de retour de Nouvelle-Zélande, où il s'est préoccupé des futurs Jeux du Pacifique en Nouvelle-Calédonie, fait part de l'inquiétude des Néo-Zélandais devant les futures expériences atomiques françaises. Il y a dans le pays des associations remuantes.

GdG : « Ah oui ! Des ligues de vieilles demoiselles.

Herzog. — Si les expériences ont lieu pendant une période électorale, le Premier ministre néo-zélandais sera obligé de protester.

GdG. — J'espère que vous l'avez rassuré. La Nouvelle-Zélande est à plus de 2 000 km à l'ouest de nos atolls, alors que les vents soufflent d'ouest en est ! »

« Ce qui est sérieux, c'est que nous devenons enfin des gens sérieux »

Après le Conseil du 7 avril 1965, où Messmer a rendu compte d'une nouvelle inspection des sites du Pacifique :

GdG : « Ce que racontent les journaux américains, ou anglais, ou

* George Pritchard, missionnaire protestant et consul britannique à Tahiti, avait usé de son influence sur la reine Pomaré IV pour faire expulser les missionnaires catholiques en 1836 puis pour pousser Pomaré à la révolte (1843). Expulsé à Londres en 1844, il ameuta l'opinion publique contre la France.

français à la remorque de Washington, à savoir que nous rencontrons des difficultés pour constituer notre force nucléaire, ce n'est pas sérieux.

« Ce qui est sérieux, en Polynésie, c'est que l'infrastructure nécessaire aux expériences s'établit exactement dans les délais et crédits prévus. Ce qui est sérieux, c'est que nous devenons enfin des gens sérieux.

AP. — Messmer a eu l'impression que les Australiens se faisaient à l'idée que ce Centre d'essais va exister.

GdG. — Surtout, il ne faut pas attacher de l'importance à ce que les Australiens ou les Néo-Zélandais ragotent ou ne ragotent pas ! Qu'ils soient contre ou qu'ils soient pour, nous est complètement égal. C'est bon pour les journaux. Ce n'est rien. Ce qui compte, c'est que la construction de notre force nucléaire est la grande affaire de la France, et que l'installation du Centre d'essais du Pacifique est une grande œuvre française. »

Salon doré, 9 juin 1965. J'interroge le Général sur l'incident de l'avion militaire américain qui a longuement survolé Pierrelatte :

AP : « Je ne dis rien ?

GdG. — Non. Inutile d'en faire une histoire. Les Américains ne se disposent quand même pas à bombarder Pierrelatte, malgré l'envie qu'ils en auraient. »

« Les Français sont capables de prouesses »

Conseil du 15 septembre 1965.

Bourges* revient de Polynésie. Il rend compte de l'avancement rapide des chantiers.

Le Général interroge : « Le calendrier est respecté ? Le retard pris a été rattrapé ?

Bourges. — Oui, grâce au recrutement de cent travailleurs portugais. Fangataufa n'a pas besoin d'être prêt pour la première vague de tirs : le programme est entièrement réalisable à Mururoa.

GdG. — Quand il y a des difficultés à vaincre, quand on donne un but et les moyens de l'atteindre, les Français sont capables de prouesses. On a un sentiment de réconfort sur la capacité de notre pays à aborder des tâches de cette ampleur. »

---

* Yvon Bourges, secrétaire d'État à la Recherche scientifique, en remplacement de Gaston Palewski, nommé président du Conseil constitutionnel.

Chapitre 7

« DANS L'ARMÉE, LE FOLKLORE, C'EST FINI »

Salon doré, 15 octobre 1963. Le Général, qui revient d'assister à des manœuvres, me lance : « Ces braves militaires n'ont pas encore compris qu'il fallait changer d'époque. Ils en restent toujours à leurs vieilleries et à leur folklore. »

« Ces braves militaires. » On ne dirait pas qu'il en est un. Je lui ai demandé un jour pourquoi il avait choisi ce métier. Il m'a répondu doucement : « Je voulais être utile au pays. Ce qui comptait, c'était la revanche, la carrière militaire était le plus sûr moyen... » C'est ainsi qu'il est devenu un de ces « braves militaires ». À sa façon.

Au Conseil du mardi 7 juillet 1964, Messmer propose une réforme du service militaire, pour cause de surabondance de recrues. « On ne peut réduire la durée du service à moins d'un an, parce que la formation à donner est de plus en plus complexe. Autre solution : disparition de la conscription et création d'une armée de métier. C'est déjà le cas pour la marine et l'aviation. Vous avez écarté cette solution jusqu'à nouvel ordre, mon général, pour des raisons morales : après six ans où le contingent était envoyé en Algérie pour plus de deux ou trois ans, on ne peut pas sans transition libérer les jeunes de tout service. Ce serait injuste vis-à-vis des classes qui ont payé le prix fort. Et on risquerait soudain de détruire chez les jeunes l'esprit de défense. Reste donc à multiplier les exemptions, pour diminuer le nombre des conscrits. »

« Le service militaire, c'est une grande tradition patriotique et républicaine »

Le Général conclut : « C'est bien la première fois dans notre histoire que les armées sont effrayées par le débordement des recrues !

« Pour tout ce qui combat sur terre, dans l'air ou en mer, nous allons en réalité *vers l'armée de métier.* C'est l'esprit du temps. Mais pour la logistique, le ravitaillement, les transmissions, le service de santé, etc., la juxtaposition des professionnels et du contingent reste souhaitable pour le moment. De toute façon, même quand on dispensera les appelés de service militaire, il faudra les recenser et en faire des réservistes. »

« C'est l'esprit du temps. » Cet esprit, il l'avait deviné, comme pour le reste, avec trente ans d'avance. Naturellement, il n'en souffle mot : il est assez orgueilleux pour savoir rester modeste. Il résiste à la tentation de tirer lui-même les conséquences de ses intuitions prémonitoires d'avant-guerre. Il faudra en venir à cette grande réforme, mais c'est encore trop tôt. Et le « contingent », bien que virtuel, devra savoir qu'il reste à la disposition du pays.

Après le Conseil, le Général me résume ainsi la question : « Les classes nées depuis la guerre vont être beaucoup plus nombreuses, alors que nos besoins ont beaucoup diminué. Il y avait deux solutions extrêmes : créer l'armée de métier ; ou ramener le service à neuf mois. Nous les avons rejetées toutes les deux. Jusqu'à nouvel ordre, on maintient le principe du service obligatoire. C'est une grande tradition patriotique et républicaine, qui fait participer la jeunesse à l'effort de défense de la nation. Et puis, si on le supprimait complètement, il serait bien difficile de le rétablir le jour où on en aurait besoin. »

Il est tout de même étonnant de voir le Général, doté de tous les pouvoirs, renoncer à appliquer lui-même la réforme qu'il préconisait quand il n'était pas en mesure de l'imposer…

« L'armée devient homogène, le folklore, c'est fini »

Au 14 Juillet 1964, sur les Champs-Élysées, ni Légion étrangère ni tabors marocains. Il me semble que la foule, comme si elle en était frustrée, se montre moins chaleureuse qu'à l'ordinaire.

À l'Élysée, à l'occasion de la réception qui suit, j'en dis un mot au Général. Il me répond sèchement : « C'est volontaire. » Je n'insiste pas, de peur de prolonger indûment.

Sur la pelouse, un général de corps d'armée, verre de whisky à la main, me dit : « Pour nous, militaires, la principale innovation du général de Gaulle a été la suppression du ceinturon qui soulignait son œuf colonial. Il l'a interdit à tous pour ne pas le porter lui-même. Ça, nous lui en sommes redevables. Le reste, c'est plus contestable. »

L'amertume se déguise mal sous la gouaille. Que d'officiers comme lui ai-je rencontrés, dans ces années, qui ne savent aucun gré à ce général de leur imposer un mariage forcé avec une époque nouvelle !

Je reviens à la charge le lendemain, *après le Conseil du 15 juillet*.

AP : « La Légion n'a pas défilé avec ses chapeaux chinois et ses clochettes, ni les goums avec leurs mascottes et leurs moutons. Le public en raffole. Il aura été déçu.

GdG (vivement). — C'est moi qui n'en ai pas voulu. Il faut prendre son parti de la disparition du pittoresque. Nos forces deviennent homogènes. L'homogénéité est le caractère de ce temps. Dans l'armée, le folklore, c'est fini. »

En fait de culte de la patrie, le Général est janséniste. Il ne joue pas sur le registre sentimental. Mais je me demande s'il ne laisse pas percer, sous le dédain pour le « pittoresque » et le « folklore », une pointe de jalousie. La Légion constitue le seul corps qui soit vraiment de métier, et le théoricien de l'*Armée de métier* devrait la ressentir comme un modèle. Il ne peut pas oublier que trente mille képis blancs sont morts pour la France, jamais sans honneur, toujours sans murmure. Il ne peut ignorer les paroles de bienvenue du général de Héguier à un régiment de Légion arrivé en renfort à Sébastopol — ces paroles qui ressemblent tant à celles qu'il adressait lui-même aux commandos de la France libre : « Vous êtes entrés à la Légion pour affronter la mort. Je vous envoie où l'on meurt ! »

Au Conseil du 15 juillet 1963, il surprend son monde. Messmer proposait des nominations d'inspecteurs généraux de l'Inscription maritime. Le Général, soudain : « L'Inscription maritime ! Elle a été inventée par Colbert pour recruter des marins. Aujourd'hui, c'est dépassé ! Dans tous les domaines, il faut moderniser, reconvertir des unités périmées, mettre du neuf à la place du vieux ! »

Après le Conseil, le Général ajoute devant moi : « On s'accroche à des institutions qui avaient leur justification sous Louis XIV. Elles n'en ont pas plus aujourd'hui que les fortifications de Vauban ! Il faut balayer tout ce folklore ! »

« Les chantiers de jeunesse ? Ce n'était pas si bête »

Au cours de ce Conseil, Messmer a annoncé que le général Nemo, commandant interarmes aux Caraïbes, est remplacé. En mars dernier, nous l'avions vu à l'œuvre à la Martinique, puis en Guyane. Le Général avait manifesté sa satisfaction, en voyant une unité au travail en Guyane, en pleine forêt équatoriale. Il ne l'a pas oublié. Il commente : « Nemo a *bien fait*. Il a su mettre en œuvre une tâche nouvelle : le service militaire adapté. »

Après le Conseil, il ajoute à mon intention : « Il n'est pas dit qu'un jour ou l'autre, on ne devra pas organiser un système comparable pour la métropole. Dans les Caraïbes, ce système permet de tirer les jeunes du désœuvrement, de leur faire accomplir une grande action d'intérêt général, défricher la forêt, construire des bâtiments. Qui pourrait mener ça à bien, sinon l'armée ? Le problème n'est pas le même pour le contingent de métropole, puisque les jeunes sont tout de suite absorbés par le marché de l'emploi. Mais on ne sait pas combien de temps ça durera *. Et il y a des tâches nationales qui ne

* Il est paradoxal que ce rôle éducateur et intégrateur de l'armée soit abandonné au moment où le chômage et les difficultés de l'intégration des jeunes immigrés atteignent un seuil critique (1997).

sont jamais réalisées, par exemple le débroussaillage des forêts, qui leur éviterait de prendre feu dès la première allumette.

AP (je ne peux m'empêcher de prendre un ton un peu persifleur). — En somme, les chantiers de jeunesse ?

GdG (se penche en avant et tape sur son bureau du plat de la main). — Pourquoi pas ? C'était pas si bête ! C'est pas parce que Vichy les a mis sur pied que c'était mauvais ! Un des torts de Vichy, c'est d'avoir jeté le discrédit sur de bonnes idées. On n'ose plus célébrer le travail, la famille ni la patrie. Et pourtant, vous croyez qu'un pays peut vivre sans honorer ces valeurs-là ? Elles sont parfaitement compatibles avec "Liberté, égalité, fraternité". Et même, notre devise ne prend tout son sens qu'à travers elles ! »

Après un silence, il reprend : « Vous savez, l'armée, ça a quand même du bon. Ça enseigne aux jeunes à lire, à écrire et à compter là où l'école a échoué, parce que, entre-temps, les jeunes ont mûri. Ça leur donne une seconde chance. Ça leur apprend à vivre ensemble, à respecter une discipline. Tenez, ce Nemo, avec un nom pareil, ça doit être un enfant trouvé. On ne compte plus les généraux qui sont dans le même cas. Ce qu'on appelle la caste des officiers ne le leur a jamais reproché ; elle s'honore de les compter dans ses rangs. Ils ont plus de mérite que les autres. »

« Une armée capable d'intervenir partout »

Salon doré, 25 novembre 1964.

AP : « La loi-programme militaire va bientôt venir devant le Parlement. On s'étonne que vous ayez précipité les choses.

GdG. — Inutile de traîner ! Il faut que la France marque sa volonté. La loi une fois votée, le fait est accompli.

AP. — Et une procédure plus solennelle, un référendum ?

GdG. — Pour le moment, ça ne me paraît pas nécessaire. Si nous nous trouvions dans des embarras, sous une pression anglo-saxonne puissante, alors oui. Mais ils ne sont pas en état de nous mettre des bâtons dans les roues. Ni les étrangers. Ni le parti de l'étranger, c'est-à-dire tous sauf l'UNR. »

Il se cale sur son fauteuil, la tête rejetée en arrière, les bras sur les accoudoirs : « Quand on veut une chose, il faut s'en donner les moyens. Nous allons échapper à l'annualité budgétaire, qui a fait que nous avons toujours été en retard. Nos forces vont se trouver dotées d'un armement qui sera, et pourra se maintenir, au niveau des derniers progrès. Ça ne leur était jamais arrivé en un demi-siècle. Nous allons avoir en cinq ans une armée moderne, technique, scientifique, adaptée à nos besoins et à nos moyens. Une armée capable d'intervenir partout. Une armée qui nous permettra de mener une politique de défense mondiale et une politique étrangère mondiale. Une armée digne de la France. »

LES SÉQUELLES ALGÉRIENNES

Chapitre 8

« IL Y A ENCORE QUELQUES FOUS, IL N'Y A PLUS DE FOLIE COLLECTIVE »

Avant le Conseil du 28 novembre 1962, Foyer* me raconte comment le Général lui a signifié la grâce du général Jouhaud, après l'avoir fait attendre cinq mois. Foyer, bravant la colère du Général en compagnie de Pompidou, avait ménagé un délai, pendant lequel Jouhaud s'était résolu à commander à l'OAS de cesser le combat ; ce qui interdisait à de Gaulle d'envoyer Jouhaud devant le peloton.

Mais le Général s'était contenté de suspendre l'exécution**. Il avait gardé sous le coude le décret de grâce. C'est seulement à la sortie du dernier Conseil que le Général, ayant emmené Foyer dans son bureau, lui a tendu le texte : « Voilà, j'ai signé ce décret, ça vous ennuiera probablement, je crois me souvenir que vous vous étiez opposé à cette grâce. »

Foyer me raconte cette histoire avec jubilation : « La mauvaise foi du Général m'émerveille ! » Attitude fréquente chez les proches du Général. Ils racontent ses roublardises avec une satisfaction que seuls se permettent ceux qui sont convaincus de sa grandeur.

Est-ce vraiment de la mauvaise foi ? N'est-ce pas plutôt une forme subtile de remerciement ? En intervertissant ironiquement les positions, le Général reconnaît que Foyer était en désaccord avec lui — et que ce désaccord a abouti à la bonne décision.

« Tant qu'il y aura des crimes, il faudra qu'il y ait des châtiments »

Salon doré, 19 décembre 1962. Je questionne le Général sur le prochain procès des conjurés du Petit-Clamart *** :

GdG : « Les juges peuvent se tromper. Ils peuvent être aveuglés par des idées préconçues, par des préjugés de caste. Un tribunal militaire a bien condamné Dreyfus, et Weygand continuait mordicus à le croire coupable. Quand des militaires se persuadent de la culpabilité

---

* Jean Foyer, garde des Sceaux. Cf. tome I, partie II, chapitre 13.

** Le chef de l'État s'était contenté de ne pas adresser au garde des Sceaux la décision de « laisser la justice suivre son cours ». Il n'avait pas suspendu l'exécution par écrit, mais le résultat était le même.

*** Il aura lieu du 28 janvier au 4 mars 1963.

de Dreyfus des décennies après sa réhabilitation, c'est la meilleure preuve que ce sont des crétins. Des crétins, il y en a partout, même dans les tribunaux. C'est pourquoi il est nécessaire qu'il y ait des avocats, qui puissent assurer une *bonne* défense (il appuie), une *vraie* défense. Il faut qu'il y ait des garanties. Il faut qu'il y ait des voies de recours. Mais il faut bien qu'il y ait des juges, des tribunaux, des prisons, des gens pour prononcer des peines et des gens pour les exécuter. Tant qu'il y aura des crimes, il faudra des châtiments. »

« Si les officiers se mettent à dévaliser les bijouteries... »

Au Conseil du 3 janvier 1963, Frey fait une communication sur la subversion : « La lutte contre la subversion a marqué des points. Pourtant, la subversion a progressé aussi : 14 000 attentats par explosifs, plusieurs centaines de blessés, 28 morts, sans compter l'attentat sur le Strasbourg-Paris.

« Plus de 3 000 personnes ont été appréhendées. 48 fonctionnaires de police ont été tués. La recrudescence du banditisme, notamment des hold-up sur des banques et des bijouteries, résulte d'éléments venus d'Algérie, de membres des commandos Delta, de déserteurs qui se reconvertissent dans le délit ou le crime banal ; 71 % des "droit commun" appréhendés dans les trente derniers mois sont des militaires ou des pieds-noirs.

GdG. — Si les officiers se mettent à dévaliser les bijouteries...

Frey. — L'OAS est tronçonnée. Aujourd'hui, la plupart de ses membres sont des malades mentaux, qui n'ont qu'un objectif : un attentat sur votre personne. »

« Ce n'est pas une juridiction d'exception, c'est une juridiction spécialisée »

Salon doré, après le Conseil.

Autant le Général a été bref devant les ministres, autant il est prolixe dans notre tête-à-tête.

GdG : « Dites bien que des éléments revenus d'Algérie ont pris l'habitude de ramasser de l'argent. Le gouvernement a rendu hommage aux efforts de la police, qui a des raisons de demeurer sur le qui-vive. (Il n'a pas été question d'hommage au cours du Conseil, mais il suffit que le Général en donne instruction à son porte-parole pour que l'hommage soit censé prononcé par le gouvernement.) ...La Cour de sûreté de l'État, que m'a proposée Foyer, répond à ce contexte.

AP. — Ce sera donc une juridiction de circonstance ?

GdG (redresse la tête). — Pas du tout ! J'ai voulu la créer à titre permanent. Ce n'est pas pour lutter contre l'OAS, qui est fichue.

« Jusqu'à la création de cette Cour, les crimes contre l'État relevaient tantôt des tribunaux militaires, tantôt des assises. Aucune des deux solutions n'était satisfaisante. Les tribunaux militaires sont accusés d'obéir au commandement, comme c'est la règle des militaires ; on les a accusés aussi de montrer de la complaisance envers les militaires de l'OAS. Quant aux jurés d'assises, ils sont pris de panique devant le terrorisme. On les réveille en leur téléphonant la nuit, on les menace, ils refusent de siéger. Alors, nous avons décidé de créer un tribunal ordinaire et permanent. C'est une précaution nationale.

AP. — Ce sera quand même une juridiction d'exception.

GdG (d'un air sévère). — Mais ne vous laissez pas bourrer le mou ! Si vous appelez tribunal d'exception une juridiction soumise à l'arbitraire d'un gouvernement, comme les sections spéciales de Vichy, ce n'est pas le cas ! Elle est créée, non par un texte réglementaire, mais par le Parlement ; elle n'est pas instituée postérieurement aux crimes qu'elle doit juger, mais avant eux ; elle ne définira pas des crimes nouveaux, mais se contentera de juger des crimes définis depuis longtemps par le Code pénal, comme étant des crimes contre la sûreté de l'État ; elle agira sous le contrôle de la Cour de cassation.

« Expliquez bien, au contraire, que ce ne sera pas une juridiction *d'exception* ! Ce sera une juridiction *spécialisée*, ce qui est très différent ! Elle sera spécialisée dans les crimes de terrorisme ou de trahison, comme les tribunaux de commerce sont spécialisés dans les litiges commerciaux, comme les tribunaux pour enfants sont spécialisés dans les affaires d'enfants ! Ni plus, ni moins. Elle sera spécialisée dans les crimes de subversion ou d'espionnage.

« Le terrorisme, l'intelligence avec l'ennemi sont des crimes beaucoup plus inacceptables encore que les autres. Ce sont des crimes de lèse-nation.

AP. — On reproche à la Cour de sûreté de n'avoir pas de jury.

GdG. — Comment voulez-vous qu'elle ait un jury, alors que les terroristes n'ont rien de plus pressé que de terroriser les jurés ? Déjà, en Corse, les jurés ne sont pas foutus de juger un berger qui a mis le feu au maquis, parce que sa famille les menace. »

« La justice française ne veut pas prendre de risques »

Salon doré, 6 février 1963.

GdG : « Il y a des magistrats courageux. Avec ceux-là, on peut faire quelque chose. Mais les autres ne veulent pas prendre de risques. En France, la caste des juges a toujours été moralement incapable de juger des menaces contre l'État ; l'État ne s'est sauvé qu'en créant des tribunaux d'exception.

« À la Libération, il y a eu des justices d'exception, sinon il n'y aurait pas eu de justice. Si j'avais laissé les juges de Vichy juger les crimes de Vichy, comment s'en serait-on sorti ?

« En réalité, la justice est l'expression de la pensée d'une classe sociale, la bourgeoisie, qui, dans sa majorité, a perdu le sens de l'État, le sens de la Nation, le sens de la Patrie.

« Les juges ne cherchent qu'à juger des dossiers civils ! Surtout pas une affaire grave, qui menace le pays ! Ça, ils n'en ont pas le courage ! Ils préfèrent se cantonner dans les litiges de succession ou dans les braquages. »

« Justice d'exception » : le mot ne le choque pas, s'il s'agit de sauver l'idée même de Justice, quand les moyens ordinaires n'y suffisent pas. Sauvegarde de la Justice, salut de la Nation, le problème est le même : il a bien fallu se résoudre à traiter l'exceptionnel par des voies d'exception, mais le but ensuite, c'est de faire en sorte que l'ordinaire soit assez fort pour assumer l'exceptionnel.

« À dix-huit ans, on n'est pas responsable »

Matignon, 15 février 1963.

Une nouvelle tentative d'attentat a eu lieu le 14 février 1963 à l'École militaire contre le général de Gaulle.

AP : « C'est quand même étrange que, six mois après le Petit-Clamart, les conjurés essaient encore d'abattre le régime !

Pompidou. — Le régime ? Assassiner le Général, ce n'est qu'une forme de vengeance, c'est la vendetta à l'état pur : " On a perdu, on aura sa peau ! " Ce n'est pas une menace sur le régime.

AP. — Mais abattre le fondateur du régime, n'est-ce pas abattre le régime ?

Pompidou. — Pourquoi voulez-vous ? Les Français tiennent au régime, laissez-les se débrouiller tout seuls. »

La relève serait-elle assurée ? De même que le Petit-Clamart a assuré le succès du référendum, un attentat qui réussirait à tuer de Gaulle garantirait l'élection d'un dauphin ? Pompidou a pleine confiance dans l'avenir du régime. Il s'est habitué en moins d'un an, non seulement à sa fonction de Premier ministre, mais à sa stature de présidentiable. L'Élysée, chacun l'y voit déjà. Après tout, il serait naturel qu'il fasse de même.

Le 20 février 1963, le Général m'annonce son intention de faire « une allocution en avril sur la justice, quand on en aura fini avec tous les procès importants. Je tirerai les leçons. Il faudra considérer les choses avec sérénité, après les avoir jugées avec rigueur. » (De cette phrase sibylline, je crois pouvoir inférer qu'après avoir fait exécuter des sentences capitales dans l'affaire du Petit-Clamart, il annoncerait une amnistie, pour tirer un trait sur les affaires d'Algérie et leurs séquelles *.)

* Finalement, cette allocution ne sera pas prononcée.

En me raccompagnant, il me précise : « Il faut distinguer entre les colonels, chefs de tueurs, envers lesquels il faut être inflexible, et les garçons de dix-huit ans, qu'il faut amnistier. À dix-huit ans, on n'est pas responsable. »

« Bastien-Thiry avait quelque chose de romantique »

Salon doré, le 13 mars 1963.

AP : « Certains journalistes ont été surpris que vous ayez gracié des assassins qui vous ont bel et bien mitraillé, et que vous n'ayez pas gracié Bastien-Thiry, qui n'a pas participé directement à l'action.

GdG (vivement). — Justement, c'est impardonnable ! Il n'a pas tiré lui-même ! Il s'est contenté de donner le signal de la fusillade avec un journal. Et quel journal ? *L'Aurore* !... Mais ce qui est impardonnable aussi, c'est qu'il a fait tirer sur une voiture dans laquelle il savait qu'il y avait une femme *. »

Dans sa réponse, seule l'allusion à *L'Aurore*, même si elle est teintée d'humour, me surprend. Pourquoi faire un sort à ce détail ? Sans doute parce que *L'Aurore*, qui a été si acharnée en faveur de l'Algérie française, si complaisante pour l'OAS, lui paraît le symbole d'une chaîne : les uns suscitent les idées qui tuent, d'autres commandent aux tueurs, les derniers tuent. Le Général refuse l'impunité des chefs et des inspirateurs : c'est pour cela que Brasillach, déjà, a été exécuté.

Il poursuit, sur une note ambiguë : « Chaque peuple doit avoir ses martyrs. Encore faut-il qu'ils soient dignes de cette fonction. Un de ces imbéciles de généraux qui jouent au ballon dans la cour de la prison de Tulle n'aurait pas fait l'affaire. Bastien-Thiry avait quelque chose de romantique. Ce sera un bon martyr. »

« Les pauvres diables tournent en rond »

À l'occasion du voyage dans les Ardennes, le 23 avril 1963.

AP : « On a pris beaucoup de mesures de sécurité. Il y a un CRS derrière chaque arbre. L'OAS représente encore quelque chose ?

GdG. — Mais non, elle ne représente plus rien ! Je me demande pourquoi toutes ces précautions ! Les pauvres diables sur lesquels on met la main tournent en rond. Ce sont des épaves. Quand Curutchet a été arrêté en Suisse, il avait dix-sept mille francs sur lui **.

* Mme de Gaulle. Il y avait aussi dans la voiture Alain de Boissieu, faisant fonction d'aide de camp, et le chauffeur ; mais le Général doit penser qu'ils étaient en service commandé. Et puis, c'étaient des hommes.

** Le Général parle en anciens francs.

Ils sont aux limites du droit commun. Ils n'ont plus de racines. Tant que la guerre d'Algérie durait, ils s'alimentaient chez ceux qui soutenaient l'Algérie française. Maintenant que ces fables se sont évanouies, ils n'ont plus rien derrière eux.

AP. — Quand même, après le Petit-Clamart, il y a eu une tentative d'assassinat du Premier ministre *, et en février, l'attentat de l'École militaire.

GdG. — Ce sont quelques *desperados*. Le nombre de tueurs est limité. Ceux qu'on attrape à l'occasion d'un attentat, ce sont ceux sur lesquels on n'avait pas pu mettre la main à l'occasion de l'attentat précédent. Il y en a toujours eu en France, des comploteurs et des cagoulards — mais ce n'est plus un parti révolutionnaire, comme autrefois.

AP. — On peut toujours trouver, parmi ces individus isolés, un Bonnier de La Chapelle ** ou un Ravaillac !

GdG. — Bien sûr, ça impose une certaine vigilance. Mais point trop n'en faut. Il y a encore quelques fous. Mais il n'y a plus de folie collective. L'OAS n'existe plus. »

« La Cour de sûreté a bien fait son travail »

Conseil du 12 novembre 1964.

Foyer : « La répression des faits de subversion est en voie d'achèvement. Le moment est venu de réduire les effectifs de la Cour de sûreté. Mais elle a une compétence permanente. Il n'y a pas lieu de la faire disparaître.

Pompidou. — Finalement, elle n'a pas été critiquée. Les journalistes, les avocats, les magistrats en ont même dit du bien.

GdG (laisse tomber la remarque : on ne juge pas les institutions selon l'opinion, mais sur leur efficacité). — La Cour de sûreté a bien fait son travail. Mais il faut maintenir la pression. On ne sait jamais ce qui peut arriver. Le terrorisme, la subversion, l'espionnage peuvent à tout moment surgir on ne sait d'où ! Le pire de tout, c'est ce que vous appelez une juridiction de circonstance. Il faut être assez prévoyant pour ne pas attendre les circonstances. »

À l'issue du Conseil, le Général poursuit sur sa lancée :

GdG : « Les terroristes, qu'ils le veuillent ou pas, sont différents des autres. Quand un chauffard tue un piéton, ou même quand un bandit tue un caissier, ça n'ébranle pas l'État. Si un commando tue le garde républicain devant Matignon ou l'Élysée, ça ébranle l'État, ça atteint la nation tout entière. »

---

* En septembre 1962, un complot, éventé à temps, avait été fomenté pour assassiner Georges Pompidou lors d'une partie de chasse.

** Le meurtrier de l'amiral Darlan.

Chapitre 9

« L'AFFAIRE ARGOUD, CONNAIS PAS ! »

Le colonel Argoud, passé dans la clandestinité après l'échec du putsch d'avril 1961, se cachait en Allemagne depuis février 1962. Il a été retrouvé à Paris par la police le 26 février 1963, dans le coffre d'une Estafette Renault, ficelé et les yeux bandés.

Salon doré, 27 février 1963.
AP : « Puis-je vous parler d'Argoud ?
GdG. — Il n'en est pas question. »
Jamais le Général ne m'a cloué le bec avec autant de brutalité.

Cinq semaines plus tard, *après le Conseil du 3 avril,* le Général me parle de lui-même de l'affaire Argoud.

GdG : « Les autorités allemandes étaient au courant des agissements d'Argoud auprès des troupes en Allemagne. Aujourd'hui, elles font des scènes, pour la forme. La Sécurité militaire, elle, a été loyale.

« Ses interrogatoires vont bon train. Il a raconté par le menu son activité. Maintenant, ses avocats vont parler. On risque de vous interroger. (Voilà pourquoi le Général est devenu prolixe. Il daigne me faire le cadeau d'un secret qui va devenir celui de polichinelle.)

« L'affaire Argoud est une affaire montée. Argoud n'a jamais demandé le droit d'asile en Allemagne. Il n'était pas censé y être.

AP. — La presse allemande dit que cette affaire vous concerne personnellement.

GdG. — Personnellement, c'est trop dire. J'ai été *personnellement* surpris de voir que, malgré les démarches répétées que nous avons effectuées à Bonn, Argoud, déserteur, membre d'organisations subversives, qui a voulu attenter à mes jours, continuait à se déplacer librement en Allemagne, et se déplacer pourquoi ? Pour faire déserter des officiers français ! Je n'ai jamais *personnellement* donné l'ordre d'arrêter Argoud en Allemagne.

AP. — Les journaux allemands disent que vous accepteriez de recourir à un arbitrage international.

GdG. — C'est absurde ! »

Conseil du 2 janvier 1964.

Couve : « Après dix mois, et à la faveur du procès, l'affaire Argoud rebondit. À la veille de la rentrée du Bundestag, le gouvernement allemand refait une demande officielle. Nous contenterons-nous de répondre par une fin de non-recevoir ? »

Le Général se contente de dire : « Affaire Argoud, connais pas ! »

L'affaire Argoud est de celles qu'il vaut mieux ne pas traiter devant tant d'oreilles passionnées par le romanesque.

Erhard : « Je souhaite que le général de Gaulle traite l'affaire Argoud avec délicatesse »

Bonn, 13 janvier 1964.

Dans le cadre du traité franco-allemand, je suis venu rencontrer mon homologue allemand. Le Chancelier Erhard, qui doit venir à Paris dans un mois, m'a reçu, à sa demande, en compagnie de notre ambassadeur, Roland de Margerie. Il attaque :

« J'aurais aimé passer sous silence l'affaire Argoud. Nous considérons Argoud, sa personne, ses complots, comme abominables. Mais le peuple allemand, en raison du régime qu'il a connu, est devenu hypersensible sur les questions de droit. Au Bundestag, l'opinion dominante est que l'on ne peut pas liquider cette question sans autre forme de procès. Je souhaite, si le général de Gaulle aborde le sujet dans sa prochaine conférence de presse, qu'il le traite avec délicatesse, sans fermer la porte à la conciliation. »

Je lui réponds en rappelant les coupables activités d'Argoud sur le sol allemand : « Le but d'Argoud était de faire disparaître le général de Gaulle. Au Petit-Clamart, il a failli réussir. Nous savons qu'il préparait un nouvel attentat.

Erhard. — Les agissements d'Argoud, ce n'est pas la peine d'en parler, nous leur sommes totalement hostiles. Mais l'opposition socialiste a soulevé ce lièvre dans des conditions si habiles, que la CDU-CSU a été obligée de faire chorus. On a déclaré, au Bundestag, que l'honneur du peuple allemand était engagé. La question est simple : un État souverain ne saurait admettre qu'un organisme, légal ou illégal, relevant d'un autre État, s'empare d'une personne sur son territoire. La réponse française à notre première note n'est pas telle que l'on puisse tourner la page. Si le gouvernement français n'a rien à voir avec cet enlèvement, il suffirait d'une déclaration dans ce sens. La question devrait être réglée avant mon voyage à Paris. Sinon, tous les journaux allemands me diront : "Entends-toi avec de Gaulle, reviens avec Argoud !" Veuillez dire ce qu'il faut pour que mon opposition ne m'ennuie plus avec cette affaire. »

« Ils veulent pouvoir dire que les lascars qui ont arrêté Argoud n'étaient pas en service commandé »

Salon doré, 14 janvier 1964.

Le Général a déjà pris connaissance du télégramme diplomatique sur mon entretien avec le Chancelier.

GdG : « L'affaire Argoud, n'en dites pas un mot ! Les Allemands se rendent compte qu'ils ont gaffé. Leur note était imbuvable.

AP. — Ils souhaitent un geste, pour sauver la face.

GdG. — Il y a eu une manœuvre des socialistes allemands ; mais la CDU a voulu montrer qu'elle était tout aussi intransigeante.

AP. — Les parlementaires demandent une phrase dans le genre : "L'enquête sur les conditions de cet enlèvement n'a en rien révélé la participation d'un service officiel français." Ça les calmerait. Il ne serait plus question de la restitution d'Argoud. »

Justement, le Général ne veut pas de cette phrase : c'est la Sécurité militaire qui a enlevé Argoud à Munich, sans que ni lui ni son ministre en aient donné l'ordre. Un mandat d'arrêt international avait été lancé contre Argoud. Son arrestation était légale au regard du droit français et du statut des Forces d'occupation en Allemagne. Les juridictions françaises l'ont jugé. Le Général ne veut ni mentir, ni désavouer des services qui ont pris une initiative dans l'intérêt de la justice sur une base légale. Mais il ne veut pas avoir à justifier l'opération par un plaidoyer public, qui reviendrait à mettre la Sécurité militaire en position d'accusé.

Le Général conclut : « Ils veulent pouvoir dire que les lascars qui ont arrêté Argoud n'étaient pas en service commandé. C'est relativement vrai.

AP. — Oui. Ils ne souhaitent que ça.

GdG. — Erhard a peur à ce point d'une campagne ?

AP. — Oui. Évidemment, ce serait disproportionné qu'une pareille phrase soit dite par vous-même, ou par le Premier ministre.

GdG. — Sûrement pas. En attendant, dites-en le moins possible. »

« La position allemande dans l'affaire Argoud nous préoccupe »

Salon doré, samedi 15 février 1964.

Le Général finit par me déclarer ce qu'il dira à Erhard si celui-ci évoque l'affaire Argoud : « Je lui dirai que la position allemande nous préoccupe. Quand Argoud se promenait en Allemagne, le gouvernement allemand, notre ami, le laissait faire tranquillement, malgré nos représentations renouvelées. Argoud était le chef d'une bande d'assassins, mais il allait et venait à sa guise en Allemagne.

Nous entretenons des troupes en Allemagne pour la sécurité du monde libre. Argoud incitait des officiers à la désertion et il a réussi avec quelques-uns, sans aucune réaction du gouvernement allemand, qui était pourtant au courant. Nous étions en état de légitime défense.

« Le gouvernement français n'a pourtant donné aucun ordre pour l'arrêter. Argoud nous a été amené à Paris, sans que nous cherchions à approfondir les moyens par lesquels il l'a été. La justice l'a condamné ; d'ailleurs, pas à mort. Et maintenant que tout ça est terminé, l'Allemagne nous manifeste son mécontentement. Est-il normal qu'après ce qu'Argoud a fait en Allemagne, la France doive encore des excuses ? Je considère que ce serait excessif.

AP. — Et si le Chancelier persiste à vous demander des regrets ?

GdG. — Je lui dirai carrément aussi que Bidault, Soustelle, Sergent recevaient en Bavière beaucoup de facilités, dont nous avons eu connaissance. C'est la moindre des choses qu'il regrette la négligence ou même des complicités du côté allemand, s'il me demande de regretter ce que l'enlèvement d'Argoud a eu d'expéditif. »

Le 18 février 1964.

AP : « Pour l'affaire Argoud, il y a eu du progrès ?

GdG. — N'en parlons plus.

AP. — Erhard ne s'en est pas plaint encore ?

GdG. — Si. Si. Mais je lui ai dit ce que je vous avais dit que je dirais, qu'on l'avait averti plusieurs fois et qu'il avait laissé faire.

AP. — Qu'a-t-il répondu ?

GdG. — Il n'a su que dire. Il m'a demandé de me mettre à sa place : "Les députés me font des difficultés." Je lui ai répondu : "Mettez-vous plutôt à la mienne : moi, on veut m'assassiner." (Rire.) Nous allons échanger des lettres pour dire que c'est terminé *. »

L'affaire Argoud, simple fait divers ? Le Général s'y est peint tout entier. Le culte du secret : ce genre d'affaire ne se traite pas sur la place publique. La responsabilité, contrepartie de l'autorité : le supérieur couvre ses subordonnés, et donc les initiatives qu'ils ont pu prendre pour l'intérêt supérieur, même s'ils n'en ont pas reçu l'ordre. Le parti de l'offensive : on ne se défend qu'en attaquant.

---

* Le Général reparlera de l'affaire Argoud à propos de l'affaire Ben Barka (cf. p. 452).

Chapitre 10

« LE FANTÔME DE LA CATASTROPHE NATIONALE S'EST DISSIPÉ »

Au Conseil du 13 février 1963, Missoffe a fait une communication où il n'a parlé que des « pieds-noirs ». Le Général le reprend gentiment : « Ne reniez pas votre titre. Vous n'êtes pas ministre des pieds-noirs, vous êtes ministre des rapatriés. »

Au Conseil du 14 novembre 1963, Missoffe dresse l'état des rapatriés. Leur donner du travail, c'est leur éviter la mentalité d'assistés.

GdG : « Nous avons l'habitude des tentatives d'agitation. Tantôt, ce sont les associations de parents d'élèves. Tantôt, celles d'anciens combattants. Et les associations de rapatriés ?

Missoffe. — Elles sont dans une déliquescence totale. Il y en avait deux ou trois à l'origine. Il y en a 603 aujourd'hui.

GdG. — Le bilan est dans son ensemble satisfaisant. Le fantôme de la catastrophe nationale s'est dissipé, comme beaucoup d'autres fantômes. La plupart se sont mis au travail. C'est normal. Il y aura un résidu, il faut s'y attendre : des professionnels du rapatriement.

« Vous avez réussi dans une tâche qui n'était pas facile. »

« Le pays a eu beaucoup plus à gagner qu'à perdre d'avoir récupéré nos compatriotes »

Au Conseil du 10 juin 1964, Missoffe : « Les rapatriés, c'est fini. Il reste seulement le règlement de quelques cas sociaux.

GdG. — C'est une affaire qui n'a pas de précédent en France. Ça a réussi. Il fallait faire les accords d'Évian, donner à nos compatriotes la possibilité de se maintenir en Algérie. Mais le pays a eu beaucoup plus à gagner qu'à perdre de les avoir récupérés.

Pompidou. — Je suis inquiet de l'ampleur que prend l'idée d'indemnisation chez les parlementaires, à cause du rôle des rapatriés dans pas mal de circonscriptions. Or, nous avons pris en 1962 le parti de l'intégration, qui était son contraire.

GdG. — À coup sûr. Il faut présenter ainsi la question. Le vrai problème, ce n'est pas celui de l'indemnisation. C'est celui de l'intégration. C'est elle que le gouvernement a choisi de favoriser.

« L'indemnisation, pourquoi ? *La Nation ne leur doit rien.* (Il répète en haussant le ton.) Elle les a laissés s'installer en Algérie à leurs risques et périls. Ils en ont tiré suffisamment d'avantages, pendant suffisamment de temps. Elle a consenti suffisamment de sacrifices, pendant huit ans, pour essayer de les y maintenir.

« Les circonstances ont voulu que par la conquête, un certain nombre de terres ou de biens soient tombés entre leurs mains — et qu'ils les aient fait fructifier, certes, par leur travail, mais grâce aussi au système colonial. Dès lors que nous avons mis fin au système colonial, il n'est pas possible qu'ils en profitent encore, indéfiniment. Il ne faut pas se laisser entraîner à accepter des dommages de guerre. Quand un problème politique est fâcheux, il n'y a qu'une manière de le traiter, c'est la négative. »

« Jamais l'Algérie n'a été française, c'était une colonie »

Après le Conseil du 22 juillet 1964, où Missoffe a siégé pour la dernière fois, puisque son ministère est supprimé en signe de réussite, le Général me dit : « Le problème des rapatriés est réglé pour l'essentiel, même s'il reste encore des choses à régler. Ils ont été absorbés comme par un papier buvard. Ça aurait pu être un fléau pour la France, ça n'en a pas été un. Ça fait beaucoup d'écorchures individuelles, ça ne fait pas une plaie nationale. Alors qu'on pouvait penser que c'en serait une, matériellement et moralement, nous constatons qu'ils contribuent à l'expansion française.

AP. — Comme les réfugiés allemands ont contribué à l'expansion de l'Allemagne.

GdG. — On ne peut pas comparer, parce que les réfugiés allemands arrivaient d'un pays allemand, où les Allemands étaient chez eux, et qui a été occupé par les Russes, ou par des régimes communistes aux ordres des Russes. C'est pourquoi ils sont partis. Mais en Algérie, les Français n'étaient pas chez eux. Ils n'y ont jamais été chez eux, pas plus qu'au Maroc ou en Tunisie.

« On leur a fait croire que l'Algérie, c'était la France. Ils ont voulu se bercer de cette illusion. Mais elle n'était pas plus une réalité que dans le reste du Maghreb. Jamais l'Algérie n'a été française. Elle l'était dans les fictions juridiques. Elle l'était dans la tête de colonels braillards, et de la masse des Européens d'Algérie qui avaient fini par s'en persuader. Elle l'était dans les slogans. Elle ne l'était pas dans les faits. C'était une colonie.

« Le ministère des Rapatriés disparaît, parce qu'il ne se justifie plus et que les rapatriés, pour être vraiment intégrés, doivent être considérés comme des Français pareils aux autres et non comme des Français à part, ayant un ministère spécial. Missoffe cesse d'être ministre, mais il va être appelé à un poste diplomatique important. Ne dites pas lequel, tant que les Japonais n'ont pas donné leur agrément, mais vous n'avez qu'à dire à vos journalistes qu'il se fait *hara-kiri* avec beaucoup de bonne grâce. »

C'est sans doute la première fois qu'une administration ne survit pas à la tâche qu'elle avait à accomplir.

Conseil du 16 décembre 1964.

L'amnistie que propose Foyer « s'étend à tout, sauf aux assassinats, comme celui du commissaire Gavoury *, et sauf à l'organisation d'entreprises subversives — barricades, putsch, OAS.

« La date limite des faits amnistiables est celle du 20 mars 1962, les accords d'Évian. (Une discussion s'engage sur la date. Frey relayé par Foyer, propose celle du 1er ou du 3 juillet, date de l'indépendance, ce qui couvre nombre des actions de l'OAS.)

Pompidou. — Je suis favorable. Nous voulons distinguer la subversion — tentatives contre l'État, contre son chef, contre le régime — et la guerre d'Algérie. C'est un fait que la guerre n'a véritablement pris fin qu'à partir du 1er juillet.

GdG. — Qu'en pensez-vous, Monsieur Fouchet ? (Il ne s'adresse pas au ministre de l'Éducation nationale, mais à l'ancien Haut Commissaire en Algérie.)

Fouchet. — Je ne souscris pas entièrement à ce que dit le Premier ministre. La guerre était finie le 20 mars. Il n'y avait que des séquelles. Les villes étaient devenues folles. »

Joxe appuie Fouchet. Tous deux ont vécu au plus près les semaines convulsives entre Évian et l'indépendance. Ils ne pardonnent pas à l'OAS, qui a ruiné la belle construction d'Évian. Le Général arbitre avec plus de générosité, mais surtout de logique :

GdG : « Ce que Capitant ** a mis en lumière très justement, c'est la distinction entre les faits de guerre survenus entre Français et musulmans en Algérie, d'une part ; et d'autre part, l'activité de ceux qui visaient, à la faveur des circonstances, à renverser la République, et qui ont bien failli la mettre dans leur poche.

« Indiscutablement, à part quelques agitateurs, les rapatriés d'Algérie ont une attitude fort convenable, une attitude nationale. Je suis favorable au 3 juillet. Les gens qui ont aidé le FLN, l'aspirant Maillot, le réseau Jeanson, etc. étaient en lutte contre l'État. Il ne faut pas les confondre avec les pieds-noirs. L'attitude des pieds-noirs est compréhensible et même excusable. »

Foyer entre dans des détails. Frey demande à être cosignataire.

GdG (agacé) : « Hâtez-vous ! »

(Tant que la décision n'est pas prise, le Général consulte, hésite. La décision prise, il veut une exécution immédiate.)

---

* Abattu à Alger, le 1er juin 1961.

** René Capitant, président de la Commission des lois, a demandé que l'amnistie ne s'étende pas aux crimes et délits commis en métropole.

« La guerre d'Algérie a été une guerre civile entre les Français d'Algérie et les musulmans »

Après le Conseil.

AP : « Il y a encore trois détenus, dont Jeanson, pour complicité avec le FLN. Ils ne sont pas touchés par l'amnistie ?

GdG. — Non.

AP. — Mais vous les gracierez ?

GdG. — C'est mon affaire. (J'ai posé une question de trop.) Leur cas n'est pas touché par la loi. Ils ont porté atteinte à la sûreté de l'État.

« Il y a eu deux sortes de délits. Les délits commis à l'occasion de ces affrontements réciproques ; là-dessus, les grâces ont déjà passé, et l'amnistie va passer. Et puis, à l'occasion de ces batailles, certains ont voulu porter atteinte à la sûreté ou à l'autorité de l'État. Alors ça, ça n'est pas encore amnistié et à l'heure qu'il est, ça ne doit pas l'être.

AP. — L'essentiel, c'est la distinction entre les pieds-noirs, et les autres ?

GdG (après m'avoir rabroué, il devient plus complaisant). — Oui, c'est ça l'essentiel. En Algérie, voyez-vous, il y avait une guerre civile entre les Français et les Arabes. Les Français avaient pour eux l'armée, et longtemps l'État français, pour se maintenir ; ils dominaient les Arabes. Les Arabes se révoltaient contre les Français d'Algérie, non contre la France. »

Une « guerre civile » : comme il l'entend, ce fut une guerre civile *algérienne.* Ceux qui sont impardonnables, ce sont ceux qui ont voulu en faire une guerre civile *française.*

Chapitre 11

« CETTE CONSTITUTION EST BONNE, IL FAUT LA GARDER »

Après le Conseil du 30 avril 1963, je dis au Général qu'on parle beaucoup d'un changement de Constitution, de l'adoption d'un régime carrément présidentiel, ou de transformer le septennat en « quinquennat ».

GdG : « Ça prouve que les gens n'ont toujours pas compris l'esprit de cette Constitution.

« Si nous passons au régime présidentiel, l'Assemblée perdrait son dernier pouvoir, celui de censurer le gouvernement ou de l'en menacer, et le Président perdrait celui de dissoudre. Le Président et l'Assemblée ne pourraient rien l'un sur l'autre. Ce serait le blocage — la porte ouverte à la paralysie ou au coup d'État. Il faut que le peuple puisse trancher. Quant au système américain... S'il faut faire approuver les nominations de préfets par les députés, vous vous rendez compte !

AP. — Et le quinquennat ?

GdG. — Ça rendrait le mandat présidentiel plus précaire.

« Le risque, si on fait coïncider l'élection présidentielle et l'élection législative, c'est que le Président devienne prisonnier de l'Assemblée, c'est-à-dire des partis. Les deux consultations, dans la foulée, résulteraient de combinaisons électorales. Or, tout a été agencé dans cette Constitution pour permettre au Président d'échapper à ces combinaisons et de placer le gouvernement en position de force vis-à-vis de l'Assemblée. Il n'y a pas forcément accord parfait entre la majorité qui a élu le Président et la majorité législative. Mais le Président doit pouvoir se tirer d'affaire tant qu'il n'est pas désavoué par le peuple.

« Si les gaullistes acceptaient le régime présidentiel, ils liquideraient eux-mêmes la Constitution qu'ils ont voulue. Songez-y pour l'avenir. »

« La foire aux vanités a quelque chose d'inéluctable »

Au Conseil du 31 juillet 1963, Pierre Dumas présente le bilan de la session parlementaire qui s'achève : productive, mais marquée par la nervosité : « Dès qu'il y a pression de l'opposition, tous les députés de la majorité se retrouvent soudés. Or, la majorité d'aujourd'hui a intégré le fait que le régime est bien installé. Donc, elle a des mouvements d'humeur.

Pompidou. — Je demande aux ministres d'accorder plus de temps à l'Assemblée. Beaucoup d'entre eux pensent que la majorité n'a qu'à marcher au canon. Il faut ménager les apparences. À l'inverse, si l'on pousse trop loin, on retombe dans le régime d'Assemblée ; et j'ai senti au Palais-Bourbon une tendance à considérer que la majorité a des droits sur le gouvernement.

GdG. — Dès lors qu'il y a un Parlement, on ne peut pas empêcher que s'y manifestent des tendances. Si cordialement adhérente que soit la majorité dans sa masse, ce sont des hommes, ils sont rivaux. On ne peut empêcher la tentation des zizanies, des complots. Certains ne comprennent pas pourquoi ils ne sont pas ministres ; ils ne pardonnent pas à ceux qui le sont. D'autres ont des marottes. La foire aux vanités a quelque chose d'inéluctable. Et puis, ils ont l'idée, dès qu'ils sont élus et que les huissiers courbent l'échine, que le pouvoir procède d'eux.

« Mais (le ton se raidit) la Constitution est faite pour empêcher que ces tentations n'aboutissent à ce que les pouvoirs publics ne soient pas en mesure d'accomplir leur mission. Toute la question est là. Si les députés de la majorité ne l'admettent pas, ils cessent d'être avec le gouvernement, avec le chef de l'État, avec la Constitution qu'ils ont approuvée. Ils sont là en vertu d'un mouvement immense, qui a parcouru le pays et qui a créé cette Constitution, ce régime et bien d'autres choses encore.

« Le gouvernement ne doit pas céder. Il ne doit pas être à la remorque du Parlement, ni même de sa majorité au Parlement.

« Les ministres n'appartiennent pas à leur parti »

« À la fin de l'ancien régime *, les ministres étaient convoqués perpétuellement par les groupes, les commissions, etc. Il faut évidemment éviter ça. Les ministres n'appartiennent pas à leur parti. Mais il est bon que, de votre chef, vous ayez des rapports cordiaux avec les parlementaires, ou du moins avec ceux qui ne sont pas des opposants inconditionnels — car il n'y a qu'une catégorie d'inconditionnels dans la vie politique française, ce sont les opposants inconditionnels. »

Salon doré, 25 septembre 1963, je lui demande : « Pensez-vous organiser un référendum d'ici la fin de l'année ?

GdG. — Sûrement pas. Peut-être en 1964. Mais plus probablement en 1965.

AP. — Dans ce cas, ce référendum servirait de locomotive à l'élection présidentielle ?

GdG (avec un sourire). — Oui, peut-être, par exemple. »

Ce référendum, dans son esprit, achèverait l'édifice constitu-

* La IVe République.

tionnel. La pièce maîtresse en serait le remplacement du Sénat par un Conseil, déjà ébauché en 1947 dans le discours de Bayeux : une assemblée consultative où l'on retrouverait à la fois l'ancien Conseil économique et social et les élus des nouvelles régions, dont l'organisation est en train de s'esquisser *.

« Il faut que le Président puisse se séparer du Premier ministre quand il le voudra »

Mais ce n'est pas le seul problème que le référendum pourrait faire résoudre par le peuple.

AP : « En 1962, vous aviez envisagé de réviser les rapports entre le Président et le gouvernement ? Est-ce toujours dans vos projets ?

GdG. — Oui, et cette réforme doit aller de pair avec celle du Sénat. Le Président a des attributions extraordinaires. Il est garant de l'indépendance nationale. En cas de grande urgence nationale, c'est un dictateur à la romaine **. Pour le reste, même en temps ordinaire, son pouvoir est permanent : il donne l'orientation et l'impulsion. Le Premier ministre doit être placé sous sa dépendance directe. Quand il s'agit de moi d'une part, de Debré ou de Pompidou de l'autre, il n'y a pas de problème : ils ne chercheront pas à se dérober. Mais, avec mon successeur, le problème peut se poser. Dans l'état actuel des textes, le Premier ministre peut s'opposer au Président de la République en refusant de démissionner si le Président veut mettre fin à ses fonctions. Or, ce n'est pas normal, ni logique, ni conforme à l'esprit de la Constitution et à l'intérêt du pays. Le gouvernement ne peut être que l'émanation du Président de la République, sinon il y aura contradiction entre eux. Il ne faut pas que l'État soit surplombé par un aigle à deux têtes.

« Il faut donc que nous fassions en droit ce qui existe déjà, en fait, sous ma présidence. C'est-à-dire que le gouvernement doit être nommé par le Président, mais également peut être révoqué par le Président. Il faut donc que l'article disant *le Président de la République nomme le Premier ministre* soit complété ainsi : *le Président de la République nomme le Premier ministre et met fin à ses fonctions.*

AP. — Vous voulez éviter, entre le Président et le Premier ministre, un conflit où le Premier ministre pourrait jouer l'Assemblée contre le Président ?

GdG. — Oui. (Il détache les mots.) Il *faut que le Président et le*

* Ce qui, dans cet entretien et d'autres de 1964 ou 1965, se rapporte à cette double réforme, du Sénat et des régions, sera publié dans le tome III, puisque c'est en 1969 que se situe son aboutissement dramatique.

** Les institutions de la Rome républicaine prévoyaient, quand le salut public en dépendait, de remplacer le mandat annuel des deux consuls, par le mandat semestriel d'un « dictateur ». De Gaulle pense ici à l'article 16.

Premier ministre ne fassent qu'un. Et pour cela, il faut que le Président puisse se séparer du Premier ministre quand il le voudra. Ou bien à l'amiable : "*Bye bye*, vous êtes un type épatant, mais je n'ai plus besoin de vous parce que la page est tournée." (Il doit penser à Debré.) Ou bien : "Vous n'êtes pas d'accord avec moi, par conséquent je vous renvoie."

AP. — Mais, dans ce système rénové, vous laisseriez de toute façon au Parlement le droit d'exercer sa censure sur le gouvernement. Si la censure est votée, il faudra toujours que l'Assemblée soit dissoute, à moins que le Président change de gouvernement ?

GdG. — Oui, il faut faire parler le suffrage universel. Il n'est pas question de maintenir le même gouvernement devant une assemblée qui l'a censuré. Il faut renvoyer ou l'Assemblée, ou le gouvernement, ou de préférence les deux. »

« Le Congrès, c'est bon pour les réformettes »

Salon doré, 18 décembre 1963. Le Congrès va se réunir à Versailles pour une modification mineure de la Constitution : il s'agit de changer la date d'ouverture de la session de printemps. C'est la première fois sous la Ve.

AP : « Vous ne craignez pas que le Congrès d'après-demain dégénère ? Quand on met 750 parlementaires ensemble dans une salle, peut-on savoir ce que ça peut donner ? "Nous sommes ici par la volonté du peuple..."

GdG. — Le Congrès ne peut pas beaucoup dégénérer. Il est solidement encadré. Je lui ai fixé un ordre du jour. Il ne peut s'occuper que d'une question sur laquelle l'accord est déjà fait au sein de chacune des deux chambres, à savoir le changement de la date des sessions parlementaires.

AP. — Puisque vous êtes le maître des opérations, pourquoi ne retiendriez-vous pas la procédure du Congrès pour une autre modification de la Constitution ?

GdG. — Non ! Ce n'est pas possible ! Pour une modification sérieuse de la Constitution, il faut le référendum ! Une réforme des institutions que le peuple tout entier a mises sur pied en 1958 ne peut être décidée que par le peuple ! Il faut que le peuple se prononce lui-même ! Il est seul à pouvoir transformer ce qu'il a fait ! Le Congrès, c'est bon pour les réformettes !

AP. — Mais la voie du référendum par appel direct au peuple reste contestée, alors que la voie du Congrès ne l'est pas.

GdG. — Ça veut dire que le petit monde de la politique reste attaché au régime d'assemblée et n'a pas encore digéré la Ve République... Notez bien qu'il y a une troisième voie, la Constitution permet aussi d'associer le Parlement à une grande révision constitutionnelle, avant que le Président la soumette au peuple. Mais pour le moment, il faut donner aux Français l'habitude de se prononcer eux-mêmes directement. »

Devant le Conseil du 2 janvier 1964, surprenante intervention du Général : « Au terme de la première année de paix qu'ait connue la France depuis vingt-cinq ans, mais d'une année qui avait commencé dans les rudesses de l'affirmation nationale et les surprises de la grève des mineurs, je tiens à vous dire à tous combien je me félicite de la façon dont vous faites face à votre tâche. »

Il récapitule les principales actions de l'année écoulée et conclut :

« Notre redressement à l'intérieur et à l' extérieur se caractérise par la force et la volonté. Nous sommes inébranlables sur tous les terrains. Il n'y a pas lieu d'être outrecuidant, et d'ailleurs nous évitons de l'être. Mais nous ferons ce que nous avons décidé de faire et nous serons ce que nous sommes déjà, c'est-à-dire sûrs de nous et bien dans notre peau. »

Après le Conseil, je lui demande s'il souhaite que je fasse écho à ces compliments. Réponse déconcertante :

« Il ne faut pas avoir l'air de trop se féliciter. Non, vraiment pas. »

Il encourage ses ministres, mais ne veut pas qu'on le sache...

« Le Président aura toujours le moyen de s'en sortir »

Salon doré, 14 janvier 1964. Le Général me charge d'annoncer pour le 31 une conférence de presse. Sur quels thèmes ?

GdG : « Je compte *vider* le problème constitutionnel. L'ambition de l'opposition est de retourner au régime d'assemblée. Elle veut remettre en cause notre Constitution. Mais cette Constitution a fait ses preuves.

« Les politiciens voudraient revenir à leur système parce qu'ils y trouvaient leur délectation. Ils n'accepteront de donner leur confiance au départ qu'à un Premier ministre qui leur donnera des garanties, qui sera leur homme, qui sera l'un d'entre eux. Ils s'arrangeront en souplesse pour changer de ministres sans qu'il y ait crise ouverte, c'est-à-dire dissolution. Ils dévitaliseront le gouvernement par l'intérieur. Ce sera le gouvernement d'assemblée. »

De Gaulle n'imagine pas un retour pur et simple à l'instabilité ministérielle de la IVe ou de la IIIe. Sa crainte est plus subtile : les partis investiraient le gouvernement, sous les apparences de la stabilité.

AP : « La presse parle de plus en plus du régime présidentiel.

GdG. — Le régime présidentiel peut convenir cahin-caha aux États-Unis, qui n'ont que deux partis, où le pouvoir est éclaté entre les cinquante États, et où le gouvernement fédéral n'a que des compétences limitées. Mais la France est terriblement centralisée ; elle pourrait l'être moins, mais si elle ne l'était plus du tout, elle serait sans consistance. Nous avons des partis multiples, divisés les uns contre les autres et chacun contre lui-même. Alors, vouloir enfermer les députés dans cette citadelle pendant cinq ans, sans que personne puisse rien contre eux ? S'ils ne veulent pas voter les lois, ils ne les votent pas ? S'ils ne veulent pas voter le budget, ils ne le votent pas ? Ça met le Président dans le cas ou bien de *s'en aller,* ou bien de *s'incliner*. Donc, de s'en remettre aux partis.

« En réalité, notre Constitution est fondée sur cette idée que c'est le peuple qui a le pouvoir. C'est le peuple qui le délègue au Président, sous le contrôle de l'Assemblée. La censure suppose qu'il y ait une majorité pour renverser le gouvernement et que cette nouvelle majorité accepte de se soumettre aussitôt au verdict du peuple. Le Président fera la nation juge du litige par la dissolution, ou par un référendum, ou en démissionnant pour se représenter — ce qu'il a bien le droit de faire. Il aura toujours le moyen de s'en sortir.

« Voyez-vous, il n'y a plus rien de commun entre ce qu'est le mode de gouvernement d'aujourd'hui et ce qu'il était naguère. Le peuple a le premier mot, puisqu'il élit les deux pouvoirs, et le dernier mot, puisqu'il tranche leur conflit.

« Alors, la Constitution est bonne, il faut la garder comme elle est…

AP. — Est-ce que vous laisserez entendre que la Constitution a encore besoin des retouches dont vous m'avez parlé ? Le Sénat, le droit pour le Président de révoquer le Premier ministre ?

GdG. — Le Sénat, qu'on le garde ou qu'on le supprime, ça ne changera rien à l'essentiel de la Constitution. Mais si on faisait soit le gouvernement de législature, soit le régime présidentiel, ça changerait tout de fond en comble, et c'est ce que nous ne pouvons pas admettre.

« C'est bien simple, ce n'est pas la peine de raconter des histoires. Nous avons le choix entre la stabilité ou le retour à la chienlit. »

« Il faudra bien qu'un jour au l'autre on puisse se passer de moi »

La place du Général dans les institutions est si écrasante, que chacun se demande ce qui se passerait s'il n'était pas là. *Après le Conseil du 29 janvier 1964*, je lui demande : « Avez-vous vraiment l'intention, au cours de votre tournée en Amérique du Sud, d'aller dans tous les pays ?

GdG. — Je ne serais pas étonné que j'y sois amené.

AP. — Ce sera une affaire énorme ? Un mois peut-être ? Comment pourra-t-on, pendant un mois, fonctionner normalement, en l'absence du Président ?

GdG. — Le Conseil des ministres peut siéger sous la présidence du Premier ministre, par délégation du Président de la République. Du reste, je m'arrangerai pour pouvoir signer des décrets. Je ferai venir un bateau de guerre.

AP. — Napoléon avait bien signé son décret sur la Comédie-Française à Moscou... Une ambassade de France ne suffirait pas ?

GdG. — Napoléon occupait Moscou avec ses troupes. C'était une conquête française et la signature du décret, justement, le marquait bien. Non, il faut que je sois sur un sol français. Il faut que je fasse venir un bateau *.

AP. — Un mois, c'est long. On ne sait pas ce qui peut arriver.

GdG. — Il faudra bien qu'un jour ou l'autre, on puisse se passer de moi ! Alors, autant en faire l'apprentissage tout de suite. »

Salon doré, 17 juin 1964, je reviens sur la « disposition Monnerville », qui place le président du Sénat à l'Élysée en cas d'intérim.

GdG : « Le sort de la disposition Monnerville est lié à la disparition du Sénat. Le jour où on aura exécuté le Sénat par voie de référendum, du même coup on aura réglé la question.

AP. — Avant l'élection présidentielle de l'an prochain ?

GdG. — Non. Pas avant. Mais ça se fera. »

« Il s'est trahi », me suis-je dit ; cela doit être la troisième fois**. Aussitôt, comme s'il s'en apercevait, il fait quelque peu machine arrière : « Enfin, ça devrait se faire. Si je me représente et que je sois réélu, je ferai certainement une nouvelle réforme constitutionnelle.

« S'il y avait dans l'opposition un grand bonhomme »

Salon doré, 26 août 1964. Près de deux ans ont passé depuis les débats en Conseil sur l'intérim du Président en cas d'« accident ». Je lui demande s'il considère que la solution retenue alors — par le président du Sénat — est intouchable :

GdG : « Vous le savez bien, c'est la faute de Pompidou si, au dernier référendum, on n'a pas décidé que l'intérim serait exercé par le gouvernement. Il a eu peur de bousculer le pot de fleurs. Il pensait que ça n'aurait pas été élégant d'écarter Monnerville. Alors, je n'ai pas insisté. Je me reproche de ne pas l'avoir fait. Le Premier ministre serait détenteur, par définition, à la fois de la confiance du Président, et de celle de l'Assemblée. D'ailleurs, dans la Constitution de 1875, c'était comme ça.

AP. — Dans l'actuelle, deux hommes tiendront la barre.

---

* Quelques décrets seront en effet signés « à bord du *Colbert* », en septembre et octobre 1964.

** La première était en février, à l'occasion d'un projet de voyage à Moscou (voir p. 546) ; la deuxième, en avril, dans une conversation sur l'ORTF (voir p. 174).

GdG. — Oui, mais on a spécifié, par le référendum de 62, que le Président intérimaire n'a le droit ni de changer le gouvernement ni de dissoudre l'Assemblée.

AP. — Le Premier ministre dira : " Votez pour moi " ; ou le Président par intérim dira : " Votez pour un autre " ou : " Votez pour moi ! " C'est la division organisée, dans une période de crise.

GdG. — Ne vous inquiétez pas trop. S'il y avait dans l'opposition un grand bonhomme, ce serait dangereux. Il n'y en a pas. »

Conseil du 23 décembre 1964.

Dumas commente le bilan de la session d'automne : « Le vote bloqué a permis d'abattre de la besogne. Sans cette procédure, certains textes seraient des monstres contradictoires.

GdG. — Ces dispositions, quand nous avons fait la Constitution en 58, ce sont les Guy Mollet et les Pflimlin qui ont été les plus acharnés à les faire adopter.

Pompidou. — Ils disaient : " Ah ! Si vous saviez ce que c'est ! "

GdG. — J'ai été frappé de leur acharnement. Et les voilà aujourd'hui qui s'élèvent contre les mesures qu'ils ont exigées et qui nous ont permis de nous arracher au marasme de la IVe. »

Puis il conclut :

« La session a été satisfaisante. Cela tient au fait que la source du pouvoir n'est plus désormais le Parlement. La question est de savoir si cette disposition essentielle de la Constitution se maintiendra.

« Si le Parlement veut redevenir la source du pouvoir, cela recommencera comme avant et on retombera dans la gabegie. La source du pouvoir, c'est le peuple, qui exprime sa volonté par le choix du Président. Une fois le Président choisi, l'État est fermement établi sur ses bases. »

« Il n'y a que des dictatures, ou des poupées de son »

Après le Conseil, le Général se laisse aller d'autant plus librement à son euphorie qu'il m'a demandé de ne pas en faire état :

GdG : « Regardez partout, en Europe, en Amérique, en Asie, en Afrique, dans le monde, il n'y a guère en ce moment qu'un gouvernement qui tienne bon et assure toutes les libertés. C'est nous. Voyez parmi les puissances : il n'y a que des dictatures, ou des poupées de son. »

Le Général ne cessa d'être débordant d'optimisme jusqu'en novembre 1965, à la veille du premier tour de l'élection présidentielle. À la longue, n'avait-il pas été excédé par le perpétuel pessimisme de Michel Debré ? S'il n'avait pas été à ce point rempli de confiance en la France, en son régime et en lui-même, aurait-il eu l'énergie d'entreprendre tant de projets ?

Chapitre 12

« LE POUVOIR NE DOIT DÉPENDRE D'AUCUN PARTI, Y COMPRIS CELUI QUI SE RÉCLAME DE MOI »

Le 10 mars 1965, en Conseil, le Général avait fait une allusion peu enthousiaste à un discours de Roger Frey * prônant un parti gaulliste fort, sur lequel aurait reposé la République.

Après le Conseil :

AP : « Je ne vais pas revenir, bien entendu, sur votre mise au point à propos du discours de Roger Frey.

GdG. — Ah non ! C'était pour le Conseil.

AP. — Vous estimez que le pouvoir ne doit dépendre ni de l'Assemblée ni d'un parti ?

GdG. — Le pouvoir en France ne doit dépendre d'aucun parti, y compris celui qui se réclame de moi. »

23 mai 1965, dans le train de La Flèche à Paris. Le Général revient sur le rôle des partis. Sans que j'aie besoin de le relancer, il déroule son panorama historique :

« La dépendance à l'égard des partis, c'est relativement récent dans notre histoire politique. Nous n'avions jamais cru en France, sauf à partir de la IIIe, que le pouvoir procédait des partis.

« Le pouvoir a procédé d'abord, pendant des siècles, du Roi : "au nom du Roi, etc." Bon. Ensuite, le pouvoir, sous la Révolution, a procédé soi-disant du peuple, qui alors s'exprimait par les sections, par l'émeute, etc., et il y avait, naturellement, des organismes politiques, qui s'appelaient "les Jacobins", "les Girondins", qui exerçaient le despotisme au nom du peuple. On utilisait les partis, mais les instruments d'action étaient, en réalité, des dictatures, celle Danton, puis de Robespierre. La Révolution, ce n'était pas le régime des partis. Il n'y a jamais eu une majorité à la Convention. Et le jour où elle s'est faite, la majorité, ç'a été pour abdiquer.

« Après ça, est venu Napoléon, qui n'a pas gouverné avec les partis ! Et puis, il y a eu la Restauration et la monarchie de Juillet, qui se trouvaient en porte à faux, parce qu'elles n'étaient pas assez fortes dans le peuple pour gouverner sans les partis. Les partis se sont constitués et ont paralysé le gouvernement dans les assemblées. C'était ça, la Restauration et la monarchie de Juillet. Elles

* Prononcé à Asnières le dimanche 28 février, pour l'ouverture de la campagne des élections municipales des 14 et 21 mars.

ont abouti chacune à une révolution. Alors est arrivée l'émeute de février 1848. Une fois encore, le gouvernement, enfin ce qui s'est trouvé à l'Hôtel de Ville, a pris le pouvoir au nom du peuple ; mais pas au nom des partis. Alors, il y a eu le Second Empire. On ne peut pas dire que c'était le régime des partis.

« Et puis, enfin, est arrivée la IIIe. Il n'y avait plus personne. Elle n'aurait d'ailleurs pas pu se fonder sans M. Thiers, qui n'était pas à proprement parler "un parti". Bien. Grâce à l'abdication * du comte de Chambord, elle a pu prendre racine. Après, il n'y avait plus rien, plus personne. Alors, il y a eu les partis.

« Mais avant 14, les partis, ça n'avait pas alors d'inconvénients immédiats, ni mortels, parce que la France marchait toute seule. L'administration, qui avait été faite d'ailleurs par l'Empire, marchait toute seule. L'armée marchait toute seule. Les finances marchaient toutes seules : le 3 %, la pièce d'or étaient des institutions. La situation extérieure de la France était établie. On guettait la ligne bleue des Vosges. Ça a marché médiocrement, sans impulsion ; il y avait bien des crises, l'affaire Dreyfus, la querelle des Inventaires, etc. Mais enfin, ça ne se disloquait pas.

« Après la Première Guerre, qui a soudé les âmes, et à plus forte raison après la Seconde, l'ébranlement avait été tel, que l'administration ne marchait plus toute seule. La justice non plus. L'armée non plus. Et la situation extérieure de la France n'était pas établie une fois pour toutes. Tout changeait. Il fallait un gouvernement. Il n'y en avait pas, parce que c'était le régime des partis, qui n'étaient jamais foutus de faire un gouvernement.

« Alors on dit, même Debré dit : "C'est parce qu'ils n'avaient pas la majorité à l'Assemblée." Mais c'est pas vrai ! Le Bloc national, le Cartel des gauches, le Front popu avaient une énorme majorité à l'Assemblée. Mais chaque fois, ils se disloquaient. Parce que c'est la définition même des partis en France : ils sont là pour se disloquer. Alors, faire procéder l'action du Parlement, c'est-à-dire des partis, c'est une sottise monumentale, en France en tout cas. Nous avons fait la Ve là-contre !

« La définition du gouvernement, c'est qu'il n'est pas comme du sable entre les doigts »

« Alors, on vous compare ça aux Anglais, mais ça n'a aucun rapport ! Mettons que ça marche cahin-caha pour eux. D'abord, ils sont une île. Ensuite, ils avaient le génie de faire travailler les

* *Sic.* Le mot révèle que, pour lui, Chambord était pour ainsi dire déjà sur le trône, ou sûr du trône, quand son exigence du drapeau blanc (23 octobre 1873) l'en écarta pour toujours.

autres, comme esclaves, ou comme colonisés, ou comme protégés. Ils avaient la *Royal Navy.* Ils avaient amassé un capital énorme de richesses, d'argent, de bateaux, de banques, d'assurances, d'influence mondiale, à dépenser. Ils l'ont d'ailleurs dépensé, ou ils achèvent de le dépenser. Et maintenant, je ne suis pas convaincu que le système des partis suffira à les faire vivre. Enfin, admettons. Ce sont les Anglais. Ce n'est pas la France.

« Nous avons une expérience politique assez ancienne pour savoir que jamais nous ne serons gouvernés, ce qui s'appelle gouvernés, par les partis. Jamais. La définition même du gouvernement, c'est qu'il gouverne. C'est qu'il prend des responsabilités. C'est qu'il fait des choix clairs. C'est qu'il est cohérent. C'est qu'il obéit à l'intérêt national, et non à la dernière pression qu'il a subie, à la dernière mode qui court dans les journaux. C'est qu'il n'est pas comme du sable entre les doigts. C'est qu'il n'est pas un parti.

« Le pouvoir, au XXe siècle, ç'a été Clemenceau, ç'a été Pétain et ç'a été de Gaulle. Mais c'était jamais les partis. Jamais ! Jamais ! Ça n'est jamais arrivé et ça n'arrivera jamais !

(Étonnant, qu'il place Pétain dans cette série, alors qu'il a toujours proclamé l'État de Vichy illégitime et sans existence.)

AP. — Mais alors...

GdG. — Alors, l'État doit échapper aux partis. »

Je reste muet devant cette leçon d'histoire. Le Général est là, sur cette banquette de velours vert, exprimant sans une hésitation sa vision absolument originale de notre histoire politique. Car personne avant lui, ni d'ailleurs après, ne me semble avoir déchiffré notre chronique confuse et tourmentée en se servant de cette clé : le rapport entre le gouvernement, le peuple et les partis. La question de la démocratie n'entre pas pour lui en ligne de compte. Il ne reproche pas à la Restauration et à la monarchie de Juillet d'avoir restreint les droits du Parlement, mais de n'avoir pu ou su le faire en s'adossant à une légitimité populaire. Il a l'air de regretter en passant que le comte de Chambord n'ait pas eu le cran d'assumer la lutte *contre* les partis, laissant ainsi la voie libre pour une République livrée aux luttes *entre* les partis.

Ainsi, sa propre tâche politique est loin de se réduire à un règlement de comptes avec la IVe République. Elle s'inscrit dans une histoire au moins bicentenaire. Il s'agit de retrouver, à travers les formes de la démocratie, l'ancienne alliance royale entre la Couronne et le peuple, contre les féodaux, les grands, les factions, les partis. Et l'idée des gaullistes qui veulent un parti fort l'exaspère, parce qu'avec les meilleures intentions du monde, ils mettent les priorités sens dessus dessous. Pour défendre l'État légitime et populaire, il faut par-dessus tout éviter l'État partisan.

Chapitre 13

« LA FONCTION PUBLIQUE DOIT ÊTRE NEUTRE ! »

Le Général attache aux nominations une importance surprenante. Il y trouve l'occasion de préciser le fonctionnement d'un établissement public, de mesurer la maîtrise d'un dossier par ses ministres, de dispenser un enseignement qui dépasse un cas particulier, de rappeler des principes.

> Les « mesures d'ordre individuel » en Conseil des ministres, je les ai vues, avec deux autres Présidents, devenir de simples affaires de routine, vite expédiées. Au contraire, elles étaient souvent, avec le Général, aussi instructives que les débats sur les principales communications.

Pour un chef, il n'y a pas de détails. Il me dit un jour : « L'art de gouverner, comme disait Napoléon pour l'art de la guerre, est tout d'exécution. » Principe contrebalancé par le principe de sens contraire : « *De minimis...* * » Entre les deux, il se maintient en tension.

Pour la plupart des nominations, il fait confiance à ses ministres et au premier d'entre eux. Les Armées, les Affaires étrangères et la préfectorale font exception.

Il fait confiance : mais il sait. Il a le *Bottin administratif* dans la tête. Sa mémoire des personnes est anormalement aiguë.

Ainsi, il connaît bien les préfets. Frey lit une liste de neuf préfets et neuf départements. Le Général, sans ses lunettes, donc incapable de lire, redit tous les départements dans l'ordre, sans en oublier un seul. Il fait une remarque sur chacun. Que le préfet de l'Yonne nommé en Saône-et-Loire n'est pas resté longtemps ; qu'il faut qu'un préfet reste plus longtemps que ça, sauf s'il a fauté ; mais s'il a fauté, il ne faut pas lui donner de l'avancement. Sur un préfet qu'on retire de la Réunion : « Il était devenu la Compagnie des Indes à lui tout seul. »

Un de ses soucis majeurs est de bien séparer l'action de l'État et l'influence politicienne.

Au Conseil du 8 janvier 1964, Bokanowski annonce la nomination, comme président du Bureau des recherches géologiques et

---

* *De minimis non curat praetor* : le chef ne s'occupe pas des détails.

minières, de Pierre Signard qui était jusque-là directeur général des Houillères de Lorraine.

GdG : « Je voudrais être sûr qu'il ne quitte pas la Lorraine seulement parce que Bousch * et quelques autres l'ont dans le nez. Il ne faut pas livrer les responsables aux histoires électorales de qui que ce soit. Il n'y a qu'une chose qui compte, c'est que l'on nomme et que l'on maintienne le plus qualifié. La question ne doit pas se poser en termes de sympathie ou d'antipathie parlementaire. »

« On ne punira pas un maire partisan par un préfet partisan en sens contraire »

Au Conseil du 15 juillet 1964, Roger Frey se plaint du clientélisme et du sectarisme des maires et des conseillers généraux dans les départements tenus pas les socialistes ou les communistes. « Dans l'Ariège, un balayeur municipal ne peut être recruté s'il n'a pas pris au préalable la carte du Parti socialiste. Les électeurs sont à la merci des élus et les élus à la merci du parti. La Fédération socialiste de l'Ariège avait menacé de faire passer en conseil de discipline tous les maires et conseillers généraux qui vous accueilleraient dans leur commune ou qui vous rendraient visite au chef-lieu. »

Le Général déplace la question : « Ce n'est pas en demandant aux préfets d'être UNR qu'on redresse ces pratiques vicieuses, c'est au contraire en les tenant à l'écart des partis. La fonction publique doit être neutre. Si les maires font des pressions inacceptables, du favoritisme et des discriminations, il faut les traduire devant les tribunaux administratifs. On ne guérira pas un mal par un mal. On ne punira pas un maire partisan par un préfet partisan en sens contraire. On ne pourra extirper la partisanerie de la gestion de la France qu'en rendant l'administration neutre et loyale à l'État. »

« L'ENA a été faite pour réduire les clans et les castes. Et ils se reconstituent »

Au Conseil du 22 janvier 1964, Roger Frey propose la nomination de Gabriel Pallez, inspecteur des finances, comme « directeur général des collectivités locales » et de Jean Brenas comme « directeur, adjoint au directeur général des collectivités locales ». Tous deux sont anciens élèves de l'ENA, et le premier n'appartient pas au corps préfectoral — ce qui est inédit pour ce poste.

---

* Sénateur gaulliste de Moselle.

Sortant de mon rôle de scribe, je me risque à faire remarquer que, des deux nommés, « l'un, d'une promotion de l'ENA plus récente, devient directeur général au bout de quinze ans parce qu'il est inspecteur des finances ; l'autre n'est que directeur adjoint au bout de dix-sept ans, parce qu'il a pris la préfectorale. Or, on s'accorde à les reconnaître tous deux comme remarquables dans leur corps respectif.

Pisani. — Il y a des distorsions inacceptables dans l'administration française. Les grands corps accaparent tout. Surtout l'inspection. Un jour, il faudra se poser la question de l'équilibre de l'administration française.

GdG. — Oui, on doit faire des propositions dans ce sens. Il est certain que l'inspection des finances confère un privilège énorme. Les inspecteurs arrivent très jeunes aux postes de directeurs. Mais le Conseil d'État * ne se débrouille pas mal, et le Quai d'Orsay ** non plus : il n'y a qu'à voir au gouvernement, sans compter l'Élysée.

Pompidou. — On ne peut pas demander que toutes les carrières se déroulent au pas cadencé, en colonne par quatre. Mais il faudrait que les hauts fonctionnaires soient interchangeables.

GdG. — L'École d'administration a été créée pour supprimer les clans et les castes ; et ils se reconstituent. Il faut veiller à ce que les anciens de l'ENA puissent circuler d'une administration à l'autre, sans que leur choix à la sortie leur confère un privilège définitif, on les enferme dans une souricière. Il faut remettre de la fluidité dans tout ça. »

« Il faut régénérer l'ENA, on n'a pas fait ce qu'il fallait »

Après le Conseil du 27 février 1963, où l'on a nommé conseiller d'État Bourdeau de Fontenay, qui dirigeait l'ENA depuis sa création, le Général me dit : « L'ENA était une idée de Debré. Elle était théoriquement excellente : décloisonner l'administration, éradiquer l'esprit de caste, mettre fin à la cooptation et à l'hérédité qui faisait succéder les fils aux pères comme dans les parlements d'Ancien Régime. Cette école a mis en compétition les élites du pays. Elle a arraché le monopole de recrutement dont jouissait la haute bourgeoisie parisienne. Il y a des provinciaux. Il y a des élèves de toutes conditions. Mais l'objectif de décloisonnement n'est pas atteint, si des corporations se reconstituent. Les membres d'un clan s'entraident une fois qu'ils y sont entrés, et font la guerre aux

* Georges Pompidou, Jean de Broglie, au gouvernement, Georges Galichon à l'Élysée, Jean Donnedieu de Vabres, secrétaire général du gouvernement, en étaient.

** Maurice Couve de Murville, Louis Joxe, moi-même, au gouvernement ; à l'Élysée, Étienne Burin des Roziers après Geoffroy de Courcel, Xavier de la Chevalerie après René Brouillet, Pierre Maillard après Jean-Marc Boegner.

autres. Je me demande si l'unité dans l'administration y a beaucoup gagné. »

Il y revient *au Conseil du 10 avril 1963*

GdG : « Il faut régénérer l'ENA. On devait faire tomber les cloisons. Elles se sont reconstituées. On devait organiser la mobilité. On n'a pas fait ce qu'il fallait pour empêcher la ruée sur les anciens corps. Et la plupart des anciens élèves de l'ENA s'entassent dans quelques hectares du VIIe arrondissement. Ils se croiraient déshonorés s'ils s'en éloignaient. À part ceux qui choisissent le Quai d'Orsay ou la préfectorale, et encore ; ils s'arrangent pour rester le plus possible dans leur ministère. »

N'empêche : il truffe lui-même son entourage d'hommes issus des « grands concours ». Il y a quelque chose qui le rapproche des hauts fonctionnaires : beaucoup d'entre eux communient avec lui dans le même culte de l'État ; il les met, à cet égard, très au-dessus des hommes de parti. Pourtant, il ne leur laisse rien passer de leurs faiblesses. Il les juge à l'aune de son exigence : « Ils ne pensent qu'à leurs privilèges. Ils ont l'esprit de caste. Ils ne sont pas vraiment au service de la nation. Ils ne pensent qu'à mettre la main sur les places. »

« C'est l'honneur d'un chef de payer pour les autres »

Conseil du 6 mai 1964.

Voilà pourquoi il sait être sévère et souligner que la responsabilité des chefs est entière — qu'aucune chaîne hiérarchique ne peut en affranchir.

Frey : « Le préfet de la Charente-Maritime est placé en disponibilité à la suite d'un incident grave qui s'est produit à La Rochelle : l'évasion de l'un des assassins de l'OAS.

GdG. — Il est certain que ce préfet avait toujours donné satisfaction. Mais cette évasion est scandaleuse. Elle ne peut manquer d'être sanctionnée. C'est le préfet qui paye. Il aurait dû surveiller son monde. Il n'avait pas suffisamment en main le personnel de l'État dans son département…

« C'est l'honneur d'un chef de payer pour les autres, même s'il n'est pas directement responsable. »

Au Conseil du 4 décembre 1963, Fouchet propose de remplacer le recteur de l'académie de Caen, qui occupait ces fonctions dès avant la guerre et les a exercées pendant et après la guerre.

GdG : « Il n'est pas satisfaisant de penser qu'un fonctionnaire de haute responsabilité a traversé plusieurs régimes. On peut se demander quel régime il a servi et quel régime il a trahi. Cela fait penser à cet homme politique qui arborait successivement la francisque et la médaille de la Résistance (il pense sûrement à Mitterrand). Il est inadmissible qu'on laisse ainsi s'incruster des fonctionnaires qui deviennent des potentats. Un fonctionnaire, c'est fait pour tourner. Lyautey disait qu'un fonctionnaire doit avoir ses malles à portée de la main. Disons que trois ans c'est bien, moins ce n'est pas assez. Dix ans, c'est trop, sauf en cas de réussite exceptionnelle attachée à sa personne, comme c'est le cas pour Alphand à Washington. Vingt-cinq ans, c'est incroyable, c'est intolérable ! »

« Trop d'avantages, trop d'honneurs, trop d'effectifs »

Le Général supporte mal que les fonctionnaires soient payés sur les travaux qu'ils contrôlent.

Au Conseil du 21 juin 1962 :

Giscard : « Le Génie rural continue à prélever un pourcentage sur tous les travaux d'équipement dont il est chargé. Impossible de lui faire lâcher prise.

Pisani (mordant). — Je suis ravi de l'intérêt que chacun porte à ma maison, persuadé que cela m'aidera à régler mes problèmes.

GdG. — La rémunération latérale des services publics est inadmissible. C'est un abus manifeste, auquel il importe de mettre fin. »

Mais ces objurgations répétées se heurtent à la passivité de ministres qui ne croient pas qu'ils « régleraient leurs problèmes » en se mettant à dos leurs fonctionnaires.

Même les indemnités, si minimes soient-elles, suscitent son ire.

Au Conseil du 12 décembre 1964 est examiné un décret pour faire passer de 81,60 F à 115 F le taux annuel de l'indemnité forfaitaire versée aux agents de l'État qui relèvent les mouvements de la marée pour l'Institut Géographique National :

GdG : « Pourquoi donner des indemnités supplémentaires à des gens qui ne font que leur métier ? Ça finit par être excessif. »

Excessif aussi, le nombre de fonctionnaires dont l'utilité lui paraît douteuse. *Au Conseil du 3 mars 1964*, Frey propose des nominations d'inspecteurs généraux.

GdG : « Vous les utilisez à quoi ?

Frey. — À quantité de missions.

GdG. — Mais encore ?

Frey. — Des missions très variées.

GdG (de moins en moins convaincu). — Vous les utilisez vraiment ? »

Après le Conseil, il revient sur ce point : « Il y a toutes sortes de corps d'inspection dont je me demande bien ce qu'ils inspectent. Si on faisait le recensement de tous les fonctionnaires service par service, je suis persuadé qu'on en trouverait beaucoup dont personne ne pourrait dire à quoi ils servent. Il y a dans la fonction publique trop d'avantages, trop d'honneurs, trop d'effectifs. »

« L'honorariat, il faudra y remédier »

De tous les honneurs, l'« honorariat » est celui qui soulève le plus son irritation. *Au Conseil du 16 janvier 1963*, avertissement :

« À la fin des fins, il faudra absolument revenir un jour sur cette propension que vous avez tous à nommer à titre honoraire des gens pour lesquels ça ne s'impose pas. "Honoraire", ça veut dire "d'honneur". Un honneur ne se confère pas automatiquement. Il ne faut pas dévaloriser l'honneur. »

Chaque décision d'honorariat provoque une remarque désagréable. Pour l'éviter, les ministres en viennent à raréfier l'honorariat : le Général obtient ainsi satisfaction. Mais la satisfaction ne sera complète que quand on lui présente, au *Conseil du 28 juillet 1965*, le décret si souvent réclamé :

GdG : « Enfin, voilà les réponses à ce problème irritant. Nous allons pouvoir redonner son lustre à l'honorariat, en le conférant avec plus de rigueur. »

« Même avec les meilleurs, il faut que l'État garde les mains libres »

Au Conseil du 11 juin 1963, Messmer propose de « verser par anticipation dans la 2e Section », c'est-à-dire de mettre prématurément à la retraite, le général Gracieux, et d'attribuer sa quatrième étoile au général Massu, gouverneur de Metz. Le Général ne laisse pas passer l'aubaine de cette coïncidence : « Quel service on a rendu à Massu en le faisant partir d'Alger ! Sinon, il aurait figuré à l'ordre du jour de ce Conseil pour la même raison que Gracieux : pour la retraite. Paradoxe de l'Histoire, tour à tour sévère ou complaisante. »

Traduction : si Massu n'avait pas été relevé de son commandement à Alger, à la veille de l'affaire des barricades le 22 janvier 1960, il aurait sans doute connu la mésaventure de son successeur, le général Gracieux, qui commandait la 10e Division parachutiste pendant la tumultueuse semaine algéroise.

Le Général ne pensait pas, en évoquant ce petit paradoxe de l'Histoire, qu'elle lui donnerait de grandes conséquences cinq ans plus tard, quand le même Massu, qui avait échappé de peu à la retraite, allait l'aider à surmonter la crise de mai 1968.

Même dans les jugements qu'il porte sur les hommes qui lui sont le plus fidèles, il garde une retenue : « On ne sait jamais de quoi demain sera fait. »

Au Conseil du 11 mars 1964, Roger Frey propose la nomination de Grollemund, préfet de la Martinique, comme préfet du Gard : « Je l'apprécie énormément.

GdG. — Méfiez-vous ! Un ministre de l'Intérieur ne doit pas apprécier un préfet *énormément*. Un chef garde la mesure. Le gouvernement ne s'en remet jamais entièrement à l'un de ses commis. »

Pierre Messmer propose, *au Conseil du 21 octobre 1964*, l'élévation aux rang et appellation de général d'armée aérienne du général de corps aérien Fourquet. Il commente : « La cinquième étoile, à tout juste cinquante ans : cette promotion le désigne pour la plus haute fonction, chef d'état-major général de l'armée *. »

Le Général le coupe : « Il ne faut jamais préjuger de l'avenir. »

Il revient devant moi sur ce point *après le Conseil*. Il l'aime bien, Fourquet ; c'est un des militaires qu'il a sentis les plus fermes, les plus loyaux à l'État pendant « l'affaire algérienne ». Mais, me dit-il, « même avec les meilleurs, il faut que l'État garde les mains libres. »

« Il n'existe pas un pouvoir de plus, qui s'appellerait le Conseil d'État »

Le Conseil du 23 juin 1964 examine un projet de loi sur la copropriété des immeubles bâtis. Ce pourrait être un décret, mais on a craint d'être lié par les objections du Conseil d'État, tandis que la procédure parlementaire lui échappe.

GdG (tonnant) : « On présente comme projet de loi ce qui devrait l'être sous forme de décret ! Vous avez peur que le Conseil d'État se venge plus tard au contentieux de ce que nous n'avons pas tenu compte de ses observations sur le projet de décret ! Cette crainte est aberrante ! Si le Conseil d'État en vient là, il faut le supprimer et le refaire sur d'autres bases ! Je n'admets pas votre panique devant le Conseil d'État !

« Il faut le dire une fois pour toutes au Conseil d'État, avec rudesse : il n'existe pas un pouvoir de plus, qui s'appellerait le Conseil d'État. »

* Fonction qu'il occupera effectivement de 1968 à 1971.

Au Conseil du 16 décembre 1964, Joxe explique une difficulté née à propos d'un décret sur la réforme administrative : le Conseil d'État demande que soit ajoutée l'expression « sur avis conforme * du Conseil d'État ».

GdG (tape la table du plat de la main — geste fréquent en tête à tête, jamais vu encore au Conseil) : « Il ne manquerait plus que ça ! C'est trop fort ! N'en tenez pas compte ! De quoi se mêle-t-il ? Il veut nous faire passer sous son joug ! »

Il retrouve, face à cette tentative du Conseil d'État, l'ire implacable qu'avait suscitée en lui l'arrêt Canal **. *Après le Conseil du 16 janvier 1963*, il m'avait dit froidement : « Il fallait donner un coup de talon au Conseil d'État. » Et il avait ajouté, peu charitable : « Pendant la guerre ces messieurs du Conseil d'État n'ont rien trouvé à redire sur les lois de Vichy contre les juifs. Ils ont prêté serment sans sourciller au Maréchal qui avait promulgué ces lois. Et maintenant, ils prennent la défense d'un officier factieux, comme s'il était opprimé. »

Le Général gardait une mémoire fidèle de ceux qui lui avaient *manqué*. Les conseillers d'État lui avaient *manqué* en prononçant l'arrêt Canal. En 1970, retiré à Colombey, il fit disparaître du recueil, que François Goguel préparait, de ses *Discours et messages*, le texte de l'allocution louangeuse qu'il avait prononcée devant les membres du Conseil le 26 janvier 1960 : la suite de leur comportement n'avait pas mérité de leur maintenir ces éloges. Il m'avait dit un jour : « L'Église a bien raison de ne jamais canoniser un saint de son vivant. Il vaut mieux attendre la fin, on n'est jamais à l'abri d'une surprise. »

« Le Conseil d'État, au fond, a raison »

Le Général sait pourtant donner le pas à sa rigueur intellectuelle sur sa rancune.

Conseil du 18 septembre 1963. Giscard, présentant le projet de loi de finances pour 1964, commente sans aménité les critiques sévères que le Conseil d'État fait à ce texte.

---

* Ce qui signifie que le gouvernement serait lié par l'avis du Conseil d'État, qui sortirait ainsi de son rôle consultatif et obtiendrait un droit de veto (comme les parlements de l'Ancien Régime, sauf si le roi décidait de tenir un lit de justice).

** Arrêt du 19 octobre 1963, par lequel le Conseil d'État avait annulé l'ordonnance du 1er juin 1962 instituant la Cour militaire de justice, sur la requête de Canal, l'un de ceux qu'elle devait juger. Le Conseil d'État avait privé de base légale les condamnations prononcées par la Cour militaire de justice, dont certaines étaient exécutées. C'était un coup terrible porté au Président de la République et au gouvernement, dix jours avant un référendum contesté. Le gouvernement a fait valider en janvier 1963, par la loi, l'existence et les jugements de la Cour militaire de justice.

À la surprise de tous, le Général approuve le Conseil d'État : « Il a fait une observation de fond qui a toute sa valeur : vous introduisez dans la loi de finances des dispositions qui modifient le régime fiscal général. La loi de finances est une loi d'occasion, à caractère annuel. Les dispositions concernant le régime fiscal général sont des lois de principe, des lois de base. Le Conseil d'État, au fond, a raison. Il faut modifier les habitudes. »

Après le Conseil, j'exprime au Général mon étonnement. Il me répond avec douceur : « Je suis désireux en toute chose de roder correctement les institutions. Mon devoir est d'éviter les mauvais précédents et d'en créer de bons. Ce texte n'était pas conforme aux dispositions de la Constitution, qui sont si restrictives en ce qui concerne le budget. Il faut toujours sauvegarder un principe quand il est mis à mal. »

Le Général aime aussi honorer. Il a des éloges ciselés pour certains noms qui viennent au Conseil.

Au Conseil du mardi 23 juin 1964, Messmer propose de nommer Éric Tabarly chevalier de la Légion d'honneur à titre exceptionnel : « Il a battu largement les records précédents de voiliers barrés par un homme seul.

GdG. — C'est un exploit retentissant par les qualités techniques, le caractère, l'énergie qu'il manifeste. Il apporte un bénéfice national. Il recule les limites humaines. Il offre à la jeunesse un exemple à admirer. »

Le Général en profite pour manifester, une fois de plus, son obsession de poser des principes et de créer des précédents, jusque dans les détails :

« Réglons un point de pratique : le code prévoit que, pour les titres exceptionnels, le décret doit être pris en Conseil, de manière à éviter des abus qui avaient lieu naguère. Mais il ne faut pas méconnaître les urgences, notamment dans des engagements militaires, où il est urgent de décorer, à titre d'exemple et parce que l'intéressé peut être tué. Il faut admettre que, dans ce cas, la décision peut être prise par le Président de la République sur demande du ministre intéressé, et *ensuite* ratifiée par le Conseil des ministres. Le décret Tabarly est donc pris aujourd'hui même et la nouvelle règle sera désormais retenue. »

Chapitre 14

« LES ÉLECTIONS LOCALES, JE M'EN BATS L'ŒIL »

Salon doré, 3 mars 1964.

AP : « Attachez-vous beaucoup d'importance aux élections cantonales de dimanche prochain ?

GdG. — Absolument aucune. Je veux bien que vous vous y présentiez, si ça vous aide à vous implanter. (Il se souvient donc que j'ai demandé voici deux mois à Burin de l'interroger pour obtenir son "feu vert".) Mais de grâce ! N'y perdez pas votre temps. Vous êtes avant tout ministre de la République. Et je ne vous conseille pas de devenir président de votre Conseil général, vous y perdriez votre temps.

AP. — Cette tentation m'est épargnée, il est largement antigaulliste.

GdG. — Ces élections, ça ne compte pas, comme manifestation d'une opinion nationale dans le sens des grands choix à faire par *oui* ou par *non*.

« Essayer d'enlever des sièges, c'est secondaire »

AP. — On ne peut pas laisser seulement en place des adversaires.

GdG. — Je ne vois pas d'inconvénient à essayer d'enlever des sièges ; mais c'est secondaire. C'est un scrutin qui n'a jamais eu de signification politique. Il y a trois ans, dans mon canton, à Colombey, s'est présenté le conseiller général sortant, qui est le docteur Colomb, un vieux rad-soc *, le médecin de Colombey. Il est vrai qu'il n'y avait pas de candidat UNR. J'aurais pu voter blanc, étant donné la manière dont se comportent les radicaux. J'ai voté pour lui. À Colombey, ça paraissait tout naturel. Ça ne veut pas dire que je suis rad-soc ! (Rire.) C'était l'enfant de Colombey, il s'était occupé de faire mettre l'eau dans les communes du canton, il y avait quarante ans qu'il était là. Ça n'avait pas l'ombre d'une signification politique.

AP. — On pourrait enlever au scrutin ce caractère personnel, en faisant un scrutin de liste, par arrondissements.

GdG. — Alors, vous changez complètement la nature des conseils généraux. Mais il n'y a pas intérêt à politiser les élections locales. D'ailleurs, c'est le secret désir des électeurs.

---

* Expression familière pour : radical-socialiste.

AP. — Dans l'exploitation des résultats, il faudra faire attention à ne parler que des nouveaux élus. Sinon, les anciens partis tireront à eux tous les sortants qui sont automatiquement réélus.

GdG. — Mettez-vous d'accord avec Frey. Les élections locales, je m'en bats l'œil. »

« Vous êtes nombreux à vous passionner pour ce scrutin »

Au Conseil du jeudi 2 avril 1964, nous avons eu droit à un tour de table spontané, pour arrêter une doctrine sur le régime électoral en vue des élections municipales de l'an prochain.

Frey : « Depuis l'ordonnance de février 1959, le scrutin est majoritaire pour les communes de moins de 120 000 habitants, proportionnel pour plus de 120 000 habitants — vingt communes.

« Conséquences de la proportionnelle : les conseils municipaux sont hétérogènes ; d'où marchandages, combinaisons, immobilisme. Le scrutin majoritaire est seul capable de mettre en œuvre une action précise. »

Sur ce point, il y a accord dans le Conseil. Mais les avis sont plus partagés sur trois questions. Faut-il un, ou deux tours ? S'il y en a deux, doit-on autoriser les fusions de listes ? À partir de quel seuil les listes seront-elles « bloquées », c'est-à-dire le « panachage » interdit ?

Beaucoup de ministres sont concernés ; presque tous sont intéressés, sauf quelques-uns comme Couve, qui bâille ostensiblement à plusieurs reprises. Le Général, connaissant son monde, laisse aller le débat. La plupart d'entre nous prennent la parole, comme si nous avions été invités à un tour de table solennel.

Giscard (candidat malheureux en 1959 à la mairie de Clermont-Ferrand, ville de gauche depuis le début du siècle) : « Les élections municipales pèseront d'un grand poids sur la présidentielle. La dramatisation dépassera beaucoup les habituelles élections municipales. Le régime de la Ve République est d'essence majoritaire, il combat notre émiettement traditionnel. La représentation proportionnelle favorise l'émiettement. Il est absurde de la conserver pour une partie seulement de nos communes. Pour les villages et les bourgades, il ne faut pas politiser. Il faut laisser au mode d'élection le caractère personnel qu'il a. À partir d'un seuil où la notoriété individuelle ne joue plus et où le scrutin devient inévitablement politique, la règle raisonnable devrait être un scrutin majoritaire à deux tours, avec listes bloquées. Toutefois, il serait souhaitable que la liste arrivée en tête détienne la totalité de la municipalité, mais seulement la majorité du conseil, tandis que les listes arrivées derrière formeraient l'opposition. »

Pompidou, lui, n'est pas favorable au tour unique. « La France n'y est pas prête. Les Français aiment leurs deux tours. » Ni à la liste bloquée. « Elle perd la vertu de l'élection, qui est de choisir librement les personnalités les plus valables ».

Il conclut sur une remarque judicieuse et drôle : « L'équipe solidaire autour du maire est une conception juste. Sommes-nous mûrs ? Je crains que ça ne donne l'impression de vouloir limiter la liberté de choix de l'électeur. L'intérêt général veut que quelqu'un commande ; mais l'instinct des Français est que toutes les tendances soient présentes au conseil municipal.

« Cette contradiction se retrouve dans la nature du conseil municipal, organe mixte, à la fois assemblée représentative et organe de gouvernement. Il faudrait fournir une solution à ce dilemme. » (Il tourne autour de l'idée sur laquelle Giscard a clos son propos, mais sans la retenir, comme s'il ne l'avait pas entendue. Giscard ne demande pas à reprendre la parole.)

> C'est le système qu'instituera la loi Defferre de 1982. De gauche à droite, on s'accordera à le louer. Il est curieux que ni Pompidou, ni Valéry Giscard d'Estaing, n'aient donné suite pendant leur présidence à l'heureuse idée qu'ils avaient suggérée ce 15 avril 1964.

« J'avais voulu rendre incompatible la fonction de ministre avec celle de maire»

Ce jaillissement d'opinions contradictoires a duré une bonne heure, autant que pour les accords d'Évian, la révision constitutionnelle ou la reconnaissance de la Chine. Le Général est libre de conclure. Il prend tout le monde à contrepied en manifestant un regret :

GdG : « Je suis un peu mélancolique, quand je vois que vous êtes si nombreux à vous passionner pour ce scrutin, et si nombreux à vous préparer à y prendre part. Le gouvernement de la République ne devrait pas se mêler des compétitions locales. Quand nous préparions la Constitution, dans l'été 58, j'avais voulu rendre incompatible la fonction de ministre avec celle de maire, tout comme celle de parlementaire.

« Mais les caciques de la IVe République étaient tellement déchaînés sur ce point, et il y avait déjà tellement de choses à leur faire avaler, que je n'ai pas insisté. Il m'arrive de le regretter. »

Il marque un temps, comme pour reprendre son souffle : « Les élections municipales sont faites pour créer des municipalités. »

(Le Général ne renonce jamais à son côté La Palisse. Ses truismes le rassurent, parce qu'ils ramènent à la réalité et en appellent au bon sens. Mais ici, la lapalissade n'est que d'apparence ; elle exprime un choix.)

« Il ne s'agit pas d'élire l'assemblée municipale la plus représentative, mais le gouvernement municipal le plus à même de gérer.

« 1. Il faut favoriser l'efficacité, c'est-à-dire la solidarité. Il est logique de renoncer à la représentation proportionnelle pour les endroits où elle existe encore. Les raisons momentanées qui ont amené à l'instaurer ont disparu. Elle a pu être nécessaire dans l'intérêt national, mais seulement pour des raisons de circonstances. À la Libération, c'était le seul moyen d'éviter une majorité communiste. La représentation proportionnelle, c'est l'émiettement de l'autorité, qui est contraire à la bonne gestion administrative.

« 2. Politiquement, les plumitifs cherchent à politiser, à faire croire qu'il y aura un rapport entre le vote municipal et l'élection pour le Président de la République du mois de décembre suivant. (Il se garde de dire que plusieurs de ses ministres, dont Giscard et Pisani, ont vigoureusement insisté sur ce lien. Il ne pourfend que les journalistes.) C'est leur manière de voir. Ce n'est pas le sens des élections. Ce n'est pas ainsi que le ressentiront les citoyens. Le gouvernement a-t-il intérêt à politiser ? Je ne le crois pas. L'élection municipale doit avoir le moins possible le caractère d'une lutte politique. Nous, en tout cas, politisons-la le moins possible.

« Disons que jusqu'à 30 000 habitants, le scrutin permettra le panachage. (Il choisit donc le seuil le plus haut.) N'empêchons pas au second tour les listes d'être présentes, dès lors qu'elles l'ont été au premier.

« Entre le premier et le second tour, pourra-t-on modifier la composition des listes ? Je serais assez porté à ce qu'on ne le puisse pas. (Il faut traduire : “Je décide qu'on ne le pourra pas.”)

« Il vaut mieux exclure l'élection à un seul tour, qui bousculerait toutes nos habitudes et pratiques.

« Par conséquent, nous retenons deux principes :

« 1. La disparition de la représentation proportionnelle ;

« 2. Le découpage des grandes villes : Paris, Lyon, Marseille. Bordeaux n'y tient pas, Strasbourg pas davantage, Lille non plus. Il ne faut pas découper à l'excès. »

« Une municipalité, c'est le gouvernement d'une ville : il doit être un »

Salon doré, après le Conseil.

GdG : « Expliquez bien que ce projet a pour but de donner de l'efficacité aux municipalités. Il s'agit de permettre et même de rendre obligatoire leur cohésion. Il n'est pas concevable que certains se désolidarisent des autres et tirent leur épingle du jeu, tout en faisant partie de l'équipe. Une municipalité, c'est le gouvernement d'une ville ; il doit être un. Ce principe est valable, quelle que soit l'importance des communes. La proportionnelle ne donne pas aux conseils municipaux la stabilité et la cohésion nécessaires. Dans les grandes villes, qui sont toutes en expansion, si une majorité homogène ne se manifeste pas au sein du conseil municipal, jamais les problèmes d'équipement, les problèmes sociaux ou économiques ne seront traités d'une manière satisfaisante. Mais précisez bien : cette réforme ne touche que 153 communes sur 38 000. Il n'y a rien de changé pour les communes de moins de 30 000 habitants.

« D'autre part, ce n'est pas le gouvernement qui cherche à politiser ces élections. Si elles prennent une tournure politique, ce ne sera pas son fait. L'unique objectif du gouvernement est de renforcer la solidarité des municipalités.

« C'est ça l'essentiel. Partout dans le pays, il faut restaurer, ou plutôt instaurer, l'esprit de responsabilité.

« Laissez les électeurs tranquilles ! Ne les tracassez pas ! »

« La suppression de la proportionnelle n'est qu'un cas particulier de ce principe général. Mais c'est un élément important. Tenez, à Paris, il y a toutes sortes de Topazes qui combinent entre eux, qui forment des majorités mobiles. Il est vrai que le conseil municipal de Paris n'a aucun pouvoir réel, le préfet arrive toujours à s'en sortir. Seulement, ils embêtent tout le monde.

AP. — Vous auriez préféré que les ministres ne soient pas maires ?

GdG. — Oui ! J'avais fait mettre cette incompatibilité dans l'avant-projet de Constitution. Mais plusieurs ministres qui étaient maires, Guy Mollet, Pflimlin et d'autres, ont poussé des cris de gorets : “Que deviendrons-nous quand nous ne serons plus ministres, si nous ne sommes ni parlementaires, ni maires ?” Il y avait pourtant un moyen bien simple de tourner la difficulté : que le ministre se fasse élire maire, abandonne son mandat au bout d'un mois de cumul, tout en restant conseiller municipal, et qu'il cède son fauteuil à un collègue, qui le lui rendrait s'il quitte le gouvernement. Un maire doit tout de même s'occuper personnellement de sa mairie au moins deux ou trois jours par semaine, demeurer sur place, se montrer, être digne de son titre. C'est autant de moins pour le temps et l'énergie qu'il devrait consacrer à son ministère. Et comme toutes les villes ne peuvent pas avoir la chance que leur maire soit ministre en exercice, cela crée entre elles une inégalité. Le ministre-maire est juge et partie. Il confond les genres. Le cumul des fonctions a quelque chose de contraire à la bonne marche des institutions, et même, tranchons le mot, d'immoral. Mais on ne pouvait pas trop charger la barque.

AP. — Vous auriez pu inclure cette incompatibilité dans la révision constitutionnelle d'octobre 62…

GdG. — Non, cette révision avait un seul objet, l'élection populaire du Président. Il ne fallait pas brouiller les cartes. Mais peut-être qu'on pourra reprendre ça en réglant le sort du Sénat, puisqu'il s'appelle lui-même le Grand Conseil des communes de France. » (Rire.)

Conseil du 15 avril 1964.

Le projet de loi municipale revient, complété, mais du coup encore compliqué, ce qui pousse le Général à exprimer une nouvelle fois son attachement à la simplicité :

GdG : « Pourquoi accumuler les conditions ? Pourquoi énumérer des chiffres et des contraintes dans lesquels on va se trouver emprisonné ? Pourquoi s'emberlificoter ? Laissez-les faire leurs listes ! Laissez les électeurs tranquilles ! Ne les tracassez pas ! Ne les traquez pas ! »

Salon doré, 18 mars 1965.

GdG : « Alors, vous allez être maire de Provins ? N'y passez quand même pas trop de temps. Il faudrait qu'un ministre puisse être tout entier aux affaires de l'État.

AP. — Je me soumettrais volontiers à l'interdiction du cumul, si elle était imposée à tous !

GdG. — Je ne vais pas l'exiger de vous ni des autres. J'aurais aimé que ce cumul soit interdit par la Constitution. Mais pour le moment, ce n'est pas le cas. Ce qui n'est pas interdit est autorisé. »

J'ai envie d'ajouter : ...« et donc obligatoire ».

Chapitre 15

« VOUS NE TIENDREZ PLUS RIEN À LA TÉLÉVISION »

Salon doré, 11 juin 1963.

En interrogeant le Général sur la réélection du député communiste Balmigère à la faveur d'une partielle, je me mets moi-même dans la gueule du loup :

AP : « Comment expliquez-vous ce recul gaulliste dans l'Hérault ?

GdG. — Votre télévision avait donné d'avance tant d'importance à cette élection, qu'elle a fini par en avoir effectivement.

« Votre Journal télévisé n'est vraiment pas fameux. Il avait tellement annoncé qu'un Front populaire allait s'instituer ; c'était faire sa réclame. Et puis, il a lâché l'information comme si c'était une heureuse nouvelle. Un de vos types était en train de parler ; à ce moment-là, un autre est venu tout haletant lui apporter un papier et ils ont rigolé comme s'ils explosaient de joie. Vraiment, ce n'est pas ce qui se fait de mieux ! (Gros rire.) N'oubliez pas que c'est votre affaire. »

Il excelle à culpabiliser discrètement ses ministres.

« Vous logez dans la Maison de la Radio, naturellement ? »

Salon doré, 3 décembre 1963. Le Général, qui doit inaugurer la Maison de la Radio, m'a convoqué pour s'y préparer. Il veut d'abord savoir l'histoire de cet édifice.

AP : « Il a été lancé sous la IVe, en 55, mais le gros œuvre n'était pas encore terminé que l'argent a manqué. On a dû interrompre le chantier. Il a fallu la Ve pour qu'il soit repris en 59. Vous pourriez dire que c'est un projet de la IVe mené à bien par la Ve, comme tant d'autres.

GdG. — Non, pas de polémique ! Il faut être grand seigneur.

AP. — L'ennui, c'est que les autres ne le sont pas : ces jours-ci, on vous accusait d'avoir voulu cette Maison de la Radio pour concentrer en un seul endroit la radio et la télévision, de manière à mieux les tenir en laisse. Comme si l'idée venait de vous.

GdG. — Laissez tomber. Tout ça est méprisable ! Nous faisons ce que nous avons à faire et nous laissons pisser le mérinos. »

Maison de la Radio, samedi 14 décembre 1963.

Avant la cérémonie, rapide visite. Nous marchons côte à côte dans des couloirs interminables.

GdG : « Vous logez ici, naturellement ?

AP. — Mais non, mon général !

GdG. — Comment, il n'y a pas un appartement pour le ministre ?

AP. — Non. Il n'y a aucun appartement. Il n'y a que des bureaux. »

Je me garde de lui dire qu'en avril 1962, le directeur général de la RTF, Robert Bordaz, était venu déployer sur mon bureau les plans de « mon » futur appartement de fonction, au sommet de la tour dressée au centre de la « Maison ronde ». En dessous, devait s'installer le cabinet du ministre. Ce n'était que la transposition de la situation précédente : dans l'immeuble du ministère de l'Information, à l'Étoile, où s'entassaient les bureaux des directions de la RTF, l'avant-dernier étage était réservé au cabinet du ministre, et le dernier étage à son appartement. Y avaient vécu, depuis la Libération, la plupart des trente-deux ministres ou secrétaires d'État à l'Information, parmi lesquels André Malraux, Pierre-Henri Teitgen, Gaston Defferre, François Mitterrand, Jacques Soustelle. En m'installant dans ce qu'on appelait déjà « le palais gruyère », je ne ferais que perpétuer une tradition, déjà inaugurée au début de la guerre par Jean Giraudoux. J'avais indiqué à Bordaz que, puisque la RTF déménageait, il valait mieux qu'elle s'installât seule dans ses meubles.

Le Général n'insiste pas. Pourtant, je sais bien que, pour lui, le Président de la République *doit* habiter à l'Élysée, le Premier ministre à Matignon, le ministre de l'Intérieur place Beauvau, le ministre de l'Information à la Radio : là où ils exercent leur commandement. Immédiatement opérationnels, même la nuit. Refuser que ses enfants soient élevés dans des palais nationaux, c'est se dérober aux obligations de la charge.

« Un jour, on fera un lock-out *»*

17 février 1964. Nous avons procédé hier soir à ce que les syndicats de la RTF appellent « un coup d'État ». Depuis quelque temps, des grèves à répétition privent de télévision le public, qui n'est pas pour autant dispensé de la redevance. Les syndicats refusent catégoriquement pour la télévision le service minimum, qui a été pourtant admis depuis 1956 pour la radio. Nous avons préparé secrètement sous la tour Eiffel un studio qui avait été construit à l'époque de l'OAS. À 20 heures, alors que l'écran était désespérément noir, on voit tout à coup paraître Édouard Sablier *, qui donne sobrement les informations du jour, suivies de plusieurs films de court-métrage.

L'effet de surprise a été total. N'étaient dans le secret que le

* Journaliste de la télévision très connu.

directeur général Bordaz, le directeur technique Mercier et quelques ingénieurs, ainsi qu'Édouard Sablier. Les syndicats sont restés aussi stupéfaits que si les martiens avaient débarqué. Ils ont vite compris que nous avions les moyens de ce programme minimum dont ils ne voulaient pas et que les téléspectateurs réclament : des informations et de bons films. La grève a cessé comme par enchantement. Le programme minimum entre dans les faits.

« Vous ne pourrez pas tenir devant la conjonction de l'opposition et de la majorité »

Salon doré, 26 février 1964. L'occasion est bonne pour pousser mon projet de statut. Le Général ne voulait pas en entendre parler, tant qu'il n'y avait pas eu d'acte de force. Georges Pompidou me disait : « Remettez d'abord de l'ordre ». Le conseil était bon à suivre.

Le Général me félicite du « coup » réussi.

« Qu'il s'agisse des syndicats agricoles, des services publics, de l'UNEF, de la RTF, ce sont toujours des gens qui ignorent la loi de 1881. Ce qu'ils veulent, ce n'est pas défendre leurs intérêts. C'est arracher le pouvoir. Ils veulent que l'État se soumette à leur loi.

AP. — Ils y sont même arrivés. En tout cas, à la RTF.

GdG. — Notre raison d'être, c'est de rendre à l'État son autorité, qui repose sur la volonté du peuple, et non pas sur la combine de quelques-uns qui prétendent s'imposer par l'intimidation.

AP. — À la RTF, on en était arrivé à ne plus oser programmer une émission sans l'accord des syndicats.

GdG. — Mais pourquoi vous laissez faire ? Pourquoi ?

AP. — Je m'efforce de gagner à la main peu à peu ; mais c'est au risque de provoquer des grèves, chaque fois que nous brusquons un peu trop les choses.

GdG. — Un jour, on fera un *lock-out.* (Il prononce *lockoutte*, comme les ouvriers.)

AP. — Un *lock-out* ne sera possible que si nous avons les structures nécessaires pour passer outre aux syndicats. Il faut transformer l'état d'esprit, qui veut que la direction administre et que les syndicats dirigent. »

Je saisis l'occasion pour lui présenter les grandes lignes du statut sur lequel je travaille depuis plusieurs mois. Le Général pose une condition :

« Je veux bien que vous prépariez un projet de décret. Mais si vous vous lancez dans une loi, vous ne vous en sortirez pas. Vous aurez toutes sortes d'amendements démagogiques que la majorité se croira obligée de voter. »

Sa méfiance à l'égard du Parlement renforce sa méfiance sur le statut : « Vous ne pourrez pas tenir, devant la conjonction de l'opposition, qui voudra vous arracher tout contrôle sur la radio et la télévision, et de la majorité, qui fera chorus pour se faire bien voir. Et nous serons floués ! La Radio-Télévision, avant d'être purgée, sera remise corps et biens à l'opposition, sans que désormais vous y puissiez plus rien ! »

Il ajoute : « Consultez donc Léon Noël *. Il sait ce qu'est l'assemblée. Demandez-lui de passer vous voir. »

« Je me demande si nous allons la faire, cette réforme »

Palais-Royal, 16 mars 1964.

J'ai rendu visite à Léon Noël au Conseil constitutionnel. « C'est la première fois que je reçois un ministre en exercice », me dit-il, très fier. Mais son sentiment est le contraire de celui qu'attendait le Général : le statut que je projette est du domaine de la loi. « Enfin, voyez avec René Cassin **. C'est lui qui va rapporter. » Il m'accompagne jusqu'au bureau de celui-ci. Ce gaulliste de 1940 est aussi intraitable que Léon Noël :

« Vous savez combien nous avons servi le Général. Mais il faut lui montrer les limites à ne pas franchir. Cette réforme est du domaine législatif, puisqu'elle touche aux garanties fondamentales des libertés publiques. Le Général n'est pas raisonnable, en demandant de faire cette réforme par décret. Il veut trop donner de pouvoir au gouvernement, pas assez au Parlement. Il est passé de l'extrême de la IVe République à un extrême opposé. Il a sauté par-dessus le cheval. »

Tour à tour, Léon Noël et René Cassin me développent la théorie de la fidélité infidèle : « Ce n'est pas servir le Général que de s'incliner devant ses lubies quand il a tort. » René Cassin ajoute : « Quand le Général, en juin 40, m'a demandé de faire les statuts de la France libre, je lui ai proposé de lui donner les statuts d'une Légion étrangère qui serait intégrée à l'armée britannique. "Pas du tout ! m'a-t-il dit. Nous sommes la France !" C'était grandiose, c'était fou, mais ça n'était pas juridiquement impossible. Aujourd'hui, adopter par voie de règlement un statut qui concerne les libertés publiques, ça n'est pas aussi grandiose, mais c'est juridiquement impossible. Nous devons lui rendre le service de nous y opposer. »

Le lendemain, je raconte à Pompidou ma visite au Palais-Royal. « D'abord, vous avez bien fait d'y aller. C'est de bon ton qu'un jeune ministre se déplace pour voir ces personnages vénérables... Mais le Général va mal prendre cette consultation. Tâchez de lui faire passer la pilule, puisque vous allez le rejoindre en Amérique. »

---

* Président du Conseil constitutionnel, ancien conseiller d'État, ambassadeur et député.

** Membre du Conseil constitutionnel.

Pointe-à-Pitre, 19 mars 1964.

Le Général accueille mon récit de fort méchante humeur. « D'abord, vous avez eu tort de vous déplacer. (Pourquoi diable le lui ai-je dit ?) Le gouvernement ne doit pas aller quémander dans des bureaux.

« Quant au fond, c'est dangereux. L'affaire va vous échapper. Vous vous heurterez à la coalition des jean-foutre qui rivaliseront de démagogie pour faire les jolis cœurs avec la presse. Vous ne tiendrez plus rien à la télévision. Vous ne pourrez plus revenir en arrière. Je me demande si nous allons la faire, cette réforme. Enfin, nous en reparlerons. »

« Il ne faut pas une moitié de rouspéteurs »

Après le Conseil du 25 mars 1964, le Général demande à Pompidou de se joindre un instant à nous pour parler du statut de la RTF. Le Général est résigné, mais il entend nous mettre devant nos responsabilités : si la réforme nous échappe, ce sera notre faute.

GdG : « Je regrette qu'on n'ait pas trouvé le moyen de faire ce statut par la voie réglementaire ! Quoi qu'en dise le Conseil constitutionnel, c'est méconnaître l'article 34 de la Constitution : prérogatives de l'exécutif. »

Pompidou s'efforce de le rassurer. Le décret ferait courir le risque d'une annulation en Conseil d'État ; une loi s'imposera avec plus d'autorité, et nous sommes sûrs de notre majorité.

GdG : « C'est à double tranchant. Actuellement, nous y avons peut-être avantage, mais il n'est pas sûr qu'il en soit toujours ainsi. »

Le Général pense aux précédents à créer ou à éviter. Admettons que l'Assemblée actuelle suive le pilotage gouvernemental. Mais qu'en sera-t-il, quand la main du pilote sera moins ferme, sur une Assemblée qui s'émancipera ? Pompidou est maussade. Il n'apprécie guère ce pessimisme sur l'avenir, qu'il peut prendre comme une défiance à l'égard de *ses* capacités, ou de ses chances.

Le 8 avril 1964, le Général me donne son sentiment sur mon projet de statut. Il l'a lu soigneusement, et cette lecture n'a pas suscité son enthousiasme :

GdG : « Le directeur général élu ! Vous n'y pensez pas ! Le directeur général ne peut être que nommé par le gouvernement ! Je veux bien, à la rigueur, que le président du conseil d'administration soit élu par ses pairs. Mais le directeur général représentera l'État. Vous ne pouvez pas vous défausser de vos responsabilités ! Vous tenez absolument à abandonner l'*autorité* que vous donne le statut précédent et à lui substituer une simple *tutelle*. Mais même pour EDF, ou la RATP, ou la SNCF, ou Renault, etc., sur lesquels le ministre compétent n'exerce qu'une *tutelle*, c'est le gouvernement qui nomme celui auquel l'État délègue l'*autorité*.

« Je fais aussi des réserves sur la composition du conseil d'administration. Avec la moitié des sièges pour le personnel ou pour des gens qui sont du même bord que le personnel, comme la presse, les associations, etc., vous aurez d'emblée une moitié d'opposants. Même les fonctionnaires, nous savons par expérience que, quand ils auront à voter secrètement, il y en aura qui voteront pour un opposant. Et alors, vous aurez un président qui se croira obligé de hurler avec les loups… Sauf peut-être le premier, que vous saurez enchaîner, mais après, vous aurez un président de conseil d'administration qui sera tout le temps à rouscailler contre le Général. »

« Nous sommes à dix-huit mois des élections présidentielles, et le Général ne parle vraiment pas comme quelqu'un qui songerait à s'en aller l'an prochain. Encore une fois *, je ressens un décalage net entre sa façon concrète d'imaginer l'avenir et sa volonté déclarée de ne pas donner d'indication sur ses intentions, pour se garder la liberté d'en changer.

« Il ne faut pas admettre que le conseil d'administration soit pour moitié composé de rouspéteurs. Je ne dis pas qu'il faut exclure le personnel, mais il ne faut pas donner la moitié des sièges à tous ces cocos-là **.

« Prenez donc d'Ormesson, c'est un serviteur de l'État »

AP. — Mais il n'y a pas seulement le personnel, dans cette moitié !

GdG. — Ce sont tous des adversaires ! Les représentants du personnel sont désignés par les syndicats. Les gens de la presse écrite nous détestent. Les représentants des associations nous sont hostiles ; les autres, les téléspectateurs ordinaires, les pauvres, ils n'éprouvent pas le besoin de faire des associations. Vous avez déjà vu une association des usagers du métro ? ou des autobus ? Les gens normaux demandent simplement que ça fonctionne. Si on voulait donner le pouvoir à des associations d'usagers, on n'y trouverait sans doute que des cocos *** ou des socialistes.

AP. — Parmi les associations d'auditeurs et de téléspectateurs, il y en a une qui est présidée par François Mauriac. Elle peut se prévaloir du plus grand nombre d'adhérents et elle vous est tout acquise.

---

* Comme je l'ai ressenti en février (cf. p. 560).

** *Coco*, dans la bouche du Général, est ambivalent. Il signifie tantôt, péjorativement : individu (comme *lascar*), tantôt : communiste. Il devait s'agir ici de la première acception, encore que nombre de ces « lascars » fussent aussi communistes…

*** Cette fois, ce ne peut être que la seconde acception.

GdG (se radoucissant). — Ah bon, je ne savais pas.

AP (ragaillardi). — Pour que le conseil d'administration soit crédible, il faut que les représentants de l'État n'en constituent pas plus de la moitié. Mais pour ceux qui ne représenteront pas l'État, pourquoi seraient-ils à 100 % hostiles à de Gaulle, alors que 60 ou 70 % des Français lui font confiance ? Quant au président, je me fais fort de faire élire celui que nous aurons choisi. Je vous offre de le choisir vous-même et je vous demande de mettre fin aussitôt à mes fonctions si celui que vous aurez désigné n'est pas élu.

GdG. — À qui pensez-vous ?

AP. — À deux hommes prestigieux, tous deux académiciens français : François Mauriac, justement, qui est un téléspectateur assidu, et Wladimir d'Ormesson, grand serviteur de l'État et éditorialiste célèbre. »

Le Général réfléchit un moment, les yeux perdus dans les frondaisons du parc : « D'Ormesson n'a pas le génie littéraire de Mauriac. Mais Mauriac est un sensitif. Il s'enflammera pour le dernier chien perdu. Il vous fera part de ses états d'âme et la terre entière finira par le savoir. Wladimir d'Ormesson est un serviteur de l'État. Il saura faire la part des choses et couvrira bien la direction. Prenez donc d'Ormesson *.

« Couper le cordon, ça n'a jamais empêché les mères abusives »

AP. — Vous avez compris avant tout le monde, mon général, que "l'esprit de notre temps" exigeait de faire évoluer l'Empire, l'Algérie, la Constitution, les rapports franco-allemands, etc. "L'esprit de notre temps" exige de faire évoluer l'information. Elle ne peut plus être aux ordres…

GdG. — Comment pouvez-vous dire qu'elle est aux ordres, alors qu'elle ne vous obéit pas ?

AP. — Justement, elle donne l'impression d'être aux ordres. Mais sa nature dans le monde, en tout cas notre monde occidental, empêche qu'on puisse vraiment la commander. La RTF a un statut autoritaire, qui n'est pas conforme à l'état de notre société. Ça se retourne contre nous.

GdG. — Je vois bien ce que vous voulez faire et je ne fais pas d'objection à l'intention. Mais tout est dans la mise en œuvre. Il faut des hommes dignes de confiance. Y en a-t-il suffisamment pour que vous puissiez leur passer la main ? J'en doute.

AP. — On critique tout le temps la télévision, car il n'y a qu'une

* Le premier président, Wladimir d'Ormesson, a été élu à l'unanimité.

télévision d'État ; tandis qu'on ne critique jamais la radio nationale, car elle est concurrencée par Europe, Radio-Luxembourg, Radio-Monte-Carlo. Si les gens ne sont pas contents de la radio nationale, ils en écoutent une autre. Un jour, il faudra une télévision privée pour décomplexer la télévision publique.

GdG. — Vous trouvez qu'Europe et Radio-Luxembourg, c'est si merveilleux que ça ?

AP. — En tout cas, ces deux radios servent de paratonnerre. J'aimerais bien qu'il y ait une télévision paratonnerre. Pourquoi pas la deuxième chaîne, que nous allons avoir ?

GdG (sèchement). — Nous n'en sommes pas là ! Attendons la troisième.

AP. — Le nouveau statut doit couper le cordon ombilical entre le gouvernement et la Radio-Télévision.

GdG. — Couper le cordon, ça n'a jamais empêché les mères abusives. »

En réagissant du tac au tac sur l'image, il se place bizarrement en porte-à-faux : « mère abusive », n'est-ce pas précisément le rôle qu'on reproche au gouvernement ? Il ne me suit qu'à contrecœur, et parce que Pompidou me soutient. Je ne le sens pas à l'aise. Il aime les situations claires.

« J'ai vu que vous aviez usé du vote bloqué, c'est ce qu'il fallait faire »

Matignon, 8 avril 1964. Pompidou me dit, jovial, devant Olivier Guichard, qui m'a beaucoup soutenu : « Enfin, ce statut a fini par aboutir ! Il ne va pas aussi loin que vous l'auriez souhaité, mais c'est plus raisonnable comme ça ! Il faut des transitions. »

Palais-Bourbon, 26 mai 1964. Le débat s'ouvre à l'Assemblée. La manière dont il se déroule justifie les soupirs du Général à l'égard des délices du système parlementaire. Des députés gaullistes, dans le huis-clos du groupe, me reprochent de « brader » l'autorité de l'État, au lieu de procéder énergiquement à la reprise en main qui s'imposerait et de « virer » les trois quarts des journalistes et réalisateurs, qui nous sont résolument hostiles ; mais, à la tribune, les mêmes regrettent que je conserve trop de pouvoirs à l'État.

Palais-Bourbon, 25 juin 1964. Ce jeu ambigu aboutit à une désastreuse commission mixte paritaire. La conjonction des députés ou sénateurs qui s'opposent à la réforme parce qu'elle va trop loin, et de ceux qui s'y opposent parce qu'elle ne va pas assez loin, réussit à déshabiller complètement le projet. L'Office est supprimé, l'établissement reprend son ancien nom de RTF, symbole de la mainmise gouvernementale, et les dispositions les plus significatives de la réforme sont annulées. Il ne me reste plus, en pleine nuit, qu'à imposer un vote bloqué sur le texte gouvernemental. La majorité ne peut que me suivre.

Matignon, 26 juin 1964. Pompidou me fait des reproches : « J'ai horreur du vote bloqué. Ces moyens de coercition mettent les députés en boule. Vous n'auriez jamais dû employer cette arme absolue sans m'en parler !

AP. — Je ne voulais pas vous réveiller en pleine nuit pour vous demander cette autorisation, alors que la commission mixte paritaire avait réduit à néant le texte qui nous a coûté à tous les deux tant d'efforts de persuasion auprès du Général. »

Le Général, lui, au contraire, me complimente : « J'ai vu que vous aviez usé du vote bloqué, c'est évidemment ce qu'il fallait faire. » On n'est jamais trop énergique à ses yeux.

Trente ans après, tout observateur de bonne foi reconnaît que, depuis la Libération, cette loi a pour la première fois entamé le processus de « décolonisation » qui s'imposait, c'est-à-dire la distanciation entre le pouvoir politique et la Radio-Télévision. Les mesures prises par Jacques Chaban-Delmas en 1970 pour appliquer cette loi dans son esprit, puis l'éclatement de l'ORTF en sept sociétés en 1974, puis surtout la multiplication des chaînes privées après 1986, ont poursuivi l'action dans le même sens. Pourtant, des journalistes, qui devaient porter à l'époque des barboteuses, racontent que c'est dans ces années-là que le pouvoir a asservi la radio et la télévision...

Chapitre 16

« VOS TYPES NE S'INTÉRESSENT QU'À CE QUI CHOQUE ET À CE QUI EST MOCHE »

Salon doré, 18 décembre 1963. Le Général rêve tout haut devant moi à ce que pourrait faire la télévision pour « élever l'esprit public ».

« Vous savez, la télévision, c'est la meilleure et la pire des choses. Ben Gourion m'a dit qu'il s'était d'abord opposé à ce que la télévision s'installe en Israël. Il sentait qu'elle risquait de distraire ses compatriotes de la construction de leur État. Alors qu'il fallait transformer le désert en oasis, s'engager dans des kibboutz ou dans l'armée, la télévision aurait incité à l'amusement, à l'amollissement, à la paresse. Puis il a fini par se laisser convaincre qu'elle pouvait être utile pour donner une langue et une culture communes à des Juifs qui venaient de partout. Tant qu'il y a tenu la main, elle a joué ce rôle. Mais elle a échappé de plus en plus à l'État. Elle s'est mise à la galéjade, à la gaudriole, à la critique pour la critique. »

« C'est triste, on ne peut rien faire dans ce pays »

Pourtant, le Général aime les choses simples et saines : les films, les jeux, les matches de foot ou de boxe. Il m'a demandé plusieurs fois pourquoi on ne retransmettait pas en direct les spectacles de l'Opéra ou de la Comédie-Française.

AP : « Les réalisateurs ne veulent pas de ces spectacles où l'on se passerait d'eux. Et les auteurs dramatiques ou les directeurs de théâtre ont peur de voir fuir les spectateurs.

GdG. — Quand un spectacle est à bout de souffle, qu'est-ce que ça peut leur faire, quitte à diminuer le prix des places ou même à rendre le spectacle gratuit ?

AP. — On me dit que c'est incompatible avec la qualité de la retransmission. Ce ne sont sans doute que des prétextes. La télévision soviétique pratique ainsi au Bolchoï ; mais nos syndicats communistes sont les plus acharnés contre cette idée.

GdG. — C'est triste, on ne peut rien faire dans ce pays.

AP. — Si, j'espère que nous arriverons à quelque chose : un réalisateur, Sabbagh, étudie comment monter un spectacle où une troupe viendrait jouer sur un plateau de la télévision le spectacle qu'elle aura épuisé en salle » *.

---

* Ce sera « Au théâtre ce soir », qui commencera en 1966.

Salon doré, 28 octobre 1964.

GdG : « Il faut mettre la publicité à la télévision, à la fois la télévision nationale et les émissions régionales. J'en ai parlé au Premier ministre. Il n'y est pas opposé, naturellement. Il dit seulement que le moment ne s'y prête pas. Il est ennuyé de contrer *Match* et de contrer la presse de province. Il voudrait reporter cela après les élections municipales de mars prochain. Mais quant à la décision de principe, elle est prise. Il faut y aller.

AP. — Il faudra une loi pour faire sauter le verrou de l'amendement Diligent*. Et on ne pourra pas non plus la faire voter à la veille de l'élection présidentielle.

GdG. — Oh ! l'élection présidentielle, ça n'a pas de rapport, ça ne se jouera pas là-dessus.

(Il aurait pu faire la même objection sur les municipales mais, pour ces élections-là, il laisse le soin de l'appréciation au Premier ministre.)

AP. — La presse sera furieuse et ne nous fera pas de cadeaux.

GdG. — De toute façon, elle n'en fera pas. Mais que voulez-vous qu'elle fasse ? Elle ne pourra pas empêcher que les candidats se présentent et que le peuple les juge... »

« Si ça vous fait plaisir... »

Au Conseil du 9 décembre 1964, je fais une communication sur la mise en place du nouvel Office de radiodiffusion et télévision françaises : l'assainissement des finances, des effectifs réduits de 10 % malgré l'expansion des tâches, une remise en ordre devant laquelle les syndicats se sont inclinés sans grève. Tout cela, grâce aux débats parlementaires qui ont mis au grand jour les abus du système précédent ; et grâce à l'autorité morale du conseil d'administration, pièce maîtresse du nouveau statut. Mais nous ne nous faisons pas d'illusions. Le personnel fait le gros dos en attendant que le grain soit passé. Nous ne sommes encore qu'à mi-chemin des réformes entreprises.

Le Général commente : « Nous sommes heureux des progrès marqués à la radio et à la télévision. La remise en ordre n'est pas encore achevée, à beaucoup près. Mais elle est en cours, c'est évident. Nous attendons la suite avec confiance.

« Bien entendu, il faut que tout cela se fasse sous votre impulsion et sous votre *tutelle* (il détache le mot, comme s'il le prenait avec

* Cet amendement, voté en 1960, à l'instigation du député centriste André Diligent, interdisait l'instauration de la publicité à la télévision, sauf décision expresse du Parlement.

des pincettes), puisque vous mettez votre coquetterie à ne pas vouloir qu'on parle de votre *autorité*.

AP. — Mon général, les améliorations que l'on peut noter coïncident en effet avec le moment où j'ai abandonné l'*autorité* sur l'établissement pour une modeste *tutelle*.

GdG. — Je ne suis pas sûr que vous n'y seriez pas arrivé en montrant votre "autorité". Mais si ça vous fait plaisir... »

« Que vos types ne se laissent pas impressionner par les réalisateurs, ce sont des décadents »

Salon doré, 17 février 1965.

Le Général me demande de « remonter les bretelles » de la direction de l'ORTF, face aux réalisateurs, qui font la grève.

AP : « La grève des réalisateurs est peut-être le début d'une grande épreuve de force. Il faut toujours prévoir le pire, c'est-à-dire l'arrêt des émissions. Mais je ne crois pas que nous en arrivions là, à cause du service minimum.

GdG. — Ne craignez pas l'épreuve de force ! Profitez-en au contraire pour faire le ménage ! Il faut saisir cette occasion pour se débarrasser enfin de cette maffia : ils ne doivent pas diriger, mais être dirigés.

« Qu'on ne se laisse pas impressionner par leur prétendu talent ! En réalité, ces gens sont des décadents. Ils présentent toujours le côté catastrophique, misérable et lamentable des choses. C'est une tendance qui a toujours caractérisé les décadents ! Il faut les empêcher de montrer complaisamment ce qui est malade plutôt que ce qui est sain, la veulerie plutôt que l'effort, les échecs plutôt que les succès, les hontes de l'histoire plutôt que ses gloires ! Vos types ne s'intéressent qu'à ce qui choque ou à ce qui est moche. »

« Le nécessaire n'a pas été fait par qui devait le faire »

Au Conseil du 3 mars 1965, Couve souligne que nos cinq partenaires essaient de renforcer la dose de supranationalité. La Commission ne s'appellerait plus Commission, mais Exécutif européen ; l'Assemblée serait baptisée Parlement européen.

GdG : « Il faut s'y opposer ! Notre radio et notre télévision reprennent ce vocabulaire. C'est inacceptable ! »

Le Général se tourne vers moi : « Le nécessaire n'a pas été fait par qui devait le faire. »

À la sortie, Pompidou me dit : « Cette fois, vous avez reçu votre *avoinée.* »

« *Le grand manitou de la radio, c'est un ennemi déclaré* »

Au cours du Conseil du 31 mars 1965, Pompidou a ce mot acerbe : « À la télévision, les informations ne se sauvent de la platitude que par le persiflage. »

D'habitude, devant le Général, il me soutient. Il a fallu qu'il soit vraiment agacé.

Salon doré, audience du mardi 13 avril 1965.

AP : « Je voudrais vous dire un mot des remous actuels à la télévision. Lorenzi * fait des histoires.

GdG. — Oui. Alors, la presse beugle. Mais ce n'est rien. Il faut nettoyer cette maison de ces cocos et de tous leurs compagnons de route qui s'y sont agglutinés et qui font régner l'intimidation, quand ce n'est pas le terrorisme ! Il y a un individu qui s'appelle Max-Pol Fouchet, qui s'est instauré grand manitou de la radio. C'est un ennemi déclaré. Et il est incapable de parler de quelque chose qui ne serait pas anormal. C'est une espèce de maladie qu'il a. Alors, ça choque le bon peuple.

« En revanche, le public ne s'est pas tellement ému de la disparition de Lorenzi. C'est la presse qui s'agite. Les journaux attaqueront de toute façon, quoi qu'on fasse, quoi qu'on dise.

AP. — Lorenzi, c'est le gros morceau, parce qu'il était une sorte de symbole de la télévision.

GdG. — Lorenzi et tous ces réalisateurs se partagent tous les fromages. C'est un monopole, toute cette télévision soi-disant artistique. Et ça finit toujours par Aragon. Vraiment, c'est exagéré. Il faut faire sauter Max-Pol Fouchet et Lorenzi ! Qu'on ne traîne pas ! »

« *Les monopoles sont injustifiables* »

Salon doré, 21 juillet 1965.

GdG : « Les monopoles sont injustifiables, en particulier, pour la littérature et l'art, celui de Max-Pol Fouchet. Il ne manque pas de talent d'ailleurs, sur tel peintre, tel sculpteur, telle époque artistique, toujours selon son engagement. Mais il n'y a que lui qui fasse ça. C'est donc un monopole.

AP. — À mon avis, l'engagement en matière artistique est beaucoup moins grave que dans le domaine historique et dans le domaine politique.

---

* Stellio Lorenzi, dont l'émission mensuelle, « La Caméra explore le temps », a été supprimée.

GdG. — Je reconnais que sur l'art, le théâtre, la littérature classique, c'est pas très grave. Je ne demande pas une chasse aux sorcières, ni qu'on interdise à un réalisateur communiste, s'il a du talent, d'adapter *Le Cid* ou *Le Bourgeois gentilhomme.* »

« D'Astier gaulliste ? Vous voulez rire ! »

Salon doré, 8 septembre 1965.

AP : « D'Astier de La Vigerie est interrogé de temps à autre sur la seconde chaîne de la télévision. Il passe bien, ça a du succès. Il a la réputation d'être d'extrême gauche, mais il est aussi gaulliste qu'on peut l'être quand on est de gauche. Il souhaiterait être transféré sur la première chaîne, ce qui accroîtrait son audience.

GdG. — D'Astier gaulliste, vous voulez rire ? Mais quel contrepoids lui mettrez-vous ? Pourquoi bâtir une seule personnalité ? Trouvez-en d'autres qui passent bien ! Vous me dites que vous cherchez un gaulliste. On ne peut pas vraiment être gaulliste si on est de gauche, ni si on est de droite. Être gaulliste, c'est n'être ni à gauche, ni à droite, c'est être au-dessus, c'est être pour la France. »

Chapitre 17

« UNE GROSSE TÊTE EST PLUS RESPONSABLE QU'UNE TÊTE DE PIAF* »

23 avril 1963.

« Quel est le rôle d'un intellectuel, sinon de combattre les préjugés ? Qu'ai-je fait d'autre toute ma vie — me dit le Général dans l'autorail qui nous conduit vers Rethel ? Et pourtant, je me heurte à des préjugés plus forts chez les intellectuels que dans aucune autre catégorie de la nation. »

Nul doute qu'une des souffrances secrètes qu'ait éprouvées de Gaulle, a été l'incompréhension des intellectuels.

Malraux me parle souvent de cette hostilité des milieux intellectuels à de Gaulle. Il est le premier à s'y heurter. Mais il déplore qu'on leur fasse trop de concessions — en fait d'intellectualité, il ne craint personne : « Presque tout ce que nous avons fait depuis la guerre, particulièrement depuis le retour du Général, c'est par mauvaise conscience envers l'*intelligentsia* de gauche. C'est *Le Nouvel Observateur* qui gouverne ce pays. »

Je demandais récemment à un écrivain naguère gauchiste, enthousiaste pour de Gaulle vingt ans après sa mort : « Ça ne vous ennuie pas, d'être passé à côté du Général de son vivant ?
— Mais je ne suis pas passé à côté ! Je lui suis rentré dedans. »
Cette superbe réponse n'aurait pas été de nature à mettre un baume sur la blessure que ressentait de Gaulle.

Déjà, l'avait blessé la désertion des intellectuels en 1940 ou leur méfiance à son égard ; même ceux qui quittaient la France, les Saint-John Perse, Jules Romains, André Maurois, travaillaient contre lui ou n'avaient pas un mot pour lui. Alors qu'il livrait une bataille *morale.* Alors qu'il s'agissait de montrer que l'âme de la France était avec lui..

« Le vichysme ne ralentit pas, il accélère »

Le Général parle rarement de l'attitude des écrivains pendant la guerre, mais, de-ci, de-là, une observation fulgurante montre qu'il y pense toujours.

Au Conseil du 31 juillet 1962, Roland Dorgelès est proposé comme Grand Officier de la Légion d'honneur.

---

* En argot vieilli, *moineau.*

GdG (laconique) : « C'est la consécration d'une brillante carrière vichyste.

Pompidou (ennuyé). — Au contraire, c'est parce qu'il a été vichyste que sa carrière dans la Légion d'honneur avait été ralentie.

GdG (acide). — Heureusement que ça a changé, le vichysme ne ralentit pas, il accélère. »

« *Paul Morand m'a* manqué »

Préfecture d'Angoulême, le 12 juin 1963.

Le Général ayant parlé, non de « la doulce France », comme dit la *Chanson de Roland*, mais de « France la douce », la formule de Paul Morand, l'idée me vient de le questionner sur l'écrivain.

« Pourquoi, mon général, en avez-vous voulu plus à Paul Morand, chef de la mission économique à Londres, qu'à Corbin et à l'ambassade, de vous avoir fait faux bond, alors qu'ils sont partis dans le même bateau ?

GdG. — Après Mers-el-Kébir, Vichy avait rompu les relations avec Londres et fermé l'ambassade. Les fonctionnaires sont habitués à obéir. Ceux-là ne sont pas plus blâmables que les autres. Mais Morand, Vichy lui demandait au contraire de rester à Londres ! C'est lui qui s'est précipité à Vichy, où on ne voulait pas de lui.

« Et puis, Morand était un grand écrivain, choyé comme tel à Londres. Il était très introduit dans la société anglaise, cette oligarchie dont se moquait Napoléon. Quelques centaines de lords et de grands patrons ou banquiers exerçaient le vrai pouvoir. Nous ne connaissions personne. Vous imaginez de quel prix aurait été son ralliement ! Il aurait pu apporter à la France libre le faisceau des relations qu'il s'était faites par sa renommée littéraire, par ses succès auprès des dames. Il m'a *manqué.* » Il appuie comme pour dire : « Il a manqué gravement à ses devoirs envers moi. » Un silence, puis il reprend : « Sa femme avait du bien. Quand on a du bien, on le fait passer avant la patrie. Les Français qui avaient du bien ne m'ont pas rejoint *. Quand on a le talent et la notoriété d'un grand écrivain, on ne fait pas passer d'abord son bien. Morand est impardonnable. »

De Gaulle n'a pas pardonné. En 1959, à peine était-il installé à l'Élysée, que Paul Morand se portait candidat à l'Académie. Onze académiciens, à l'initiative d'André Chamson, François Mauriac et Pasteur Vallery-Radot, lui demandèrent d'user de ses prérogatives de protecteur de l'Académie pour faire connaître qu'il ne ratifierait pas cette élection. Il répondit qu'il estimait en

* Pense-t-il, par contraste, à Élisabeth de Miribel, la secrétaire de Paul Morand, qui, elle, vint spontanément se mettre à son service — et tapa l'appel du 18 Juin ?

effet souhaitable « d'attendre que le temps eût fait son œuvre ». Dix-neuf ans n'avaient pas suffi.

En 1968, Paul Morand frappe de nouveau à la porte. Le Général, interrogé, fait savoir qu'il ne s'opposera plus. Morand élu, le directeur en exercice, Jean Mistler, demande audience, selon la coutume, pour le présenter au Président. Le Général reçoit Mistler seul, sans la moindre allusion à l'élection. Quand le Général raccompagne son visiteur : « Considérons, dit-il, que j'ai reçu Paul Morand. » Vingt-huit ans après, il ratifiait l'élection, mais en s'épargnant de serrer la main de celui qui lui avait *manqué.*

« Je vous fais duc »

Le traitement infligé à Morand est à la mesure du respect dans lequel il tient l'Académie. Le Général marque envers les académiciens une déférence qui fait parfois sourire. Un écrivain, un artiste ou un savant a, pour lui, beaucoup plus de prestige qu'un négociant, qu'un chef d'entreprise, qu'un fonctionnaire. Un écrivain a la liberté de sa plume ; un artiste a le don de la création ; un savant a le prestige de la découverte. Si, en plus, il est membre de l'une des cinq Académies, et surtout de la Française, son auréole n'a plus de limite : il a sa chance de braver le temps.

Lévis-Mirepoix, historien estimable mais sans grand éclat, avait été élu à l'Académie, plus parce qu'il était duc que pour son œuvre littéraire. Or ce Grand d'Espagne, marquis en France, n'était duc qu'en Castille. Comme ses livres portaient le titre ducal, il voulait régulariser. Il demanda au garde des Sceaux de l'investir.

« Mais, lui répond Edmond Michelet, sous aucune des cinq Républiques un garde des Sceaux n'a conféré un titre de noblesse à quelqu'un dont l'ascendance ne l'avait pas reçu sous la monarchie ou sous l'Empire. »

Lévis-Mirepoix invoque un édit royal de 1774, qui admettait les Français Grands d'Espagne « aux honneurs des ducs ».

Michelet : « Le garde des Sceaux a le pouvoir de faire un décret confirmant les titres nobiliaires antérieurs, non de les créer ! À moins que… le Président de la République, comme successeur des souverains, décide lui-même de vous conférer un titre que vous n'avez pas en France. »

Le Général a pris la décision de reconnaître au marquis de Lévis-Mirepoix le titre de duc. Sans doute n'eût-il pas été élu à l'Académie, si ses confrères n'avaient pas cru qu'il était duc. Sans doute le Général ne l'aurait-il pas fait duc, s'il n'avait été de l'Académie française.

Salon doré, 31 juillet 1963. Je signale au Général que je compte rééditer *Rue d'Ulm*, une anthologie composée en 1946 tandis que j'étais élève à l'École normale, qui fêtait cette année-là son cent-cinquantenaire. Parmi les nombreux écrivains « archicubes » dont j'avais alors réuni les pages sur Normale, j'avais prévu des extraits du beau livre de Robert Brasillach *, *Notre avant-guerre*, écrit au front entre septembre 1939 et mai 1940.

Pour régler le problème des autorisations de publier, j'avais consulté la présidente de la Société des gens de lettres. En feuilletant le sommaire, elle avait sursauté : « Brasillach ? Vous n'y pensez pas ! Si vous le faites figurer, les trois quarts des autres se récuseront ! Paix à son âme, mais silence sur ses écrits ! »

Je demande au Général s'il voit un inconvénient à ce que je publie ces pages, et lui explique pourquoi j'avais dû y renoncer en 1946.

GdG : « Cette réaction se comprend, compte tenu de l'atmosphère d'alors. Mais le temps a fait son œuvre... D'ailleurs, même alors, c'était bien excessif d'éliminer des textes qui n'étaient pas des appels à la collaboration avec l'ennemi.

AP. — Je ne voudrais pas vous poser une question relative à la décision que vous avez prise en 1945. Mais... supposons que Brasillach se soit caché pendant les dix-huit ans qui ont suivi, et qu'ayant été retrouvé, il soit de nouveau condamné à mort aujourd'hui. Exerceriez-vous votre droit de grâce ? »

Le Général reste silencieux. Va-t-il refuser de répondre sur une affaire qui relève de sa seule conscience ? Il finit par dire : « Aujourd'hui, je ne sais pas. La roue a tourné. Mais, cet hiver-là, la guerre continuait, nos soldats tombaient sous le canon des Allemands. Tant de pauvres types ont été fusillés sommairement à la Libération, pour s'être laissé entraîner dans la collaboration ! Pourquoi ceux qui les ont entraînés — les Darnand, les Déat, les Pucheu, les Henriot, les Brasillach — seraient-ils passés entre les gouttes ? Un intellectuel n'est pas moins, mais plus responsable qu'un autre. Il est un incitateur. Il est un chef au sens le plus fort. François Mauriac m'avait écrit qu'une tête pensante ne doit pas tomber. Et pourquoi donc, ce privilège ? Une grosse tête est plus responsable qu'une tête de piaf ! Brasillach était intelligent. Il avait du talent. Ce qu'il a fait est d'autant plus grave. Son engagement dans la collaboration a renforcé les nazis. Un intellectuel n'a pas plus de titres à l'indulgence ; il en a moins, parce qu'il est plus informé, plus capable d'esprit critique, donc plus coupable. Les paroles d'un intellectuel sont des flèches, ses formules sont des balles ! Il a le

* Écrivain, rédacteur en chef de l'hebdomadaire collaborationniste *Je suis partout*, condamné à mort le 19 janvier et fusillé le 6 février 1945.

pouvoir de transformer l'esprit public. Il ne peut pas à la fois jouir des avantages de ce pouvoir-là et en refuser les inconvénients ! Quand vient l'heure de la justice, il doit payer » *.

De Gaulle a entouré cette mort de la musique de l'héroïsme.

« Comment la puissance peut se tirer de la désinvolture »

Salon doré, 8 février 1964.

La nouvelle édition de *Rue d'Ulm* est parue en janvier, avec une préface de Georges Pompidou et les pages de Robert Brasillach. Le Général m'en parle plus longuement qu'elle ne le mérite ** : « Notre monde est fait de beaucoup de mondes. Le monde de Normale est différent des autres, en ce sens que tous ceux qui lui appartiennent ont quelque chose en commun, qui est reconnaissable au premier coup d'œil ; mais qu'en même temps, ils tiennent tous à être différents les uns des autres. À Polytechnique, à Saint-Cyr, à Navale, peut-être à cause de l'uniforme, les élèves se veulent pareils... À Normale, la volonté de puissance s'exprime par l'insolence. On fait un pied de nez à la hiérarchie de la société et de l'État. » (Il songe évidemment à l'accueil qu'il a reçu rue d'Ulm ***.)

Deux jours plus tard, je reçois une lettre manuscrite qui, avec quelques gentillesses, revient sur ce qu'il avait développé oralement :

« Dans notre monde, combien de mondes ! Celui de Normale nous montre comment la puissance peut se tirer de la désinvolture. »

La formation qu'il a reçue, ou s'est donnée, lui a enseigné que la « puissance » ne peut résulter que de l'acharnement, de l'engagement total. Il reste étonné qu'elle puisse récompenser le dilettantisme. A-t-il trouvé ce qui le sépare à jamais des intellectuels ?

*« Une pensée de Péguy ?
"L'ordre seul fait en définitive la liberté" »*

Mais il est des écrivains qui lui permettent de prendre de l'altitude.

Salon doré, 1er juillet 1964. À la fin de notre tour d'horizon hebdomadaire, de Gaulle redresse la tête, impératif :

---

* Seize ans après cette conversation, j'ai eu entre les mains, à la Chancellerie, le dossier du recours en grâce présenté par l'avocat de Brasillach. Le Général avait écrit en marge : « Il ne l'eût voulu. »

** Ce livre figure toujours dans la petite bibliothèque de son bureau de Colombey. Les pages sont effectivement coupées.

*** *C'était de Gaulle*, tome 1, p. 42. « On ne serre pas la main d'un dictateur ».

« Ah ! Je voulais vous dire. Il faut que vous vous disposiez à faire le 5 septembre, pour le cinquantenaire de la mort de Péguy, un discours à Orléans. » Puis, l'ordre donné, il s'excuse courtoisement de m'imposer une corvée : « Vous comprenez, je voulais prononcer cette allocution moi-même, là où il est tombé, à Villeroy, le 5 septembre, avant d'aller à Meaux, puis à Reims le 6, pour commémorer la bataille de la Marne... Mais on a organisé ce jour-là de grandes célébrations à Orléans. Alors, ça ne va plus avec la bataille de la Marne, c'est autre chose. J'avais pensé à Malraux, mais il s'est récusé ; Péguy n'est pas son type. »

Ces explications n'étaient pas nécessaires pour que je me plie à ce rôle de roue de secours. J'en profite pour questionner le Général : « Si c'est vous qui aviez fait le discours, qu'auriez-vous souhaité dire ? Qu'était Péguy pour vous ? »

Il garde un instant le silence.

GdG : « Ce que j'ai apprécié en lui, c'est un style. Une pensée. Une culture. Des jugements. Des réactions. Une pensée, à la fois, d'une extraordinaire continuité, où l'on retrouve sans cesse les mêmes principes, les mêmes idées-forces ; et d'une grande mobilité, puisqu'il l'exerce sur des situations changeantes, et qu'il aime aussi changer d'optique.

AP. — Y a-t-il un mot, une sentence de lui, qui vous ait frappé plus que les autres ?

GdG (sans hésiter). — Une pensée de Péguy ? "L'ordre et l'ordre seul fait en définitive la liberté. Le désordre fait la servitude." »

Dimanche 6 septembre 1964, devant le parvis de la cathédrale de Meaux. Quand l'aide de camp ouvre la porte, le préfet Verdier me pousse en avant. Le Général, en uniforme kaki, se déplie. Il me garde la main un instant, ce qui n'est pas dans ses habitudes : « Je vous ai vu à la télé *. C'était bien. »

« Péguy sentait les choses exactement comme je les sentais »

Salon doré, 9 septembre 1964, le Général me reparle de Péguy. Occasion pour renouveler mes questions :

AP : « Me permettez-vous de vous demander si Péguy a effectivement exercé une influence sur vous ? Plus que Pascal, que Chateaubriand, que Bergson ?

GdG. — Aucun écrivain ne m'a autant marqué. Dans les années qui ont précédé la guerre, je lisais tout ce qu'il écrivait, pendant mon adolescence et quand j'étais à Saint-Cyr, puis jeune officier.

---

* La télévision avait consacré à cette commémoration une séquence de deux à trois minutes.

Je me sentais très proche de lui. Ce qui m'intéressait surtout chez lui, c'était son instinct.

AP. — Son instinct national ?

GdG. — Pas seulement. Je dis bien : son instinct. Il sentait les choses exactement comme je les sentais, et j'avais l'impression, la conviction, qu'il ne se trompait pas, alors que beaucoup autour de nous se trompaient.

AP. — Vous avez baigné dans le même climat, vous avez eu la même formation intellectuelle ?

GdG. — Oui, bien sûr, nous étions portés par notre époque. Mais beaucoup d'autres, qui l'étaient aussi, ne pensaient pas de la même manière.

« Et puis, j'étais attiré par son style, son goût des formules, ses répétitions. Bien sûr, il y avait dans tout cela de la confusion et des termes abscons. Alors là, je ne l'en approuvais pas. Mais, tout à coup, après un long piétinement et quelques expressions peu réussies, il a des formules fulgurantes. Ça aussi m'attirait beaucoup, et je pense qu'il a dû, à cet égard, m'influencer.

AP. — Mais l'essentiel, c'est bien ce qu'il appelait "la personne France" ?

GdG. — Oui, évidemment. Il était très français. Il était même terriblement revanchard. L'autre jour, le fils de Millerand m'a donné une lettre autographe de Péguy à son père. Millerand était en 1912 ministre de la Guerre, et Péguy lui écrivait : "Je rêve de prendre la tête de ma section et d'aller défiler dans Weimar" ! »

Le Général rit, comme souvent pour balayer une émotion. Cette phrase l'a touché. Sur le rêve de gloire, presque enfantin, du lieutenant qui voudrait entrer, drapeau déployé, dans la ville de Goethe, il surimprime l'image tragique du poète qui tombe, vingt mois plus tard, « à la tête de sa section ». Lui aussi, enfant, saint-cyrien, a fait ces rêves. Lui aussi a été fauché par une balle *. Mais lui, il a eu la chance d'en réchapper, et, trente ans après, d'imposer nos couleurs jusqu'à Berlin. Deux amants de la France, liés par une fraternité.

AP : « Lui aussi, il se faisait une certaine idée de la France, comme d'une personne vivante, pareille à la Madone des fresques.

GdG. — Oui, c'est évident. »

Le ton est brusque, il faut changer de sujet... Je croyais qu'il refusait d'établir une filiation quelconque avec qui que ce soit. Et voici qu'il s'avoue un maître. Entre la France et lui, Charles Péguy a servi d'intercesseur.

---

* Deux fois : devant le pont de Dinant, le 15 août 1914 : à Mesnil-lès-Hurlus, le 10 mars 1915. (En outre, il a reçu un coup de baïonnette devant Douaumont le 2 mars 1916.)

Chapitre 18

« DÉMENTEZ... NE DÉMENTEZ PAS »

Salon doré, 27 février 1963. Quelle phrase de mon dernier point de presse ne lui a pas plu ? J'ai droit à une algarade.

GdG : « Pourquoi vous laissez-vous poser des questions par les journalistes ? Si vous avez quelque chose à leur dire, c'est vous qui les convoquez ! Sinon, vous vous taisez ! Quand ils vous posent des questions indiscrètes, répondez : *Si je le savais, je ne vous le dirais pas, mais je ne le sais pas.* Ils passeront leur chemin. »

En me raccompagnant, cette fois sur le ton du conseil paternel :

« Vos journalistes ne vérifient rien. Ils ne reconnaissent jamais leurs erreurs. Ces irresponsables donnent des leçons aux responsables, et pour commencer à moi-même. Ne vous laissez pas impressionner par cette engeance. »

Le plus souvent, il me dicte ses instructions en cherchant des mots très mesurés. D'autres fois, il m'assène des phrases comme des coups de maillet. Si je les reproduisais telles quelles, je ferais battre les montagnes. Il m'en voudrait.

Pompidou avait approuvé la formule : « De cette main de fer, nous devons être les gants de velours. » Elle me paraît chaque jour plus appropriée *.

« Il n'y a qu'un État, il ne doit y avoir qu'une information d'État »

Salon doré, 20 mars 1963.

GdG : « Autour de vous, quels sont vos services ?

AP. — Aucun, si ce n'est un service technique qui attribue des subventions à la presse en fonction du tirage.

GdG. — Vous n'avez pas de service de presse ? Un service d'information, qui vous aide à élaborer une information d'État ?

AP. — Chaque ministère a le sien, mais le ministère dit de l'Information n'en a pas.

GdG. — Vous devriez en avoir un ! Chaque ministre a tendance à voir les choses selon son optique propre, à faire sa propagande et non celle de l'État dans son ensemble. Quand je parle à la nation, je ne traite jamais un seul sujet, mais plusieurs. C'est que tout se tient. »

---

* Cf. tome I, p. 133.

Le Général n'a donc pas perdu son ambition de faire le « grand ministère de l'Information » qu'il voulait confier à Maurice Schumann. Il s'était rabattu sur un petit secrétaire d'État.

Déjà, *le 18 juillet 1962*, il m'avait dit :

« Ce n'est pas acceptable ! Il n'y a qu'un État, il n'y a qu'une seule information d'État ! Vous ne devez pas céder devant le particularisme des ministères ! Vous devez savoir en gros, avant d'entrer dans la salle du Conseil, ce que les ministres vont dire, et vous y préparer. Demandez, exigez de recevoir la veille au soir le résumé de la communication de chacun des ministres qui en fait une. »

Pompidou m'ayant donné son accord, j'avais préparé en août, à sa signature, une circulaire à cet effet. Le secrétariat général du gouvernement l'avait bloquée : pareille méthode ferait trop de remous. À la mi-septembre, m'échoit le ministère des Rapatriés. Quand je reviens à l'Information, le 5 décembre, la circulaire préparée en août est restée dans les tiroirs.

Il a fallu que le Général pousse lui-même une colère, *le 27 mars 1963*, pour que l'affaire se débloque :

« Je vous vois peiner, me dit-il *à l'issue du Conseil*, pour avoir l'accord de vos collègues avant qu'ils ne s'égaillent. Pourquoi ne leur demanderiez-vous pas de faire d'avance un résumé pour la presse de ce qu'ils vont dire ? »

Peut-être est-il surtout irrité de devoir attendre quelques instants à la sortie du Conseil, pendant que je fais le tour des ministres communiquants pour m'entendre avec eux ? N'a-t-il pas trouvé ce moyen oblique et courtois pour m'obliger à le suivre dans son bureau à l'instant même où il a fini de serrer les mains ? Ou a-t-il jeté son regard de lynx sur un défaut d'organisation ? Il attache aux questions de méthode une attention qui n'a nullement faibli depuis ses écrits antérieurs à la guerre. Je ne me le fais pas dire deux fois et je fais retaper la circulaire préparée en août dernier. Pompidou la signe incontinent puisque — Burin le lui confirme — c'est un ordre du Général *. Comme les choses sont simples, quand le Général tape du poing sur la table !

---

* Lettre du Premier ministre aux ministres et secrétaires d'État du 12 avril 1963 :

« Les commentaires ou explications qui doivent être donnés devant la presse à l'issue du Conseil des ministres par le ministre de l'Information sont ordinairement élaborés, en accord avec chacun des ministres intéressés, dans des conditions de précipitation qui ne mettent pas pleinement M. Peyrefitte en mesure de faire face à cette tâche.

« J'estime nécessaire que les membres du gouvernement qui doivent intervenir en Conseil mettent préalablement au point un résumé de leur intervention sur la base duquel sera fait le commentaire public. (...)

« Je vous serais reconnaissant de bien vouloir veiller personnellement à l'application de cette règle. »

« Vous n'avez pas fait la rectification que je vous ai demandée »

Salon doré, 27 mai 1963. Le Général m'a convoqué. Il est en colère contre « certain journal » (il répugne à le nommer) qui amorce une campagne de presse pour accabler le gouvernement à partir du rapport de la Cour des Comptes. Il me dicte littéralement ce que je dois dire aux journalistes « pour mettre fin à l'exploitation qu'on est en train de faire de ce rapport ».

Le Général développe sans aucune note sous les yeux, mais comme s'il en avait une sous son regard intérieur. Que nous voilà loin, pourtant, du « domaine réservé » ! Il conclut : « Si vous n'écrasez pas rapidement cette campagne de presse, vous allez voir qu'elle va s'amplifier.

AP. — Mais ça devrait être à Giscard de le faire ?

GdG. — Puisqu'il ne le fait pas, je vous demande de le faire. »

D'ordinaire, le Général « laisse courir » les journalistes. Cette fois-ci, il voit que la seule façon de répondre à une campagne de presse, c'est de la tuer dans l'œuf. Change-t-il de méthode ? Passe-t-il du mépris à la pédagogie ? Mais il me demande de fouler les plates-bandes de Giscard. J'appelle celui-ci sur l'interministériel, avant de faire la déclaration prescrite. Il grimpe aux rideaux : « Mais c'est mon affaire ! Je vais en faire l'objet d'une communication au prochain Conseil. Je vous conjure de ne pas me couper l'herbe sous le pied ! »

Or, *au Conseil du 5 juin 1963*, la communication de Giscard souligne plutôt ce qu'il y a de positif dans ce rapport, ce qui déclenche Pisani :

Pisani : « L'État est mis en accusation par des opposants qui s'appuient sur ce rapport de la Cour des Comptes. Faut-il rester sans voix devant des critiques sans fondement ? »

Le Général tourne la tête vers moi : je pique du nez dans mes papiers. Toujours apaisant, Pompidou : « Il ne faut pas dramatiser les effets sur l'opinion. Il est bon d'entendre des critiques. Ça fait du bien. »

Après le Conseil, le Général s'étonne :

« Vous n'avez pas fait la rectification que je vous ai demandée la semaine dernière à propos de la Cour des Comptes ? Je ne l'ai vue nulle part. » J'explique au Général que j'ai averti Giscard ; il fera le battage nécessaire tout à l'heure, à l'issue du Conseil.

GdG : « Naturellement, chaque ministre entend être propriétaire de l'information de son ministère. Ça ne va pas ! C'est vous et personne d'autre qui êtes chargé de coordonner l'action de l'État en matière d'information ! Ne vous laissez pas manger la laine sur le dos, que diable ! »

Conseil du 31 juillet 1963.

Devant des collègues méfiants, j'expose que l'on va monter un service de liaison léger : un directeur, aidé par huit conseillers techniques dépendant des principaux ministères, et qui continueront à être rattachés aux cabinets de leurs ministres. Impossible de faire plus modeste *.

Le Général reprend : « Il faut que ce service coordonne l'action des services de presse des différents ministères, de manière que la politique que nous arrêtons ici même n'apparaisse pas comme la juxtaposition des politiques hétéroclites d'administrations indépendantes les unes des autres, mais comme une politique unique, à laquelle le Président de la République donne l'impulsion et dont le Premier ministre coordonne l'exécution. »

Personne ne fait d'observation.

« La presse est une citadelle hostile »

Au Conseil du mardi 1er octobre 1963, après le voyage dans la vallée du Rhône :

GdG : « L'attitude de la presse, notamment dans ces provinces-là, a quelque chose d'incroyable comme système de débinage et de malfaçon. La presse est une citadelle hostile. Elle dispose d'un monopole de l'information et de la publicité, qui est à la limite de l'odieux. Quant au Journal télévisé, qui ne bénéficie pas, lui, de la publicité, le moins qu'on puisse dire est qu'il n'arrive pas à rétablir l'équilibre. »

Septembre 1963.

Il n'y pas de quotidien français aux Antilles : seulement des feuilles hebdomadaires. Robert Hersant, député de l'Oise et propriétaire de *L'Auto-Journal*, voudrait fonder un journal, *France-Antilles*. Nul besoin d'autorisation du gouvernement pour cela. Mais le projet n'est réalisable que si la Société nationale des entreprises de presse, propriétaire de la seule imprimerie moderne à la Martinique, imprime ce journal. Puisqu'il s'agit d'une société nationale, il faut l'aval du ministre de tutelle. Comme l'outre-mer fait partie du « domaine réservé », je pose la question au Général.

GdG (il a sursauté) : « Hersant n'est pas des nôtres.

AP. — En effet : il vote systématiquement la censure.

GdG. — Cherchez un autre éditeur de journaux. »

---

* Ce sera le Service de liaison interministérielle pour l'information (SLII), qui, avec des moyens qui se sont fortement étoffés, a existé depuis lors, sous le nom de SID (Service d'information et de documentation), puis de SIG (Service d'information du gouvernement) à la disposition du Premier ministre.

Je consulte l'un après l'autre les trois grands patrons de presse qui ont reçu son agrément *. Bredouille, je fais mon rapport au Général.

GdG : « Pourquoi Hersant veut-il faire ce qu'aucun autre ne veut faire ? Si c'est juteux pour lui, ça devrait l'être pour les autres ? Renseignez-vous. »

J'apprends ainsi qu'Hersant dispose d'un large crédit des banques. J'en fais part au Général, qui ne se rend pas encore :

« Il vous faut vérifier qu'il ne sera pas favorable à une sécession des Antilles. Obtenez des garanties précises. »

Hersant se prête à mes exigences : personne n'est plus favorable que lui au maintien des départements d'outre-mer dans la France. L'accord est conclu sur ces bases. Il me le confirme par écrit. Les Antilles ont enfin un journal.

« Ils ont vécu de la guerre d'Algérie pendant huit ans »

Salon doré, jeudi 14 novembre 1963.

AP : « Que pensez-vous de l'accord égypto-algérien, aux termes duquel Le Caire doit réactiver en Algérie les bases aériennes abandonnées par notre armée ?

GdG. — Les journaux donnent une importance démesurée à des choses qui n'en ont aucune. Mais vos journalistes ne cherchent qu'une chose, remplir leurs colonnes. Alors, il faut absolument qu'ils montent en épingle le moindre événement, même s'il est dérisoire. Nos journaux ont vécu de la guerre d'Algérie pendant huit ans. Ils l'ont fait durer le plus longtemps possible. Elle aurait été terminée bien avant, s'ils n'avaient pas joué à fond pour qu'elle dure. Maintenant qu'elle est finie, ils voudraient essayer de la ressusciter, ça leur permettrait de vendre leur papier. »

Terrible accusation, que la presse — en tout cas les quelques journaux auxquels il pense —, si elle la connaissait, récuserait hautement. Elle arguerait qu'elle a aidé de Gaulle à convaincre les Français qu'il fallait partir. Mais il est convaincu qu'elle a poussé les chefs du FLN à durcir leurs exigences.

« Il y a une rééducation à faire de la Nation »

Deux ans plus tard, il revient sur le sujet, tout en l'élargissant ; car dans ce comportement, la presse est, à sa façon, très française :

Salon doré, 27 octobre 1965.

GdG : « Pendant la guerre d'Algérie, les fellagas se nourrissaient de ces journaux soi-disant français qui passaient leur temps à dire : "Le gouvernement français, c'est de la blague, il ne veut pas s'ar-

* Robert Meunier du Houssoy, Émilien Amaury, Jean Prouvost.

ranger avec vous. Il cherche à vous rouler." Ils ont ainsi prolongé la guerre d'Algérie d'au moins un an, pas loin de deux, car ça mettait les Algériens en défiance. Par exemple, à Melun, on n'a pas pu engager véritablement la conversation. Ça a entretenu un état d'esprit déplorable. C'est la même chose maintenant pour le Marché commun. Ils souhaitent ardemment que la France ne puisse pas l'emporter (il tape sur la table). Ils seront navrés, désespérés.

AP. — Cet état d'esprit n'existe pas chez nos partenaires. On dirait qu'ils appliquent le principe anglais : "*Right or wrong, my country*" *.

GdG. — Nos partenaires ont une certaine discipline nationale, même s'ils sont dans l'opposition. Sur un problème international, même s'ils sont en désaccord, ils font bloc. Cette débandade n'existe que chez les Français. Jamais un conservateur anglais ne dira du mal de son gouvernement travailliste à l'étranger, et réciproquement.

« Chez nous, ce n'est pas une manie, c'est un vice. C'est la raison pour laquelle, d'ailleurs, le régime d'assemblée et le règne des partis, c'est impossible en France. On ne peut pas laisser gouverner les partis. Les partis sont anti-France, automatiquement.

AP. — C'est antérieur ! Condé, c'était avant les partis.

GdG. — Bien sûr. Condé s'alliait avec l'étranger. La Ligue allait chercher les Espagnols. Les protestants allaient chercher l'Empire. Les Vendéens allaient chercher les Anglais. Et du temps de Vercingétorix, des tribus gauloises trahissaient déjà au profit de César. C'est un vice national. Il y a une rééducation à faire de la Nation. Seulement, comme la mauvaise éducation a pris des centaines d'années, la rééducation sera longue. »

« Plus ils pataugent, mieux ça va »

Salon doré, 22 janvier 1964.

AP : « Y a-t-il du vrai dans le bruit qui court les salles de rédaction, selon lequel vous recevrez Chou En-lai à Paris ?

GdG. — Les journaux prêchent le faux pour savoir le vrai. Ils espèrent que je vais démentir. Je les ignore. C'est la meilleure tactique. Qu'ils inventent n'importe quoi, aucune importance. »

Au Conseil du 6 mai 1964, Pierre Maillard devient secrétaire général adjoint de la Défense nationale : certains journaux présentent déjà cette nomination comme une disgrâce du général Fourquet et du général Ailleret **.

---

* « Qu'il ait raison ou tort, c'est mon pays. »

** Respectivement, secrétaire général de la Défense nationale et chef d'état-major des Armées.

GdG : « Ces bruits sont absurdes. Faut-il les démentir ? »

Le Général, qui ne veut jamais démentir les journaux pour lui, est prêt à enfreindre ses propres règles pour une fausse nouvelle qu'il juge désobligeante à l'égard de deux grands chefs militaires. Pompidou et Messmer font un geste d'indifférence.

Après le Conseil, le Général me donne des instructions inhabituelles : « Dites que ça n'a pas l'ombre d'un fondement. Ce sont les Anglais qui ont inventé ça, pour faire croire qu'il y a de la zizanie. C'est leur spécialité de lancer des canards. »

Salon doré, 21 mai 1964.

AP : « Vous auriez renoncé à votre voyage en Amérique du Sud ?

GdG. — Mais non ! Je n'ai pas changé d'avis.

AP. — *L'Express* de ce matin dit qu'il tient de source sûre…

GdG. — Il peut dire ce qu'il voudra, je ne veux pas en faire mon témoin… Je ne le lis jamais, et je vous engage à en faire autant.

AP. — Mais c'est ma fonction de m'occuper des journaux !

GdG. — Pour ce qu'ils vous apprennent ! En tout cas, ne démentez pas. Plus ils pataugent, mieux ça va. Ils racontent des bobards, ils se démonétisent. »

Pourquoi a-t-il voulu réagir sur le rapport de la Cour des Comptes et sur les deux généraux, mais non sur Chou En-lai ou l'Amérique du Sud ? Je crois enfin deviner. Dans les premiers cas, il a voulu défendre l'État et deux de ses bons serviteurs contre des attaques pernicieuses. Dans les derniers cas, les faits démentiront d'eux-mêmes.

« Pas de photographes à Colombey »

Salon doré, 29 juillet 1964.

J'indique au Général que plusieurs grands magazines d'Amérique du Sud souhaiteraient, avant son arrivée, faire un numéro spécial sur lui, avec un reportage photographique. Ils se sont mis en *pool*. Un seul photographe suffirait. Ils souhaiteraient que ce ne soit pas à l'Élysée, mais à Colombey. Le Général refuse net. Pas de photographes à Colombey ! J'insiste.

GdG : « Non, vraiment ! J'en fais une question de principe. Ma famille, c'est ma famille. On ne mélange pas. C'est une espèce de toxique, cette manie de la presse de s'infiltrer partout ! Ils prendront toutes les photos de moi qu'ils voudront au cours du voyage. Et il y a déjà tellement de photos prises sur moi ! Qu'ils s'adressent aux agences !

AP. — Justement, c'est trop facile… Ils voudraient un *scoop*, ils titreraient : "De Gaulle intime."

GdG. — Oui, c'est ça ! Mais moi, je n'aime pas ça. C'est leur jeu, ce n'est pas le mien. Et ça ne sert à rien.

AP. — Vous l'aviez admis pour *Match*, à la veille du lancement de vos *Mémoires*.

GdG. — À ce moment-là, je n'étais pas aux affaires. Un chef doit s'entourer de mystère. Je me suis toujours conformé à ce principe et je m'en suis toujours bien trouvé. »

« Je suis la preuve vivante que les journaux n'ont aucune importance »

Salon doré, 2 décembre 1964

AP : « Demain, je suis invité par l'Association de la presse étrangère. Avez-vous un message ?

GdG. — Je vous avoue que je n'apprécie pas ces déjeuners. Je l'ai dit l'autre jour au Premier ministre. Ça tombe toujours mal. Alors, on dit des choses qui peuvent compromettre le jeu. Il ne faut pas se diluer ! Il faut rester sur sa position et on est sûr de gagner. La diplomatie ne se fait pas sur la place publique. Il n'y a qu'à les laisser pérorer. Mais le gouvernement ne pérore pas, lui. Quand il parle, c'est pour agir. Il choisit le moment. Il ne le fait pas pour faire plaisir aux journalistes.

AP. — Mais si on n'alimente pas un peu les journaux…

GdG. — Vous direz ce que vous voudrez, vous ne les empêcherez pas de pisser leur vinaigre. Depuis 1940, je suis la preuve vivante que les journaux n'ont aucune importance. Je crois même que le fait qu'ils me desservent finit par me servir. »

Chapitre 19

« L'ÉGLISE DE FRANCE, CE N'EST PAS LE PATRIOTISME QUI L'ÉTOUFFE »

Au Conseil du 5 juin 1963, Couve parle des dispositions à prendre après le décès de Jean XXIII.

GdG : « Jean XXIII, à cause de son caractère, de sa nature et des circonstances, a pris une position originale et très publique, qui répondait au sentiment général des hommes, à une propension générale à la détente et à l'entente, compte tenu de l'équilibre de la terreur ; compte tenu aussi de la tendance au déclin de l'autorité ; compte tenu enfin du fait communiste, du bloc communiste chinois, du matérialisme extrême des pays marxistes. Cette position répondait également à un souhait qui portait les chrétiens à se rapprocher les uns des autres. Il a voulu pousser les spiritualistes de tous bords à s'entendre pour surmonter leurs oppositions. Il a bien traduit ce sentiment général. C'est ce qui explique la résonance exceptionnelle de sa mort.

« C'était un bonhomme, au sens noble du terme, un homme bon. Il a exprimé cela par le Concile, qui était une entente entre les spiritualistes de tous les pays et une position de bonne volonté à l'égard de l'autre bloc. Il y a là quelque chose de mondial, dont un pays comme le nôtre ne peut pas ne pas tenir compte.

« Il est souhaitable que le nouveau pape ne se laisse entortiller par personne »

« Nous ne sommes pas les adversaires de la politique de Jean XXIII. C'est conforme à notre génie, à notre nature, à notre histoire, d'être favorables à la paix des hommes et au rapprochement des chrétiens. Nous souhaitons que la politique qu'il a commencée soit poursuivie. C'est l'intérêt de la France.

« Il est possible que cette politique doive être reprise en étant plus dirigée. On se fait facilement entortiller ; ça a été le cas de Jean XXIII, surtout à la fin du Concile. Il est souhaitable que le nouveau pape ne se laisse entortiller par personne. On voit ce que je veux dire. (Précisément : je ne le vois pas, et je doute que mes collègues le voient mieux que moi.)

« En tout cas, le déclenchement qui s'est produit pendant le pontificat de Jean XXIII doit se poursuivre et se poursuivra. Nous n'y verrons pas d'objection, bien au contraire. Nous avons donc, à la veille du conclave, à prendre des positions discrètes, mais déterminées. »

(Ainsi, le Général se comporte plus en responsable de « la fille aînée de l'Église » qu'en Président de la République laïque ; mais il agit ainsi parce que « c'est l'intérêt de la France ».)

Après le Conseil, j'interroge le Général sur les énigmes ou les ellipses de son oraison funèbre. Je commence par l'accessoire :

AP : « Savez-vous déjà comment sera composée notre délégation pour les funérailles ?

GdG. — Ne le dites pas encore, il faut d'abord prévenir le Vatican. Couve, naturellement. Il est protestant, tant mieux : puisque Jean XXIII a voulu jouer l'œcuménisme, on lui en donnera. (Rire.) Mais on encadrera ce huguenot par de bons catholiques, Burin des Roziers, Wladimir d'Ormesson * et La Tournelle **.

AP. — Que vouliez-vous dire, quand vous avez appelé Jean XXIII "un bonhomme" ?

GdG. — Il avait l'air d'un brave curé de campagne. On se moquait de lui. Et il a fait plus, en quelques années, pour faire évoluer l'Église, qu'en quatre siècles tant de papes qui étaient des grands seigneurs. Peut-être, justement, par naïveté.

A.P. — Vous trouvez que le Concile, jusqu'à maintenant, a été dans son ensemble positif ?

« L'Église s'était crispée depuis quatre cents ans dans une attitude réactionnaire »

GdG. — Vous savez, l'Église, devant le schisme des protestants (curieux qu'il emploie cette expression, généralement réservée aux orthodoxes, plutôt que celle d'*hérésie*, comme s'il ne voyait pas de différence doctrinale majeure entre protestants et catholiques), s'était crispée dans une attitude conservatrice et même, tranchons le mot, réactionnaire, qu'elle avait gardée en gros depuis quatre cents ans. Disons, pour simplifier, qu'elle avait refusé le monde moderne. Il fallait en finir avec cette attitude de rejet. L'esprit du temps l'exigeait. Jean XXIII a lancé cette grande affaire de l'*aggiornamento*. Ce n'était pas si simple. Il fallait beaucoup d'estomac, ou beaucoup d'innocence.

AP. — Mais vous avez dit qu'il s'était laissé entortiller ?

GdG. — Je crains qu'il soit allé trop vite. Il fallait donner un coup de neuf. Mais il a subi l'influence d'une coterie qui prétendait tout

* Académicien — ex-ambassadeur de France auprès du Saint-Siège.

** Actuel titulaire du poste.

révolutionner d'un seul coup. Il y a toujours des gens qui veulent aller si vite qu'ils détruisent tout. Pour construire, il faut mettre le temps de son côté. Je ne suis pas sûr que l'Église ait eu raison de supprimer les processions, les manifestations extérieures du culte, les chants en latin. On a toujours tort de donner l'apparence de se renier, d'avoir honte de soi-même. Comment voulez-vous que les autres croient en vous, si vous n'y croyez pas vous-même ?

« Jean XXIII a ouvert toutes grandes les vannes et n'a pas pu les refermer »

« Il n'a pas pris ses précautions pour que ça n'aille pas trop vite et trop loin. Il a ouvert toutes grandes les vannes. Il n'a pas pu les refermer. C'est comme si un barrage s'était rompu. Il est dépassé par ce qu'il a déclenché.

AP. — Vous pensez que son successeur doit reprendre les choses en main ?

GdG. — Il est souhaitable pour la France qu'on ne revienne pas sur le mouvement qu'il a lancé. Mais il faudrait qu'il domine le tumulte et ne se laisse pas emprisonner par une camarilla.

AP. — Vous avez parlé de prendre des positions déterminées pour le prochain conclave. Que pouvons-nous faire, en pratique ?

GdG. — À quoi croyez-vous que sert notre ambassade au Saint-Siège, si ce n'est pour exercer discrètement une influence auprès des cardinaux influents, en tout cas sur les Français ?

AP. — Vous pensez qu'un cardinal comme Tisserant se laissera influencer ?

GdG (rire). — Peut-être pas celui-là. Mais ce ne sera pas la première fois que la France s'intéressera à une élection papale. De tout temps, sous nos monarchies comme sous nos Républiques, la France a joué son jeu dans cette élection. Il n'y a pas de raison de nous en abstenir. »

Au Conseil du 19 juin 1963.

Couve : « L'Église va-t-elle continuer à se moderniser et à s'ouvrir vers l'œcuménisme, ou se replier vers le passé ? Les huit cardinaux français ont beaucoup de prestige, en raison de la grande valeur intellectuelle du clergé français. Tout le monde considère qu'ils ont un rôle très important à jouer pour que la ligne de Jean XXIII ne soit pas interrompue.

« Pronostics ? Montini est celui dont on parle le plus. Il pourrait fournir un compromis entre ceux qu'on appelle “les libéraux” et “les intégristes”.

« Jean XXIII s'abstenait de toute immixtion dans la politique italienne, alors que Pie XII était l'inspirateur de la démocratie chrétienne. Les Italiens marquent curieusement leur préférence pour un cardinal étranger, moins aisément porté à s'occuper de la politique italienne. »

Au Conseil du 25 juin 1963, Couve rend compte de l'élection du pape. Montini a été rapidement élu et a pris le nom de Paul VI.

À Matignon, le mardi matin 2 juillet 1963, Pompidou paraît tout émerveillé au retour de son voyage à Rome : « Le pape nous a entourés d'égards. Il est resté trois bonnes minutes avec nous. La France était en tête des États, aussitôt après les princes. Son rôle de fille aînée de l'Église est confirmé. Le pape m'a dit ce qu'il doit à la culture française. Il a tout appris dans des livres français. Il lit la *Revue des Deux Mondes* et *Le Figaro*. Il a rendu un hommage appuyé au général de Gaulle.

« Dans son discours aux délégations étrangères, il a parlé uniquement en français. Il y avait autour de lui une nuée d'Africains, tous français (*sic*), gonflés de fierté. Il n'y a que la France sur terre ! » (On sent une flamme se mêler à l'ironie.)

« L'Église ne nous est pas tellement reconnaissante de ce que nous avons fait pour elle »

Conseil du 16 septembre 1964.

GdG : « Que pensez-vous, Monsieur le ministre de l'Éducation nationale, de ce projet d'emprunt pour les écoles privées, avec garantie de l'État ? (Il sait très bien ce que pense Fouchet, mais il veille toujours, sur les affaires importantes, à ce que les ministres puissent exprimer un désaccord devant leurs collègues.)

Fouchet. — Rien de bon. Il faut craindre de vives réactions dans mon ministère. L'État a fait depuis cinq ans un effort pour l'école privée qui ne s'était jamais fait. L'aide à l'enseignement privé est passée, des 5 milliards d'anciens francs de la loi Barangé, aux 100 milliards de la loi Debré. Cette mesure nouvelle modifierait l'équilibre avec l'enseignement public.

Pompidou (vivement). — Nous faisons aussi un effort fantastique pour l'enseignement public. Qu'on ne parle pas de limitation abusive de ses crédits ! Ce n'est pas plus exact dans la bouche du ministre de l'Éducation nationale que dans celle des syndicats. La conception du ministère envers l'enseignement privé est celle des syndicats : "Je le tolère, en attendant qu'il meure." On ne tient pas compte du contrôle très sérieux qu'on impose à l'enseignement privé, et qui en fait un enseignement semi-public, lequel coûte cependant infiniment moins à l'État que l'enseignement public.

GdG. — Je me demande si c'est tellement urgent. C'est finalement le MRP qui s'arrange pour en profiter. L'Église ne nous est pas tellement reconnaissante de ce que nous avons fait pour elle. Enfin, disons-nous, pour n'avoir pas de remords, que c'est pour l'intérêt général que nous l'avons fait.

Pisani. — Le ministre de l'Éducation nationale va supporter à la fois le poids de la réforme de l'enseignement et cette affaire de l'enseignement privé. Il va subir la conjonction des attaques contre lui. Le cumul de la charge sera insupportable.

GdG (conclut sèchement). — Non ! On reporte cette affaire à plus tard. »

Le ton est sec, comme pour imposer silence à Pisani, alors même qu'il lui donne satisfaction. Mais sachant fort bien qu'il va déplaire à Pompidou, le Général ne veut pas lui donner en plus l'impression que le plaidoyer de Pisani a pu compter dans sa décision. Elle était sans doute prise avant d'entrer au Conseil, mais il a voulu entendre les deux parties, et rendre son arbitrage ensuite.

Pompidou, visiblement contrarié, me griffonne aussitôt un billet :

« M. Peyrefitte,

« Naturellement, vous ne dites pas un mot à la presse sur l'affaire de l'enseignement privé. Il faut un silence total.

« G. Pompidou »

Le silence sera religieusement gardé. Mais tous les ministres ont noté ce bref moment où le Général a dévoilé sa déception devant l'attitude du clergé.

« Vichy, c'était la France selon son cœur »

Lyon, dimanche 29 septembre 1963.

Non seulement le cardinal Gerlier, primat des Gaules, n'attend pas le Général sur le parvis de sa cathédrale, mais il est absent sans en avoir prévenu, ni s'en être excusé : il est parti la veille au soir pour Rome, sous le prétexte du Concile, comme s'il n'avait pas pu retarder son départ d'une demi-journée. Bien plus : une déclaration ronéotypée distribuée aux fidèles explique cette absence d'une manière si cavalière, qu'on peut seulement l'interpréter comme un désaveu de la politique du Général.

Avant de prendre l'avion, le Général me dit tristement : « Le cardinal Gerlier, ce n'est pas le gallicanisme qui l'étouffe. L'Église de France non plus, dans sa majorité ; ni le patriotisme. Vichy l'attirait davantage. Vichy, c'était la France selon son cœur. Elle avait beau être écrasée et humiliée, tout allait bien, puisqu'on faisait revenir les congrégations chassées par la IIIe République, puisqu'on favorisait l'enseignement catholique, puisque les âmes étaient d'autant plus prêtes à se laisser cueillir par l'Église qu'elles étaient plus désespérées. Que voulez-vous que j'y fasse ? C'est ainsi. »

Le « primat des Gaules » se dérobant devant de Gaulle : avec le recul du temps, l'épisode est presque inconcevable. C'est que nous avons oublié à quel point le Général était critiqué, méconnu, persiflé, récusé, par ceux qui détenaient une parcelle d'autorité. Si les choix du Général étaient approuvés par les masses, ils étaient déchirés à belles dents dans les dîners en ville, dans les éditoriaux, dans les homélies. Le contraste était constant entre la chaleur populaire et l'aigreur d'une « classe dirigeante » qui s'exaspérait de ne plus diriger.

Mais autant le Général se complaît à attaquer les « notoires », les « journaleux », le Sénat, le Conseil d'État — bref, tous ceux qui lui ont « manqué » et lui paraissent manquer à la France —, autant, même en privé, son langage reste mesuré quand il évoque le clergé. Sans doute parce qu'il a compté aussi d'authentiques résistants. Mais surtout, il y a là une souffrance dont il n'aime pas parler. S'il laissait aller son amertume, il traiterait l'Église en ennemie, et il ne peut s'y résoudre. Pour lui, l'Église de France, l'Église gallicane, c'est la France. Mais voilà, elle n'a pas manqué à Vichy. Elle n'a pas manqué au MRP. C'est à lui qu'elle a manqué. Lui, il ne lui a pourtant pas manqué. Il s'agenouille publiquement devant ses autels. Il a sauvé ses écoles. « Que voulez-vous que j'y fasse ? C'est ainsi. »

« Il n'y a qu'une Église qui compte, c'est l'Église catholique »

Salon doré, 2 décembre 1964.

AP : « Le voyage de Paul VI en Inde est curieux. C'est le premier pape qui se remue comme ça.

GdG. — Oui. C'est curieux. C'est un élément tout à fait nouveau. L'Église s'était présentée au monde depuis des siècles comme une forteresse qui se défend et qui ne se laisse pas entamer. Aujourd'hui, elle se présente comme une force qui va au-devant des contacts.

AP. — Qui est tolérante.

GdG. — Voyez le voyage en Terre Sainte. Maintenant, le voyage en Inde. Ça a l'air de dire : "Vous êtes musulmans, juifs, hindous ou bouddhistes, mais ça ne fait rien. On peut causer. On peut être fraternel."

AP. — Ça renforce l'autorité morale du pape.

GdG. — Oui. Je n'ose pas comparer ce qui n'est pas comparable, mais au fond, c'est un peu la politique que nous faisons.

AP (cynique). — Il sent que le tiers-monde est une clientèle à prendre.

GdG. — Oui… Non… Pour lui, c'est pas tant le tiers-monde qui compte, que ce qui n'est pas catholique, et même ce qui n'est pas chrétien. Voyez. En outre, de tout ça, il ressort, d'abord que le christianisme est la plus grande religion du monde, ensuite que l'Église catholique est l'essentiel de la chrétienté. Et ça, c'est très important. Là, il est gagnant sur les protestants et même sur les orthodoxes. Il n'y a qu'une Église qui compte, c'est la sienne. L'essentiel, vis-à-vis de tout ce qui est chrétien et vis-à-vis de tout ce qui n'est pas chrétien, c'est l'Église catholique. C'est le pape. Et il peut prendre l'initiative. Et il crée un mouvement. »

Au Conseil du 15 décembre 1965, Couve rend compte de la cérémonie de clôture du Concile, à laquelle il a assisté le dimanche 12, à mi-chemin du premier et du second tour de l'élection présidentielle :

« Les messages ont été lus en français, langue internationale d'usage de l'Église catholique, maintenant que le latin n'est plus compris. Cet usage est confirmé par le rôle qui a été joué par notre clergé pendant le Concile. Le pape a été très aimable, et même effusif pour la délégation française. »

Après le Conseil, le Général me dit : « Inutile de parler de la clôture du Concile. L'Église romaine est plus soucieuse du français, que l'Église française ne l'est de la France. Mais c'est à ne pas dire. »

De nouveau, la souffrance, enfermée dans le silence.

On se prend à rêver de ce qu'aurait pu être la rencontre de De Gaulle avec Jean-Paul II. Comme il eût aimé entendre ce pape exalter la pérennité des cultures et des peuples, pousser sa propre patrie à se libérer, ébranler l'Empire soviétique, glorifier l'Europe des nations, secouer ses évêques et ses prêtres ! L'Europe n'a pas eu la chance de voir ces deux hommes conjuguer leur vision et leur énergie.

III

« L'EUROPE DOIT S'ENFONCER COMME UN COIN ENTRE LES DEUX BLOCS »

LES NATIONS ET L'EUROPE

Chapitre 1

« LES IDÉOLOGIES PASSENT, LES PEUPLES DEMEURENT »

Au Conseil du 15 avril 1964, Joxe (ministre des Affaires étrangères par intérim) conclut ainsi son exposé :

« Les Russes et les Chinois ont oublié qu'ils étaient frères en marxisme-léninisme ; Khrouchtchev accuse les Chinois de vouloir la guerre, et de chercher à s'emparer du tiers-monde. Les Roumains vont abroger l'enseignement obligatoire du russe dans leur pays ; les Polonais aussi veulent desserrer l'étreinte. On voit apparaître les nations. »

Le Général reprend du tac au tac : « C'est votre mot de la fin qui est le bon. Les exégèses sur les théories du communisme intéressent les mandarins. Mais la question qui compte, ce sont les nations. »

Il me précise, *à l'issue du Conseil* :

« *Quid* de la Russie ? *Quid* de la Chine ? *Quid* des satellites qui subissent des contraintes de la part de la Russie et de la Chine ? Voilà le problème. Les disputes théologiques entre ces messieurs — si tant est qu'on leur donne cette appellation dont ils ne veulent pas — sont insignifiantes. On y attache beaucoup trop d'importance. Souvenez-vous, Peyrefitte, que les idéologies passent et que les peuples demeurent.

Salon doré, 21 octobre 1964.

Retour d'Amérique latine, le Général me dit : « Si ce voyage a eu une utilité, c'est de montrer que les nations ne demandent qu'à s'affirmer. Elles ne seront pas toujours prêtes à abdiquer leur souveraineté aux mains des deux super-grands. Elles prennent conscience du fait qu'elles doivent leur résister. La Chine en est plus que convaincue. Le Mexique, le Brésil, l'Argentine, le Chili aussi, au fond d'eux-mêmes, même s'ils hésitent à le proclamer. C'est la vocation de la France d'exercer son influence pour favoriser ce mouvement. Un jour viendra où tous les pays hostiles à la domination des deux géants se dresseront pour défendre leur indépendance. Ce jour-là sera le nôtre. »

Ce voyage a eu une autre utilité : le Général revient en pleine forme ; il le constate et en est heureux. Il en a supporté allégrement les fatigues, quatre mois après son opération de la prostate. Rien ne le régénère autant que de sentir qu'il exprime devant le monde la mission de la France. Il redresse la tête et, en me regardant bien droit dans les yeux : « Il faut que la France soit la France. » Sans doute pense-t-il, en même temps : « Il faut que de Gaulle soit de Gaulle. »

« Sans doute ferai-je un référendum sur l'indépendance de la France »

Au Conseil du 12 novembre 1964, le Général constate les remous que provoque sa volonté de plus en plus évidente de s'éloigner de l'OTAN intégrée et de faire obstacle aux virtualités supranationales du Marché commun :

« Cette situation, les pressions qu'elle va entraîner, auront un effet cumulatif sur la politique intérieure. Nous jouons une partie importante à tous égards.

« Plus que jamais, le gouvernement doit souligner la nécessité de la cohésion de ceux qui se sont engagés à être solidaires, pour une certaine opération de redressement national qui est en cours sur le plan intérieur comme sur le plan extérieur.

« Cet engagement éclatant et solennel, il faut qu'ils le tiennent. Ils ont été élus sur mon nom ; il faut qu'ils le justifient. Sinon, il faudrait retourner devant le pays. Nous ferions un référendum comme en 62. Il aurait trait à l'indépendance nationale, avec tout ce qui s'y rapporte. Et nous ferions aussi, dans la foulée, des élections législatives. »

Pourquoi ne se décida-t-il pas à faire ce référendum ? Après le succès éclatant des trois premiers *, il avait rêvé de trois autres : sur l'élection présidentielle au suffrage universel, sur le Sénat, sur l'indépendance.

62 % de *oui* pour l'élection populaire du Président, contre tous les partis sauf le sien : il considéra cette réponse du peuple comme un échec. Sans doute fut-il bien le seul ; mais cela l'incita à la prudence. Il repoussa à beaucoup plus tard le référendum sur le Sénat. Après la déconvenue encore plus rude du ballottage à l'élection présidentielle de décembre 1965, il renonça complètement à celui sur l'indépendance, estimant sans doute que le compromis de Luxembourg ** et le retrait de

* Qui avaient obtenu respectivement : celui sur l'adoption de la Constitution de la Ve République, le 28 septembre 1958, 79 % des voix ; celui donnant pouvoir au gouvernement d'engager toutes initiatives pour l'autodétermination de l'Algérie, en janvier 1961, 75 % ; celui de ratification des accords d'Évian, en avril 1962 : 93 %.

** Le compromis de Luxembourg mettra fin, en janvier 1966, à la crise ouverte en juillet 1965 par de Gaulle, décidé à enrayer l'évolution du Marché commun vers la supranationalité. Quand un pays considérera une question comme essentielle, l'unanimité sera requise.

l'OTAN * suffiraient à rendre irréversible son refus de la supranationalité.

Au Conseil du 9 décembre 1964, le Général déclare : « Notre devoir est de résister aux pressions des Américains et des Russes et d'encourager ceux qui, par le vaste monde, cherchent à échapper à la double hégémonie. »

Une sorte de beauté émane de lui, quand il lance ce défi. Foyer me passe un petit papier : « *Deposuit potentes de sede, et exaltavit humiles* » **.

« *Le bout de ficelle, c'est Tito* »

Au Conseil du 1er juillet 1964, Joxe raconte sa visite en Yougoslavie. Il a été l'objet, et la France à travers lui, de grands honneurs.

« Tito est un héros national, qui aime jouer le professeur d'indépendance nationale : il souhaite que les "jeunes gens" (Roumanie et Pologne) sachent ne pas aller trop vite trop loin.

« Il se rapproche de nous : à cause de notre prestige parmi les nations du tiers-monde ; et parce que notre politique réussit.

GdG (presque distant). — Nous avons toujours eu de bons sentiments à l'égard des Yougoslaves, surtout des Serbes. Quant à Tito, observons-le. »

Après le Conseil, le Général me répète à peu près mot pour mot — je le vérifie — ce qu'il m'avait dit voici deux ans ***. Il ajoute quelques touches : « Joxe dit que Tito est un héros *national.* Moi, je veux bien. Encore faudrait-il qu'il y ait une nation yougoslave. Il n'y en a pas. Il n'y a que des bouts de bois qui tiennent ensemble parce qu'ils sont liés par un bout de ficelle. Le bout de ficelle, c'est Tito. Quand il ne sera plus là, les bouts de bois se disperseront.

« Le vrai héros national, c'était Mihajlovic ****. Il ne se battait pas pour une idéologie, ni pour le système des Soviets. Il ne s'est pas mis en branle parce qu'un pays étranger l'y poussait. C'était

* La France devait se retirer de l'OTAN en 1966.

** « Il a renversé les puissants de leurs trônes et élevé les humbles » (verset du *Magnificat*, tirée de Luc I, 2).

*** 31 juillet 1962. Cf. tome I, p. 295.

**** Les deux chefs de la résistance yougoslave, le colonel serbe Mihajlovic et le communiste croate Tito, s'affrontèrent dès l'automne 1941. Après avoir soutenu le premier, les Alliés accordèrent leur appui au second qui, en 1943, forma un gouvernement provisoire. Arrêté après la Libération, condamné à mort pour trahison, Mihajlovic fut fusillé en 1946, malgré les protestations des Occidentaux.

simplement un patriote. Il n'avait pas d'autre but que de libérer sa patrie. Il savait qu'aucun peuple ne peut être vaincu par la force.

(C'est le portrait de De Gaulle, d'un de Gaulle qui aurait échoué.)

« Seulement, il a été trahi, tourné sur sa gauche, abandonné par les siens et même par les Alliés ! Il a été livré aux communistes. Et pourtant, c'est lui qui a fait perdre deux ou trois mois à la Wehrmacht au printemps 41. Il l'a mise en retard pour attaquer la Russie. Il a empêché les Allemands d'atteindre Moscou et Leningrad avant l'hiver. C'est peut-être lui qui a causé la perte d'Hitler. Il n'avait personne pour l'aider, sinon son patriotisme et ses patriotes. Le patriotisme a été vaincu par le communisme international. Mais tout ça se retournera un jour. »

Comme tous les épisodes de cette époque lui sont présents ! Mihajlovic est pour lui un frère d'armes, un pur héros dont le destin tragique l'émeut. Entre le Général et Tito, il y aura toujours le sang de ce de Gaulle serbe.

« Un peuple dure plus longtemps que le cèdre »

Au Conseil du 13 octobre 1965, de retour d'une visite officielle de cinq jours qui m'a conduit en Serbie, en Croatie et en Slovénie, et où j'ai pu vérifier à chaque pas la justesse de l'intuition gaullienne sur l'inconsistance de la fédération yougoslave, je termine ainsi ma communication :

« Les Yougoslaves aiment à dire qu'ils ont un État, deux alphabets, trois langues, quatre religions, cinq nationalités, six républiques et sept minorités. Dans cette mosaïque, chaque peuple a conservé son caractère, malgré les laminages successifs ou simultanés des différentes occupations : germanique, turque, française, autrichienne, italienne et allemande.

« Des peuples qui ont été vassalisés et dépersonnalisés systématiquement, pendant cinq cents ans comme les Serbes, sept cents ans comme les Croates et les Bosniaques, ou mille ans comme les Slovènes, réapparaissent au bout de plusieurs siècles. Ils restent farouchement décidés à défendre contre tout empiétement leurs traditions et leur culture. Ce n'est pas un spectacle encourageant pour les amateurs d'intégration. »

Après mon exposé, que le Général qualifie d'un « particulièrement intéressant », Foyer qui, placé en face de lui, peut mieux que moi scruter son visage, me fait passer un billet en latin : *« Illum permovisti penitus usque ad animam »* *. Comme tous les compagnons fidèles du Général, il est attentif à déceler chacune de ses expressions.

---

* « Tu l'as touché jusqu'au fond de l'âme. »

Après le Conseil, le Général me dit : « Voyez-vous, Peyrefitte, ce que vous avez dit sur la Yougoslavie, c'est ça l'essentiel. Les peuples sont immortels ; enfin, je veux dire qu'ils durent des siècles et des siècles, à moins d'être trop triturés par l'Histoire. Même s'ils sont dispersés et déplacés, ils arrivent à demeurer pareils à eux-mêmes. Voyez les Juifs, les Tziganes, les Tatars de Crimée, les Allemands de la Volga. À plus forte raison s'ils restent sur leur sol : il se crée, entre un peuple et la terre de ses morts, un lien que plus rien ne peut rompre.

« Vous voyez ce qui est arrivé à ces Bosniaques, à ces Croates, à ces Slovènes qui ont été occupés pendant cinq ou dix siècles par les Turcs ou les Autrichiens. C'est comme une commode qui serait recouverte par une épaisse couche de poussière. On passe un plumeau et la marqueterie réapparaît intacte. Un peuple vit aussi longtemps que le cèdre.

(Il m'avait dit une autre fois : "aussi longtemps que l'olivier". Il pensait à "l'olivier de Platon", vieux de vingt-quatre siècles. Aujourd'hui, il évoque les cèdres millénaires du Liban.)

« Cette permanence des nationalités en Yougoslavie, ça leur en promet de belles, le jour où Tito ne sera plus là pour s'asseoir sur le couvercle de la marmite. Il tient la Yougoslavie depuis vingt ans. Et il a résisté à Staline après avoir résisté à Hitler. Seulement, le jour où il s'en ira, les Croates, les Serbes, les Bosniaques mettront leur passion à lutter entre eux, comme ils l'avaient mise à lutter contre les Allemands. Ce sont des peuples guerriers.

« La France a eu la chance d'échapper au malheur des Yougoslaves. Elle est une nation qui ne comporte qu'une nationalité. Elle a accueilli, mastiqué, assimilé tous les apports extérieurs.

« Une nation, c'est une population qui a un passé commun et un avenir commun. Avons-nous un passé ? Oui ! le plus glorieux. La France, on l'appelait "la Grande Nation". Au début du siècle dernier encore, elle était la première d'Europe, donc du monde. Avons-nous un avenir ? Oui. Nous avons recouvré notre unité, et nos institutions nous donnent toutes nos chances de la garder. »

« Les Irlandais savent ce que c'est que d'avoir été un satellite »

Salon doré, 27 novembre 1963.

Comme dissimulée derrière l'Angleterre, il est une nation vers laquelle de Gaulle se sent attiré : l'Irlande.

AP : « Vous avez reçu le ministre des Affaires étrangères d'Irlande, Aiken. Il vous a posé la candidature de son pays pour le Marché commun ?

GdG. — Pas vraiment. Il m'a invité avec beaucoup d'insistance à rendre visite à l'Irlande, si possible l'an prochain. Je n'ai pas dit non. Les Irlandais forment une vraie nation, une vraie patrie. Ils sont restés fidèles à eux-mêmes, à leur culture, à leur religion, à leur personnalité. Ils peuvent faire contrepoids à l'Angleterre, tellement ils la détestent. Ils savent ce que c'est que d'avoir été un satellite et d'avoir cessé de l'être par la force de leur volonté, même si c'était à un contre vingt. Je répondrai sans doute à cette invitation, mais sûrement pas l'an prochain, je voyagerai bien assez comme ça. »

L'amour de l'Irlande est chez lui une tradition de famille. Tout jeune, n'a-t-il pas lu le livre que sa grand-mère de Gaulle consacra au héros de l'Irlande catholique, O'Connell * ? En tout cas, il me récite les données qu'il s'est mises en mémoire sur l'économie irlandaise, et conclut :

« Vous savez, l'entrée de l'Irlande dans le Marché commun, ce serait bon pour l'Europe et bon pour la France.

AP. — Pour des raisons historiques, ou politiques ?

GdG. — Les deux ne font qu'un. Cet Aiken m'a glissé que l'Irlande, après avoir été coupée de l'Europe par les Anglais pendant sept cents ans, désirait fortement y être reliée. Les Anglais ont traité les Irlandais à peu près comme les Français du Canada, c'est-à-dire comme des sous-hommes. »

« L'Irlande n'est pas anglo-saxonne ! »

Au Conseil du 17 juin 1964, Couve relate sa visite en Irlande, sympathique et positive.

Après le Conseil, le Général me prescrit :

« Montrez bien que nous ne confondons pas l'Irlande et la Grande-Bretagne. L'Irlande n'est pas anglo-saxonne ! Elle a résisté à la pression anglo-saxonne au cours des siècles. Elle a sauvegardé sa personnalité.

AP. — Il peut y avoir une association de l'Irlande et du Marché commun ?

GdG. — Ne vous avancez pas. Ça prendra forme peu à peu. Après, on verra. Mais enfin, il y aura un lien particulier entre l'Europe et l'Irlande. La France y est favorable. Il faut le dire.

AP. — Nous nous ferons les avocats de l'Irlande pour ce lien avec le Marché commun ?

GdG. — Oui. La France est favorable à l'organisation de liens

---

* *Le Libérateur de l'Irlande, ou la vie de Daniel O'Connell*, par Joséphine Maillot, épouse de Gaulle. Charles de Gaulle aurait lu ce livre avec beaucoup d'intérêt dès sa prime jeunesse. Il y aurait puisé les premiers ferments de l'esprit de résistance à l'oppression étrangère. Il ne m'en a pas fait confidence.

entre l'Irlande et l'Europe. Il en sera probablement de même pour l'Espagne et la Grèce. Pourquoi l'Irlande n'entrerait-elle pas dans le Marché commun ? Elle n'a aucun besoin de l'Angleterre pour ça. S'il y a un parrainage que refuse l'Irlande, c'est bien celui des Anglais. »

Non seulement le Général barre l'entrée de l'Angleterre dans le Marché commun, mais il serait heureux de lui faire la nique en y faisant entrer l'Irlande.

Le Général ne trouvera pas le temps, pendant qu'il sera Président, de répondre à l'invitation de l'Irlande. Mais, après l'échec du référendum de 1969, c'est en Irlande qu'il ira ressourcer sa sérénité, dans cette nation indestructible, cette patrie de toutes les résistances.

Chapitre 2

« L'EXCUSE À TOUTES LES LÂCHETÉS : L'EUROPE INTÉGRÉE »

Salon doré, 4 décembre 1963.

Je m'aventure à suggérer qu'il vaudrait mieux parler le même langage que nos partenaires européens, pour ne pas les heurter : « Il me semble que nous aurions tort de mettre les apparences contre nous en prenant des allures fendantes.

GdG. — Si ! Il faut dire carrément les choses. Les apparences sont éphémères, les réalités restent. S'agiter dans le monde des apparences, ça veut dire sacrifier ce qui compte à ce qui ne compte pas. Ça veut dire faire de la démagogie. Pourquoi craindre de dire les choses ? On nous respecte d'autant plus que nous les disons. Si le monde admire la France, ce n'est pas parce qu'elle est un partenaire veule. C'est parce qu'elle est un partenaire qui sait ce qu'il veut et qui ose le dire.

AP (je m'entête). — Il me semble quand même qu'il serait fâcheux de ramasser des coups que nous pourrions éviter.

« Une poignée de phraseurs qui font la roue »

GdG. — Prenez le problème de plus haut, Peyrefitte ! En quoi consistent les projets européens depuis 50 ? À rendre à l'Allemagne son charbon, son armée, sa place en Europe. Mais, parce qu'on n'osait pas le faire directement, de peur de braver l'opinion publique, on le faisait derrière un paravent, d'une manière cauteleuse. De même pour l'Italie, qu'on lavait de tout ce qu'elle a fait pendant la guerre. C'était le moyen, sans trop en avoir l'air, d'en refaire des pays qui puissent regarder les autres en face. Je ne suis pas contre, c'est même ce que je fais ; mais il ne faut pas être dupe ; et il est bon qu'ils n'oublient pas tout à fait que nous aurions pu faire autrement.

« Et puis, l'Europe, c'était un moyen de faire des petits pays, Belgique, Hollande, ne parlons pas du Luxembourg, les égaux des grandes puissances. Dans un Conseil européen, Spaak vaut le général de Gaulle, et même davantage : dans une réunion de ces gens qui font partie du même club, il aura toujours raison. Il connaît les mots de passe. Il sait ce qui fait plaisir à tous ces petits messieurs.

« L'Europe intégrée, ça ne pouvait pas convenir à la France, ni aux Français... Sauf à quelques malades comme Jean Monnet, qui sont avant tout soucieux de servir les États-Unis. Ou alors à tous ces personnages lamentables de la IVe République. Ils trouvaient ainsi un moyen de se décharger de leurs responsabilités ! Ils n'étaient pas capables de les saisir ; alors, il fallait les repasser à d'autres. Tenir leur rang dans le monde ? Pas question ! Mettons-nous sous le parapluie. Avoir une armée et la faire obéir ? Pas question ! La donner à d'autres ! Remettre le pays debout et servir d'exemple au monde ? Pas pour eux !

« L'alibi tout trouvé, c'était l'Europe. L'excuse à toutes les dérobades, à toutes les lâchetés : l'Europe intégrée !

AP. — Alors, vous prenez votre parti de voir cette Europe-là se disloquer, cesser d'exister ?

GdG. — Cette Europe-là, ça ne représente pas grand-chose ! C'est une poignée de phraseurs qui font la roue dans des conférences interminables, qui ne savent pas ce qu'ils veulent, qui ne veulent pas ce qu'ils savent. Ils font des propositions avec l'espoir qu'elles n'aboutiront pas. Ils comptent sur d'autres pour les torpiller. Mais entre-temps, ils se seront donné des airs avantageux.

« Être soi-même et ne pas hésiter à l'affirmer »

AP. — Vous ne proposez pas la relance du plan Fouchet ?

GdG. — Non ! Pour quoi faire ? On n'en a pas voulu une fois, je ne vois pas pourquoi on en voudrait une seconde ! Adenauer songeait à le reprendre à son compte. Maintenant qu'il n'est plus là, inutile de rêver.

AP. — Et Erhard ? Il a bien fait des offres dans ce sens, à son dernier passage ?

GdG. — Ça n'est pas impossible. Il ne sait que faire pour asseoir son autorité, il ne serait pas mécontent de reprendre ce plan à son compte pour se parer des plumes du paon. Ça fait partie de la vie européenne. Des conférences, des commissions se mettront à pérorer là-dessus ! Ils ne se complaisent que dans le jaspinage ! Naturellement, il n'en sort jamais rien. »

> Il lui arrivera, quand Erhard lui semblera avoir acquis de la consistance, de rêver à une reprise du plan Fouchet : avec des partenaires solides, résolus à l'indépendance, la coopération politique a un sens ; sinon, elle n'est qu'une occasion de « jaspiner ».

AP : « Est-ce qu'il n'y a pas avantage à jaspiner aussi ?

GdG. — Non ! Il faut être catégorique ! Il faut mettre les points sur les i ! De toute façon, la bonne foi ne l'emportera jamais ! Ce qui est important, c'est d'être soi-même et de ne pas hésiter à s'affirmer ! »

« *Ça assure surtout la mobilité des ministres* »

Au Conseil du 12 février 1964, Pisani présente le projet de création d'un Centre international des hautes études agronomiques méditerranéennes.

Le Général grommelle : « Assez d'organisations internationales ! Ensuite, on ne peut plus s'en débarrasser ! Encore des fonctionnaires internationaux qui ne paieront pas leurs impôts et qui bénéficieront de privilèges. Ça suffit comme ça !

Pompidou. — Mais si, maintenant ils paient des impôts.

Giscard (contredit carrément le Premier ministre). — Non, ils ne paient que 5 % et sans progressivité.

GdG (triomphant). — Injustifiable ! C'est injustifiable ! Ce sont des gens placés hors de la règle qui s'impose aux nationaux ! C'est ça qui est exorbitant ! »

La multiplication des conférences internationales donne au Général l'impression de temps perdu et de moyens gaspillés.

Au Conseil du 15 avril 1964, le Général : « M. Fouchet est à Londres pour une conférence des ministres européens de l'Éducation. Qu'est-ce que c'est que cette histoire, encore ? Ça résulte de quoi ? »

Joxe, qui assure l'intérim de Couve, suppose que c'est dans le cadre de l'UNESCO, mais Triboulet penche pour le Conseil de l'Europe.

GdG : « Mais à quoi ça sert ? Un ministre de l'Éducation nationale n'a-t-il rien de plus utile à faire ?

Joxe (d'abord hésitant, mais ne veut pas se laisser démonter). — C'est pour assurer la mobilité des étudiants.

GdG (grognon). — Ça assure surtout la mobilité des ministres. »

« *Ces organismes internationaux sont bons pour y attraper la vérole* »

Salon doré, 13 mai 1964.

AP : « Attendez-vous quelque chose de la session de l'OTAN ?

GdG. — Que voulez-vous que j'en attende ? L'OTAN ne sert à rien : il ne peut rien s'y passer ! Tout ça, c'est zéro, zéro, zéro. C'est fait pour faire vivre des fonctionnaires internationaux qui se font payer grassement à ne rien faire, sans verser d'impôt.

AP. — On ne reviendra pas sur le retrait de nos officiers de marine de l'OTAN ?

GdG. — Pourquoi voulez-vous qu'on revienne là-dessus ? Il n'y avait aucune raison pour qu'ils y restent. C'était une anomalie qu'ils soient là. Bien sûr, ils se faisaient payer plus cher que s'ils étaient restés dans la marine française. Ces organismes internationaux sont bons pour y attraper la vérole. Nos représentants oublient le devoir d'obéissance à l'État. Ils y perdent le sentiment national.

AP. — La chose a été rendue publique à partir de l'Allemagne. Nous les avions prévenus de notre intention, dans le cadre des consultations prévues par le traité de l'Élysée ?

GdG (étonné). — Non. Je ne crois pas. Pourquoi voulez-vous qu'on les prévienne ? Non. Il fallait bien que ça se sache un jour ou l'autre.

AP. — C'est *Die Welt* qui a fait la fuite.

GdG. — Les Anglais, qui sont des maîtres dans l'art de manipuler, ont colonisé la presse allemande. Adenauer était le premier à s'en plaindre. Les Allemands sont liés par leur presse aux mains des Anglo-Saxons.

« Vous savez ce que ça veut dire, la supranationalité ? La domination des Américains. L'Europe supranationale, c'est l'Europe sous commandement américain. Les Allemands, les Italiens, les Belges, les Pays-Bas sont dominés par les Américains. Les Anglais aussi, mais d'une autre manière, parce qu'ils sont de la même famille. Alors, il n'y a que la France qui ne soit pas dominée. Pour la dominer aussi, on s'acharne à vouloir la faire entrer dans un machin supranational aux ordres de Washington. De Gaulle ne veut pas de ça. Alors, on n'est pas content, et on le dit à longueur de journée, on met la France en quarantaine. Mais plus on veut le faire, et plus la France devient un centre d'attraction. Vous nous voyez avaler la supranationalité, nous ? La supranationalité, c'était bon pour les Lecanuet ! »

« Il y a des gens qui jouent les utilités dans le monde »

Salon doré, 9 septembre 1964.

Derrière l'immense hourvari que soulève le Général dans les milieux « européens », il y a un homme qui, à son gré, peut calmer les flots ou les agiter : Jean Monnet.

AP : « On dit que vous allez recevoir Jean Monnet.

GdG. — Pourquoi ne le recevrais-je pas ? Je l'ai toujours reçu quand il me l'a demandé. Il a été mon ministre. Ce n'est pas parce qu'il est devenu l'inspirateur des supranationalistes, c'est-à-dire des antinationaux, que je dois lui fermer ma porte.

AP. — Pensez-vous qu'il va aider à relancer le plan Fouchet ?

GdG. — Il y a des arrière-pensées derrière tout ça. Les Italiens, les Belges, les Hollandais, sont en train de déclarer qu'après tout, ils ne sont pas contre le plan Fouchet. Ils n'avaient qu'à le dire il y a deux ans, et on aurait abouti. Mais aujourd'hui, ils ne peuvent pas le dire comme ça, sans perdre la face. Alors, ils vont sûrement demander en contrepartie quelque chose qu'ils savent que nous ne voulons pas. Par exemple qu'on élise au suffrage universel l'Assemblée européenne. Ensuite, ils rejetteraient sur nous l'odieux du refus. »

Salon doré, 12 novembre 1964.

Le Général revient de lui-même sur Jean Monnet :

« Le dénommé Monnet avait demandé à me voir il y a des mois. Je lui ai fixé son rendez-vous hier. Naturellement, on a parlé de l'Europe. Ça n'a aucune portée politique. Il y a des gens qui jouent les utilités dans le monde. Le père Adenauer en est un, grandiose, mais enfin, il joue les utilités, il n'est plus au gouvernement. Et Monnet fait également partie des utilités, à un échelon très inférieur. Alors, ce n'est pas la peine de perdre beaucoup de temps avec eux. »

Chapitre 3

« NOUS ALLONS FAIRE À DEUX CE QUE LES BELGES ET LES HOLLANDAIS NOUS ONT EMPÊCHÉS DE FAIRE À SIX »

L'année 1963 ne s'ouvre pas seulement sur les grands refus du Général : refus du Marché commun pour l'Angleterre, refus de la « Force multilatérale » pour les Américains : elle s'ouvre aussi sur un grand engagement, celui de la France et de l'Allemagne fédérale, dans un traité solennel. Adenauer et le Général vont le signer à l'Élysée. Couve l'annonce *au Conseil du 3 janvier 1963* : « Le Chancelier vient à Paris les 21 et 22 janvier. La coopération franco-allemande prendra corps.

GdG. — Nous allons faire à deux ce que les Belges et les Hollandais nous ont empêchés de faire à six *. Mais ces deux-là comptent beaucoup plus que les quatre autres réunis. »

Le Général est aussi laconique que Couve, mais il ne le suit pas sur le terrain de la litote…

« Les Allemands ont des complexes, il faut les comprendre »

Au Conseil du 9 janvier 1963, Couve fait d'abord le point sur la Force multilatérale à la suite de l'accord de Nassau : « Les Allemands, d'une part, craignent que la Grande-Bretagne et la France aient dans l'OTAN une position spéciale dont ils seraient exclus ; d'autre part, ils souhaitent avoir une part au nucléaire et sont attirés par la "Force multilatérale".

GdG. — Les Allemands ont des complexes. Il faut les comprendre. »

Le Général est tout indulgence. La perspective des nouveaux liens franco-allemands lui fait espérer que leur pouvoir d'attraction sera plus fort, et que l'Allemagne, entraînée par la France, saura se « décoloniser ».

Pourtant, Janus en Conseil, il montre un visage alternativement confiant et inquiet. C'est à propos du Marché commun agricole.

Couve aborde en effet les discussions de Bruxelles sur l'entrée de l'Angleterre. C'est sur l'agriculture en particulier qu'on achoppe. Pisani le relaie : « Je préviens le Conseil : si nous allons vers une crise pour la non-entrée de la Grande-Bretagne dans le Marché commun, nous aurons, entre Six, des problèmes graves à résoudre. »

---

* C'est-à-dire le plan Fouchet d'union politique entre États.

« Nos cinq partenaires n'ont jamais aimé notre agriculture »

Le Général rebondit sur cette phrase. Pour lui, la candidature anglaise est déjà écartée, et c'est aux difficultés entre Six qu'il prépare ses ministres : « Nos cinq partenaires n'ont jamais aimé notre agriculture. Pour empêcher que le Marché commun s'étende à l'agriculture, ils ont prouvé en janvier dernier qu'ils étaient prêts à se battre longtemps. Ils cherchent encore à nous embêter pour les règlements agricoles, qu'ils se sont engagés à faire et qu'ils n'ont toujours pas faits un an plus tard.

« Le pire qui puisse advenir, c'est que les Six ne veuillent plus rester à six, ou que, restant à six, ils ne veuillent pas faire de Marché commun agricole. Dans ce cas, il n'y aurait plus de Marché commun du tout. Je ne sais pas si ce serait un immense malheur. »

> On a pensé, à l'étranger, en France, notamment dans les masses paysannes, les plus concernées, que de Gaulle avait obéi à un mouvement de mauvaise humeur en décidant, le 1er juillet 1965, que la chaise de la France à Bruxelles resterait vide. Comme on le voit, il était préparé à cette épreuve depuis deux ans et demi.

Dans la voiture du Premier ministre, 22 janvier 1963.

En revenant de la cérémonie de signature du traité à l'Élysée, Pompidou me dit : « Adenauer a exclu l'économie du traité en prétextant qu'il ne voulait pas mêler Erhard à la négociation. En fait, il ne voulait pas que ce traité comporte des dispositions économiques qui auraient porté ombrage à Hallstein * et à la Commission de Bruxelles. »

Nous avons été aussi étonnés l'un que l'autre que le Chancelier et le Général, toutes signatures échangées, se soient embrassés, dans un élan auquel personne ne s'attendait, sans doute pas eux-mêmes. Pompidou, qui connaît le Général mieux que moi, ne l'avait jamais vu, lui si maître de lui, céder ainsi à une poussée d'émotion. Le combat contre l'Allemagne, c'était toute sa vie : d'adolescent et de jeune officier tendu vers la Revanche ; d'officier supérieur obsédé par la recherche du bon armement et de la bonne stratégie, qui permettrait de terrasser l'Allemagne ou en tout cas de ne pas être terrassé par elle ; de fondateur et chef de la Résistance à l'occupant. Et voilà que tout basculait en cet instant de fraternité.

* Président de la Commission de la CEE.

Salon doré, 23 janvier 1963.

Le Général m'a convoqué inopinément ce matin pour me « *briefer* », comme il ne dit pas, mais comme dit le Landerneau. Il n'est pas satisfait de la manière dont la presse de ce matin a rendu compte de ce grand jour.

GdG : « Comme toujours, elle ne sait que verser dans l'anecdote et cracher de la bile. Pourtant, c'est une grande affaire. »

Le Général développe alors devant moi son idée du traité franco-allemand : « Ce n'est pas un simple accord, comme nous l'avions d'abord prévu. Adenauer a tenu à adopter la forme solennelle d'un traité, à faire ratifier par le Bundestag. Nous aussi, par symétrie, nous serons amenés à demander une approbation parlementaire.

« Le rapprochement franco-allemand demeurera »

« Il s'agit de donner à l'affaire l'aspect le plus spectaculaire possible. Adenauer m'a dit : "La déclaration et le traité que nous avons signés sont le couronnement de ma vie." Aussi voyons-nous tous deux avec sérénité les agitations qui se sont produites *. La conjoncture passera. Cette réalité essentielle qu'est le rapprochement franco-allemand demeurera.

« Ce traité peut s'étendre aux quatre autres membres de la Communauté économique européenne.

« La coopération politique européenne ne se fera pas si la France et l'Allemagne ne coopèrent pas *essentiellement* (il détache le mot). Il était donc logique de commencer par le commencement.

« L'important est de faire quelque chose de concret, par la pratique de la coopération : rencontres, échanges de jeunes et de diverses catégories de population, découverte de sujets où l'union de la France et de l'Allemagne peut progresser.

« Ces contacts en profondeur ne sont pas aussi nécessaires avec l'Italie, qui est de même nature que nous ; nous sommes des Latins. Des échanges avec les Belges ne bouleverseraient pas les réalités antérieures.

« Au contraire, prendre des contacts fréquents entre Français et Allemands est essentiel. Dès cette année, on va faire des échanges des deux jeunesses, mais aussi d'ouvriers, de syndicalistes, de paysans. Et des échanges d'unités militaires, avec des manœuvres françaises en Allemagne, et des manœuvres allemandes en France. Tout ça devrait avoir beaucoup de résonance. »

---

* La conférence de presse du Général, le 14 janvier 1963, repoussant et la candidature anglaise au Marché commun et la Force multilatérale, a provoqué une tempête.

Ce parti-pris de l'action concrète et de réunions organiques a permis au traité de traverser toutes les turbulences, de survivre à ses auteurs et à ses acteurs successifs. Cela reste sa grande originalité.

« Adenauer est de moins en moins sûr que les Américains utiliseraient leur bombe nucléaire pour défendre l'Allemagne »

« Nous avons aussi parlé des problèmes militaires. Adenauer en est de plus en plus préoccupé. Il ne ressent plus la certitude que, quoi qu'il arrive et de toute façon, l'arme atomique américaine protégerait l'Allemagne. Il est de moins en moins sûr que, si les Russes attaquaient le sol allemand, les Américains se serviraient de la bombe pour le défendre.

« L'accord de Kennedy et Macmillan à Nassau ne l'a pas rassuré du tout. Il s'agit seulement pour l'Allemagne, comme éventuellement pour l'Italie, de fournir un contingent de matelots dans les sous-marins américains ! Il n'est pas question un seul instant que les Allemands et les Italiens soient consultés sur l'emploi des armes, sur la stratégie, etc. C'est vraiment se moquer du monde. Et ça ne garantit nullement les Allemands que, s'ils étaient attaqués, ils seraient défendus.

« Si les Allemands, ne respectaient pas le traité, ils nous obligeraient à une politique de rechange »

AP. — De-ci de-là, dans la presse, on dit que le traité franco-allemand présente des risques.

GdG (il me réplique vivement). — Quels risques ? Que l'Allemagne ne ratifie pas ce traité, ou n'en observe pas les stipulations ? Alors que c'est elle qui en a pris l'initiative ? Le risque serait pour les Allemands, s'ils ne respectaient pas le traité. Ils nous obligeraient à adopter une politique de rechange, qui serait lourde de dangers pour eux.

AP. — Pourquoi le domaine économique a-t-il été tenu à l'écart ?

GdG. — Le Chancelier, pour les Allemands, invoque le refus de déposséder la Communauté économique européenne. Vis-à-vis de nous, il dit que la raison essentielle était son refus de se faire accompagner à Paris par Erhard. »

Après un rire prolongé, il ajoute : « C'est un vieux renard », avec une sorte d'attendrissement, alors que ce refus, venant d'un autre, lui aurait fait l'effet d'une manœuvre politicienne.

Le Général redevient grave : « L'état politique de l'Allemagne est une question beaucoup plus sérieuse et beaucoup plus préoccupante que les remous provoqués par l'agitation des Anglo-Saxons.

« Nous venons de conclure un traité avec une Allemagne qui, dans son âme, est troublée. Le Chancelier est en fin de course. Les candidats à sa succession s'agitent. Ça crée une atmosphère politique qui n'est pas heureuse. Les Allemands ratifieront le traité, tout en disant qu'il n'est pas suffisant, ou qu'il va trop loin.

« S'ils ne le ratifiaient pas, notre conscience serait tranquille vis-à-vis d'eux et vis-à-vis de l'Europe et nous trouverions alors une autre orientation. (Il réitère.)

AP. — Dans ce cas, il s'agirait d'un renversement d'alliances ? Vous vous tourneriez vers la Russie, comme vous l'aviez fait en décembre 1944 ?

GdG. — Enfin, si vous voulez. Et avec plus de chances de succès. Staline n'est plus là, le monde a changé, l'Empire russe se craquelle, son impérialisme militaire et idéologique bat en retraite.

« En Allemagne, je crains que ce soit une nouvelle République de Weimar qui se prépare. Nous avons affaire à des gens qui sont administrativement sérieux, mais politiquement pas beaucoup. Le mieux, c'est quand même de leur donner l'habitude d'adhérer à la France. Sans nous, Dieu sait à quoi ils adhéreraient ! »

« Depuis des siècles, les Anglais ont essayé d'éviter l'intimité entre les Gaulois et les Germains »

Le Général s'étend ensuite sur « l'agitation de Bruxelles » :

« Alors, on grogne et on rechigne devant l'accord franco-allemand. Les Anglo-Saxons craignent de ne plus pouvoir intervenir dans l'intimité franco-allemande. Dès lors que je leur tenais tête, il était fatal qu'ils se déchaînent. Depuis des siècles, les Anglais ont essayé d'éviter l'intimité entre les Gaulois et les Germains. C'est aussi, maintenant, le cas des États-Unis.

« Comment s'étonner que la fermeté de ma position et l'appui que me donne le Chancelier provoquent des remous de leur part et de la part des nombreux et brillants supporters français de l'Amérique ?

« La presse feint de croire que l'essentiel, dans les trois jours qui viennent de s'écouler, c'est la "crise de Bruxelles" et que, le Chancelier et moi, on s'est surtout occupé de ça. Sur cinq heures de conversation en tête à tête que nous avons eues, cinq minutes environ ont été consacrées à l'entrée de l'Angleterre dans le Marché commun, et elles ont consisté à remarquer que nous étions complètement d'accord. »

« *Il vaut mieux faire envie que pitié* »

Conseil du jeudi 24 janvier 1963. Couve (avec un rien d'ironie dans la voix) : « Les Allemands sont dans l'incertitude. Le gouvernement va changer. Comment appliqueront-ils ce texte ? Et puis, cet étroit accord entre la France et l'Allemagne provoque des réactions négatives chez nos partenaires : crainte de la prépondérance franco-allemande, espoir que cet accord restera lettre morte.

GdG. — Notre refus de la Force multilatérale américaine, ensuite notre refus de l'entrée de la Grande-Bretagne dans le Marché commun, enfin la signature du traité de coopération franco-allemande, qui laisse sur le côté le Benelux et l'Italie, ces trois événements joints provoquent un tremblement de terre. Il ne faut pas s'étonner que les jalousies explosent. Il vaut mieux faire envie que pitié. »

Pompidou observe que, si la coopération culturelle soulève des difficultés d'application, c'est à cause de la France, qui, après 1945, a insisté pour que la culture et l'éducation soient de la compétence des *Länder*.

GdG : « Ne nous en plaignons pas ! Ça ne serait pas notre intérêt d'avoir un Reich centralisé en face de nous ! L'Allemagne est fédérale, c'est beaucoup mieux ainsi. »

Réflexion jacobine : il pense que la centralisation est un système intrinsèquement supérieur à la décentralisation. S'il avait vécu dans l'Allemagne renaissante des années 50, il penserait sans doute, au contraire, que l'organisation systématique de la diffusion des responsabilités à travers les *Länder* est à la source même du « miracle » allemand ; je n'ose le lui dire.

Entre 1965 et 1969, sa pensée évoluera fortement sur ce point.

« *La politique de la France est de faire une Europe qui en soit une* »

Après le Conseil, le Général, parlant lentement, comme pour que je prenne des notes, me donne une orientation plutôt apaisante à l'intention du public : « La politique de la France est de faire une Europe qui en soit une, qui existe par elle-même, qui ait son économie, sa défense, sa culture.

« C'est un sujet qu'il faut traiter objectivement et sans passion. La France est profondément attachée à la construction européenne. C'est dans un cadre européen que nous entendons désormais placer notre vie nationale.

« Nous bâtissons opiniâtrement le Marché commun. Nous aimerions que les Britanniques soient en mesure d'y contribuer autant que nous.

« Nous souhaitons un système continental cohérent et resserré, et un système atlantique beaucoup plus distendu, où l'Europe serait à égalité avec les Américains, qui actuellement disposent de la totalité du pouvoir.

« Nous espérons que, dans un avenir aussi proche que possible, la Grande-Bretagne pourra évoluer assez pour s'amarrer au continent et le préférer au "grand large". Il est primordial qu'elle se mette en mesure d'accepter toutes les contraintes de notre Europe des Six. Il est clair qu'elle ne l'a pas encore fait. Les négociations pour sa candidature ne pourront reprendre que quand elle l'aura fait. »

« S'ils ne ratifient pas le traité, ce sera fini à jamais »

Un silence, puis le ton change. C'est celui des propos pour ma seule information, comme s'il tenait à ce que son porte-parole ne soit pas amolli par ce climat d'idylle :

« Il nous faut éviter de gêner les Allemands. Laissons donc faire Adenauer, qui doit encore se battre avec son Bundestag et avec ses propres ministres (rire sardonique). Le pauvre homme ! Il en est encore là, à son âge ! Mais il faut bien qu'ils comprennent que, s'ils ne ratifient pas ce traité, ce sera fini à jamais. Nous changerons d'orientation. »

Chapitre 4

« LES AMÉRICAINS POUSSENT LES ALLEMANDS À FAIRE DE NOTRE TRAITÉ UNE COQUILLE VIDE »

En attendant un éventuel renversement d'alliances, Moscou manifeste sa mauvaise humeur à propos du traité franco-allemand. *Au Conseil du 13 février 1963*, Couve commente : « Les Russes protestent contre le fait que rien, dans ce traité, n'exclut la coopération atomique ; et contre le sort fait à Berlin, comme si Berlin faisait partie de la République fédérale.

« Ils craignent que l'Allemagne puisse entraîner les alliés dans une guerre contre l'URSS. La Pologne et la Tchécoslovaquie sont très sensibles à tout ce qui est dit sur le danger allemand.

Fouchet. — J'étais entré à Lublin vingt-quatre heures après l'Armée rouge. J'ai vécu avec le peuple polonais pendant deux mois. On haïssait les Russes ; mais c'est l'Allemagne qu'on craignait. De même, dans le fond de l'âme russe, il y a une grande peur de l'Allemagne.

« Vous êtes un colosse formidable et vous nous faites une scène ! »

GdG. — Vous avez raison. C'est le sentiment dont se sert Khrouchtchev, pour dresser les Russes contre le traité franco-allemand. Mais nous ne l'avons pas fait pour faire plaisir à l'Union soviétique. Nous l'avons fait pour conjuguer les Allemands avec nous, dans le danger international qui nous menace réellement, et contre lequel c'est notre devoir d'Européens de nous prémunir par nous-mêmes, au lieu de nous en remettre aux Américains en nous liant pieds et poings.

« Mais les Russes ne sont pas tellement convaincus que le fait pour la France de s'attacher les Allemands soit une mauvaise chose pour eux. Ils s'en servent, naturellement, pour leur propagande. Vinogradov * est venu se plaindre. Moi, je lui ait dit : “Vous vous moquez du monde. Vous êtes un colosse formidable et vous nous faites une scène ! L'Allemagne fédérale n'est pas conquérante !” Vinogradov m'a répondu : “Mais elle peut devenir une menace. Elle peut vous entraîner.”

« Ces gesticulations sont accessoires. L'essentiel, c'est que l'Union soviétique serait tentée de faire avec les États-Unis un

* Ambassadeur d'URSS à Paris.

nouveau Yalta, qui serait au détriment de l'Allemagne. Les Soviétiques agitent la menace allemande pour faire un rideau de fumée. Qui ramassera les morceaux de l'Allemagne ? Probablement ceux qui se seront montrés le mieux disposés envers elle. »

Salon doré, après le Conseil.

J'aborde un autre aspect du sujet : « Nos partenaires sont tentés de tout lâcher aux Américains et d'abandonner le Tarif extérieur commun.

GdG. — L'Europe doit se décider à être l'Europe. Elle doit dominer son sentiment d'infériorité envers l'Amérique, qui n'est, après tout, que sa fille. Les Européens doivent préférer l'Europe à l'Amérique, que diable ! Tant qu'ils ne s'y résoudront pas, il n'y aura pas d'Europe. »

Et comme je m'aventure à insister sur l'accueil de la presse à l'annonce d'une nouvelle prise de distance à l'égard des Américains, le Général me rabroue :

« Vous ne pensez tous qu'à une chose, c'est d'éviter de faire ronchonner le rédacteur en chef de *La Dépêche du Midi* ! Vous n'avez donc pas compris que tous ces journaux n'ont pas d'autre importance que celle que vous leur accordez ? »

« Au besoin, je parlerai de nouveau moi-même au peuple allemand »

Salon doré, 20 février 1963.

AP : « Adenauer aura-t-il la force d'imposer sa politique ?

GdG. — C'est le point noir. Il n'en a plus que pour quelques mois. Il a sorti l'Allemagne du chaos ; quand il s'en ira, elle risque d'y retourner.

AP. — Craignez-vous que le Bundestag ne ratifie pas le traité ?

GdG. — Non, je crois qu'il n'aura jamais le courage de s'y opposer. Le populo est pour, en Allemagne comme en France. »

Il garde un instant de silence, puis laisse tomber :

« Au besoin, je lui parlerai de nouveau moi-même, en allemand, au peuple allemand.

AP. — Vous retourneriez en Allemagne ?

GdG. — Mais non, je n'y retournerais pas ! Il y a les ondes.

AP. — Vous seriez prêt à faire une allocution radiotélévisée aux Allemands. En exclusivité à une des chaînes ?

GdG. — Pourquoi une ? Vous croyez que si j'invitais toutes les radios et télévisions allemandes, elles me boycotteraient ? »

Cette déclaration serait-elle d'un effet foudroyant sur la population allemande ? Il fait un pas en arrière :

« Mais je ne le ferais que si c'était vraiment nécessaire. Surtout, gardez ça pour vous. Je ne crois pas qu'il en soit jamais besoin. Car les parlementaires allemands comprendront la responsabilité terrible qu'ils prendraient, s'ils rejetaient ce que leur peuple demande et que le bon sens exige. »

« Les Allemands mériteraient que nous dénoncions le traité »

Salon doré, 24 avril 1963.

Pour obtenir, du Bundestag méfiant, une large ratification, Adenauer s'est résigné à adjoindre au traité un préambule unilatéral qui affirme la solidarité « atlantique » de l'Allemagne, réduisant ainsi la portée européenne (au sens gaullien) du traité.

Le Général me charge de présenter à la presse cette version officielle de notre réaction :

« La France a fait connaître au gouvernement allemand qu'elle n'avait pas d'objection à l'inclusion dans la loi de ratification allemande d'un préambule réaffirmant la fidélité de la République fédérale à son engagement atlantique et européen. »

Mais la vérité ressentie par le Général est tout autre :

« Les Américains essaient de vider notre traité de son contenu. Ils veulent en faire une coquille vide. Tout ça, pourquoi ? Parce que des politiciens allemands ont peur de ne pas s'aplatir suffisamment devant les Anglo-Saxons ! Ils se conduisent comme des cochons ! Ils mériteraient que nous dénoncions le traité et que nous fassions un renversement d'alliance en nous entendant avec les Russes ! »

Ce n'est pas tout à fait parole en l'air : il s'en entretient aussi avec Pompidou, qui me confie le surlendemain sa préoccupation : « Le Général éprouve une profonde déception. Il songe à faire machine arrière. »

Pourtant, en public, le Général continue à clamer sa foi dans la « réconciliation en profondeur » dont Adenauer et lui-même ont été les ouvriers. À Vitry-le-François, il se félicite que la France ait noué une amitié solide avec son ancienne ennemie, surmontant « toute espèce de séquelles d'un passé cruel et sanglant »

« Les Anglais veulent entrer, mais à leurs *conditions »*

Au Conseil du 5 juin 1963, Couve expose que, sur l'agriculture, les Allemands font des difficultés, qui seraient levées si nous acceptions d'introduire les Anglais dans le Marché commun…

GdG : « Les Anglais veulent se donner les moyens d'intervenir. Et on prête une oreille complaisante à quiconque plaide pour eux. Les Belges, les Hollandais, les Italiens, c'est leur nature de céder à ces pressions.

Couve. — Nous avons été réticents. »

Réticent est une formule à la Couve. « Je me demande s'il est vraiment opportun de… » Ou, avec la même suavité : « Je m'interroge sur l'utilité de… » ; jusqu'à ce qu'il finisse par lâcher : « La France ne souhaite pas que… »

Il s'y est donc opposé, mais « il reste la voie diplomatique, et personne ne s'en prive, même pas nous. On peut toujours discuter, en organisant des réunions avec la Grande-Bretagne.

GdG. — Non ! Non ! Non ! Il ne faut pas réintroduire les Anglais seuls dans le Marché commun ! On peut avoir des discussions avec l'ensemble des membres de la petite zone de libre-échange, mais il n'y a aucune raison pour que l'Angleterre reste l'interlocuteur unique.

« Souvenez-vous que, dès les débuts de la négociation avec les Anglais, à l'automne dernier, il est devenu clair que les Anglais voulaient entrer coûte que coûte, mais à *leurs* conditions. Nous avons toujours dit que, si la Grande-Bretagne accepte le traité de Rome et toutes ses conséquences, nous ne nous opposerons pas à son entrée. »

Souvenez-vous : non seulement le Général a une mémoire d'éléphant, mais il nous oblige à l'avoir avec lui. Chaque problème qui nous paraît lié à l'actualité se situe, pour lui, dans la longue durée.

Il conclut : « Pour construire le Marché commun, les réalités sont incommodes et contradictoires. La question est de savoir si on arrivera à les concilier, surtout entre Français et Allemands. »

« Ils sont ivres de l'ONU, de l'OTAN, de l'intégration européenne »

Au Conseil du 19 juin 1963, Couve évoque un rapport publié par la commission des Affaires étrangères du Sénat américain. « Ce document demande : “Que va choisir l'Europe, entre la Communauté atlantique et l'Europe autarcique ?” Autrement dit, l'Europe sera-t-elle dans un ensemble commandé par les Américains, ou formera-t-elle elle-même un ensemble indépendant des États-Unis ? Ce document pose bien le problème. Mais naturellement, ses conclusions ne sont pas les nôtres. Il compte sur “la résistance que les Allemands opposeront à l'Élysée”. Elle serait seule capable de “surmonter les difficultés que les États-Unis rencontrent en Europe du fait du hiatus gaulliste”. Quant au “veto français à l'entrée du Royaume-Uni dans le Marché commun, c'était autant un soufflet sur la joue des États-Unis que sur celle de la Grande-Bretagne”.

GdG. — Il n'y a pas de doute. Le problème s'est déjà posé au moment de l'institution de l'OTAN. Il s'est posé aussi pour la CED. C'est ce que les Européens appellent “l'intégration européenne”, sans se préoccuper de savoir s'il y a une politique européenne. L'entrée des Anglais aurait évidemment anéanti cette Europe en train de se constituer de manière autonome.

« Le tout, pour que les États-Unis puissent mieux gouverner l'Europe. Dans ce cas, l'Europe disparaît, la France est abolie. Ceux qui ont renoncé à la France depuis longtemps, cherchent une situation qui noie la France dans des systèmes politiques où la France n'existerait pas. C'est pourquoi ils sont ivres de l'ONU, de l'OTAN, de "l'intégration européenne". Ils se ruent pour faire entrer la Grande-Bretagne, alors qu'ils savent qu'il n'y aura pas d'intégration si l'Angleterre est dans l'Europe. Ça leur est égal. Leur instinct est que la France disparaisse.

« Mais ils se sont fait des illusions, ils ont commis une erreur sur notre capacité de les en empêcher ! C'est ce que tout le monde commence à admettre. »

Ces doutes et ces anathèmes ne sont pas faits pour le public. Du 12 au 16 juin, au cours de sa visite dans les Charentes, notamment à Saint-Jean-d'Angély le 14, le Général a encore exalté la réconciliation, avec une conviction qui retentit étrangement à mes oreilles :

« L'Allemagne et la France ont conclu l'une avec l'autre, après d'immenses malheurs, non seulement la paix, mais un traité pour coopérer. Si on y réfléchit bien, c'est une révolution qu'elles ont accomplie et un magnifique exemple qu'elles ont donné. » De village en village, il célèbre cette « révolution », cet exemple. *« La France a accompli là une des plus grandes actions de son histoire. »*

Une fois de plus, il fait « comme si ».

« Les Allemands ont beaucoup promis et peu tenu »

Au Conseil du 3 juillet 1963, Couve : « Le voyage de Kennedy en Europe est terminé. De ses conversations, il n'est pas résulté grand-chose. Il est clair que le projet de Force multilatérale a du plomb dans l'aile. »

Couve rend compte ensuite des préparatifs de la première des réunions franco-allemandes prévues par le traité, qui va se tenir à Bonn demain et après-demain.

« Sur le Marché commun, trois difficultés principales : l'agriculture ; les tarifs, pour lesquels les États-Unis effectuent une énorme pression ; les relations des Six avec la Grande-Bretagne.

Triboulet. — Les actions allemandes en Afrique, loin de se ralentir, se développent unilatéralement et dans notre dos. La réunion prévue de nos fonctionnaires n'a jamais eu lieu.

GdG. — Les Allemands ont beaucoup promis et peu tenu. »

« Les traités sont comme les jeunes filles et les roses »

Après le Conseil, je demande au Général : « Moins de six mois après la signature du traité de l'Élysée, vous donnez l'impression d'être déçu.

GdG. — Je ne vous le cacherai pas. Déçu par le préambule qu'a imposé le Bundestag. Déçu par la mécanique de la coopération franco-allemande : elle n'est pas aussi efficace que je l'imaginais. Et pourtant, Adenauer est encore là. Que sera-ce, quand il sera parti ? »

Le même soir, au cours d'un dîner à l'Élysée qu'il a offert en l'honneur des bureaux des deux chambres du Parlement, quelques députés, devant lui, se montrent sceptiques envers la solidité du traité franco-allemand. Le Général répond sur le même ton, dans une parabole mélancolique : « Les traités sont comme les jeunes filles et les roses : ça dure ce que ça dure. Si le traité allemand n'était pas appliqué, ce ne serait pas le premier dans l'Histoire. » Et il cite le vers des *Orientales* :

« Hélas ! que j'en ai vu mourir, des jeunes filles ! »

Les 4 et 5 juillet, le Général, accompagné de nombre de ministres, séjourne *à Bonn*. Dans la presse allemande, il n'est question que de jeunes filles et de roses. Le 5, le Chancelier, piqué au vif, relève le propos du Général dans un toast :

« J'ai lu que les roses et les jeunes filles pâlissaient vite. Les jeunes filles, peut-être. Mais pour les roses, je m'y connais. Celles qui ont le plus d'épines sont les plus résistantes. Cette amitié entre la France et l'Allemagne est comme un rosier qui portera toujours des boutons et des fleurs. Sans elle, faire l'Europe serait condamné à l'échec… »

Le Général enchaîne :

« Quand on est la France, quand on est l'Allemagne, quand le monde est si difficile, l'amitié ne suffit pas. C'est l'œuvre commune qui est nécessaire… Vous avez raison, Monsieur le Chancelier, notre traité n'est pas une rose ni même un rosier, mais une roseraie. Une rose ne dure que l'espace d'un matin. Mais une roseraie dure sans limite, si on prend soin de l'entretenir. »

« Si le Marché commun est mis sur pied, ce traité et cette mécanique seront justifiés »

Au Conseil du 10 juillet 1963, on fait le bilan.

GdG : « Le sujet dominant, c'est la question agricole. Il s'agit de voir si, oui ou non, ils vont mettre les pouces. Cette nécessité, pour que la coopération franco-allemande puisse continuer, a été dite de la façon la plus nette. Mon impression, c'est que les Allemands s'acheminent vers une attitude positive sur le Marché commun agricole.

« L'habitude sera vite prise, puis le goût, de ces rendez-vous réguliers, pour lesquels on s'impose un effort de préparation et d'entente, des études en commun. À la condition que le Marché commun agricole soit mis sur pied d'ici la fin de l'année ; sinon, ses réunions n'auraient pas de justification. Au contraire, si le Marché commun est sur pied d'ici la fin de l'année, tout ce traité et cette mécanique agricole seront justifiés.

(Pour le Général, le traité franco-allemand n'est pas un substitut au Marché commun, mais un moyen de le faire avancer.)

« Pour leur situation intérieure, les Allemands ne savent pas ce qu'ils vont faire. C'est assez impressionnant de voir que ce pays, alors qu'il n'est pas réunifié, n'est pas encore organisé politiquement. Le départ d'Adenauer ne fera qu'aggraver cette situation. »

Après le Conseil, le Général me dit, pour que j'en fasse état : « Il n'est pas possible que chaque fois que les deux gouvernements se rencontrent, il en résulte des miracles. Ces habitudes nouvelles ne manqueront pas, au bout de quelques années, de créer des liens étroits. Mais c'est une conception puérile ou malveillante que de créer chaque fois une attente qui ne peut être que déçue. »

Chapitre 5

« SI L'ALLEMAGNE ET LA FRANCE NE SONT PAS UNIES DANS TOUS LES DOMAINES, NOUS SERONS NOYÉS »

Rambouillet, samedi 21 septembre 1963.

Le Général reçoit le Chancelier à Rambouillet. Il respire la joie. D'être à Rambouillet (alors qu'il n'aime pas l'Élysée). De voir cet homme de 87 ans, fripé comme un vieux cavalier mongol, s'exprimer avec tant de sagacité, ce qui doit le rassurer, lui qui a quatorze ans de moins (la durée de deux mandats présidentiels). D'entendre Adenauer répondre à ses idées intimes comme s'il lisait en lui.

Le Chancelier est tout heureux de retrouver le Général. Est-il sensible au fait que sa chambre, son lit même, ont été ceux de François Ier ? Il rayonne de retrouver, pour la dernière fois avant de quitter ses fonctions *, l'ami qu'il a découvert juste cinq ans plus tôt et dont la rencontre a été un tournant dans sa vie.

Leur admiration et leur respect mutuels auront été essentiels dans ce qui restera pour chacun d'eux un de leurs plus grands accomplissements : la réconciliation franco-allemande.

L'après-midi s'est passée à faire un tour d'horizon planétaire.

L'entretien commence vers 16 heures, dans le salon du rez-de-chaussée, aux murs décorés de marbre rose et gris. Tout au début, le Chancelier fait une déclaration en forme de testament politique.

Puis est abordée la coopération franco-allemande.

Adenauer : « Il ne faut pas aider l'URSS à surmonter ses difficultés »

« C'est de la Russie et de la Chine que je voudrais vous parler, général. Lors de ma visite en 1955 à Moscou, des craintes à propos de la Chine communiste m'avaient déjà été exprimées par Khrouchtchev, bien avant que leur discorde n'éclate. Les Russes ne peuvent pas tout faire : s'armer contre l'Occident, s'armer contre les Chinois, et réussir leur développement.

« Le moment paraît venu où les Russes voudraient renforcer leur armement contre la Chine communiste et se rapprocher, à cet effet, de l'Occident. Ce que nous pouvons accepter de faire un jour, mais en le leur faisant payer très cher, c'est-à-dire en obtenant d'eux toutes sortes de garanties pour la sécurité et pour la paix. »

---

* Il démissionnera dans quelques jours, et sera remplacé le 16 octobre par Ludwig Erhard.

Et le Chancelier de développer une analyse aiguë des difficultés insurmontables que rencontre la Russie soviétique, coincée entre ses ambitions de grande puissance et ses défaillances économiques. La conclusion est nette : il ne faut pas aider l'URSS à surmonter ses difficultés ; il faut au contraire, en profitant de l'échec de son système, l'amener à alléger sa pression sur l'Europe : « Dire qu'un manœuvre russe ne devient pratiquement jamais un travailleur spécialisé ! Dire que les Soviétiques sont obligés d'acheter du blé au Canada, en Australie ou aux États-Unis ! Ils sont au bord sinon de la famine, du moins de la carence alimentaire. Mais si les Russes peuvent obtenir ce qu'ils veulent avec l'aide de l'Occident, ils ne dépasseront jamais le stade du simple bavardage dans leurs " négociations" et, en outre, concurrenceront les pays occidentaux. Lénine avait déjà déclaré que les capitalistes tressaient la corde qui les ferait pendre par le communisme. Il n'avait pas tort, car, si nous " laissons faire ", nous agirons en irresponsables. La Russie a besoin de l'Occident. Il ne faut pas rater cette occasion de lui faire payer un bon prix, le prix de la paix, en contrepartie de ce qu'elle demande.

« Vous voulez empêcher l'Occident de prêter la main au salut des Soviets sans contrepartie »

GdG. — Je comprends parfaitement votre intention. Vous voulez empêcher l'Occident de prêter la main au salut des Soviets sans contrepartie. Mais s'il y a des contreparties ? Par exemple, certains milieux industriels allemands n'y sont-ils pas fortement intéressés ? Particulièrement ceux qui sont proches du parti de M. Erich Mende * ? »

Adenauer éclate de rire, de voir le Général tellement au fait de la vie politique allemande. Il répond qu' « en effet les grosses sociétés allemandes ont intérêt à prendre pied sur le marché soviétique. De même, nos agriculteurs allemands n'approuvent plus notre politique anti-soviétique, depuis que les Russes ont commandé 200 000 tonnes de farine à l'Allemagne. Mais l'opinion publique serait incontestablement de notre côté, si nous nous opposons à une telle expansion du commerce vers l'Est, qui reviendrait à nourrir un tigre pour qu'il nous dévore.

GdG. — Il existe de forts courants pour accorder ce concours aux Soviétiques. Les Anglais y sont disposés, les Japonais aussi. Les Américains partageront-ils votre opinion, ou se laisseront-ils guider par leur désir de faire des affaires ?

Adenauer. — Les pays de l'OTAN ne devraient accorder les fournitures demandées, que s'il y a un désarmement réel en Russie, si celle-ci est librement ouverte au tourisme et si (le Chancelier

* Parti libéral allemand (*Freie demokratische Partei*, proche du patronat).

laisse percer le bout de l'oreille) la discussion sur la réunification de l'Allemagne devient possible.

« Nous avons un intérêt commun à ce qu'il n'y ait pas d'aide directe des Américains aux Russes »

GdG (se gardant bien de répondre sur le dernier point évoqué). — Est-ce que l'OTAN est le bon cadre ? Il s'y trouve des pays qui ont une propension à concéder. La France, quant à elle, est prête à conjuguer sa politique dans ce domaine avec la République fédérale. Notre double exemple entraînerait d'autres pays.

Adenauer (conscient d'avoir agité le chiffon rouge en parlant de l'OTAN). — Il serait indispensable que Kennedy s'associe à la politique que nous entendons mener, quitte à ce qu'il en apparaisse comme l'initiateur.

GdG. — Nous avons un intérêt commun à ce qu'il n'y ait pas d'aide directe des Américains aux Russes, qui conduirait inévitablement au renforcement des Soviets contre l'Occident. Kennedy a déclaré hier : “Allons d'abord ensemble dans la lune, et puis faisons *autre chose encore.*” De quoi s'agit-il ? C'est certainement le moment, pour la France et l'Allemagne, qui ont des raisons de se méfier, de veiller au grain. »

Le Chancelier, qui s'est naturellement aperçu que le sujet de la réunification est resté en l'air, le reprend, sur un ton préoccupé : « Les mains de l'Allemagne sont liées par le problème de la réunification. S'il n'a pas trouvé de solution d'ici à dix ans, il est à craindre que le nationalisme renaisse en Allemagne, ce que je voudrais éviter à tout prix. »

Sans lui répondre d'abord sur ce point, le Général reprend à son compte l'argumentation du Chancelier, mais pour la tirer vers une nouvelle dénonciation du condominium américano-soviétique, et pour ramener son interlocuteur à l'Europe européenne :

« Ces derniers temps, notre coopération n'a pas été très active »

GdG : « Les Russes ont d'énormes difficultés internes. Leur conflit avec la Chine se développe. Si les Anglo-Saxons continuent leurs négociations avec les Soviets, inévitablement ils feront un arrangement qui sera nuisible à l'Allemagne, donc à l'Europe. Il peut en résulter soit une résurgence d'un ultra-nationalisme allemand, soit une neutralisation de l'Allemagne, et par conséquent de l'Europe tout entière.

« Il est possible qu'un jour vienne, où l'on puisse faire la paix avec la Russie, et en particulier la paix européenne, où il n'y aura plus deux Allemagnes (voilà enfin sa réponse). Mais actuellement, la France ne veut participer, d'aucune manière, à ces négociations.

« Je souhaite, comme vous-même, que le traité d'amitié franco-allemand s'affirme. Ces derniers temps, notre coopération n'a pas été très active. Les Russes et les Américains ont signé l'accord de Moscou, auquel la France ne pouvait adhérer, car elle veut poursuivre ses essais nucléaires. Peut-être l'Allemagne fédérale aurait-elle pu ne pas y adhérer non plus, car, de toute façon, elle avait déjà déclaré ne pas vouloir d'armement atomique. Cette divergence entre la France et l'Allemagne a été très remarquée. »

Le Général se fait encore plus incisif : « Les problèmes militaires entre la France et l'Allemagne n'avancent pas beaucoup. Tout d'abord, en matière de stratégie, il est clair que les Américains ne sont pas résolus à employer leur armement atomique d'entrée de jeu, en cas d'offensive soviétique ; ils sont même résolus à ne pas l'employer ! Ils ne se serviront de l'arme nucléaire que pour défendre le sanctuaire américain. Ce n'est pas là l'intérêt de la France et de l'Allemagne, qui risquent ainsi d'être envahies avant tout recours à l'arme nucléaire : seul son usage immédiat peut dissuader les Russes.

« Il y a bien le projet de Force multilatérale. Mais il s'agit là d'un mirage. Car cette force n'est pas à la disposition des Allemands, mais des seuls Américains. Une attitude de *wait and see* * équivaudrait pour nous à l'invasion. La France crée donc sa propre arme atomique, avec la résolution de l'employer immédiatement, pour ne pas être envahie. »

Adenauer : « La Force multilatérale, j'ai cru devoir l'accepter, mais je n'ai pas confiance en elle »

Le Chancelier craint que le Général n'ait raison : « Les généraux allemands m'ont déclaré qu'aucune défense ne serait possible, si les unités terrestres n'étaient pas dotées de fusées de moyenne portée. Il y a dix-huit mois déjà que j'en ai parlé à Kennedy… Mais comme il est décevant ! La politique de Kennedy ne rencontre aucun succès. Il agit par foucades, sans plan d'ensemble, même dans le domaine militaire.

« Surtout, il ne faut pas que la France relâche ses efforts en matière nucléaire. Votre conception, général, est bonne et juste. Je la partage sans la moindre réserve.

« Que les Américains ne se fient pas trop aux Polaris, ni à la Force multilatérale. Pour des raisons politiques, j'ai cru devoir l'accepter, mais je n'ai pas confiance en elle. Kennedy semble penser aujourd'hui que les problèmes européens ne sont plus aussi impor-

* Attendre et voir.

tants pour les États-Unis que les questions asiatiques. Il faut le convaincre du contraire, car une économie soviétique affaiblie, qui ne bénéficie d'aucune aide artificielle, est une garantie de paix.

« Je pense comme vous que les pourparlers entre Russes et Américains ne peuvent aboutir qu'à aggraver la situation actuelle. Schröder *, au contraire, considère que des négociations sur Berlin ou l'Allemagne pourraient améliorer la situation. Mais comment les Américains pourraient-ils prendre l'avantage, alors qu'ils sont eux-mêmes à la remorque des Soviétiques ? Jamais les Américains n'ont pris l'initiative d'un sujet à débattre avec les Russes. Quand on songe qu'ils n'ont même pas demandé que disparaisse le Mur de Berlin !

« Il n'y a pas d'autre réalité européenne que l'Allemagne et la France »

GdG. — Je me demande si, malgré l'accord franco-allemand, nous réussirons à mettre le Marché commun sur pied avant les négociations avec les États-Unis. Nous voulions une politique commune, et c'est pour cela que la France a pris position contre l'entrée des Anglais, dans les circonstances actuelles, dans la Communauté européenne. (Il durcit le ton.) Le traité d'amitié franco-allemand est, pour l'instant, un traité d'intention. Il est nécessaire qu'il en soit autrement. Il n'y a pas d'autre réalité européenne que l'Allemagne et la France et, si ces deux réalités ne sont pas unies dans tous les domaines, nous serons noyés. »

Adenauer se montre alors franchement pessimiste sur la fiabilité de Kennedy, sur les dispositions européennes des Anglais. L'avenir du Marché commun ne le ragaillardit pas davantage :

« Je ferai tout mon possible pour que survive le Marché commun. Mais j'ignore si j'y réussirai. Si les charges sociales et publiques ne sont pas, comme le stipule le traité, harmonisées, jamais il n'y aura de Communauté économique européenne véritable. J'ajoute encore que l'agriculture allemande devra modifier sa structure. Cela permettrait de faire marcher côte à côte l'agriculture française et l'agriculture allemande.

GdG. — Je conviens qu'en France également, il reste beaucoup à faire pour moderniser l'agriculture. Je pense qu'un règlement agricole doit absolument intervenir avant que ne soient commencées les négociations avec les Américains. Dans le cas contraire, ceux-ci submergeraient l'Europe avec leurs excédents.

Adenauer. — L'amitié franco-allemande est le résultat le plus important de toute mon activité pendant les quatorze années où j'ai dirigé la politique allemande. »

---

* Ministre des Affaires étrangères de RFA.

Chapitre 6

« SOYONS ENSEMBLE L'EMBRYON D'UNE EUROPE INDÉPENDANTE »

Rambouillet, 21 septembre 1963.

On se retrouve au salon pour l'apéritif. Les invités sont arrivés *. Le Général exprime sa joie de recevoir le Chancelier pour « cette visite chargée de symboles. Plus encore : importante pour nos deux pays, puisqu'elle aura facilité, par la franchise de nos entretiens, après votre départ *et après le mien*, la poursuite de l'œuvre que nous avons entreprise. » Le Général associe au départ du Chancelier le sien propre : décision prise, ou simple courtoisie ?

Le Chancelier marque de nouveau son émotion : « Vous savez, général, en perdant ses fonctions, on perd souvent ses amis. Ce proverbe s'est vérifié déjà par deux fois dans ma vie. D'abord, lors de la prise du pouvoir par le Parti national-socialiste. Plus tard, lors de ma destitution par les Anglais comme maire de Cologne. Plus je vais, plus je considère que l'amitié franco-allemande constitue l'œuvre capitale de mon passage à la Chancellerie. Et l'amitié personnelle que j'ai nouée avec vous, général, est une des rares joies qui aient accompagné mon activité politique. »

Le Général, ayant sans doute peur de laisser le Chancelier trop longtemps debout, le fait asseoir et s'assied à son côté, l'interprète derrière eux. Les chaises se rapprochent. Un petit cercle se forme, muet. Le Chancelier poursuit : « Avant de me retirer complètement, j'aimerais encore renforcer cette œuvre commune. Après avoir quitté la Chancellerie, je continuerai à œuvrer activement en faveur de l'amitié franco-allemande. »

« Plus le temps passera, plus notre accord trouvera d'applications »

De part et d'autre, le ton reste un peu formel : c'est une conversation entre deux grands hommes qui se retrouvent dans l'au-delà, un entretien parmi les asphodèles des champs élyséens. Mais au bout d'un moment, les dames se lassent et, se laissant aller à leur vivacité, se mettent à bavarder entre elles. Du coup, les deux hommes d'État reprennent le ton de leurs entretiens en tête à tête. Le Chancelier poursuit :

---

* Autour de Mme de Gaulle : Mme Reiners (fille du Chancelier), M. et Mme Galichon, mon épouse, l'aide de camp. Couve et Joxe, qui ont assisté au déjeuner (où je n'étais pas), se sont éclipsés avant le dîner.

« Je voudrais que, dans le domaine militaire, les liens se raffermissent entre nous. Cependant, il ne faut pas oublier que les Américains sont notre seule protection réelle contre le danger soviétique.

GdG. — La présence des Américains, pour longtemps encore, est une nécessité, et l'OTAN en est une autre. Mais cette organisation a été créée à une époque où ni l'Allemagne ni la France n'avaient repris leur réalité. Il importe maintenant que nous existions par nous-mêmes et soyons ensemble l'embryon d'une Europe capable de devenir vraiment européenne, c'est-à-dire indépendante. Plus le temps passera, plus notre accord trouvera de champs d'applications.

Adenauer. — Ne serait-ce que les stages effectués en Allemagne par des troupes françaises et en France par des unités allemandes. L'accueil des troupes françaises par la population allemande a été très chaleureux.

GdG. — Je ne pense pas que cet échange d'unités entre nos deux pays, qui a surtout une valeur symbolique, résolve le problème de la coopération entre nos deux armées. »

Pour le Chancelier, la bouteille est à moitié pleine. Pour le Général, elle reste encore à moitié vide.

Adenauer : « Avec le prestige que vous avez redonné à la France, général, vous seriez assuré de pouvoir créer avec succès un institut diplomatique international pour la formation des diplomates de tous les pays. Il y viendrait des étudiants de partout.

GdG (peu enthousiaste). — Ouais.

Adenauer. — Vraiment, général, si vous établissiez à Paris cet institut, il vous suffirait d'y faire une conférence tous les six mois (voyant que le Général n'embraye pas, le Chancelier abaisse ses prétentions) ...ou tous les ans. Cela aurait un immense rayonnement. Vous auriez là un grand moyen d'influence pour la France. »

Le Général reste de marbre. Cette idée lui paraît fumeuse. L'idée même d'un enseignement international de la diplomatie lui est étrangère. Au fond, il n'y a qu'une diplomatie qui l'intéresse — celle de la France. La conduire, oui ; l'enseigner, et surtout aux étrangers, ne le tente nullement.

« Je n'irai pas à l'ONU tant qu'elle n'appliquera pas sa charte »

Devant le médiocre accueil fait à cette suggestion, le Chancelier en avance une autre.

Adenauer : « Vous devriez aller à l'ONU, vous y auriez un grand succès.

GdG (froidement). — Non, n'y comptez pas.

Adenauer. — Vous devriez, tout le monde vous applaudirait.

GdG. — On m'applaudirait parce qu'on se dirait que de Gaulle se rend ! On applaudit toujours les gens qui se rendent. Ceux qui ne se rendent jamais sont mal vus.

Adenauer. — Vous aviez raison quand vous disiez que l'ONU ne peut plus servir à grand-chose. À mesure qu'elle grandit, elle perd de son importance. Eisenhower et Dulles me l'ont dit : " Nous avons fait une bêtise en faisant entrer les sous-développés. Bientôt il n'y en aura plus que pour eux." Les Américains s'en rendent compte maintenant.

GdG. — On n'applique pas la charte. Je ne suis pas contre l'ONU parce que c'est l'ONU. Je serais pour l'ONU si elle appliquait sa charte. Une Assemblée chaotique qui adopte des résolutions démagogiques, un secrétaire général qui entreprend des expéditions militaires en dehors du Conseil de sécurité, ce n'est pas conforme à la charte. Nous n'en voulons pas. Je n'irai pas à l'ONU tant qu'elle n'appliquera pas sa charte.

Adenauer. — En somme, vous voulez que ce soit elle qui se rende. »

Le Général rit ; c'est du plaisir de voir que la vieillesse n'ôte rien à l'esprit du Chancelier. Mais il demeure imperméable aux exhortations imaginatives de son hôte. Du coup, celui-ci se rabat sur un sujet déjà abordé l'après-midi.

Adenauer : « Vous avez vu la note que les Russes ont envoyée aux Chinois ?

GdG. — Oui, mais ce n'est qu'une note.

Adenauer. — On n'aurait jamais imaginé cela il y a quelque temps ! Vous, vous l'aviez prévu.

GdG. — Cela ne pouvait pas finir autrement, mais ils n'en sont pas encore à la bataille rangée.

Adenauer. — Le jour où cela ira vraiment mal entre eux, les troupes russes seront massées à l'Est, parce que les Chinois convoiteront la Sibérie, tandis que les Russes sauront bien que les Américains ne les menacent pas.

GdG. — Il faut quand même prévoir ce jour et il ne faut pas que l'Europe soit prise au dépourvu le jour où ça se produira. Ce jour-là, l'Union soviétique tombera en morceaux, et l'Europe pourra retrouver son unité, sa liberté, son indépendance. »

« Le dimanche, on allait à Fribourg en diligence »

On passe à table. Le Général approche le siège de Mme Reiners, à sa droite ; puis de ma femme, à sa gauche. Le Chancelier s'extasie sur les roses qui décorent la table et en fait le compliment à Mme de Gaulle.

La conversation se désertifie. Le Chancelier ignore le français et le Général refuse de parler l'allemand ; même s'il le comprend bien, me semble-t-il, il se fait traduire, peut-être pour se donner le temps de préparer ses réponses. Quand l'interprète Pierre Meyer est dépassé du fait des interférences de dialogues, Mme Reiners et moi nous employons péniblement à le seconder.

« Vous savez, dit-elle au Général en parlant de moi, il parle si bien allemand (elle ne se rend pas compte de ce que ce compliment absolument immérité a de désobligeant pour le Général).

GdG (agacé). — Hélas, je ne peux m'y remettre, à mon âge. J'aimerais bien le faire, mais plus j'avance en âge, plus mes possibilités se réduisent. »

Adenauer, s'étant fait traduire, intervient : « Vous *préférez* ne pas parler allemand, général. Pourtant, vous le connaissez très bien.

GdG. — Moi ? Je l'ai bien oublié.

Adenauer. — Mais comment avez-vous fait pour parler si bien en allemand lors de votre voyage en Allemagne ? Vous avez fait presque tous vos discours en allemand.

GdG. — Parbleu, c'est que je les avais appris par cœur ! J'avais écrit mes textes en français, je les ai fait traduire en allemand et j'avais répété plusieurs fois la traduction.

Adenauer. — Mais si ç'avait été de l'hébreu, vous n'auriez pas pu apprendre vos discours par cœur.

GdG. — J'avais beaucoup étudié l'allemand autrefois. Pendant plusieurs années, quand j'avais 13, 14, 15 ans, on m'avait envoyé dans une famille allemande pour les vacances. C'était un petit village de Forêt-Noire, chez un vicaire. Le dimanche, on allait à Fribourg en diligence. On s'installait dans une brasserie vers midi et on n'en bougeait pas jusqu'à minuit. On buvait de la bière, on racontait des histoires, on mangeait, on digérait, on jouait. Les dames se promenaient sous les arbres. C'était le grand événement. Et puis, on rentrait en pleine nuit, toujours en diligence. Il y a de ça à peu près soixante ans. Alors, il m'en est bien resté quelque chose, mais, dans la conversation, cela me réclamerait un trop gros effort.

Adenauer. — Et vous, Madame, vous en avez fait aussi ?

Mme de Gaulle. — Oui, quand j'étais jeune fille. Nous avions des gouvernantes allemandes. Mais j'ai à peu près tout oublié. Il faudrait que je m'y remette ; seulement, je suis trop vieille et je n'ai pas assez de volonté. »

Le sujet de la langue étant épuisé, il faut bien en trouver d'autres. La fille d'Adenauer demande à Mme de Gaulle : « Vous ne fumez pas ? Vous n'avez jamais fumé ?

Mme de Gaulle. — Si, autrefois. (Pince-sans-rire.) Cela reviendra peut-être sur mes vieux jours ; mais alors, si je m'y remets, ça sera la pipe. »

Éclats de rire. Nous ne parvenons pas à nous imaginer le spectacle. Mme Reiners reprend gravement : « Oh oui, ce serait bien int'ressant ! »

Mme de Gaulle : « Au lieu d'aller au café »

Nous avons depuis longtemps avalé la crème de laitue. Voici déjà les filets de sole cherbourgeoise. Il faudra tenir encore quand viendront les pintadeaux rôtis, en attendant les crêpes flambées. Les silences commençant à s'allonger, je finis par me jeter à l'eau, en interpellant Adenauer en allemand.

AP : « Vous avez trois fois plus de téléviseurs en Allemagne, Monsieur le Chancelier fédéral, que nous en France. Que pensez-vous de l'influence de la télévision sur le public ?

Adenauer. — Pas beaucoup de bien ! C'est mauvais pour l'esprit de famille. Les gens se mettent devant leur appareil et ne vivent plus que pour les images. Ils ne s'intéressent plus aux autres. Il n'y a que l'écran qui compte.

Mme de Gaulle. — Mais on peut dire, en revanche, que les hommes reviennent plus vite le soir pour voir la télévision chez eux, au lieu d'aller au café (le Général aurait dit : *au bistrot*). Alors, même s'ils ne s'intéressent pas beaucoup à leur famille, au moins ils vivent dans leur famille, au lieu d'y échapper.

Adenauer. — Ah oui, vraiment, vous croyez ? Mais pour les jeunes, cela ne me paraît pas bon. Ils ne pensent plus qu'à ça. Ça leur donne de mauvais exemples. »

Mme Reiners suggère que nous avons moins de téléviseurs parce que notre redevance est plus chère. Le Général embraye aussitôt sur la question de la publicité à la télévision. Les Allemands l'ont, et il la leur envie.

GdG : « Il serait logique que nous en fassions autant chez nous, au moment du lancement de la deuxième chaîne. Pourquoi tout le monde le ferait-il, et nous pas ? Pourquoi laisser à la presse le monopole de la publicité ?

AP. — Il faudrait prendre des précautions pour que la publicité ne soit pas envahissante.

GdG. — Tout ce que je demande, c'est qu'on ne dise pas : "De Gaulle se rase avec un rasoir Gillette. De Gaulle a le sourire Gibbs." »

« Il veut être empereur ; en dessous, ça ne l'intéresse pas »

Le riesling 1959 n'a pas encore fait son effet. La conversation se traîne. J'essaie de la relancer, le Général ne faisant aucun effort.

AP : « Nous essayons, avec votre secrétaire d'État à l'Information, Günther von Hase, de mettre sur pied un "Intervilles" franco-allemand. Cela pourrait contribuer utilement au rapprochement des deux peuples. »

Le Chancelier se fait expliquer en quoi consiste le jeu « Intervilles ». Le Général, fort satisfait de cette idée :

GdG : « Oui, c'est un jeu très bien fait et qui intéresse beaucoup le public. Ça devrait avoir un grand succès ! On est pris. On prend parti. Ainsi l'autre jour, j'étais pour Dax contre Tarbes. Mais j'ai perdu.

AP. — Pourquoi aviez-vous pris parti pour Dax, mon général ?

GdG (très détendu). — Parce que le maire est gaulliste. C'est

Max Moras (me précise-t-il, devinant mon ignorance, mais sans la dissiper). Malheureusement, nous avons perdu. »

(Ce Max Moras doit être un « vieux-gaulliste », un ancien du RPF. Le Général n'est donc pas si impitoyable que certains le disent à l'égard de ses "compagnons".)

Le Chancelier reprend l'idée d'un « Intervilles » franco-allemand : « Ce serait bien, me dit-il, si vous pouviez organiser ça. »

Le Général approuve chaleureusement :

« Oui, ce serait très bien, essayez d'y arriver *.

AP. — Vous êtes-vous bien reposé à Cadenabbia **, Monsieur le Chancelier fédéral ?

Adenauer. — Oui, je m'y trouve très bien. Il y a un grand parc et de grands arbres. J'y joue aux boules.

AP. — Savez-vous que notre Premier ministre a appris de vous à jouer aux boules ?

Adenauer. — Pompidou ? Ah, je ne savais pas ! C'est un bon jeu, qui ne fatigue pas. Et puis, c'est très populaire. (Malicieux.) En démocratie, un homme politique a toujours intérêt à faire ce qui est populaire. »

Peut-être le château-latour 1955 va-t-il animer davantage la table. En attendant, il faut encore plonger. Ma femme se lance à son tour : « Combien avez-vous de petits-enfants, Monsieur le Chancelier ?

Mme Reiners. — Oh, ne lui demandez pas ça, il ne le sait sûrement pas !

Adenauer. — Bien sûr que si, j'en ai vingt-trois.

Mme Reiners (admirative). — Oh, et moi je ne le savais même pas. Vous savez, mon père aime bien ses petits-enfants, mais il ne veut pas trop les avoir dans les jambes.

GdG (avec un bon rire). — Une fois par an, autour d'un gâteau à bougies, tous ensemble, cela suffit bien et qu'on n'en parle plus. C'est la meilleure méthode !

(Elle ne s'applique évidemment pas à lui, qui n'en a que cinq et qui ne se contente pas d'un gâteau à bougies par an, mais goûte auprès d'eux des moments privilégiés de détente.)

AP. — Avez-vous une idée, mon général, sur ce que vos petits-enfants comptent faire dans la vie ?

GdG. — Il y en a un qui sait très bien ce qu'il veut faire. C'est Charles, l'aîné, fils de Philippe. Il veut être empereur ; en dessous, ça ne l'intéresse pas. »

---

* La hiérarchie de la RTF, à laquelle j'ai transmis ce double souhait, a poussé les études de ce projet avec Guy Lux, inventeur d'« Intervilles ». En 1966, craignant que les matches uniquement franco-allemands ne réveillent des passions antagonistes, l'ORTF créera l'émission « Jeux sans frontières », en y associant d'autres pays d'Europe.

** Ville de Lombardie, proche du lac de Côme.

« Je comprends votre allemand ; je ne comprends pas l'allemand des Allemands »

Le maître d'hôtel verse dans nos flûtes du champagne Lanson 1953. Le Général ne se fatigue toujours pas pour alimenter la conversation. Il faut de nouveau se dévouer :

« Monsieur le Chancelier, votre passion pour la culture des rosiers de Rhöndorf est célèbre en France.

Adenauer. — Je n'en ai jamais cultivé un seul de ma vie. C'est une légende, mais il est vrai que j'aime bien qu'on me les cultive.

Mme Reiners. — Elles ont eu au moins un avantage, c'est de permettre au Général et à vous-même de faire un assaut de discours sur le thème des roses.

GdG. — Vous aviez fait votre discours d'accueil à Bonn sur le thème des roses ; alors il fallait bien que je vous réponde. » (Le Général fait semblant d'oublier que c'était lui qui avait commencé à Paris, et sur un mode plus mélancolique que lyrique.)

Nous nous levons. Pendant que les dames s'éloignent, le Général me dit, cruel : « Je ne comprends pas l'allemand des Allemands, mais je comprends le vôtre. »

« C'est bien du Malraux »

Après le café, nous avons droit à une séance de cinéma, dans un salon où l'on a installé l'écran. D'abord, le reportage des « Actualités françaises » sur la visite d'État du Chancelier en juillet 1962 (Galichon me murmure à l'oreille : « On a fait de sérieuses coupures : les rues vides et les banderoles hostiles, notamment à Reims »). Ensuite, un court métrage, recommandé par Malraux — *La petite cuillère* — une cuillère à fard égyptienne, qu'on a mise en scène comme un véritable personnage — une femme nue, allongée, filmée sous tous les angles comme une baigneuse, fait le tour d'un aquarium. Le Chancelier ne desserre pas les dents.

GdG : « C'est un peu long ! Enfin, c'est bien du Malraux ! C'est bon pour son musée imaginaire. » (Visiblement, le Général préfère « Intervilles ».)

Enfin, *Le voyage en ballon* d'Albert Lamorisse. Ce n'est pas la plus mauvaise façon de présenter à des étrangers la France, ses paysages, ses principaux monuments — une pérégrination patriotique. Le Chancelier a l'air d'apprécier.

Quand il se retire, le Général nous garde quelques minutes : « Cet homme est un miracle. Avoir cette lucidité, cette présence à 88 ans, et avoir pu exercer ses fonctions pendant quatorze ans sans baisse de régime, c'est sans doute un phénomène unique dans l'Histoire. »

Tout en se donnant peu de mal pour animer la conversation, le Général n'a cessé de couver littéralement Adenauer du regard. Je ne l'ai jamais vu à ce point fasciné par un homme, si ce n'est par Malraux. Miracle de l'un, génie de l'autre.

Chapitre 7

« L'ALLEMAGNE A LA PSYCHOLOGIE D'UN PEUPLE PROTÉGÉ »

La relation franco-allemande et les travaux de Bruxelles emmêlent leurs échéances. Celle du 31 décembre 1963 apparaît bien vite difficile à franchir : le nœud de la difficulté, c'est l'agriculture.

Au Conseil du jeudi 14 novembre 1963, Maurice Herzog rend compte de la mise en place du tout nouvel Office franco-allemand pour la Jeunesse — cette création du traité :

« Le gouvernement allemand est sensible aux pressions du Bundestag et veut mettre l'accent sur l'aspect européen du nouvel Office. Il a demandé qu'une part des crédits favorise des échanges avec de jeunes Européens, surtout de jeunes Anglais, histoire de compenser leur exclusion du Marché commun. J'ai cru devoir accepter le principe de quelques déplacements de Français et d'Allemands dans des pays européens autres que la France et l'Allemagne. »

Le Général explose : « C'est une mauvaise plaisanterie ! C'est contraire au traité ! Ne réintroduisons pas l'Angleterre par ce biais ! Les Allemands, il faut les envoyer promener, ce ne sera pas la première fois dans l'Histoire.

Herzog. — Donc, je reste ferme.

GdG. — Naturellement ! Ou devenez-le, si vous ne l'avez pas été ! Il suffit de dire non, il suffit de ne pas se coucher. C'est quand même moins difficile que de monter sur l'Himalaya ! »

Herzog propose de nommer François Altmayer secrétaire général de l'Office franco-allemand de la jeunesse. « Il a été déporté en Allemagne. »

GdG (impitoyable) : « Les Allemands, il connaît. »

Après le Conseil, il me dit : « Il est bien, cet Altmayer. Il a su tourner la page… En somme, c'est ce que nous faisons. »

« Si le traité de Rome est transgressé, nous ne nous en embarrasserons plus »

Salon doré, 20 novembre 1963.

AP : « Passera-t-on le cap du 31 décembre à Bruxelles ?

GdG. — Il faudra bien. Ce sera difficile d'aboutir à un accord, mais on devrait y arriver, sinon au 31 décembre, du moins au début de janvier. On arrêtera la pendule.

AP. — Des journalistes assurent que vous n'attachez aucune importance à vos propos du 31 juillet dernier — ce qu'ils appellent votre "ultimatum" à nos partenaires du Marché commun. Pour qu'il y ait ultimatum, il faudrait qu'existe pour la France un projet de rechange, et ils n'en croient rien…

GdG. — Mais si ! Il ne faut jamais se laisser acculer à une situation où on n'a pas de solution de rechange ! Il y a déjà un projet de rechange tout trouvé, au cas où nos partenaires refuseraient décidément le Marché commun agricole. C'est que l'on maintienne, sous forme de traité de commerce, ce qui est acquis dans le Marché commun, et que l'on continue dans la même voie, par des traités de commerce bilatéraux ou multilatéraux. Ces traités, nous les négocierions durement, dans l'optique de nos seuls intérêts qui, d'ailleurs, dans une large mesure, peuvent correspondre aux intérêts de l'Europe. Si le traité de Rome est transgressé, pourquoi voulez-vous que nous nous emprisonnions dans ses règles ? Nous ne nous en embarrasserons plus. (Il n'a pas bronché en prononçant ces syllabes, ce qui n'est pas facile.)

« Erhard, je ne lui demande pas de choisir entre la France et l'Amérique »

AP. — Pensez-vous que le Chancelier Erhard soit prêt à soutenir fermement l'alliance privilégiée franco-allemande ?

GdG. — Pourquoi pas ? Il ne peut guère se permettre de la rompre. Bon gré, mal gré, il faut qu'il aille de l'avant. Le peuple allemand ne lui pardonnerait pas de trahir ce grand élan qui le pousse vers la réconciliation franco-allemande. Mais il est possible qu'il n'y mette pas autant de dynamisme qu'Adenauer.

AP. — N'est-il pas très engagé du côté américain ?

GdG. — Sans doute, par tempérament et parce qu'il est un économiste, est-il plus tourné vers les Anglo-Saxons que vers la France. Mais je ne crois pas qu'il y ait rien là de définitif ni d'irrémédiable. D'ailleurs, je ne lui demande pas de choisir entre la France et l'Amérique. Il n'est pas en mesure de le faire. L'Allemagne est encore un pays protégé, avec la psychologie d'un pays protégé, qui a peur de ne pas l'être assez. Il n'a pas encore acquis l'indépendance, ni la confiance en lui-même qu'elle supposerait.

AP. — À moins qu'il cherche à tirer parti à la fois de la France et des États-Unis en les mettant en concurrence ?

GdG. — Oh, si Erhard veut jouer double jeu, il n'a pas beaucoup de chances d'aboutir ! Il a une marge bien trop étroite. Il ne peut pas s'appuyer sur l'Amérique contre la France, puis sur la France contre l'Amérique. Il ne peut que louvoyer et tirer des bordées entre deux bateaux de plus haut bord.

AP. — Il proposera une relance du plan Fouchet ?

GdG. — Oui. Il en parlera sans doute. Tout ça, ce sera du bavardage. Qu'est-ce que vous voulez qu'il en sorte ?

« Pour le moment, on est sur des sables mouvants et je ne vois pas bien comment il pourrait en être autrement. Les seules réalités, pour longtemps encore, ce sont les nations. La nation française est maintenant debout, solidc sur ses jambes. La nation allemande a les reins brisés (voilà que cette image lui revient). La nation belge, il y en a deux. Quant à la nation européenne, elle est encore à naître, si elle doit jamais voir le jour ; seulement, celle-là, elle ne s'enfantera pas en dix ans, mais en cent ans. »

Élysée, jeudi 21 novembre 1963.

Le nouveau Chancelier est venu pour renouer avec le Général le lien que son prédécesseur avait si solidement établi. Ils ont eu ce matin un premier tête-à-tête. Ils en auront un autre cet après-midi. Pendant que nous les attendons pour le déjeuner, les deux secrétaires d'État qui accompagnent Erhard, le docteur Westrick et mon homologue Günther von Hase, me font une confidence singulière : « Les relations entre de Gaulle et Adenauer ne pouvaient être qu'excellentes, puisque Adenauer était décidé à s'effacer en toute occasion derrière de Gaulle, à lui donner raison, à lui laisser prendre les initiatives, à s'y rallier ensuite. Le Chancelier Erhard n'est pas dans le même état d'esprit. Il ne veut plus être brillant second, mais premier ex-aequo. Il estime que les deux pays, les deux gouvernements, les deux chefs de l'Exécutif doivent s'avancer *pari passu* *. Ce sera peut-être plus difficile. »

Quai d'Orsay, le soir.

Au dîner que donne Pompidou face à Couve, je retrouve les deux compères. Je leur fais préciser les points sur lesquels la position de Bonn va changer. Réponse : 1. Adenauer « ne se souciait pas trop de l'opinion », il pensait qu'elle le suivrait. Erhard est « continuellement penché sur les études de *démoscopie* ». 2. Adenauer « ne souhaitait pas trop que la réunification se fasse, ou en tout cas qu'on en parle ». Erhard veut en faire « un objectif essentiel ». 3. Adenauer « ne voulait pas entendre parler de l'arme atomique ». Erhard voudrait arriver à une « parité avec la France ». En effet, ça va grincer.

Pompidou était vert depuis le début du dîner. Après avoir péniblement prononcé son toast, il s'est effondré, la tête dans son assiette. On l'a emporté sans connaissance. Impressionnant.

---

* Du même pas, sur la même ligne.

« Ce fonctionnement en dehors des gouvernements, ça fait des irresponsables »

Au Conseil du 27 novembre 1963, Couve rend compte de la visite d'Erhard, les 21 et 22 novembre. Pompidou puis le Général se contentent de brèves interventions, comme s'ils suspendaient leur jugement. Mais une intervention de Pisani sur la négociation agricole fait découvrir un étrange fonctionnement du gouvernement fédéral : « Nous aurons à convaincre les Allemands de distinguer ce qu'il faut régler avant le 31 décembre et ce qui peut être retardé. Avec un peu de bonne volonté, on pourrait y arriver, quitte à arrêter la pendule.

GdG : « Pourquoi parler d'arrêt de la pendule ? L'heure, c'est l'heure. Il faut exiger le respect des délais convenus. »

(Il m'a déclaré de lui-même la semaine dernière : « On arrêtera la pendule ! » Devant moi, il était résigné à cette inévitable commodité. En Conseil, il n'admet pas cette perspective conciliante : il fait monter la pression.)

Le Général se fait l'écho des critiques d'Erhard sur l'organisation du travail à Bruxelles : « Les ministres y sont toujours le jouet de dispositions préparées par la Commission, sur lesquelles les gouvernements n'ont pas arrêté leur position. Il a raison ! Ce fonctionnement de la Communauté est irresponsable.

Pisani. — Quand nous nous mettons d'accord, mon collègue Schwarz et moi, tout baigne dans l'huile. Sinon, toute la machine se grippe. Mais il ne me cache pas qu'il ne demande jamais l'accord préalable du Chancelier et de ses collègues des Affaires étrangères et de l'Économie. (Pisani n'a pas cette chance !)

GdG (sèchement). — C'est précisément ce que critique Erhard : la manière dont ses ministres jouent avec ce système institutionnel ! Il se méfie de son ministre des Affaires étrangères et de son ministre de l'Agriculture, qui prennent des décisions en dehors de lui. »

Pisani a confirmé, en somme, pour s'en féliciter, ce dont le Chancelier s'est plaint au Général. Il s'entend avec son collègue allemand : à eux deux, ils font reculer la Commission et leurs partenaires ; et Schwarz en profite pour mettre son gouvernement devant le fait accompli. Le Général, dans sa vision de l'État, des États, ne peut approuver cette habileté souterraine, qui permet à un ministre adroit de se servir de Bruxelles contre son propre gouvernement ; ni cette complicité entre les deux compères.

« Schröder est l'homme des Anglo-Saxons »

Après le Conseil, le Général est plus disert.

AP : « Que s'est-il passé réellement entre vous et Erhard ? Des bruits contradictoires courent. Erhard marchera-t-il pour la coopération franco-allemande ? Notre traité tiendra-t-il le coup ?

GdG. — C'est probable. La donnée franco-allemande est devenue plus solide qu'elle n'en a l'air. Erhard, même s'il le voulait, ne pourrait s'en détacher ; mais je crois qu'il ne le veut pas. Il a visiblement le souci de plaire. La démonstration qu'il en a donnée est le résultat heureux de ce voyage. Ce n'est pas de son côté que viendront les obstacles.

AP. — Vous êtes donc optimiste ?

GdG. — Oui. Erhard va mettre les pouces pour les trois règlements qui demeurent à établir (viande de bœuf, produits laitiers et riz). Mais pour les céréales, il va falloir se livrer à un examen minutieux du plan Mansholt *.

AP. — Y êtes-vous favorable ?

GdG. — Ça voudrait dire que les prix des céréales seraient élevés très vite, ce qui est contraire à notre plan de stabilisation. Et puis, tout le monde voudra faire du blé à tire-larigot, alors que déjà on ne sait qu'en faire.

AP. — On dit que Schröder voudrait lier les règlements qui devraient intervenir d'ici le 31 décembre avec la négociation Kennedy ** ?

GdG. — Schröder est l'homme des Anglo-Saxons. C'est le faux témoin type. Il n'a qu'une idée, c'est de me contrer. J'ai dit qu'il fallait aboutir pour les règlements avant le 1er janvier. Alors, il pousse à ce que les Allemands se refusent à aboutir. Mais Erhard ne m'a pas dit ça. Un engagement a été pris de part et d'autre. Un engagement, c'est un engagement. Si Schröder s'opposait à un accord d'ici le 31 décembre, eh bien, nous n'aurions qu'à en tirer les conséquences : adieu, Marché commun, vaches, cochons, couvée ! C'est lui qui l'aurait détruit. »

Déjà, en janvier, il avait brandi cette menace. Il répète sa préparation mentale à la crise.

---

* Vice-président néerlandais de la Commission, chargé de l'agriculture.

** Il s'agit des négociations avec les Américains dans le cadre du GATT, connues sous le nom de *Kennedy Round.*

Chapitre 8

« CES ALLEMANDS DISENT : “AVEC DE GAULLE, ON NE PEUT JAMAIS SAVOIR” »

Conseil du 11 décembre 1963.

La visite d'Erhard à Paris, les 21 et 22 novembre, avait rassuré. Le Chancelier avait paru s'engager à trouver un accord. Or l'Allemagne s'est montrée très négative lors des dernières discussions à Six, à Bruxelles.

Le Général laisse parler Couve, Pisani et Pompidou sans les interrompre. Il fait ensuite une déclaration dont, visiblement, tous les mots sont pesés.

GdG : « Il est trop tôt encore pour prendre des positions de principe. Nous ne savons pas encore si c'est du lard ou du cochon ; si la négociation va s'engager ou si les Allemands vont continuer à atermoyer. On est dans l'incertitude la plus complète.

« Évidemment, il est désagréable, et même désobligeant, que l'affaire commence aussi mal, étant donné les engagements pris voici quinze jours encore.

« Si nous n'arrivons pas à aboutir, le Marché commun disparaîtra »

« Cette négociation américaine s'est surajoutée en cours de route. On a fait le traité de Rome sans la perspective de ces accords avec l'Amérique ; et les Américains ont tout fait pour aider ce Marché commun à naître, sans poser aucun préalable. Le 14 janvier 1962, on a abouti à un accord solennel des Six sur l'agriculture, sans que personne soulève la question du GATT. Nous avons eu tort de l'accepter et surtout d'accepter l'idée qu'il puisse y avoir un lien entre la conclusion du Marché commun agricole et le *Kennedy Round* (il prononce *round* à la française). D'ailleurs, il n'y a déjà plus de Kennedy * et, quant au *round*, on ne sait pas encore quand les boxeurs monteront sur le ring.

« De toute façon, il n'y a aucune raison pour que la date du 31 décembre ne reste pas acquise pour l'achèvement de la négociation sur les règlements agricoles en suspens à Bruxelles. Mais que ferons-nous si les choses se gâtent ?

« Eh bien, nous constaterons qu'il y a manquement complet de

---

* Son assassinat ne date que de dix-huit jours...

nos partenaires à leurs engagements et, dans ce cas-là, on ne voit pas ce que pourrait devenir la Communauté économique européenne. Le Marché commun disparaîtra.

« En pratique, c'est seulement à l'Allemagne que tout est suspendu. Une Allemagne dont nous constatons l'attitude désagréable, sinon intolérable — pour le moment, je préfère ne pas la qualifier ; j'attends le 31 décembre.

« Nous ne savons pas à qui nous avons affaire. Tantôt, le Chancelier Erhard jure ses grands dieux que les règlements seront adoptés au 31 décembre. Tantôt, le représentant du gouvernement allemand déclare : "Jamais nous n'avons fait de pareilles promesses !" Il est possible que nous ayons affaire à une confusion, non à un État.

« Dans ce cas, les Allemands seraient incapables — je dis bien incapables — de faire une communauté avec nous. D'ici au 31 décembre, nous avons tout de même le temps d'aboutir. Rien n'empêche, en pratique, que les négociations réussissent dans ces délais.

« L'effet psychologique que ferait l'éclatement du Marché commun (il répond à une mise en garde que Pompidou vient de formuler) ? Ne nous dissimulons pas que nos adversaires diront que c'est notre faute. Les croira-t-on ? Croira-t-on les dragons de papier, c'est-à-dire les journaux, qu'ils rempliront de leurs invectives ? Il ne faut pas sacrifier nos intérêts essentiels à la crainte du qu'en dira-t-on.

« Il ne faut laisser personne douter que si, deux ans après la conclusion d'un accord essentiel comme l'accord agricole du 14 janvier 1962, on n'a pas abouti en réglant la façon dont l'agriculture doit entrer dans le Marché commun, on n'y aboutira jamais.

« Nos partenaires auraient plaisir à voir les négociations continuer plusieurs années ! Les Allemands peuvent attendre cinquante ans. Nous ne le pouvons pas. Nous avons notre agriculture sur les bras ! Si nous n'avons pas le débouché du Marché commun, il faudra en trouver d'autres, et en tirer les conclusions pour notre agriculture elle-même. »

Le Général, après avoir fait sa déclaration, dit à Pisani (qui doit repartir aussitôt pour Bruxelles) : « Monsieur le ministre de l'Agriculture, vous êtes libre. » Pisani se lève, pince-sans-rire : « Mon général, je vous remercie pour la liberté. »

« Nous renoncerions même à avoir des troupes en Allemagne »

Salon doré, après le Conseil.

La résolution du Général, chacun, pendant le Conseil, en a senti toute la force. Reste à savoir comment la gérer devant l'opinion.

AP : « Il faudrait que personne ne puisse douter de votre détermination. Ne ferez-vous pas une déclaration d'ici à la fin du mois ?

GdG. — Non. Je ne veux pas intervenir pendant la période des négociations. »

Il a une autre idée : faire connaître *avant*, qu'il parlera *après.*

GdG : « Pour presser les Allemands et pour leur faire peur, il faudra que vous annonciez la date de ma conférence de presse.

« Il y a des Allemands qui ont peur parce qu'ils se disent (un gros rire) : "Si c'était Guy Mollet, ça pourrait encore continuer longtemps ! Mais avec de Gaulle, on ne peut jamais savoir ; il est fort possible qu'il dise : *Bon, ça suffit comme ça, c'est terminé !*" On en a peur, dans les gouvernements européens. Et aussi dans les Communautés, où on se demande : "Qu'est-ce qu'on va devenir ? Si de Gaulle déclare qu'il n'y a plus de Marché commun, il nous coupera les vivres." Et le gouvernement belge peut courir, et le luxembourgeois aussi, pour qu'on entretienne à grands frais dans leurs capitales toutes ces communautés qui auraient prouvé qu'elles ne servent à rien.

AP. — Ce serait tout de même extraordinaire qu'on en arrive là !

GdG. — Si on en arrive là, il faudra voir les choses de plus loin et se dire : on avait commis une erreur totale. On s'était imaginé qu'on obtenait un serment des dirigeants allemands. Mais la preuve aura été faite qu'ils sont d'une parfaite mauvaise foi.

AP. — Si le Marché commun cesse d'exister, le traité franco-allemand cessera aussi ?

GdG. — Comment voudriez-vous qu'il subsiste, alors que le Marché commun aurait éclaté par la faute des Allemands ? Bien entendu, nous dénoncerions le traité et nous renoncerions même à avoir des troupes en Allemagne.

AP (bouche bée). — Mais la présence des troupes françaises en Allemagne, ça sert aussi la France ?

GdG. — Si les Allemands veulent se laisser gouverner par l'Angleterre et l'Amérique, qu'ils le disent ! Qu'ils comptent sur elles pour les défendre ! La France sera mieux défendue si nous ne nous lions pas les pieds et les mains dans une entreprise qui serait désormais sans objet.

« Il n'est pas exclu que le Marché commun soit une machine impossible »

AP. — Mais arrêter le Marché commun, ne serait-ce pas aller au-devant des désirs des Anglo-Saxons ?

GdG. — C'est bien le désir des Anglo-Saxons qu'il n'y ait pas de Marché commun. Les Anglais se disent : "On n'a pas voulu de nous dans ce Marché commun, faisons en sorte qu'il n'existe plus." S'ils y étaient entrés, il n'y aurait plus de Marché commun. Si le

Marché commun, maintenant, ne peut pas progresser, parce qu'on céderait aux pressions anglaises et américaines, c'est encore une façon de le faire avorter. Il n'est pas exclu que le Marché commun soit une machine impossible.

AP. — Dans ce cas-là, vous estimez que la preuve aura été faite que le Marché commun n'était pas né viable ?

GdG. — Si on n'aboutit pas avant le 31 décembre pour ces règlements agricoles, c'est la preuve que certains intérêts nationaux s'opposent à ceux des autres. Ceux de la Grande-Bretagne l'ont poussée à essayer d'entrer dans le Marché commun pour le faire éclater, et maintenant à faire pression pour que l'Allemagne sabote le développement du Marché commun. Ceux des États-Unis les ont poussés à jeter un pavé colossal dans la mare, le *Kennedy Round*. C'est ainsi. Il est possible que toutes ces belles constructions de l'esprit ne correspondent pas vraiment aux intérêts nationaux des pays en présence. Il sera entendu que ce n'est pas la France qui a empêché l'aboutissement du Marché commun.

« Il faut être tout à fait serein. Si nous aboutissons le 31 décembre, nous pourrons nous dire que c'est grâce à l'attitude résolue que nous aurons prise. Et si on n'aboutit pas, ce sera la preuve de la nécessité de tenir compte avec réalisme des intérêts des États. On ne négocie pas pour se faire plaisir les uns aux autres. On négocie entre des intérêts nationaux.

AP. — Pensez-vous que les Allemands vont briser à la fois le Marché commun et le traité franco-allemand ?

GdG. — Il n'est pas impossible que les Allemands calent. Ils se disputent entre eux. Erhard ne veut peut-être pas commencer sa carrière de Chancelier comme celui qui aura cassé à la fois le Marché commun et le traité franco-allemand.

« Croyez-vous que nous ayons besoin du Marché commun pour respirer ? »

AP. — Est-ce que nous pourrons changer notre fusil d'épaule ?

GdG. — Mais bien sûr ! Croyez-vous que nous ayons besoin du Marché commun pour respirer ? En face de la manœuvre des Anglais, des Américains et des Allemands, notre manœuvre à nous ce sera de dire : “La fin du Marché commun ne nous contrarie pas.” Je n'avais pas été favorable à l'intégration européenne. Mais dès lors qu'on avait signé le traité de Rome, j'ai pensé, quand je suis arrivé aux affaires, qu'il fallait qu'on l'applique. S'il n'est pas appliqué, la France s'en tirera très bien autrement.

AP. — Il y a une conviction, répandue dans les esprits, surtout dans la jeunesse, c'est que, sans l'Europe, la France ne sera plus rien.

GdG. — Il est possible que la fin du Marché commun, ce soit justement la fin de ce mythe. Ce serait heureux : il a été forgé par les fumistes qui ont voulu faire croire à l'Europe supranationale.

AP. — La fin du Marché commun et du traité franco-allemand, ce serait un bouleversement de la vie internationale.

GdG. — Nous avons voulu faire une politique d'entente avec les Allemands, au détriment de nos rapports avec la Russie, avec la Pologne, avec la Tchécoslovaquie, avec la Yougoslavie. Ces peuples faméliques ne demanderaient qu'à se tourner vers la France, si celle-ci voulait bien abandonner sa politique d'alliance étroite avec une Allemagne qu'ils craignent tous, parce qu'ils se souviennent de ce qu'elle leur a fait. Les Russes seraient les premiers à se réjouir d'un pareil changement. Vous savez, les Russes sont de pauvres types maintenant. Ils demandent de l'argent à tout le monde. Ils ont besoin du blé des autres pour arriver à manger. Et ils se sentent menacés par les Chinois. Si les Allemands nous glissent entre les doigts, eh bien, nous avons les moyens de nous retourner ! Le monde est vaste et la France a un grand jeu à jouer. »

« Il faut toujours avoir une poire d'angoisse »

Conseil du 18 décembre 1963.

Huit jours plus tard, on n'est pas plus éclairé sur l'issue du bras de fer.

Couve : « On saura vendredi ou samedi si nous échouerons.

GdG (très serein). — C'est le moment d'aller de l'avant, ou de constater qu'on n'aboutira pas.

« Il faut le faire sans acrimonie pour personne. Il ne s'agit pas d'en vouloir à l'un ou à l'autre. Peut-être le Marché commun n'était-il pas une chose possible et faudra-t-il s'y résigner.

« En tout cas, ce qui est sûr, c'est que nous ne pouvons admettre un Marché commun dans lequel l'agriculture n'entrerait pas.

« Si on n'aboutit pas à un accord le 31 décembre, il n'y a aucune espèce de raison pour qu'un accord ait lieu jamais. Alors, il faudra en prendre son parti. Enfin, on verra bien. »

Salon doré, après le Conseil.

AP : « J'annonce l'éventualité d'un Conseil des ministres la semaine prochaine, au cas où… ?

GdG. — Oui. Vous n'avez qu'à dire : “En principe, il n'y aura pas de Conseil des ministres la semaine prochaine en raison des fêtes de Noël. À moins que tel événement impose d'en faire un, en particulier l'impossibilité d'aboutir à Bruxelles.”

« Il faut toujours avoir une poire d'angoisse (c'est le mot que le

Général avait employé devant moi, à l'automne de 1961, à propos d'un partage de l'Algérie *).

« Si le Marché commun n'est pas possible, nous vivrons sans lui »

AP. — Le traité de Rome ne prévoit aucune modalité pour y mettre fin.

GdG. — En réalité, ça n'est pas très commode de saborder le Marché commun et nous n'y aurions peut-être pas avantage. Il serait plus indiqué de s'arrêter en route en le gelant au point où a été conclu l'accord pour le Marché commun agricole du 14 janvier 1962. Nous avions alors accepté de passer à la deuxième étape du Marché commun. Si nous n'aboutissons pas le 31 décembre, nous constaterons que cet accord n'a pas été appliqué et que nous nous retrouvons dans la situation où nous étions le 31 décembre 1961, c'est-à-dire dans la première étape. Nous nous contenterons d'appliquer passivement les règlements en vigueur en 1961 et nous refuserons d'aller plus loin.

« Cela présentera pour nous toutes sortes d'avantages. Nous n'aurons aucune raison de nous priver du droit de veto sur tout ce que voudrait faire la Communauté. Par exemple, pas de *Kennedy Round*, pas de négociation avec l'Angleterre, etc. Nous serions présents dans le système et en mesure de le bloquer à tout instant. Au lieu d'envoyer des ministres à Bruxelles, nous enverrions un fonctionnaire. La Commission subsisterait, certes. Elle n'aurait plus rien à faire, puisqu'on n'irait pas de l'avant. L'Europe des Six serait condamnée à la routine. L'initiative devrait se porter ailleurs, et la France prendrait alors d'autres initiatives, comptez-y. »

Il y a un mois, son propos était expéditif et va-t-en-guerre. Aujourd'hui, le Général est tout aussi résolu, mais plus nuancé. Il a approfondi le scénario de sa politique de rechange. Il se prépare déjà au jeu de la France sur une scène bouleversée.

« Parlez-en avec désinvolture »

AP : « Vous ne croyez pas qu'Erhard va reculer devant ces perspectives ?

GdG. — Je ne sais pas. Peut-être qu'il est trop faible pour pouvoir trancher.

AP. — Vous avez quand même bon espoir qu'on aboutisse ?

GdG. — Je ne sais pas. On ne peut rien dire jusqu'à la fin de la

---

* Tome I, p. 75 *sq.*

semaine. On verra bien… (Après une pause, le Général se ravise.) “Bon espoir” ? Pourquoi parlez-vous de “bon espoir” ? Ça n'est pas si dramatique, que nous n'aboutissions pas. La France trouvera toujours le moyen de vivre. Elle a bien vécu sans le Marché commun. Elle peut bien continuer à vivre sans lui. Elle est assez grande dame pour se tirer d'affaire autrement. Il ne faut jamais désespérer de la France. »

Après m'avoir raccompagné, le Général rouvre la porte : « Cette affaire du Marché commun, parlez-en avec désinvolture ! N'ayez pas l'air accablé ! »

Il ne m'a pas dit : « Gardez ça pour vous. » Et il sait qu'un *briefing* à des éditorialistes fait son chemin, notamment dans la presse étrangère et dans les chancelleries. Je ne m'en prive pas.

Mais où est son espoir ? Démontrer que les prêcheurs de fédéralisme eux-mêmes butent sur la force de leurs intérêts nationaux — c'est une tentation, ce serait un immense plaisir. Mais il ne fait rien pour se l'offrir. Il attend sans rien dire, comme suspendu à je ne sais quel jugement de Dieu. Certes, son silence public, pour qui est dans le secret de son état d'esprit, peut paraître périlleux, puisqu'il conforte ceux qui le croient sans solution de rechange et le font lanterner. Mais en fait, et il le sait, son silence aide plutôt les Allemands à céder sans déshonneur, à sauver la face. Le Général évite une dramatisation publique qui risquerait de crisper l'opinion allemande. Il laisse rouler les dés, sans intervenir.

De fait, les Allemands « caleront ».

Chapitre 9

« JE VAIS FAIRE UNE GROSSE BOUDERIE À ERHARD »

Les mois se suivent et ne se ressemblent pas. Avant chaque nouvelle échéance européenne, le ciel de la relation franco-allemande se charge d'électricité. C'est le cas au printemps 1964, à la veille du troisième sommet — qui doit avoir lieu à Bonn ; et que le Chancelier Erhard a fait précéder d'un voyage aux États-Unis.

« Je suis pour l'Europe, je ne suis pas pour le protectorat »

Salon doré, 23 juin 1964.

AP : « Est-ce que vous attendez beaucoup de choses du voyage à Bonn le mois prochain, mon général ?

GdG. — Non. Sauf que je m'en vais engueuler les Allemands. Je vais faire une grosse bouderie à Erhard.

AP. — Finalement, vous trouvez leur attitude décevante ?

GdG. — Oui. Qu'ils fassent amis-amis avec les Américains, je veux bien. Mais à ce point-là ! Ou alors, qu'ils ne fassent pas un traité avec nous. Ils font comme s'ils ne voulaient pas que ça soit un traité d'amitié et de coopération privilégiée. Ils en ont fait une fumisterie. Et puis, je parlerai de l'Europe telle qu'elle doit être, c'est-à-dire européenne et non américaine. L'Europe qu'ils voudraient faire, ils en feraient cadeau aux Américains. Alors ça, je leur démontrerai qu'il y a les partisans de l'Europe, et les partisans du protectorat. Alors, je suis pour l'Europe, je ne suis pas pour le protectorat. »

« J'étais avec Konrad Adenauer, je n'ai pas vu le temps passer »

Bonn, 3 juillet 1964.

Départ de Villacoublay de bon matin dans l'avion du Général. Pompidou prend plus tard un autre avion : pas tous les œufs dans le même panier. Vers 10 heures, de l'aérodrome de Cologne jusqu'à Bonn, le cortège des Mercedes encadrées de motards fonce à 150 km à l'heure. On dirait qu'on a peur que des badauds soient repris de leur frénésie à applaudir le Général, comme il y a deux ans. Mon homologue Günther von Hase dispose d'un téléphone de voiture, raffinement que les ministres français sont loin de connaître. Il m'en fait les honneurs, très fier, et appelle ma famille.

L'après-midi, sur le perron de la Chancellerie fédérale, le Chancelier Erhard attend, tout congestionné, l'arrivée du Général. Je crois comprendre que le Général est très en retard. Les deux hommes d'État devaient se voir en tête à tête avant la réunion plénière de 16 heures. Erhard a l'air exaspéré.

Le Général finit par arriver et dit au Chancelier, avec son plus exquis sourire : « J'étais avec Konrad Adenauer. J'étais séduit et conquis. Je n'ai pas vu le temps passer. »

En réalité, nous l'avons su un peu plus tard par l'interprète, le Général, qui était allé rendre visite à l'ancien Chancelier dans son bureau de président du parti chrétien-démocrate, avait été averti à plusieurs reprises du moment de partir ; les motards d'escorte faisaient démarrer leurs machines ; les rappels à l'ordre se succédaient ; les vrombissements s'accéléraient ; Adenauer se joignait au chœur en suppliant le Général de s'en aller. Le Général faisait la sourde oreille et restait imperturbable. Adenauer a fini par comprendre que le Général s'attardait de propos délibéré. Alors, il n'a pu refréner son hilarité jusqu'à la fin de l'entretien.

En tout cas, de Gaulle a réussi son coup : le sourire aux lèvres, il a fait sa « grosse bouderie » à Erhard. Le Tout-Bonn est au courant. Au dîner du soir, où nous retrouvons le gouvernement allemand au grand complet, et les responsables politiques de la majorité comme de l'opposition socialiste, Willy Brandt * en tête, il n'est question, *mezza voce*, que de cet éclat silencieux.

« Les deux pays n'ont pas encore une politique commune »

Une première séance plénière, le 3 juillet après-midi, réunit les ministres participants des deux pays ** et procède à des bilans alternés. D'un côté d'une table, de part et d'autre du Général, les ministres français. En face, autour d'Erhard, leurs collègues allemands. Au second rang, des hauts fonctionnaires, des ambassadeurs, des généraux. Ils n'ont d'yeux que pour le Général, notamment les militaires en uniforme *feldgrau*. Quand ses voisins de tour de table prennent successivement la parole, ils ne leur font pas la grâce d'un coup d'œil. Seul le Général les fascine. Que pensent-ils, ces militaires qui ont livré tant de batailles, il n'y a qu'une vingtaine d'années, de ce militaire inconnu qui a réalisé ce que même un fou n'aurait pas imaginé ?

Une seconde réunion plénière, le matin du 4 juillet, commence sous la présidence de Schröder et de Pompidou, le Général et le

* Willy Brandt est alors maire de Berlin-Ouest et vice-président du parti social-démocrate allemand ; il deviendra Chancelier fédéral en octobre 1969.

** Outre Pompidou — qui n'a pas, à proprement parler, d'homologue, Erhard se comportant en homologue du Général : Couve de Murville face à Schröder, Messmer à Hassel, Giscard d'Estaing à Dahlgrün (Finances) et Schmücker (Économie), Pisani à Schwarz, Fouchet à Kiesinger (délégué des ministres de la Culture des *Länder*), Triboulet à Scheel, moi-même à von Hase, Herzog à Heck.

Chancelier ayant décidé de s'entretenir de nouveau en tête à tête. Quand ils nous rejoignent, vers midi, Erhard se contente d'une synthèse sobre et lisse : « Les conversations d'hier et d'aujourd'hui et la franchise qui les a marquées prouvent l'intimité des liens que notre coopération a établis. »

Le Général reste dans la courtoisie, mais ne lui sacrifie pas la sincérité :

« Jamais la France et l'Allemagne ne se sont présenté l'une à l'autre avec autant de franchise leurs convictions sur ce que devrait être leur politique et, à partir de cette politique, sur ce que devrait être celle de l'Europe. Jusqu'ici, quelles que soient les intentions, quels que soient l'esprit du traité et le mouvement qu'il a créé, les deux pays n'ont pas encore une politique commune ; et par conséquent l'Europe n'en a pas non plus. Elle n'en aura une que lorsque nous-mêmes en voudrons et en aurons une. Or, bien que nos buts soient communs, la France et l'Allemagne n'ont pas réussi à unifier leur manière de faire pour les atteindre.

« Nous ne sommes pas impatients »

« Du côté français, on comprend très bien la situation particulière de l'Allemagne, et on respecte les raisons pour lesquelles elle n'a pas pris les mêmes positions que la France.

« Mais un jour viendra certainement où la France et l'Allemagne seront unies pour mener ensemble leur action en Europe et dans le monde entier. Tout y contribuera, et d'abord le fait que, de mois en mois, d'année en année, nous prenons une plus grande importance et une plus grande consistance au point de vue économique et aussi politique, et que par conséquent nous sommes de plus en plus disposés à être nous-mêmes.

« Nous avons reconnu que, pour la première fois dans l'histoire, après que nous ayons renoncé à notre antagonisme et même à notre rivalité, nous sommes d'accord sur ce qu'il faut faire, en Europe — j'évoque la réunification allemande ; et aussi en Asie, en Afrique, en Amérique latine, dans le tiers-monde ; enfin à l'Est, vis-à-vis de ces États placés sous le joug communiste, qui ne sont pas pour autant acquis au communisme, et encore moins à la Russie communiste.

« Des événements se produisent tous les jours qui nous forceront à agir ensemble : en particulier, l'apparition de la Chine comme une grande puissance. Inévitablement, nos amis américains verront dans la Chine une menace à leur égard, tandis qu'ils verront de moins en moins dans cette pauvre Russie un danger véritable, ce qui fait que leur volonté de ménager les Russes ira s'accroissant.

« Plus les choses iront, plus vous serez amenés à voir votre avenir ailleurs que dans une étroite conjonction avec la politique américaine. Il n'est pas question, certes, de se montrer hostile aux États-Unis. Nous les voulons pour amis, nous sommes leurs alliés et voulons le rester. Mais l'Allemagne concevra de plus en plus une action politique, économique et culturelle moins dépendante de celle des États-Unis. Il faudra bâtir une politique européenne indépendante, dans le cadre de l'alliance avec les États-Unis. Nous ne sommes pas impatients.

« Telle est la conclusion que, du côté français, on emportera de cette rencontre. L'on en emportera aussi cette conclusion, presque inconcevable, que nous, Français, nous ne trouvons à l'heure actuelle aucun pays du monde avec lequel nous soyons plus disposés, psychologiquement et naturellement, de coopérer qu'avec l'Allemagne d'aujourd'hui. »

« L'Europe sera européenne ou ne sera pas »

Au Conseil du mardi 7 juillet 1964, le Général rend son verdict : « Nous avons pris contact de façon nette et claire avec les responsables et en particulier avec le Chancelier Erhard. Il en résulte que l'Allemagne hésite entre l'Amérique et l'Europe, donc la France.

« C'est compréhensible. En définitive, les Allemands, comme tout le monde, chantent le couplet de l'Europe, mais ne consentent pas à voir ce que ça signifie. Ça signifie une politique européenne. L'Europe sera européenne ou ne sera pas.

« Il y a confusion, parce qu'on prétend que l'Europe pourrait se faire sans avoir sa politique. Les technocrates confondent l'action avec les statistiques. Les politiciens la confondent avec le débat.

« Il s'agissait pour les technocrates de créer une Europe américaine. Consciemment ou inconsciemment, les Allemands en sont encore là. Nous n'en sommes plus là. Voilà pourquoi nous ne pouvons faire pour le moment avec les Allemands une politique commune. Ni défense, ni diplomatie, ni même économie. Parce que Erhard n'arrive pas à se résigner à une Europe qui soit européenne. »

Pendant le Conseil, Pompidou me griffonne un billet : « Pour Bonn, il faut être extraordinairement prudent. Le Général vous en parlera sans doute, mais il ne faut pas avoir l'air d'enterrer la coopération franco-allemande. Par contre, selon moi, on peut laisser entendre que les Allemands sont indécis ! G.P. »

« S'il n'y a aucun progrès avec les Allemands, eh bien nous nous orienterons vers la Russie »

Après le Conseil, le Général me donne des indications plutôt lénitives à l'intention de la presse. Mais, comme pour compenser, il se projette dans une situation où la France devrait parler fort.

« La prochaine fois, s'il n'y a aucun progrès avec les Allemands, alors, là, après tout, on pourrait faire autre chose.

AP. — Mais quoi ?

GdG. — Eh bien, une politique orientée vers l'Est, vers la Russie, et non plus vers l'Allemagne.

AP. — Le renversement d'alliance ?

GdG. — N'employez pas cette expression, qui ne s'applique pas. Parlez plutôt de *refus des deux blocs*, ou d'*équilibre entre les deux hégémonies*. Nous n'allons pas passer d'un camp à l'autre ! Nous ne sommes pas les Saxons à Leipzig !

« Il y avait deux politiques possibles avec l'Allemagne. La politique traditionnelle, qui consistait à lui casser les reins, puisqu'elle était battue, et ne plus en parler pour plusieurs générations. J'ai essayé de voir si Staline, fin 44, marcherait avec nous ; je lui ai dit : "Vous prenez ce que vous voulez sur les Allemands à l'Est, mais à une condition, c'est que vous respectiez l'indépendance de la Pologne, de la Tchécoslovaquie, etc. Et la France prendra des sûretés sur la rive gauche du Rhin." Il n'a pas voulu accepter. Il voulait mettre la main sur toute l'Europe orientale et centrale, et il ne voulait pas entrer dans mes vues pour l'Europe occidentale. Il avait déjà plus ou moins fait un marché secret avec Roosevelt, lequel marché a été conclu à Yalta quelque temps après. Donc, il ne voulait pas s'engager avec moi. Il m'a proposé un vague traité de garantie contre l'Allemagne, si elle se relevait ; moyennant ma reconnaissance du gouvernement communiste de Lublin, qu'il avait fabriqué ; je me suis dérobé.

« Les Anglo-Saxons ne voulaient pas voir la France être la première en Europe »

« Cette politique traditionnelle, elle a donc été empêchée, d'une part, par Staline ; mais d'autre part, par les Anglo-Saxons, qui n'en voulaient à aucun prix. Car ils ne voulaient pas voir la France la première en Europe. Bien. Ils ont donc tout fait pour l'empêcher. Cette politique ne pouvait pas se faire contre tout le monde à la fois. Je reconnais que c'était extrêmement difficile, car à ce moment-là nous étions un pays malade, pratiquement sans finances, pratiquement sans armée, qui n'avait plus rien, et c'était pratiquement impossible à imposer, quelque bluff que j'aie pu faire.

« Alors, il y avait une seconde politique, qui consistait à incorporer l'Allemagne à l'Ouest, pour faire contrepoids à la Russie soviétique qui boulottait l'Europe orientale. Il fallait faire l'équilibre. Ça imposait que l'Allemagne fût à l'Occident. C'est la politique que nous essayons de pratiquer. D'abord, en ayant appliqué le traité de Marché commun. Et puis, en ayant fait le traité franco-allemand. Mais pour ça, il faut que l'Allemagne se lie effectivement à l'Europe occidentale, c'est-à-dire à nous. Or, elle ne le fait pas, elle se lie à l'Amérique ! Il nous restera la solution de revenir à la politique d'entente avec l'Est. Il faut tenir les deux fers au feu. »

Le croit-il vraiment ? N'est-ce pas un jeu de l'esprit ? Tirerait-il toutes les conséquences d'un réel renversement, non d'alliances certes, mais en tout cas de perspectives ? J'en doute. Mais pour que la menace ait son effet, il n'est pas nécessaire de *tenir* le deuxième fer au feu. Il suffit qu'on puisse le craindre. Et il se sert sûrement de moi pour distiller cette menace.

Après un temps de repos, le Général continue : « L'Allemagne est sous protectorat américain, en matière politique, militaire, économique. Donc, il n'y a pas moyen de faire une politique franco-allemande, ni, a fortiori, une politique européenne, puisqu'il n'y a pas moyen de faire une politique européenne indépendante. Toute la question est là.

AP (essayant un scénario plus optimiste). — Les Allemands ont besoin du bouclier atomique américain pour le moment. Mais les Européens prendront conscience qu'ils sont de plus en plus forts. Dans cinq ans, nous passerons à la deuxième génération de notre armement atomique, et nous aurons un vrai bouclier.

GdG. — Non. Nous aurons une dissuasion suffisante pour nous faire respecter. Seulement, les Allemands ne seront pas sûrs que ça les couvre automatiquement et complètement. D'ailleurs, ils ne sont pas sûrs non plus que les Américains les couvrent. Notre défense les couvrirait même plus sûrement que les Américains, parce que nous avons un intérêt plus direct que les Américains à ne pas voir arriver les Soviets sur le Rhin. La vraisemblance de la dissuasion par nous est au moins aussi grande que par eux.

« Dans notre attelage, les Allemands ne sont pas le cheval de tête, ça les embête »

« Seulement, ça les embête aussi, de nous être inférieurs. Et, dans cette Europe où, en réalité, nous tiendrons les rênes parce que nous aurons la bombe, et une influence mondiale qu'ils n'ont pas, une influence africaine, une influence américaine au Sud et au Nord, une influence asiatique. Dans notre attelage, ils ne sont pas le cheval de tête, ça les embête.

« C'est un pauvre pays qui a une jambe de bois. Il en sera ainsi tant qu'ils ne seront pas réunifiés. Ce qui arrivera un jour ou l'autre, mais ce n'est pas encore fait : l'Empire soviétique n'est pas encore près d'éclater, et il faut d'abord qu'il éclate.

AP. — En France, il y a maintenant une majorité favorable à l'idée de la réunification, alors qu'avant la réconciliation franco-allemande, on ne voulait pas en entendre parler.

GdG. — Oui. On y est moins hostile. Toute la question, c'est l'entente franco-allemande. Si elle réussit, l'Europe est faite. Mais tant que l'entente franco-allemande n'est pas faite, l'Europe ne se fera pas. Elle peut se faire sous la forme des technocrates et des parlementaires, qui instituent des trucs dans lesquels ils palabrent. C'est comme ça qu'ils voient l'Europe, eux, les Spaak, les Monnet et autres Maurice Faure. Ce n'est pas une politique européenne ça, ce sont des fictions, dans lesquelles on se prélasse, en laissant les Américains faire en réalité la politique de l'Europe. Les Allemands en sont encore là, leur gouvernement en est encore là. Mais leur opinion n'en est déjà plus là.

« Il y a déjà eu Adenauer. Et puis Strauss *. Il y a des gens qui s'éloignent des Américains et se rapprochent de plus en plus de la France. Erhard a été très critiqué, au retour de son voyage récent aux États-Unis, de s'être aplati devant les Américains. Il avait fait un communiqué qui était parfaitement désagréable, je le lui ai dit.

AP. — Sur le Sud-Est asiatique…

GdG. — …Et sur la Chine. Il n'a pas besoin de s'en mêler ! Pourquoi a-t-il besoin de condamner ? C'est un peu fort ! À quoi sert le traité franco-allemand ? Il s'est laissé imposer ce communiqué par les Américains. Comme il se laisse imposer les armements américains, au lieu d'en faire fabriquer avec nous.

AP. — Il aurait voulu pouvoir dire, après votre rencontre de Bonn, que tout va bien avec tout le monde.

GdG. — Oui. L'idéal de la vie politique pour lui, c'est de dire qu'il est bien avec tout le monde dans des communiqués. Il est peut-être très fort en économie, mais finalement c'est un pauvre type. En tout cas, s'il n'y a rien à faire avec lui, nous n'avons pas de raisons, sous prétexte de lui faire plaisir, de négliger les bons rapports que nous pouvons établir avec l'Est. Pourquoi nous en empêcherions-nous ? Ça n'ira jamais très loin d'ailleurs, bien entendu, mais enfin ça peut mettre Erhard en angoisse. C'est toujours utile d'avoir un moyen d'inquiéter son partenaire. »

« Le Marché commun agricole, ça ne peut pas rater, ou bien le Marché commun lui-même ratera »

Salon doré, 22 juillet 1964.

GdG : « Si les Allemands continuent à se dérober, c'en est fini.

AP. — Le traité de Rome s'enlisera ?

GdG. — Non ! Il ne s'appliquera plus. Les Français n'iront plus à Bruxelles. La Commission de Bruxelles tournera dans le vide, etc.

AP. — Je le laisse entendre délicatement ?

GdG. — Pourquoi délicatement ? Dites-le carrément.

AP. — Mais après l'adoption du règlement laitier à Bruxelles, la question est réglée ?

GdG. — Pas du tout ! Elle n'est pas réglée parce que les Allemands n'y souscrivent pas. Ils ont des arrière-pensées, les Danois, les Anglais, la négociation Kennedy. Ils tiennent en suspens l'aboutissement agricole du Marché commun, pour que les Américains puissent inonder l'Europe de leurs produits agricoles.

---

* Président du CSU, les chrétiens-démocrates de Bavière, longtemps ministre fédéral de la Défense.

« Il faut mettre les Allemands en face de leurs responsabilités, en face des réalités. Ils ne comprendront que s'ils s'aperçoivent qu'ils ont plus à perdre qu'à gagner, avec la fin du traité de Rome et la fin du traité franco-allemand. On ne s'en tirera pas autrement !

« Vous pouvez marquer de l'agacement de ces délais. Nous ne pouvons pas nous empêcher d'en éprouver quelque inquiétude, quant à l'avenir du Marché commun agricole, et par conséquent du Marché commun, puisqu'il n'y aura pas de Marché commun sans agriculture. Dites-le dix fois plutôt qu'une.

AP. — Vous emploierez un langage dur à l'égard de l'Allemagne, demain, dans votre conférence de presse ?

GdG. — Dur, non. Mais enfin, assez raide. Il faut qu'ils comprennent. Ils ont deux épouvantes. Une, primordiale : l'Amérique. L'autre, c'est nous, qui ne sommes pas la principale, mais qui pouvons le devenir, si l'Amérique les laisse tomber. »

Il m'utilise pour faire monter la pression. Mais croit-il vraiment au scénario de l'échec ?

Lors du Conseil du 1er juillet 1964, il s'est écrié : « Le Marché commun agricole, ça ne peut pas rater ! Ou bien le Marché commun lui-même ratera. »

Dans la vivacité du ton, le Général dévoilait sa confiance. Elle tient dans ce syllogisme : « Les autres, notamment les Allemands, tiennent à *leur* Marché commun ; or, ils ne l'auront pas sans *mon* Marché commun agricole ; donc je l'aurai. »

« Le fond du peuple allemand a choisi le peuple français »

Salon doré, 26 août 1964.

AP : « Mon collègue von Hase m'a demandé, pour la télévision allemande, la copie du film réalisé par notre télévision pour commémorer la bataille de la Marne.

GdG. — Ah oui ? Voyez-vous, le fond du peuple allemand n'a pas du tout choisi l'Amérique ! L'amitié avec la France lui est plus sensible. La réconciliation avec l'ennemi héréditaire, ça compte ! Les Américains, contrairement à ce qu'ils voudraient faire croire, ne sont populaires nulle part. Erhard, Schröder sont les hommes des Américains, ils n'aiment pas la France. Alors, ils se croient obligés de jouer entre l'alliance américaine, c'est-à-dire l'obligation d'obtempérer à tout ce que veulent les Américains, et d'autre part l'obligation populaire de maintenir l'amitié française. On ne leur pardonnerait pas de l'avoir rompue. Alors, votre copain von Hase vous demande un film pour donner à penser que la réconciliation franco-allemande se porte bien. Mais, pour les grandes affaires, dès qu'il y a un cas concret, ils choisissent toujours la solution américaine. »

Chapitre 10

« LA CLEF, NOUS LA DÉTENONS »

Un nouveau décembre se profile sombrement sur l'horizon du Marché commun. L'incertitude enveloppe le lien entre l'avancement du Marché commun agricole et la négociation du GATT, dite Kennedy.

Conseil du 21 octobre 1964.

Après un nouvel exposé de Pisani, le Général nous ramène à l'essentiel :

GdG : « Oui ou non, la CEE acceptera-t-elle la négociation Kennedy, sans que le Marché commun agricole soit établi ? *Toute la question est là.*

(Le Général aime bien cette expression : il aime réduire la complexité d'un problème à la simplicité d'une question. « La simplicité est le plus court chemin vers la vérité", m'a-t-il dit un jour.)

« La clef, nous la détenons.

« Nous n'admettons pas de traiter avec l'Amérique tant que le Marché commun agricole n'existe pas »

« Nous n'admettons pas qu'il y ait un traité entre le Marché commun et l'Amérique, tant que le Marché commun agricole n'est pas établi. La situation est sérieuse. C'est un sujet important. La France est agricole autant qu'elle est européenne.

Pisani. — Envisager pour l'agriculture française le non-Marché commun, c'est envisager une révolution en France.

GdG (obstiné). — S'il n'y a pas de Marché commun agricole, il n'y aura pas de Marché commun.

Couve. — Le conflit du Marché commun et des États-Unis, au GATT, ne porte que sur la partie agricole de cette négociation. C'est un conflit ouvert et déterminé entre la France et les États-Unis.

GdG. — Qui sont tous deux des producteurs agricoles. Ça se ramène à ça. »

Après le Conseil, le Général me demande de dire « qu'il n'y a pas de possibilité de négocier utilement avec les États-Unis tant que la Communauté européenne, *agriculture comprise*, n'est pas organisée complètement ; c'est-à-dire tant que le Marché commun agricole n'existe pas. Et dites bien que la France tiendra bon !

AP. — Mais croyez-vous vraiment que nos partenaires ne veuillent pas faire le Marché commun agricole ?

GdG. — Depuis le début, tout a été fait pour qu'*il n'y ait pas* d'agriculture dans le Marché commun ! On s'est contenté dans le traité de Rome d'une déclaration d'intention qui ne rimait à rien ! C'est un crime qui a été perpétré contre l'économie française, en un temps où la France était représentée par des gens qui se souciaient bien peu de l'intérêt national. (Je n'ai pas le courage de lui dire que je faisais partie de cette délégation.)

« Si l'agriculture n'entre pas dans le Marché commun, le problème est simple. Ou bien nous laisserions tomber nos agriculteurs, qui devraient vendre leur production au cours mondial, ce serait pour eux la ruine. Ou bien, on décide de leur donner des subventions. Mais c'est notre industrie qui les subventionnerait ; elle traînerait, à elle seule, un boulet terrible, que, grâce au Marché commun, nous pouvons partager avec les industries de nos partenaires. C'est bien pourquoi nos partenaires, Allemagne en tête, ne veulent pas d'un Marché commun agricole. »

Cette fois, il ne prétend pas que ce serait facile de vivre sans le Marché commun…

Au début de l'après-midi, Pisani, qui a écouté les radios, m'appelle sur l'interministériel, surexcité : « Comment avez-vous pu dire qu'il n'y aura pas de négociation Kennedy s'il n'y a pas de Marché commun agricole et que, dans ce cas-là, il n'y aura pas de Marché commun ?

AP. — Ça vous a surpris ? Je l'ai pourtant déjà dit, plus ou moins, à plusieurs reprises. Je n'étais pas libre de ne pas le dire. Quand il y a une question à laquelle le Général tient particulièrement, il me dicte mes propos, alors qu'à l'ordinaire il me laisse la bride sur le cou.

Pisani. — Vous vous rendez compte de l'émotion que votre déclaration va susciter partout, à Bonn, à Rome, à Washington ? Il ne faut pas menacer de la foudre quand on n'est pas capable de la lancer.

AP. — Vous sous-estimez le Général. »

« Notre expansion industrielle a besoin du grand large »

Salon doré, 28 octobre 1964.

Je lui soumets à nouveau cette interrogation qui m'obsède et que son propos de la semaine dernière a rendu plus obsédante encore : « Je vais répétant que, s'il n'y a pas de Marché commun agricole, il n'y aura pas de Marché commun. L'ennui, c'est qu'on ne voit pas bien la politique de rechange.

GdG. — Nous avons vécu bien des siècles sans Marché commun. Nous pourrons vivre encore bien des siècles sans Marché commun. Nous ferons du libre-échange. Notre expansion industrielle, contrairement à ce que prétendent tous les imbéciles qui pérorent sur l'Europe, n'a pas besoin de Marché commun, elle a besoin du grand large.

(Le "grand large" : l'expression même dont il s'est servi pour définir le choix de l'Angleterre, et pour lui barrer la route du Marché commun. Regrette-t-il d'être enfermé dans l'espace confiné des Six ? Subit-il lui aussi la tentation du "grand large" ?)

« Le Marché commun, il n'y a en fait que deux ans qu'on a commencé à le réaliser. Or, notre expansion industrielle remonte à bien avant deux ans. L'expansion industrielle allemande, italienne, de même. Ceux qui racontent des histoires sur les bienfaits incomparables de l'intégration européenne sont des jean-foutre.

(Il feint d'oublier son argument majeur pour le Marché commun agricole : l'industrie française ne supporterait pas d'avoir à subventionner seule notre agriculture.)

« *Quand on est couillonné, on dit : " Je suis couillonné "* »

AP. — Le traité de Rome n'a rien prévu pour qu'un de ses membres le quitte.

GdG. — C'est de la rigolade ! Vous avez déjà vu un grand pays s'engager à rester couillonné, sous prétexte qu'un traité n'a rien prévu pour le cas où il serait couillonné ? Non. Quand on est couillonné, on dit : "Je suis couillonné. Eh bien, voilà, je fous le camp !" Ce sont des histoires de juristes et de diplomates, tout ça.

AP. — Nous pourrions dire que ce n'est pas nous qui abandonnons le Marché commun, c'est lui qui nous abandonne.

GdG. — Mais non ! Ce n'est pas la peine de raconter des histoires ! D'ailleurs, tout ce qui a été fait pour l'Europe, par ceux qu'on appelle les "européens", a très bien marché tant que c'était la France qui payait tout. On a commencé par la Communauté européenne du charbon et de l'acier. Ça a consisté en quoi ? En ce qu'on a rendu à l'Allemagne son charbon et son acier, qu'elle n'avait plus car on les lui avait retirés. On les lui a rendus pour rien. Et ça a consisté à donner aux Italiens ce qu'ils n'avaient pas : du charbon et du fer. Alors, ils ont pu faire une industrie métallurgique. Mais nous, nous n'avons pas retiré un rotin de la CECA, pas un rotin ! Nous avions un problème qui était la modernisation de nos mines, mais nous les avons modernisées sans que la CECA nous donne un sou. Voilà ce qu'a été la CECA ! C'était une escroquerie, au profit des Allemands et des Italiens !

« Après quoi, on a fait l'EURATOM. Et c'est la même chose. Dans l'EURATOM, nous apportons 95 %. Il n'y a que nous qui ayons une réelle capacité atomique. Les autres n'en ont absolument aucune, ni installations, ni spécialistes pour les faire tourner. Alors, nous mettons en commun nos 95 % de capacité atomique et les autres mettent leurs 5 % et on partage les résultats, chacun au même titre ! C'est une escroquerie !

« La Communauté européenne de défense, c'était la même chose. Pourquoi l'a-t-on inventée ? Parce que les Allemands n'avaient pas d'armée. Alors, comme on avait peur des Russes, il fallait qu'ils en fassent une, mais comme on ne voulait pas qu'elle soit sous commandement allemand, on la plaçait sous le commandement du général Norstadt. Mais du coup, on voulait en faire autant pour l'armée française ! C'est l'Europe à leur façon. Mais si l'on veut faire une Europe qui ne soit pas à notre détriment, alors, il n'y a plus personne !

« Évidemment, aujourd'hui, les Allemands commencent à se dire : “ Si nous ne faisons pas le Marché commun avec les Français, les Français vont s'arranger avec les Russes. Et ensuite, qu'est-ce qui va nous arriver ? Nous serons en danger.” Et c'est parfaitement exact. Si la politique du traité franco-allemand, c'est-à-dire le noyau de l'Europe, ne réussit pas, eh bien, nous irons vers d'autres.

AP. — D'autres, c'est-à-dire les Russes ?

GdG. — Naturellement ! Ils voient que le moment est venu. Ils nous font des mamours, en se disant : “ On va pouvoir s'arranger avec les Français, comme autrefois.” Et dans ce cas, nous cesserons d'être couillonnés, ce sont les Allemands qui le seront. »

« C'est commode de se dire de la majorité tout en censurant le gouvernement »

À la fin du Conseil du 4 novembre 1964, le Général, avec quelque gravité dans le ton, prépare ses ministres à de rudes combats — y compris sur le front intérieur :

« La partie est assez difficile. Elle devient même dure pour la France.

« Les auteurs de l'Europe supranationale, de l'atlantisme intégré, ne sauraient évidemment nous donner leur approbation. Mais ceux qui ont les responsabilités, ce n'est pas eux, c'est nous. Nous ne nous préoccupons pas de leur verbiage. Il est fort possible qu'il y ait une agitation politique sur ces sujets. Il n'est pas tolérable que des députés qui se disent de la majorité aient censuré le gouvernement *. Ils doivent cesser de faire partie de la majorité.

* Le 28 octobre, six députés « républicains-indépendants » ont voté la motion de censure déposée par 51 parlementaires du Centre démocratique, du Rassemblement démocratique et de la SFIO, au sujet de la fixation des prix agricoles, en particulier celui du lait.

« C'est commode, de se dire de la majorité tout en censurant le gouvernement ! On se fait bien voir de l'opposition, puisqu'on censure. On se fait bien voir du gouvernement, puisqu'on est de sa majorité. On ménage la chèvre et le chou. On ne prend aucun risque et on ramasse tous les dividendes. Ils se croient toujours sous la IVe ! Nous ne l'admettons pas. Il faut que notre politique soit soutenue.

« Si, un jour, l'attitude de ces zigotos devenait excessive, et que la pression se fasse trop forte, il faudrait que le pays tranche le débat, soit par un référendum, soit par des élections générales, soit par les deux, comme ce fut le cas en 1962.

« Il ne faut pas voir là un drame. Il faut rester serein. Mais il faut resserrer les rangs. »

Après le Conseil, je demande au Général si je dois évoquer son intervention finale sur la discipline de la majorité.

GdG : « Ça, c'est pour Pompidou et pour Giscard. Il faut que tous les deux reprennent en main leurs troupes et que ces lascars soient exclus. Mais ce n'est pas à dire comme venant de moi, surtout à la sortie du Conseil des ministres. Vous pouvez tout au plus le murmurer dans les jours qui viennent.

« Choisir son camp, c'est le critérium entre la IIIe et la IVe d'une part, la Ve de l'autre. Dans la IIIe et la IVe, une fois élu, on ne tenait plus à rien. Dans la Ve, quand on a été élu, on est engagé à quelque chose.

AP. — Ce n'est pas encore entré dans les mœurs.

GdG. — Il faut l'y faire entrer ! Quand il se produit une rébellion, il faut réagir sans hésiter et faire comprendre que les mœurs ont changé. C'est mon devoir d'y veiller.

« Que les Allemands mijotent dans leur jus »

« Sur le Marché commun agricole, ne dites rien cette fois-ci. Nous avons jeté les dés. Il faut les laisser rouler.

AP. — Ce que j'ai dit il y a quinze jours a inquiété les Allemands.

GdG. — Justement, qu'ils mijotent dans leur jus !

AP. — Et si les Allemands nous donnent satisfaction pour le Marché commun agricole, mais entrent dans la Force multilatérale, nous ferons quand même un éclat ?

GdG. — Nous ne ferons pas d'éclat. Ils ne nous ont pas juré qu'ils ne feraient pas la Force multilatérale. Ils nous ont juré qu'ils feraient le Marché commun agricole. La Force multilatérale, nous trouverons ça déplaisant, mais ils sont libres. Seulement, ça nous rend les mains libres vis-à-vis de l'Est.

AP. — Il semble que les Allemands soient inquiets de ces conséquences qu'ils n'avaient pas prévues.

GdG. — Naturellement ! Ils se trompent de République.

AP. — Ce qui les inquiète, c'est votre conversation avec Spaak.

GdG. — Spaak m'a dit : "C'est fichu. On ne peut pas faire la Communauté européenne. Les Allemands ne veulent pas y faire entrer l'agriculture. En revanche, ils veulent faire la Force multilatérale. Alors, c'en est fini à la fois de la Communauté politique européenne et même de la Communauté économique européenne." Je lui ai dit : "Vous avez raison." »

Voilà bien le paradoxe : le grand « eurocrate » Spaak jetait l'éponge — et c'est la fermeté de De Gaulle qui sauvera le Marché commun…

« Les Allemands trahissent l'Europe »

Salon doré, 12 novembre 1964.

GdG : « Nous voilà devant une énorme incertitude. L'Allemagne ne sait pas ce qu'elle veut. Elle ne sait pas qui elle a à sa tête. Ceux qui sont à sa tête ne savent pas ce qu'ils veulent. Personne ne sait rien sur rien. C'est une fourmilière en désordre. Pitoyable ! »

Salon doré, 18 novembre 1964.

GdG : « Tout ça, c'est de l'agitation, ça nous est égal. Il n'y a qu'une chose qui ne nous est pas égale, c'est le Marché commun. Alors là, on va voir, suivant ce qui va se passer : ou le Marché commun continuera, ou il ne continuera pas. Et puis, c'est tout.

AP. — L'accord militaire d'équipement entre l'Allemagne et les États-Unis vous paraît gênant ?

GdG. — Les Allemands se conduisent mal. Ils se mettent complètement à la botte des Américains. Ils trahissent l'esprit du traité franco-allemand. Et ils trahissent l'Europe. »

Chapitre 11

« C'EST UN SUCCÈS DES GOUVERNEMENTS ET NON DE LA COMMISSION »

Salon doré, 25 novembre 1964.

AP : « Il semble que les Allemands, depuis quelques jours, acceptent de faire quelques pas.

GdG. — Nous verrons bien. Ils sont terriblement préoccupés de questions de politique intérieure, de leur tactique vis-à-vis de leurs groupes de pression. Heureusement, ces préoccupations nous sont totalement étrangères. Ça va peut-être se dénouer. Mais je refuse d'accepter quoi que ce soit, dans la négociation Kennedy, tant que le Marché commun agricole n'est pas construit.

« Les négociations n'ont de sens que si elles comportent une véritable réciprocité. Si les Allemands continuent à faire les faux jetons, le Marché commun volera en éclats. »

« Si ce qui est convenu n'est pas conclu, nous nous retirerons du Marché commun »

Conseil du 2 décembre 1964.

Couve : « Les Allemands, qui s'étaient mis dans une position impossible, ont fait des efforts pour sortir de l'impasse.

GdG. — Ils en sont sortis, parce qu'ils se sont sentis obligés d'en sortir. Pour les dates, il faut être rigoureux. Il faut garder cette position et ne pas en bouger. Si ce qui est convenu n'est pas conclu à la date prévue, nous en prendrons acte et nous nous retirerons du Marché commun. »

Conseil du 9 décembre 1964.

GdG : « S'il n'y a pas d'accord pour le 15 décembre, je ne vois pas pourquoi, le 1er janvier, on procéderait à un abaissement des tarifs sur les produits industriels. Il ne faut pas craindre de dire et de répéter que, tant qu'il n'y a pas de Marché commun agricole, le Marché commun industriel ne jouera pas. C'est notre véritable arme de négociation !

Couve. — Mais nous avons un engagement contractuel à abaisser le 1er janvier les droits de douane.

GdG. — Pourquoi accepter ce qui est avantageux pour les autres et ne pas obtenir ce qui est avantageux pour nous ? Que l'abaissement sur les droits de douane le 1er janvier reste suspendu jusqu'à ce que la question agricole soit réglée ! Sinon, on profitera de ce que l'Italie n'a pas de gouvernement, comme d'habitude, et on ne fera rien.

Giscard (inquiet). — Mais nous aussi, nous avons intérêt à abaisser nos droits de douane, pour accentuer la pression sur nos industries par une libéralisation du marché.

GdG (prenant en compte l'argument d'intérêt national de Giscard, mais résolvant la contradiction, comme le ferait un juriste accompli). — Nous pouvons abaisser nos droits de douane si ça nous fait plaisir, mais que ce ne soit pas contractuellement, ce qui est irréversible ! Gardons les mains libres ! Pourquoi abaisser contractuellement les droits de douane, ce qui ne nous rapportera rien et fera seulement plaisir aux Allemands ?

« Il y aura samedi une discussion d'ensemble. Il faut qu'elle aboutisse. Elle a assez duré. Sinon, nous n'avons aucune raison d'accomplir sans délai nos engagements dans le cadre du Marché commun industriel. »

« Ce pas en avant fait admettre la nécessité pour nos six États de se réunir réellement »

Conseil du 16 décembre 1964.

Les négociations de Bruxelles à propos du prix des céréales ont finalement abouti, et dans les délais. Couve en fait le récit détaillé.

Giscard : « Il ne faut pas croire que ces décisions vont alléger le budget français. Le revenu céréalier va connaître une revalorisation importante dans des conditions beaucoup moins onéreuses, mais nos charges seront maintenues.

Pompidou. — Je me félicite de cet aboutissement : les représentants du gouvernement ont remporté un succès. Je n'ai pas besoin de dire à quoi cela est dû. (Évidemment : à de Gaulle, à sa fermeté, à ses menaces. Mais ce serait vulgaire de le dire.)

GdG. — Nous remercions les trois négociateurs * et leurs collaborateurs, dont la capacité a impressionné tout le monde. Ce n'est pas une mince contribution.

« Ce n'est pas fini : il y a des règlements à faire sur différents produits et surtout le règlement financier ** ; tant qu'il n'est pas adopté, rien de définitif n'est obtenu. Mais la question des céréales était décisive ; et peut-être la plus difficile, étant donné les intérêts.

« Cette position a été prise par les gouvernements, et non par la Commission. Les sacrifices financiers ont été consentis par les gouvernements, et non par la Commission. C'est un succès des

---

* Couve, Giscard et Pisani.

** Le règlement financier doit en effet fixer la gestion et l'emploi des sommes perçues sur les importations agricoles.

gouvernements, et non de la Commission. Si on n'avait écouté que la Commission, les Anglais en seraient toujours à négocier, les Allemands auraient pris des positions dilatoires et on n'aurait jamais respecté les dates.

« Il y a pour la France quelques sacrifices à consentir, mais elle a surtout des bénéfices à tirer de cet arrangement. Il faut que les agriculteurs s'organisent de manière à en profiter, qu'ils améliorent leur production, leur présentation, leurs circuits.

« Question politique : le fait d'organiser peu à peu l'unité économique est un pas en avant qui peut contribuer à faire admettre la nécessité pour nos six États d'Europe occidentale de se réunir réellement. Je ne parle pas des billevesées que nous savons, mais d'une politique réellement commune, comme nous aurons une économie réellement commune. »

Après tant de sombres scénarios, le voilà qui, saisissant l'éclaircie, lance à nouveau l'esquif de l'Europe politique.

« Ça n'a pu aboutir que grâce aux États »

Après le Conseil, il me précise le sens à donner à mes commentaires.

GdG : « C'est bien, mais l'essentiel reste à faire. Il reste à fixer les prix les plus importants, la viande, les produits laitiers, le sucre, les oléagineux, et, par-dessus tout, à adopter le règlement financier, qui est la clef de voûte de tout l'ensemble. Soulignez ça, pour tenir en haleine nos partenaires. Dites que le chef de l'État et le gouvernement ont constaté que c'est l'effort conjugué des six États qui a permis l'aboutissement. La Commission de Bruxelles y a contribué de la manière la plus brillante par son travail technique. Couvrez-la de fleurs, mais marquez bien que les responsabilités sont seulement du côté des États. Enfin, vous pourrez dire que j'ai exprimé le souhait que le même état d'esprit se manifeste pour construire l'Europe politique, qui ne peut pas se faire d'une autre façon, c'est-à-dire par les États.

AP. — Peut-être qu'il ne faudrait pas trop donner l'impression que nous voulons remettre la Commission à sa place

GdG. — Et pourquoi non ? Il faut souligner que ce sont les États qui détiennent le pouvoir de décider ; que les intérêts, ce sont les intérêts des États ; que les responsabilités, ce sont les responsabilités des États. Ça n'a pu aboutir que grâce aux États. N'oubliez pas de finir par un couplet sur l'Europe politique.

AP. — Je dis en passant ce qu'a souligné Giscard, à savoir qu'il ne faut pas croire que ça va alléger le budget français ?

GdG. — Mais non ! Ce sont des histoires de ministres des Finances. Les charges de l'État français vont être diminuées quand même. On va augmenter tant soit peu le prix du blé et même le prix de l'orge en France. Pas tant que ça d'ailleurs, d'après mes calculs, ça va faire 7 ou 8 %. Les canards prétendent que ça va faire 15 %, mais c'est pas vrai. Seulement, les avantages énormes que l'État payait à l'agriculture, et qui s'appelaient le quantum, la subvention par le FORMA, la vente à fonds perdus de ses excédents, l'État ne les supportera plus, ce sera supporté par les six États ! Donc, la France n'en aura que sa part. Voilà la vérité.

(Comment peut-il dire *d'après mes calculs* ? Il n'a tout de même pas calculé lui-même ? Intrigué, je téléphone à Burin. Il m'apprend que le Général, préoccupé par les 15 % d'augmentation des prix des céréales qu'annonçait la presse, a demandé qu'on refasse les comptes, estimant à vue de nez que ça ne devait pas dépasser 8 %. Ses conseillers techniques se sont mis au travail, ont contrôlé les chiffrages de la rue de Rivoli et de l'Agriculture, et conclut qu'il fallait prévoir une hausse de 8 %. Le Général, d'instinct, tombait juste…)

« *Les mille milliards qu'on filait tous les ans à l'agriculture, nous ne les lui filerons plus* »

« Ça va nous soulager, quoi qu'en dise Giscard. Dans l'ensemble, ce n'est pas une mauvaise opération financière, surtout à échéance, parce qu'on peut espérer que les mille milliards qu'on filait tous les ans à l'agriculture, eh bien, nous ne les lui filerons plus.

« La politique agricole commune, ce sera avantageux pour l'État. Mais aussi pour les agriculteurs. À cause de l'augmentation du prix des céréales. Et surtout à cause des débouchés pour exporter.

« Mais si notre agriculture ne fait rien pour s'organiser, les autres se mettront à produire et elle sera couillonnée. Pour le moment, elle a un grand avantage de quantité sur les autres pays du Marché commun. Mais si elle n'améliore pas la qualité, elle le perdra, car rien n'empêchera les Allemands de faire des poulets ou de la viande, rien n'empêchera les Italiens de faire tout ce qu'ils voudront. Il faut qu'elle se modernise sans perdre de temps. Et il faut qu'elle en finisse avec cette psychologie selon laquelle c'est toujours l'État qui paie. Ça, c'est fini. »

Chapitre 12

« L'UNIFICATION ALLEMANDE N'EST PAS POSSIBLE SANS UN COMPLET CHANGEMENT ENTRE L'OUEST ET L'EST »

Au Conseil du 23 décembre 1964, Couve : « Schröder a fait, en séance à l'Alliance atlantique, un discours insolent à notre endroit. Je lui ai marqué qu'il y avait un lien entre la Force multilatérale et la réunification. Les Italiens aussi sont pour la Force multilatérale, parce que la France serait mise à égalité avec les autres. »

Le Général commente : « Les Allemands sont pleins d'intentions et de prétentions. Après Adenauer, le clan anglo-saxon a pris le dessus à Bonn et il s'est fait beaucoup d'illusions. Il croyait que l'arme atomique était à portée de la main. Ça n'arrivera pas. D'abord, parce que la Force multilatérale ne les y ferait pas accéder. Ensuite, parce qu'elle ne se fera pas, notamment parce que nous n'en voulons pas et que l'on ne peut passer outre à notre veto. Les Américains finiront par prendre la tangente.

« L'autre déconvenue, c'est la réunification. Schröder avait espéré qu'il obtiendrait des Américains et des Anglais leur appui pour exiger la réunification. Mais elle n'est pas possible, tant que l'Est et l'Ouest ne sont pas réconciliés et que le rideau de fer ne s'est pas levé. Jusque-là, elle est impossible sans guerre, et impossible par une guerre dont personne ne prendra l'initiative. Donc, elle ne se fera pas, sinon le jour où l'Europe soviétique aura cessé d'être soviétique et où on pourra faire un arrangement d'équilibre européen comprenant toute l'Europe. Il n'y a donc pas de raison que nous exigions la réunification allemande, alors que les conditions ne sont pas réunies. »

Salon doré, 6 janvier 1965.

AP : « L'Allemagne va réagir vivement, si la Force multilatérale disparaît ; elle en voulait.

GdG. — La protestation d'un pays qui a les reins cassés, ça n'entraîne personne. Les Allemands sont des malheureux qui portent le poids de leur désastre, et qui le porteront encore longtemps. Adenauer l'avait très bien compris.

AP. — Les Allemands sont inquiets de vos ouvertures à l'Est.

GdG. — Je ne m'en vais pas demander aux Soviets d'occuper l'Allemagne ! (Rire.)

« Le gouvernement de Pankow, je ne le reconnaîtrai pas parce qu'il a été fait par l'étranger »

AP. — La presse allemande dit que vous reconnaîtriez Pankow.

GdG. — C'est tout ce qu'ils mériteraient, les Allemands. Mais non, je ne reconnaîtrai pas Pankow. Nous avons reconnu le gouvernement soviétique à Moscou, parce que la révolution de 17 a été faite par les Russes. Je reconnais le gouvernement de la Chine, parce qu'il a été fait par les Chinois et personne d'autre. Le gouvernement de Pankow a été fait par l'étranger. Il ne tiendrait pas une seconde si les Soviets s'en allaient ; c'est d'ailleurs comme ça que ça finira. C'est un gouvernement absolument artificiel. C'est une zone d'occupation russe. Les Russes ont délégué des communistes pour administrer sous leur contrôle, c'est tout.

AP. — *L'Humanité* souligne que, dans votre message du 31 décembre, pour la première fois, vous vous étiez abstenu de faire une pique à la Russie et rappelle que, dans un discours de l'an dernier, vous aviez mis Pankow dans la liste des capitales de l'Est.

GdG. — Ça m'étonnerait bien ! J'ai dit que les Soviets avaient établi leur domination sur la Prusse, sur la Pologne. Mais je n'ai sûrement pas parlé du gouvernement de Pankow *. Ulbricht m'a télégraphié pour le 1er janvier. Je ne lui ai même pas répondu. Il n'existe pas. »

Il existe si peu que, lors de la signature d'un « traité » entre l'URSS et la RDA, le Général m'avait dit, *le 17 juin 1964* : « Un traité entre pays communistes, c'est de la rigolade, c'est un échange de signatures entre Khrouchtchev et Khrouchtchev. »

« Je donnerai un coup de main à Erhard pour ses élections, mais la Force multilatérale, c'est fini »

Au Conseil du 13 janvier 1965, Couve : « La réunion franco-allemande semestrielle est fixée aux 19-20 janvier. Le Chancelier Erhard a demandé qu'elle se réduise à des conversations en tête à tête avec vous et que les membres du gouvernement allemand n'aient pas à rencontrer leurs homologues français. Ce qui révèle le désarroi de la politique fédérale. Le Chancelier Erhard se tape à la vitre comme un hanneton »

Salon doré, après le Conseil.

AP : « Quels thèmes traiterez-vous dans votre conférence de presse ?

---

* Pourtant, *L'Humanité* ne s'était pas trompée : il avait bien cité Pankow, à l'occasion de ses vœux du 31 décembre 1963, dans la liste des capitales de l'Est.

GdG. — L'Europe totale. Sous l'angle de l'Allemagne.
AP. — Selon les résultats de votre rencontre avec Erhard ?
GdG. — Les résultats sont connus d'avance.
AP. — Il vous a envoyé un SOS ?
GdG. — J'essaierai de lui donner un coup de main pour ses élections. Mais la Force multilatérale, c'est fini ; inutile qu'il y revienne. Le Marché commun agricole, il n'y a qu'à le terminer. La réunification allemande, ça n'est pas possible si les Russes ne sont pas d'accord, ce n'est pas la peine de se raconter des histoires. Et enfin, l'Europe politique, eh bien, il n'y a qu'à reprendre le plan Fouchet ou à peu près.

« Il faut qu'ils admettent, les Allemands, qu'ils ont été vaincus, et que, quand on est vaincu, on paie. Pour qu'une situation normale s'établisse, ce qui comportera, je le crois, leur réunification, il faut qu'ils admettent que leurs frontières et leur droit à l'armement ne seront que ce que les autres auront décidé. Et ce n'est pas ça qu'ils souhaitent.

« Nous admettons bien la frontière belge, suisse et italienne ! Alors, que les Allemands nous foutent la paix avec leurs allogènes »

AP. — Pour la réunification, irait-on vers une solution à l'autrichienne, la neutralisation ?
GdG. — Oh non, on ne peut pas appliquer à l'Allemagne une pareille solution. Dans cette Europe totale, il faut que l'Allemagne soit avec nous, c'est nécessaire à l'équilibre européen. Il faut que l'Allemagne soit ancrée à l'Ouest. Pour que l'Europe occidentale puisse faire contrepoids à l'énorme Russie, il faut que l'Allemagne soit liée à la France et réciproquement. Ensuite, il faut qu'il y ait une Europe occidentale qui existe, par son économie, et même par sa politique. Et puis, il faut que les satellites de la Russie soient redevenus indépendants. Alors là, on peut établir l'équilibre européen.
AP. — Mais les 90 millions d'Allemands, c'est énorme !
GdG. — N'exagérons rien ! Si les Allemands avaient eu les territoires au-delà de l'Oder-Neisse, la Silésie, la Prusse orientale... Mais non ! Ils sont 17 millions en zone russe. Et ils sont actuellement 55 en zone occidentale. Ça fait 72, pas 90.
AP. — Vous effacez complètement les Allemands allogènes, les Allemands de Silésie, les Sudètes ?
GdG. — Ah non, ceux-là, qu'on nous foute la paix ! On n'en parle plus, de ceux-là. Il n'en est pas question.
AP. — On admet les frontières comme elles sont.
GdG. — Et nous, nos allogènes ? Nous admettons bien la frontière belge, la frontière suisse, la frontière italienne. Alors, que les Allemands nous foutent la paix avec leurs allogènes. Ils exagèrent

toujours ! Il faut les rappeler de temps en temps au sens de la mesure. »

« Il n'y aura pas de réunification si l'Est n'en veut pas »

À la réunion franco-allemande de janvier 1965, la magie du traité a opéré. Français et Allemands ont continué de découvrir la force de leur lien. Et le Général a découvert en Erhard un interlocuteur habile et complaisant.

Au Conseil du jeudi 21 janvier 1965, Couve : « Erhard voulait revenir à Bonn avec un résultat concret, compte tenu de la période électorale. Nous sommes convenus d'approcher les Anglo-Américains pour faire ensemble une démarche à Moscou, qui ne conduirait à rien, mais qui donnerait un avantage psychologique. » Couve souligne aussi deux points positifs : « Le Chancelier n'a pas plaidé en faveur d'un armement nucléaire allemand. Il a pris ses responsabilités personnelles dans l'affaire du prix des céréales.

GdG. — Il tenait beaucoup à faire apparaître à son opinion publique que l'entente avec la France persistait et même qu'elle était rétablie. Sa lutte électorale serait plus difficile s'il devait renoncer à une coopération privilégiée avec la France. Nous avons fait ce qu'il fallait pour que l'apparence fût ce qu'il souhaitait qu'elle fût.

« Cela ne nous a pas coûté grand-chose. Qu'on nomme plan Fouchet ou plan Erhard le projet d'union politique des États, nous n'y voyons pas d'inconvénients.

« L'unification allemande ? Un jour ou l'autre, ça pourra peut-être s'accomplir, si l'Est s'y prête. Il n'y aura pas de réunification si l'Est n'en veut pas. Elle n'est pas possible sans un changement complet entre l'Ouest et l'Est européens. Même sa mise à l'ordre du jour n'est pas possible, si la Force multilatérale est autre chose qu'un fantôme exorcisé.

« Peut-être qu'un jour, il y aura une Europe totale, où sera possible non seulement la détente et l'entente, mais la coopération, et où l'unité allemande pourra s'insérer. Ce qui suppose des conditions très strictes, au point de vue des frontières et au point de vue de l'armement. La discrétion sur les problèmes de défense est donc opportune ; elle préserve le mieux les chances d'une défense européenne à venir, dont le principe est lié à une éventuelle coopération politique européenne, sans laquelle elle ne saurait exister.

« On ne le lui a pas caché.

« Moyennant quoi, l'atmosphère était satisfaisante et la personnalité d'Erhard a paru plus dessinée. L'épreuve, l'expérience ont fait qu'il prend peu à peu la dimension d'un chef de parti et même de gouvernement. Il est plus assuré de lui que naguère. Ce à quoi nous ne voyons pas d'inconvénient, bien au contraire. »

Le Général préfère toujours des partenaires « consistants ».

Après le Conseil, le Général laisse voir l'origine de sa satisfaction : « Les Allemands sont les plus exposés. Ils veulent savoir ce que les États-Unis vont faire des bombes, en tout cas de celles qu'ils entreposent sur leur sol. C'est la moindre des choses ! Ils commencent à ne plus se satisfaire du rôle de valets des Américains. C'est bon signe. »

Il a perçu un frémissement de l'esprit d'indépendance : il ne veut surtout pas le décourager.

« La clef de la réunification allemande, nous la détenons »

Au Conseil du 27 janvier 1965, Couve : « Les Allemands pensent que ni les Anglais ni les Américains ne pourront se dérober, à partir du moment où la France sera favorable à la réunification allemande. »

Après le Conseil, le Général me dit :

« Il faut d'abord que la situation évolue — et la France peut beaucoup pour cette évolution — de manière que les Soviets ne s'opposent plus à la réunification. Ensuite, il appartiendra à la France de donner son accord, en posant des conditions légitimes. Ça fera partie d'un ensemble, dans lequel la France joue un rôle essentiel. La clef de la réunification allemande, c'est nous qui la détenons. »

La même expression lui était venue à propos du Marché commun agricole *. Nous détenons un vrai trousseau de clefs.

Mais pour que la clef ouvre la porte, il aurait fallu que l'Allemagne veuille assez fort sa réunification pour jouer la détente — et l'Europe européenne. En tout cas Erhard, en posant avec insistance son objectif de la réunification, donne une possibilité de jeu à la France. Jusqu'ici, le Général était très sceptique. Il se met, discrètement, à imaginer une ouverture.

Après le Conseil du 10 mars 1965, le Général me dit : « La rencontre de Wilson et d'Erhard ne pouvait servir à rien. Ce sont deux malheureux, qui n'ont à échanger que des souffrances. C'est ce qu'ils ont fait. »

« Les Allemands sont assommants »

Erhard, toujours à la recherche de son rôle de réunificateur de l'Allemagne, a imaginé de faire siéger les deux Chambres dans l'ancienne capitale. Les Russes ont vigoureusement réagi.

* Le 21 octobre 1964 (voir *supra*, p. 265).

Au Conseil du 14 avril 1965, Couve : « Les Allemands n'avaient pas compris le risque qu'ils prenaient. Les Alliés l'ont compris : ils ne souhaitent pas qu'il y ait une réunion de la Haute Assemblée, le Bundesrat, à Berlin-Ouest, et qu'ainsi on aille, pas à pas, vers la transformation de Berlin en capitale fédérale, ce qui serait aux yeux des Soviétiques un changement inacceptable du statu quo. »

Salon doré, après le Conseil.

GdG : « Les Russes sont furieux de voir les Allemands réunir le Bundestag à Berlin. Alors, ils font des histoires. Si le Bundesrat en faisait autant, ils ne le toléreraient pas.

AP. — Nous non plus, nous n'étions pas chauds.

GdG. — Mais non, naturellement ! Les Allemands sont assommants. Ils n'ont pas compris qu'ils ne pouvaient pas tout se permettre ! »

Chapitre 13

« LA COMMISSION VOUS ATTEND COMME UNE ARAIGNÉE DANS SA TOILE »

Salon doré, 27 janvier 1965.

Le Général me glisse : « La Commission Hallstein s'imagine que la France va être fragile, à cause de l'élection française. Elle veut nous faire des misères sur le Marché commun agricole et, au contraire, pousser les feux dans le sens de la fédération. Elle ne se rend pas compte que, si la France donne l'exemple, les autres États non plus ne seront pas prêts à se laisser transformer en provinces. Rira bien qui rira le dernier. »

C'est la première fois que je l'entends évoquer cette éventualité ; et qu'il sent cette solidarité des États souverains, ce recul instinctif devant la mécanique supranationale...

Insensiblement, derrière les discussions sur le Marché commun, cette question du national et du supranational s'impose.

Walter Hallstein et la commission de la Communauté économique européenne, qu'il préside, entrent en conflit avec le gouvernement français à partir du début de 1965. D'abord, parce qu'ils ont un différend spécifique à propos du Marché commun agricole. Ensuite, parce qu'ils veulent accroître le rôle de la Commission et accélérer la marche à la supranationalité, alors que la France s'y oppose.

« Ils bombinent dans le vide comme la coquecigrue de Rabelais »

Conseil du 14 avril 1965.

Couve expose que, lundi, il a fait connaître la position française sur le problème posé par le règlement financier. Le Général prend alors la parole, et c'est une variation, dictée par ce nouveau sujet, sur l'air connu de la menace :

« Comment seront perçus, contrôlés, gérés, les prélèvements sur les importations agricoles ? C'est *la* question de fond. Oui ou non, acceptons-nous que l'administration de la Communauté, notamment en matière financière, soit en fait attribuée à la Commission de Bruxelles, et contrôlée par l'Assemblée de Strasbourg ? L'accepter, c'est dépouiller les gouvernements de leurs prérogatives. C'est supranationaliser toute la CEE. C'est abandonner des fonds énormes à des organismes sans aucune responsabilité.

« À Bruxelles, ce ne sont pas des élus, ce sont des gens qui ne relèvent de personne. Ils n'ont que la responsabilité des propos qu'ils tiennent, ils bombinent dans le vide, comme la coquecigrue de Rabelais *.

« S'il n'y a pas de règlement financier, et si le Marché commun ne peut jouer au profit de l'agriculture, nous le regretterons, mais nous en prendrons notre parti. La France a vécu avant le traité de Rome et pourra vivre après sa mise en sommeil.

("Mise en sommeil" : l'expression n'est pas du gaullien flamboyant, mais elle est bien adaptée à ce qui pourrait être fait en pratique. Puis, sans transition, le Général passe à des observations de méthode.)

« Les réunions de ministres ont des ordres du jour tels, que je trouve *inutile* que le ministre s'y déplace en personne. Notre délégué permanent à Bruxelles suffirait. On vous siffle à Bruxelles, vous vous y précipitez, vous tombez de la lune, vous n'êtes pas préparé. La Commission vous attend, Messieurs les ministres, comme une araignée dans sa toile, et de fil en aiguille vous acceptez. Boegner ** est là pour un coup et suffit parfaitement à la tâche. On n'est pas obligé de se ruer à Bruxelles. Il faut y aller très rarement. »

« Qu'on nous foute la paix avec leurs histoires de supranationalité »

Après le Conseil.

AP : « Ça n'est pas très bien parti, tout ça.

GdG. — Vous verrez qu'à la fin, ils vont caler, comme d'habitude. Vous savez, c'est stupide. Des sommes gigantesques vont s'accumuler et on va les confier à qui ? À des individus qui ne sont responsables de rien, qui sont nommés par les gouvernements, mais qui prêtent aussitôt serment de ne pas en recevoir d'instructions et ne sont même pas responsables devant eux. On va inventer un pouvoir absolument arbitraire et technocratique, avec un argent fou, et pour le contrôler, on va avoir une institution aussi artificielle que l'assemblée de Strasbourg, qui est en réalité une amicale de parlementaires qui, en fait, n'ont à rendre de comptes à personne. Avant de construire toute institution, nationale ou pas, il faut savoir qui sera responsable de quoi et devant qui.

AP. — Une fois que le budget européen sera amassé, ils vous diront : "Il faut des élections au suffrage universel."

GdG. — Ils n'auront rien du tout ! Mais vous verrez : ils chercheront le *compromis.* »

---

* Dans *Gargantua*, oiseaux fantastiques et burlesques qui sèment les illusions.

** Jean-Marc Boegner, représentant permanent de la France auprès de la Commission de Bruxelles.

C'est bien vu. Le Général a même déjà trouvé le mot qui s'imposera. Mais nous n'en sommes pas encore là. Tant s'en faut.

« *On ne va pas s'excuser de la victoire* »

Salon doré, 28 avril 1965.

AP : « Vous avez peut-être vu, dans un télégramme de Seydoux *, que le président du groupe CDU, Barzel, demande que vous disiez, ou, à défaut, qu'un membre du gouvernement dise, à l'occasion du 8 mai, qu'il ne s'agit pas de fêter la victoire du peuple français sur le peuple allemand, mais de fêter ensemble la disparition d'un système totalitaire dont ils ont été tous les deux victimes. Il faudrait montrer que la jeunesse allemande ne porte pas le poids du péché de ses pères.

GdG. — Tout ça, c'est des histoires électorales. Notre attitude à l'égard de l'Allemagne a été aussi conciliatrice que possible, et elle continue de l'être. Mais il faut qu'ils avalent l'anniversaire de la victoire, et aussi celui des déportés. On ne va pas se mettre à pérorer sur le 8 mai pour s'excuser de la victoire. Ils ont fini par être battus. Ils ne l'avaient pas volé.

« Alors, c'est entendu, à partir de là, on ne ressasse pas les griefs. On commence une vie nouvelle. Nous la pratiquons, cette vie nouvelle, depuis 45 et surtout depuis 62. Ils ne peuvent pas le contester. Nous l'aurions pratiquée plus volontiers encore s'ils étaient moins sur le reculoir.

AP. — D'après ce que m'a dit mon homologue, Erhard se demande si vous avez avancé la date de votre venue à Bonn pour permettre, avant les élections allemandes, une rencontre des six chefs d'État et de gouvernement à Bonn, qu'il souhaite tant, ou bien si vous y avez définitivement renoncé.

GdG. — Je ne pense pas que cette rencontre aura lieu avant les élections allemandes. Ce n'est pas en route. Les Italiens ne s'y prêteraient pas, les Belges seraient insaisissables, les Hollandais, qui sont des adversaires constants depuis Louis XIV, pisseraient leur vinaigre. Ça n'aboutirait à rien. Mais si Erhard veut qu'on renouvelle des gentillesses réciproques dans notre réunion de Bonn, ça ne me gêne pas.

AP. — Si vous ne tenez pas spécialement à être aimable avec les Allemands, vous pourriez vous contenter d'envoyer à Bonn le Premier ministre, et vous appliqueriez quand même le traité.

GdG (vivement). — Juridiquement, oui. Mais politiquement non, je ne peux pas ne pas y aller. Le véritable homologue du Chan-

---

* François Seydoux, ambassadeur de France en Allemagne fédérale, frère de Roger Seydoux, représentant permanent de la France aux Nations Unies.

celier, le véritable chef de l'Exécutif, ce n'est pas le Premier ministre, c'est moi. »

« Les Américains admettent enfin qu'il n'y aura pas d'unification allemande si les pays de l'Est ne le veulent pas »

Salon doré, 12 mai 1965.

AP : « On est enfin arrivé à un accord sur le texte de la déclaration tripartite *.

GdG. — Bah, c'est-à-dire que les Américains ont fini par accepter que non seulement eux, les Anglais et nous étions intéressés au règlement de la question allemande, mais que les pays de l'Est y sont également intéressés. Ça veut dire que les Américains admettent enfin qu'il n'y aura pas d'unification allemande si les pays de l'Est ne le veulent pas. C'est ce que nous avons toujours dit.

AP. — C'est ce que les Allemands appellent l'européisation de la réunification. Ce matin, les journaux américains disent que nous renonçons à écarter les États-Unis de ce processus.

GdG. — Ils ont inventé que nous voulions les écarter ! Il n'en a jamais été question, puisque nous avons négocié la déclaration avec eux. Ils sont d'une mauvaise foi colossale. Ça, vous devriez le dire. »

« Il n'y a qu'une solution, c'est de revenir au plan Fouchet »

Salon doré, 2 juin 1965.

AP : « Vous n'attendez pas grand-chose de ce voyage à Bonn.

GdG. — Si ce n'est au point de vue agricole, pour en finir.

AP. — Vous ne croyez pas possible de faire une relance politique des Six ? La reprise du plan Fouchet ?

GdG. — C'est la seule possibilité. Il faudrait qu'on y revienne. Mais je ne crois pas qu'ils y soient prêts pour le moment. »

Salon doré, 9 juin 1965.

AP : « Qu'attendez-vous de la réunion de Bonn ?

GdG. — Ça ne peut pas faire de mal. Il en sortira toujours une explication ; et puis, c'est le traité.

---

* Une déclaration commune des États-Unis, de la Grande-Bretagne et de la France sur la réunification allemande a été publiée le 12 mai. Les signataires s'engagent à poursuivre leurs initiatives auprès des Soviétiques en vue d'aboutir à la réunification de l'Allemagne. Ils considèrent que la recherche « d'une solution fondée sur la mise en œuvre dans les deux parties de l'Allemagne du droit à l'autodétermination » est seule capable d'assurer la paix en Europe. Ce texte constitue l'initiative occidentale qu'Erhard avait souhaitée, et de Gaulle acceptée, au sommet franco-allemand de janvier.

AP. — Croyez-vous que le règlement financier sera conclu avant la fin de juin ?

GdG. — Je ne sais pas. Mais ce n'est pas impossible.

AP. — C'est la première fois que nous ne sommes pas d'accord avec la Commission, à la veille d'une décision pareille.

GdG. — La Commission fait des demandes invraisemblables, pour accroître sa propre puissance et celle de l'Assemblée européenne. Elle aurait un pouvoir discrétionnaire sur le budget du Marché commun. Dans son esprit, il s'agit de prouver le mouvement en marchant et de rendre indispensable une dose plus élevée de supranationalité. Eh bien, nous n'allons pas dans cette voie ! Pour nous, il s'agit tout simplement d'appliquer l'accord qui a déjà été conclu en 62.

« Je vais parler à Erhard des grands problèmes internationaux. Pompidou, lui, parlera de la coopération économique et industrielle entre les deux pays. Les industriels allemands commencent à y trouver intérêt et à se rendre compte que, s'ils sont trop dépendants des États-Unis, ils vont finir par se faire boulotter par eux. Il faut profiter de ces bonnes dispositions.

AP. — Et pour l'Europe politique ?

GdG. — En réalité, il n'y a qu'une solution, c'est d'en revenir au plan Fouchet. »

Seulement, pour lui, le plan Fouchet, c'est plus qu'une organisation ; c'est un esprit — celui de l'indépendance. Il ne s'agit pas de savoir *comment* on se réunit, mais *pourquoi*. Or, l'expérience du traité franco-allemand lui montre que, même à deux, désaméricaniser la politique n'est pas facile. Que serait-ce à six ?

Chapitre 14

« NOTRE CHAISE RESTERA VIDE, TOUTE RÉUNION SERA SANS VALEUR »

La mi-juin 1965 voit siéger à Bonn un véritable Conseil des ministres français et allemands.

Schloss Ernich, samedi 12 juin 1965 au matin*, avant que le cortège ne s'ébranle. Le Général m'a convoqué dans son appartement.

« Hallstein a inventé une cérémonie de lettres de créances pour les représentants des États à Bruxelles. Il se prend pour le Président du Gouvernement supranational. Il ne cache même pas son plan, qui consiste à transposer au niveau européen la structure de l'Allemagne fédérale. La Commission deviendrait le Gouvernement fédéral. L'Assemblée européenne serait l'équivalent de ce qu'est aujourd'hui le Bundestag. Le Conseil des ministres deviendrait le Bundesrat : le Sénat, en somme ! C'est dérisoire ! Mais ne vous y trompez pas : c'est une dérive institutionnelle qui finirait par s'imposer si nous n'y mettions pas le holà. Et nous sommes seuls à pouvoir le faire. »

« Nous avons découvert la supercherie »

Bonn, samedi 12 juin, fin de matinée.

Quand la séance plénière va se clore, un incident sévère éclate, mal dissimulé par l'atmosphère feutrée des conversations diplomatiques. Le secrétaire d'État allemand aux Affaires étrangères, Lahr, sort un papier, présenté comme un accord, où il est question de ne résoudre le règlement financier que pour une période d'un an, en prolongeant simplement le système actuel jusqu'au 30 juin 1966. Il n'en avait jamais été question jusque-là. Le Général se raidit. Il demande une nouvelle réunion. Il marque fermement que nous ne pouvons pas accepter un pareil arrangement. Le Chancelier Erhard est furieux. Constatant le désaccord, il lève la séance : « Eh bien ! Allons déjeuner à Ernich, que nos experts se réunissent, et après le repas nous reparlerons de la question. » Les experts se réunissent. Mais la différence entre les points de vue était trop grande et ils ne peuvent franchir le fossé.

---

* Château d'Ernich, dominant le pont de Remagen où les troupes alliées ont franchi le Rhin en mars 1945 ; c'est la résidence du haut commissaire, puis de l'ambassadeur français en Allemagne, depuis 1949.

Samedi soir, 15 juin 1965, dans la Caravelle, au retour de Bonn.

AP : « Cet incident a eu lieu moins entre les Allemands et nous, qu'entre les Allemands eux-mêmes ?

GdG. — Évidemment ! Il n'y a pas de gouvernement allemand, mais seulement des tendances contraires, en fonction des pronostics pour les prochaines élections *. Beaucoup escomptent que la CDU et les socialistes se partageront les voix moitié moitié. Schröder espère être arbitre de la situation et devenir Chancelier. C'est pour ça qu'il a fait sortir ce brûlot par son secrétaire d'État Lahr.

AP. — Erhard n'était vraiment pas au courant de la manœuvre ?

GdG. — Mais non ! Il a été stupéfait ! Heureusement, nous avons découvert la supercherie et nous ne nous sommes pas laissé faire.

AP. — Comment un papier a-t-il pu être rendu public sans que ni Erhard, ni la délégation française, en aient eu connaissance ?

GdG. — C'est justement ça qui est incroyable ! D'autant plus que Hase a clamé à tous les échos que tout allait bien et qu'en quelque sorte, la France adoptait le point de vue allemand. Tout cela avant que les conversations soient terminées ! Alors qu'on avait constaté qu'on était en pleine divergence ! Tout cela est incroyable.

AP. — Hase est un garçon honnête. Il y a eu un malentendu.

« En Allemagne on se croirait sous la IVe »

GdG. — Erhard croyait que nous étions d'accord. Lui, il était d'accord pour tout ce qu'on voudrait. Il était incapable de dire un mot. Il a montré qu'il n'était pas à la hauteur de la situation. Il a fini par dire qu'il convoquerait dès le lendemain son Conseil des ministres, et qu'il tirerait tout cela au clair ; et qu'ensuite, il enverrait quelqu'un pour négocier à Paris après avoir arbitré lui-même ! Tout ça est décousu ! Les intrigues et les coups tordus se donnent libre cours en présence même de l'étranger. C'est affligeant. C'est pitoyable. C'est ça, le régime des partis. En Allemagne, on se croirait sous la IVe.

« Les Allemands sont considérablement affaiblis depuis qu'Adenauer n'est plus là. Erhard n'est pas un homme d'État. C'est un ludion. Il a trouvé plus habile de ménager celui-ci et celui-là. Finalement, il restera assis entre deux selles. (L'expression me paraît bizarre et je la note soigneusement. Mais la langue ne lui a pas fourché : c'est bien l'expression ancienne, et l'usage moderne a substitué la *chaise* à la *selle*, faute de se souvenir qu'en ancien français la selle est aussi un petit siège, un tabouret. Bizarre archaïsme ;

* Les élections doivent avoir lieu en septembre.

autant sa syntaxe est classique et simple, autant son vocabulaire ménage des surprises.

AP. — Les sociaux-démocrates seraient-ils mieux à même de gouverner ?

GdG. — Je me demande s'ils feraient beaucoup mieux. J'ai eu une conversation avec Erler. C'est un socialiste, un supranational ; bref, un mythomane. Brandt a l'air plus réaliste. Mais que pourra-t-il faire ? Peut-être sera-t-il ministre des Affaires étrangères, s'il y a un gouvernement de coalition, il en est sûrement capable... L'Allemagne, depuis qu'Adenauer a dû lâcher la rampe, est un État sans ressort, qui ne sait pas où il va.

(Ne pense-t-il pas : "C'est ce que deviendra la France quand j'aurai lâché la rampe" ?)

AP. — Croyez-vous à la possibilité d'un règlement financier le 30 juin ?

GdG. — Je pense que, finalement, on arrivera à quelque chose, car les Allemands ne tiennent pas plus que nous à ce que la Commission et l'Assemblée européenne mettent la main sur les crédits énormes qui seront dégagés par le budget agricole commun. Je pense que les Hollandais seront isolés. Mais l'arrière-pensée des Allemands est que l'on se contente de renouveler pendant un an l'actuel règlement financier. Évidemment, nous ne marcherons pas. Quant à la Commission, elle ne l'emportera pas en paradis ! Je lui réglerai son compte ! Hallstein, Marjolin * et Mansholt, c'est fini ! Je ne les renouvellerai pas ! »

Couve : « Il n'y a eu qu'à prendre acte de l'échec »

Conseil du 1er juillet 1965.

Le 30 juin est venu, a passé : sur l'Europe du Général, le soleil n'a pas brillé. Couve a bataillé à Bruxelles toute la nuit et arrive, les traits tirés, sans avoir fermé l'œil, en compagnie de Giscard et de Pisani.

« Nos propositions ont été mises en pièces. Elles n'ont été *acceptées par personne*.

« Le grand problème posé était de savoir si le règlement financier pour la politique agricole commune serait adopté, c'est-à-dire comment on affecterait les droits de douane prélevés sur les importations agricoles.

« Nous nous sommes mis d'accord pour que l'ensemble de la politique agricole commune soit définitivement achevé dans les deux ans. Mais le désaccord a éclaté sur les conséquences financières.

---

* Vice-président de la Commission.

« Allait-on prendre une décision pour une courte période (un ou deux ans) ou sur une période plus longue ? C'est sur ce point particulier qu'on a rompu. L'Italie ne voulait que deux ans.

« Il valait mieux une rupture sur un point où la position française est largement justifiée. Il n'y a eu qu'à prendre acte de l'échec.

« Une discussion confuse s'est alors engagée pour la suite des opérations. Tous nos partenaires ont parlé de la nécessité de poursuivre. Ils voulaient donner l'impression que les choses continuaient, qu'il n'y avait pas de drame, mais une simple difficulté de procédure.

« J'ai arrêté les frais très vite : la délégation française ne peut pas continuer cette discussion. Des engagements formels ont été pris. Ils ne sont pas tenus. Nous ne pouvons qu'en prendre acte.

« La Belgique a eu une conduite parfaite. Avec les Allemands, il n'y a pas eu de discussion fondamentale. Les Pays-Bas ont les mains liées par leur Parlement. Le Luxembourg est plein de bonne volonté. L'Italie a été le grand obstacle. Les représentants italiens parlent à tout propos, hors de propos. Leurs discours sont remis à la presse aussitôt après avoir été prononcés, ou même avant. Ils étaient décidés à ne pas aboutir. Fanfani, qui me succède aujourd'hui comme président semestriel, tenait évidemment à ce qu'on n'aboutisse pas sous ma présidence, pour que la sienne arrange tout.

« La Commission est la grande perdante. Elle a fait des propositions absurdes, qui n'ont été acceptées par personne. Elle est restée absente dans la suite de la discussion, en s'entêtant dans des positions qui n'avaient pas été retenues. Les "européens" professionnels ont été, par entêtement idéologique, l'obstacle majeur au progrès de l'Europe.

« Nous entrons dans une crise grave. Nous avons décidé de ne pas tenir la réunion des ministres de l'Agriculture prévue pour le 12 juillet.

Pisani (sombre, comme écrasé). — Je n'ai rien à dire.

Giscard (certainement affecté, mais très maître de lui). — Les questions financières n'ont pas fait l'objet d'une discussion sérieuse. Personne n'a critiqué les positions françaises.

« Nous arrêtons les frais, puisque frais il y a »

GdG. — La délégation française a fait ce qu'elle devait faire.

« La situation est éclaircie. (Il avait employé la même expression, lors du départ fracassant des cinq ministres MRP, le 15 mai 1962, sur le thème de la supranationalité.)

« C'est une affaire sérieuse et même grave. Ce que nous avons accepté, l'abaissement des droits de douane, le prix du blé, nous l'aurons fait. Sans aucune contrepartie. Eh bien, nous arrêtons les frais, puisque frais il y a. Et nous verrons bien. Si les autres viennent à résipiscence, nous aviserons.

« La situation politique est incertaine pour l'Allemagne, l'Italie, la Belgique et même la Hollande. (Il ne lui vient pas à l'idée de dire, à six mois de l'élection présidentielle : "et pour la France".)

« Enfin, ne nous occupons pas des autres.

« Sans aucun doute, il y a là-derrière une opération politique, imputable à divers éléments très engagés dans la chimère fédéraliste. Notamment, en ce qui concerne la politique française, une large fraction de l'opposition, autant dire la totalité sauf les communistes, est en liaison étroite avec ces milieux de la Commission et fomente les complots que l'on sait. (Cela confirme l'illégitimité de l'opposition, mais ne fait naître aucune incertitude électorale.)

« Nous procéderons par éclaircissements bilatéraux. Nous nous en tenons là. »

« La première conséquence, c'est qu'il n'y a plus de session, de réunion, de négociations à Bruxelles. Tout ça, c'est fini »

Après le Conseil.

AP : « On va me demander quelles vont être les conséquences, surtout les conséquences politiques.

GdG. — La première de ces conséquences, c'est qu'il n'y aura plus de session du Marché commun.

AP. — Jusqu'à nouvel ordre ?

GdG. — Aucune ne saurait être envisagée. C'est tout.

AP. — Aucune réunion du Conseil ?

GdG. — Aucune réunion, aucune négociation ne peut se tenir à Bruxelles.

AP. — Et si les cinq autres les tiennent sans nous ?

GdG. — S'ils les tiennent sans nous, alors ils violent le traité de Rome, mais ça n'a aucune signification pour nous. Ça ne nous engage pas. Une réunion pour rien. Ils n'ont qu'à la faire à Londres, s'ils veulent, au siège de l'UEO, ils y seront bien accueillis. Notre chaise restera vide, et toute réunion sera sans valeur. »

Il sait bien que ces réunions se tiendront : mais il est résolu à ce que, derrière le petit carton « France », la chaise France soit vide.

AP : « En réalité, nos cinq partenaires essaient depuis cette nuit de dédramatiser l'échec, alors que nous, nous le dramatisons.

GdG. — Ils se trompent de République. Ils n'ont jamais pu comprendre que nous n'étions pas Guy Mollet ou Félix Gaillard. Alors, ils s'apercevront une fois de plus que ça n'est pas vrai. Ce sont eux qui vont être les plus embêtés.

AP. — Seulement, le traité...

GdG. — Quant à cette Commission, elle doit disparaître. Je ne veux plus d'Hallstein. Je ne veux plus de Marjolin. Je ne veux plus de Mansholt. Je ne veux plus jamais avoir affaire à eux.

AP. — Mais Couve dit que Marjolin a été très bien.

GdG. — Tatata, c'est Marjolin qui anime une Fédération démocrate socialiste, pour le compte de Gaston Defferre. C'est ça qu'on appelle être très bien. Mais non, il faut nettoyer tout ça. En tout cas, je ne veux plus que le gouvernement français ait affaire à ces types-là. Ça, c'est fini pour de bon.

AP. — Mais, en fonction du traité, ils nc pourront être renouvelés qu'en 66.

GdG. — Bah ! Ce n'est pas pressé. En tout cas, nous n'aurons plus affaire à eux.

« *Tout ça c'est une écume dont il faut se débarrasser* »

« Le problème, c'est toute cette maffia de supranationalistes, qu'ils soient commissaires, parlementaires ou fonctionnaires. Ce sont tous des ennemis. Ils ont été mis là par nos ennemis. Le copinage socialiste, avec quelques otages MRP, quelques copains à Félix Gaillard et à Maurice Faure. Alors, ils passent leur temps à créer un état d'esprit hostile à la France. Comme ils l'ont fait partout. C'est la même engeance qui a retardé de deux ans les négociations avec le FLN pour l'Algérie *. C'est la même catégorie, non seulement apatride, mais anti-patrie, qui est la sécrétion ignoble des partis. C'était la clientèle des partis. Un garçon qui ne réussissait pas à son concours, on le mettait là. Les fils à papa, on les mettait là. On les mettait soit à la RTF, soit à Bruxelles. Et c'est pourquoi il faut nettoyer tout ça.

AP. — Ce n'est pas commode à nettoyer.

GdG. — Mais si ! Il n'y a qu'à en nommer d'autres.

AP. — Les autres nous échapperont, ils sont supranationaux.

GdG. — Mais non, ils ne sont pas supranationaux pour toute leur vie ! Ils sont là pour un certain temps. Et à partir du moment où ce temps est écoulé, il n'y a pas besoin de les reconduire, ce qu'on fait toujours. Tout ça, c'est une écume dont il faut se débarrasser. D'ailleurs, c'est la même chose à l'ORTF. »

Il n'oublie jamais de me rappeler que moi aussi, j'ai en charge ce qu'il regarde comme des écuries d'Augias : le statut et le sigle ont changé, mais les écuries n'ont toujours pas été lavées à grande eau.

---

* Il développera cette accusation le 27 octobre 1965 (voir *supra*, p. 194).

Chapitre 15

« IL FAUT PROFITER DE CETTE CRISE POUR EN FINIR AVEC LES ARRIÈRE-PENSÉES POLITIQUES »

Au Conseil du 7 juillet 1965, Couve : « Nos partenaires ont eu tendance à minimiser : une crise de plus après beaucoup d'autres, on peut reprendre la négociation.

GdG. — Ils n'avaient pas cru que nous prendrions les choses de la manière dont nous les avions pourtant bien prévenus. Les engagements pris n'ont pas été tenus. Il faut tirer les conséquences de cette carence.

Couve. — Nous décidons la mise en veilleuse du Marché commun aussi longtemps que la situation n'est pas éclaircie. (En avril *, le Général m'avait déjà annoncé une “mise en sommeil”.) Nous ne participerons plus qu'à un petit nombre de réunions de gestion courante, pour l'application de l'union douanière déjà réalisée. Nos partenaires, du reste, ne s'attendent pas à ce que nous mettions nos actes en conformité avec nos paroles.

« La règle de la majorité : il faut réviser cette stupidité »

GdG. — Il faut profiter de cette crise pour en finir avec les arrière-pensées politiques. Il n'est pas imaginable que, le 1er janvier 1966, notre économie soit soumise à une règle de la majorité qui nous imposera la volonté de nos partenaires, dont on a vu qu'ils pouvaient se coaliser contre nous. Il faudra profiter de l'occasion pour réviser les fausses conceptions qui nous exposaient à subir le diktat des autres. Révisons cette stupidité ! Quant à la Commission, elle a fait preuve d'une partialité qui n'est pas conforme à sa mission ni aux convenances. Il faut qu'elle soit intégralement remplacée par une autre.

« Ce qui a été acquis, l'abaissement des droits de douane accepté en 1962, nous ne revenons pas dessus pour le moment. Il y a des dispositions mécaniques, notamment en matière agricole, que nous acceptons de laisser jouer. Ce dont nous nous retirons, c'est de toute réunion nouvelle portant sur l'avenir. Pour les réunions monétaires internationales, on peut attendre quelque peu. Quant aux réunions de ministres, il est très bon qu'on les ait suspendues, c'est une grosse perte de temps. Enfin, je me suis aperçu à cette occasion, de l'énorme masse de réunions d'experts. On discute sur le calibrage des œufs,

* Cf. *supra*, p. 282.

cela dure des jours et des jours, cela ne sert à rien. On leur verse des indemnités... Et pendant ce temps-là, ils ne font pas leur travail.

« Ne serait-ce que pour en finir avec ces pratiques, la crise actuelle aurait son utilité.

« On ne pourra pas nous faire chanter dans des conditions inadmissibles. Cela va durer jusqu'à la fin de l'année. Puis, nous verrons.

« Désormais, il faut faire sérieusement les choses sérieuses, si tant est que ça soit possible.

« Nous ne l'emporterons pas tout de suite, parce que nous voulons l'emporter complètement »

Pompidou. — Nous sommes dans une phase où il ne faut pas dire que le Marché commun fonctionnera, puisque cela nous mettrait dans une mauvaise position vis-à-vis de nos partenaires. Ni qu'il ne fonctionnera pas, car cela affole nos agriculteurs. Moins on en dit, mieux cela va. Il vaut mieux s'abstenir de toute déclaration.

GdG. — Je suis tout à fait d'accord. Que nos partenaires s'interrogent ! Il faut les plonger dans l'épouvante. »

Salon doré, 13 juillet 1965, le Général m'apostrophe :

« La dernière fois, vous avez laissé entendre que ça allait s'arranger. Il ne faut pas donner ce ton-là ! Il faut, au contraire, angoisser tout le monde. C'est la meilleure manière de réduire nos adversaires. S'ils n'ont pas peur, s'ils se figurent que ça va s'arranger comme ça, comme d'habitude, entre eux, c'est-à-dire dans des cotes mal taillées, alors c'est pas ça du tout !

AP. — Le 1er juillet, j'avais été fracassant, j'avais annoncé que la France ne participerait plus à aucune réunion. Le 7, vous m'aviez donné comme consigne de me draper dans le silence.

GdG. — Oui.

AP. — Alors, je me suis fait évasif. Du fait que je n'ai pas répété mes propos fracassants, ils ont conclu que nous devenions plus mous.

GdG. — Bon. D'ailleurs, pour le moment, il n'y a absolument rien de nouveau. De toute façon, ça va durer longtemps.

« En réalité, nous l'emporterons, n'est-ce pas ? Cependant, nous ne l'emporterons pas tout de suite, parce que nous voulons l'emporter complètement. Si nous voulions faire tout de suite un compromis ou plus exactement faire adopter le règlement financier le 26 juillet, ce serait fait, vous pensez bien. Seulement, il resterait toutes sortes d'hypothèques, que nous voulons éliminer à cette occasion.

AP. — Pensez-vous aller jusqu'à la révision du traité ?

GdG. — D'abord, je ne vois pas pourquoi on ne réviserait pas le traité. Si les Anglais entraient dans le Marché commun, on le réviserait tout de suite, du moins nos cinq partenaires y seraient tout disposés. Alors, pourquoi serait-il intangible pour nous, alors qu'il ne l'est pas pour l'Angleterre ? Ensuite, il est possible qu'on laisse les textes dormir, mais qu'on fasse un protocole, comme on fait pour les traités qu'on ne veut pas appliquer. C'est très facile. »

« Ce qu'il faut liquider, c'est l'histoire du vote majoritaire »

Salon doré, 21 juillet 1965.

AP : « Vous ne pensez pas que les entretiens bilatéraux avec Luns *, Spaak, etc. peuvent faire avancer les choses ?

GdG. — Non. Ma résolution est absolument prise. Je suis décidé à ne fixer aucune entrevue jusqu'à la fin de l'année. Ceci dit entre nous, à la fin de l'année, on les ramassera à la cuillère. Nous obtiendrons : que la Commission soit totalement liquidée ; qu'on s'engage à ne plus parler de supranationalité et notamment de vote à la majorité ; et qu'enfin, nos partenaires acceptent le règlement financier tel que nous l'envisagions.

(Ça, c'est pour moi, et c'est pour plus tard. Mais je n'arrive pas à écarter l'idée que le 26 juillet, dans cinq jours, les Cinq peuvent retourner la situation psychologique. Je le pousse sur ce scénario.)

AP. — Jusqu'à maintenant, l'opinion, en France, a compris notre position, nos partenaires étant défaillants. Mais, supposons qu'ils nous donnent leur accord pour le règlement financier qu'ils avaient refusé le 30 juin. Si nous disons : “Ça ne nous intéresse plus, car nous voulons liquider la supranationalité”, notre position sera moins bonne.

GdG. — Non. Nous voulons que la question soit tranchée réellement. Or, le vote à la majorité permet de revenir dessus. C'est bien ce sur quoi comptent toutes les ficelles genre Schröder ou Erhard. Ils se disent : “Même si on fait semblant de mettre les pouces pour le règlement financier, nous nous arrangerons pour revenir dessus l'an prochain, avec le vote à la majorité.” Et la France ne pourrait rien dire.

« Ce qu'il faut liquider par-dessus tout, c'est ce vote à la majorité. La France ne peut pas accepter qu'il puisse tout remettre en cause. »

Conseil du 28 juillet 1965.

Les cinq ministres des Affaires étrangères se sont réunis à Bruxelles — sans Couve. Ils ont fait un geste pour se rapprocher de la position française, en acceptant les propositions financières

* Ministre des Affaires étrangères des Pays-Bas.

présentées par Giscard en juin. Mais ils n'ont pas réussi à créer un fait nouveau.

GdG : « Ces réunions, ça suffit comme ça. Il faut faire comprendre à nos partenaires que ce serait désobligeant que leurs conciliabules recommencent sans nous. Il n'y a pas de Communauté sans la France. »

« On garde un silence effrayant »

Salon doré, après le Conseil.

AP : « Je dis quelque chose, à propos du Marché commun ?

GdG. — Non. On garde un silence effrayant.

AP. — Je serai questionné sur la réunion des Cinq.

GdG. — Nous n'y étions pas. Ça ne nous regarde pas.

AP. — Au fond, vous souhaitez, à l'occasion de cette crise, rattraper ce que vous aviez tenté de faire en 61, avec le plan Fouchet, en proposant une coopération européenne organisée en dehors de la Commission de Bruxelles.

GdG. — Oui. Une coopération organisée qui, dans mon esprit, devait coiffer Bruxelles, et par conséquent, empêcher qu'il y ait jamais de décisions économiques importantes sans l'assentiment obligatoire de la France. C'est d'ailleurs une des raisons pour lesquelles les autres l'ont refusée.

AP. — La Commission avait peur d'être dépossédée de ses pouvoirs.

GdG. — Naturellement. Parce qu'il était entendu que la réunion des chefs d'État et de gouvernement se saisissait des affaires économiques comme des autres, et que le pouvoir échappait à la technocratie de Bruxelles pour revenir aux gouvernements.

« À partir de ce moment-là, on entrerait dans la lune »

AP. — Pour sortir de la crise, tout dépendra de l'Allemagne ?

GdG. — Ne nous faisons pas d'illusions. Pour le moment, l'Europe, on ne peut pas la rebâtir à neuf, comme j'avais essayé de le faire avec Adenauer. À cause des Allemands et de ce qu'ils sont devenus. Ils vont rendre la coopération politique de plus en plus difficile. Ils aspirent à l'arme atomique ; ils n'en font presque plus mystère. Ils aspirent à la réunification ; ils ne le cachent plus. Ils n'ont pas renoncé à leurs frontières à l'Est ; ils ne le cachent pas davantage. Trois convoitises, dont chacune pourrait être examinée s'il n'y avait pas les deux autres, mais qui, si elles sont rassemblées, sont incompatibles avec notre politique. Donc, la coopération politique avec l'Allemagne devient de plus en plus difficile.

« Alors, des malins comme Erhard essaient de maintenir un

climat doucereux jusqu'aux élections *, parce que ça ne ferait pas bien en Allemagne, si on disait que Bonn se séparait de Paris.

AP. — Mais votre conférence de presse de l'été interviendra avant les élections. Ça peut influer sur elles.

GdG. — Peut-être. C'est pas certain. Il n'y a guère de différence, sur la question du Marché commun, entre les CDU et les socialistes allemands dans leur façon de nous invectiver. Ça changerait si je disais que la coopération franco-allemande devient de plus en plus difficile, si je déplorais la manière dont Erhard l'a pratiquée, la façon dont Schröder se comporte, etc. Mais je ne le ferai pas.

AP. — Si vous voulez poser tous les problèmes en même temps, l'agriculture, l'avenir du Marché commun, la construction politique, la défense, la Force multilatérale, la coopération franco-allemande, etc., ça va être une formidable bagarre. On ne réglera jamais tout ça d'ici à la fin de l'année.

GdG. — Ce que je veux régler est très simple. À la faveur de la crise agricole, je veux écarter la disposition, qui est dans le traité de Rome, en vertu de laquelle, pas plus tard que le 1er janvier prochain, les décisions sont prises à la majorité. Bien plus ; les propositions de la Commission, si elles ne sont pas repoussées à l'unanimité, s'imposent ! À partir de ce moment-là, on entrerait dans la lune. C'est impossible ! Nous ne pouvons pas admettre ça ! Comment un gouvernement français a-t-il pu l'admettre ? »

« Nous ne voulons pas que notre destin soit fixé par des étrangers »

« C'est pourquoi nous ne voulons pas que les décisions essentielles qui nous concernent soient prises par les autres, que notre destin nous soit imposé par des étrangers.

AP. — Alors, c'est une chance que nos partenaires n'aient pas accepté nos propositions financières ? Ils sont tombés dans un piège ?

GdG. — Piège, non. On ne leur a pas tendu de piège. Ils se le sont tendu à eux-mêmes. Mais cette fois, ils sont tous apparus de connivence, ils se sont tous entendus pour ça, obtenir la supranationalité, c'est-à-dire le fait que nous soyons à leur merci. Pour nous, c'est un prétexte inespéré. Nous allons nous en emparer pour leur dire : "Nous nous sommes aperçus que nous pouvions être victimes d'une coalition, ce que nous n'acceptons pas. Par conséquent, il faut modifier cette disposition, ou bien nous ne continuons pas."

« Ils se sont imaginé que nous allions admettre la chose explicitement, alors qu'elle ne figure qu'implicitement dans le traité de Rome. Ils ont cru que nous allions accepter les pouvoirs extrava-

* Les élections au Bundestag auront lieu le 18 septembre.

gants de la Commission, et le budget fédéral, tellement nous désirions que le règlement financier agricole soit adopté. Ils ont cru nous attraper comme ça, et que nous aurions peur des paysans, ou de la prochaine élection, ou de je ne sais quoi — des histoires de la IVe.

« Vous n'avez qu'à voir ceux qui jaspinent dans les follicules, tout ce joli monde, ils l'ont très bien compris.

« Je ne peux pas discuter avec Hallstein ni avec Mansholt surtout après ce qu'ils ont dit.
— Qu'on n'avait rien vu de tel depuis Hitler »

AP. — Et pour la Commission qui doit être renouvelée en janvier. Vous n'accepterez pas de traiter avec l'ancienne ?

GdG. — Bien entendu ! Je ne peux pas discuter avec Hallstein ni avec Mansholt. Ce n'est pas possible. Surtout après ce qu'ils ont dit.

AP. — Qu'on n'avait rien vu de tel depuis Hitler.

(Le Général n'a pas voulu répéter lui-même une pareille insulte, comme si la répéter, c'était déjà l'admettre.)

GdG (l'air méchant). — Mais non ! »

Je crois qu'il m'en a voulu d'avoir formulé l'injure, ce qui revenait à la renouveler. Il reprend : « Ils se sont disqualifiés en tant que hauts fonctionnaires neutres, ce qu'ils prétendent être. » Puis, il répète, comme Caton son *Delenda est Carthago* * : « Il faut réviser le traité de Rome et renvoyer cette Commission. »

* « Il faut détruire Carthage. »

Chapitre 16

« FAIRE PERDRE SON INDÉPENDANCE À LA FRANCE, CE N'EST PAS DANS LA VOCATION DE DE GAULLE »

Salon doré, 8 septembre 1965.

AP : « Les porte-parole des agriculteurs déclarent que vous auriez déclenché la crise, non pour défendre l'agriculture, mais pour mettre sur le tapis un problème politique nouveau, celui du vote à la majorité, qui leur est étranger, et qui bloque la solution du problème agricole. Ce malentendu devrait être dissipé.

« C'est à la force du poignet que j'ai obligé nos partenaires à accepter l'agriculture dans le Marché commun »

GdG. — Je ne suis pas responsable devant les notables de la paysannerie. Je suis responsable devant la France. Je ne traite que les affaires de la France, y compris les agriculteurs, qui en font pleinement partie. C'est par la force du poignet que j'ai obligé nos partenaires à accepter l'agriculture dans le Marché commun ; tout au moins en principe. Si jamais ça se réalise à la fin des fins, c'est seulement parce que je l'aurai voulu, puisque ça consiste pour nos partenaires à payer beaucoup plus cher leur alimentation et à verser des prélèvements qui reviennent surtout en subventions à notre agriculture.

AP. — La profession agricole devrait pouvoir comprendre qu'en vous protégeant contre le vote à la majorité, c'est toujours elle que vous défendez.

GdG. — Elle ne le comprendra probablement pas, parce que les gens de mauvaise foi ne comprennent jamais. Les professionnels de la représentation agricole, ce sont des démagogues, qui se foutent pas mal de l'intérêt général. Mais la France le comprendra. Et c'est la seule chose dont je me soucie, la France.

AP. — Depuis que la Commission Hallstein s'est ralliée aux propositions françaises sur le règlement financier, les représentants agricoles ne comprennent pas pourquoi nous ne nous entendons pas avec elle.

GdG. — Seulement, ce sont nos partenaires qui ne s'y rallient pas ! L'Italie nous a envoyés faire foutre. Les Allemands nous ont lâchés. Quant aux Hollandais et autres, ils disent : “Nous voulons bien, mais à condition que tout puisse être remis en question à partir du 1er janvier prochain, lorsque tout sera décidé à la majorité.” Alors, il est clair qu'il y a des clauses du traité qui ne doivent pas être appliquées. Nous n'acceptons pas de nous faire imposer des décisions contraires à nos intérêts primordiaux. »

« C'est le même processus que la décolonisation, mais en sens inverse »

Salon doré, 15 septembre 1965.

GdG : « Le vote à la majorité, voyez-vous, c'est le même processus que la décolonisation, mais en sens inverse. Quand nous donnons l'indépendance à la Côte d'Ivoire ou à l'Algérie, leur destin nous échappe ; elles deviennent pleinement responsables d'elles-mêmes ; nous cessons de l'être à leur place. Elles peuvent prendre des décisions qui ne nous plaisent pas, ou qui ne nous plaisent qu'à moitié. Tant pis, c'est leur affaire.

« Mais dans le traité de Rome, c'est l'inverse. Si nous passons, sans faire de réserve, à cette troisième phase, ça veut dire que les autres décideront à notre place, que nous cesserons d'être souverains, que nous perdrons notre indépendance. Par exemple, dans le domaine de l'agriculture ou de l'armement atomique, nous savons que notre cas est différent de celui des autres ; donc, nous serions en minorité, nous serions dominés, nos partenaires nous imposeraient leur volonté, pour un point que nous considérons comme essentiel.

« Donc, nous ne pouvons pas accepter de passer à la troisième étape, telle qu'elle est prévue dans le traité. Je ne serai pas l'homme qui aura accordé leur indépendance à nos colonies, et fait perdre son indépendance à la France ! Donner leur indépendance à nos colonies après les avoir hissées à peu près au niveau des temps modernes, c'était digne de la France, c'était conforme à sa vocation, c'était conforme à sa grandeur. Mais faire perdre son indépendance à la France, ce n'est pas compatible avec sa grandeur, ce n'est pas dans la vocation de De Gaulle.

« Ils vont tous finir par capituler »

AP. — Cette élimination du vote à la majorité, vous ne la prévoyez pas avant longtemps ?

GdG. — À mon avis, ils vont finir par capituler, tout en essayant de sauver la face. En tout cas, nous ne retournerons pas occuper notre chaise à Bruxelles après le 1er janvier, tant qu'on n'aura pas trouvé une formule restituant le droit de veto pour une question essentielle.

(Et il veut faire croire aux Français qu'il n'a pas encore pris sa décision pour l'élection de décembre !)

AP. — Vous croyez qu'ils accepteront une révision du traité ?

GdG. — On ne sera peut-être pas obligé de faire une révision du traité, avec signatures, ratifications et tout le saint-frusquin. Le mieux, ce serait un simple accord formel, comme d'ailleurs on en avait fait un à la demande des Allemands quand on a fixé le prix du blé d'après le projet Mansholt ; les Allemands avaient déclaré qu'ils n'accepteraient pas qu'on y revienne une fois que la règle de la majorité serait en vigueur. Et les autres avaient dit OK.

AP. — C'est un bon précédent, ça.

GdG. — C'est l'enfance de l'art.

(Manifestement, il a creusé la question et trouvé le biais.)

AP. — On peut toujours faire des déclarations interprétatives.

GdG. — Les Luns, ou Hallstein, ou Schröder, ou Fanfani, enfin les "européens", comme ils disent, piquaient une lèche (tiens, comme Churchill à Roosevelt *) à l'assemblée de Strasbourg. Ils voulaient augmenter les pouvoirs de cette assemblée, en même temps qu'elle serait élue au suffrage universel direct. C'est dans cet esprit qu'ils avaient fait le traité de Rome, en particulier la règle de la majorité, et la disposition qui fait que les États membres ne pouvaient amender qu'à l'unanimité les propositions de la Commission. Car tout ça était combiné pour couillonner les gouvernements. Tout ça a été fait par des parlementaires professionnels. Et puis ils lorgneront sur cette assemblée, parce que, s'ils se font battre à leur élection nationale, ils arriveront toujours à se raccrocher à ces élections-là. C'est là-dessus qu'ils vont se battre et qu'il faudra qu'ils se rendent.

« Ils espèrent que je serai remplacé par quelqu'un de plus coulant »

AP. — Mais le gouvernement allemand, après les élections de cette semaine, risque d'être encore davantage dans la main des parlementaires qu'il ne l'était avant.

GdG. — C'est possible. Mais comme, finalement, les Allemands ne peuvent pas supporter une situation dans laquelle il n'y aurait plus de Marché commun, ils finiront par reculer. Ils sont maintenant placés devant leurs problèmes. Ils voient que l'Est se rapproche de nous. Ils sont *encerclés.* (Le vocabulaire du colonel de chars lui revient.) Et ils ne peuvent pas supporter, ni même imaginer, que nous les larguions et que nous leur disions : "Allez vous faire foutre !" Le prochain Chancelier, que ce soit Brandt, ou Erhard, ou Schröder, à peine sera-t-il installé, qu'il viendra à Paris pour arranger les choses.

AP (pensant à *notre* élection). — Seulement, cette conversation ne pourra pas se nouer avant décembre. Ce qui serait ennuyeux, c'est qu'en attendant, les paysans bougent contre nous.

---

* Voir *supra*, p. 53.

GdG. — Qu'est-ce que ça veut dire : " que les paysans bougent " ? Il y a 9 millions de Français qui vivent de la terre et là-dessus, 9 000 qui font des manifestations. Un sur mille, autant dire rien. Et encore, toujours les mêmes. Tout ça, c'est pour les journaux.

AP. — Maurice Schumann annonce que Spaak va prendre des initiatives pour le déblocage du Marché commun.

GdG. — Après l'élection présidentielle en France, il y aura des initiatives de toutes parts. Ils attendent l'élection. Ils espèrent que je serai remplacé par quelqu'un de plus coulant. Je reconnais que ce n'est pas difficile à trouver. »

« Ce qu'on raconte n'a aucune importance. Ce qui compte, c'est ce qu'on fait »

Salon doré, 29 septembre 1965.

GdG : « Il y a une chose importante : nous avons interrompu les négociations de Bruxelles. Voilà. Ça, c'est un fait (il tape sur la table du plat de la main). Il n'y a ensuite qu'une chose importante, c'est quand nous reprendrons ces négociations, si c'est le cas. Ce qu'on raconte n'a aucune importance (son poignet s'abat sur la table). Ce qui compte, c'est ce qu'on fait.

AP. — Encore faut-il pouvoir le faire, et ça dépend du climat qui se crée, de ce que les gens disent…

GdG. — Quand on n'agit pas, il n'y a pas de climat. Quand on agit, quand on explique ce qu'on fait, le climat, automatiquement (il tape encore sur la table), s'adapte à la nouvelle situation.

« Pour le moment, agir, c'est laisser la chaise vide, c'est plonger les partenaires dans l'angoisse. »

Chapitre 17

« LES ALLEMANDS AVAIENT ÉTÉ MON GRAND ESPOIR, ILS SONT MON GRAND DÉSAPPOINTEMENT »

Salon doré, 15 septembre 1965.

AP : « Les Allemands ont très mal pris ce qu'a dit Cyrankiewicz * sur le caractère définitif de la ligne Oder-Neisse, après son entretien avec vous.

GdG. — Je sais. Mais ils ne retrouveront jamais les pays au-delà de l'Oder-Neisse. Alors, ils feraient beaucoup mieux d'en prendre leur parti et de nous foutre la paix. Ils se battent contre des moulins à vent. Il n'y a aucune espèce de chance qu'ils rattrapent jamais ces territoires. Nous-mêmes, nous ne nous soucions pas du tout de voir les Allemands recommencer à partager la Pologne avec les Russes. Alors, les Allemands s'indignent pour avoir les voix des réfugiés. Ce sont des démagogues ! C'est comme si nous, pour avoir les voix des rapatriés, nous passions notre temps à dire qu'on pourrait reconquérir l'Algérie... Ces politiciens allemands sont des pauvres types.

AP. — Leur argument, c'est que ça ne sert à rien d'abandonner cette carte avant la future conférence de paix.

GdG. — Ce n'est pas eux qui l'ont, cette carte ! Ce sont les Russes.

AP. — Les réactions des Allemands ont été beaucoup plus vives à ce discours de Cyrankiewicz qu'à votre conférence de presse ** qui a dit la même chose.

GdG. — C'est électoral. Ils sont tombés à bras raccourcis sur le Polonais, à cause des réfugiés de l'Est, qui forment un paquet d'électeurs considérable. En revanche, ils avaient intérêt à me ménager. »

« Erhard, je voudrais bien qu'il devienne plus sûr de lui »

Au Conseil du 22 septembre 1965, Couve : « Les élections allemandes n'ont pas donné les résultats prévus : les deux partis à égalité. C'est un très net succès pour la CDU et pour Erhard. »

---

* Chef du gouvernement polonais. Il avait déclaré : « Notre frontière a été fixée à Potsdam par un accord avec la RDA, elle est défendue par notre alliance avec l'URSS. Elle est aussi approuvée par la France. » Ces propos ont irrité à Bonn tant le gouvernement fédéral que l'opposition parlementaire.

** La conférence de presse du 9 septembre 1965.

Après le Conseil.

AP : « Allez-vous féliciter Erhard d'avoir gagné ces élections ?

GdG. — Mais non ! Je ne peux pas complimenter un parti d'être vainqueur d'un autre parti ! J'attends qu'Erhard soit désigné comme Chancelier.

AP. — Ne craignez-vous pas que cette remontée de la CDU ne le rende très sûr de lui ?

GdG. — Je voudrais bien qu'il devienne plus sûr de lui vis-à-vis de ses ministres, qu'il prenne plus d'autorité sur eux, qu'il soit capable de diriger son gouvernement et son pays. Je voudrais bien aussi qu'il devienne plus sûr de lui vis-à-vis des Américains, qu'il s'arrache à sa dépendance à leur égard.

« Le succès de la CDU signifie que l'Allemagne est satisfaite de sa prospérité. Erhard sera plus atlantiste que jamais. » (Rire.)

« Nous ne pouvons plus avoir une politique commune avec l'Allemagne »

Salon doré, 13 octobre 1965.

AP : « Les journalistes sont très impressionnés par la visite que Couve va faire à Moscou ; certains, même, lui donnent un sens électoral et vous prêtent l'idée d'empêcher que les communistes soutiennent Mitterrand *.

GdG. — C'est stupide. Ça avait été décidé au moment de la venue de Gromyko à Paris **. Il lui rend tout simplement sa visite. Seulement, c'est important pour le développement de nos relations avec l'Union soviétique.

AP. — Ça ne va pas faire plaisir aux Allemands.

GdG. — Ce n'est pas fait pour leur faire plaisir. Mais les Allemands ont pris maintenant une position de dissidence par rapport à notre traité de coopération et d'amitié. Nous ne pouvons pas les en empêcher.

« L'Allemagne suit sa voie, et ce n'est pas la nôtre. Elle cherche la réunification à tout prix, et sans délai ; elle ne l'aura pas tant que les Soviets tiendront debout. Elle est prête à reposer la question des frontières au-delà de l'Oder-Neisse ; elle se heurtera à tout le monde. Elle veut avoir une participation atomique ; finalement, elle ne l'aura pas. Et elle aura provoqué tout le monde avec ça. Nous ne pouvons pas l'accompagner dans cette série de provocations. Alors, nous ne pouvons plus avoir une politique commune avec elle.

« Par ces prétentions, elle fait trembler tous les peuples qui ont gardé le souvenir de ce qu'elle leur a fait il y a vingt ans, et qui se soudent aussitôt avec nous, derrière nous. Elle met en boule, natu-

* Le Général n'annoncera sa candidature que le 4 novembre.

** La visite du ministre des Affaires étrangères d'URSS a eu lieu en avril 1965.

rellement, d'abord, tout l'Est, tout ce qui est Polonais, Russe ou Tchèque. Et puis, elle nous inquiète aussi. Et même, elle ne fait pas plaisir aux Anglais.

« Adenauer a empoché tout ce qu'il pouvait, mais il n'a pas dépassé la limite »

« C'est pourquoi nous n'avons pas à épouser les querelles des Allemands ; d'autant plus que nous savons ce qu'ils ont été.

« La politique d'Adenauer, c'était, sans le dire, de reconnaître que l'Allemagne n'avait que ce qu'elle avait mérité. Et par conséquent, de ne pas prétendre remettre en cause ce que lui avait coûté sa défaite. Adenauer n'allait jamais à Berlin. Il ne criaillait pas sur les frontières. Il ne piaillait pas sur la réunification, dont il se souciait fort peu ; d'autant plus qu'il ne voulait pas voir l'Allemagne gouvernée par les Prussiens. Enfin, il avait toutes sortes d'affinités avec nous pour le destin de l'Allemagne. Mais la bande Schröder, Erhard, etc., ce n'est plus la même chose.

AP. — L'ennui, c'est qu'il ne compte plus, Adenauer.

GdG. — Il n'y a plus d'Adenauer. C'est pour ça que je vous dis que l'Allemagne a changé de direction et que dans la direction qu'elle a prise, nous ne l'accompagnerons pas.

« Adenauer a tiré de sa politique tout ce qu'on pouvait imaginer d'avantages pour l'Allemagne. D'abord, il a fait rendre l'Allemagne acceptable, il l'a fait réadmettre par nous, par le monde. Il l'a fait admettre dans l'Alliance atlantique. Il lui a fait rendre son charbon, son acier. Il lui a fait rendre une armée. Il lui a fait obtenir le traité de Rome. Il a empoché tout ce qu'il pouvait. Mais il n'a pas dépassé la limite. La limite, c'était de vouloir en revenir à l'Allemagne telle qu'elle était du temps d'Hitler. Alors, ça, c'est ce qu'Erhard, Schröder et la bande ont voulu inconsciemment, sans même se rendre compte qu'ils franchissaient une frontière. »

Un silence, puis il reprend : « À partir du moment où les autres avaient arraché à Adenauer la promesse de s'en aller à une certaine date, il ne tenait plus rien. À partir du moment où on annonce qu'on s'en va, on ne gouverne plus. »

> Le propos ne manque pas de sel, à vingt jours de la date où le Général va annoncer s'il se retire…

« Les ministres allemands n'en feront chacun qu'à leur tête »

Au Conseil du 20 octobre 1965, Couve : « Le deuxième gouvernement Erhard est né. L'autorité d'Erhard est diminuée à la suite des pénibles consultations auxquelles il a procédé. »

Après le Conseil.

AP : « Erhard était le grand vainqueur : c'est déjà fini ?

GdG. — Oui, après ses élections, il disposait de la légitimité populaire. Mais tous ses conciliabules la lui ont fait perdre. Il s'est soumis aux politiciens de son parti.

AP. — Ses difficultés font penser à la IVe.

GdG. — Oui. Seulement, les Allemands ont pour eux une Constitution qui facilite les choses au gouvernement, puisqu'on ne peut pas le renverser, à moins qu'on ait trouvé une majorité contraire. Mais ils ne la trouveront pas. Si bien qu'Erhard gouvernera quand même. Seulement, ses propres ministres n'en feront chacun qu'à leur tête, comme nous l'avons constaté la dernière fois que nous sommes allés à Bonn. Tout ça n'est pas encourageant. »

« Ils en sont là, ils se traînent aux pieds de la presse ! »

Salon doré, 10 novembre 1965.

AP : « Je suis allé à Bonn, à l'occasion de la rencontre de routine. Mon homologue allemand avait vivement insisté pour que je vienne ce jour-là, car c'était le bal de la presse, le *Presse-Ball*, où chaque année le Président de la République et le gouvernement allemand au grand complet sont présents continuellement jusqu'à deux heures du matin.

GdG. — Ils en sont là ! Ils se traînent aux pieds de la presse !

AP. — Ce bal était placé cette fois sous le signe de la France. Comme on avait fait de moi l'hôte d'honneur, de demi-heure en demi-heure, le chef du protocole venait me prendre et me conduire auprès d'un nouvel interlocuteur. J'ai eu ainsi une série de conversations avec le Président de la République, le Chancelier Erhard, le président du Bundestag et quelques-uns des principaux membres du gouvernement. Ces entretiens, qui se déroulaient par petites tables au milieu du brouhaha, m'ont laissé des impressions un peu déplaisantes. Mes interlocuteurs ont pris un ton aigre et revendicatif. Nullement au sujet du Marché commun — comme s'il ne les préoccupait plus. Mais au sujet de la réunification, des frontières, de l'armement atomique…

GdG. — Les Allemands ont vite oublié. On ne peut pas compter sur eux. Ils avaient été mon grand espoir. Ils sont mon grand désappointement. »

LES AUTRES

Chapitre 18

« LA GRANDE-BRETAGNE, CE N'EST PLUS GRAND-CHOSE »

Au Conseil du 31 juillet 1963, vient la question du choix entre le tunnel ou le viaduc pour traverser la Manche.

Pompidou : « Les experts concluent en faveur du tunnel ferroviaire. Demander une autre étude, ce serait enterrer le projet. Il y a le choix entre le tunnel et rien du tout.

GdG. — Il n'y a donc pas de choix.

Pompidou. — Je voudrais mettre en garde M. Jacquet * contre le *lobby* du chemin de fer autant que contre le *lobby* automobile. Le premier ne voudrait que des trains, le second préférerait le viaduc sans trains. La SNCF pousse pour un tunnel accessible seulement aux chemins de fer, ce qui aurait pour effet que les Anglais traverseraient la France sans s'arrêter. Il faut absolument qu'il y ait une cassure à l'arrivée, et donc que le train soit seulement un outil de transport pour les voitures.

Giscard. — Ce tunnel est d'un intérêt économique réduit, pour un coût considérable. Ce n'est pas une priorité.

Pompidou (à Giscard). — C'est la thèse obstinée de vos services que de ne rien faire. Mais le fait de lier l'Angleterre au continent est politiquement important. Vos services partent des statistiques actuelles. Ils ne peuvent déduire ce qui sera de ce qui est !

« Si le tunnel pouvait vraiment attacher l'Angleterre à l'Europe ! »

GdG. — Si on choisit le train, il n'y aura pas seulement les voitures sur train, il y aura les trains sans voitures. Ne préjugeons pas. Il faudra que le gouvernement se décide par lui-même — et non selon ce que lui dictera *Le Figaro* ou *Le Monde.* »

Le Général voit clair : si les voitures doivent prendre le train pour passer sous la Manche, comment empêcher que les trains n'y fassent aussi passer des voyageurs qui ne s'arrêteront pas ?

À l'issue du Conseil, le Général me dit : « Si le tunnel pouvait vraiment attacher l'Angleterre à l'Europe ! S'il pouvait la détacher des États-Unis ! »

---

* Ministre des transports.

Au Conseil du 18 septembre 1963, la Manche revient. Jacquet résume un rapport sur les avantages et inconvénients d'un tunnel ou d'un pont entre l'Angleterre et la France : le pont moins sûr, le tunnel plus coûteux.

Le Général conclut promptement : « Ce sera une des grandes affaires du siècle. Le gouvernement anglais, après des hésitations séculaires, admet aussi qu'il faut le faire. Mais il ne prendra pas sa décision avant de connaître les réactions du public. Ça veut dire se soumettre à des sondages. C'est bien aléatoire, ou bien hypocrite.

« Donc : 1) nous publions le rapport ; 2) nous prenons ce projet en considération ; 3) le ministre de l'Information laissera entendre que nous penchons vers le tunnel. »

Une grimace de Pompidou a marqué qu'il était marri de n'avoir pu s'exprimer. Contrairement aux règles, il prend la parole après le Général.

Pompidou : « Je souhaiterais que nous ne soyons *pas censés avoir opté*. Les routiers sont favorables au pont. Ils vont déclencher des campagnes désagréables. Pourquoi prendre ce risque ?

GdG (ironique). — "La vie du soldat en temps de guerre est une vie rude et parfois soumise à de réels dangers" *. En somme, vous voudriez que nous nous prêtions à l'hypocrisie anglo-saxonne. Mais ne coupons pas les cheveux en quatre ! Si nous estimons que c'est le tunnel qui doit être choisi, ce sera le tunnel, même si les routiers ne sont pas contents. Le tunnel ne les réduira pas à la misère. »

Le Général m'avait dit : « Le pont n'est pas pratique. Il passe dans le canal des quantités incroyables de bateaux dans le brouillard. Déjà, des navires avec des radars se cognent les uns dans les autres ; ils se cogneront sur les piles. Le tunnel représente la sécurité. Pour moi, c'est le tunnel ! Donc, ce sera le tunnel. » Pompidou, tout en pensant qu'on finira effectivement par le tunnel, refuse qu'on se mette en avant : pourquoi recevoir des coups sans nécessité ? L'audace téméraire de Don Quichotte et la prudence bonhomme de Sancho Pança : deux styles s'affirment — non sans tension, parfois.

Après le Conseil, le Général me dit : « Après tout, ce n'est pas exclu que le tunnel change la mentalité des Anglais et fasse d'eux des Européens. C'est possible que les Anglais prennent l'habitude de passer leurs vacances en France, de venir voir les expositions à Paris, etc., d'apprendre le français. Ça pourrait changer la donne. Mais l'Angleterre restera une île longtemps encore.

---

* Citation d'une célèbre phrase d'André Maurois, dans *Les Silences du colonel Bramble.*

Salon doré, 4 décembre 1963.

Kennedy assassiné le 22 novembre 1963, les États-Unis ont un passage à vide. Est-ce une occasion que l'Angleterre peut saisir ?

AP : « Croyez-vous que Home * cherchera à prendre la relève de Kennedy pour la détente Est-Ouest ?

GdG. — Il n'y a pas de détente Est-Ouest. Tout ça n'est que faux-semblants. La détente n'existe pas. Les Russes veulent dominer, veulent faire progresser leur système et leur idéologie. Ils profiteront de toutes les faiblesses de l'Occident pour marquer des points. Ils font alterner le sourire et la menace. La menace réveille les endormis, le sourire les rendort. La détente, c'est de la rigolade. Si Home veut se mêler à cette rigolade, c'est son affaire. Ça ne m'intéresse pas.

AP. — Pensez-vous que Home ait un rôle important à jouer, ou que c'est un personnage de transition destiné à disparaître vite ?

GdG. — Ça dépendra des élections. Mais qu'il disparaisse ou pas, peu importe. La Grande-Bretagne, ce n'est plus grand-chose. En tout cas, pour le moment. Comme si elle était vidée par l'effort gigantesque qu'elle a dû fournir quand elle était seule face à l'Europe d'Hitler. Oh, certes, il y a toujours des apparences. Il y a encore des habitudes. Il y a la communauté de langue avec les Américains. Il y a les traditions royales, les institutions anglaises. Mais tout ça, pour l'heure, ne compte guère. Macmillan était flageolant et Home le sera tout autant.

AP. — Si les travaillistes remportaient une grande victoire, ils pourraient reprendre l'initiative, mener une politique à eux ?

GdG. — Pourquoi voulez-vous ? Les travaillistes en Angleterre seront comme les socialistes ailleurs. Ils feront de la démagogie. Ils videront les caisses et ils descendront la pente. (Rire.)

AP. — Croyez-vous qu'ils abandonneront la force de frappe anglaise ?

GdG. — Non. Ils se sont engagés publiquement à la conserver. Mais Macmillan, depuis les Bahamas, a pratiquement renoncé à en garder la disposition. Et ils lui enlèveront toute efficacité de dissuasion, puisqu'ils feront du pacifisme bêlant, comme les socialistes de tous les pays. » (Rire.)

---

* Macmillan ayant démissionné, Sir Alec Douglas Home a été nommé Premier ministre le 19 octobre, trois jours avant l'attentat de Dallas. La majorité appartient toujours au parti conservateur. Les élections auront lieu un an plus tard, en octobre 1964, et elles seront remportées par les travaillistes (qui avaient quitté le pouvoir en 1951).

Salon doré, 14 février 1964.

J'interroge le Général sur ce qu'Erhard lui a dit de ses entretiens à Londres :

GdG : « Il a découvert l'Amérique... en Angleterre ! Il a enfin compris qu'on ne pouvait rien faire avec les Anglais jusqu'à nouvel ordre. Les conservateurs voudraient se faire admettre en Europe, les travaillistes veulent conserver le *Commonwealth.* De toute façon, quels que soient les vainqueurs, l'Angleterre n'acceptera jamais une Europe fédérale et refusera d'abandonner la moindre parcelle de souveraineté.

« Les Anglais ne savent plus où ils en sont. Même Erhard, qui était aussi anglophile que Schröder, s'en est rendu compte. Ils sont malheureux. Malheureux à Chypre ; malheureux en Afrique orientale ; malheureux en Malaisie, où ils ont essayé de faire des constructions artificielles pour garder les rênes en main, tout en ayant l'air de ne pas les avoir *. Ils sont malheureux pour l'Europe, où ils voudraient entrer tout en n'y entrant pas, de manière à empêcher les autres de travailler ensemble. Mais ils n'ont même pas l'esprit de décision qui leur permettrait de nous gêner. Ils mènent mélancoliquement une petite politique au jour le jour. Leur seul plaisir est de caresser les Américains. Ils voudraient bien aussi pouvoir caresser les Russes. Mais on voit bien qu'ils sont en porte à faux. Nous ne voulons rien déchirer, mais nous ne pouvons pas non plus nous suspendre à toutes les incertitudes des autres. »

Conseil du 21 octobre 1964.

Les travaillistes, conduits par Harold Wilson, ont gagné les élections britanniques du 15 octobre.

Couve commente : « Les finances publiques britanniques sont dans un état dramatique. Il a fallu le changement de majorité pour qu'on s'en rende compte. Le gouvernement travailliste va être dans une situation précaire, aux prises avec des problèmes immédiats. »

Après le Conseil.

AP : « C'est important, cette victoire des travaillistes ?

GdG. — Ce qui est remarquable, c'est qu'ils n'ont pas gagné une voix depuis la dernière fois. Tout ce que les conservateurs ont perdu — et qui n'est pas beaucoup — est allé vers les libéraux, qui ont bénéficié de deux millions de voix. Mais les travaillistes n'ont pas attiré le corps électoral en 64 plus qu'ils n'avaient fait en 60. L'Angleterre n'est pas devenue socialiste. Et pourtant, elle va être gouvernée par des socialistes. C'est bizarre, comme démocratie. »

* Allusion à la Fédération de Malaisie, rejointe par le Sarawak et le Sabah, mais que Singapour quittera.

« Les Anglais sont complètement dans la main des Américains »

Au Conseil du 28 octobre 1964, Couve déclare que le gouvernement travailliste fait face à une crise plus grave qu'on ne s'y attendait. Le déficit de la balance commerciale est énorme, d'où une taxe lourde sur les importations, compensée par une aide du même taux à l'exportation, la remise en cause du projet Concorde, le contrôle des prix.

Giscard : « Les difficultés anglaises avaient été systématiquement camouflées dans la période avant les élections. La crise est beaucoup plus que monétaire.

GdG. — Pour le moment, vous n'envisagez rien ?

Giscard. — Si le déséquilibre s'aggravait, il faudrait des mesures rapides.

GdG. — Les Anglais sont obligés de dévaluer, ou à la rigueur de faire un assainissement financier interne, ou plutôt les deux. »

Après le Conseil :

AP : « Croyez-vous que le gouvernement travailliste puisse réussir son opération de remise en ordre des finances ?

GdG. — Non. C'est une opération qui ne réussira pas. Pour réussir une opération comme ça, il faut une ambiance, il faut une autorité, il faut une capacité comme celles que nous avons eues en 58. Alors, nous avons pu nous rétablir. Mais les Anglais ne sont pas dans cette situation-là. D'abord, ils n'ont pas de vraie majorité. Ensuite, ils n'ont à leur tête que des nouilles, à commencer par les travaillistes. Et puis, ils sont à la botte de l'Amérique. Par conséquent, ils sont couillonnés d'avance.

« Ils vont boulotter le milliard de dollars que va leur donner le Fonds monétaire international. Et après celui-là, ils en demanderont un autre. Il est possible que les Américains mettent les pouces pour les sortir du trou et leur donnent un deuxième milliard. Ils le dépenseront aussi. Et puis un beau jour... Ça va avoir pour effet d'accroître encore la mainmise américaine sur les Anglais. Les Anglais sont complètement dans la main des Américains. On va l'apercevoir pour la Force multilatérale.

AP. — Ils vont y participer, vous croyez ?

GdG. — Les Américains les tiennent. Les Américains leur diront : "Voilà, c'est ça, ou vous n'aurez rien..." Ce sont les Américains qui tiennent le Fonds monétaire international. Si les Américains ne veulent pas qu'on sauve la livre, eh bien ! on ne la sauvera pas. C'est la politique de Nassau qui s'étend à tout le reste. Les Anglais tournent le dos à l'Europe. »

« Le peuple anglais a besoin de se régénérer »

Salon doré, 9 décembre 1964.

AP : « Wilson a laissé entendre qu'il voulait venir à Paris, pour des conversations.

GdG. — Je le recevrai peut-être, mais il n'y aura pas de conversation. Je ne pourrai pas l'empêcher de venir me voir. Mais c'est tout. Je publierai qu'il n'y aura pas de conversations. Wilson veut brouiller les cartes. C'est un hurluberlu. C'est un socialiste. Il est là comme un hanneton dans un tambour. Il tape sur toutes les parois, qu'il s'agisse de la livre sterling, de la Force multilatérale, du Concorde, de n'importe quoi, c'est un hurluberlu.

AP. — Wilson n'arrivera pas à éviter la dévaluation du sterling ?

GdG. — Mais non ! Il n'y a pas de doute. Il n'y arrivera pas. C'est la fin de la zone sterling. Les gens qui sont encore accrochés au sterling, comme les Australiens, les Néo-Zélandais, les Canadiens, les Nigérians et tout ça, ils se raccrocheront au dollar. À partir du moment où le sterling ne sera plus qu'une petite monnaie pour les Anglais, c'est-à-dire rien, la dévaluation de la livre n'aura plus d'importance, comprenez-vous ? »

En me raccompagnant, le Général me dit :

« À propos des Anglais, ne dites surtout rien qui paraisse les accabler. Vous voyez bien que ce sont de pauvres malheureux. Quand nous l'étions encore plus qu'eux, après la débâcle, ils nous ont quand même soutenus. Ils ont accueilli la France libre… Mais ils ne savent pas comment se débattre. Ils ne savent même pas ce qu'ils veulent. C'est un peuple comme vidé. Il a besoin de se régénérer.

AP. — Y parviendra-t-il ?

GdG. — Ce n'est pas possible que ça n'arrive pas. C'est un peuple qui a eu trop d'énergie, trop de vitalité, pour qu'il ne redevienne pas lui-même un jour ou l'autre, pour qu'il se résigne à n'être plus qu'une colonie des États-Unis. Colonie de sa colonie ! Non, ce serait trop bête ! Mais personne ne peut dire quand. »

La *régénération* — n'est-ce pas justement le mot qui convient pour ce qu'entreprendra, vingt ans plus tard, la Dame de fer ?

Chapitre 19

« IL FAUT RESSERRER LES LIENS AVEC LES RUSSES »

Le 14 octobre 1964, Khrouchtchev a été brutalement déposé, et remplacé par un duumvirat : Brejnev à la tête du Parti, Kossyguine à la tête du gouvernement. Huit jours plus tard, *le 21 octobre*, le Général m'encourage vivement à aller à Moscou pour y nouer une coopération sur le procédé français de télévision en couleurs *. Veut-il, à travers ce cas concret, tâter les dispositions des nouveaux maîtres ?

« *Ils ont limogé Khrouchtchev, ils ne changent pas de politique* »

Le 28 octobre 1964, je le mets sur le sujet :

AP : « Quelle sera l'influence du limogeage de Khrouchtchev ?

GdG. — La nouvelle politique des Soviets, celle de Khrouchtchev, était une politique de coexistence avec les Américains. Ils essayaient à tout coup de nous avoir avec eux, car ils nous ont toujours ménagés. Tout ça, pour empêcher les Allemands d'avancer. Khrouchtchev avait l'avantage qu'il représentait cette politique avec pittoresque ; il avait de la vitalité, du bagout, de la drôlerie. Probablement qu'ils finiront par trouver un type tel que Khrouchtchev. La politique, c'est quelqu'un, ou ce n'est rien. Ils ont limogé Khrouchtchev, ils ne changent pas de politique, mais il faut qu'ils trouvent quelqu'un d'autre qui prenne à son compte la même politique. Khrouchtchev était un très bon propagandiste pour les Soviets. D'ailleurs, c'est pour ça qu'il a été limogé…

AP. — La presse allemande dit que vous irez en Pologne.

GdG. — Pas pour le moment. Mais il n'est pas invraisemblable qu'un jour je m'en aille de l'autre côté du rideau de fer.

AP. — Que vous rendiez la visite de Khrouchtchev ?

GdG. — Oui. Et que j'avais accepté de rendre.

AP. — Chaque fois que l'on rencontre Vinogradov, il répète : "Quand vient le Général ?" Il voudrait que ce soit très vite.

GdG. — Je sais, il ne pense qu'à ça. »

---

* Voir partie IV, chapitres 13 à 15, la chronique de l'aventure du SECAM, de mars 1964 à avril 1966.

« C'est de la guerre entre Napoléon et les Russes que date notre décadence »

Salon doré, 4 janvier 1965.

Le Général me reçoit à la veille de mon départ pour Moscou pour le bénéfice de notre procédé de télévision en couleurs. Notre ambassadeur, Philippe Baudet, vient de rendre compte des ouvertures de Kossyguine, le nouveau chef du gouvernement soviétique.

AP : « Vous prenez très au sérieux les avances de Kossyguine ?

GdG. — Nous les accueillons avec sympathie. Nous avons beaucoup de choses en commun avec les Russes. C'est vrai depuis longtemps, depuis toujours. Ça avait cessé de l'être à cause de la menace soviétique. Ça le redevient, maintenant qu'ils ne sont plus en état de nous menacer.

« Mais il faut des preuves. La télévision en couleurs serait un test.

AP. — Vous croyez vraiment qu'il peut y avoir une coopération franco-soviétique ?

GdG. — Il y a un déclenchement, à l'heure actuelle. On le sent un peu partout. La guerre froide est périmée. On s'était installé dans la lutte entre le bloc occidental et le bloc oriental. Le bloc soviétique se défait. La Chine en est déjà bien loin. La Roumanie, la Pologne s'en détachent déjà. L'Union soviétique, elle-même, est en train de devenir autre chose.

« Quant au bloc occidental, il se désagrège aussi. La France a repris sa liberté. Elle est redevenue indépendante, comme elle ne l'avait pas été depuis bien longtemps. Nous ne nous conduisons plus comme un membre d'un peloton qui obéit au capitaine ! (Rire.) Ni comme le bon élève d'une classe sous la férule d'un professeur ! Nous ne nous sommes pas laissé paralyser par les accords de Berne, qui limitaient à cinq ans les crédits. Nous avons accordé aux Soviétiques la durée de prêt que nous avions décidée. Les Anglais l'avaient déjà fait, mais en se cachant. Nous l'avons fait carrément, à la française.

« Nous sommes en train de sortir des impasses. Avec le temps, ce mouvement se développera. La troisième guerre n'éclatant toujours pas et devenant de moins en moins vraisemblable, il serait aberrant qu'entre la France et la Russie, les rapports ne tendent pas à devenir ce qu'ils avaient toujours été. La décision funeste de Napoléon d'attaquer Alexandre Ier est la plus lourde erreur qu'il ait commise. Rien ne l'y forçait. C'était contraire à nos intérêts, à nos traditions, à notre génie. C'est de la guerre entre Napoléon et les Russes que date notre décadence.

« Il est de l'intérêt de la France d'avoir de bons rapports avec la Russie. Ça a toujours été une bonne période de notre histoire, quand la France était en étroite relation avec les Russes.

AP. — Vous pensez que les Russes sont dans les mêmes dispositions ?

GdG. — Ils semblent aujourd'hui souhaiter s'arranger avec nous. L'intérêt français est de resserrer les liens avec eux. Il le faut. Sans rejeter bien sûr l'alliance américaine, pour le cas où la menace soviétique reprendrait.

AP. — Mais les Russes, quel intérêt ont-ils à s'entendre avec nous ?

« *Il ne faut pas s'offrir ; il faut se faire courtiser* »

GdG. — Le poids de la Chine se fait sentir de plus en plus lourdement pour eux. Ils ont six mille kilomètres de frontière à défendre de ce côté-là. Ils ne peuvent pas se permettre de se battre sur deux fronts. Ils ont un colosse sur le dos, qui peut devenir de plus en plus hostile, la Chine. Il faut donc qu'ils mettent un peu de liant avec l'Ouest. À cet égard, la France représente pour eux un atout de premier plan.

AP. — Il ne faut quand même pas laisser croire à un renversement des alliances ? La presse reprend toujours cette expression.

GdG. — Bien sûr que non ! Vous ne nous voyez pas demander l'alliance des Russes contre les Américains ! Il ne faut pas s'offrir. Il faut se faire courtiser.

« Oui, le bloc soviétique est bien dépassé et les Soviets en prennent bien conscience. Le Pacte atlantique aussi, sous sa forme actuelle, est dépassé et les Américains n'en prennent pas encore conscience. Il faut pourtant que tout ça se transforme. Nous devons nous y prêter. »

Le surlendemain, 6 janvier, après le Conseil des ministres, le Général revient plus prudemment sur les perspectives politiques que semblent ouvrir les discussions prochaines.

GdG (un peu rêveur) : « On va voir, avec cette affaire de la télévision en couleurs. Vous savez, il n'est pas exclu que l'attitude des Soviétiques à l'égard du monde occidental n'ait pas changé. Depuis la guerre, l'essentiel, pour eux, c'est d'obtenir un accord avec l'Amérique. Staline comme Khrouchtchev étaient hypnotisés par ce problème. Ils souhaitaient un partage du monde en deux zones d'influence. Il est possible qu'il en soit de même avec Kossyguine. C'est justement ce dont nous ne voulons pas, cette politique des deux hégémonies, où les Russes et les Américains sont virtuellement d'accord contre nous ; et nous n'y réussissons pas si mal.

« N'oubliez pas que les Russes, quelles que soient leurs raisons, ont tendance à diviser le monde en deux et à chercher le dialogue avec Washington. Nous les intéressons surtout dans la mesure où nous leur offrons une prise sur les Américains. Il ne faut pas nous laisser prendre dans ce jeu. Nous risquerions de passer de l'orbite américaine à l'orbite soviétique. Il faut garder nos distances. Ne nous présentons pas en quémandeurs. Faisons-nous désirer. »

« *On ne peut pas troquer la télévision en couleurs contre la reconnaissance de l'Allemagne de l'Est* »

Salon doré, mardi 12 janvier.

Retour de Moscou, où Kossyguine m'a reçu à sa demande, je viens rendre compte au Général. Après m'avoir longuement interrogé sur l'effet de nos démonstrations techniques *, il me dit :

GdG : « Et sur la situation générale, il s'est un peu expliqué, Kossyguine ? Qu'est-ce qu'il veut exactement ?

AP. — Il dit que nous avons la même position sur beaucoup de problèmes, sur notre respect des frontières de l'Allemagne, sur notre désir de ne pas voir se construire la Force multilatérale, sur le Laos, sur le Vietnam. Alors, pourquoi ne pas en faire quelque chose de contractuel, pourquoi ne pas avoir des conversations régulières et organiques ? Voilà sa proposition.

GdG. — Il voudrait un accord politique entre la France et l'Union soviétique, signé à droite et à gauche, noir sur blanc ? Mais on en a fait un. Je l'ai fait avec Staline. Ils l'ont dénoncé. D'ailleurs, il concernait spécifiquement l'Allemagne.

AP. — Nous pourrions leur dire que nous sommes prêts à envisager une extension progressive de la coopération. Ils sont aussi bien disposés qu'on peut l'être, trop bien même. Par exemple, Zorine ** m'a porté un toast à la coopération *politique* entre la France et la Russie. J'ai répondu prudemment que faire de la coopération culturelle et technique, ça avait déjà une importance politique. Il a repris : " Ça a déjà une importance politique, mais ça n'empêche pas de faire de la coopération politique proprement dite."

GdG. — Bien. Vous n'avez pas vu Brejnev ?

AP. — Non. Il ne voit aucun dirigeant occidental ; seulement les dirigeants des " pays frères " ou des " partis frères ". C'est leur répartition des tâches, entre chef de gouvernement et chef de parti. Je n'ai vu que des ministres, dont Roudniev, vice-président du Conseil.

GdG. — Il est évident qu'ils veulent nous entraîner le plus loin possible sur leur chemin. Il faut savoir quel prix nous voudrons payer tout ça. On ne peut pas troquer la télévision en couleurs contre la reconnaissance de l'Allemagne de l'Est ! (Rire.)

« *Maintenant, les Russes nous courtisent* »

« Dans vos conversations, quels sont les facteurs qui vous ont paru porter ?

AP. — D'abord, le fait que le procédé SECAM n'est plus l'af-

---

* Voir *infra*, p. 390.

** Vice-ministre des Affaires étrangères, adjoint de Gromyko.

faire d'une société privée, mais que le gouvernement français a décidé de mettre son autorité dans la balance. Ensuite, l'argument de l'indépendance européenne vis-à-vis des États-Unis.

GdG. — Ils veulent montrer que nous prenons une direction analogue. Il n'y a rien de tel que d'être indépendant, voyez-vous. Il y a encore quelques années, les Russes nous dénonçaient comme colonialistes, valets de l'impérialisme et du capitalisme. Maintenant, ils nous font la cour, ils ont envie qu'eux et nous allions dans le même sens.

« Les Russes sont embarrassés pour engager le dialogue avec les États-Unis, parce qu'aussitôt les Chinois montrent les dents. Tandis que nous, nous ne gênons personne, personne ne nous rejette depuis que nous avons décolonisé.

« Nous touchons les dividendes de notre indépendance »

« Il y a des gens à Paris, parmi les journalistes et même au Quai d'Orsay, dont les positions ne varieront jamais. Ils n'ont aucune mobilité dans l'esprit. Pour eux, les Russes ne songent qu'à nous manœuvrer, de manière à nous arracher au bloc occidental et à pouvoir engager la conversation avec les Américains après les avoir affaiblis. Je crois que ces gens ne tiennent pas compte des réalités nouvelles. Nous sommes détenteurs d'un capital précieux, qui est notre souveraineté recouvrée. Alors, on nous demande.

« Il est possible que la France soit pour les Russes, avant tout, un moyen pour arriver à un accord avec les États-Unis. Car évidemment, ce qui les intéresserait le plus, ce ne serait pas de faire un arrangement avec les Français, mais avec les Américains, un arrangement mondial, pour arriver à une détente généralisée. Mais il est vraisemblable aussi que les Russes sont obligés de tenir compte du fait que notre prestige est considérable chez tous leurs satellites et dans tout le tiers-monde, notamment chez les Chinois. Nous sommes le seul pays occidental dont tout le monde veuille bien et qui ne compromette personne. Le jeu de la France s'est ouvert.

AP. — À propos de leurs satellites, ils m'ont dit : “Nous sommes sûrs que nos pays frères d'Europe orientale aimeraient mieux faire affaire avec la France qu'avec les États-Unis.”

GdG. — Nous touchons là les dividendes de notre indépendance. Dans la mesure où l'idéologie s'atténue et où les nations reparaissent, la réalité européenne éternelle reparaît aussi. Et du même coup, une entente qui n'a pas toujours été évidente, mais qui était plus naturelle qu'aucune autre, entre la France et la Russie — je ne dis pas les Bolcheviks, je dis la Russie — reparaît également. Des deux côtés d'ailleurs : nous aussi, nous ne les voyons plus comme des gens avec le couteau entre les dents ; et ils n'osent même plus dire que nous sommes d'épouvantables capitalistes. Voilà ! »

Fascinante sinusoïde du propos. L'espoir d'une véritable ouverture est à portée de main. La méfiance est à fleur de peau. Il imagine la séduction, pour les Russes, de la carte française. Il redoute que la France ne soit qu'un pion avancé puis sacrifié pour un nouveau genre de Yalta.

« Un jour, il faudra que j'aille en Roumanie et en Pologne »

Conseil du 10 février 1965.

Giscard revient de signer un accord commercial en Roumanie. Il évoque l'équipe des dirigeants : Gheorghiu-Dej, le chef de l'État, Maurer, le Premier ministre, solidaires depuis au moins 1933, date du procès des dirigeants du Parti communiste roumain. « C'est plutôt un groupe d'hommes liés par une aventure très ancienne, que le résultat d'un mouvement de la société.

GdG. — Ils se sont battus dans la solitude et dans le risque. Ils n'ont eu toute leur vie qu'à choisir entre le pouvoir et la prison. Et ils ont choisi la prison, en sachant qu'ils n'avaient guère de chances de parvenir au pouvoir.

(Le Général admire toujours les hommes qui ont lutté pour ce qui ne pouvait pas être un calcul, mais seulement un idéal.)

Giscard. — Ils ont un sentiment national très vif : c'est l'essentiel de leur doctrine. Ils admirent votre politique d'indépendance. Vos conférences de presse sont lues et scrutées. Gheorghiu-Dej m'a fait l'exégèse de la dernière. Le désir de la Roumanie est de jouer à l'Est un rôle comparable à celui que nous jouons à l'Ouest, tout en reconnaissant que la taille des pays et des hommes n'est pas comparable.

« La politique des blocs est révolue. Au sein du camp de l'Est, nombreux sont ceux qui souhaitent voir apparaître des attitudes analogues à la vôtre dans le camp occidental. Mais les dirigeants roumains se sentent assez isolés.

« L'influence de la France en Roumanie tient à deux facteurs, la latinité et la stature du Président français, qui jouit d'un grand prestige. »

Le Général conclut par un inhabituel « Merci de votre intéressante communication ». Litote, conforme à son souci de modérer ses termes : ils sont presque toujours, en présence d'un groupe, nettement au-dessous de sa pensée — alors que parfois, en privé, ils en débordent.

Après le Conseil, le Général laisse parler devant moi l'espoir qu'il met dans ces mouvements nationaux : « Oui, la Roumanie n'est pas la Russie. Tôt ou tard, elle voudra son indépendance. C'est notre rôle d'encourager cette aspiration. L'Est bougera tôt ou tard. Il faut l'aider à bouger. Actuellement, personne ne peut le faire aussi bien que nous. La Roumanie a beaucoup d'affinités avec la France. Comme la Pologne. Un jour, il faudra que j'aille en Roumanie et en Pologne. »

« *Peu à peu, l'Internationale devient le nationalisme* »

Deux mois plus tard, Gheorghiu-Dej meurt et *au Conseil du 31 mars 1965*, Marette * rend compte de ses funérailles à Bucarest.

GdG : « Sentait-on la participation élémentaire du peuple ?

Marette. — Une immense foule dans un grand recueillement. Il y avait une évidente communion avec l'homme qui incarnait l'indépendance nationale, celui qui a dit non aux Russes.

GdG. — Peu à peu, l'Internationale devient le nationalisme. La Roumanie, la Pologne, la Hongrie, aspirent à l'indépendance. Elles s'en saisiront dès qu'elles en auront la force. »

Au Conseil du 28 avril 1965, le Général décortique la bonne volonté dont Gromyko a fait preuve lors de sa visite en France :

GdG : « Gromyko avait sûrement des consignes de politesse et de prévenance. Il est évident que les Russes ont un désir de contacts singuliers avec nous. La Russie donne une impression différente de celle qu'elle donnait il y a quelques années. Elle est moins sûre d'elle qu'elle ne l'a été, à l'intérieur d'elle-même comme à l'extérieur. Elle craint l'Allemagne. Elle attache une importance particulière à la France. C'est dans cet esprit que Gromyko est venu, qu'il nous parle, qu'il manœuvre. Il a quelques espérances, pour l'avenir, sur un accord général qu'il fonde sur nous. Pour le moment, c'est très théorique et lointain. »

Échaudé par le premier traité, celui de 1944, de Gaulle est prudent. Mais, pas plus qu'il ne faut être naïf, il ne faut, selon une de ses formules favorites, « insulter l'avenir ».

---

* Ministre des Postes et télécommunications.

IV

« IL FAUT BIEN QUE L'INTENDANCE SUIVE »

LE PLAN DE STABILISATION

Chapitre 1

« TOUT LE MONDE DOIT S'APERCEVOIR QU'UN JOUR, IL FAUT PAYER »

Matignon, vendredi 3 mai 1963.

Lors de notre conversation du matin, Pompidou me confie son agacement au sujet de Giscard : « Il vient d'annoncer à la commission des Finances qu'il lancerait "un *petit* emprunt" en bons du Trésor. Un milliard ! Il ne m'en a jamais parlé. Et pourtant, le comité d'avant-hier était fait pour préparer ce genre de mesures. Il pousse loin l'insolence. Il est vrai que ça lui réussit. On dirait que le Général aime ça. »

De fait, en comité restreint à Matignon, avant-hier 1er mai, Giscard nous a simplement annoncé qu'il faudrait « trouver trois milliards ». Il avait précisé : « L'opinion publique a soutenu la grève des mineurs. On va présenter la facture aux Français. Il faut leur montrer qu'on ne se moque pas impunément de l'autorité de l'État, et qu'on doit ensuite accepter la sanction. »

Au Conseil du mardi 7 mai 1963, Giscard : « L'expansion se poursuit, malgré la grève des mineurs. Nous dépassons quatre milliards de dollars de réserves. Nous allons procéder à un nouveau remboursement de la dette extérieure.

« Pourtant, le sentiment s'est répandu que l'inflation nous menace et que nous risquons d'entrer dans le cycle infernal, comme autrefois. Or, nous sommes dans une situation très différente de la crise de 1956-1958 : frontières ouvertes, solidité de la monnaie, déficit en francs constants moitié de ce qu'il était en 1957. Un mauvais climat psychologique se développe à partir de données de fait fondamentalement bonnes.

« Comment expliquer ce contraste ? Par la facilité des prix et des salaires. Les entreprises ont pris de mauvaises habitudes. Il faut donc les taxer, pour les obliger à restituer à l'économie leurs gains de productivité.

GdG (qui a écouté Giscard avec un plaisir évident). — Vous proposez de taxer les entreprises dont les gains sont distribués en rémunérations, ce qui fait monter les prix et les salaires ?

Pompidou (sec). — Je ne me rallie pas à cette mesure.

GdG (qui craint visiblement que ne soit éludée la question qui le préoccupe). — Si nous jouons seulement sur tels crédits ou sur tels droits de douane, nous ne pourrons pas obtenir les mêmes résultats que par un plan global, comportant des mesures générales.

Pompidou. — Il ne faut pas pénaliser les efforts de productivité !

On dira que nous frappons les ouvriers ! Évitons une mesure qui aurait un aspect antisocial, et que le président du patronat a déjà dénoncée. »

Le Général conclut : « Il faut élaborer un plan d'ensemble, auquel nous devrons nous tenir pour être efficaces. Tout le monde doit s'apercevoir qu'un jour, il faut payer. »

Après le Conseil, le Général me dit :

« Nous sommes en plein emploi. Vous verrez même qu'il y aura insuffisance des effectifs en 64 ou 65. Mais l'opium de l'inflation nous guette. Il faut prendre des mesures énergiques. Par exemple, supprimer la publicité mensongère qui pousse artificiellement à la consommation. Voilà une loi qui sera facilement votée. »

« L'opium de l'inflation » : l'expression lui est revenue à plusieurs reprises * ; signe chez lui d'une rumination. Pourquoi n'a-t-il pas contré le propos de Giscard présentant l'inflation moins comme un fait réel, que comme un fantasme subjectif ? Pas plus qu'il n'a commenté la conclusion de Pompidou. Il a posé sa propre banderille : « Il faut élaborer un plan d'ensemble. » Et c'est tout. Attend-il son heure ?

« Il est fâcheux de légaliser un supplément de déficit »

Au Conseil du 15 mai 1963, Giscard présente un collectif budgétaire qui, comme tous les collectifs, fait quelques ministres heureux (mais muets) et pas mal de mécontents (qui tiennent à le faire savoir bruyamment). Pisani, découvrant une disposition qui met en cause le PMU, est le premier sur la brèche :

« Je suis ravi d'apprendre dans ces circonstances que le ministre des Finances s'intéresse au PMU, dont je suis le tuteur. »

Le Général, lui, a un souci plus grave : « Il est fâcheux de légaliser un supplément de déficit. Pourquoi serait-il admis qu'on doive augmenter l'impasse de 232 millions ? On ne sait pas ce que rapporteront les impôts. »

Foyer proteste à son tour : « C'est une des attributions essentielles de la Chancellerie, depuis Hugues du Puiset, chancelier de Philippe-Auguste, que de connaître de tous les textes de droit privé ou pénal. De telles dispositions figurent dans ce texte ; je n'en ai pas pris connaissance. J'aurais des observations de fond.

Pompidou (bourru). — Je veux bien, à une condition : c'est que vos observations ou amendements aboutissent en trois jours. »

Il n'aime pas que des gaullistes mettent des bâtons dans les roues. Il l'admet davantage quand il s'agit de non-gaullistes, comme Giscard ou Pisani. Dans notre système, il n'est pas bon de provenir

---

* Notamment le 24 avril 1963 (tome I, p. 531 *sq.*).

de la formation principale, dont on attend un soutien inconditionnel. Les marginaux ont plus de prix.

Le Général a-t-il senti Foyer heurté par le rudoiement de Pompidou ? Il vole à son secours : « Il est légitime que vous interveniez pour faire valoir vos responsabilités. Mais ce projet de loi n'est pas encore déposé. Il est possible d'en aménager la rédaction sans en empêcher l'aboutissement. »

Frey proteste contre le fait qu'on ne permet pas aux départements et aux communes d'emprunter assez pour réparer leurs routes.

Il est lâché par Pompidou : « La France a déjà consacré beaucoup trop de ressources à ses routes départementales et communales, au détriment du réseau principal. »

Pisani revient à la charge : « Ma surprise atteint à la stupéfaction, quand je vois que ce collectif comporte des dispositions sur la comptabilité, où les Eaux et Forêts ne vont pas se retrouver. Les ministres n'ont plus aucune compétence ! Cinq correspondances de moi à M. le ministre des Finances n'ont jamais reçu de réponse. »

Le Général veut le ramener au sujet : « On comprend que vous attendiez ces réponses. Mais pourquoi voulez-vous trouver ces réponses dans le collectif ?

Pisani. — Mais quand ? Rien n'est jamais possible ! Dans la loi de finances, jamais ! Ni dans le collectif ! On a toujours tort ! »

« Vous êtes nombreux à crier misère »

Pompidou essaie de calmer le jeu : « Il ne faut pas exagérer. Le collectif est élaboré avec une extrême rapidité. Il n'est pas anormal que le Conseil soit, pour les ministres, l'occasion de faire valoir leurs points de vue. Autant M. Foyer a raison de protester s'il n'est pas consulté sur un texte de sa compétence, et autant M. Pisani avait raison pour le PMU qui le touche directement, autant je ne crois pas qu'on puisse faire droit à toutes ses revendications à l'occasion d'un collectif exceptionnel comme celui-là.

Pisani. — Mais à quel moment ? Ce n'est jamais le moment !

GdG. — Vous êtes nombreux à crier misère. Mais le premier principe d'un gouvernement digne de ce nom, c'est la solidarité. On ne fait rien de grand, sans consentir des sacrifices. À commencer par les sacrifices budgétaires.

Grandval * (intervenant trop tard pour avoir ses chances). — Mon ministère est pauvre : on n'a plus de timbres pour les lettres.

GdG. — Eh bien, vous ferez ainsi des économies de secrétaires ; elles n'auront pas de lettres à timbrer. »

Que dire après une boutade du Général ? On ne va pas démissionner pour si peu.

* Ministre du travail

« Excusez-moi d'être banal ! »

Au Conseil du 19 juin 1963, Giscard fait un nouveau point de la situation économique. « La croissance va bien : plus de 5 %. Les exportations augmentent de 8 %. Mais les importations font un bond de 37 % ; cette croissance anormalement rapide est favorisée par le marché unique européen...

GdG (le coupant). — Le Marché commun avait commencé par stimuler notre activité ; maintenant, il stimule les importations et l'inflation !

Giscard (imperturbable). — Cette tendance se maintiendra inéluctablement.

GdG. — Pour le budget 64, il y aura des décisions importantes à prendre. En réalité, nous n'arrêtons pas les prix. Leur progression de mai 62 à mai 63 est de 5,5 %.

« Pour les échanges et les paiements extérieurs, c'est la consommation pure et simple qui s'accroît ; ce n'est pas l'importation des matières premières pour l'industrie, ce qui serait sain. Excusez-moi d'être banal ! Que fait-on, en pratique, pour les prix, pour les dépenses budgétaires ? C'est là qu'il faut agir ! »

Quand la discussion devient trop technique ou s'enlise, le Général nous ramène aux réalités : « En pratique ? » ou : « Qu'est-ce qu'on fait ? » Cette fois, il n'obtient pas de réponse.

Pompidou : « La formation professionnelle est essentielle. Le patronat est décidé à faire un gros effort à cet égard.

GdG (il ne rate pas une occasion de donner un coup de griffe au patronat). — Qu'il le fasse ! C'est à lui de le faire ! Il n'est pas à la hauteur de sa tâche ! »

Finalement, le Général recentre son inquiétude :

« La situation économique est satisfaisante dans l'ensemble, puisqu'il y a poursuite de l'expansion. Mais avec un certain nombre de points faibles : les prix, les salaires, les importations, des menaces sur l'équilibre financier. Il faudra y mettre bon ordre. »

« Voulez-vous citer ces héroïques ministres ? »

« Il faudra y mettre bon ordre », a dit le Général : cette instruction se traduit, *au Conseil du 10 juillet 1963*, par un nouveau collectif, que marque cette fois l'austérité. Giscard annonce : « Certains ministres n'ont pas demandé d'augmentation budgétaire.

GdG. — Voulez-vous citer ces héroïques ministres ? » Puis il se ravise : « Ce serait difficile, ça ferait apparaître ceux qui ne sont pas dans ce cas. »

Une demi-douzaine de ministres se hasardent à risquer des plaintes — on peut penser qu'ils n'ont pas figuré parmi les héros.

Leurs collègues les écoutent avec amusement, appréciant en connaisseurs ces répliques de *commedia dell'arte*.

Grandval : « Toute la vie de mon ministère dépend de ce collectif ! La formation professionnelle trinque.

GdG. — Vous n'êtes pas seul ! L'Éducation nationale trinque aussi.

Pompidou. — Tous les ministres sont appelés à trinquer. Tous ont sur leur propre budget la même sensation d'intense privation.

Fouchet. — La comptabilité de l'Éducation nationale est tenue sur des cahiers d'écoliers. Dans ce ministère, tout est primitif.

Foyer. — Mes services sont installés dans des couloirs. À la Cour de Sûreté, les magistrats sont transportés dans des autobus et conduits dans une caserne ; ils boudent.

GdG (sur un ton grave). — Vous ferez bien de m'en parler. (La sûreté de l'État fait partie du "domaine réservé" — celui où il se réserve le droit d'intervenir directement.)

Pompidou (inquiet de cette invite, mais s'adressant à Foyer). — Il ne faut pas parler de ces questions à la légère.

Foyer. — Mais ce n'est pas léger du tout ! Quand aurai-je l'occasion de soulever les problèmes, sinon pour mon budget ? »

« *Il faut reprendre la question* ab ovo »

Il en profite pour se plaindre de manquer de médecins dans les prisons. Pompidou trouve une solution qui ne coûterait rien : « Je demande que le ministre des Armées mette à la disposition des prisons centrales des médecins de l'armée.

GdG. — Ceux-là, ils donnent des certificats de complaisance pour permettre aux soldats de faire le mur sans se fatiguer. Si vous les mettez dans les prisons, ils vont les vider ! »

C'est l'ancien chef de corps qui parle — et le rapprochement est si inattendu qu'il déchaîne nos rires. Quelques instants plus tard, c'est la perplexité que fait naître une de ses expressions :

Jacquinot* : « Les territoires d'outre-mer aspirent à l'indépendance, pour imiter leurs voisins. Ils n'en seront détournés que si nous faisons des efforts qui les rendent plus prospères que leur entourage. Il ne faut pas amputer le peu qui nous reste d'Empire. Ça coûte de l'argent.

GdG. — Il faut reprendre la question *ab ovo***. »

Son voisin pousse du coude Frey qui n'écoutait pas ; il lui souffle : « À Beauveau, c'est pour toi. » Le latin n'est le fort que de Foyer.

---

* En latin : À partir de l'œuf, depuis l'origine.

** Ministre des DOM-TOM.

« Nous sommes capables de rembourser toutes les dettes de la IVe ! »

Au même Conseil du 10 juillet 1963, Giscard annonce : « Nous sommes prêts à rembourser par anticipation toutes nos dettes extérieures. Nous détenons 600 millions de dollars d'excédent net.

GdG (il jubile). — Quelle différence ! Penser que nous sommes capables, au bout de quatre ans, de rembourser toutes les dettes de la IVe, qui en était accablée !

Giscard. — Il faudrait que notre geste prenne plus de couleur (il doit penser à une de ces manières dont il a le secret, pour colorer des choses que les autres voient en grisaille).

Couve. — On attend pour l'annoncer le discours de Kennedy ?

GdG (vivement). — A-t-on intérêt à laisser croire que nous faisons un remboursement parce que Kennedy fait un discours ? »

Après le Conseil, il me dit : « C'est extraordinaire, ce Quai d'Orsay, il a toujours tendance à se subordonner à l'étranger ! Nous avons toujours dit que nous rembourserions nos dettes quand nous en aurions les moyens. Il faut le faire, sans attendre les discours de l'un ou de l'autre. Nous n'avons pas besoin que les autres nous dictent nos décisions, ou nous donnent l'occasion de les annoncer ! Nous sommes devenus majeurs et indépendants, quoi ! »

Le Général se garde d'incriminer devant moi Couve, qu'il aime bien, mais le Quai d'Orsay : façon de me mettre en garde. Il dénonce la tendance collective d'un corps anonyme.

AP : « Une campagne se développe dans les journaux américains : la France chercherait à faire pression sur le dollar. »

Il s'est levé et me raccompagne : « Ne vous souciez pas de ces campagnes. C'est tout de même extraordinaire qu'on nous accuse de mettre le dollar en difficulté ! Voilà une accusation qui n'aurait pas pu être formulée il y a quelques années ! » Il part d'un grand rire ; un rire de bonheur.

Chapitre 2

« IL FALLAIT REPRENDRE LES RÊNES, J'AI VOULU QUE CE SOIT FAIT, C'EST CE QUI EST FAIT »

Matignon, 27 août 1963.

Fin de vacances. Branle-bas de combat. L'équipe du Premier ministre s'agite ferme. Le Général a tonné. Il s'est plaint que persiste la montée excessive des prix et des salaires. Il a exigé un plan de rigueur et un programme d'action.

Pompidou se lamente affectueusement : « Chaque fois qu'il revient d'un long séjour à Colombey, le Général est regonflé. Il durcit ses positions. Au fil des jours, à l'Élysée, il se laisse entraîner vers le compromis. Mais quand il a rompu quelque temps avec le gouvernement, le milieu parisien, la classe politique, il revient à ses idées premières. »

« L'inflation, c'est le chien crevé au fil de l'eau »

Salon doré, 28 août 1963.

Le Général m'a convoqué, à la veille du Conseil : « Il faut préparer l'opinion à quelques évidences. Stabiliser les prix et les salaires, c'est une politique digne d'un gouvernement. L'inflation, c'est le laisser-aller, c'est le chien crevé au fil de l'eau. Nous allons mener une politique d'action contre la hausse ; une politique de rigueur. Le gouvernement est obligé de constater que la croissance des salaires et des prix dépasse ce qui est raisonnable. Il faut donc prendre des mesures plus draconiennes. »

Matignon, même jour.

Pompidou veut apaiser. De Gaulle veut dramatiser : il estime que la confiance disparaît et que le franc est menacé. Mais, dans l'action, les deux hommes se rejoignent. Pompidou, après m'avoir fait répéter les consignes que m'a adressées le Général, m'exhorte dans le même sens : « Les syndicats vont vouloir faire capoter le plan de rigueur. Il faut leur dire et dire aux socialistes : "Vous êtes des vilains ! Vous voulez l'inflation !" Notre jeu sera de les mettre dans l'embarras. »

Pourtant, à la fin du *Conseil du jeudi 29 août 1963*, le Général se contente de dire :

« Les décisions seront prises la semaine prochaine. Il n'y a pas besoin d'en faire un drame. L'inflation est une conséquence naturelle de la situation d'expansion et de progrès où nous sommes.

Mais il faut faire une mise au point vigoureuse pour éviter le dérapage. C'est ce qui sera fait. »

« *Il faut* accommoder »

À la suite du *Conseil du 4 septembre 1963*, où rien n'a été dit sur le sujet, je demande au Général : « Craignez-vous que la hausse des prix mette en cause le rôle de la France dans le monde ?

GdG. — Bien sûr ! Tout se tient. Comment voulez-vous que notre indépendance politique soit assurée, si nous n'assurons pas notre indépendance économique ? Il nous faut raffermir la stabilité économique, comme elle l'avait été déjà par les mesures de fin 58, qui nous ont permis de connaître l'essor et le regain de prestige que nous avons connus.

« On ne peut pas grandir, se développer, se réformer, sans qu'il soit nécessaire de temps à autre de faire une mise au point. Il faut *accommoder.* (Il appuie sur le mot.) Il y a longtemps que nous n'avons pas *accommodé.* »

« *Qu'on ne se borne pas à des mesures fractionnelles* »

Au Conseil du jeudi 12 septembre 1963, Giscard présente ce qui va, le soir même, être connu comme le « plan de stabilisation ».

Giscard : « Il y a une tendance inflationniste. Nous devons faire une opération de prix stables, sans quoi, dans un an, il y aurait un arrêt brutal des exportations et la certitude d'une dévaluation. Il faut arrêter la hausse, encadrer l'évolution actuelle, préserver l'expansion tout en l'assainissant. »

Il énumère les mesures qu'il propose : pour la production industrielle, instaurer un régime de liberté contrôlée ; abaisser les droits de douane ; surseoir aux hausses des tarifs publics et des loyers ; stabiliser les prix alimentaires.

Il termine par une sorte de défi : « S'il y avait des faiblesses dans l'exécution de ce plan, ceux qui en ont pris l'initiative n'auraient pas vocation pour en assurer le soutien. » Façon de dire : 1. Je revendique l'initiative de ce plan. 2. J'offre d'avance ma démission pour le cas où il n'aboutirait pas.

Le Général ne bronche pas, mais il me semble qu'il se rembrunit. Je ne suis pas sûr qu'il aime ce genre de défi lancé quasi publiquement, puisque ce propos sera sûrement répété. D'autant qu'à ses yeux, l'initiateur de ce plan n'est autre que lui-même.

Plusieurs ministres prennent spontanément la parole. Le Général s'impatiente des remarques décousues faites par l'un ou l'autre. Il n'a nullement l'intention d'engager un tour de table où, forcément, chaque ministre chanterait sa complainte personnelle.

Il nous ramène à l'essentiel : « Sous la République de Weimar, le commerçant allemand qui vendait une chaussure ne pouvait plus, avec le prix de la chaussure, qu'acheter un clou pour la ressemeler. Voilà ce qui nous menacera, à la longue, si nous ne faisons rien. »

Pompidou raconte sa campagne de consultations confidentielles : « Le CNPF est sans enthousiasme. Les syndicalistes sont frappés par le sérieux de nos mesures ; ils se grattent l'oreille ; ils sont portés à s'abstenir. Également, bonne impression du côté de l'UNR et des républicains indépendants, ainsi que des journaux de province. Les agriculteurs, en revanche, feront des tentatives sérieuses pour contrecarrer notre action. Au cours de ces entretiens, une discrétion totale a été assurée. »

Ce décor planté, c'est au Général de conclure.

GdG : « Ce qui arrive devait arriver. Nous sommes en pleine expansion, dans des conditions qui nous surprennent nous-mêmes. Nous n'y sommes pas habitués. Jamais, jusqu'à présent, un grand pays d'Occident n'avait connu une pareille croissance.

« Il y a une source d'inflation dans tous les pays du Marché commun, une psychologie et une pratique de facilité dans les crédits, dans la dépense, dans la consommation, dans les prix et ainsi de suite. Dans tous les domaines, j'entends qu'on ne se borne pas à des mesures fractionnelles. Il fallait un plan à effet général. Je l'approuve, à part un ou deux détails.

« Aujourd'hui commence la bataille »

« Cet ensemble doit réussir, sauf si *tous les Français* devaient le saboter. Mais je crois qu'il y aura une assez grande bonne volonté latente. Ce qui est proposé est important, mais n'a rien de terrible ni d'excessif. Dans la présentation de ce plan, n'exagérons pas non plus la rigueur.

« Pour les recettes, il faut étendre l'impôt sur le revenu des cadres. Je n'y vois aucun inconvénient. Il n'y a pas de raison que la situation privilégiée qu'ont les cadres ne soit pas compensée par quelques sacrifices.

« Il faut également faire des économies sur le personnel international ! Pour l'Assemblée parlementaire européenne seulement, il y a 450 fonctionnaires ! Pour l'ONU, pour l'OTAN, pour l'EURATOM, c'est pareil ! Il faut faire entendre notre voix pour réduire ce gaspillage. (Le Général se tourne vers Couve.) C'est scandaleux ! Et ils sont exemptés d'impôts !

« Dans cet effort, il y a solidarité du gouvernement. Je m'en félicite. Je salue le mérite des ministres à se résigner. Tous sont liés par la solidarité. C'est bien l'essentiel par rapport au régime antérieur. »

Quand Rome a parlé, tout le monde se tait. Un silence, puis :

« Eh bien, aujourd'hui commence la bataille. Cet après-midi, le Premier ministre, le ministre des Finances et le ministre de l'Information tiendront ensemble une conférence de presse à Matignon. »

Quant à moi, première nouvelle. Il est vrai que je ne pourrai jouer, à côté des deux ténors, que le rôle de la plante verte. Il se tourne vers moi : « Naturellement, vous ne dites pas un mot de ce chapitre tout à l'heure. »

Après un nouveau silence, il conclut : « Il fallait reprendre les rênes. J'ai voulu que ce soit fait. C'est ce qui est fait. »

Le Général se retrouve chef de guerre. Il a le don d'insuffler la passion du combat. Nous sommes mobilisés pour lutter contre le Mal sous toutes ses formes — les marges des petits commerçants, la roublardise des paysans, le laxisme des administrations, la lâcheté des patrons, la prolifération des fonctionnaires internationaux, le cynisme des Anglo-Saxons, l'arrogance du dollar — et, brochant sur le tout, la psychologie de facilité qui prend sa source dans la prospérité et débouche sur l'inflation.

Chapitre 3

« NOTRE BUT N'EST PAS DE CASSER DES ŒUFS ; MAIS CE QUI EST NÉCESSAIRE EST NÉCESSAIRE »

Au Conseil du 9 octobre 1963, Giscard : « Le plan de stabilisation a un mois d'existence. Pour le budget, l'évolution défavorable persiste. Le découvert dépasse déjà sept milliards, alors qu'en 1962, à la même époque, il n'était que d'un milliard. Mais le blocage des prix est scrupuleusement respecté.

GdG. — Il y a amélioration de la balance des paiements.

Giscard. — Notre préoccupation est l'échelle mobile des salaires. L'indice des prix donnerait une hausse de 3,5 % en année pleine, alors que nous marchions vers 6 %... Il faudrait publier les prix agricoles à bref délai.

Pompidou (sèchement : c'est lui qui est juge de l'opportunité du calendrier). — J'ai suspendu leur publication parce que je rencontre les dirigeants agricoles ce soir. Les prix sortiront après-demain.

Giscard. — Il faut éviter l'aspect théâtral et mettre en place un contrôle très précis. Par exemple, pour les œufs, les prix à la production ayant baissé, une nouvelle hausse des prix de détail est aberrante. Il faut donc des mesures de taxation et un dispositif répressif. »

GdG conclut : « Ce plan est une opération de grande envergure. C'est seulement dans les mois qui viennent qu'on pourra voir l'effet réel. »

Après le Conseil, le Général me donne l'impression d'être quand même un peu désappointé.

« Si nous n'entraînons pas de baisse, nous devrions du moins provoquer un arrêt de la hausse. Mais dès que nous relâchons notre effort, les forces de hausse l'emportent. C'est toujours la facilité qui gagne. Les augmentations de salaires sont encore accordées dans des proportions excessives ; les patrons n'ont pas encore compris.

« Dites simplement à vos journalistes que les premiers résultats sont encourageants. Ils ne font que confirmer le gouvernement dans sa résolution de poursuivre l'effort. »

Au Conseil du mardi 15 octobre 1963, Giscard fait une longue communication sur la taxation de la viande.

Le Général lui répond : « Vous êtes en plein dans le plan de stabilisation. Il y aura quelques contrecoups inévitables. Notre but n'est pas de casser des œufs ; mais ce qui est nécessaire est nécessaire. Les problèmes sont posés. Il faut s'en tenir aux décisions qui ont été prises, notamment en matière de taxation. Il faut garder le cap avec fermeté et clarté. »

« Si je n'avais pas donné l'impulsion, personne ne l'aurait fait »

Après le Conseil, j'interroge le Général : « Vous avez dit à Giscard : "Vous êtes en plein dans le plan de stabilisation." Est-ce à dire qu'après avoir pris l'initiative de ce plan, vous ne vous sentez plus impliqué ?

GdG. — Je ne l'ai pas dit à Giscard, je l'ai dit à vous tous ! Les ministres appliquent tous, chacun pour ce qui le concerne, ce qui a été décidé sous mon autorité. Je suis intervenu pour donner l'impulsion, c'est mon rôle ; vous savez bien que si je ne l'avais pas donnée, personne ne l'aurait fait, ni Pompidou, ni Giscard. Mais vous verrez, l'opération réussira. C'est le bon sens. Les sacrifices ne sont pas tellement lourds. Ceux qui voudraient empêcher ce plan de réussir encourraient la désapprobation de l'opinion.

AP. — Que comptez-vous faire si les syndicats se déchaînent ?

GdG. — Il n'y a pas grand-chose à en espérer. Même si leurs fédérations trouvent les conversations utiles, ils ont toujours cent sous à demander. Ils ne s'élèvent pas au plan de l'intérêt général. La porte est ouverte, on se concerte, soit ! Mais le plan de stabilisation n'est pas de leur responsabilité. Il est de la responsabilité du gouvernement. »

En me raccompagnant à la porte, il ajoute, comme pour se rassurer : « Il y a déjà une stabilisation sur les prix. Il y a déjà des effets sur le crédit. Le plan de 58 avait réussi et personne n'avait bougé.

AP. — Sauf les Anciens combattants.

GdG. — Qui s'en souvient ? »

« Vous avez lâché 1 % dans le secteur public quand je n'étais pas là ! »

Au Conseil du 23 octobre 1963, Pompidou évoque ses entretiens avec les confédérations syndicales. Il leur a souligné l'importance que revêt, pour le maintien du pouvoir d'achat des salariés, la réussite du plan.

Pompidou : « Il est important que le gouvernement crée une ambiance de concertation, qui ne permette pas aux syndicats de dire qu'on les traite comme quantité négligeable.

GdG. — Attention ! Dans vos conversations avec les syndicats, gardez une grande réserve. L'État doit rester maître du jeu.

Joxe (avec le sourire). — Il ne doit pas avoir l'air de trancher. »

Le Général n'apprécie pas ; il contre-attaque aussitôt : « Il ne faut jamais avoir peur de trancher ! Vous avez décidé de lâcher 1 % pendant que je n'étais pas là ! »

Il a toujours l'impression qu'on profite de ses déplacements — en Iran cette fois * — pour capituler. Un ange passe. C'est Giscard qui a la présence d'esprit de rompre le silence. Il sait apaiser le Général :

« Pour les prix, l'évolution est encourageante. La taxation est appliquée. L'indice général des prix à la fin de l'année sera certainement au plus égal à l'indice de fin de septembre. Cependant, la tension de l'économie persiste. Le maintien rigoureux des dispositions du plan de stabilisation est nécessaire ; il faudra même l'accentuer. »

Joli ! Giscard a réussi à détourner le Général d'un mouvement de mauvaise humeur, et en même temps à l'encourager dans son attitude intransigeante. Du grand art, au rythme de la guerre éclair.

« Les syndicats traduisent les peut-être *en promesses fermes »*

Pompidou, moins rapide, se rattrape quand même. Visé par l'allusion au 1 % d'augmentation salariale « lâché » aux fonctionnaires, il doit répondre :

« C'est une mesure transitoire, pour préserver le pouvoir d'achat durant le plan.

GdG. — Mais le budget de 1964, notamment pour la fonction publique, a été établi sur la base de 0,75 % par trimestre ! Maintenant, vous parlez de 1 % ! Ça entraînera donc un supplément de dépenses ! Sans recettes ? »

Les balles passent de plus en plus au ras du filet. Giscard, dont la technicité n'est jamais en défaut, répond instantanément :

« Pour la progression des salaires, elle coûtera 200 millions, couverts par des économies déjà prévues, et par des abattements supplémentaires sur les dotations budgétaires.

GdG. — Ce qui me préoccupe, ce sont les moyens de paiement. Il est fâcheux que, chaque fois que l'occasion s'en présente, on procède à des paiements qui n'avaient pas été prévus. C'est ainsi qu'on fabrique de l'inflation. Si chaque fois qu'une dépense supplémentaire se présente, nous fabriquons des billets ou des bons du Trésor, l'inflation repart... Pourquoi nos importations augmentent-elles ?

Giscard. — C'est un problème que nous réglerons davantage au début de l'année 1964.

GdG. — Cela se réglera par des économies. J'en prends acte. »

Après le Conseil, le Général me laisse percevoir que les efforts conjugués de Giscard et de Pompidou n'ont pas réussi à apaiser sa pulsion de méfiance : « Si on a l'air de dire aux syndicats qu' "on

* Le Général s'est rendu en visite officielle en Iran du 16 au 20 octobre 1963.

n'exclut pas que...", ils traduisent aussitôt ces "peut-être..." en promesses fermes. Ils les répètent à tous les échos, et si souvent, que cela finit par devenir une vérité révélée ; on ne peut plus rien y changer. »

Et lui, il a traduit la promesse dilatoire de Giscard en engagement d'économies — jusqu'à en « prendre acte »...

Pompidou : « L'économie ne se dirige pas comme une parade »

Matignon, jeudi matin 24 octobre 1963.

À la fin de notre « petit cours », Pompidou, debout, me parle à voix basse — il ne veut pas faire état devant ses collaborateurs de secrets du Conseil des ministres, et encore moins de dissensions avec le Général : « Le Général est tellement volontariste, qu'il ne peut pas supporter l'idée que la vie économique n'obéisse pas à sa volonté, ni au Plan. »

Il ferme un œil, allume une cigarette, la cale au coin de sa bouche : « Giscard, après avoir pendant un temps renâclé à ce plan de stabilisation que le Général voulait lui imposer ainsi qu'à moi, a enfourché ce cheval ; il en fait son affaire personnelle. C'est maintenant moi qui traîne le plus les pieds. » Ses convictions libérales sont heurtées par cet excès de dirigisme. Il conclut, au moment où je passe la porte : « L'économie ne se dirige pas comme une parade. »

« Ce sont les mentalités qu'il faut changer »

Au Conseil du 30 octobre 1963, nouveau point par Giscard :

« L'évolution des prix depuis septembre marque une détente très appréciable. Un contrôle efficace a été assuré grâce au concours du ministère de la Justice. (Il avance la tête en signe d'hommage à Foyer.) C'est la première fois que des procès pour délits économiques ont abouti avec une pareille rapidité.

« Les réserves du Trésor sont passées depuis la mi-septembre de trois milliards et demi à six milliards et demi — forte ponction sur la circulation monétaire. On va donc laisser repartir les commandes de l'État, sauf dans trois secteurs où la pression de la demande est encore excessive : construction, génie civil, électronique.

« Je constate toutefois que ni dans les entreprises privées, ni dans les administrations, on n'a encore une claire perception des buts de la politique de stabilisation des prix. Faute de leur adhésion, nous allons être obligés de faire appel à des pressions contraignantes.

GdG. — Je crois que ce que vous venez de dire est juste, à la fois pour ce qui est acquis et pour ce qui ne l'est pas encore, c'est-à-dire les mesures nouvelles qui permettront de reprendre en profondeur ce qui n'aura abouti d'abord que superficiellement. Avant tout, ce sont les mentalités qui doivent changer. »

À l'issue du Conseil, le Général me dit :

« Voyez-vous, les gens n'ont toujours pas compris. Il est indispensable que les administrations et le patronat apportent un concours actif à cette politique.

« Cet état d'esprit de stabilisation doit pénétrer dans les esprits. La politique des salaires doit obéir à un rythme voisin de celui prévu par le Plan et ne le dépasser en aucun cas. L'attitude des grandes entreprises montre qu'elles n'apportent pas un acquiescement profond au plan de stabilisation et qu'elles n'en ont même pas une idée nette. »

« Si vous remettez tous en cause le resserrement de vos budgets, nous n'en sortirons pas »

Au Conseil du 6 novembre 1963, Giscard fait la liste des coupes budgétaires qui permettront de gager dans le budget le 1 % d'accroissement des salaires du secteur public, soit 450 millions — 250 de plus que le chiffre annoncé au Conseil du 23 octobre ; il avait donc été avancé au petit bonheur.

GdG : « Il est très important que le budget soit sincère. Puisqu'on a décidé, en mon absence et contre mon gré, qu'on augmenterait d'1 % les salaires du secteur public en plus des 3 % décidés, il faut que la dépense soit inscrite dans le budget, avec les moyens de financement correspondants.

Triboulet (sur un ton de déploration). — L'impasse est réduite de 7 milliards à 4,7 milliards.

GdG (qui, lui, voit là matière à grande satisfaction). — En fait, on n'avait jamais vu ça ! Nous devons tous nous faire une psychologie nouvelle.

Triboulet (briscard de la IVe). — J'ai toujours vu appliquer des collectifs.

GdG (vif). — Vous les avez peut-être vu appliquer, mais ce n'était pas une bonne méthode.

Triboulet. — Ça a quand même permis l'expansion.

GdG. — Ce ne sont pas les collectifs qui ont fait l'expansion. »

Plusieurs ministres font mine de protester contre le blocage.

GdG (agacé) : « La stabilisation affecte tout le monde. Tous y sont favorables, à condition qu'elle ne les touche pas. Si vous remettez tous en cause le resserrement de vos budgets, nous n'en sortirons pas. »

Le Conseil baisse la tête.

Chapitre 4

« NOUS RESTERONS LONGTEMPS SUR LE FIL DU RASOIR »

Au Conseil du jeudi 14 novembre 1963, Giscard fait le point après deux mois : l'indice des prix d'octobre est en nette baisse, mais suremploi, suractivité, surchauffe se maintiennent. Il faut donc adopter un renforcement du dispositif : relever le taux d'escompte de 3,5 à 4 %, abaisser certains droits de douane.

Le Général approuve : « Tout cela est conforme à ce qui a été décidé en septembre, qui a produit des résultats, mais qui n'est pas encore suffisant pour renverser la tendance.

« Nous sommes en pleine expansion. Les mesures prises ce matin ne suffiront pas non plus. L'inflation est la différence entre ce qu'un pays produit et les moyens de paiement dont il dispose. Nous disposons de beaucoup plus de moyens de paiement que nous ne produisons.

« Tout ça est très insuffisant »

« Depuis 58, nous aurons augmenté notre masse monétaire et nos comptes courants de 95 % et notre dette flottante de 150 %, ce qui est disproportionné par rapport à notre revenu national, qui n'aura augmenté que de 27 %, ce qui est déjà énorme en cinq ans. Tant que cette disproportion subsistera, nous n'en sortirons pas *.

« Il y avait dans l'État beaucoup de mauvaises pratiques invétérées, contre lesquelles nous réagissons. C'est tout ça que nous mettons en ordre. Nous ne le ferons pas du jour au lendemain. Il faut vouloir le faire suffisamment longtemps.

« Pour y arriver, trois conditions sont nécessaires : l'autorité, une majorité, la stabilité institutionnelle. Ces trois conditions, nous les réunissons. »

Salon doré, après le Conseil :

AP : « Vous ne croyez donc pas que ces nouvelles mesures régleront le problème ?

GdG. — Bien sûr que non ! Tout ça est très insuffisant ! Il y a des

* J'ai eu plus tard connaissance d'une note sur ce thème que son conseiller Jean-Maxime Lévêque avait remise au Général. Celui-ci l'avait assimilée parfaitement et récitait ces chiffres sans aucun papier sous les yeux, allant droit à l'essentiel. Pompidou et Giscard ne pouvaient pas ne pas être ébranlés par la détermination du Général et la justesse de ses informations.

mesures qui manquent encore pour l'essentiel et je peux vous assurer qu'on les prendra.

AP. — Le plan n'atteint pas encore l'inflation à sa racine ?

GdG. — Il y a dans ce pays une volonté de développement national, mais il n'y a pas de volonté de s'opposer à l'inflation. Les individus comme l'État ont l'argent facile. Il faut ramener notre dette flottante et notre circulation monétaire au niveau de notre revenu national. Là est le problème. Il faut voir les questions de haut. C'est cela qu'il faut régler et on n'avait rien fait pour le régler jusqu'à maintenant.

« Nous profiterons donc de l'autorité dont nous disposons dans le pays pour aller jusqu'au bout.

« On rouspète pour obtenir plus que les copains »

AP. — Faut-il laisser entendre qu'il y aura d'autres mesures ?

GdG. — Si on vous interroge, laissez-le entendre. Pour le crédit et pour les dépenses publiques.

« 27 % d'élévation du produit national par individu en cinq ans, cela représente 5 % par an. C'est tout de même déjà beaucoup ! Cela veut dire qu'en quinze ans, on double le niveau de vie d'un individu, qu'en trente ans on le quadruple, et qu'en une vie humaine, on le décuple. Vous trouvez que tout ça n'est pas "social" ?

AP. — Ça passe un peu inaperçu, ces progrès sont trop lents pour être très sensibles.

GdG. — Taratata ! On s'en aperçoit fort bien, mais on ne veut pas le reconnaître. Alors, on rouspète, on proteste pour en obtenir toujours plus et, surtout, pour en obtenir plus que les copains, car ce qu'on souhaite, ce n'est pas tant d'en avoir beaucoup, que d'en avoir plus que les autres. »

Au Conseil du 4 décembre 1963, Giscard manifeste de l'inquiétude : « La stabilisation des prix ne traite pas le fond du problème économique français. »

Mais, voyant à la réaction de ses collègues que son pessimisme n'a que trop d'échos, il se rattrape : « Les restrictions de crédits sont de plus en plus efficaces. Les réserves du Trésor ne cessent d'augmenter. La progression des rentrées fiscales est supérieure aux prévisions.

GdG. — Je n'ai rien à dire pour le moment. »

J'aime cette conclusion sobre. Il donne l'impulsion. Puis il observe la manœuvre, dont le déroulement ne lui incombe pas. Il attend qu'elle se déroule jusqu'à son terme. Il jugera sur le résultat.

« *Il n'y a pas contradiction entre l'expansion et la stabilité* »

Au Conseil du 8 janvier 1964, Giscard se dit préoccupé de la courbe de la production, qui, en novembre, a régressé. Ce qui repose la question du blocage des dépenses d'investissement de l'État.

Pompidou annonce : si les procédures de déblocage ne sont pas automatiques, l'arbitrage devra remonter à Matignon, et non au ministère des Finances. (Pompidou retire à Giscard ce formidable levier de puissance qu'est la décision de débloquer ou non. La mine de Giscard s'allonge.)

GdG : « Le plan de stabilisation se déroule. Il est loin d'être à son terme. Ce qui est fait — budget, crédit, banques — suit son cours. C'était indispensable. La réalité, c'est qu'il n'y a pas contradiction entre l'expansion économique et la stabilité monétaire. L'acuité de la revendication des salaires en est émoussée.

« L'ensemble du plan est satisfaisant. Je ne crois pas qu'un seul secteur soit menacé. Je ne dis pas qu'une affaire en particulier ne l'est pas, comme la sidérurgie, mais ça serait venu de toute façon.

Grandval. — Il y a quand même des licenciements collectifs. Des entreprises ferment, comme la fonderie de Saint-Nazaire. On met au chômage des ouvriers qualifiés. Nous n'arrivons pas à décider ces travailleurs à changer de région. On ne peut donner le goût de la mobilité à des travailleurs qui en sont dépourvus. »

Deux ministres qui sont au contact des difficultés, Giscard et Grandval, tirent la sonnette d'alarme. Pompidou se veut rassurant pour éviter tout *stress* au Général. De Gaulle, olympien, se confirme dans son optimisme, c'est-à-dire dans sa conviction d'avoir raison.

Après le Conseil, le Général me montre qu'il a néanmoins l'œil fixé sur l'indicateur de l'expansion : « Il y a un ralentissement des affaires. Mais moins qu'on ne le craignait. Il faudrait suspendre le plan si nous entrions dans la récession. Nous resterons longtemps sur le fil du rasoir. »

Conseil du 22 janvier 1964. Le bruit court que « ça va mal ». Missoffe, gouailleur : « Il y a de l'eau dans le gaz. » Giscard aborde le sujet qui, pour le Général, est le bon : celui de la « masse monétaire ».

Giscard : « Ce serait une simplification excessive d'imputer nos difficultés économiques aux mécanismes monétaires, mais ils ont une assez large part de responsabilité. Les mesures techniques que je propose visent à réduire la masse monétaire.

GdG. — Les banques conserveront les mêmes montants de bons du Trésor ?

Giscard. — Leur nombre n'augmentera pas. (Le Général peut comprendre qu'il ne diminuera pas !) On va vers un encadrement du crédit bancaire.

GdG. — Vous ne serez pas au bout de vos peines ! Il est regrettable que l'augmentation de la masse monétaire soit toujours supérieure à l'accroissement de la production.

Giscard. — Il est normal que l'accroissement de la masse monétaire soit supérieur à celui de la production. »

Le Général et Giscard viennent de formuler en deux phrases une opposition radicale de leurs principes (le « regrettable » de l'un étant le « normal » de l'autre). Pompidou intervient pour marquer son autorité, et revenir au plan d'ensemble :

« Les mesures que vient d'exposer le ministre des Finances sont le résultat de nombreuses réunions à Matignon (sous-entendu : "Il se garde bien de dire que tout cela a été préparé autour de moi" ; mais chacun, autour de la table, sait bien que c'est parce que le Général a imposé le tout). J'ajouterai seulement deux points :

« 1. Le déroulement du plan de stabilisation est délicat. Nous avons à la fois une politique libérale de vérité, et une politique dirigiste : c'est une contradiction.

« 2. Une politique de déflation, même si elle est prudente, ne peut pas s'accompagner d'une aisance du marché financier.

« Le plus sûr moyen de se perdre en forêt, c'est de changer de direction »

GdG. — Au total, on n'est pas près de finir. Mais je ne crois pas que nous soyons dans la déflation pour si peu. Nous limitons l'inflation dans laquelle nous étions entraînés. Si ce n'est pas suffisant, il faudra aller plus loin dans la voie choisie. »

Pendant le Conseil, Giscard m'avait fait passer un communiqué technique qu'il souhaitait me voir lire, et qui commençait ainsi : « M. Giscard d'Estaing a fait une communication sur la politique monétaire qu'il entend suivre. » À la fin du Conseil, il me redemande le texte et corrige : « la politique monétaire qui sera suivie ». Il a perçu l'agacement de Pompidou et en a tiré aussitôt les conséquences.

Le Général m'entraîne au *Salon doré*.

« Voyez-vous, me dit-il, quand on rencontre des difficultés, ce n'est pas le moment de tourner casaque, c'est le moment de persévérer. Le meilleur moyen de se perdre en forêt, c'est de changer de direction. Si on continue tout droit, on en sort forcément. »

C'était le conseil de Descartes. Le Général l'a toujours fait sien.

Chapitre 5

« L'IMPASSE, C'EST FINI ; L'INFLATION, C'EST FINI »

Au Conseil du jeudi 2 avril 1964, Giscard : « Le plan de stabilisation n'a pas atteint son terme. Le découvert de 1965 devra être inférieur à celui de 1964.

GdG (le coupe vivement). — Il ne faut pas de découvert en 1965. La stabilisation est à ce prix. Le budget doit être équilibré.

Giscard (comme s'il n'avait pas entendu, poursuit sur sa lancée). — La croissance des masses budgétaires reste forte.

GdG. — Il ne faut pas non plus que l'augmentation des dépenses publiques dépasse celle du revenu national.

Giscard. — Il y a des ministères dont les dotations doivent diminuer, d'autres où des majorations sont nécessaires. Il appartient au ministère des Finances de mieux doter certains secteurs au détriment des autres. (Pompidou lève les yeux au plafond : n'est-ce pas le rôle du Premier ministre de faire ces arbitrages ? Mais il ne relève pas le propos.)

« Il faut que la part de l'État dans l'économie soit contenue »

Pompidou. — Deux objectifs : 1) Que les dépenses ne croissent pas plus rapidement que le PNB. 2) Qu'il y ait un véritable équilibre budgétaire. Or, un grand nombre de décisions prises en 62, 63, 64 arrivent en année pleine et jouent lourdement. On aboutirait facilement à une expansion du budget beaucoup plus forte que la croissance. Chacun des ministères doit donc réduire les dépenses.

Foyer (tragique). — La réforme des greffes est indispensable ! Nous avons des greffes anachroniques ! Ça a toujours été retardé !

GdG. — Il n'est pas impossible que vous soyez assez ingénieux pour vous tenir à votre plafond. » (Rires.)

Foyer répond à la saillie du Général par une autre : « Je suis si pauvre, que je pourrais dire comme l'apôtre : "*Aurum et argentum non habeo*"*. » (Il s'attire un succès de rires, mais sa démonstration y perd en force de persuasion.)

Après le Conseil, je demande au Général : « Je vais dire que des compensations aux dépenses nouvelles seront réclamées à chacun des ministres dépensiers ?

* « Je n'ai ni or ni argent » (*Actes des Apôtres*, 3, 6). Foyer se garde d'aller jusqu'au bout du propos de saint Pierre : « Mais ce que j'ai, je vous le donne ! »

GdG. — La rigueur s'impose à nous. Ce n'est pas seulement un problème d'équilibre des dépenses et des recettes, mais *il faut que la part de l'État dans l'économie soit contenue.* Sinon, on va non seulement vers une inflation proprement dite qui emporte la monnaie, mais vers une inflation du rôle de l'État au sein de la société. Nous avons atteint une limite qu'il ne faut pas dépasser*. L'État doit veiller aux équilibres ; à plus forte raison, il ne doit pas lui-même mettre en danger l'équilibre par sa propre masse.

AP. — Équilibre, rigueur ; la part de l'État dans l'économie nationale doit être stabilisée ; et les dépenses nouvelles doivent être compensées par des économies.

« Il ne faut pas d'impasse du tout en 1965. Dites-le bien »

GdG. — Ce serait trop absolu. Il ne faut pas trop épiloguer. Dites simplement que le budget de 1965 doit être préparé avec rigueur pour établir l'équilibre budgétaire.

AP. — Vous voulez dire que le budget 65 doit être en équilibre ?

GdG. — Absolument. Il ne faut pas d'impasse du tout en 1965. Dites-le bien. »

Dès que j'annonce à la presse que le budget de 1965 sera *en équilibre*, c'est-à-dire *sans aucune impasse*, quelques journalistes se précipitent pour téléphoner.

Je n'ai pas imaginé un instant que ce n'était pas une décision préalablement arrêtée avec le Premier ministre et le ministre des Finances. Je n'ai donc pas alerté Giscard — comme je le fais quelquefois, quand le Général me prescrit d'annoncer une nouvelle qui risque de faire sauter en l'air le ministre concerné.

En début d'après-midi, tombe une dépêche cinglante de l'Agence France-Presse. Le cabinet du ministre des Finances dément mes propos, affirmant qu'« il n'a pas été question de cet objectif au Conseil des ministres », et qu'il est « complètement exclu qu'il soit atteint pour 1965 ». Il laisse même entendre que je n'ai « pas dû comprendre de quoi il s'agissait », puisqu'il faudra « attendre encore plusieurs mois pour être fixé sur le volume des dépenses ».

Sur l'interministériel, j'appelle Giscard pour lui confirmer l'instruction que j'ai reçue, puis Burin des Roziers, qui le rappelle aussitôt pour lui authentifier la volonté du Général.

Et on croit que le « domaine réservé » du Général se borne aux Affaires étrangères et à la Défense ! Le domaine réservé du Prési-

---

* Les prélèvements obligatoires (État, collectivités, charges sociales) représentaient en 1964 34 % du PNB. En 1997, ils représentent 46 %. Giscard avait déclaré à la tribune : « Au-dessus de 40 % de prélèvement publics, un pays peut être considéré comme socialiste. »

dent, c'est toute question dont il estime de son devoir de se saisir, parce qu'elle met en cause l'intérêt national. Le Général a décidé qu'il n'y aurait pas d'impasse. Et s'il a mis, par ma voix, son ministre devant le fait accompli, c'est peut-être qu'en ne réagissant pas à son propos pourtant très clair sur l'impasse, Giscard l'avait mis en défiance.

« Non, le plan de stabilisation, on ne l'arrête pas encore »

Au Conseil du 6 mai 1964, Giscard : « Il faut que les administrations ne puissent engager au deuxième trimestre que les autorisations de programme prévues pour ce deuxième trimestre, c'est-à-dire 25 %.

GdG. — L'an dernier, c'était au deuxième trimestre que tout le monde a pris le mors aux dents ?

Giscard (qui sait tout de suite tirer parti d'une attitude du Général ; l'instant d'avant, il souhaitait que le deuxième trimestre ne dépasse pas 25 % ; il se précipite dans la fissure ouverte). — Ne faudrait-il pas réduire le pourcentage du deuxième trimestre ? On pourrait le ramener à 21 ou 22 %.

Pisani (gémit). — Mais c'est un piège à ministres ! Il y a une inertie pendant le premier trimestre qui oblige à une accélération au second ! Sinon, déclarons tout de suite que toute l'administration du pays est mise en tutelle par quelques fonctionnaires obscurs dans une soupente du ministère des Finances.

GdG (défend les fonctionnaires obscurs). — On a quand même bien besoin que ces fonctionnaires veillent dans leur soupente à ce que soit observée une politique d'étalement sur toute l'année. Si le retard du premier trimestre provoque une accélération au second, c'est cela même qui provoque la surchauffe. »

Après le Conseil du 6 mai 1964, je demande au Général : « Alors, vous êtes assez content de ces résultats ?

GdG. — Le rythme de l'augmentation des prix est maintenant inférieur à celui de la plupart des grands pays.

AP. — Alors, on l'arrête, ce plan de stabilisation ?

GdG. — Non, non ! Pas encore, car l'emballement se poursuit dans certains secteurs, le bâtiment par exemple ; si l'on n'y prenait garde, il risquerait de s'étendre. Alors, le gouvernement maintiendra l'application du Plan pendant la période qui vient. N'en dites pas plus. »

Au Conseil du jeudi 21 mai 1964, préparation du budget 1965. Giscard rappelle l'objectif : ne pas dépasser 7 % de croissance. « Le mal inflationniste est si profond, qu'il imprègne notre esprit. Aucune grandeur dans la nature ne progresse de 10 % par an !

Pompidou. — Que les ministres ne demandent pas 10 en espérant que les Finances, parties de 5, consentiront 7.

Fouchet. — Mes craintes sont grandes. Ne pas me concéder ce dont j'ai besoin, c'est condamner la réforme de l'enseignement à l'échec. C'est comme si on installait des baignoires, mais sans canalisations pour y amener l'eau.

GdG. — Personne ne conteste la nécessité de soutenir l'Éducation nationale, notamment pour les constructions. On n'est pas mal disposé. (Dans la bouche du Général, cela sonne comme un "Va, je ne te hais point".) Mais on ne peut pas faire une réforme de l'enseignement qui dépasse nos moyens.

« Il faut voir les problèmes dans leur ensemble. Où est l'essentiel ? C'est d'en finir avec l'inflation dans ce pays. Il faut que le budget 1965 soit exemplaire. On ne peut pas faire tout à la fois. Il faut donc étaler. »

Le trio ne laisse paraître aucune faille : les « dépensiers » se le tiennent pour dit.

« Non seulement ça continue, mais ça durera ! »

Salon doré, 17 juin 1964.

AP : « Le *Journal du Dimanche* parle de l'arrêt du plan de stabilisation. Il paraît que vous y seriez décidé.

GdG. — Ce sont des inventions !

AP. — Alors, on continue ?

GdG. — Bien sûr qu'on continue ! Et longtemps encore !

AP. — Toute l'année 1965, malgré l'élection présidentielle ?

GdG. — Mais naturellement ! Et non seulement ça, mais il faudrait qu'on en sorte avec des dispositions définitives, comme quand Poincaré a fait voter une loi constitutionnelle pour l'amortissement, vous vous rappelez ? Non, vous ne savez pas, vous étiez trop jeune, c'était en 26.

AP. — Je naissais à peine, mais je l'ai lu dans les livres.

GdG. — Il avait fait voter une disposition pour l'amortissement des dettes de l'État, sous la forme constitutionnelle. Il avait réuni le Congrès à Versailles, de manière qu'on ne puisse ensuite rien y changer. Je ne dis pas qu'on fera la même chose, sous la même forme. Mais on peut prendre des dispositions de principe, probablement législatives, pour maintenir de manière impérative certaines conditions de la stabilisation. En particulier, en ce qui concerne les dépenses publiques.

AP. — Qu'il n'y ait pas d'impasse ? L'interdire par la loi ?

GdG. — Pourquoi pas ? Dans les anciens budgets, il n'y avait pas d'impasse. Le budget était voté avec des recettes et des dépenses rigoureusement identiques. Rajouter des dépenses qui n'étaient pas gagées par de vraies recettes, c'est une idée qui ne serait jamais venue. Ça a fait son apparition quand l'inflation est devenue la règle ! On s'est mis à boucler le budget par l'inflation, en faisant fonctionner la planche à billets, en émettant des bons du Trésor. Il faut donc en finir une fois pour toutes avec l'impasse.

AP. — Quand il y a des plus-values fiscales, il faut bien les remployer sous forme de dépenses supplémentaires ?

GdG. — On les remploiera toujours. Naturellement.

AP. — Alors, on ferait un collectif en fin d'année.

GdG. — Non ! C'est une très mauvaise disposition ! Vous vous arrangez pour que ces recettes supplémentaires soient dérivées d'une année sur l'autre. C'est l'enfance de l'art. Et ça ne crée pas de moyens de paiement artificiels. Les lois de programme sont faites pour dépasser ce que le budget annuel a de trop étroit. Elles permettent de corriger l'annualité. Alors, les collectifs, c'est fini ; l'impasse, c'est fini ; l'inflation, c'est fini. »

« Il faut se laisser les mains libres »

Sans doute le Général a-t-il essayé son idée de loi constitutionnelle, façon Poincaré, sur quelques visiteurs. Sans doute s'est-il rendu compte que les inconvénients seraient plus grands qu'il n'avait imaginé. Toujours est-il qu'il fait grise mine à sa propre idée, quand Giscard, *au Conseil du 26 août 1964*, la reprend et la proclame.

Après le Conseil, je demande au Général : « Que pensez-vous de l'idée de Giscard ?

GdG. — Le principe est bon, mais il ne faut pas être plus royaliste que le roi. Giscard démontrait qu'on ne pouvait pas établir un budget sans impasse, et maintenant il veut qu'on s'y oblige constitutionnellement. Il faut se laisser les mains libres. Supposez une guerre, une dépression économique grave dont on ne puisse sortir qu'en recourant à l'emprunt, que sais-je ? On ne peut jamais savoir. La vie est imprévisible. Nous devons nous fixer des règles à nous-mêmes, mais ne pas nous les imposer artificiellement, pour une période future dont nous ignorons tout. »

Il a écarté la tentation d'enchaîner l'avenir par un texte. Reste à être *exemplaire*, dans le présent, pour façonner des habitudes nouvelles — et d'autant plus que 1965 est l'année du rendez-vous entre l'État et la Nation.

Chapitre 6

« LE PREMIER BUDGET EN ÉQUILIBRE DEPUIS POINCARÉ »

Conseil du mardi 7 juillet 1964.

C'est l'époque où la négociation budgétaire est au plus vif entre la rue de Rivoli et les ministres « dépensiers ». C'est donc le moment, en Conseil, de rappeler l'objectif.

Giscard : « La progression des dépenses publiques actuellement prévues est de 7,77 %. Il faut faire un effort supplémentaire pour s'en tenir à une progression de 7 %.

GdG (enfonçant le clou plus profond). — La progression doit être au maximum de 6,99 %, elle doit rester *inférieure* à 7 %. C'est un effort considérable. Il fallait vraiment rompre avec le passé. »

« Pour des raisons politiques évidentes »

Cette fois, ce n'est pas le Général, ce sont les ministres que Pompidou essaie de rassurer, en expliquant que ça aurait pu être pire : « Ça correspond aux recommandations de la Commission de Bruxelles. L'Allemagne est à 6 % seulement de croissance du budget de l'État : nous ne vous en demandons pas tant.

Pisani. — Le budget d'investissement de l'Agriculture va augmenter de 0,45 %, ce qui veut dire une diminution.

GdG (inquisitorial). — Quelle a été l'augmentation de vos dépenses d'investissement de 1964 sur 1963 ?

Pisani. — 9 %.

GdG. — Ça fait quand même près de 10 % sur deux ans. Quand une année a été en forte augmentation, c'est encore faire un gros effort que de maintenir cette augmentation.

« On a eu un déferlement des dépenses publiques au cours de ces dernières années. C'est une nécessité de l'arrêter. On a les moyens de faire en 1965 un budget qui soit sincère, qui s'équilibre réellement, et qui n'ajoute pas à l'inflation. Pour l'intérieur et pour l'extérieur, cette manifestation est capitale. Si notre expansion continue, nous serons alors dans des conditions normales et plus aisées pour les budgets suivants.

« L'année 1965 est décisive : pour la stabilisation ; pour la conjoncture européenne ; pour des raisons politiques évidentes. C'est la dernière année où nous soyons sûrs que nous pourrons établir un budget en équilibre. Nous devons le faire. (Les regards s'échangent autour de la table : veut-il dire qu'il envisage d'être battu ? Ou que son successeur ne serait pas aussi rigoureux ?)

« Ce sera un changement complet par rapport à ce qui était établi jusqu'à présent. Des habitudes d'esprit avaient été prises, qui faisaient penser qu'on pouvait augmenter les dépenses d'une année sur l'autre au-delà de la progression du revenu national. Cette pratique est terminée. Ce sera marqué et signifié en 1965. D'où l'importance exceptionnelle de l'effort qui vous est demandé. »

Pompidou me glisse un papier d'instructions qui se termine ainsi : « Vous pouvez dire que j'ai *personnellement* (il a souligné) imposé le maintien de la croissance à 10 % des autorisations de programme du secteur programmé. »

Il ne s'agit que des dépenses d'investissement, mais Pompidou tient à se présenter — et à ce que je le présente — comme un gestionnaire soucieux de croissance, et qui sait s'opposer aux pulsions d'austérité du Général, encouragées par Giscard.

« L'État avait pris l'habitude de vivre au-dessus de ses moyens »

Salon doré, après le Conseil.

AP : « Je ne voudrais pas déflorer ce que dans quinze jours vous allez dire du budget dans votre conférence de presse.

GdG. — Je me contenterai de dire que le budget de 1965 sera en équilibre. Mais vous pouvez en dire plus. Les dépenses définitives de l'État, jusqu'à maintenant, s'accroissaient d'une année sur l'autre plus vite que ne s'accroissait le revenu de la nation. Autrement dit, l'État avait pris depuis très longtemps l'habitude de vivre au-dessus de ses moyens.

« Pour la première fois depuis Poincaré, la progression de la masse des dépenses de l'État ne dépassera pas la progression du produit national, et le budget est en équilibre. La stabilisation se fait. Un budget de stabilité, c'est vraiment le premier que l'on voie depuis Poincaré. Et ça ne doit pas être le dernier. Il faut que ça devienne la règle.

« Mais la stabilisation n'est pas contraire à l'expansion, et je le prouve. La stabilisation continuera. Elle affecte maintenant le budget, qui en est le facteur le plus décisif. Bon. Et l'expansion continuera. Le Ve Plan sera un plan d'expansion.

« Vous pouvez expliquer que le budget qui a été décidé ce matin, ce n'est pas un budget déflationniste, mais un budget non inflationniste. Ce qui fait que, pour les jeunes, c'est-à-dire pour l'avenir, c'est énorme. C'est révolutionnaire ! »

Si faire la révolution, c'est casser les habitudes, il n'a pas tort. Mais je me garderai de reprendre le qualificatif, tant il serait difficile d'associer l'idée de révolution et cette sobriété de l'État…

« Pourquoi voulez-vous que le plan de stabilisation ait un effet sur l'élection présidentielle ? »

Au Conseil du 29 juillet 1964, Giscard aborde un point délicat : « Les collectivités publiques et locales doivent respecter la ligne que l'État s'est fixée pour lui-même. Le budget des communes et des départements représente le tiers de celui de l'État. La progression de leurs dépenses est très forte. »

Directement visé, le ministre de l'Intérieur reste silencieux. Seul Triboulet, conseiller général de Tilly-sur-Seulles, monte au créneau : « La population n'est pas sensible à l'équilibre budgétaire. Elle souhaite une modernisation profonde. Quand le général de Gaulle lui dit : "Nous allons vers le progrès", ça la touche. S'il lui dit : "mais ralentissons les dépenses", elle ne suit pas. Les municipalités les plus populaires sont celles qui vont de l'avant. Inciter les collectivités locales à réduire leurs dépenses en année électorale, c'est suicidaire.

GdG (pédagogue et bonhomme). — Il faut que cette expansion ne dépasse pas les moyens que permet l'accroissement du revenu national. Ce que l'État a pour devoir et honneur de faire n'est pas toujours agréable. Ce n'est pas une raison suffisante pour ne pas le faire. »

Après le Conseil.

AP : « Vous ne craignez pas que ces dispositions soient dangereuses avant les élections municipales ?

GdG. — Je ne vois pas quelle incidence notre attitude peut avoir sur ces élections municipales. On ne peut pas savoir dans quel sens.

AP. — Et sur l'élection présidentielle ?

GdG. — Pourquoi voulez-vous que le plan de stabilisation ait un effet sur l'élection présidentielle ? Il s'agit de faire comprendre que nous modérons l'expansion pour ne pas risquer la culbute, alors que nous y allions tout droit. Les gens peuvent comprendre ça. »

On dit partout que le Général méprise les Français. Mais ne s'en fait-il pas plutôt une idée trop haute ?

Au Conseil du 16 septembre 1964, Giscard présente ce budget enfin bouclé, dont nous sentons bien autour de la table l'importance politique, même s'il a fait souffrir plus d'un ministre :

« 1) L'impasse budgétaire est supprimée ; 2) la masse des dépenses budgétaires n'augmentera pas plus que la production ; 3) priorité aux investissements publics, qui augmenteront de 10 % ; 4) allégements fiscaux. En revanche, je souhaite moraliser les exonérations d'impôts pour dépenses somptuaires des sociétés (on exclura les chasses, les yachts, le tourisme au-delà de 20 000 francs, les résidences secondaires, les cadeaux d'entreprise, les restaurants quand la note dépasse 35 francs * par personne).

GdG (prompt à deviner la réaction du contribuable moyen). — Ça fera sourire.

Giscard. — C'est comparable à ce que font la Suède et les États-Unis. Ensuite, nous lutterons contre la publicité routière. Il faut faire disparaître cette disgrâce du paysage français, ce qui entraînera une perte de recettes. »

Giscard s'étend sur ces aménagements, laissant, sans doute, au Général le soin de souligner l'équilibre de l'ensemble. Chacun autour de la table s'attend à un commentaire solennel. Peut-être est-ce pour cela que le Général nous en prive. La surprise est dans le silence, façon de dire que « ce budget est *normal* » ; enfin normal.

Après le Conseil, où l'on a aussi délibéré des options du Ve Plan, le Général me les résume ainsi, sans disposer d'aucune note sur sa table, nette comme d'habitude :

« 1. L'expansion se poursuivra à un rythme voisin de 5 % l'an.

« 2. Des indicateurs d'alerte permettront d'assurer la défense de la stabilité et du plein-emploi.

« 3. Les industries et les exploitations agricoles seront rendues plus compétitives vis-à-vis du Marché commun.

« 4. L'effort de recherche scientifique et technique sera intensifié.

« 5. La consommation privée augmentera de 24 à 25 % en cinq ans, tandis que les fonds affectés aux tâches de défense, de progrès culturel et social, de solidarité intérieure et extérieure, augmenteront de 40 %.

« 6. Une politique des revenus sera mise en train.

« 7. Les objectifs sociaux seront beaucoup plus importants que dans le IVe Plan. Les crédits qui leur seront affectés augmenteront : pour la construction de logements de 35 %, pour les prestations sociales de 40 %, pour les équipements collectifs, de 55 %.

« 8. La politique d'aménagement du territoire sera intensifiée — grands axes de communication, industrialisation de l'Ouest, axe Méditerranée-Mer du Nord, modernisation de la région parisienne, villes millionnaires. »

Ça se déroule comme s'il lisait au *télé-prompteur*. A-t-il appris par cœur ? Il a une mémoire quasi maladive.

« L'inflation des salaires vient du laisser-aller des patrons »

Au Conseil du jeudi 12 novembre 1964, Giscard fait le point sur la stabilisation : « Les équilibres fondamentaux de l'économie

---

* Soit environ 250 francs en 1997.

française ont été restaurés pour l'essentiel. Mais, depuis deux mois, il y a une tendance à la reprise de la hausse des prix, surtout pour les services. Disons-le : la politique de stabilisation a échoué pour les salaires. Le taux horaire aura progressé dans l'année 1964 de 9 %. Aucun artifice ne peut stabiliser longtemps l'économie quand la croissance salariale est telle ! Le marché de l'emploi est insuffisamment approvisionné. Dès qu'une entreprise a des difficultés, tout le monde s'émeut à la pensée qu'on pourrait remettre sur le marché de l'emploi quelques milliers d'ouvriers et on se coalise pour l'empêcher.

Pisani (à mi-voix). — Comme il a bon cœur !

Giscard. — Devant cette incoercible montée des salaires, le blocage des prix est en train de s'user. C'est une technique grossière, qui ne peut survivre plus de quelques mois. Les fabricants changent la marque, introduisent une nuance. C'est un nouveau produit : le blocage est inapplicable.

« Mais surtout, l'excédent du pouvoir d'achat est la cause générale de l'inflation, sans laquelle les causes particulières ne joueraient pas. »

Le Général est-il agacé de ces mauvaises nouvelles ? Déconcerté par cette analyse qui montre que l'inflation échappe à la prise de l'État ? Ou plutôt, par pragmatisme, veut-il abréger les analyses et arriver tout de suite aux décisions :

GdG (le brusquant) : « Alors, en pratique, qu'est-ce qu'on fait ? Quelles doivent être les mesures pour combattre ces tendances ?

Giscard. — D'abord, le maintien des contraintes actuelles. On aurait pu souhaiter leur levée : c'est impossible. On ne peut revenir sur l'encadrement du crédit, le blocage des prix, la régularisation de la dépense publique. Aucun risque ne doit être pris. La stabilisation est fondamentale pour l'année 1965. Le dispositif doit être renouvelé et approfondi pour atteindre cet objectif. »

« Les gens ont toujours l'argent facile »

Pompidou intervient aussitôt pour dédramatiser. Il n'avait cessé de scruter le visage du Général pendant la communication de Giscard : « La situation de la trésorerie est excellente. Notre commerce extérieur a plus que largement retrouvé l'équilibre. Je reconnais que les salaires montent trop. L'alimentation baissera à cause des formes nouvelles de grande distribution de type américain. Pour le moment, la demande croît, alors que l'offre ne croît pas autant. On ne va pas contre la vérité économique. Les hausses de rémunérations dévorent la productivité et même une partie des marges. Mais dans l'ensemble, le plan de stabilisation est une réussite.

GdG. — Il est très important que la stabilisation, fondamentalement réussie grâce à l'intervention de l'État, soit marquée par le budget 1965. Les gens ont toujours l'argent facile. La psychologie n'est pas encore inversée. C'est fâcheux.

« Je ne peux pas accepter qu'on ne trouve aucun moyen d'action directe sur les entreprises. On avait envisagé des mesures ; on n'en a jamais pris aucune. Les industriels font absolument ce qu'ils veulent. C'est excessif. Nous agissons sur le commerce, sur les détaillants, sur la production. Pourquoi pas sur les rémunérations ?

« Pour les prix, il y a des tensions. Je ne suis pas sûr qu'on intervienne très vite et très vigoureusement. Pour le beurre, malgré la diminution des livraisons de lait, il y a eu des exportations de beurre, et la raréfaction a fait monter les prix. On aurait dû arrêter ces exportations. Pour le poisson : pourquoi n'intervient-on pas pour approvisionner Paris en poisson ?

« Il y a de plus en plus de gens qui vont chez le coiffeur »

« Quant au secteur des services, il faut avoir prise sur lui. Pour les restaurants, les coiffeurs, etc., on peut prendre des dispositions réglementaires et éventuellement législatives. Les prix sont fonction du nombre de consommateurs. Il y a de plus en plus de gens qui vont chez le coiffeur, de femmes qui s'y font faire de plus en plus de choses. Cela ne se justifie pas du point de vue de l'intérêt national. (On n'ose pas rire, tant le Général sait faire cocasse avec sérieux.)

« Bref, pour les rémunérations, l'action immédiate sur les prix, les prix des services, je ne crois pas qu'on fasse ce qu'il faut.

Grandval. — Tout ce que nous pouvons espérer, c'est que les inspecteurs du travail n'interviennent pas pour demander des augmentations salariales.

GdG. — Dans mon esprit, il ne s'agit pas d'intervenir dans le débat entre patrons et syndicats. Mais sur les entreprises : on peut imposer une limitation aux hausses de salaires en les pénalisant fiscalement. J'ai l'impression que l'inflation des salaires vient du laisser-aller général des patrons, plus que de la pression de la base. Il faut se donner les moyens de faire pression sur les patrons. »

Étonnant numéro. Sur l'exposé quelque peu désabusé de Giscard, son volontarisme rebondit. Il n'est pas à court d'imagination, de suggestions. Ne dirait-on pas un conseiller technique expliquant à son ministre ce qui pourrait être fait, si l'on en avait le courage ?

Chapitre 7

« NOUS PASSONS DE LA STABILISATION À LA STABILITÉ »

Conseil du 13 janvier 1965.

Giscard annonce avec un brin de solennité que « nous sommes entrés dans l'avant-dernière phase de notre plan, après la première, fin 63, qui a liquidé l'inflation, et la deuxième, en 64, qui a rétabli les équilibres en profondeur. La troisième oriente l'économie vers le retour de la stabilité. La quatrième relancera l'économie.

GdG (délibérément terre à terre). — Les importations ont augmenté en décembre.

Giscard. — En valeur absolue, elles ont augmenté. Le secteur des salaires n'a pas été assez freiné.

« Au printemps, nous entrerons dans la dernière phase, la relance. Nous devons faire des progrès de compétitivité. Il va falloir préparer la reprise, soit spontanée, soit stimulée. »

Pompidou intervient longuement sur la relance des investissements. Il est un peu moins clair que d'habitude.

GdG : « Ce que nous avions prévu s'accomplit. Il est impossible de passer de l'inflation à la stabilité, sans qu'il y ait un ralentissement de l'activité intérieure. Il n'y a pas arrêt du progrès économique de la France. On s'en apercevra dans quelque temps. Il faudra vraisemblablement faire quelque chose pour faciliter la reprise, mais en toute sérénité. »

« Il y a eu, par triche, des augmentations de salaire considérables »

Après le Conseil, le Général me dit, non sans cruauté : « Ce n'est pas la peine de revenir sur ce que le Premier ministre a dit des investissements. Vous n'en sortiriez pas. Il n'en a pas lui-même une idée très précise.

(Pour une fois que Pompidou a été moins percutant, le Général ne le rate pas. De plus, il doit craindre que parler d'aide à l'investissement soit prématuré ; l'heure est encore à la stabilité.)

« Nous avions une économie qui incorporait l'inflation. Nous avons une économie qui ne l'incorpore plus. L'adaptation prévue a été réalisée. Nous passons de la stabilisation à la stabilité. L'expansion se produira dans des conditions bien plus saines. De ça, on n'a pas de raison de douter. »

Conseil du jeudi 21 janvier 1965.

Pompidou : « Le patronat comme les syndicats ne supportent pas la rigueur du plan de stabilisation, particulièrement la volonté de rétablir l'autorité de l'État. Ils essaient, avec un parfait ensemble, de faire capituler le gouvernement.

« L'éloge vibrant du libéralisme traditionnel, c'est l'attitude de tous les patronats de la terre. C'est normal, à condition que ce libéralisme ne se transforme pas en demandes pressantes à l'État en cas de nécessité, et favorise la concurrence. Parmi les mesures dirigistes, on dénonce le blocage des prix. Bloquer les prix n'a jamais empêché de les baisser ! Il faut lutter contre l'extérieur avec des prix compétitifs !

GdG (abordant le premier la seule question qui fasse débat). — Il faut régler la question du SMIG. Je ne crois pas qu'il y ait de raison de s'opposer à l'augmentation du SMIG, puisque l'ensemble des salaires n'est pas affecté par lui. Comme il y a eu, par triche, soit dans le secteur public (il ne l'a pas digéré), soit dans le privé, des augmentations considérables, la question du SMIG se pose. Le Premier ministre est favorable à son augmentation. Y a-t-il des objections ?

« Pourquoi les pauvres diables seraient-ils seuls exclus de la croissance ? »

Giscard (cinglant). — J'ai un sentiment tout à fait différent. *Si on augmente le SMIG, il y aura augmentation des prix.* (Il répète en détachant les syllabes.) Nous ne devons pas donner l'impression que nous reprenons les pratiques anciennes. Je le dis avec beaucoup de conviction, une décision de cette nature va à l'encontre de la politique gouvernementale.

GdG (visiblement satisfait d'avoir à arbitrer entre l'autorité de son Premier ministre et le brio de son ministre des Finances). — Nous sommes pris entre deux impératifs contradictoires. D'une part, nous poursuivons la stabilisation et nous l'obtenons. D'autre part, nous avons choisi la politique des revenus, qui doit garantir l'accroissement du niveau de vie pour toutes les catégories sociales. Je dis : toutes. Pourquoi faire exception pour les seuls bénéficiaires du SMIG ? Si nous n'augmentions pas le SMIG, nous établirions que seuls les Français les moins bien traités n'ont pas le bénéfice d'une amélioration de leur sort. Pourquoi les pauvres diables seraient-ils seuls exclus de la croissance ? C'est justement parce que les prix n'augmentent pas que l'augmentation du SMIG prend toute sa valeur ; sinon, elle ne signifierait rien. »

Nous voilà à fronts renversés. Giscard, qui n'aurait pas voulu du plan de stabilisation, en soutient la logique avec acharnement. De Gaulle, qui l'a imposé à Giscard, plaide en faveur de l'augmentation des salaires… Giscard, contrairement à la règle non écrite, reprend son plaidoyer après la conclusion du Général : « Je maintiens que c'est inopportun. Notre décision sera interprétée comme la reconnaissance du mouvement irrépressible des prix.

GdG. — On a accordé une augmentation à tous les salaires. Je ne vois pas comment le salaire minimum serait le seul à ne pas augmenter. Ça me paraît quand même assez difficile.

Grandval (qu'on s'étonnait de ne pas entendre tenir le propos d'un gaulliste de gauche). — Si nous prenons cette initiative, elle aura des conséquences beaucoup moins nocives que si nous *reculons.* (Comme chaque ministre excelle à présenter la thèse de son antagoniste de manière à la rendre odieuse au Général…) Vous savez combien touche un smigard ? Vous croyez qu'on peut vivre avec ça ? (Il se penche en avant pour darder son regard courroucé sur Giscard. Celui-ci ne bronche pas devant ce piège pour réunion électorale.)

Pisani. — Les salaires au SMIG sont presque tous hors de Paris. C'est la province profonde qui est concernée. Ne pas relever le SMIG, ce serait maintenir cette différence inacceptable. (La cible, c'est-à-dire l'esprit du Général, a été bien visée : en plein dans le mille.)

Pompidou. — Cette mesure est raisonnable. Nous sommes aujourd'hui capables d'augmenter les salaires, sans que la stabilité soit remise en cause.

GdG (il donne à la fois un coup de chapeau à Giscard, et raison à Pompidou, soutenu par ses autres ministres "dépensiers", sombrement hostiles à Giscard). — Le ministre des Finances a souligné l'effet psychologique de la décision. Ça en produira incontestablement un. Mais je crois qu'il faut passer outre. »

« Discutez-en tant que vous voulez, je n'entre pas là-dedans »

Conseil du 14 avril 1965.

Pompidou présente le budget. Giscard bouscule tout le monde pour le calendrier.

Marcellin * gémit pour les crèches, imité par quelques collègues. Le Général, de bonne humeur, les console sans rien céder.

GdG : « Il y a une politique qui comporte un cadre financier. Il y a 26 membres du gouvernement. Discutez de vos projets tant que vous voulez, je n'entre pas là-dedans. Ce serait contraire au bon fonctionnement de l'État. Il vous appartient d'argumenter avec le secrétaire d'État au Budget, puis avec le ministre des Finances, puis avec le Premier ministre. »

* Ministre de la Santé publique.

« Vous avez fait tellement de promesses que vous êtes bien embarrassés maintenant »

Conseil du 13 juillet 1965. Le budget 1966 se noue.

Après Giscard, le Général : « Y a-t-il des observations ? Je me doute que chacun de vous aurait à en faire.

Foyer. — La justice est toujours misérable. Vous auriez pu vous dispenser de m'imposer cette amputation, en application du proverbe : “Il est impossible de peigner un diable chauve.”

Fouchet. — J'exprime un regret très profond. La rentrée sera mauvaise. J'ai déjà réalisé un tour de vis considérable.

GdG. — Sur quoi l'avez-vous pris ?

Fouchet. — Les heures supplémentaires et les frais de voyage.

GdG (durement). — Pas sur les traitements que vous payez à tous les enseignants qui sont planqués pour une activité d'agitation à la Ligue de l'enseignement et aux syndicats.

Pisani. — Je demande que l'on réserve le problème de la détaxe des carburants agricoles.

GdG. — Je veux bien que l'on étudie de plus près ce problème, mais il doit être bien entendu que ce n'est pas à cause de négociations avec la profession, ni avec les groupes parlementaires, qu'il faut décider ces détaxes. » (Pisani reste muet.)

Les complaintes se poursuivent longtemps. Le Général est intraitable. Il lance à la cantonade : « Vous avez fait tellement de promesses que vous êtes embarrassés maintenant. »

« La formation professionnelle, c'est ça l'essentiel »

Conseil du 8 septembre 1965. Les ministres dépensiers ont séché leurs larmes. Le ministre des Finances savoure son chef-d'œuvre.

Giscard : « C'est le septième projet de budget que j'ai le privilège de présenter au Conseil, soit comme secrétaire d'État, soit dans mes fonctions propres.

« Des changements importants y ont été introduits. Ainsi, toutes les dépenses à caractère définitif seront financées par l'impôt.

GdG. — La formation professionnelle, c'est ça l'essentiel. De combien s'accroît-elle ?

Giscard (interloqué d'être interrompu en plein élan, mais incollable). — 13 %... Le point faible de ce budget, c'est une croissance excessive des dépenses ordinaires. Elle n'est pas conforme à la modération de la consommation voulue par le plan de stabilisation. En revanche, nous avons abouti à une normalisation de la préparation budgétaire. Les trois plus importants budgets, Armées, Éducation, Agriculture, ont été fixés sans que le Premier ministre ait à intervenir. Mais j'ai réservé au Premier ministre la formulation des choix essentiels. »

De Gaulle remercie : « Nous avons établi les conditions nécessaires au maintien des habitudes nouvelles.

Pompidou. — C'est le budget le meilleur de ceux que j'ai pu voir depuis que vous m'avez appelé à ces fonctions. Le meilleur, parce que le plus sincère ; les dispositions ont été prises pour que les dépenses ne dépassent pas les prévisions. La règle de l'équilibre est appliquée strictement. »

Pompidou est aussi content, en énonçant ces résultats, que Colbert se frottant les mains quand il s'asseyait à sa table de travail. Le Premier ministre donne longuement le détail de ses choix.

Le Général hoche la tête. L'inflation est cassée, l'expansion ne l'est pas. La Bête est terrassée, la Belle est sauvée. Il est heureux. C'est sa victoire.

Chapitre 8

« CE SONT LES PAYSANS LES PLUS RICHES QUI SONT LES PLUS LARMOYANTS »

Le Général défend l'agriculture française avec bec et ongles face aux autres pays. Mais il n'est pas béat devant nos agriculteurs.

Conseil du 27 mars 1963.

Pisani : « Les conséquences du gel sont moins graves qu'on ne l'avait annoncé. On pensait avoir perdu 50 % des récoltes de céréales. En fait, les destructions ne sont que de 20 %.

GdG. — Je vous prédis, sans aucune crainte de me tromper, que nous aurons du blé à ne savoir qu'en faire.

Pisani. — Puissiez-vous ne pas vous tromper, mon général !

GdG. — Il faudrait qu'un jour vous vous décidiez à nous parler enfin, non des conséquences du mauvais temps, mais des conséquences du beau temps.

Pisani. — Je voudrais être en mesure de le faire.

GdG (à bout portant). — L'an dernier, vous étiez tout à fait en mesure de le faire, et vous ne l'avez pas fait.

« Les paysans ne sont jamais contents. Ou bien il pleut trop, ou bien c'est trop sec, ou bien il fait trop froid, ou bien il fait trop doux. Jamais ça ne va ! Il faut toujours s'apitoyer à leur sujet ! D'ailleurs, chaque ministre a la manie de s'apitoyer sur sa clientèle. Les Conseils des ministres sont des concerts de lamentations. »

« Si les paysans portent atteinte à l'ordre public, ce n'est plus l'affaire du ministre de l'Agriculture, ça devient celle du ministre de l'Intérieur »

Pisani fait ensuite le point sur la grande loi d'orientation agricole : « Il faudra bien dix ou quinze ans pour surmonter les difficultés que soulève son application.

GdG. — En tout cas, il ne faut pas subventionner l'agriculture. On passe son temps à donner de l'argent à des gens qui se le mettent dans la poche et ne font pas le moindre effort pour réformer leurs usages. On arrose un peu tout le monde, de manière que ça puisse vivoter tant bien que mal. On ne provoque pas les transformations nécessaires. »

Conseil du 3 avril 1963.

Pisani : « Nous aurons des mouvements d'agitation paysanne dans les semaines qui viennent.

GdG. — Ça consistera en quoi ? À ce que vos paysans ne livrent pas leur lait ? On ne sait déjà qu'en faire !

Pisani. — Non, mais en des atteintes à l'ordre public.

GdG. — Si les paysans portent atteinte à l'ordre public, ce n'est plus l'affaire du ministre de l'Agriculture, ça devient celle du ministre de l'Intérieur : s'il fait son devoir, il est là pour y parer. C'est à lui de s'en occuper, surtout pas à vous.

Triboulet (au secours de ses électeurs). — N'oublions pas que les paysans sont moins embourgeoisés que la classe ouvrière.

GdG. — Ce sont les paysans les plus riches qui sont les plus larmoyants. Allons donc ! Ne restez pas d'avance paralysés, les uns et les autres, par la peur que les gens qui dépendent de vous "se durcissent". »

« Les petits paysans sont toujours représentés par de gros cultivateurs, qui tirent la couverture à eux »

Dans l'autorail présidentiel, en Champagne, 24 avril 1963.

AP : « Nous traversons une campagne qui n'a pas l'air malheureuse du tout. Mais c'est la Champagne viticole…

GdG. — Les petits paysans sont toujours représentés par de gros cultivateurs, qui tirent la couverture à eux. Ils se préoccupent peu que l'on trouve une solution dans l'intérêt des petits cultivateurs, c'est-à-dire qui permette de faire évoluer les structures. Ils veulent des prix plus élevés, qui enrichissent les gros, mais c'est un ballon d'oxygène pour les petits, qui continuent cahin-caha sans rien changer.

« Il ne faut pas se laisser démonter par tous ces *lobbies*. Pas plus qu'il ne faut se laisser démonter par les revendications des maires ruraux qui traduisent leur opinion et non pas celle de toute leur commune. L'opinion de leur commune, elle se traduit sur le bord des routes, quand je passe. »

« Ils n'ont pas la chance de pouvoir faire la grève »

Au Conseil du 30 avril 1963, on débat longuement sur le problème du lait.

Pompidou conclut : « Tant que les petites propriétés, qui nourrissent six ou huit vaches, seront les plus nombreuses, le problème agricole restera sans solution.

« En attendant, nous devons traiter le problème du lait sous son aspect social. Le total de la subvention du lait est d'un milliard pour 1 600 000 agriculteurs. Ce n'est pas plus que le milliard qu'on a consenti pour 180 000 mineurs.

« Le prix du lait que nous allons décider ne saurait être remis en cause avant le printemps prochain. Il faudra que la profession prenne des engagements. Pour d'autres produits aussi, le blé, la betterave, etc., il est essentiel de l'associer à une politique des prix.

GdG. — Oui, mais que les paysans laissent le couteau au vestiaire !

Pompidou. — Le système du prix annuel suppose une collaboration étroite avec la profession.

GdG. — Mais il ne faut pas, ensuite, que les paysans s'amusent à barrer les routes !

Pisani (s'emporte). — Mais, mon général, ils n'ont pas la grève à leur disposition ! Ils sont bien obligés de soigner leurs vaches, même le dimanche. Ils n'ont aucun moyen de se faire entendre, sinon de mettre leurs tracteurs en travers des nationales !

GdG (sensible à la remarque de Pisani). — C'est vrai, ils n'ont pas la chance de pouvoir faire la grève : ce ne sont pas des employés de l'État !

Pisani. — Justement, il y a manquement de la part des fonctionnaires ! Il n'y a pas manquement de la part des agriculteurs. »

« Un tas de petits bonshommes qui vivent sur le pis de leurs vaches »

À l'issue du Conseil, j'interroge le Général sur l'agriculture.

GdG : « Beaucoup d'éléments sont en progrès ; d'autres, pas. La répartition sur l'ensemble du territoire, les conditions de travail, sont anachroniques. L'agriculture française n'est pas à la hauteur de notre temps.

« Nous avons adopté la loi d'orientation agricole il y a trois ans. L'applique-t-on ? Pas vite ! Partout où je passe, j'entends parler de remembrements qui ne se font pas, d'exploitations qui ne fusionnent pas. L'état d'esprit des paysans est le suivant : "On est là comme on peut, on y reste comme nos parents y étaient avant nous, et que l'État nous fasse vivre."

AP. — Pour le lait, nous allons vers la crise ?

GdG. — Le lait, qu'est-ce que c'est ? Un tas de petits bonshommes qui vivent sur le pis de leurs vaches et qui ne peuvent pas vivre autrement. Après tout, ce n'est pas si difficile de traire une vache, de la conduire au pâturage ou de lui donner du foin. Il est plus difficile de s'adapter à des tâches nouvelles, qui correspondent à notre temps.

AP. — Vous prévoyez des difficultés avec les dirigeants ?

GdG. — Les dirigeants sont de gros exploitants, qui sont organisés pour vivre très bien. Ils profitent de la misère des petits paysans pour faire monter les prix, et empocher les bénéfices. Les petits suivent, bien sûr. Les dirigeants vont-ils s'engager ferme pour le même prix du lait pendant un an ? Moi, je veux bien, mais j'en doute. Ces types-là sont de grands bourgeois qui ne peuvent résister à la pression de la masse, pas plus qu'aucun grand bourgeois. Il est indispensable que la profession agricole prenne l'engagement public de s'en tenir au prix de 37 francs 20 pour l'année.

« Annoncez donc que, le gouvernement ayant pris ses décisions, toute agitation conduirait les meneurs en prison. L'ordre public sera maintenu. C'est un problème d'attitude et de langage. (Il me culpabilise d'avance.)

« Les ministres sont des veaux, l'État est servi par des veaux »

AP. — L'idée d'une réunion annuelle est originale.

GdG (sarcastique). — Quel inconvénient à ce qu'on les voie une fois par an, puisque Pisani les voit tous les jours ? Mais s'ils disent auparavant qu'ils vont barrer les routes, il sera impossible de tenir cette réunion.

« En réalité, la réorganisation qui a été décidée n'avance pas. L'inertie des agriculteurs et de leurs organisations est énorme. Ils n'évoluent que si on les y oblige.

« Si les meneurs syndicalistes provoquent de l'agitation, ils passeront devant la justice. Dites-le bien. Si des troubles locaux devaient intervenir, le gouvernement sévira avec la plus grande énergie.

AP. — Je veux bien, mon général, mais l'an dernier, vous m'aviez déjà chargé de dire la même chose, et pourtant les tracteurs ont barré les routes et on ne leur a rien fait.

GdG (accablé). — C'est vrai, vous avez raison. (Il se reprend.) Mais pourquoi ? Parce que les gendarmes sont des veaux, les préfets sont des veaux, les ministres sont des veaux, l'État est servi par des veaux. »

Personnellement, je n'ai jamais entendu le Général comparer nos compatriotes à cet animal indolent. Peut-être l'a-t-il fait devant d'autres interlocuteurs. En tout cas, la comparaison n'était pas réservée aux Français. Ceux qui étaient censés leur commander étaient exposés, pour leur pusillanimité, à la même colère gouailleuse.

Chapitre 9

« ET LES GARDES MOBILES REGARDENT DIGNEMENT CES DÉSORDRES »

Juin : après le lait, les légumes et le vin. C'est le mois des tensions sur ces marchés fragiles — et l'agitation alimente les journaux en incidents spectaculaires.

Matignon, conversation avec Pompidou, 24 juin 1963.
Pompidou : « De 1954 à 1962, un agriculteur sur quatre, selon l'INSEE, a quitté la terre ; donc les revenus agricoles, au lieu d'être distribués à 100 agriculteurs, sont distribués à 75 ; donc, chacun est plus riche d'un quart, à revenu égal ; or, en plus, le revenu a fortement augmenté. Dites-le bien, ne comptez pas sur Pisani pour le dire. »

« Depuis le temps que les Bretons piaillent, pourquoi n'a-t-on pas organisé quelque chose ? »

Conseil du mardi 25 juin 1963.
Pisani : « Il faut comprendre pourquoi les paysans s'agitent. Un exemple : les pommes de terre leur sont payées 0,80 F, et vendues 1,80 F à la ménagère. Ce n'est pas acceptable. Le problème commercial est grave, car il affecte une vaste population de petits commerçants de proximité.

« Enfin, il y a le problème de l'Algérie. Alors que nous nous protégeons contre tous, même contre nos partenaires du Marché commun, nous ne nous protégeons pas contre l'Algérie. »

Pompidou relativise : « Parce qu'il y a eu pendant dix minutes un incident sur des artichauts, on croit la France en révolution. Les forces de l'ordre ne rencontrent nulle part ces révolutionnaires. Quant au fond, il ne faut pas faire porter toutes les responsabilités sur l'État. Si nous voulons favoriser les conserveries de légumes et de fruits, les agriculteurs poussent des clameurs.

GdG. — Mais enfin, depuis le temps que les Bretons piaillent, pourquoi n'a-t-on pas organisé quelque chose ?

Pompidou. — Pour ce qui est de l'Algérie, elle achète son sucre en France, et nous en sommes bien contents. Pour les vins, on en importe des quantités modestes, et ce sont des vins faits par des propriétaires français.

Giscard. — On fait comme si cette agitation reflétait un mécontentement généralisé : or, on n'assiste qu'à l'exaspération d'intérêts individuels ; le niveau de vie moyen des viticulteurs qui protestent est le plus élevé.

GdG. — Comme celui des cadres, ou celui des pilotes d'Air France. Ils sont assurés : 1. de l'impunité ; 2. des résultats.

Giscard. — Cela pose un problème d'ordre public et aussi le problème de la lenteur de la justice.

GdG. — On répand du vin dans les ruisseaux, personne n'est mis dans une camionnette de la gendarmerie. Les gardes mobiles regardent dignement ces désordres, sans intervenir. Ça encourage les agitateurs et les agités à aller de plus en plus loin. Des poursuites ? On n'en parle jamais ! Des sanctions contre les fonctionnaires défaillants ? Jamais !

« L'opinion est automatiquement favorable à ceux qui revendiquent, si absurde que soit la revendication. L'information y est pour quelque chose (dit-il en se tournant vers moi). On essaie de faire croire que telle ou telle disposition qui est annoncée a été prise *à cause* des manifestations. C'est un encouragement à manifester.

Frey. — Tout ça est très exagéré par la presse.

GdG. — Oui, mais on ne le dit jamais. Il y a un consentement général à la pression des agitateurs sur l'opinion publique et de l'opinion publique sur les pouvoirs publics. Personne ne dit que les mineurs ont perdu deux mois de salaire à cause de leurs grèves et ont condamné leurs mines à dépérir. Personne ne dit que la plupart des agriculteurs de France savent qu'ils bénéficient des efforts que nous faisons pour eux et restent paisibles, tandis que ceux qui s'agitent sont une infime minorité.

« Tant qu'il n'y aura pas d'exemple, l'ordre public ne pourra pas être maintenu. Ça a toujours été comme ça et ça sera toujours comme ça. Il faut faire venir ces affaires tout de suite, et pas devant le tribunal local, qui sera enclin à l'indulgence. »

On sent le désarroi du Conseil devant cette agitation insaisissable.

« Ces revendeurs se transforment en prolétaires »

Conseil du mardi 23 juillet 1963.

Malgré les graves désordres qui ont eu lieu à Avignon les jours précédents, ou à cause d'eux, Pisani commence sa communication sur un ton serein : il a l'optimisme de l'organisateur qui voit ses « structures » se mettre en place.

Pisani : « Face à un accroissement prodigieux de la production agricole, le FORMA intervient très efficacement. Le problème des pommes de terre, des abricots et des tomates est réglé ; celui du raisin de table va l'être. Les mécanismes sont rodés. »

Mais le Général l'interrompt : « Il reste un perpétuel sujet d'excitation : l'écart entre le prix payé à l'agriculteur et le prix payé par le consommateur. Supposons un million de kilos d'abricots vendus par jour avec 30 francs * de différence pour le détaillant. Cela fait 30 millions de francs d'abricots par jour dans la caisse des revendeurs. S'il y a 100 000 épiciers, cela fait 300 francs pour chacun, ce qui n'est pas excessif. Il y a quelque chose d'anachronique dans cette situation, qui a tendance à s'aggraver. Petit à petit, ces revendeurs se transforment en prolétaires ! Je ne sais pas comment en venir à bout. »

Le Général a pris son monde par surprise. Sa petite démonstration en forme de problème de robinets est suivie avec amusement. Mais c'est une condamnation du petit commerce d'alimentation, acculé soit à la misère, soit à créer de la « vie chère », et qui aboutit aux deux résultats à la fois. Pompidou a bien perçu l'enjeu.

Pompidou : « Les choses ne sont pas si simples qu'il y paraît. Il ne faut pas lutter contre les commerçants de proximité. La ménagère ne peut pas se déplacer à longue distance. Il ne faut pas laisser l'opinion s'orienter vers l'idée que le commerçant empoche tant et plus et que l'agriculteur est malheureux à cause de lui. Dans le Vaucluse, les vergers rapportent énormément. Les gens qui ont de l'argent le savent bien : c'est une des spéculations les plus rentables.

« Il y a tout de même trop de petits agriculteurs et de petits commerçants »

GdG (pas convaincu). — Il y a tout de même trop de petits agriculteurs et de petits commerçants, trop de marchands de fruits et de légumes, trop de bouchers. Plus il y en a, plus ils pèsent sur les prix.

Giscard. — La seule action possible pour peser sur les revendeurs serait un impôt sur les marges, par l'établissement d'une TVA spécifique à la distribution, alors que la TVA actuelle taxe le prix global de vente, ce qui n'incite pas à réduire les marges.

Pisani. — Mais on ne viendra jamais à bout des bouchers, tant que l'organisation du marché de la viande sera celle du Moyen Âge. Mon plus grand travail actuel est l'organisation économique de la profession agricole. »

Le ministre des Finances, pour aller dans le sens du Général, pense à la fiscalité ; le ministre de l'Agriculture, à son organisation administrative. Finalement, ce sont les grandes surfaces qui régleront la question.

* Le Général, pour le calcul mental, compte toujours en anciens francs.

« Qu'on ne paie pas la frénésie ! »

Conseil du 13 août 1963.

Pisani : « Il y a eu une grande récolte de vin l'an dernier : 78 millions d'hectolitres, la plus grande, sauf une, depuis le début du siècle.

GdG. — Comment est-ce possible ? La plus forte récolte, alors qu'on arrache les vignes ?

Pisani. — On sait aujourd'hui lutter contre les fléaux, le mildiou, la grêle. L'usage des engrais s'est beaucoup développé.

GdG. — Y a-t-il des arrachages, oui ou non ?

Pisani. — Oui, on arrache les cépages prohibés, et on ne plante pas de cépages nouveaux, sauf pour le cognac et le champagne.

GdG. — La production augmente : et la vente ? Je suppose qu'on ne peut exporter que les vins fins ?

Pisani. — Oui, ça n'écluse pas notre surproduction de piquette.

GdG. — Et si en plus on subventionne, comment s'en sortir ?

Pisani. — On ne subventionne pas. Le vin est source d'impôts : il rapporte 175 milliards d'anciens francs.

(Pisani botte en touche. Si le vin rapporte plus à l'État en impôts qu'il ne lui coûte en subventions, il ne serait pas absurde de subventionner la viticulture du Midi.)

Giscard. — Pour le bourgogne, le bordeaux, le val de Loire, le champagne, le cognac, il n'y a jamais de problèmes. Le seul problème est celui du Languedoc, dont le vin est très médiocre, pour un prix trop élevé.

Pisani. — Dans le Midi, 50 000 vignerons exploitent un hectare chacun.

Giscard. — Les négociants ont cru que les prix monteraient. Ils s'aperçoivent que leur spéculation a échoué. Ils se mettent dans un état de frénésie.

GdG. — Qu'on ne paie pas la frénésie !

« Si encore les Français le buvaient, ce vin ! »

Pompidou. — Il est normal que le problème se pose dans les régions où il n'y a que du bon gros vin rouge.

GdG. — Si encore les Français le buvaient, ce vin !

Pompidou (gouailleur). — *Ils* font un gros effort, mais *ils* ne consomment pas tout.

GdG. — Il faudrait enfin arracher la vigne !

Pisani. — Ceux qui ont planté des vignes, il n'est pas facile de les leur faire arracher.

GdG. — Je ne dis pas que c'est facile, mais c'est un problème qu'il faut résoudre. On n'en prend pas le chemin. Pourquoi subventionner ce qu'on voudrait voir disparaître ?

Pompidou. — Le vin est le seul produit agricole qui ne soit pas globalement subventionné. Le blé est subventionné, ce sont les 175 milliards d'impôts sur le vin qui paient la subvention. De même, le charbon est subventionné, c'est le pétrole qui paie. »

Le Général ne s'incline pas pour autant. « Nous ne sommes pas en train de résoudre le problème. Il faudra le résoudre. Les pieds-noirs continuent à faire du vin en Algérie, tant qu'ils le peuvent. On ne pourra pas en rester là. »

Après le Conseil, le Général éclate devant moi contre le laxisme, la distillation, les subventions, les solutions de facilité, le manque d'imagination des ministres, la conjuration des couardises.

« Comme toujours, dans les systèmes compliqués, il y a des gens qui trouvent leur compte, ce sont les initiés »

Conseil du 21 août 1963.

La semaine suivante, Pisani annonce que la récolte de vin sera inférieure à celle de l'an dernier.

GdG : « Bonne nouvelle ! Puisqu'une trop bonne récolte est une catastrophe, une moins bonne est une aubaine. »

Pisani, sans répondre, expose deux idées qui lui sont venues depuis le dernier Conseil : développer les appellations contrôlées ; simplifier l'organisation des marchés : aujourd'hui, il faut être un professionnel pour y comprendre quelque chose.

GdG. — Comme toujours, dans les systèmes compliqués, il y a des gens qui trouvent leur compte, ce sont les initiés. Pourquoi ne pas simplifier ce qui est compliqué ? Au lieu de trouver plus simple de ne pas y toucher ? »

Pisani esquisse des mesures d'incitation à la qualité.

GdG : « Le sujet n'a jamais été conduit et dominé. Il n'y a eu que des palliatifs. Ne doit être produit que ce qui se vend. Le vin de qualité se vend et même se vend très bien. Le vin de mauvaise qualité ne se vend pas. Le règne de la piquette, c'est fini !

Pisani. — Il y a dans ce domaine une inertie considérable. Une vigne tient quarante ou cinquante ans, ce qui rend très difficiles les infléchissements de la politique.

GdG. — J'ai toujours entendu parler d'arrachage. Il y a plus de vin que jamais. C'est une question de volonté. C'est de ça que nous avons manqué jusqu'à présent.

« Nous avons du mauvais vin et nous ne savons qu'en faire. Acheter ces mauvais vin pour faire de l'alcool, c'est le procédé le plus fâcheux. Vous subventionnez le vice ! Il faudra régler la question dans son ensemble. »

Ce sera fait. Au moins une question dont on n'entendra plus parler.

« L'État ne peut pas mettre tous les Français à l'abri de tous les risques »

Conseil du 27 novembre 1963.

Pisani présente le projet de loi sur les calamités agricoles.

GdG : « Que pense de ce texte le ministre des Finances ? (Le Général espérait visiblement que celui-ci en pensait du mal.)

Giscard. — Nous l'avons fait ensemble.

GdG. — Comment définit-on les calamités agricoles ?

Giscard. — La grêle et le gel sont déjà assurables.

GdG. — Les agriculteurs vont y faire entrer aussi le mauvais temps.

Pisani (cherchant une ligne de fuite technique). — C'est la police d'assurance qui définit les conditions d'assurabilité.

Pompidou (affrontant le Général sur le terrain du bon sens). — Les agriculteurs ont ceci de particulier qu'ils s'adonnent à une activité qui dépend du temps.

GdG. — Le tourisme aussi dépend du temps ; les transports routiers, les transports maritimes, les transports aériens aussi dépendent du temps. Ce n'est pas une raison pour que l'État les mette à l'abri du risque. L'État ne peut pas mettre tous les Français à l'abri de tous les risques.

Pompidou. — Non, mais il faut une incitation à l'assurance. Pour que l'intervention de l'État s'atténue et finisse par disparaître.

Giscard. — Tous les bénéficiaires de la loi devront être assurés ; on ne remboursera que ceux qui seront assurés.

GdG. — C'est dangereux de dire qu'on fera l'avance…

Pompidou (du ton de celui qui revendique ses prérogatives). — Laissez-moi régler ce point, mon général. Je verrai. C'est un problème technique.

GdG (insiste). — Faites attention, protéger contre tous les risques pourrait nous mener très loin. »

Lui, c'est la prise de risque qui l'a mené loin…

Chapitre 10

« MONSIEUR LE MINISTRE DE L'AGRICULTURE, VOUS N'ÊTES PAS MINISTRE DES AGRICULTEURS »

Conseil du 25 mars 1964.

Le Conseil doit fixer le prix de la viande. Un Conseil restreint a déjà arrêté le principe d'une augmentation de 4 %, que le Général annonce, de manière à marquer que la décision est prise et que le ministre ne parle que pour la forme. Il sait que Pisani va plaider — contre Giscard, Pompidou et lui-même — pour une forte augmentation.

« M. Pisani va se trouver aux prises avec les dirigeants agricoles, comme s'il y avait encore quelque chose à faire pour changer cette décision. Vous répondrez de tout, et même des entourloupettes.

(Il veut probablement le mettre en garde contre toute indiscrétion à la presse sur la manière énergique dont il a défendu le dossier, face à un Conseil des ministres qui lui était hostile.)

Pisani. — Mon général, je suis pris entre plusieurs feux… Je suis accusé à Bruxelles de défendre des prix agricoles trop bas, et à Paris par mes collègues de défendre des prix agricoles trop élevés.

« Il y a une profonde inquiétude dans l'agriculture française. Les élections aux chambres d'agriculture et à la FNSEA ont montré que les partisans des prix élevés ont maintenu leur emprise. (Le Général ne cille pas, mais j'ai le sentiment que Pisani vient de prononcer une phrase de trop.)

« Un gros effort sur le prix de la viande est une nécessité, à la fois pour la paix immédiate, et pour l'orientation de l'avenir. Nous ne pouvons pas nous dissocier complètement des Allemands.

« Vous comparez des situations qui ne sont pas comparables »

GdG. — Vous comparez des situations qui ne sont pas comparables. Notre pays produit tout ce qu'il consomme et exporte beaucoup. Les Allemands consomment beaucoup plus qu'ils ne produisent. Ils exportent peu de produits agricoles, mais beaucoup de produits industriels. Leur système n'est pas exportable en France.

« Finalement, ce que les Allemands paient pour leur nourriture n'est pas aussi élevé que ce que les Français paient pour elle, et pourtant les prix chez eux sont plus hauts. Ils peuvent se le permettre, parce qu'ils importent beaucoup d'aliments à bas prix au cours mondial, qui leur sont vendus en échange des produits industriels qu'ils exportent également au cours mondial, très avantageux pour eux. Ils gagnent sur les deux tableaux. Ils exportent beaucoup plus de produits industriels que nous, et ils importent beaucoup plus de produits agricoles à bon marché que nous. Nous devons faire face à une situation difficile par rapport à eux. Nous devons non seulement absorber la production de nos agriculteurs, mais écouler coûte que coûte leurs surplus. »

Quelle leçon ! Il est vraiment fort en thème. Puis, se tournant vers Pisani :

« Vous vous retrouvez entre agriculteurs et vous ne voyez que la question de vos prix. Mais vous êtes le ministre de l'Agriculture, vous n'êtes pas ministre des agriculteurs ! Vous n'avez pas à vous soucier de leurs élections internes ! »

> « Vous n'êtes pas ministre des agriculteurs. » J'ai souvent repensé à ce mot cruel, qui visait Pisani ce jour-là, mais nous atteignait tous.

« Il faut des années ? Raison de plus pour s'y mettre tout de suite »

Pisani (sur un ton tragique). — Nous irons vers des catastrophes sociales en mai ou juin, mais j'aurai prévenu.

GdG (agacé). — Oui, oui, mais ce ne sera pas la première fois que vous nous aurez annoncé des catastrophes. Pendant des années, nous avons été tympanisés par vos agriculteurs, qui ne pouvaient aller qu'à l'explosion si on n'augmentait pas les prix. On ouvre l'Europe à la viande française : qu'ils vendent donc de la viande ! Ils n'ont pas besoin d'être entretenus dans le malthusianisme par une politique de prix élevés et de marché protégé, alors qu'ils ont maintenant de larges débouchés ! C'est un changement complet de la condition agricole que nous sommes en train d'opérer par le Marché commun ! On n'en parle pas ! Il semble que tout ce que nous faisons pour eux ne compte pour rien et qu'on doive rester dans le petit protectionnisme, pour que notre petite agriculture ne change rien à ses petites habitudes, ni à ses structures héritées de grand-papa !

Pisani. — Pour changer des habitudes et des structures et tout simplement pour produire de la viande, il faut des années.

GdG. — Il faut des années ? Raison de plus pour s'y mettre tout de suite ! On vit dans des mythes qu'on entretient soigneusement ! C'est dangereux pour les agriculteurs eux-mêmes ! C'est une escroquerie morale d'essayer d'ameuter les gens sur la misère des campagnes.

Pisani. — Si la situation des agriculteurs était tellement sensationnelle, il n'y aurait pas 140 000 personnes qui quitteraient l'agriculture chaque année, contre 70 000 prévues par le Plan.

GdG. — C'est un mouvement mondial qu'il est impossible d'empêcher. Sans doute même n'est-il pas assez rapide chez nous. C'est tout simplement l'effet de la modernisation de l'agriculture. Nous avions des paysans qui n'avaient guère changé depuis des siècles. Ils disparaissent, pour laisser la place à des exploitants. »

Après le Conseil.

Le Général : « Dites bien que les décisions sont prises et seront rendues publiques incessamment, après une mise au point des modalités techniques. Qu'on ne s'imagine pas qu'on va pouvoir faire pression sur le gouvernement pour qu'elles changent.. »

Et il récapitule les décisions prises, chiffres et détails techniques à l'appui. Il n'a aucun papier sous les yeux. Malgré tant d'exemples, je suis toujours aussi étonné de cette précision dans la synthèse, alors qu'il n'a pris aucune note au cours du Conseil, et que ce n'est tout de même pas sa spécialité.

« Ils sont hypnotisés par le service courant. Moi, pas »

Salon doré, 8 avril 1964.

AP : « Alors, vous pensez accorder bientôt audience à la FNSEA ?

GdG. — Je leur ai écrit : oui, si vous restez tranquilles. Ils savent ce que ça veut dire. Alors, pendant quinze jours, nous allons les observer. Je verrai à l'Assemblée d'abord, sur les routes ensuite, s'ils veulent emmerder le monde. Mais s'ils se tiennent tranquilles, je n'ai pas de raisons de ne pas les recevoir, pour parler de l'avenir de l'agriculture. Je les ai déjà reçus, je peux bien recommencer.

AP. — Mais vous n'étiez pas Président de la République, vous étiez Président du Conseil, à Matignon.

GdG. — Qu'est-ce que ça fait ? C'était toujours moi. »

Le Général ne fait jamais de différence entre ce qu'il fut et ce qu'il est devenu. À partir de 1940, il est la légitimité, qu'il emporte partout avec lui. « Vous n'obtiendrez jamais, m'a dit un jour Pompidou avec amusement, que de Gaulle distingue dans sa personne le chef de la France libre, le chef du gouvernement provisoire, le chef du RPF, le Président du Conseil de la IVe, le Président de la Ve. Il est un seul et même homme. Il est la France. »

Salon doré, 6 mai 1964.

AP : « Finalement, les agriculteurs, vous allez les recevoir ?

GdG. — Rien de nouveau. Je n'ai pas besoin de leur parler, moi. Ce sont eux qui ont demandé à être entendus. Qu'ils disent donc ce qu'ils ont à dire, mais seulement s'il s'agit de l'avenir de l'agriculture française, et qu'ils me foutent la paix avec le prix du lait ! Ils sont hypnotisés par le service courant. Moi, pas.

« En réalité, ils n'ont pas à se plaindre. Étant donné la loi d'orientation, la loi complémentaire, le soutien des prix, le FORMA, les SAFER, le SIBEV, étant donné qu'on force le Marché commun à prendre en charge l'agriculture, et que nous tenons bon devant les États-Unis pour ne pas être submergés par les produits américains... non vraiment, les agriculteurs n'ont pas à se plaindre. La meilleure manière de leur venir en aide, c'est de défendre l'agriculture à Bruxelles et dans le *Kennedy Round*. C'est le service que nous lui rendons. Nous engageons tout notre crédit pour ça. Et ils n'en sont même pas conscients ! »

« L'idée d'arroser tout le monde est une idée de démagogues »

Le Général, après les avoir lanternés de longues semaines, a enfin donné audience aux chefs du syndicalisme agricole. Il les a écoutés, mais il paraît surtout content d'avoir pu se faire entendre.

Conseil du 13 mai 1964.

GdG : « J'ai donc vu les agriculteurs, disons le président, le secrétaire général et l'adjoint de la FNSEA. Nous ne nous sommes pas appris grand-chose. Leur exposé est réaliste dans l'ensemble.

« Il n'a pas été question de fixer les prix. Il a surtout été question, de ma part et presque aussi de la leur, des structures. Ils conviennent de la nécessité d'une restructuration de l'agriculture. C'est sain et c'est raisonnable : développement des SAFER *, du Fonds d'action sociale ; meilleur aménagement des exploitations en vue de leur rendement, etc. L'idée d'arroser tout le monde et d'augmenter les prix est une idée de démagogues ; ils en sont convenus. »

Conseil du 3 juin 1964.

Pisani : « Je ne sais, mon général, si c'est un effet de l'audience que vous avez accordée à leurs dirigeants, mais les agriculteurs comprennent de mieux en mieux qu'il faut changer les méthodes, organiser les marchés. Des progrès substantiels sont en cours. Nous sommes en train d'entrer dans la voie des réformes et de l'organisation économique. »

Pisani fait adopter le principe d'un certain nombre de mesures, notamment une réorganisation du marché de la viande.

GdG : « Il ne faut pas dire que toutes ces décisions sont la suite de la visite qui m'a été faite ici, sans quoi toutes les organisations de France vont avoir un prurit d'audiences ! Je ne m'en sortirai pas ! »

Après le Conseil, le Général se montre confiant dans les réformes de structures : « Vous pouvez dire qu'elles sont déjà bien engagées,

---

* Société d'aménagement foncier et d'équipement rural.

qu'un mouvement favorable des esprits peut se percevoir, et que l'exécution de ces réformes nous paraît satisfaisante, sauf pour le remembrement, qu'il faut accélérer.

« Il semble qu'il y ait un ébranlement dans l'opinion agricole, même dans les régions où, jusqu'à présent, on ne le discernait pas. Mais ne donnez pas l'impression d'un commencement absolu, sinon tout le monde va se précipiter chez moi. »

« Il était nécessaire que le problème agricole fût pris dans son ensemble »

Conseil du 1er juillet 1964.

Pisani lance le débat sur le prix des céréales. « On prévoit une collecte de blé de 95 millions de quintaux. La fixation de prix stables va provoquer de très graves déceptions. Avec le maintien du prix du lait, la situation sera difficile. Nous allons être à la limite de la tension.

GdG. — Pour le prix du blé dans le Marché commun, restons fermes dans notre volonté. Nous avons des excédents. Je crains que les emblavements s'accroissent. Je rappelle indéfiniment qu'il faut les réduire. Le IVe Plan le prévoit. Il faut le respecter, ici comme ailleurs. Quant à l'agitation, nous verrons bien.

« Et la viande, est-ce que nous allons enfin maîtriser ce problème compliqué et décevant ? »

Pisani expose alors en détail sa réforme de l'abattage.

GdG : « Votre communication prouve que vous prenez en main cette énorme question.

« Qu'il s'agisse de réorganiser le commerce de la viande, de supprimer les abattoirs qui ne valent rien, de développer ceux qui sont bons, de réorganiser le contrôle sanitaire, de faire l'état civil de chaque animal, d'identifier chaque morceau, d'interdire la circulation des viandes non identifiées *, de réorganiser le commerce, les mandataires, les commissionnaires : tout ça s'imposait.

« La consommation de viande est partout en hausse : en France, et encore plus en Allemagne et en Italie. Or, dans les pays de vieille civilisation rurale, à exploitations familiales, on se décourage devant les servitudes de l'élevage. En échange de ces servitudes, la production laitière offre une ressource régulière. Aussi, la viande stagne ou recule. Les conditions doivent maintenant être créées pour qu'elle progresse, de manière à répondre à cette demande croissante et qui sans doute persistera.

« Il était nécessaire que le problème agricole fût pris dans son ensemble. Il l'est. Nous nous en félicitons. »

---

* Il a fallu la crise de « la vache folle » pour qu'on remette sérieusement en vigueur ces prescriptions, après 33 ans.

« *Il faudra un jour augmenter le salaire minimum agricole* »

Conseil du 24 février 1965.

Grandval fait une communication sur le SMIG et le SMAG *.

Pompidou : « Le SMIG va être augmenté de 2 %. Nous avons déclaré que nous tendions à diminuer l'écart entre le SMIG et le SMAG, mais sans fixer de date. Nous allons entrer dans le Marché commun agricole : la hausse des prix nous poussera alors vers la revalorisation du SMAG. Il ne faut donc pas anticiper en augmentant le SMAG dès maintenant.

Pisani (avec une colère froide, dans le rôle du grand seigneur rappelant ses pairs à l'ordre pour leur faire honte de la misère des serfs, à la veille d'une jacquerie). — Je suis navré de l'orientation que prend le débat. Il y a là un manque à l'égard d'une catégorie vraiment très, très défavorisée. Je ne parle pas seulement de cœur. Je parle de justice. Je tiens à dire qu'aucun d'entre nous n'oserait mettre le nez, ou la pointe de ses souliers vernis, dans le logement d'un ouvrier agricole en province.

(Un silence s'installe, que le Général, visiblement touché, brise le premier.)

GdG. — C'est probable, en effet. Nous retenons votre observation, pour le jour où il y aura une augmentation des prix agricoles : il faudra alors augmenter le salaire minimum en agriculture. Mais en attendant, l'effort fait pour développer le niveau de vie des agriculteurs va au-delà de ce qui avait été prévu par le Plan, et même de ce qui avait été imaginé par les agriculteurs eux-mêmes. »

Avant la fin du même Conseil, Georges Pompidou, préoccupé de la sortie de Pisani et redoutant qu'une fuite ne la fasse connaître, me griffonne à la hâte un billet, en y soulignant les mots importants :

« Dites simplement : "2 % d'augmentation, étendus au SMAG et aux départements d'outre-mer." Par contre, marquer que c'est la *troisième* fois que *mon* gouvernement procède à une revalorisation du SMIG supérieure à la montée de l'indice et que c'est la *première fois* qu'on le fait sans attendre que l'indice saute.

« Soulignez l'obstination avec laquelle le gouvernement poursuit une politique des revenus, de *portée sociale*. »

Voilà les choses remises en place. Pisani n'est pas le seul « social », le seul à « parler de cœur ». Pompidou décide même à lui tout seul, par un bout de papier au ministre de l'Information, le contraire de ce que le Président de la République et le gouvernement viennent de décider collégialement, à savoir que le SMAG ne

* Salaire minimum interprofessionnel garanti et Salaire minimum agricole garanti.

serait pas augmenté tant que les prix agricoles ne le seraient pas. Les « souliers vernis » ont fait merveille.

Je n'évoque pas le sujet avec le Général pendant notre tête-à-tête, de crainte de susciter un contrordre, et j'informe la presse conformément aux indications de Pompidou.

Dans l'après-midi, pas de coup de téléphone de Giscard : il a dû croire que le Général avait finalement tranché dans le sens contraire à la délibération. Comme nous tous, il a lu sur le visage du Général que la bouffée de colère de Pisani l'avait ébranlé : pourquoi refuser aux ouvriers agricoles, souvent misérables, ce qu'on accordait aux ouvriers de l'industrie ?

« Nous, nous sommes écrasés par notre agriculture »

Salon doré, 28 juillet 1965.

GdG : « Voyez-vous, nous avons affaire à des partenaires qui ne sont pas sur le même pied que nous, sur le plan mondial, mais même au point de vue économique, notamment agricole. Je ne parle pas de l'Italie, qui est également un cas particulier. Mais voyez l'Allemagne et la Hollande, qui sont importantes, l'Allemagne très importante, et même la Hollande, qui n'est pas négligeable. Elles n'ont pas, ou ont beaucoup moins que nous, une agriculture qui pèse sur elles. Les Hollandais ont une agriculture très bien organisée, qui fonctionne très bien. Les Allemands ont une agriculture qui ne les gêne guère ; ils se nourrissent pour 50 % avec des produits qu'ils achètent au-dehors, en contrepartie des produits industriels qu'ils exportent.

« Mais nous, nous sommes écrasés par notre agriculture. D'abord, par le fait que nous ne mangeons que ce qu'elle produit, ou à peu près ; donc, notre industrie ne peut pas vendre ses produits manufacturés à des pays qui ne pourraient les payer qu'en échange de leurs produits agricoles. Et d'autre part, nous avons une agriculture très arriérée. Elle n'avait pas changé, en grande partie, depuis le Moyen Âge. Il nous faut la transformer à grands frais, avec le remembrement, avec le FORMA, avec les SAFER pour racheter les propriétés, etc., etc., toutes ces structures coûteuses dont les autres n'ont pas besoin.

« En outre, nous avons un aménagement du territoire. Il n'y en a pas en Allemagne, elle n'a pas de régions qui soient un désert. Tout est plat ou presque ; il y a des communications partout, fluviales, ferroviaires, routières, des accès partout, des industries partout. En France, une partie considérable du pays est isolée, reléguée. Alors, ça nécessite un effort énorme pour arriver à désenclaver tout ça.

« Par conséquent, quand nous construisons une communauté économique, autrement dit quand nous établissons une concurrence tous azimuts, si nous n'avons pas obtenu certaines compensations, et en particulier de nous débarrasser d'une partie du poids de notre agriculture, eh bien, nous ne pouvons pas tenir, et nous serons submergés.

« C'est pourquoi nous ne voulons pas que les décisions qui nous concernent soient prises par les autres, que notre destin soit fixé par des étrangers. Nous n'acceptons pas de nous faire imposer des décisions contraires à nos intérêts primordiaux. »

« Rien n'empêchera que nous étions un pays avant tout agricole qui devient avant tout industriel »

Conseil du 15 septembre 1965.

Pisani dresse une vaste fresque : « L'agriculture française est inquiète. Elle avait l'habitude de dominer politiquement le pays. Une grande partie de l'Assemblée et la quasi-totalité du Sénat étaient à sa dévotion. Elle se fait mal à cette mutation. 130 000 personnes actives quittent l'agriculture chaque année. Les paysans ont le sentiment angoissant qu'ils sont en train de vivre leur mort.

GdG (à Pisani). — L'évolution de l'agriculture est en cours. Vous y avez personnellement et efficacement contribué.

« Rien n'empêchera que nous étions un pays avant tout agricole, qui devient avant tout industriel. Rien n'empêchera que cette évolution de la société française ait des conséquences, notamment sociales. Il faut que les paysans en prennent leur parti. Avec le concours matériel et technique que nous leur apportons, beaucoup d'entre eux se sont engagés dans cette transformation.

« L'organisation du marché, l'exportation, c'est capital. Ça s'améliore, sans aucun doute, par exemple pour les fruits. Mais pour les artichauts, les choux-fleurs, la viande, ça ne fait que commencer. Enfin, c'est dans la bonne voie.

« Quant au Marché commun, nous l'avons construit avant tout pour y faire entrer l'agriculture. Y arriverons-nous ? Je ne peux le dire à ce jour. Mais c'est nous qui l'aurons fait. La masse des paysans le sent très bien. »

« Ces farfelus farfelutent dans tous les sens »

Salon doré, 15 septembre 1965.

Les syndicats agricoles ne trouvent guère crédit auprès de lui. En pleine crise du Marché commun agricole, il m'en fait le sombre tableau :

« Ces syndicalistes, il y en a de deux sortes. Il y a les gens qui avaient organisé la corporation agricole sous Vichy. Ce sont des richards qui considèrent que l'État est fait pour les enrichir encore.

Pour eux, il n'y a qu'une question, le prix du blé, le prix de la betterave ; et pas d'impôts pour les agriculteurs. Alors, ils ameutent l'opinion publique, en mettant les pleins feux sur la misère du pauvre diable de la Creuse, pour que l'État les arrose, eux. C'est une espèce méprisable. Alors évidemment, ils sont pleins de haine pour moi et pour la Ve République, parce qu'ils n'y tiennent plus les leviers de commande qu'ils avaient jusqu'à présent, et qu'on ne fait plus leurs quatre volontés.

« La deuxième catégorie, ce sont les farfelus, les gens de la Fédération des exploitations agricoles. Ces farfelus farfelutent dans tous les sens, sans jamais rien réaliser. C'est ça que je leur reproche en pleine figure, quand je les rencontre : " Vous n'aidez en rien l'agriculture à s'organiser ; ça ne vous intéresse pas. Vous ne faites que de la démagogie." Rien n'empêchera qu'ils restent farfelus.

AP. — Sauf s'ils se tournent vers l'organisation moderne de l'agriculture.

GdG. — Mais ils ne se tourneront pas ! Ce genre de bonshommes n'ont jamais organisé quoi que ce soit. C'est des types qui courent partout, qui essaient de passer par les portes fermées et qui ne passent pas quand la porte est ouverte. Ils mettent l'envers à l'endroit. Ils veulent que le noir soit blanc.

AP. — Les jeunes agriculteurs semblent avoir compris que le sort de notre agriculture se jouait à Bruxelles sur votre fermeté.

GdG. — Oui, ceux-là, on dirait qu'ils ont compris. »

LA SOCIÉTÉ INDUSTRIELLE : ENTREPRENDRE

Chapitre 11

« EN FRANCE, IL FAUT ÊTRE L'ÉTAT POUR ENTREPRENDRE DE GRANDES CHOSES »

Après le Conseil du 8 mai 1963, je demande au Général ce qu'il pense de la proposition de Bokanowski, selon lequel « il faut faire un redressement psychologique après le retrait de l'Algérie, donner aux Français des compensations d'ordre moral. Il faudrait relancer l'auto de course, en construisant un modèle capable de devenir n° 1 mondial. Ce serait extraordinaire pour l'orgueil national ».

GdG : « Je n'ai rien contre l'auto de course et je m'efforce de redonner aux Français l'orgueil de la France. Mais je ne sais pas si la première est nécessaire au second. Je crois que d'avoir un armement qui assure notre indépendance, d'avoir des performances économiques qui sont enviées par nos voisins, de pouvoir dire "zut" aux Anglais et aux Américains, c'est plus important pour l'orgueil national que de fabriquer des autos de course. Mais je veux bien qu'on en fabrique. Je me demande même pourquoi on n'est pas foutu de le faire. Vous voyez bien, rien d'important ne peut se faire en France, si ce n'est pas l'État qui en prend l'initiative.

(Il m'interpelle, parce qu'il commence à connaître ma prévention contre l'étatisme. C'est m'inviter à prolonger sur ce thème.)

« Les entrepreneurs n'entreprennent pas »

AP. — N'est-ce pas un cercle vicieux ? Parce que nous avons été habitués, depuis Colbert et peut-être Philippe le Bel, à ce que rien d'important ne se fasse sans que l'État le décide, nous sommes devenus de plus en plus dépendants de lui.

GdG. — Eh bien oui, c'est la situation où nous sommes. Il faut la prendre comme elle est et essayer d'en extraire le meilleur dans l'immédiat. Je veux bien qu'on prenne des mesures à long terme pour qu'on sorte de cette situation. Mais, en attendant, l'État a des moyens, il faut qu'il en use.

AP. — C'est à ça que servent les entreprises nationales ?

GdG. — Évidemment. Si je n'avais pas accepté le principe de nationaliser l'électricité à la fin de la guerre, jamais on n'aurait fait Donzère-Mondragon, jamais nous n'aurions eu de centrale atomique en France. Que voulez-vous que j'y fasse, les entrepreneurs n'entreprennent pas.

AP. — C'est aussi l'utilité de Renault ?

GdG. — Ça, c'est autre chose. Je veux bien, puisque Renault est une régie et qu'elle est sous la tutelle de Bokanowski, qu'il en profite pour lui faire faire des autos de course. Mais on a nationalisé Renault parce que Renault avait travaillé pour l'occupant, et pas pour autre chose. Ce n'est pas la vocation de l'État de faire des voitures, pas plus de course que de tourisme. »

« Comment voulez-vous que les collectivités locales assument ces travaux d'Hercule ? »

Au Conseil du 29 mai 1963, Pompidou présente le projet d'aménagement du Languedoc-Roussillon : 180 kilomètres de côtes malsaines, infestées de moustiques. Elles seront assainies. On y créera des ports et des plages. Un organisme léger de coordination sera chargé de suivre la réalisation : une mission interministérielle, présidée par Racine *, travaillera auprès du préfet de région.

Après le Conseil, je questionne le Général sur une objection qu'a faite Maziol ** : ce projet suscite la méfiance des collectivités locales, parce qu'il est entrepris par l'État.

GdG : « Il est bien bon, mais comment voulez-vous que les collectivités locales assument ces travaux d'Hercule ? Plusieurs centaines de communes, quatre départements, cinq ministères sont concernés. Si on laisse faire une compagnie privée, elle va faire des bénéfices scandaleux, puisque des terres désolées qui ne valent pas un clou connaîtront, grâce au projet d'ensemble, d'énormes plus-values. Si on laisse faire les communes ou même les départements, ce sera fait de bric et de broc. Un jour, nous créerons des régions, qui auront la capacité d'entreprendre de pareils travaux. Ce n'est pas encore mûr ; mais il ne faut pas en prendre prétexte pour ne rien faire. Seul l'État peut entreprendre d'une main de fer, comme toujours les grands travaux en France, le canal des Deux-Mers sous Louis XIV ou la plantation des pins dans les Landes. En France, il faut être l'État pour entreprendre de grandes choses en harmonisant les intérêts particuliers avec l'intérêt général. »

« Il ne faut pas pousser Saint-Nazaire au désespoir »

Au Conseil du 5 février 1964, Bokanowski et Jacquet parlent des secteurs en crise : les chantiers navals de Saint-Nazaire, l'industrie

---

* La mission confiée à Pierre Racine, conseiller d'État, ancien directeur de cabinet de Michel Debré à Matignon, allait, grâce à son savoir-faire modeste et intelligent, connaître un succès complet.

** Ministre de la Construction.

du coton dans les Vosges, les charbonnages et mines de fer de Lorraine, le bassin de Decazeville, Bull, dont les fabrications sont périmées et perdantes. Pompidou montre le choix :

« Il y a deux types de solution. Maintenir l'activité de manière artificielle. Ou admettre qu'il n'est pas possible que tous soient maintenus dans leur emploi, et alors prévoir des reconversions, favoriser la mobilité ; c'est plus conforme à la réalité économique, mais c'est douloureux. »

Le Général conclut :

« On ne peut contester que le gouvernement avait depuis longtemps prévu la situation et pris des mesures en conséquence. À Saint-Nazaire, il y a un état d'esprit fâcheux. On peut déplorer la lenteur du patronat et de sa reconversion. Mais il ne faut pas pousser Saint-Nazaire au désespoir. »

Pompidou voudrait tirer toutes les conséquences du marché, brutalement s'il le faut. De Gaulle veut une évolution lente, une évolution par la pédagogie. On aurait envie de qualifier de Gaulle de pompidolien, et Pompidou de gaullien, si l'on s'en tenait au critère du caractère. Mais sur le fond, il s'agit de deux conceptions de l'État. Pour Pompidou, l'État ne doit pas soustraire l'économie au marché. Pour de Gaulle, l'État doit prendre en charge et l'une et l'autre.

« L'élection présidentielle se fera au niveau de la nation, pas à celui des garagistes »

Au Conseil du jeudi 21 mai 1964, Bokanowski plaide pour l'artisanat : « Les artisans, dans les campagnes, ça a une grande importance, vous le savez mieux que moi, mon général.

GdG. — Je ne le sais pas mieux que vous, mais je suis content de l'apprendre.

Bokanowski. — Je voulais dire que vous le savez mieux que moi puisque vous habitez la campagne. Il faut donner un commencement de satisfaction aux artisans. L'année politique 1965 sera capitale. Nous n'avons pas intérêt à lambiner. Il faut les associer à l'expansion industrielle.

GdG (pragmatique). — Que conseillez-vous de faire ? »

Pompidou vient en renfort : « Il ne faut pas désespérer les artisans ; ils pourraient se venger l'an prochain.

« Je suis préoccupé de voir disparaître les garagistes, indispensables pour l'entretien des tracteurs et des machines agricoles, et qui ne peuvent survivre, quand les grandes compagnies pétrolières exigent que les pompes soient desservies par des « pompistes » qui ne font que ça.

À l'issue du Conseil, j'essaye de provoquer le Général, par une question plus concrète, en prenant un exemple que Pompidou cite volontiers :

« Le Premier ministre souhaite qu'on impose aux compagnies pétrolières de prendre des garagistes comme pompistes. L'élection présidentielle va-t-elle en dépendre ? »

Le Général ouvre de grands yeux. Visiblement, il n'avait jamais pensé à ça. Il n'imaginait pas que cette question pût jouer un rôle quelconque dans la campagne électorale de l'an prochain. Pompidou pense aux soucis des différentes catégories d'électeurs. Le Général ne veut pas entendre parler d'intérêts catégoriels. Il se contente de hausser les épaules :

« Pompidou devait penser aux élections municipales. L'élection présidentielle se fera au niveau de la nation, pas au niveau des garagistes. »

Mais la nation n'est-elle pas faite de beaucoup de garagistes — et de leurs semblables ?

Chapitre 12

« SI LES ANGLAIS NE VEULENT PAS FAIRE LE CONCORDE, QU'ILS LE DISENT »

« Le Concorde n'intéresse pas les Américains, sauf à leur remettre tout »

Après la victoire, le 15 octobre 1964, des travaillistes britanniques, le Général ne leur fait guère confiance pour redresser une situation économique de toute façon dramatique. L'une des premières manifestations du nouveau gouvernement de Londres porte sur le Concorde.

Au Conseil du 28 octobre 1964, Jacquet : « Il y a deux ans, l'accord franco-britannique a donné le jour au projet Concorde. La lettre que Wilson vient de nous adresser propose l'étalement des opérations. Nous ne pouvons pas l'accepter. L'opération Concorde se fait en concurrence avec un projet américain, plus ambitieux que le nôtre (3,3 mach ; nous, 2,2 mach *). Retarder la fabrication, ce serait rendre l'entreprise inutile. Au lieu de voler en 1971-1972, ça nous reporterait en 1975 **. Les Américains auraient terminé ***. Nous aurions fait un prototype et rien d'autre. Ou il faut continuer hardiment, ou il faut tout arrêter. Il s'agit d'être les premiers sur le marché des avions supersoniques à long rayon d'action ; les premières commandes reçues constituent un gage de succès commercial, bien qu'on ne se soit pas lancé dans ce projet parce qu'il serait rentable, mais pour donner du travail à Sud-Aviation. Renoncer au Concorde, ce serait nous placer délibérément sous l'aile du géant américain. Cela constituerait une sorte de “Nassau **** aéronautique”, c'est-à-dire, à notre point de vue, une démission. »

Comme Jacquet connaît bien le Général ! Comme il sait faire vibrer la corde sensible ! Le Général essaie encore de se débattre :

---

* Mach est la mesure de la vitesse du son dans l'air, du nom du physicien autrichien qui en a établi la théorie : soit 1 213 km à l'heure. Concorde peut parcourir 2 669 km en une heure.

** Le premier vol de Concorde aura lieu le 2 mars 1969, quelques semaines avant le retrait du général de Gaulle.

*** Les Américains renonceront à leur SST 2707 en mars 1971.

**** À Nassau (Bahamas), Macmillan avait accepté, en contrepartie de la livraison de fusées américaines Polaris, de placer la force nucléaire britannique sous commandement américain.

« Il n'y aura jamais aucune chance que cette sacrée SNECMA nous sorte un réacteur ?

Jacquet. — En dehors de l'opération qui consisterait à repasser le bébé aux Américains, il n'y a pas d'alternative.

GdG. — S'entendre avec les Américains ? Le Concorde ne les intéresse pas. Sauf à leur remettre tout, comme toujours. Alors, tout abandonner ? Mais que faire de Sud-Aviation ?

Jacquet. — Trente mille ouvriers seraient employés à la construction du Concorde. Ça assure le plan de charge de l'aviation française jusqu'en 1975. Ou alors, il faudrait effacer cette opération Concorde et faire l' "aérobus" ou "gallion", gros porteur internationalement valable, qu'il faudrait vendre à 200 exemplaires pour l'amortir*.

GdG. — Il y a la rentabilité, et il y a l'incitation. Il faut essayer d'aller le plus possible vers la rentabilité, mais il faut voir aussi la meilleure incitation pour les secteurs de pointe. »

« Depuis quarante ans, nous ne sommes pas foutus de faire des moteurs »

Après le Conseil, je lis au Général, pour approbation, un mot manuscrit que m'a fait passer Pompidou autour de la table : « Vous pourriez indiquer que la Grande-Bretagne a des difficultés dues à une excessive consommation et que cela n'est pas pour nous surprendre ; que nous allons voir quelles sont leurs intentions définitives pour le Concorde ; que nous en tirerons les conséquences, bien décidés en tout cas à ne pas laisser mourir l'industrie aéronautique française. »

Le Général sursaute : « Vous ne pouvez pas dire ça ! Il ne faut pas interpréter ! Ce n'est pas à nous, dans une déclaration gouvernementale, d'expliquer les difficultés britanniques. Ce n'est pas charitable, ni même convenable. Non, ils ont leurs difficultés. Voilà tout. Ils vont nous indiquer avec plus de précision comment ils vont y faire face. Alors, ce sera à nous de voir ce que nous ferons. C'est ça la question.

« Pour le Concorde, Jacquet dit : "Si on nous demande de le reporter d'un an, alors ça n'est pas la peine de faire le Concorde." C'est possible, c'est pas sûr, il faut voir. Jacquet a dit aussi : "C'est pas un projet rentable, il n'était fait que pour tirer d'affaire Sud-Aviation." Le fond du problème, en ce qui concerne notre industrie aéronautique, c'est qu'*ils* ne sont pas foutus de faire des moteurs. Et puis c'est tout ! S'ils étaient foutus d'en faire, comme nous faisons des cellules qui sont les premières du monde, on y mettrait

---

* C'est le projet « Airbus », qui, développé avec l'Allemagne, aboutira au premier vol d'essai en octobre 1972.

des moteurs, et nous serions concurrentiels, et nous n'aurions pas besoin des Anglais.

« Depuis quarante ans, nous ne sommes pas foutus de faire des moteurs. Nous avons des polytechniciens, des centraliens, un tas de zigotos, et ça n'a jamais été foutu de faire un moteur. Quand c'était des moteurs à hélices, ils n'étaient déjà pas foutus d'en faire. Et maintenant que c'est des moteurs à réaction, ils ne le sont pas davantage. Et j'ajoute qu'ils ne sont pas non plus foutus de faire des moteurs de moto ni de bateau.

« Nous nous plaçons sous dépendance »

AP. — Ça montre le danger qu'il y a à s'en remettre à un autre pays pour une industrie essentielle.

GdG. — Voilà ! C'est ça la vérité ! (Il aime qu'on le devine.) Pour aller plus vite, parce que c'est plus commode, on achète la licence. Et allez donc ! Alors, on s'arrange avec Rolls-Royce, on s'arrange avec Pratt et Whitney, et on leur achète leurs moteurs. Les Anglais et les Américains trouvent ça très bien ! Mais pendant ce temps-là, nous ne faisons jamais de moteurs, nous nous plaçons dans leur dépendance.

AP. — Pour la Caravelle, c'était pareil, le moteur est Rolls-Royce.

GdG. — Évidemment ! Pourquoi n'avons-nous jamais été foutus de faire des moteurs de Caravelle ? Je n'ai jamais compris pourquoi. Nous sommes aussi capables que les Anglais et les Américains de faire toutes sortes de machines extraordinairement compliquées, des machines électroniques ou des trucs atomiques ; pourquoi ne sommes-nous capables de faire aussi des moteurs ?

AP. — Ça pourrait être une raison impérieuse de demander à la SNECMA de faire quelque chose.

GdG. — Oh ! Ce sont des jean-foutre. »

« C'est pas une raison de jeter le manche après la cognée »

Au Conseil du 12 novembre 1964, Marc Jacquet rend compte de ses conversations avec son homologue Roy Jenkins. Celui-ci propose de suspendre, en plein accord avec les autorités françaises, les travaux pour le Concorde comme tel, et d'élaborer un projet nouveau pour un autre avion supersonique. Le Général ne l'entend pas de cette oreille :

« S'ils ne veulent pas faire le Concorde, qu'ils le disent. Nous voulons et pouvons continuer. À eux de prendre leurs responsabilités.

« Évidemment, nous ne ferons pas le Concorde tout seuls. Ni

avec les Allemands et les Italiens, qui n'en peuvent mais. Ni avec les Américains, qui ne sont pas souhaitables et ne le souhaiteraient pas. Bref, nous ne le ferons pas.

« Nous avons des valeurs chez nous, qui peuvent faire la preuve de leurs capacités d'études, de recherche, d'invention. Si nous ne pouvons démontrer ces capacités à l'occasion de Concorde, il faudrait le faire à propos d'autre chose. Les critiques faites à Concorde viennent peut-être du fait qu'il ne se situe pas tout à fait au plan voulu. Il ne faut pas seulement que, d'Angleterre ou de France, le Concorde traverse l'Atlantique. Il faut aussi que d'Allemagne, de Suède, d'Italie, il puisse en faire autant. On doit s'orienter vers des avions de transport à plus longue distance. Ce projet pouvait alimenter notre industrie de façon brillante. Tout ça n'est pas une raison pour jeter le manche après la cognée. Il n'y aurait que les Russes... »

Des yeux s'écarquillent autour de la table. Le silence s'épaissit. Comme c'est pathétique, ce vieil homme et la mer de découragement qui l'entoure.

« Il faut regrouper les industries françaises autour de grandes ambitions »

Il reprend, comme pour effacer l'hypothèse incongrue qu'il vient d'évoquer : « Seulement, les Russes, c'est une autre histoire. N'en parlons plus. Mais il est indispensable de s'orienter vers la suite. Le premier avion supersonique risque fort d'être américain. Et après ? Les cellules ? Nous ne devrions pas avoir trop de difficultés. En revanche, pour les moteurs, nous ne sommes pas fichus d'en faire. (En public, il dit "capables" ; en Conseil : "fichus" ; en tête à tête : "foutus".)

« Pourquoi cette carence ? Parce que *nous ne le voulons pas.*

Pompidou. — C'est une faiblesse générale de l'industrie française : nous n'avons pas une industrie des métaux suffisante. C'est la base qui est insuffisante.

GdG. — Si nous renonçons, nous nous enfonçons. C'est toujours possible de s'effacer. Cela permet de végéter ; cela ne permet pas d'exister. On ne peut donner l'impulsion à l'industrie que s'il y a des projets ! C'était ça, l'intérêt du Concorde. C'est ça, l'intérêt de Pierrelatte. Il faut faire appel aux industries françaises et les grouper autour de grandes ambitions. Chaque projet comporte un effet d'entraînement, de propagande, de prestige pour d'autres projets et d'autres ventes. »

« *Ils ne veulent pas le faire* »

Après le Conseil.

AP : « Vous ne voyez aucune solution de rechange au Concorde ?

GdG. — Je n'en vois pas.

AP. — Vous avez évoqué les Russes ?

GdG. — Je crois que ce ne serait pas pratique. Ça soulèverait des montagnes de difficultés.

AP. — Alors, vous voulez qu'on oblige les Anglais à avouer que ce sont eux qui déclarent forfait.

GdG. — Oui, et peut-être, qu'ils se laissent aller à quelques dédommagements. Mais je n'y crois pas. Seulement, il faut que ça soit bien établi qu'ils ne tiennent pas un engagement qu'ils avaient pris. Les Anglais voulaient noyer le poisson. »

En obligeant les Anglais à se découvrir, le Général ne leur a pas facilité le renoncement. Mais il pensait qu'ils renonceraient néanmoins. *Le 2 décembre*, il y revient. « Ils ne veulent pas le faire. Ils sont obligés de taper les Américains, qui font pression sur eux pour les obliger à renoncer. Les Allemands, les Italiens ne peuvent pas. Il n'y aurait que les Russes, mais ça ferait des tas d'histoires. Les travaillistes sont dans l'état où nous étions sous la IVe. De toute façon, travaillistes ou conservateurs, ils finissent toujours par s'incliner devant les Américains. »

« *Je m'étais habitué à l'idée qu'on ne le ferait pas* »

Au Conseil du jeudi 21 janvier 1965, Jacquet fait état d'un revirement anglais : « Pour le Concorde, un accord est intervenu. On n'étale pas le projet pour les prototypes, mais on allongera les délais pour les séries. Notre avance sera de cinq ans par rapport aux Américains. Les Anglais considèrent que notre avion sera vendable, et nous acceptons d'associer les Allemands ou les Italiens, selon une formule à trouver.

GdG. — Ne nous laissons pas entortiller. Les Anglais sont revenus sur leur refus de faire le Concorde. Ils ne peuvent plus reculer. Il faut les avoir jusqu'au trognon. Noyer le poisson en allant chercher les Américains, les Allemands ou les Italiens, ça ne rapporterait rien. Il faut leur dire : "Bon, vous avez décidé de remplir vos engagements, nous tenons les nôtres." Le reste, ce sont des simagrées. »

Après le Conseil, le Général me dit : « Si les Anglais sont revenus sur leur refus de poursuivre la construction du Concorde, c'est qu'ils n'ont pas pu faire autrement. Bon, bon, très bien, faisons le Concorde. Je m'étais pourtant habitué à l'idée qu'on ne le ferait pas, qu'on ferait quelque chose de plus rentable, de plus commercial. Nous ne pouvons plus reculer, puisque les Anglais ne reculent pas, mais je ne suis pas sûr que ce soit une bonne affaire, tellement c'est cher. »

Le Général a un ton résigné. On ne peut pas faire autre chose que de poursuivre : les Anglais reviennent sur leur refus, que nous n'avons pas accepté. Il ne cherche même pas à cacher qu'il aurait été soulagé que les Anglais renoncent. Il a joué gros jeu : il escomptait leur renoncement et il a perdu. Et sans doute par sa faute : il pensait n'avoir à faire qu'à des « socialistes » ; mais, en titillant leur fierté, il a trouvé des Anglais.

« Il n'y aurait que les Russes, mais ça ferait des tas d'histoires »

Il avait évoqué l'idée d'une conversion du projet franco-anglais en projet franco-soviétique : trois fois. Une fois au Conseil, mais pour aussitôt l'écarter. Deux fois devant moi. « Il n'y aurait que les Russes, mais ça ferait des tas d'histoires. » Le propos m'avait intrigué. J'ai appris, depuis, que le Général avait eu l'idée de proposer aux Russes de se substituer à l'Angleterre. Il avait sondé Vinogradov. Les Russes y étaient tout disposés. Mais il avait bien fallu en parler à Pompidou et Couve, qui le convainquirent de renoncer à cette aventure : le « secret-défense » était tellement impliqué dans la construction du Concorde, que les Américains auraient tout fait pour empêcher cette volte-face. Ç'aurait été une crise majeure, bref, « une autre histoire ».

Mais cette histoire rentrée trottait dans la tête du Général. Elle allait bientôt guider sa conduite dans l'affaire de la télévision en couleurs.

Chapitre 13

« CETTE AFFAIRE DE LA TÉLÉVISION EN COULEURS EST IMPORTANTE »

Au Conseil du 3 mars 1964, je fais une communication sur la télévision en couleurs. Trois procédés sont en concurrence. Le système américain NTSC *, le procédé allemand PAL **, le procédé français SECAM ***.

Le premier a l'énorme supériorité, étant exploité aux États-Unis depuis dix ans et au Japon depuis cette année, de s'adosser aux deux industries électroniques les plus puissantes du monde ; mais ses couleurs sont instables d'une seconde à l'autre **** ; et des techniciens doivent passer de temps à autre pour régler les récepteurs. Le deuxième et le troisième ont l'avantage d'une stabilité plus grande de l'image et d'un réglage plus simple, auquel le client peut procéder lui-même en tournant un bouton ; mais ils restent encore au stade du laboratoire. Comme la jument de Roland, ils ont toutes les qualités, sauf celle d'exister. Devant ces trois concurrents, une conférence d'experts, à Vienne, essaiera dans un an de préconiser un système unique pour toute l'Europe.

Le Général, *après le Conseil*, me crible de questions. Il n'avait pas voulu le faire en Conseil, de manière à ne pas provoquer un débat qui n'aurait pas été préparé ; sa méthode s'y oppose : on n'improvise pas dans le désordre. « Que vont faire les Anglais ?

AP. — Ils font campagne pour le système américain.

GdG. — De leur part, on ne peut pas s'attendre à autre chose.

AP. — Mais si un mouvement se manifestait en faveur du PAL, qui n'est que le système américain amélioré avec un zeste de SECAM, ils seraient disposés à s'y rallier. En revanche, ils combattent le SECAM, le plus éloigné du procédé américain.

GdG. — Alors, que vont faire les Allemands ?

AP. — J'ai eu plusieurs conversations avec mon homologue von Hase pour essayer d'aboutir à un système commun, qui marie le PAL et le SECAM et qui puisse rallier l'Europe. Mais il m'affirme que les Lois fondamentales interdisent au gouvernement allemand

---

* National Television System Committee.

** Phase Alternative Line.

*** SEquentiel Couleurs A Mémoire, inventé par Henri de France.

**** Les ingénieurs allemands l'appellent plaisamment Never Twice Same Colour (Jamais deux fois la même couleur).

d'intervenir sur les organismes de télévision et encore plus sur l'industrie allemande. »

Pour détendre le Général, je lui raconte que, selon von Hase, les techniciens allemands interprètent le sigle SECAM : **S**ystème **É**légant **C**ontre les **AM**éricains. Le Général ne rit pas.

« Occupez-vous sérieusement de ce dossier »

GdG : « Cette affaire de la télévision en couleurs est importante. Elle va être symbolique. L'Europe sera-t-elle capable, oui ou non, de relever le défi ? Les Anglais sont satellisés par les Américains, nous le savons bien. Mais les Allemands ? Ils ne comprennent donc pas qu'un procédé franco-allemand s'imposerait à toute l'Europe ? Et que ça vaudrait la peine que nos deux pays assurent l'indépendance technologique et industrielle de l'Europe, face aux Américains ? Occupez-vous sérieusement de ce dossier. Je suis prêt, si vous croyez que c'est utile, à en parler avec le Chancelier Erhard. »

Il conclut, en me reconduisant jusqu'à la porte : « La télévision prend une place de plus en plus grande dans la vie d'aujourd'hui. Elle grignote sans cesse le cinéma, la radio, les journaux. Elle finira par les reléguer dans un coin, quand elle sera passée à la couleur. C'est le grand moyen de communication de demain, avec les individus comme avec les masses : pour l'information, pour la culture, pour l'enseignement, pour la formation professionnelle, pour les loisirs, elle va se substituer à tous les moyens traditionnels. Ce sera l'instrument qui forgera l'esprit public. Qui tient la télévision tient un pays ».

« Pourquoi ne ferions-nous pas aussi bien que les Allemands ? »

Sept mois plus tard, *le 21 octobre 1964*, je fais part au Général de ma déception. Les entretiens que j'ai eus l'avant-veille et la veille avec le secrétaire d'État allemand à l'Information Günther von Hase et son adjoint, l'ambassadeur Günther Diehl, ont été entièrement négatifs. Les conversations entre industriels des deux pays sont au point mort. Une année entière de pourparlers se conclut par un refus catégorique et définitif.

AP : « Hase se retranche derrière les dirigeants de Telefunken. Ils ne seraient prêts à partager par moitié les bénéfices d'une coproduction franco-allemande, que s'ils craignaient de ne pas conquérir, avec le procédé allemand, la moitié du marché. Or, ils comptent bien le conquérir tout entier !

GdG. — Comment, tout entier ?

AP. — Leurs industriels ont prospecté les pays occidentaux qui envisagent de s'équiper de la couleur. Ils ont constaté que leur concurrent français n'avait pas pris cette peine. Tout le monde parie sur le succès de l'industrie allemande.

GdG. — Mais pourquoi ?

AP. — Pour exploiter un procédé, il faut conjuguer beaucoup de facteurs : un réseau commercial dynamique, une organisation rationnelle, la persévérance pour surmonter les obstacles techniques, la stabilité et la rentabilité des entreprises, la discipline dans le travail, de bons rapports entre patrons et salariés, le répondant financier, la solidarité entre les entreprises intéressées. Tous ces facteurs, les clients virtuels savent que l'industrie allemande les réunit, et ils n'en croient pas capable l'industrie française. »

Le Général, comme scandalisé, me rétorque vertement : « Pour les autos, ou les avions, ou les hélicoptères, les Allemands ne font pas mieux que nous, ou font moins bien ! Et notre métro de Montréal * ? Et nos camions en Chine ** ? Pourquoi ne ferions-nous pas des téléviseurs aussi bien qu'eux ?

« Les Allemands se conduisent mal »

AP. — Les Allemands comptent sur un effet de boule de neige. Nous serons empêchés d'abaisser les prix et d'améliorer la formule, faute d'acheteurs assez nombreux ; alors que l'industrie allemande verra ses coûts diminuer et aura vite les moyens de perfectionner son procédé. Ils me prédisent que tout se passera comme pour le 819 lignes ***, que nous sommes les seuls à utiliser, en compagnie du Vatican auquel nous l'avons offert. Nous rallierons nos anciennes colonies à nos frais, mais tout le monde industrialisé se ralliera au procédé allemand. »

Je ne répète pas au Général le propos cruel de mon homologue : « La France est le pays des plus beaux prototypes, mais qui restent à l'état de prototypes. Votre usine marémotrice de la Rance, quelle merveille ! Personne ne l'a imitée, même pas en France ! Et de Gaulle, quel prototype extraordinaire ! »

Depuis deux ans, von Hase et moi nous fréquentons amicalement. Je suis sûr qu'il a voulu dire : « De Gaulle est un héros comme nous rêverions d'en avoir un. Mais le prototype réussi reste

---

* Le métro de Montréal a été construit de 1962 à 1966.

** La société Berliet vient de signer un contrat et vendra 10 000 camions en Chine entre 1965 et 1972.

*** Cette « définition » française de la télévision, autre invention d'Henri de France, était plus fidèle que la définition allemande (625 lignes) ou anglaise (450 lignes). Mais, l'exemple de la France n'ayant pas été imité, elle-même a dû se rallier au 625 lignes.

solitaire. Où est la série ? Il tient la France à bout de bras. Quand il ne sera plus là, toutes les illusions s'écrouleront. »

Je précise au Général que les Américains, pour le moment, semblent lutter pareillement contre les deux systèmes européens ; mais dès que le NTSC aura été écarté en raison de ses médiocres performances, ils vont pousser à fond le procédé allemand, qui n'est qu'une variante perfectionnée du leur et qui leur rapportera de fortes redevances. Ils feront tout pour éliminer le procédé français, qui remettrait sérieusement en cause leur suprématie technologique.

Il dit, sombrement : « Les Allemands font semblant de jouer le jeu européen, mais ils se conduisent mal. » Il reprend à voix plus haute : « Et les Russes, que feront-ils ?

« Voyez Vinogradov. Mais que tout ça reste secret »

AP. — On ne sait pas. Ils vont jouer un rôle important, puisqu'ils vont entraîner les démocraties populaires. J'ai demandé à Palewski de plaider la cause du SECAM auprès d'eux à l'occasion de son voyage en URSS. On va voir les suites.

GdG. — Pourquoi n'iriez-vous pas vous-même après lui ? Puisque les Allemands ne veulent pas d'une coopération franco-allemande, peut-être que nous pourrons établir une coopération franco-russe. Voyez donc Vinogradov. Que tout ça reste secret. Inutile pour le moment d'en parler au Quai. »

Le Général se méfie de « nos bureaux », qui, dit-il, sont « poreux ». Déjà, en 1960, quand il voulait inviter Khrouchtchev, il l'avait fait sonder par l'ambassade soviétique à Paris, non par notre ambassade à Moscou ; il n'en avait pas soufflé mot à Couve. Le Quai n'avait été mis au courant que lorsque l'affaire était bouclée. Il pense que les circuits soviétiques sont plus étanches que les circuits français. Il tient à « toujours agir par surprise ».

En me raccompagnant, il me dit lentement : « Nous avons une mauvaise tradition française : faire des découvertes sans en tirer parti, inventer sans mettre en valeur. Mais nous avons une bonne tradition : prendre un allié de revers, le Grand Turc pour François Ier, les princes protestants pour Richelieu. Tâchons de surmonter une mauvaise tradition par une bonne. »

19 novembre 1964. Vinogradov me confirme l'invitation du gouvernement soviétique. Je fixe la date de mon voyage aux premiers jours de janvier.

Le Général m'a dit : « Si vous n'avez pas un délégué interministériel qui vous soit personnellement rattaché, qui soit pleinement responsable sous votre autorité, qui ne fasse rien d'autre que de penser à ça toute la journée et de joindre tous les fils, ça ne marchera jamais. » Couve, à qui j'ai demandé du renfort, me propose notre ministre-conseiller à Moscou, François de Laboulaye, diplomate chevronné qui va quitter son poste.

« Que votre voyage accroche la négociation au sommet »

Salon doré, 16 décembre 1964. Cette négociation avec les Russes enchante le Général. Pompidou et Couve viennent de le faire renoncer à l' « alliance de revers » à laquelle il songeait pour sauver le Concorde d'une défection anglaise. Mais la télévision en couleurs est jouable, sans crise occidentale majeure. Il se méfie pourtant de son propre entraînement et multiplie les conseils inquiets :

GdG : « Méfiez-vous des Russes. Si vous ne les convainquez pas, ils feront le marché avec les Américains.

AP. — Nous savons que les ministères techniques à Moscou sont en train de négocier avec les Américains.

GdG. — Il faudrait que votre voyage puisse accrocher la négociation au sommet, pour que nous ne soyons pas doublés par les ministères techniques. Mais êtes-vous sûr que notre procédé est au point ?

AP. — Pour l'émission, oui. Pour la réception, c'est-à-dire la fabrication des téléviseurs, pas encore. On devrait être prêt dans deux ou trois ans. Les Américains ont une forte avance sur nous. Et ils en font une affaire politique. L'ambassadeur des États-Unis à Rome est allé dire à Saragat que les États-Unis considéreraient comme inamical que l'Italie adopte le procédé français.

GdG. — Eh bien, pourquoi ne faites-vous pas dire par l'ambassadeur de France à Rome que la France considérerait comme inamical que l'Italie adopte le procédé américain, tant qu'elle n'aura pas examiné de près le procédé français ? Les Italiens sont-ils européens, oui ou non ? »

Chapitre 14

« NOUS TOUCHONS LÀ LES DIVIDENDES DE NOTRE INDÉPENDANCE »

Salon doré, lundi 4 janvier 1965. J'ai demandé une audience spéciale au Général avant de partir jeudi pour Moscou.

GdG : « Votre voyage tombe au bon moment. Kossyguine a convoqué Baudet et nous fait des ouvertures tous azimuts *.

« Cette affaire de la télévision en couleurs peut jouer un rôle pionnier. C'est l'affaire de la Force multilatérale en petit : si le procédé américain triomphe, la colonisation américaine va encore progresser en Europe. Vinogradov m'a dit, le 1er janvier : "Peut-être va-t-on réussir à faire quelque chose entre nos deux pays pour la télévision en couleurs." Je lui en avais déjà parlé à l'automne à Rambouillet quand il était venu chasser. Alors, je lui ai dit : "Autant vaut que ce soit un procédé européen qui triomphe. Si ce sont les Américains qui gagnent, ça ne nous arrange, ni vous les Russes, ni nous les Français." Et il en a convenu. Si le procédé français s'impose, ou encore un procédé franco-russe, ce sera toujours un procédé européen.

Le surlendemain, 6 janvier, je précise au Général : « D'après ce que nous téléphonent les techniciens de l'ORTF, qui m'ont précédé à Moscou, ça ne se présente pas bien. Les techniciens soviétiques sont très impressionnés par la puissance américaine. J'ai l'impression que la seule façon de déboucher, ce serait de montrer aux Soviétiques que cette affaier constitue une amorce pour une coopération franco-soviétique très étendue.

GdG. — Mais ils vont peut-être essayer aussi de faire de la coopération bilatérale avec les Américains ?

AP. — C'est plus difficile, les Américains ont tout et n'ont besoin de rien. »

« On lui avait fait une démonstration ? »

Salon doré, mardi 12 janvier 1965. Le Général me reçoit dès mon retour de Moscou :

GdG : « Il faisait froid, à Moscou ? J'ai vu les télégrammes de Baudet sur vos conversations. Ça s'est bien passé ? Alors, vous avez

---

* Voir partie III, ch. 20, les propos du Général sur l'aspect politique des rapports franco-russes.

vu Kossyguine ? Il a dit : “Je veux voir M. Peyrefitte” ? (Derrière le détail des gestes diplomatiques, il est soucieux de lire les signes.)

AP. — Exactement. C’est lui qui a pris l’initiative.

GdG. — Vous n’aviez pas demandé d’audience ?

AP. — Non, je ne voulais pas être demandeur.

GdG. — C’est au Kremlin qu’il vous a reçu ?

AP. — Oui, dans le bureau qui était celui de Khrouchtchev.

GdG (soudain curieux — pense-t-il au décor de son entretien avec Staline ?). — Comment c’est, ce bureau ?

AP. — Une grande salle peinte en jaune, avec du mobilier Chippendale inélégant ; au mur, des portraits de Marx, Engels, Lénine, Staline ; une vaste table de bois clair couverte de sous-main, de crayons, de bouteilles d’eau gazeuse ; par la fenêtre, on aperçoit les bulbes d’or des églises du Kremlin.

GdG. — Alors, qu’est-ce qu’il vous a dit, Kossyguine ?

AP. — Il a tout de suite mis la conversation sur la télévision en couleurs, qui leur paraît une affaire très importante par ses prolongements techniques, commerciaux, industriels, politiques. C’est le cadeau qu’ils voudraient faire aux peuples de l’Union soviétique en octobre 1967 pour l’anniversaire de la révolution d’Octobre.

GdG. — On lui avait fait une démonstration ?

AP. — Il l’avait vue lui-même au domicile de Brejnev, chez qui on avait installé un récepteur.

GdG. — Ils ont vu l’expérience ensemble ?

AP. — Oui. Nous avions emporté dans nos bagages un certain nombre d’appareils qui ont été installés chez nos principaux interlocuteurs. On en avait prévu un pour l’ambassade de France. Au dernier moment, les Soviétiques ont demandé à l’ambassadeur de se priver du sien, de manière qu’une haute autorité soviétique puisse en bénéficier. C’était Brejnev, avec Kossyguine.

« Comme si c’était un pays sous-développé ? »

GdG. — Et qu’en ont-ils pensé ?

AP. — Quelles que soient les qualités du procédé français, elles ne sont pas écrasantes par rapport au procédé américain, aux yeux des Soviétiques. La qualité des couleurs, ils n’en sont pas à ça près. Ce qui joue contre nous, c’est que les techniciens soviétiques, depuis dix ans, s’efforcent de copier le procédé américain.

GdG. — Vraiment, ils copient ?

AP. — Comme ils copient les Cadillac sous le nom de Zis, et les Boeing sous le nom de Tupolev.

GdG. — Sans la moindre vergogne ? Et ils l’avouent ?

AP. — Ils l’avouent. Pas Kossyguine, mais les techniciens ne s’en cachent pas. Ils sont hypnotisés par la technique américaine, et ne songent qu'à la copier dans tous les domaines. Il faudrait qu'ils renoncent à dix ans de travaux, pour se tourner vers un procédé complètement différent.

GdG. — S'ils font des efforts depuis dix ans, pourquoi ils n'ont pas déjà abouti ?

AP. — Ce n'est pas si facile, sans l'assistance technique américaine, sans avoir acheté les brevets. Ils sont très en retard. Ils tâtonnent.

GdG. — Faites attention ! Si vous leur laissez vos appareils, ils peuvent aussi bien copier notre procédé.

AP. — Si ça doit leur prendre encore dix ans, il n'y auront pas gagné ! Ce qu'ils envisagent maintenant, c'est de nous l'acheter.

GdG. — Ils ne seraient pas fichus de faire ça tout seuls ?

AP. — Sûrement pas, ou ça leur demanderait un temps fou. Si nous leur installons leur usine, clefs en mains, elle tournera dans un an.

GdG. — Comme si c'était un pays sous-développé ?

AP. — C'en est un à certains égards.

GdG. — Vous pensez ?

(Il a du mal à croire ce que j'ai découvert avec étonnement. La puissance des Russes l'impressionne. Comment peut-elle cacher tant d'impuissance ?)

AP. — Kossyguine m'a proposé que, dès le mois prochain, il y ait un accord de principe franco-soviétique pour l'adoption du procédé SECAM. Je ne crois pas que ce soit la meilleure formule. Il vaudrait mieux qu'à la conférence de Vienne, les Soviétiques et leurs satellites se déclarent favorables à notre procédé à cause de son excellence, non pour des raisons politiques. »

Chapitre 15

« SI ON AVAIT DAVANTAGE CRU EN LA FRANCE »

Le 13 janvier 1965, le Général me fait part d'une inquiétude : « On me dit qu'au Quai d'Orsay, on serait très réservé vis-à-vis de la perspective d'un accord avec les Russes et qu'on préférerait se retourner vers les Allemands. Il n'en est pas question ! » Ces pourparlers franco-russes, à l'évidence, ne doivent pas toute l'importance qu'il leur attache à son seul goût pour la télévision. Il entend bien que rien ne soit fait qui puisse les compromettre.

« Ne pas courir deux lièvres à la fois »

Le 28 février, il me fait porter une note manuscrite, sur son papier à en-tête :

« À propos des entretiens que M. de Laboulaye aura à Moscou au sujet du SECAM, je crois qu'il ne faut pas donner aux Russes l'impression que nous sommes en train de négocier en même temps un arrangement différent avec d'autres et, notamment, avec les Allemands.

« Ce qu'il faut, c'est amener les Russes à répondre positivement ou négativement sur la question du SECAM et d'un accord entre eux et nous pour le faire adopter par les Européens et, ensuite, pour l'exploiter.

« C'est seulement dans le cas où les Russes répondraient négativement que nous pourrions peut-être chercher une combinaison avec les Allemands. Mais il n'y aurait là qu'un pis-aller. Ne pas courir deux lièvres à la fois. »

Une coopération avec les Russes n'est recherchée qu'après l'échec d'une tentative avec les Allemands. Pas question de reprendre langue avec les Allemands, tant qu'on n'est pas au clair avec les Russes.

« Il n'y a qu'à violer le Cocom »

Salon doré, 3 mars 1965.

AP : « L'affaire se présente bien. Laboulaye est parti hier pour Moscou avec un membre de mon cabinet et un des dirigeants de la firme. Je les ai munis des instructions que vous m'aviez précisées. Une difficulté va être soulevée. Les Russes voudront une coopération technique sur les semi-conducteurs, les quartz et les câbles hertziens. On ne peut pas les inclure sans violer le Cocom *.

GdG. — Eh bien, il n'y a qu'à violer le Cocom. Et puis d'ailleurs, tout le monde le viole tous les jours, à commencer par les Anglais ! Ce machin a été inventé par les Américains pour nous ficeler. »

Salon doré, 10 mars 1965.

AP : « Le texte de l'accord sur la télévision en couleurs a été paraphé hier à Moscou. Le voici. »

Il le prend et le lit soigneusement.

GdG (du ton du regret) : « Alors, finalement, vous n'avez pas mis "un système franco-soviétique" de télévision en couleurs, mais "un système commun de télévision en couleurs".

AP. — Oui, ce sera plus facile d'étendre à d'autres un système *commun* qu'un système *franco-soviétique.* »

« Ce sera une sorte de " Concorde " franco-russe »

Salon doré, 31 mars 1965.

AP : « À la conférence de Vienne sur la télévision en couleurs, les Allemands jouent complètement avec les Américains. Ils se passent le ballon. Ils se sont mis d'accord pour débiner le SECAM.

GdG. — Le pire qui puisse arriver, c'est que notre procédé ne soit repris que par les Russes. C'est déjà satisfaisant, à condition que les satellites des Russes tiennent bon.

(Le Général vient de célébrer en Conseil l'esprit d'indépendance qui souffle sur les "satellites". Et le voici qui espère leur soumission aux ordres du Kremlin. Sur le moment, je ne m'aperçois pas de la contradiction : comme lui, je suis emporté par l'idée de réussir dans notre entreprise.)

AP. — Il y a un petit doute à propos de la RDA, qui aurait pris des contacts secrets avec l'Allemagne occidentale.

GdG. — Il ne tient qu'aux Russes d'obliger la RDA à marcher droit. Ils n'ont qu'à le faire ! Ça sera une humiliation pour les Allemands de l'Ouest, qui vont être ridiculisés dans leur servilité américaine.

AP. — On s'achemine vers un report de la décision à l'an prochain, à Oslo, du fait qu'aucun des trois procédés ne pourra s'imposer à l'unanimité. On pourra reparler avec les Allemands.

GdG. — Pourquoi ne peut-on pas commencer tout de suite des fabrications avec les Russes ? Il faudra le faire. Ce sera

* Organisme international veillant à éviter les transferts de technologies sensibles vers les pays de l'Est.

une sorte de “Concorde” franco-russe, au lieu d’être franco-anglais. »

À défaut d’un vrai Concorde franco-russe *...

Salon doré, 7 avril 1965.

GdG : « Alors, à cette conférence de Vienne, une large majorité s’est dessinée parmi les pays de la zone européenne en faveur du procédé français, la minorité étant elle-même divisée entre les deux autres procédés en compétition. Et pourtant nos représentants, d’après ce qu’on me dit, étaient encore en train de fléchir ? Bon sang, mais qu’est-ce qu’on leur a fait à ces gens du Quai d’Orsay ? Ils ne peuvent pas admettre que la France gagne !

AP. — Ils ont peut-être été pris par la tentation du compromis.

GdG. — Quel compromis ? Alors qu’il s’agissait de nous couillonner ! Il n’en est pas question ! Ils sont lamentables. Les Allemands, ce n’est pas la peine de les ménager. »

« Nous n’allons pas honorer à titre exceptionnel un administrateur de sociétés ! »

Salon doré, mardi 13 avril 1965.

AP : « Pour exploiter le succès de cette conférence de Vienne, je vous ai suggéré de donner la Légion d’honneur à Henri de France à titre exceptionnel, comme vous l’avez fait pour Tabarly.

GdG. — Mais j’ai vu qu’il se déclarait “administrateur de sociétés”. Ça fait moche ! Nous honorons à titre exceptionnel un inventeur, non un administrateur de sociétés !

« On me dit qu’il y a eu des flottements dans notre délégation ?

AP. — Oui, des techniciens, des polytechniciens de l’ORTF ont été séduits par les dernières améliorations du PAL. Les Allemands ont réussi une synthèse du procédé américain et du procédé français, avec ce qui est le plus original dans l’invention d’Henri de France : la juxtaposition d’un signal immédiat et d’un signal retardé de quelques microsecondes, ce qui donne de la profondeur à la couleur.

GdG. — Mais les Allemands la connaissaient, cette invention ?

AP. — Oui, et ils seront obligés de payer les brevets à de France, sinon ils ne pourraient pas passer à l’exploitation.

GdG (qui voit immédiatement le défaut de la cuirasse allemande). — Alors, il n’y a pas de procédé PAL, s’il a besoin du

* Le SECAM a en commun avec le Concorde de présenter une image positive de la technologie française. Mais le coût des deux projets est sans commune mesure. Le déficit du Concorde, valeur 1965, devait s’élever à 10 milliards de francs payés par le budget de l’État. Le SECAM, étant l’œuvre d’une société privée, n’a en rien pesé sur le budget de l’État. L’opération n’a coûté à l’ORTF que les frais de déplacement de ses techniciens pour les démonstrations.

procédé français pour exister ! Il faut donc le leur refuser ! Il le faut, et comment !

« Vous avez des types qui n'ont qu'une idée en tête, c'est qu'il faut s'arranger avec les Allemands. Ils ont tout fait pour ça. Alors que le procédé allemand n'existe que si nous voulons bien qu'il existe ! C'est une manie de ce sacré Quai d'Orsay. Pourquoi ? La négociation qui réussit, à leurs yeux, c'est une négociation dans laquelle la France disparaît ! C'est une tare qu'ils ont dans leur sang.

« Nous n'allons pas encore flancher ! »

AP. — Ils recherchent une entente.

GdG. — Ce n'est pas une entente, c'est un abandon ! Est-ce que le PAL nous apporte quelque chose ? Il ne nous apporte rien. Tandis que le SECAM apporte quelque chose au PAL. Alors, pourquoi donner le SECAM au PAL ? Il faut refuser ! On leur a déjà donné beaucoup trop ! Ça nous fait perdre notre consistance vis-à-vis des gens de l'Est, qui se disent : “Les Français eux-mêmes flageolent ; ils ne sont pas décidés. Finalement, le PAL va l'emporter.” Nous devons commencer avec les Russes sans attendre.

AP. — Il faudrait lancer la construction en URSS d'une usine avec notre assistance technique.

GdG. — Nous n'allons pas encore flancher et nous arranger avec d'autres ! Il faut marquer aux Russes que nous ne les trompons pas !

AP. — Les pays de l'Est voudraient pouvoir montrer leur indépendance à l'égard des Russes et avoir chacun un accord avec nous.

GdG. — Oui. Je trouve ça tout à fait normal.

AP. — Il y a un problème pour l'Allemagne de l'Est puisque nous ne la reconnaissons pas comme État.

GdG. — Nous pouvons faire des accords de gouvernement à gouvernement avec des États ; avec la RDA, on fera un accord de firme à firme. Il faut mettre Bonn devant le fait accompli !

« On ne peut rien faire si on ne concentre pas les moyens »

AP. — Il y a autre chose. La CSF n'a pas assez d'hommes ni de moyens pour une politique d'expansion technique et industrielle. Nous devons provoquer une concentration de notre industrie électronique.

GdG. — Oui. On ne peut rien faire à l'heure actuelle si on ne concentre pas les moyens. Sans compter toutes les recherches qu'il faudra faire encore pour exploiter le procédé. Avant la coopération entre Européens, il faut coopérer entre Français.

AP. — Ce ne sera pas facile. Les électroniciens français se tirent dans les jambes. Ils ne sont pas capables de mettre la couleur sur le marché avant plusieurs années et ont peur de perdre la vente de leurs stocks de récepteurs en noir et blanc. »

Le Général résume en comptant sur ses doigts :

« D'abord, s'arranger avec les Russes, pour la mise en exploitation rapide. Puis, organiser l'industrie électronique française. Et puis, rechercher des arrangements entre États avec tous les pays qui adopteront le SECAM. Il n'y a pas de temps à perdre. »

« On ne s'est pas débarrassé des arrière-pensées »

Salon doré, jeudi 23 septembre 1965.

J'ai demandé audience au Général pour lui parler des déconvenues enregistrées pour notre télévision en couleurs :

« 1. Les Allemands ont mis au point un PAL amélioré, le "PAL de luxe". Beaucoup de pays européens, l'Italie, la Scandinavie, le Bénélux, l'Angleterre, vont s'y rallier.

« 2. La CSF n'a pas les moyens de conquérir l'étranger, en dépit des succès que nous lui avons obtenus à Moscou et à Vienne.

« 3. L'industrie électronique française ne veut pas s'unir en un consortium pour exploiter ce procédé. Les responsables des huit sociétés d'électronique s'y sont refusés, malgré plusieurs réunions à Matignon. Tous, comme un seul homme, ont dit : "C'est une affaire pour la CSF, qui détient le brevet. Ce n'est pas une affaire pour nous : nous gagnerons autant si c'est le procédé allemand ou si c'est le procédé américain." Quant à la CSF, nous n'avons pu l'empêcher de vendre son brevet à Telefunken, qui l'incorpore au PAL. La CSF n'a guère envie de se battre, puisque le PAL va lui rapporter des redevances *.

« 4. En outre, on se heurte à un certain scepticisme dans les milieux administratifs et même gouvernementaux de Paris, qui pensent qu'en face de la coalition germano-américano-anglo-hollando-scandinave, la France et la Russie ne feront pas le poids.

« 5. Enfin, la CSF a mis au point une variante perfectionnée du SECAM, sans s'occuper de ce que font les Russes. De leur côté, les Russes ont mis au point leur procédé, le "Mir", inspiré du SECAM, mais différent de lui. Tant la variante CSF que la variante russe sont contraires à l'accord franco-soviétique, qui stipule que

* Après plus de trois décennies, il apparaît que la rivalité du PAL et du SECAM est appelée à prendre fin par l'adoption de la télévision numérique, qui va se substituer aux deux systèmes. Le SECAM ne s'inclinera pas devant le PAL, ni le PAL devant le SECAM : l'aboutissement sera tout différent de la fin malheureuse du 819 lignes, sabordé devant le 625 lignes allemand.

les deux pays adopteront un système commun sur la base du SECAM.

« Il faudrait donc, à l'occasion de la commission mixte franco-soviétique qui doit se tenir en novembre, revenir à un procédé unique, conforme à l'accord signé.

GdG. — Je vous ai écouté avec attention. Vous ne m'apprenez rien ; j'étais tenu au courant. Mais vous avez tout précisé et récapitulé. Je m'en vais vous dire ce que j'en pense.

« Dans tout ça, on ne s'est pas débarrassé des arrière-pensées. Il y a celles des électroniciens. Du fait que la CSF, Ponte et de France ont un procédé, les concurrents sont contre, automatiquement, d'instinct. Les seigneurs de l'électronique française ne sont pas favorables au SECAM, simplement parce qu'il est le procédé d'un concurrent. Eux s'en foutent. Qu'est-ce que ça peut bien leur faire de fabriquer des appareils sur la base du SECAM, ou sur la base d'autre chose ?

« L'intérêt national, pour le Quai d'Orsay, est toujours secondaire »

« Et puis, il y a les arrière-pensées du Quai d'Orsay, qui cherche toujours l'arrangement, par définition. Il n'a jamais fait que ça de sa vie. L'intérêt national, pour lui, est toujours secondaire. Par conséquent, le Quai d'Orsay n'a jamais abordé sans arrière-pensées la négociation, spécialement avec les Russes.

« Il y a même des arrière-pensées dans l'ORTF. Car, pour lui, le plus facile, c'est l'échange des programmes. Ceux avec lesquels on en échange, ce sont les Américains, les Anglais, les Allemands, les Italiens. Par conséquent, si on peut trouver un truc qui les satisfasse, tant mieux, on le prendra.

« Tout ça fait que cette affaire importante au point du vue national, faire triompher un procédé français et le faire adopter par l'Europe, ou tout au moins par une large partie de l'Europe, de préférence à un autre, se dilue dans l'esprit de beaucoup. On n'y va pas carrément.

« Le Premier ministre n'a pas fait le nécessaire »

« En ce qui concerne l'électronique, on n'a pas fait ce qu'il fallait pour l'obliger à créer un consortium. Le gouvernement aurait dû y mettre tout son poids. Le Premier ministre n'a pas fait le nécessaire. Car on les tient toutes, les compagnies françaises, on pouvait les obliger à faire un pool, ne fût-ce que par un procédé fiscal quelconque ! On ne l'a pas fait.

« Enfin, il y a les Russes. Si nous avons l'air de douter de nous-mêmes, ils prendront la tangente. Ils ne prendront certes pas le PAL, mais un procédé à eux, dérivé du SECAM, auquel ils rallieront de force leurs satellites. Alors, on se trouvera à la conférence d'Oslo l'année prochaine, entre l'Est qui dira : "Nous sommes pour le MIR", et l'Ouest qui dira : "Nous sommes pour le PAL" (le Général tape sur la table), et nous complètement isolés, ou obligés de nous rallier au PAL, couillonnés, cocus. Ce serait déplorable et absurde.

AP. — Puisque nous avons fait le choix de la coopération franco-soviétique dans cette affaire, il n'y a pas d'autre solution que de maintenir l'unité avec les Russes. »

« Il s'agit de montrer que la France est une grande nation scientifique et technique »

Salon doré, le 20 avril 1966.*

Je rends compte au Général de la réunion de la Commission mixte franco-soviétique qui vient de se tenir à Moscou : « Ça s'est bien passé, nous avons mis au point un procédé, définitivement arrêté, SECAM II, que nous présenterons conjointement à Oslo. »

Je pensais me borner à cette phrase. Il reprend, comme s'il avait tout son temps : « Cette histoire va se terminer moins bien que je ne l'espérais, mais mieux que je n'ai craint un moment. Le PAL l'emportera en Europe occidentale, le SECAM en Europe orientale, dans le tiers-monde, notamment en Afrique du Nord, en Afrique, au Moyen-Orient**. Au moins, le procédé américain ne pourra pas débarquer en Europe. Et les Américains et les Japonais vont devoir se mettre à fabriquer des récepteurs SECAM. En redevances, c'est PAL qui va gagner beaucoup d'argent, puisqu'il conquerra les pays riches, et il en reversera une partie à la CSF, à Ponte et à de France. En populations atteintes, c'est le procédé français qui gagnera. Et vous verrez que les techniciens trouveront un moyen de décoder un système vers l'autre***.

« Pourquoi j'attachais de l'importance à cette affaire ?

« Parce que le SECAM est apparu comme meilleur que le procédé américain, et pas moins bon que le procédé allemand. C'était une raison suffisante, élémentaire, pour que nous nous

---

* Bien que je sois passé, en janvier 1966, de l'Information à la Recherche scientifique, le Général m'a maintenu la responsabilité du dossier de la télévision en couleurs.

** Le SECAM a été notamment adopté par les pays du Proche-Orient qui, à l'époque, paraissaient peu solvables, mais dont beaucoup sont devenus entre-temps fort riches.

*** C'est effectivement ainsi que les choses devaient se passer.

engouffrions derrière ce procédé français et que nous le soutenions à toute force.

« D'autre part, j'ai pensé que nous favoriserions ainsi le développement de l'industrie électronique française dans un secteur de pointe. Un succès a toujours valeur d'entraînement dans ce domaine, de même que la Caravelle a eu pour effet d'entraîner l'industrie aéronautique française, et que le Concorde, j'espère, va poursuivre le mouvement. On pouvait penser qu'un succès aurait pour effet d'entraîner cette industrie de pointe.

« Et puis, en écartant le procédé américain, nous évitions un contrôle américain trop pesant sur l'industrie électronique européenne.

« Et enfin, il y avait une valeur de prestige, d'intérêt national, qui s'attachait à tout ça, notamment notre prestige auprès des pays du tiers-monde ; il s'agit de montrer que notre pays, qui a la réputation d'être le pays des parfums, des fromages et de la mode, est aussi une grande nation scientifique et technique.

« Tout ça, on ne l'aurait pas obtenu si l'État n'y avait pas mis son poids »

« J'espérais d'abord qu'on ferait un procédé franco-allemand, une coopération franco-allemande qui aurait été exemplaire. Les Allemands nous ont repoussés du pied. Il fallait leur donner une leçon ! Nous avons renversé nos alliances, dans ce domaine en tout cas. À partir de ce moment-là, le SECAM prenait un rôle pionnier dans la coopération franco-soviétique.

« À bien des égards, nous avons marqué des points. Le procédé américain, qui s'apprêtait à conquérir l'Europe, avec les Anglais comme sergents-fourriers, a été éliminé. On saura partout que deux procédés, un français et un allemand, sont partis à la conquête du monde. C'est une carte de visite pour la France, même si c'est moins satisfaisant que d'avoir triomphé tout seuls.

« Et tout ça, on ne l'aurait évidemment pas obtenu si l'État n'y avait pas mis son poids. Si on avait laissé faire la firme toute seule, la France aurait été isolée et les sociétés d'électronique se seraient protégées du reste du monde.

« Seulement, on aurait pu et dû faire mieux, si on n'avait pas versé dans la mollesse du doute, si le gouvernement s'était plus engagé, si on avait davantage cru en la France. »

En le quittant, j'ai l'impression qu'il vient de résumer un apologue sur la France ; un apologue doux-amer.

LA SOCIÉTÉ INDUSTRIELLE : PARTICIPER

Chapitre 16

« MAINTENANT, IL FAUT ALLER À FOND VERS LA PARTICIPATION »

La différence entre le Général et Pompidou n'est pas seulement celle qui oppose si souvent le « volontariste » au « libéral ». Un autre clivage commence à apparaître, sur un thème particulièrement cher au Général : du haut de toutes les tribunes du RPF déjà, il proposait de panser les plaies de la société industrielle par l'« association capital-travail ».

Est-ce pour réagir au coup de froid social de la grève des mineurs ? Le sujet de la « participation » revient en force et, en ce printemps 1963, les projets fleurissent.

Pompidou : « La question sociale aujourd'hui, ce n'est pas les ouvriers »

Matignon, 26 avril 1963.

Pompidou : « Chalandon * a inventé une formule dangereuse de participation. Il veut utiliser l'argent deux fois. On ferait un prélèvement sur les bénéfices non distribués — investissements, autofinancement. Les sommes resteraient à la disposition de l'entreprise, mais seraient versées dans un Fonds national du travail — pour alimenter les retraites complémentaires.

« Des fonds, on en a dans tous les coins, ça ne donne rien, ça ne supprime pas le problème des vieux ni des actifs. Tous ceux qui n'auront pas cet avantage en exigeront autant. Les salariés demanderont des augmentations de salaire tout autant, ça ne va nullement les calmer. Et puis, c'est inflationniste. »

Mais ce n'est plus Chalandon qu'il vise, quand il suggère qu'être obsédé par le couple capital-travail, c'est se tromper de sujet, et d'époque :

« Les problèmes sociaux, c'est autre chose que le problème ouvrier. C'est une perversion intellectuelle du XIXe siècle que de les confondre. La question sociale, en ce sens-là, elle est virtuellement réglée, depuis que les ouvriers deviennent des bourgeois. La question sociale aujourd'hui, ce n'est pas les ouvriers, c'est les paysans. »

---

* Inspecteur des finances, banquier, ancien secrétaire général du mouvement gaulliste.

« La grève des mineurs ne doit pas nous décourager, mais nous stimuler »

Salon doré, 30 avril 1963.

AP : « Comment concilier votre thèse de la participation et l'attitude agressive que les syndicats ont montrée pendant toute la grève des mineurs ?

GdG. — L'essentiel, c'est d'entrer dans le règne de l'économie concertée. Nous y sommes déjà beaucoup plus qu'on ne le dit et qu'on ne le croit. Il faut le faire apparaître plus nettement au public. Il faut faire participer les syndicats à la décision et aux responsabilités qui en découlent. Il faut leur donner le sens de l'intérêt national. Il faut que le syndicalisme revendicatif devienne un syndicalisme de gestion. Cette grève est une alerte. Elle ne doit pas nous décourager, mais nous stimuler. »

Il reprend, après un silence :

« Maintenant, il faut aller à fond vers la participation. Ce n'est plus acceptable qu'il y ait, d'un côté les patrons ou l'État-Patron, de l'autre les ouvriers, en situation d'antagonisme permanent.

« Il faut que tous ceux qui participent au fonctionnement de l'économie, à la création de richesses, comprennent qu'ils sont embarqués sur le même bateau et qu'ils se font du mal tous ensemble en se traitant comme des adversaires.

AP. — C'est ce que vous appeliez l'association capital-travail du temps du RPF ?

GdG. — Si vous voulez, mais ce qui se passe montre qu'il faut aller plus loin encore.

AP. — Mais où, en pratique ?

GdG. — L'association capital-travail peut se faire à trois niveaux. D'abord, l'intéressement aux bénéfices de l'entreprise. Une ordonnance de 1959 a déjà posé le principe des contrats d'intéressement. C'est un bon début. Quelques firmes, comme Dassault, l'ont appliqué. Ensuite, la participation à la plus-value du capital, ce qui provoque du tirage de la part du capital, mais ce n'est pas une raison pour ne pas le faire. Ça permettrait de faire des ouvriers des copropriétaires de leur entreprise. Enfin, il faut explorer dans quelle mesure les cadres et le personnel peuvent être associés à la gestion des entreprises, en contrepartie de la diminution du rôle des conseils d'administration. J'ai demandé à Bloch-Lainé de réfléchir sur ce point. »

Pompidou : « Il y a du pour et du contre »

Matignon, 2 mai 1963.

Pompidou me révèle : « Nous mettons la participation à l'étude. Il y a du pour et du contre. On pense à une formule qui pénaliserait les augmentations de salaires de plus de 4 % par an. Les sommes disponibles seraient versées en provision de participation au capital. Ça limiterait les augmentations de salaires sans frustrer les travailleurs. »

En attendant, il m'impose le *black-out*. L'idée est de Giscard. Elle mérite à ses yeux davantage de considération que celle de Chalandon. Mais Pompidou veut la mûrir à Matignon, avec Grandval, qui hésite et qui est plutôt contre ; et surtout avec Massé *. Celui-ci a beau ne pas appartenir au gouvernement, il a beaucoup plus de poids aux yeux de Pompidou que Grandval, qui y siège.

Louis Vallon **, rencontré l'autre jour dans les couloirs de l'Assemblée nationale, est venu vers moi, jovial à son ordinaire, et m'a raconté comme une bonne blague sa récente conversation avec le Général.

« Alors, mon général, cette association capital-travail, cette participation dont vous nous rebattez les oreilles depuis 47, et même dont vous parliez dans vos discours de Londres ou votre conférence d'Oxford, en novembre 41, il n'en reste rien ? Vous nous avez fait franchir le Rubicon pour y pêcher à la ligne ? » Rire sonore de Vallon sous les voûtes du Palais-Bourbon. Il n'est pas homme à se vanter : il a dû le dire ainsi. Il faut être un très ancien compagnon pour se permettre cette insolence. Mais il sait aussi que le Général a toujours tout passé aux « gaullistes de gauche », comme s'il avait envers eux des complexes, à cause de ses origines familiales « de droite ».

« Les corps intermédiaires se refusent à jouer le second de leurs deux rôles »

Salon doré, 26 juin 1963.

GdG : « Il est certain que l'opposition va tenter de nous faire capoter sur l'économie : de pousser les hausses de salaires au maximum ; de faire des campagnes de panique sur les prix ; de flanquer le franc en l'air. L'opposition, après ses échecs de l'an dernier, a conclu que c'était le seul moyen de se débarrasser du système. Si elle réussit, elle peut retourner tous les arguments qui plaident pour nous. (Il se met à les imiter par avance.) "Ils ont perdu l'Afrique et l'Algérie." "Leur grand succès s'est effondré, la monnaie saute."

« Il y a un côté malsain dans ces grèves endémiques. Vingt-quatre heures de grève d'enseignants, ça ne se récupère pas. Ce sont

* Commissaire au Plan.

** Député. Dirigeant des gaullistes de gauche.

des désordres. Pourquoi ? Le Syndicat national des instituteurs réclame que la prime de surcharge donnée aux instituteurs qui ont une classe unique, si elle compte plus de dix enfants, soit étendue à ceux dont la classe a moins de dix élèves. 250 000 instituteurs font la grève parce qu'il n'y a pas de prime de surcharge pour 2 000 instituteurs qui ont moins de dix enfants. Et on cède ! »

Pompidou : « Naturellement, le Général a enfourché ce dada »

Matignon, 20 août 1963.

Chalandon, lanterné par Matignon, a obtenu une audience du Général.

Pompidou : « Naturellement, le Général a enfourché ce dada. Pourtant le système de Chalandon pour la participation est absurde ; il est même dangereux : que se passera-t-il si, pour supprimer l'inflation, on bloque les salaires ? C'est du Capitant ! Les salariés se révolteront ! Les salaires différés, les comptes d'épargne, l'emprunt forcé, c'est bon pour Moscou ! Ça suppose un régime totalitaire, ou ça y conduit ! Les ouvriers veulent récupérer leur plus-value par le salaire. Un point, c'est tout. »

« Les travailleurs français, c'est un troupeau d'assujettis »

Pendant ce temps, le Général ne démordait pas de son projet. *Le 9 septembre 1964, à l'issue du Conseil*, il me déclare :

« On ne prend pas les travailleurs français au sérieux. Pas plus que les citoyens. C'est un troupeau d'*assujettis*, comme on dit. On veut leur faire prendre des vessies pour des lanternes.

« Les travailleurs et les cadres d'une entreprise doivent avoir le sentiment qu'ils sont associés à la marche de cette entreprise ; et ce sentiment, ils ne l'auront que si c'est le cas. Alors qu'on les traite en irresponsables, même si on fait semblant de discuter avec les syndicats. Et comme les syndicats ne s'intéressent qu'à la surenchère sur les salaires et donc sur les prix, c'est un dialogue de sourds.

« Il faut que les citoyens croient à la possibilité de changer eux-mêmes leurs dirigeants, à commencer par le premier d'entre eux. Il faut que les ouvriers et les cadres d'une entreprise aient le sentiment qu'ils pourront jouer un rôle dans le choix du dirigeant si celui-ci se montre incapable.

AP. — Mais ils ne le demandent pas. Et si on leur accordait ce droit, ce seraient les syndicats qui le prendraient à leur compte.

GdG. — C'est le problème. Il faut trouver pour les entreprises un système qui associe les travailleurs, comme la Ve République associe désormais les citoyens. »

Chapitre 17

« LA SÉCURITÉ SOCIALE, C'EST DÉLICAT »

Au Conseil du 10 juillet 1963, Grandval nous entretient des difficultés entre les médecins et la Sécurité sociale : « Je souhaite utiliser les délais pour une ultime tentative de conciliation.

GdG. — Vous avez raison sur le fait qu'il faut le dialogue.

« Mais il ne faut pas d'arbitrage qui ne serait pas celui de l'État ! Ce n'est pas à un syndicat d'arbitrer entre les médecins et la Sécurité sociale ! »

« Quelle est la différence entre un artiste et un non-artiste ? »

Au Conseil du 9 septembre 1964, Malraux, de sa voix caverneuse, parle de la sécurité sociale des artistes : « Les galeries qui vendent des tableaux qui se vendent paieront pour ceux qui ne se vendent pas. La France est le premier pays à résoudre ce problème. Le seul pays au monde où les artistes soient affiliés à la Sécurité sociale. »

Malraux sait prendre le Général, qui est tout heureux chaque fois que l'on peut dire que la France est la première en quelque chose. Mais l'instinct de méfiance reste le plus fort :

GdG : « Quelle est la différence entre un artiste et un non-artiste ? Quel sera le critérium pour les distinguer ?

Malraux. — Les artistes sont ceux qui vivent pour plus de 50 % de leur art. Il faut distinguer les peintres et sculpteurs, des artisans, caricaturistes, etc.

GdG. — Comment établir la différence ? Quelle sera la ligne de démarcation entre les artistes peintres et les peintres en bâtiment ?

Malraux. — Je fais confiance à l'administration pour délimiter les frontières. »

« Si la Sécurité sociale doit appeler l'État au secours, il faut que l'État intervienne plus directement dans son administration et dans son contrôle »

Au Conseil du 21 avril 1965, Grandval fait une nouvelle communication sur la Sécurité sociale : « Une participation plus forte du budget de l'État devient indispensable. Nous sommes dans l'obligation d'intervenir énergiquement pour limiter les dégâts et compenser les déséquilibres.

Giscard. — Si cette dérive n'était pas corrigée, on peut prévoir que le déficit de la Sécurité sociale serait de 2 milliards en 1966, de 5,7 milliards en 1970. Le budget social va dépasser le budget de l'État. »

Pompidou prêche la prudence et indique les pistes qu'il étudie : aide de l'État, pas d'augmentation des cotisations patronales : « J'ai écarté leur majoration pour 1966. Le poids qui pèse sur l'économie française est déjà très lourd. Il ne faut pas l'aggraver. Il faudra, en revanche, chercher à diminuer des prestations. Le gouvernement ne peut pas prendre toutes les responsabilités. C'est à la Sécurité sociale elle-même de faire ses prévisions annuelles de ressources et de dépenses. Ce sera à elle de dire quel est le ticket modérateur.

GdG. — Tout ce qui a été dit donne la mesure du problème. Il faut le résoudre dans cette direction. Si la Sécurité sociale doit régulièrement appeler l'État au secours, il faut que l'État et le gouvernement interviennent plus directement dans le contrôle qu'ils exercent sur elle. Notamment pour ses frais généraux, dont je suis persuadé qu'ils sont excessifs. »

Après le Conseil, je reviens sur le sujet avec le Général. Il avait déjà dit en Conseil, *le 11 décembre 1963* : « La gestion de la Sécurité sociale est scandaleuse et ruineuse. » Mais il reste très réservé : « La Sécurité sociale, c'est délicat. Il ne faut pas lancer cette énorme question actuellement, puisque nous ne sommes pas prêts. Il faut savoir d'abord ce que nous décidons. Il faut toujours éviter d'affoler inutilement tant qu'on n'a pas fixé la parade. »

« La Sécurité sociale échappe complètement à une autorité digne de ce nom »

Au Conseil du mardi 15 juin 1965, bizarrement, c'est le Général qui va prêcher la hâte. Grandval rapporte un projet de loi sur la Sécurité sociale. Il ne s'agit que de régulariser des dispositions d'un décret de 1960, annulé par le Conseil d'État, sur la gestion des conseils d'administration des caisses. Affaire apparemment mineure, qui va pourtant déclencher un affrontement paradoxal : d'un côté Pompidou et Grandval pour une fois associés, de l'autre le Général.

GdG : « Si vous faites une loi, profitez-en pour réformer ce problème ! Les conseils d'administration des organismes de sécurité sociale ont pris l'habitude d'empiéter sur les fonctions de direction. Les caisses de la Sécurité sociale échappent complètement à une autorité digne de ce nom. Puisque vous vous fendez d'un projet de loi, on peut y aller ! Il faut une direction qui en soit une ! Ne laissez pas passer cette occasion !

Grandval. — Ce que vous demandez, mon général, c'est une réforme extrêmement profonde. Mais nous ne la ferons pas si vite !

GdG. — Je ne suis pas d'accord. Si vous allez jusqu'à faire un projet de loi, il faut en profiter pour régler la question au fond. Il faut assurer l'indépendance de la direction par rapport au conseil d'administration. Sinon, rien ne sera changé !

Pompidou (répète patiemment). — Ce que vous demandez, mon général, c'est de bouleverser la gestion des caisses.

GdG. — Je demande à revoir ce texte. Il faut que les directeurs soient indépendants des conseils d'administration. Puisque vous voulez faire une loi, pourquoi vous gêner ?

Pompidou. — La disposition dont vous parlez, on ne peut pas la glisser subrepticement. C'est une énorme transformation, une révolution. »

Le Conseil est surpris que le Général soit aussi agressif pour une simple question de gestion administrative. C'est que pour lui, l'État ne doit pas aliéner ses devoirs, il doit pouvoir imposer sa politique. L'an dernier, l'attitude du Général sur l'ORTF avait été la même : il a exigé que le directeur général soit nommé par le gouvernement, non par le conseil d'administration.

Il conclut : « Le vrai patron, le directeur général, ne doit dépendre que du gouvernement. Il ne faut pas organiser la dérobade. Il ne faut pas abandonner la responsabilité à des organismes irresponsables. »

Pourtant, si résolu que se soit montré le Général, il finira par se rendre aux arguments de la prudence — et l'occasion ne sera pas saisie…

« Le peuple français est anarchique, il faut bien qu'on le dirige »

Au Conseil du 13 octobre 1965, Grandval fait une communication sur une réforme des services du Travail et de l'Emploi : mais derrière cette réorganisation, se profile une politique de l'emploi, que le Général résume.

GdG : « Il faut que la gestion soit décentralisée, mais que le contrôle soit centralisé, pour qu'il y ait une impulsion et une politique définies par le gouvernement.

Pompidou (marquant ses prérogatives). — Le ministre du Travail n'a fait qu'exposer la tendance dans laquelle sont orientées ses pensées, et non pas des décisions. L'examen aura lieu auprès de moi. »

Il tient d'autant plus à superviser l'affaire, qu'il a une crainte : « Cette communication ne peut pas vouloir dire qu'on irait vers une politique autoritaire de l'emploi. Nous ne sommes plus dans la situation de 1945, celle d'une France en désarroi. Les services de l'emploi doivent surveiller et contrôler, mais on ne doit pas retomber dans le dirigisme de l'emploi.

GdG. — Le Premier ministre ne veut pas du terme "dirigisme de l'emploi". Mais nous y sommes, et de plus en plus ! Pour l'industrie, puisque nous voulons des reconversions. Pour aménager le territoire, puisque, si nous ne nous y appliquons pas, rien ne se fera tout seul. Pour l'Éducation nationale, puisque nous voulons aller vers l'orientation et la sélection. Le peuple français est indiscipliné et anarchique, il faut bien qu'on le dirige. On ne peut s'abandonner au mouvement naturel des choses. Il faut indiquer une direction.

Pompidou. — Oui, mais ça doit se faire dans le respect de la liberté des individus. Sans quoi, je demanderais au ministre du Travail de prendre les mineurs de Decazeville et de les transporter ailleurs, il nous rendrait un grand service.

GdG. — C'est la différence entre la planification et la collectivisation. »

À fleurets mouchetés, c'est sur le fond que s'opposent Pompidou et de Gaulle. Pompidou m'a confié que le débat risquait de se faire plus vif sur l'orientation scolaire et la sélection à l'entrée de l'université, pour lesquelles le Général est de plus en plus pressant ; alors que Fouchet, appuyé par Pompidou, considère qu'il faut gagner du temps, pour éroder sa détermination.

« Quoique Pompidou n'aime pas le terme, le dirigisme est nécessaire, puisqu'il nous faut bien diriger »

Après le Conseil.

GdG : « L'idée générale de Grandval, qui est de diriger l'emploi plus qu'on ne le faisait jusqu'à présent, elle est bonne. Bien que le Premier ministre n'aime pas le terme, le dirigisme est nécessaire ! Il nous faut bien diriger ! Prévoir quels emplois il faudra pourvoir. Par conséquent, diriger la formation professionnelle et même, dans une certaine mesure, les orientations de l'Éducation nationale. D'autre part, prévoir les reconversions, les transformations, qu'il s'agisse des mines, des chantiers navals, de n'importe quoi. Alors qu'on passe son temps à faire des mutations d'industries en catastrophe. Une politique de l'emploi est nécessaire, et il n'y a que le ministre du Travail qui puisse la guider. Grandval a raison !

AP. — Mais nous voulons agir par orientation, non par coercition. On ne porte pas atteinte à la liberté d'établissement et de circulation.

GdG. — On peut influer sur elle, par la bande ! Par exemple, on va fermer des chantiers navals à Nantes. Si des types vont être licenciés, et si on les forme pour faire autre chose, ils trouveront un emploi nouveau. Tandis que si on ne les forme pas, il est fort possible qu'ils ne trouvent pas d'emploi nouveau, ou n'en trouvent pas sur place. Alors, ça fait des histoires à perte de vue qu'on pourrait parfaitement éviter avec un peu de prévoyance.

AP. — Je vais expliquer ça, tout en écartant le mot "dirigisme" que n'aime pas le Premier ministre, parce que les gens ne veulent pas être dirigés.

GdG. — N'employez pas le mot si vous ne voulez pas, mais la réalité est bien là. Si on a peur du dirigisme, où va-t-on ? Tout le monde va vouloir entrer dans l'électronique. C'est une mode. Mais il faut qu'il y en ait qui entrent dans la métallurgie. Il faut qu'il en reste à faire le travail du bois. Voyez...

AP. — Le mot le meilleur, c'est peut-être "orientation", il s'applique aussi bien à l'orientation professionnelle, scolaire, universitaire.

GdG. — Si vous voulez. D'ailleurs, c'est l'esprit du Plan. Le Plan n'est pas une coercition. Il est une orientation. »

Chapitre 18

« IL FAUT ÔTER AUX SYNDICATS LEUR DOMAINE REVENDICATIF, ET LEUR OUVRIR LE DOMAINE CONSTRUCTIF »

Pompidou s'est mis en devoir de « tirer les conséquences » de la grève des mineurs. L'une d'elles, c'est la réglementation du droit de grève. Elle va faire l'objet d'une loi. *Après le comité interministériel du 2 mai 1963* qui la met au point, Pompidou me dit : « Ce sera la preuve tangible que le gouvernement et la majorité qui le soutient ont fini par gagner cette pénible bataille. »

Les grèves reviennent quand même, régulièrement. Celles qui prennent un peu d'ampleur sont toujours l'objet de la vigilance du Général.

Au Conseil du 5 juin 1963, Jacquet annonce une grève à la SNCF contre l'introduction d'un procédé automatique, dit « l'homme mort » : au lieu de deux mécaniciens, un seul suffit. Les responsables syndicaux ont lancé un ordre de grève de deux heures, qui bloquera le service vingt-quatre heures puisqu'elle est tournante.

GdG : « C'est l'histoire des canuts de Lyon qui recommence. Aujourd'hui, on ne jette plus les métiers jacquards dans le Rhône, mais on refuse un système de sécurité qui fonctionne depuis longtemps sur l'ensemble des réseaux européens. C'est toujours le refus de la modernité. C'est une grève corporative de lutte contre le progrès. Il est probable que le public n'appréciera pas. Mais n'appelez donc pas ce procédé "l'homme mort" ! Appelez-le "veilleur automatique" ! »

Au Conseil du 6 novembre 1963, Louis Joxe fait le point des grèves de vingt-quatre heures qui affectent tour à tour fonctionnaires et services publics. Celle d'EDF est en cours.

Bokanowski (ministre de l'Industrie, c'est-à-dire des entreprises publiques) : « À EDF, peut-on faire un service minimum ? Une épreuve de force déchaînerait les passions. Les électriciens occuperaient par la force certains points sensibles, on aurait des représailles.

GdG. — On ne peut tolérer de n'avoir pas du tout de courant. Cette éventualité peut se trouver aussi dans une conjoncture politique destinée à renverser l'État. On ne peut pas se mettre dans ce cas.

Bokanowski. — Je suis prêt.

GdG. — Je voudrais des précisions.

Bokanowski. — Je vous les apporterai. »

Chacun sent le chef : le Général fait pression sur les ministres. Il les exhorte à la vigilance. Il imagine le pire. La participation a ses limites, qui sont celles du devoir d'État.

« Les grèves ? Affichez un détachement complet »

Après le Conseil, le Général fait en sorte que ces dispositions guerrières ne filtrent pas à l'extérieur : « Les grèves ? Affichez un détachement complet. On ne peut pas faire le bilan d'une grève qui est en cours. On ne va pas pérorer tant que l'événement a lieu.

AP. — Attachez-vous de l'importance à ces grèves ?

GdG. — Une grève comme celle-là n'a pas grande importance, mais elle en a toujours trop. Au fond, les syndicats ne pouvaient pas faire moins sans se déconsidérer complètement aux yeux de l'opinion. Ce n'est pas terrible, il faut le reconnaître, et pour vingt-quatre heures cela ne vaut pas la peine de perdre son sang-froid. »

« Vous » : est-ce moi, ou nous tous ? C'est assez ambigu pour me faire comprendre que, confident de ses plaintes, je ne suis pas exonéré de l'action. Ce « vous » ne tombe pas dans l'oreille d'un sourd.

« Les grèves improvisées, c'est fini »

Après le Conseil du 27 novembre 1963, je questionne le Général à propos des grèves * : « L'agitation syndicale continue. Elle a un effet psychologique nuisible.

GdG. — Nuisible pour qui ? Nuisible pour les syndicats ? Ces grèves, je ne suis pas fâché qu'elles se fassent. Les grèves sont de plus en plus impopulaires.

« Chaque fois que les travailleurs ne travaillent pas, ça coûte de l'argent à qui ? À ces pauvres types, qui ne récupèrent pas, comme ils disent. D'ailleurs, les syndicats auraient voulu une grève générale, mais ça n'a pas pris.

AP. — En tout cas, tout ça est la preuve que notre loi sur l'exercice du droit de grève n'empêche pas les grèves.

GdG. — Peut-être, mais elle a été bien utile quand même. Elle a interdit la grève tournante, la grève sans préavis, inattendue, qui affecte tantôt un train, tantôt l'autre, sans qu'on puisse savoir lequel, et qui introduit une insécurité chez tous les voyageurs. Les grèves improvisées, c'est fini. Ça a été dur, mais ça aura remis de l'ordre dans les têtes. »

---

* Dans les PTT, à EDF et à l'Éducation nationale.

« Il ne faut pas traîner pour annoncer une augmentation qui, de toute façon, sera faite »

Au Conseil du 2 décembre 1964, Pompidou commente une nouvelle vague de grèves : « Nous avons droit à une manifestation aujourd'hui, et à une grève générale de la fonction publique annoncée pour le 11 décembre. Pourtant, l'année 1964 dans l'ensemble est extrêmement bénéfique pour le secteur nationalisé. L'augmentation de la masse salariale dépasse 5 %, hausse des prix déduite. Justement, les cadres syndicaux sont irrités parce qu'ils sentent que leurs troupes ne sont pas mécontentes. Leur existence ne se justifie pas, dès lors que les progrès se font tout seuls. D'où la grève du vendredi 11 décembre. Les pronostics sont qu'elle sera largement suivie. »

Il s'étend ensuite sur les mesures pratiques prises pour y faire face.

GdG : « Il ne faut pas traîner pour annoncer les augmentations que nous avons décidées et qui seront faites de toute façon ! Si on tarde, on donnera l'impression de ne les faire que parce que les grèves nous y auront forcés.

(Lui qui est si long à se décider, pour garder jusqu'au bout sa liberté d'appréciation, il veut qu'on exécute en trombe.)

Bokanowski. — Si les syndicats arrivent devant leurs adhérents avec quelque chose de substantiel, ils annuleront peut-être la grève.

GdG. — La décision des syndicats étant prise, ils pourront difficilement revenir dessus. Ils perdraient la face.

(Il y a des règles élémentaires du rapport entre des chefs et leurs troupes. Les syndicats, organes de combat, doivent se conduire avec une certaine logique de la lutte, comme il le ferait à leur place.)

Pompidou (avec un temps de retard, accuse réception du message du Général). — Il faudra que les décisions prises en faveur des travailleurs soient annoncées avant la grève.

Frey. — Les syndicats veulent tâter la combativité de leurs troupes. Elle n'est pas très grande. Mais les états-majors vont essayer, tout au long de l'année 1965, année politique par excellence, de mobiliser leurs troupes.

GdG (qui refuse l'idée que 1965 ne soit pas une année ordinaire). — Ouais… c'est à bien longue échéance, vous leur prêtez de bien longues vues. »

« Les postiers, ils pourront courir pour leurs étrennes »

Salon doré, 9 décembre 1964.

AP : « On va me questionner sur la grève d'après-demain.

GdG. — Il ne faut pas que le gouvernement ait l'air d'ignorer la grève alors que les Français n'ont plus d'électricité. Qu'on ne dise pas que le gouvernement s'en fout. Il faut dire que la question de la rémunération des services publics et de la fonction publique avait été traitée en temps utile par le gouvernement, que des décisions avaient été prises.

« Il faut marquer une sérénité totale. Je suis fixé maintenant sur la psychologie de toute cette affaire syndicale. Dans l'agriculture, l'enseignement, les entreprises nationales, les syndicats, au fond, n'existent plus que dans la mesure où on les met en valeur. L'audience dont ils disposent, c'est celle qu'on veut bien leur conférer. »

Il reprend son souffle. Il veut visiblement « vider » la question :

« Ils cherchent à s'arroger un monopole de représentation. Ils tâchent de faire croire à leur personnel qu'ils sont seuls en mesure de faire valoir ses droits auprès du pouvoir, qui ne songerait qu'à les gruger. Toute la question, pour les syndicats, c'est de paraître forcer le pouvoir. Si on ne les reçoit plus, eh bien, ils n'ont plus d'action sur le pouvoir.

« Mais si, je vous assure. (Ai-je eu l'air dubitatif ?) C'est ça la vérité. Je ne dirais pas la même chose si nous étions dans un régime réel d'injustice et de misère. Jadis, les syndicats, c'était le cas avant la guerre, représentaient la misère, et luttaient pour plus de justice. Les malheureux qui étaient syndiqués, ou même ceux qui, sans l'être, suivaient les syndicats, le savaient et le croyaient. Mais aujourd'hui ! Il n'y a personne qui croie qu'ils sont affamés et opprimés. Leurs syndicats, pour eux, c'est le moyen d'arracher aux pouvoirs publics quelque chose de plus, toujours plus.

« L'essentiel sera de bien montrer au public que cette grève n'aura rien obtenu du tout, qu'il n'en sortira rien. Veillez-y. Non seulement il ne faut pas accepter quoi que ce soit, mais il ne faut absolument pas que le public ait cette impression. C'est une question d'information.

« C'est une position qu'ils ne peuvent pas supporter longtemps. C'est impossible. Déjà, les gens disent, à propos des postiers : ils pourront toujours courir pour leurs étrennes.

« Dans l'association capital-travail, les syndicats peuvent jouer un rôle considérable »

AP. — Si vous faites un jour l'association capital-travail, si vous allez plus loin dans le sens de la participation, les syndicats ne serviront plus à rien, vous leur retirerez le pain de la bouche.

GdG. — Au contraire ! Les syndicats peuvent enfin devenir utiles à ce moment-là. À condition de se transformer radicalement, et de devenir ceux qui conseilleront le personnel dans la rédaction des contrats d'association. Mais pour ça, il faut qu'ils changent complètement leur état d'esprit d'aujourd'hui.

« C'est pour ça qu'il faut enlever les prétextes à revendication en adoptant une procédure régulière d'amélioration des rémunérations. Il faut ôter aux syndicats leur domaine revendicatif et, au contraire, leur ouvrir le domaine constructif. À condition qu'ils veuillent bien s'y engager. Alors là, ils peuvent reprendre une très grande importance et une très grande valeur.

« Malheureusement, ils n'en sont pas là ! Quand on leur propose de coopérer, ils refusent. Ça se voit, par exemple, au Conseil économique. Ça se voit dans l'affaire de la politique des revenus. Ils refusent de coopérer. Il y a pourtant parmi eux des éléments qui voudraient entrer dans ce domaine constructif. Mais jusqu'à présent, l'état d'esprit des syndicats s'y oppose. Ils restent figés dans la revendication, comme si, automatiquement, l'employeur dans le secteur privé, et l'État dans le secteur public, c'était l'ennemi.

AP. — Ils sont tellement habitués à considérer que le moteur de l'histoire, c'est la lutte des classes.

GdG. — C'est pour ça qu'il faut que l'efficacité des syndicats dans le domaine de la revendication devienne nulle. D'ailleurs, l'état d'esprit des personnels n'est absolument pas révolutionnaire, ils sont devenus des bourgeois maintenant ; alors ils ne marcheront plus, ils ne suivront plus, ça ne les intéressera plus.

« À partir de ce moment-là, on peut espérer que les éléments valables des organisations syndicales se tourneront vers ce qu'on leur offre, c'est-à-dire vers la coopération, vers l'association, vers la participation.

AP. — C'est encore loin d'être le cas. Vous pensez à remplacer le Sénat par le Conseil économique et social. Mais il est bien pire que le Sénat ! Le patronat et les ouvriers font chorus contre le gouvernement, c'est leur seul point commun.

GdG. — Oui. Les patrons et les ouvriers sont tous pour l'inflation. C'est ça la question. »

(Curieux renversement de l' « association capital-travail » : elle ne se fait, dans la pratique, que contre l'intérêt national.)

Pour le Général, partis, syndicats, assemblées, ce sont des écrans qui masquent, des prismes qui déforment : seul ne trompe pas, seul en définitive doit compter, le contact entre le peuple, avec son bon sens, et l'État, avec son esprit de responsabilité.

Chapitre 19

« NI LE COMMUNISME, NI LE LIBÉRALISME : LA POLITIQUE DES REVENUS »

Au Conseil du 13 janvier 1965, Pompidou expose la nouvelle politique salariale dans le secteur nationalisé :

« Les progressions de salaires devraient être analogues dans l'ensemble des entreprises nationales, de manière à éviter les inégalités, les frustrations, les rattrapages. Les syndicats discutent avec les autorités qui ont vraiment la responsabilité. On s'arrange pour garder des possibilités de discussion et de négociations à l'intérieur de chaque entreprise. On cessera de passer brusquement de la fantaisie débridée au serrage de ceinture.

« Si on fait passer caporal un soldat sur deux, c'est bien une augmentation de salaire pour ces hommes. Mais ça n'apparaît pas »

GdG. — C'est une grande affaire. La question de la masse salariale est une notion nouvelle. Elle a été adoptée. Il faut s'y tenir. On met de l'ordre dans un secteur où il n'y en avait pas et où il faut qu'il y en ait.

« Supposez un soldat qui gagne 10 francs et un caporal 30 francs. Si on fait passer caporal un soldat sur deux, c'est une augmentation de salaires pour ces hommes ! Mais ça n'apparaît pas comme tel, dès lors que les soldats restent à 10 francs et les caporaux à 30 francs. C'est pourquoi il faut s'en tenir à la notion de masse salariale et la faire entrer cahin-caha dans les mœurs. C'est le seul principe juste, car il englobe les glissements. »

À l'issue du Conseil, je demande au Général s'il fera de la politique des revenus l'un des thèmes de sa prochaine conférence de presse.

GdG : « Ah oui, je serai amené à en parler, et à parler aussi du dirigisme et du capitalisme. Il y a le choix entre l'ancien capitalisme libéral, qui n'est plus possible et n'est plus accepté. Il était injuste, par conséquent il n'en faut plus. Le système communiste n'est pas bon, car il écrase la personne humaine, il étouffe la liberté, et il ne rend pas les gens heureux. Et, en outre, il retire au développement économique un élément qui lui est essentiel, qui s'appelle l'initiative libre, et qu'on ne peut pas imaginer si on élimine le profit. Par conséquent, il faut arriver à trouver un système social et économique qui ne soit ni le communisme, ni le capitalisme. Eh bien, nous y sommes, et nous avons commencé à le pratiquer : c'est la politique des revenus.

« Quand nous avons créé la Sécurité sociale, nous avons fait de la politique des revenus. Quand nous faisons les allocations familiales, nous faisons de la politique des revenus. Quand nous distribuons de l'argent à l'agriculture, nous faisons une politique des revenus. Quand nous organisons les rémunérations dans les entreprises nationalisées, nous faisons une politique des revenus. Quand nous prélevons des impôts sur les sociétés, nous faisons une politique des revenus. Et ainsi de suite.

« La politique des revenus, c'est le dirigisme, c'est ce que nous avons adopté »

AP. — Vous voulez que la politique des revenus soit intégrée au Plan, qui respecte les libertés individuelles, mais les oriente ?

GdG. — Il les oriente vers cette répartition du revenu national, ou du surplus du revenu national, entre les catégories sociales ; mais en outre, vers la distribution des revenus entre les diverses activités économiques. On peut donner plus à l'agriculture et moins à l'industrie, ça dépend. Plus à la montagne, et moins à la région parisienne. Plus au logement et moins à l'Éducation nationale. Ou l'inverse. C'est ça, la politique des revenus. C'est ça, le dirigisme. C'est pas autre chose. Et c'est ce que nous avons adopté.

AP. — Aucun pays du monde occidental ne nous a précédés dans cette voie.

GdG. — Ce n'est pas la première fois que la France montrera la voie. »

« L'État-patron, ça doit être rayé des esprits »

Au Conseil du jeudi 21 janvier 1965, Pompidou raconte : « J'ai eu un long entretien avec l'équipe dirigeante de Force ouvrière. Ce sont des syndicalistes intelligents et de bonne volonté. Ils ne sont pas convaincus que notre politique soit si mauvaise que ça. Pourtant, dans les dernières minutes, Bergeron a changé de ton et de voix pour me dire qu'il fera la grève. »

Le Général tire alors quelques conclusions :

« La concurrence des syndicats représente un avantage, puisqu'on peut jouer de leurs divisions ; mais aussi un inconvénient, puisqu'ils se livrent à une surenchère. De toute façon, c'est à l'État d'exercer le rôle d'arbitre, qui est inaliénable.

« C'est une nouvelle épreuve. Il s'agit pour l'autorité de l'État de l'emporter. Comme ce fut le cas il y a deux ans pour la grève des mineurs. Mais essayons cette fois d'éviter des maladresses.

« Il faut faire comprendre que la psychologie de l'État-patron n'est pas acceptable. L'État, c'est l'intérêt général. Ce n'est pas un patron parmi d'autres : s'il se réduisait à cela, il représenterait un intérêt particulier parmi d'autres. La notion et le terme même d'État-patron doivent être rayés des esprits. »

> La France a fini par admettre sa logique : ou l'État n'est pas patron comme les autres, et il faut privatiser. Ou il est l'État, et il faut en tirer les conséquences : ce n'est pas une entreprise comme une autre.

« L'État c'est l'intérêt général, les syndicats c'est un intérêt particulier »

« On parle d'un dialogue. Naturellement ! Quand on donne la parole, il y a dialogue. Il faut qu'il y ait dialogue. Mais ce n'est pas un dialogue d'égal à égal (*bis*).

« L'État, c'est l'intérêt général. Les syndicats, c'est un intérêt particulier. On ne peut pas faire de comparaison entre deux intérêts qui ne sont pas du même ordre.

« L'essentiel, c'est la politique des revenus. Elle s'étend à tout. En réalité, nous avons à choisir entre plusieurs politiques économiques et sociales. Le capitalisme libéral, le "laisser-faire laisser-passer", les secousses économiques et sociales, ça a eu sa vertu, mais quels inconvénients ! Le système économique de contrainte, de totalitarisme, ça entraîne des résultats, mais à quel prix ! Même pas la satisfaction des besoins.

« Nous avons choisi une voie qui n'est ni celle du libéralisme, ni celle du communisme, mais celle de la politique des revenus. C'est une politique en vertu de laquelle nous voulons conserver l'esprit d'initiative et d'entreprise, mais en veillant à sauvegarder son caractère humain.

« La politique des revenus, ça contrarie les syndicats, qui ont l'habitude du libéralisme »

« Mais il ne faut pas que des catégories sociales soient écrasées et laissées exsangues sur le talus. Nous voulons les associer à l'expansion. La machine accélère ses effets. Il y a des hauts et des bas. Mais en gros, la production ne cesse d'augmenter et le revenu national aussi, de manière irrégulière mais continue.

« Il faut contenir, régulariser, diriger l'effort national. Que la productivité s'accroisse. Que la puissance de la collectivité s'accroisse de manière aussi régulière, aussi peu saccadée que possible. Cela s'applique à la distribution de l'accroissement du revenu national.

« Ça contrarie les patrons, qui sont toujours dans l'état d'esprit du libéralisme économique sans limite qui leur est naturel.

« Ça contrarie les organisations syndicales, qui ont l'habitude du libéralisme, qui le combattent pour en empêcher les abus, mais qui ont besoin de ses abus, parce que l'indignation qu'il soulève par ces abus donne du tonus à leurs troupes.

« Tout ça ne cadre pas avec notre politique des revenus.

« Plus nous ferons le Plan, moins les syndicats auront leur mot à dire. Les choses seront réglées automatiquement par le Plan. D'où la mélancolie des syndicats.

« Voilà la réalité. Nous allons faire face à cette épreuve. Nous ne devons y sacrifier ni l'autorité de l'État, ni la politique des revenus. »

« Il est capital d'augmenter la participation des travailleurs à la vie des entreprises »

Au Conseil du 24 février 1965, Grandval présente un texte sur la réforme des comités d'entreprise, institués en 1945 par le gouvernement du général de Gaulle. Il s'agit de leur donner un nouvel essor : des informations plus poussées sur la marche de l'entreprise, la discussion des questions de formation professionnelle ; une consultation préalable en cas de réduction d'activité.

Pompidou. — C'est un avant-projet modeste, mais c'est néanmoins une tentative pour redonner vie et valeur aux comités d'entreprise, qui sont cantonnés actuellement dans les arbres de Noël. »

Le Général conclut : « Il est capital d'augmenter la participation des travailleurs à la vie des entreprises. »

Au Conseil du 21 avril 1965, dernière mise au point du texte sur les comités d'entreprise.

Giscard soulève la question du secret professionnel. « Les appréhensions du patronat sont très vives. C'est le problème essentiel de la participation qui se joue là.

Pompidou. — C'est une affaire de rédaction. Il faut évidemment protéger les procédés de fabrication. »

Après le Conseil du 21 avril 1965.

AP : « Alors, j'annonce le dépôt du projet de loi sur les comités d'entreprise et j'explique son économie ?

GdG. — Naturellement, c'est important. Sur la question du secret (il veille à être précis), vous pourrez dire que, pour assurer l'information la plus large possible du comité sans compromettre la bonne marche de l'entreprise, les membres seront astreints, outre le respect du secret professionnel pour les procédés de fabrication, à une obligation de discrétion pour les informations de nature confidentielle qui leur seront données. »

Il a tenu compte de l'objection de Giscard. Sur le chemin de la participation, il avance, mais à pas comptés.

V

« NOS RAPPORTS AVEC LE TIERS-MONDE DOIVENT DEVENIR UN MODÈLE »

Chapitre 1

« L'ONU NOUS AIME PARCE QUE LE TIERS-MONDE NOUS AIME »

Petit Matignon, 18 janvier 1963.

Roger Seydoux est venu me persuader de « changer les idées du Général » à propos de l'ONU : « La position de la France s'est métamorphosée en six mois. Tant qu'on nous soupçonnait de ne pas vouloir mettre fin à la guerre d'Algérie, on nous exécrait. Nous étions le bouc émissaire des Afro-Asiatiques. Les ouvertures du Général leur apparaissaient comme des ruses de guerre. La lecture de *L'Observateur*, de *L'Express*, du *Monde*, les seuls journaux qu'ils lisaient, les en persuadait. L'indépendance, l'exode des pieds-noirs et la mise en place de la coopération avec l'Algérie nouvelle, leur ont apporté la preuve de notre sincérité. Le prestige du Général est immense. S'il venait parler devant l'Assemblée générale, elle lui ferait un triomphe. Tâchez de le convaincre. En outre, la mort d'Hammarskjöld et son remplacement par U Thant, c'est une occasion à saisir. »

« Les Nations Unies ne devraient pas essayer d'agir »

De fait, le Général dit autant de bien d'U Thant que de mal d'Hammarskjöld. Par exemple, *au Conseil du 18 juillet 1962* :

« U Thant est un homme de valeur. Il a même un certain charme. Sa tâche est impossible. Pour le Congo, il a compris qu'il fallait en finir. Mais les Nations Unies ne peuvent pas fonctionner, étant donné la bisbille entre le bloc soviétique et le bloc américain. D'ailleurs, les Nations Unies ne devraient pas essayer d'agir ; sinon, inévitablement, ça tourne mal. Tout ce qu'elles peuvent faire, c'est de fournir un club où l'on cause. »

À l'issue de ce Conseil, le Général me dit : « Hammarskjöld était un Blanc de gauche. Typique. Complexé vis-à-vis des Noirs, des Jaunes ou des bronzés. Il se sentait coupable ; ou plutôt, comme il appartenait à un des rares pays d'Europe qui n'ont jamais possédé de colonies, il aurait voulu que ceux qui en ont possédé, eux, se sentent irrémédiablement coupables. Il battait sa coulpe sur la poitrine des autres. Il haïssait la France. »

« *Je veux bien croire que les places seraient chères* »

Salon doré, 24 janvier 1963.

AP : « Pourquoi, maintenant que l'affaire algérienne est réglée, ne reprendrions-nous pas notre influence à l'ONU ?

GdG. — Faut pas s'emballer ! Il est bon qu'il y ait, quelque part dans le monde, une assemblée consultative où les gens puissent s'engueuler, apprendre à se supporter et à vivre ensemble. Mais un gouvernement supranational, ça ne peut engendrer que la pagaille. Ce ne sont que des luttes souterraines et des coups fourrés.

AP. — Si vous y alliez vous-même, vous seriez accueilli avec enthousiasme. Seydoux me disait que quand Khrouchtchev et Kennedy sont venus, on trouvait encore des places, mais que si vous veniez, les places se vendraient au marché noir un mois à l'avance.

GdG. — Je veux bien croire que les places seraient chères. Mais pourquoi changer de politique ? Notre politique est fondée sur la vérité, et non sur les faux-semblants. Les faux-semblants ont nom "ONU", "OTAN", "intégration", "Force multilatérale". Ce sont des moyens de tromper sur la marchandise. Ce n'est pas là notre politique. »

La meilleure justification de l'intransigeance du Général n'est-elle pas justement le prestige dont lui-même et son pays jouissent, dans ce « machin » qu'il n'a cessé de brocarder ?

Les votes à l'ONU confirment les impressions de Seydoux. *Au Conseil du 23 octobre 1963*, Couve annonce que, pour chaque élection aux différents postes par l'Assemblée générale, le candidat français récolte une quinzaine de voix de plus que les suivants.

Le Général me dit *après le Conseil* : « C'est ce qu'on appelle l'isolement de la France. En réalité, c'est à cause de notre résistance à l'hégémonie américaine. »

« *Nous ne payons pas la cotisation, ce serait une monstruosité* »

Salon doré, 2 décembre 1964.

La France est sans cesse relancée pour un « arriéré » qu'elle aurait vis-à-vis de l'ONU.

AP : « Alors, nous refusons toujours de payer ?

GdG. — Ce serait une monstruosité ! L'ONU a fait une opération au Congo belge à laquelle nous étions opposés. Nous n'avons pas mis notre veto, mais en précisant que nous la désapprouvions et ne la paierions pas. C'était une opération des Américains par l'intermédiaire de toutes sortes de Guinéens, d'Égyptiens, d'Abyssins et autres, qu'ils ont envoyés sur place en les payant les yeux de la tête. L'ONU a complètement perdu la face au Congo. Alors, pourquoi irions-nous payer pour cette connerie-là ? Mais non ! Elle n'est pas conforme à la Charte, qui interdit d'intervenir dans les affaires d'un État faisant partie de l'ONU, ce qui est le cas. C'était une ingérence caractérisée ! Les Soviets, d'ailleurs, ont pris la même position. »

Après le Conseil du 28 avril 1965, le Général me dit : « C'est quand même curieux, pour cette affaire de l'ONU, que nous soyons avec les Russes contre les Américains. Les Américains veulent brandir contre nous l'article 19 de la Charte et nous priver du droit de vote. » (Rire.)

La situation l'amuse. Elle l'amusera davantage encore quand, en août, faute de pouvoir réunir une majorité contre la France et l'Union soviétique, Washington fera marche arrière.

« C'est l'ONU qui a changé, ce n'est pas nous »

Au Conseil du 22 juillet 1964, sur la visite d'U Thant, qui est venu à Paris rencontrer de Gaulle :

GdG : « C'est un homme de qualité, qui n'est ni du monde occidental, ni du monde communiste. Il est vraiment du tiers-monde, dont l'avènement est l'espoir de sa vie.

« Selon lui, la prééminence des États-Unis à l'ONU tend à disparaître et la répartition du monde en deux camps aussi.

« Je ne lui ai pas caché que nous approuvons l'ONU comme forum, à condition qu'il y ait à sa tête les grandes puissances qui disposent à la fois des moyens et des responsabilités mondiales. Nous lui contestons le droit d'être un instrument d'action. C'est exclu par sa propre Charte. Aux États-Unis de payer, puisqu'ils sont à l'origine de toutes les opérations faites pour le compte des Nations Unies. C'est pas les moyens qui leur manquent.

« Les causes de désaccord ont disparu : l'Algérie, les interventions actives de l'ONU que nous désapprouvons. Il voudrait que nous participions davantage et que je m'y rende pour le vingtième anniversaire, en 1965. Il assure que je serais reçu en triomphe. J'ai été très réservé. »

À l'issue du Conseil du 22 juillet 1964, le Général m'avoue qu'il a été frappé par l'insistance avec laquelle U Thant a souligné devant lui l'effacement de l'hégémonie américaine à l'ONU. « La France, au contraire, tient une place de premier plan, du fait de sa politique de refus des blocs, d'indépendance, de décolonisation, d'aide aux pays sous-développés, de recours systématique aux procédures pacifiques plutôt que militaires. Je sais bien qu'U Thant cherche à nous séduire…

« Les journaux parlent de ma réconciliation avec l'ONU. C'est très excessif. Il est certain qu'Hammarskjöld était un adversaire ; U Thant n'en est pas un. Hammarskjöld était tiers-mondiste par idéologie. U Thant, par nature. Ça fait toute la différence. Il reflète le sentiment du tiers-monde à notre égard. L'autodétermination, l'indépendance nationale pour tous les pays, petits et grands, cette politique convient aux pays sous-développés.

« Mais l'ONU, ce n'est pas seulement le tiers-monde. C'est l'argent, l'argent américain. On couvre tout le monde de dollars, y compris le malheureux Ghanéen qu'on envoie comme planton devant la case de Kasavubu *.

AP. — Je laisse entendre que nous fondons quelque espoir sur l'évolution nouvelle de l'Organisation ?

GdG. — Si vous voulez. C'est l'ONU qui a changé, ce n'est pas nous. L'ONU nous aime parce que le tiers-monde nous aime, depuis la fin de la guerre d'Algérie, alors qu'il nous était hostile. Par le fait que l'influence américaine s'atténue. Par le fait que, comme l'ONU n'a plus d'argent, elle ne peut plus faire d'interventions militaires et qu'elle a été obligée d'arrêter celle du Congo. Mais elle n'a pas dit qu'elle ne ferait jamais plus d'intervention. D'ailleurs, l'ONU, ce n'est pas U Thant. U Thant, c'est un fonctionnaire. L'ONU, c'est les États. Et d'abord, les permanents.

« Il y a avantage à ce que tous les États du monde aient un endroit où ils discutent le coup. C'est dans cet esprit que nous avons fondé l'ONU. Nous étions cinq. Un qui s'appelle Roosevelt. Un qui s'appelle Staline. Un qui s'appelle Churchill. Un qui s'appelle Chiang Kai-shek. Un qui s'appelle de Gaulle. C'est nous cinq qui avons élaboré la Charte de San Francisco.

(Pour chacun, il emploie le présent, qu'ils soient vivants ou morts. Roosevelt et Staline ont disparu depuis de longues années. Churchill ne vaut pas beaucoup mieux. Chiang Kai-shek a trouvé refuge dans une île. Seul de Gaulle, parmi ces pères fondateurs, brille de tous ses feux.)

« Si je voulais y aller avant de mourir, j'irais sans prévenir »

AP. — Vous n'excluez pas d'y aller ?

GdG. — Oh, il faut être extrêmement réservé ! Peut-être, l'an prochain, je demanderai à Pompidou d'y aller. De toute façon, si un jour je voulais y aller avant de mourir, j'irais sans prévenir. Tout

* Kasavubu, Président de la République du Congo-Léopoldville.

à coup, on dirait : “Il est parti pour New York” et alors, je déboucherais à l'ONU. »

Il a au bout des doigts la dramaturgie de cette séance, de cette entrée en scène. Il s'y voit. Peut-être a-t-il déjà en tête le schéma de son discours.

Mais il n'ira pas, ni en 1965, ni plus tard ; il n'y enverra pas son Premier ministre non plus — seulement son ministre des Affaires étrangères. Et pourtant un triomphe, en octobre 1965, aurait pu lui être utile.

« *Comme une goutte d'eau à une autre* »

Au Conseil du 6 octobre 1965, Couve rend compte de son intervention devant l'Assemblée générale de l'ONU — la première fois depuis 1960 que le chef de la diplomatie française y prenait la parole.

Il poursuit en évoquant avec chaleur un autre orateur, le pape Paul VI, dont l'allocution, prononcée en français, a été accueillie dans une atmosphère unanime de respect. Couve interprète le choix du français comme un geste, non seulement à l'égard de la France, de la Belgique ou du Canada, mais à l'égard des pays francophones d'Afrique, où le catholicisme joue un rôle considérable.

Après le Conseil, le Général me dit : « Couve s'emballe pour le pape, sans doute parce qu'il est parpaillot : il revient de loin. Ne vous étendez pas sur ce discours, le français a toujours été la langue internationale du Vatican, et Paul VI le parle parfaitement, alors qu'il baragouine l'anglais. Il n'avait pas le choix.

« Ce qui est vrai, en revanche, c'est que le contenu du discours du pape ressemble, comme une goutte d'eau à une autre, à tous les discours que je peux faire à travers le monde. »

Particulièrement, au discours que lui, de Gaulle, aurait pu faire devant cette même ONU…

Chapitre 2

« CE NE SONT QUE DES POUSSIÈRES DANS L'OCÉAN »

Élysée, 9 janvier 1963.

Après un Conseil restreint consacré aux départements d'outre-mer, le Général paraît sombre : « Vous avez entendu ce qu'a dit Perreau-Pradier * sur les élections à La Réunion ? "On s'est dit beaucoup d'horreurs, mais il y a eu peu d'horreurs." Il n'y a eu "aucun blessé parmi les forces de l'ordre", ce qui suppose qu'il y a en eu dans la population. On truque les élections... Le service militaire est un remède à la sous-alimentation. L'armée commence par nourrir les appelés pour qu'ils prennent le poids voulu. C'est lamentable, au bout de trois siècles de colonisation et de dix-huit ans de départementalisation.

« Aux Antilles, ça ne va pas mieux. Leur grande revendication, c'est pour les allocations familiales. Si on les met au niveau de la métropole, alors qu'elles sont pour le moment au quart, ils ne vivront plus que pour la braguette **, ils vont avoir une natalité de clapier. Et nous allons au-devant de troubles, si nous refusons l'égalité, puisque nous leur avons enseigné ce principe. »

« Le progrès rend toujours les choses plus difficiles »

Conseil du 9 octobre 1963. Messmer revient de la Martinique, dévastée par un cyclone : « Une dizaine de morts. Toutes les bananeraies par terre. Les cannes plaquées au sol. La première victime du cyclone, c'est l'autonomisme, jusqu'à ce que les dégâts soient effacés. Tous font appel à la métropole, y compris les communistes. L'atmosphère n'est pas du tout funèbre.

GdG. — C'est le fatalisme des Noirs, qui ont connu au cours des siècles l'esclavage, les éruptions de la montagne Pelée, les typhons.

Giscard. — On peut se fixer une enveloppe de 40 millions et les débloquer par petits paquets.

Pompidou. — Il ne faut pas mégoter ! Ce que nous propose le ministre des Finances, c'est d'évaluer généreusement et de distribuer chichement.

---

* Préfet de la Réunion.

** Allusion à l'expression couramment utilisée dans les DOM pour désigner les allocations familiales : « argent-braguette ».

Giscard. — Il faut que le ministère chargé des DOM-TOM se sente enfermé dans des chiffres.

GdG. — Mais que cet argent arrive le plus rapidement possible ! D'abord, reconstituer les bananeraies. Les toits, c'est secondaire. Dans ce pays, on les perd, on les retrouve. Les toits de tôle se promènent, quarante-huit heures après on les remet... Il est vrai que les habitations ont fait des progrès. Le progrès rend toujours les choses plus difficiles. »

« Il faut que l'autorité soit ressaisie »

Au même Conseil du 9 octobre 1963, Jacquinot parle de son passage mouvementé en Nouvelle-Calédonie : « La condamnation de Lenormand * a été confirmée en appel. Du coup, le Conseil de gouvernement a refusé de me recevoir à l'atterrissage ; et j'ai refusé de le voir ensuite. En revanche, accueil enthousiaste de la population.

GdG. — La loi-cadre Defferre ** était faite pour des grands territoires africains, non pour un petit territoire comme la Nouvelle-Calédonie. Peut-être aurait-il fallu en faire un département, elle en avait la taille. Lenormand s'est emparé de ce statut, pour devenir à tout prix Président du Conseil. Ce n'est pas sérieux. Il ne faut pas laisser filer les choses. Si le statut actuel ne convient pas, il ne faudra pas hésiter à resserrer les mailles. »

On ne va pas tarder à « resserrer les mailles ». *Au Conseil du 27 novembre 1963*, Jacquinot expose un nouveau projet de statut.

Pompidou : « On le fera voter en urgence. Le gouvernement calédonien se comporte de façon scandaleuse. Lenormand se faisait attribuer par le ministre chargé des Mines d'importants permis miniers, prospectés par notre Bureau des recherches géologiques et minières, pour ensuite céder ses droits à l'*International Nickel*, moyennant un pont d'or.

GdG. — Il y a là une cuisine malpropre. La Nouvelle-Calédonie compte 80 000 habitants, dont la moitié est française, et l'autre moitié a tout intérêt à l'être, au milieu des rivalités internationales. Il faut que l'autorité y soit ressaisie. »

---

* Chef de file indépendantiste et président du Conseil de gouvernement en Nouvelle-Calédonie.

** Loi votée en 1956, à l'initiative de Gaston Defferre, ministre de la France d'outre-mer dans le gouvernement Guy Mollet, et qui préparait l'accession des territoires d'outre-mer à l'autonomie. Dans les territoires d'Afrique, l'indépendance l'avait annulée. Elle s'appliquait toujours à la Nouvelle-Calédonie.

« *Je vais crever l'abcès du séparatisme* »

Le Général s'est « débarrassé » de toutes nos colonies d'Afrique. Et les Antilles ! Et la Réunion ! Pourquoi ne leur donnerait-il pas l'indépendance, comme les Anglais l'ont fait pour leurs Caraïbes et pour Maurice, et comme le réclament avec vigueur tant d'« autonomistes » ?

Ce sont les questions dont me criblent les journalistes qui sont arrivés avec moi ou qui m'attendaient ce matin à l'aéroport. Notamment les Américains. « Il a donné l'indépendance à l'Algérie, où il y avait un million d'Européens, le pétrole, une position stratégique de premier ordre. Pourquoi garderait-il ces îles, qui n'ont aucune ressource et aucun intérêt ? » Je suis d'autant plus réservé dans mes réponses, que je suis incertain de *sa* réponse. Il ne m'en a rien dit de lui-même et, jusqu'à ce matin, je ne l'ai presque pas questionné sur ce sujet. La presse est nombreuse à suivre le voyage dans les Caraïbes. Elle s'attend le plus souvent à ce que le Général annonce l'achèvement de la décolonisation.

Le *jeudi 19 mars 1964* au soir, le Général est arrivé à Pointe-à-Pitre — « incognito », ce qui a intrigué —, venant du Mexique, où il a remporté un immense succès populaire. Il est descendu, non pas dans un immeuble de la République (il n'y a qu'une toute petite sous-préfecture, « indigne de la France » a-t-il dit), ni dans un hôtel (ils sont trop médiocres, « ce qui n'est pas glorieux après trois siècles »), mais dans la villa du directeur d'Air France, qui a bien voulu aller coucher ailleurs. Voilà pourquoi il n'a pas souhaité d'accueil, et pourquoi la visite n'est censée commencer que le vendredi 20 au matin.

Arrivé de Paris à 4 heures du matin, je finissais de me raser à la sous-préfecture, quand j'apprends qu'il veut me voir d'urgence. Il est en uniforme kaki, sa tenue d'image d'Épinal. Il la portait au Mexique ; il la garde pour les Antilles : dans ces terres lointaines, si sensibles à la légende, il ne se met pas en civil. C'est l'homme de la France libre qui vient parler de la France et de la liberté. Il me pose quelques questions : « Que se passe-t-il à Paris ? Que dit-on ? » Il m'interroge sur le statut de la RTF, et les informations que je lui apporte ne pouvaient que l'irriter *. « Nous en reparlerons. » Toujours, la même maîtrise à hiérarchiser les sujets, à domestiquer son humeur…

Il a repris sa sérénité : « Voyez-vous, je vais crever l'abcès du séparatisme ou de ce qu'ils appellent l'autonomisme, parce que tous ces comploteurs n'osent pas appeler les choses par leur nom.

---

* Voir ci-dessus, p. 173 *sq*.

Ça suffit comme ça, ces velléités d'indépendance ! Les Antillais ont bien de la chance d'être Français. Qu'ils ne la gâchent pas ! C'est le centre d'intérêt de ce voyage. Il faut dissiper les analogies trompeuses avec l'Afrique. S'il faut en découdre avec Césaire et avec les disciples de Fanon *, nous irons au référendum. Il ne faut pas reculer. Le moment est venu d'être clair. Le mieux ne serait-il pas que vous vous asseyiez et que vous preniez note ? (Les pharaons usaient-ils d'une aussi exquise courtoisie quand ils parlaient à leur scribe accroupi ?) Aujourd'hui, je vais dire en substance ceci aux parlementaires, dans le bureau du préfet, à moins que je décide de le réserver pour Fort-de-France. Je verrai, selon le climat. »

« On ne bâtit pas avec des poussières »

Il me dicte lentement un texte qu'il a visiblement écrit, peaufiné, et appris par cœur. « Vous le diffuserez seulement après que je l'aurai prononcé, donc peut-être à la Martinique. »

« La politique, ce sont les réalités. Quelles sont les réalités de la Guadeloupe (ou de la Martinique) ? Elle vient de les révéler aujourd'hui, avec son instinct et sa raison. On n'a pas le droit de déchirer cela. La chance de la Guadeloupe (ou Martinique), c'est la France. Elle n'en a pas d'autre.

« Bien sûr, tout n'est pas parfait. On n'a pas toujours fait ce qu'on aurait pu. Mais du côté de (la Guadeloupe), on a plus que jamais conscience, par le sentiment comme par le bon sens, de la nécessité d'être Français. Du côté de la métropole, on comprend que cela va de soi. Telle est la vérité politique au sujet de (la Guadeloupe).

« La France a décolonisé partout. Elle l'a fait notamment en Afrique. Mais la situation en Afrique n'a aucun rapport avec celle de (la Guadeloupe). Des pays africains sont devenus des États ; mais il s'agissait de peuples africains, dans l'immense ensemble africain, établis sur la terre africaine, où depuis toujours leurs ancêtres avaient vécu, où ils avaient gardé toutes leurs traditions, leur civilisation, leur langage, leur mode de vie. C'est ainsi qu'ils ont pu devenir des États. Encore ces pays doivent-ils vaincre de très lourdes difficultés pour se doter d'une administration et d'une infrastructure.

« En Guadeloupe, tout est complètement différent. Elle est un creuset, où se sont mêlés des gens venus de tous côtés, d'Afrique, certes, mais aussi d'Europe et d'ailleurs. Tout le monde y parle

---

* D'origine antillaise, Frantz Fanon s'est rendu célèbre par ses livres *Peau noire, Masques blancs* (1952) et surtout *Les Damnés de la terre* (1961), manifestes contre l'homme blanc.

français, tout le monde s'y sent Français. L'Amérique est d'un côté, l'Europe de l'autre. Entre les deux, il n'y a que des poussières dans l'Océan. On ne bâtit pas avec des poussières. On doit faire partie d'un grand ensemble. Tout commande à (la Guadeloupe) d'être française et à la France de faire à (la Guadeloupe) tout ce qu'elle doit à ses enfants.

« Voilà la conclusion qu'un homme, qui a certes agi pour la décolonisation partout où c'était nécessaire, a tirée de longues réflexions sur les problèmes de la Guadeloupe. Il en est de même pour la Martinique et pour la Guyane, si diverses qu'elles soient.

« Le meilleur service que nous puissions nous rendre à nous-mêmes, c'est d'être Français. La France est une vaste et éclatante réalité. On en voit des preuves tous les jours ; et quant aux jugements que d'autres portent sur elle, on vient de les constater ces jours derniers au Mexique, dont je reviens. Cette réalité qui monte, cette réalité pleine de grandeur, qu'on ne s'en prive pas quand on a la chance d'y appartenir ! Maintenons-la ! Faisons-la fructifier !

« Nous sommes à notre époque. Vivons-la avec notre bon sens et avec notre foi. Ne nous laissons pas entraîner par la vanité des mythes. Le sentiment que la population a manifesté aujourd'hui, on n'a le droit ni de le tromper, ni de le trahir. C'est la voie que la France choisit ici, de manière à servir les hommes, pour leur prospérité, leur rayonnement et leur progrès. »

Il reste encore du temps avant le démarrage : le Général est toujours en avance. Je le questionne sur sa rencontre avec Ben Bella, à la veille de son départ pour le Mexique *. Enfin, l'aide de camp ouvre la porte. Rassemblement de personnalités dans le vestibule de la villa. Civilités. Le Général entraîne Jacquinot et moi dans un coin, nous fait asseoir et nous parle du Mexique **.

À 9 heures 30, l'aide de camp lui fait signe.

Le Général tient à remercier non seulement ses hôtes, qui lui ont cédé leur maison pour la nuit, mais, comme il en a l'habitude, le personnel aligné sur le seuil de la maison ; il a un mot pour chacun. Aucun de ces Guadeloupéens n'oubliera jusqu'à son dernier souffle ces secondes où le Général lui a « touché la main ». Les Guadeloupéennes lui baisent la main, comme elles font à leur évêque.

Alors commence à la Guadeloupe, de commune en commune, une étourdissante farandole, auprès de laquelle les tournées en province sont de pâles promenades. Au champ d'Arbaud, à Basse-

* Voir p. 444.

** Voir p. 523.

Terre, le Général, devant une foule d'ébène, commence d'une voix forte : « Mon Dieu, comme vous êtes Français ! » Dès la première phrase, le ton est donné. « L'intégration », refusée aux Algériens, est proclamée aux Antilles.

« Ils sont tous directeurs... »

Cayenne, 21 mars 1964.

Après la Guadeloupe, la Guyane. L'enthousiasme n'y faiblit pas.

Sur l'escalier en bois de la vieille maison coloniale qui sert de préfecture, un couple attend sur chaque marche. En haut, le Général serre les mains de ses invités — les *notoires,* comme il les appelle. L'huissier « aboyeur » annonce :

— Monsieur le directeur départemental de l'Enregistrement et Madame...

— Monsieur le directeur départemental des Archives et Madame... Etc.

Le Général se penche vers moi entre deux poignées de main : « Ils sont tous directeurs ! » La Guyane, ce sont trente-cinq mille habitants, dont dix mille vivent au fond des forêts. Mais on y retrouve exactement les mêmes directions et subdivisions que dans n'importe quel département métropolitain ; un microcosme administratif, transplanté sous les palmiers et resté intact, tel un château-fort médiéval reconstruit pierre à pierre en Californie.

Préfecture de Fort-de-France, 22 mars.

Nous voici en Martinique, au milieu d'un enthousiasme croissant. C'est là que, finalement, devant les parlementaires, dans le bureau du Préfet, il fait la déclaration, mot à mot, qu'il m'avait dictée.

Mais elle me laisse perplexe. N'est-ce pas une erreur de graver dans le marbre, comme déclaration officielle, ce qui a une utilité tactique devant des parlementaires prêts à tourner selon le vent ? Il a commencé par un solennel : « Écoutez-moi bien. » Mais aucun d'entre eux n'a pris de notes. Si plus tard ils font écho à ses propos, on pourra toujours prétendre qu'ils ne les avaient pas bien compris. Mais si je reproduis ces propos officiellement, le Général ne pourra plus se dédire.

Est-ce le sentiment de ce qu'a eu d'étrange la situation à Cayenne, qui avive mon inquiétude ? Je ne peux m'empêcher de penser à ce « Vive l'Algérie française » qu'il a prononcé à Mostaganem et qu'on n'a cessé de lui reprocher depuis lors. Ne vaut-il pas mieux éviter qu'il s'engage devant l'Histoire, si sa position doit évoluer comme elle a évolué sur l'Algérie, ou sur la Communauté franco-africaine ?

Je me convaincs qu'il faut retenir ce texte. Burin des Roziers et

Foccart * abondent dans mon sens. Ils me conseillent de ne pas lui en parler. Il risque de me confirmer ses instructions, et plus tard de s'en repentir : « Vous avez les plus fortes chances, ou bien qu'il oublie l'affaire, ou bien qu'il ne remarque pas l'absence de ce texte dans la presse. »

« Il faut caser les enfants »

Au Conseil du 25 mars 1964, Jacquinot rend compte de l'accueil des Antilles, « extraordinaire en raison de votre prestige, mais aussi parce que les populations se sentent françaises. À Fort-de-France notamment, les étudiants et les jeunes vous ont réservé un triomphe indescriptible. La population est très jeune mais très française. Il y a des autonomistes, mais la population les désapprouve.

GdG. — Par le sentiment, il n'y a pas de doute, ces populations sont attachées à la France, mais par la raison aussi. L'autonomie serait la séparation. Ces idées ont beaucoup perdu de leur emprise pour une bonne raison : nous avons constaté le développement de ces départements. Il a commencé. Ils s'en sont bien aperçus. C'est la première fois que ça leur arrivait. La départementalisation a des avantages qui commencent à apparaître sur le terrain.

« D'autant plus qu'ils comparent avec les autres Caraïbes. Les îles voisines ont plus ou moins été peuplées de la même façon. Elles sont très désavantagées par rapport à la Martinique et à la Guadeloupe : par exemple, entre les deux, la Dominique. Tous les Antillais le voient, le savent, en tiennent compte. »

« Il faut caser les enfants. » Il énumère les domaines où il faut faire porter l'effort : attribution des terres, création d'emplois, industrialisation, tourisme, débouchés en métropole. De quoi justifier sa conclusion :

« La population m'a paru plus gaie, plus optimiste qu'il y a quatre ans quand je m'y étais rendu **.

« Dans la période de l'Histoire où nous sommes, abandonner ces gens, ce serait les vouer au malheur. C'est impossible. Je le leur ai dit de la manière la plus catégorique. On veut faire de fausses analogies avec l'Afrique. Vouloir faire des États de ces pastilles perdues au bout de l'Océan, c'est absurde.

« La profondeur antillaise le comprend très bien et ne veut pas en entendre parler. Les communistes se sont emparés de ce mythe,

---

* Secrétaire général à la Présidence de la République pour la Communauté et les Affaires africaines et malgaches.

** Le Général avait fait une première visite officielle aux Antilles et en Guyane du 30 avril au 3 mai 1960.

puisqu'ils veulent dissocier et dissoudre la communauté nationale. Mais tout ce qui n'est pas communiste le refuse.

Jacquinot. — Les communistes, plus une minorité catholique.

GdG. — Les petits vicaires, en attendant qu'ils défroquent. Ils ne tiennent même pas à leurs principes. Ils sont sans consistance. Tous ces trublions ne représentent pas grand-chose. »

« C'est la première fois qu'un ministre... »

Jacquinot enchaîne sur des possessions plus froides — les Kerguelen, Crozet, Saint-Paul, Amsterdam, dans les Terres australes, où il s'était rendu avant de rejoindre le Général aux Antilles. Il a pris pied sur une île qui n'a pas connu d'hommes depuis 1926. Il y a laissé une bouteille.

GdG : « Les Terres australes : c'est la première fois qu'un ministre s'y rend. À plus forte raison un ministre d'État. Ce n'est pas banal que nous existions aux Kerguelen, où nous avons pour sujets des mouflons et des rennes ; aux îles d'Amsterdam et de Crozet, où nous administrons les phoques ; en Terre Adélie, où nous régnons sur les pingouins.

« Je vous remercie de votre voyage et du témoignage que vous apportez au nom de la France. »

Il y a des hommes qui, volontairement ou involontairement, rendent comique même la grandeur. Lui, il souligne le comique par l'expression de son visage — et débouche sur l'épique. Il faudrait un grand acteur pour rendre sa mimique et son ton quand il a dit, parlant de Jacquinot, volontiers glorieux : « à plus forte raison un ministre d'État ».

« Je vous ai compris ! »

Après le Conseil.

Quelle erreur j'ai commise ! Après notre retour, le Général a relevé que la presse est restée muette sur les propos qu'il m'avait expressément ordonné de reproduire :

GdG : « Alors ? Je croyais que vous deviez publier mes déclarations.

AP. — Je ne l'ai pas fait parce que j'ai eu des doutes.

GdG (sévère). — Pourquoi ne m'avez-vous pas interrogé ? C'est bien ce que vous faites d'habitude. Je passe mon temps à répondre à vos questions.

AP. — Il m'a semblé qu'il valait mieux ne pas fixer dans un texte définitif et qui risquait de vous emprisonner, des formules qui avaient plutôt le ton d'une conversation libre et détendue. On vous a tellement reproché "Je vous ai compris !"

GdG (rugit). — Mais ce mot-là, je l'avais lancé pour prendre acte de ce que les Français d'Algérie prétendaient vouloir faire, alors qu'ils l'avaient refusé depuis toujours : le collège unique, c'est-à-dire l'égalité des droits ! Jusque-là, dix voix d'Arabes comptaient pour une voix de Français. Dorénavant, une voix d'Arabe allait compter autant qu'une voix de Français. Ça voulait dire que la libre disposition d'eux-mêmes était accordée à tous les Algériens. Ça lançait un mouvement que tout le monde approuvait par acclamations et que personne ne pourrait plus arrêter. J'ai simplement pris au mot les pieds-noirs. Je ne les ai pas roulés ! Ils se sont aveuglés eux-mêmes, en ne voyant pas à quoi ils s'étaient engagés !

AP. — Je pensais aussi au discours de Mostaganem : "Vive l'Algérie française !"

GdG. — Eh bien, cet été-là, c'était ce que je pouvais souhaiter de mieux à l'Algérie, sinon à la France ! Je ne pouvais pas écarter cette option sans l'avoir essayée de bon cœur ! Et encore aujourd'hui, je souhaite sincèrement à l'Algérie de rester française comme la Gaule est restée romaine, je lui souhaite d'être irriguée et fécondée par notre culture et notre langue. En revanche, je n'ai jamais accepté de parler d'intégration, bien que tout le monde fît pression sur moi pour que je prononce ce mot magique. Je ne l'ai jamais accepté, parce que c'est une connerie. On intègre de petites unités, on n'intègre pas une vaste population. Vous savez, il ne faut pas mentir. Tout se sait un jour ou l'autre. Il faut rester sincère avec soi-même. »

« J'ai bien dit ce que je voulais dire »

Tout penaud, j'essaie d'expliquer ma malencontreuse initiative :

« J'ai pensé qu'il n'était pas prudent de donner une grande diffusion publique, à chaud, à des propos que vous avez tenus en privé. Si je m'étais trop précipité, je n'aurais pas pu rattraper une imprudence. Au contraire, rien n'empêche de reprendre le texte aujourd'hui ! »

Il a un sourire de connivence : « Je vois ce que vous voulez dire. Mais non, j'ai bien dit ce que je voulais dire. Vous devez le publier. »

Je vais lâcher, avec quelques jours de retard, la déclaration que j'ai étouffée. Séparée de son contexte, elle n'apparaîtra pas comme ce qu'elle aurait dû être : la déclaration la plus importante de son voyage dans les Caraïbes ; la réponse décisive à la question que tous se posaient à son arrivée aux Antilles. Je lui ai cassé son coup *.

Veut-il atténuer mes regrets ? Il me rattrape :

« Si vous ne voulez pas publier la totalité du texte que je vous

* De fait, la presse ne reproduira la déclaration que très partiellement.

avais donné à la Guadeloupe, dites simplement que le général de Gaulle a indiqué quelles dispositions devaient être prises pour hâter le développement économique et social de ces départements. La départementalisation est la solution qui apparaît comme correspondant à notre époque.

« Et expliquez bien que de petites îles ne peuvent pas être assimilées abusivement à un grand continent. »

Ce n'est pas mal, et je vais le dire. Mais le texte que lui avait inspiré une nuit à Pointe-à-Pitre, dans le parfum des hibiscus, était tellement plus beau. Je ne me pardonne pas de l'avoir gardé sous le boisseau.

« Le problème reste à la mesure de nos moyens »

Au Conseil du 28 octobre 1964, Pisani rend compte d'un voyage à la Réunion. Il dit son inquiétude : « 13 000 habitants de plus par an. Comment la courbe de l'évolution ne conduira-t-elle pas à une explosion ? Nous avons inventé par la loi des avantages sociaux et donné un soutien financier aux familles. Mais du coup, nous n'avons plus les moyens de créer une économie.

GdG. — Vous voulez dire qu'on a fait trop pour l'individu, pas assez pour la collectivité ?

Pisani. — On fait trop pour l'assistance, pas assez pour le développement ; trop pour le social, pas assez pour le dynamisme de l'économie.

GdG. — Et *quid* de l'agriculture ? »

Le Général ramène sèchement Pisani à ses moutons. Mais il est difficile de prendre celui-ci de court : « L'Europe intervient pour le sucre à la Réunion. C'est là que se jouera une grande partie du destin, sombre en tout état de cause, de cette île. »

Après le Conseil, le Général me dit :

« Vous voyez la difficulté. Ou bien nous donnons aux Réunionnais les mêmes droits qu'aux métropolitains, les mêmes allocations familiales ; mais alors, on verra de plus en plus des familles de dix ou quinze enfants, contre deux, si ce n'est un, en métropole. Ils seront chez eux en France ; la France deviendra créole. Ou bien nous leur refusons les droits des Français, mais ils ne le toléreront pas, puisque nous leur avons inculqué l'égalité des droits ; ils voudront pour le moins leur indépendance, tout en continuant à traire la France. Enfin… Le problème reste à la mesure de nos moyens pour la Réunion et les Antilles, avec leur million de Créoles. Mais comment tant de gens ont-ils pu croire que le même problème était soluble pour l'Algérie, avec ses dix millions d'Arabes ? »

LE MAGHREB

Chapitre 3

« J'AIMERAIS QU'IL NAISSE PLUS DE BÉBÉS EN FRANCE ET QU'IL Y VIENNE MOINS D'IMMIGRÉS »

Au Conseil du mardi 7 mai 1963, Broglie *, qui revient d'Algérie : « Ben Bella n'est hostile à nos essais atomiques que doctrinalement. Sa seule demande, c'est le secret. "Faites-les en l'air si vous voulez, mais qu'on n'en parle pas !"

« Il a sa théorie du paupérisme. Il le juge inévitable. Si l'Algérie restait comme la Tunisie et le Maroc, elle garderait sa pauvreté, plus des inégalités insupportables. Ben Bella veut égaliser la pauvreté, pour qu'elle devienne acceptable.

« Ben Bella n'a que la pauvreté à partager »

GdG. — Il n'a que la pauvreté à partager.

Triboulet. — Il y a danger à poursuivre une aide en argent libre **. Si nous l'accordons à l'Algérie, les États noirs prendront ce prétexte pour en demander autant.

Giscard. — Il est satisfaisant que nous procédions à un abattement de 200 millions sur l'aide libre, de manière à pénaliser l'Algérie pour les nationalisations de terres.

Le Général intervient tout à coup sur un sujet qui n'a pas été abordé :

« J'attire votre attention sur un problème qui pourrait devenir sérieux. Il y a eu 40 000 immigrants d'Algérie en avril. C'est presque égal au nombre de bébés nés en France pendant le même mois. J'aimerais qu'il naisse plus de bébés en France et qu'il y vienne moins d'immigrés. Vraiment, point trop n'en faut ! Il devient urgent d'y mettre bon ordre ! Je vous demande, Monsieur le Premier ministre, d'étudier les parades. »

Après le Conseil du 7 mai 1963, je questionne le Général sur le voyage de Nasser en Algérie. « Y attachez-vous de l'importance ?

GdG. — Aucune. Tout ça n'est pas sérieux. Nasser a eu du succès, parce qu'il est beau garçon, parce qu'il parle aux Algériens de la grandeur arabe. Ça les enthousiasme, ça les fait rêver. Mais

---

* Secrétaire d'État chargé des Affaires algériennes.

** *Aide libre* : le pays aidé en fait ce qu'il veut. *Aide liée* : le pays aidé achète du matériel français.

voyez, Nasser et Ben Bella ne se comprennent pas, il leur faut un interprète ! Le panarabisme, c'est de la blagologie.

« Bien sûr, Nasser a un immense prestige dans tout le tiers-monde, parce qu'il a résisté aux Français et aux Anglais. Ou plus exactement, parce que les Américains et les Russes, par une démagogie qui s'est rencontrée pour une fois, se sont mis d'accord pour intimer aux Français et aux Anglais l'ordre de s'arrêter. Ce que nous n'aurions jamais fait, les uns et les autres, si nous avions eu une arme atomique de représailles qui aurait annulé la menace des Russes. D'ailleurs, comme disait Churchill, "je n'aurais peut-être pas commencé cette opération, mais si j'avais commencé, je serais allé jusqu'au bout". Il n'empêche que Nasser a été le grand bénéficiaire de la bagarre qui a opposé les deux Grands aux deux moins grands. Il a fait plier l'Occident.

« Mais de cet accueil enthousiaste, qu'est-ce qui va sortir ? Tout ça sombrera dans les fumées. »

« Ben Bella, c'est Danton ; Boumedienne, c'est Robespierre»

Après le Conseil du 29 mai 1963, le Général me dit :

« Des Algériens viennent à Paris. Ils nous demandent d'intervenir dans leurs affaires. Mais pourquoi écarterions-nous tel homme, préférerions-nous telle orientation ? Ne nous en mêlons pas ! Les intrigues de l'un, les complots de l'autre, en quoi ça nous regarde ?

AP. — Vous n'êtes pas préoccupé par une détérioration rapide ?

GdG. — Le déroulement des révolutions comporte trois temps, plus ou moins étalés : d'abord Danton, bientôt Robespierre, qui à son tour est éliminé par les thermidoriens. Ben Bella, c'est Danton. Boumedienne, c'est Robespierre*. Il y a un temps de terreur. Puis vient le jour des thermidoriens. Tout ça est encore très mouvant et le restera longtemps. »

Au Conseil du 19 juin 1963.

Broglie fait le point : « Nos interlocuteurs se plaignent de l'effondrement des rentrées fiscales. Ils s'aperçoivent que Borgeaud était à lui seul un État-providence. Ils se rendent compte que la socialisation est ruineuse.

« Ils exigent un quitus fiscal pour les Français qui repartent. Ils s'emparent au passage d'impôts de 1960 ou 61, qui sont dus à la

---

* Ben Bella est Premier ministre depuis la proclamation de la République algérienne, en septembre 1962. Boumedienne, ministre de la Défense, vient d'être promu, le 17 mai 1963, premier vice-président du Conseil. Ben Bella a pris en avril la direction du FLN, succédant à Khider.

France et non à l'Algérie. Ils demandent que nous acceptions de poursuivre les Français qui n'ont pas payé. »

Giscard bondit : « Ce serait désastreux pour nous ! Assurer le recouvrement avec des saisies ! Alors qu'il s'agit de spoliés !

Pompidou. — Cette façon brutale d'empêcher les Français de quitter l'Algérie est inacceptable ! »

Le Général, qui semble souvent d'une inépuisable indulgence pour les Algériens, se rallie quand même au point de vue de Pompidou : « Cette mesure est trop sommaire pour que nous l'acceptions. Est inacceptable, aussi, la déclaration de Ben Bella en faveur des Français qui ont aidé le FLN et qui sont en prison chez nous. C'est l'affaire de la France et non la sienne.

Grandval. — Les Algériens veulent être seuls maîtres des mouvements de migration entre l'Algérie et la France et en France même, comme si les Algériens de France bénéficiaient d'un droit d'exterritorialité. »

Le Général, très ferme : « Ce serait inacceptable ! L'arrivée et le départ de ces pauvres immigrants ne doivent pas être à la discrétion d'Alger. Monsieur le Premier ministre, je vous demande d'y veiller. »

« Il n'y a plus que le pétrole et les essais qui comptent »

Salon doré, mardi 1er octobre 1963.

GdG (placide) : « Ben Bella, le pauvre diable, il se débat comme il peut. Il nous a avertis de la nationalisation des propriétés des colons français. Il n'en restera pas un. Il faut en faire son deuil. Il s'est passé trop de drames en Algérie pour qu'il n'en soit pas ainsi.

AP. — Ça provoque une grande irritation dans l'opinion.

GdG. — Après sept ans et demi de guerre, après surtout que l'OAS s'est conduite comme elle l'a fait, avec l'appui de la masse des pieds-noirs (il répète ces mots), il était inévitable que ce mouvement de départ des colons se précipite. Ben Bella lui-même a toujours proclamé que la coopération entre la France et l'Algérie supposait d'abord le départ des pieds-noirs, et l'arrivée de techniciens français venus avec leurs valises, mais n'estimant avoir aucun droit sur le pays. On ne peut pas l'accuser d'avoir changé d'avis.

AP. — Vous attendiez-vous à des spoliations si rapides ?

GdG. — Peut-être pas. Ben Bella est enfermé dans sa logique révolutionnaire. Il est obligé de hurler avec les loups. Et puis, ce qui se passe en Kabylie * l'inquiète et il veut montrer qu'il fait du vrai socialisme. Alors, il met les bouchées doubles.

---

* Une dissidence armée s'est déclarée en Kabylie le 29 septembre. Elle ne sera réduite qu'en novembre. Le 3 octobre, Ben Bella suspend la Constitution et prend les pleins pouvoirs.

« Mais, du même coup, il risque d'accroître le chaos économique et d'enlever ses chances à la coopération avec la France. Il est sur le fil du rasoir. Le désordre qu'il institue en précipitant le mouvement peut profiter à ses adversaires. Alors, il est capable de tout, par démagogie. De tout.

« Au fond, maintenant que presque tous les pieds-noirs sont partis, il n'y a plus que le pétrole et les essais qui comptent. Là, nous ne pouvons pas reculer et nous le lui avons dit. Mais les colons, les journaux de l'époque coloniale, que voulez-vous y faire ? »

« Les Algériens ne sont pas sortis de l'auberge. Nous, si, heureusement »

Au Conseil du 9 octobre 1963, il est encore question des nationalisations de terres agricoles :

GdG : « Il faut être très pragmatique. Le premier mouvement de Ben Bella est de barboter tout ce qu'il peut. C'est un terrain où la démagogie est facile. Ils ne laisseront aucun Français propriétaire en Algérie. J'en dirai autant pour le Maroc et la Tunisie ; et pourtant, il n'y a pas eu de guerre ; mais l'aboutissement sera forcément le même.

« Le pétrole est important, matériellement et financièrement. Il ne faut pas nous laisser faire. Notre aide en dépendra. N'attachez donc pas une importance extrême à l'Algérie, qui n'en a plus ! Nous avons voulu nous dégager. Nous voilà dégagés. Les Algériens ne le sont pas, les malheureux ! Ils ne sont pas sortis de l'auberge. Nous, si, heureusement. »

À la sortie, plusieurs ministres font des commentaires malicieux sur l'extrême patience du Général. « Il ne veut pas reconnaître l'échec de la politique d'Évian. » « Du moment que ça va au Sahara, il se soucie peu que ça aille mal en Algérie. » « Cette méthode Coué lui a toujours réussi, il aurait tort d'en changer. » « Que ça réussisse ou non, l'échec ne peut pas l'atteindre. »

« Au lieu de nous faire la guerre, les Arabes vont se faire la guerre entre eux »

À l'issue du Conseil, le Général me donne pour la presse des indications édulcorées. Puis, il me dit franchement :

« Tout ça était inévitable. L'essentiel, c'est que ce sont eux qui ont à faire face à la rébellion des Kabyles, au maintien de l'ordre, à la cohésion nationale. S'ils s'entre-tuent, ce n'est plus notre affaire. Nous en sommes *dé-bar-ras-sés*, vous m'entendez ? Les Arabes, les Kabyles, c'est une population fondamentalement anarchique, que personne ne contrôle et qui ne se contrôle pas elle-même. Au lieu de se réunir tous pour nous faire la guerre, ils vont se faire la guerre entre eux. »

Après le Conseil du 30 octobre 1963, le Général me dit : « Voyez-vous, la politique d'Évian, il n'y a que moi qui la veuille !

« Les Algériens prétendent que leur signature leur a été arrachée, du fait qu'ils n'avaient pas la capacité de refuser la paix que nous leur offrions. Maintenant que la plupart des Européens sont partis, ils veulent tout renégocier. Eh bien, non ! Nous les forcerons à respecter leurs engagements !

« Et les Français aussi ne voudraient plus des accords d'Évian, après les avoir approuvés à 93 %. Ils sont favorables au Maroc et à la Tunisie, à toutes les anciennes colonies qui se sont détachées de nous en douceur. Ils détestent les Algériens, parce que les Algériens nous ont fait la guerre et que l'arrachement s'est fait dans la douleur. Mais ils devraient comprendre que la victoire que nous avons remportée sur nous-mêmes est notre meilleur atout dans le monde. »

Victoire sur nous-mêmes : voilà qu'il reprend la formule de Debré lors de la signature d'Évian — après l'avoir récusée.

« Une révolution, c'est un cerceau qui tombe s'il ne roule pas »

À la suite du Conseil du 6 novembre 1963, je demande au Général : « Qu'est-il ressorti de votre entretien avec Boumaza* ? C'était la première fois que vous receviez un ministre algérien depuis l'indépendance.

GdG. — Il faut bien commencer un jour. Je lui ai dit carrément que nous souhaitions qu'il y ait en Algérie un ordre public et un État algérien, et que, sans l'aide de la France, il n'y aurait en Algérie ni ordre public ni État.

AP. — N'est-ce pas curieux que nous, pays capitaliste, nous financions une révolution tout aussi socialiste que celle de Cuba ?

GdG. — Et après ? Leur soi-disant socialisme, je m'en bats l'œil. Qu'ils s'organisent comme ils l'entendent. C'est justement pourquoi nous leur avons donné l'indépendance. Mais nous ne pouvons admettre que nos compatriotes soient victimes de leur politique.

« J'ai dit à Boumaza : "Qu'on ne s'imagine pas qu'on va pouvoir nous faire chanter ; nous ferons une reconversion pour l'atome dans le Pacifique. Et nous pourrions en faire autant pour le pétrole auprès d'autres pays producteurs."

* Béchir Boumaza, ministre du Travail, puis ministre de l'Économie de septembre 1963 à décembre 1964.

« Bourguiba et Hassan, eux aussi, font des nationalisations. Quand on parle d'une différence d'idéologie, c'est de la rigolade. "Ben Bella socialiste" d'un côté, "Hassan II autocrate" de l'autre, ça n'existe pas ! Ils sont tous condamnés à être plus ou moins socialistes. Ils sont tous condamnés à être plus ou moins autocrates. La différence n'est que dans le rythme.

AP. — Mais cette précipitation...

GdG. — Elle vient de deux choses. D'abord, ils ont attendu huit ans. Ils ont fait des rêves. Ils voudraient que ces rêves deviennent réalité. Une révolution, c'est un cerceau qui tombe s'il ne roule pas. Et puis, leur seule carte, ce sont nos bases au Sahara. Ils se disent : "Dans deux ans, les Français nous diront zut." »

« L'Algérie s'engage sur le chemin du sous-développement »

Au Conseil du 5 février 1964, après une communication de Jean de Broglie, le Général : « L'Algérie s'engage sur le chemin du sous-développement. Les dirigeants sont prisonniers de leur phraséologie et incapables de conclure.

« Le *petit Blanc* n'a plus sa place en Algérie. La coopération doit évoluer. Nous avons là-bas des cadres utiles à l'Algérie, et c'est à encourager. Nous devons sauvegarder nos grands intérêts et nous adapter à l'évolution. »

Après le Conseil, le Général me dit : « Nous ne pouvons pas prendre en charge leurs frais de révolution, mais nous leur apportons une aide, qui est d'un grand poids. Malgré leurs mythes, ils commencent à s'en rendre compte, même s'ils ne l'avouent pas. »

Chapitre 4

« CE SONT DES HISTOIRES D'ARABES »

Au Conseil du 3 juillet 1963, le Général commente la visite de Hassan II à Paris : « Le roi se soucie beaucoup pour l'Algérie. Il la compare à une poule qui a couvé un canard, dans la personne de Ben Bella. Ce n'est pas qu'il ait peur de Ben Bella, mais il voudrait s'affirmer face à lui. C'est une affaire de prestige. Il souhaiterait que nous apparaissions comme l'appuyant contre Ben Bella.

« Il faut que le Maroc sache que nous ne le laisserons pas tomber. Mais ce n'est pas le moment de nous éloigner de l'Algérie. La personnalité du roi s'affirme dans la bonne direction. Il a fait des progrès. Il a trente-cinq ans. Quand il en aura quarante-cinq, ce sera un monsieur. Il n'y a pas de raison qu'il n'y arrive pas. »

Chacun comprend qu'il y a, au contraire, quelques raisons qu'il n'arrive pas à cet âge, et que, s'il y arrive, il aura montré qu'il était « un monsieur » en effet...

« Ils essaient de se chaparder un peu de sable »

Salon doré, 15 octobre 1963, le Général me dit : « Le Maroc veut prendre Tindouf. Le roi veut recouvrer les frontières qui étaient celles du Maroc avant 1912. Dans les confins algériens, il y a des bandes. De fil en aiguille, Hassan II est entraîné à s'étendre. Il a la nostalgie de la Mauritanie. Il profite des ennuis algériens. »

Salon doré, 23 octobre 1963.

Le conflit armé entre le Maroc et l'Algérie se développe. J'interroge le Général sur la tentative de médiation du Négus, qui a échoué.

AP : « Vous pourriez le remplacer comme médiateur.

GdG. — Une médiation ne peut pas réussir. Pourquoi me mettrais-je en avant et offrirais-je une conciliation dont personne ne veut ? Ce serait la meilleure manière de les réconcilier sur mon dos ! Je ne bouge pas. »

Le Général reste silencieux quelques instants. Son regard se perd dans les arbres jaunis. Peut-être pense-t-il aux premières médiations de notre histoire, celles de Saint Louis, voici sept cents ans...

GdG : « Ce sont des histoires d'Arabes ! Le Maroc voudrait Tindouf, pour faire tomber la Mauritanie. Notre intérêt est au contraire dans le statu quo des frontières, de manière que la Mauritanie tienne le plus longtemps possible. Mais, en un autre sens, nous ne souhaitons pas que Ben Bella fasse le coup à Hassan II de susciter la révolution dans son pays.

AP. — C'est un affrontement d'idéologies inconciliables ?

GdG. — Vous voulez rire ! Il faut qu'ils se chamaillent, les Égyptiens avec les Syriens, les Syriens avec les Kurdes, etc. Il y a bien deux mille ans que c'est comme ça. Quand nous étions là en force, nous avons pu imposer le silence ; puis ils se sont tournés contre nous. Maintenant que nous ne pouvons plus être le bouc émissaire, ils se tournent les uns contre les autres.

AP. — Peut-on proclamer que nous restons neutres ?

GdG. — Il ne faut rien proclamer du tout. Et d'abord, c'est faux ! Nous aidons les Marocains en leur fournissant des armes. Nous aidons les Algériens en mettant à leur disposition notre aérodrome de Colomb-Béchar. Nous les aidons à s'entre-tuer. Pourtant, il faut bien faire comme si nous étions neutres.

« Et puis, il n'y a jamais eu de vraies frontières dans le Sud marocain et le Sud algérien. Il fallait bien qu'ils essaient de se chaparder un peu de sable. »

« Ils ont la manie de la fantasia »

Salon doré, 6 novembre 1963, je demande au Général : « Pensez-vous que le cessez-le-feu qui vient d'être conclu entre le Maroc et l'Algérie va durer ?

GdG. — Mais non, il ne va pas durer ! Ils aiment les fusils, ils aiment s'en servir, de préférence sans se faire trop de mal. Ils aiment tirer en l'air. Ils ont la manie de la fantasia. Ces postes pris et repris, Figuig, Hassi Beida, Tindouf, c'est de la fantasia. Jugez donc les événements à l'échelle du monde. Ce n'est pas plus qu'un petit accident de train dans un tunnel.

AP. — Peut-être que Cuba et Moscou vont s'immiscer ?

GdG. — Non, tout ça, c'est de la frime. Les Cubains en ont bien assez avec leurs propres problèmes. Et les Russes se sont aperçus que l'Afrique était un fameux guêpier, où il valait mieux ne pas trop se faire piquer. »

Salon doré, 29 janvier 1964 :

AP : « L'opinion française ne comprend pas que Ben Bella installe le castrisme en Afrique avec notre argent.

GdG. — C'est de la foutaise. Si les Algériens font du castrisme, ils seront les premiers à s'en mordre les doigts. Castro a un puissant levier : les Américains, en lui mettant des bâtons dans les roues, suscitent la haine qui lui donne le moyen d'entraîner les Cubains derrière lui. C'est pourquoi nous n'avons aucun intérêt à provoquer le ressentiment des Algériens contre nous. Nous nous gardons de toute ingérence et nous restons sereins. »

« Je n'irai pas en Algérie »

Salon doré, 3 mars 1964.

GdG : « La seule chose positive que les dirigeants algériens puissent mettre à leur bilan, c'est la coopération avec la France. Tout le reste est un fiasco. De tous les slogans, de toutes les promesses, au nom desquels ils se sont battus pendant huit ans, il ne reste absolument rien ! Des mythes, du vent.

AP. — On parle d'un voyage que vous feriez en Algérie.

GdG. — Ben Bella m'a invité. Je n'irai pas en Algérie.

AP. — Vous seriez obligé d'aller aussi au Maroc et en Tunisie ?

GdG. — Dans quelques jours, je vais recevoir secrètement Ben Bella dans la région parisienne. Mais je n'irai pas en Algérie. Je ne dis pas que je n'irai jamais au Maroc ; je ne dis pas que je n'irai jamais en Afrique noire. Ce n'est pas inconcevable. Il est inconcevable que j'aille en Algérie, dans une période aussi hystérique. »

Ce refus, il me l'a redit plusieurs fois. N'a-t-il pas eu tort ? Je me prends à rêver de ce qu'aurait pu être son voyage en Algérie, de ces foules immenses qui seraient venues voir et entendre l'homme par lequel l'indépendance était venue. Il aurait su trouver le ton et les mots propres à exorciser le passé, comme il l'avait si bien fait en Allemagne. Il aurait pu rétablir entre les Algériens et la France une relation positive. Ben Bella avait osé lancer l'invitation. De Gaulle n'a pas osé l'accepter. Sur l'Algérie, il était trop noué. Et ce nœud, qui nous étreignait tous, il nous étreint toujours, si longtemps après.

Pointe-à-Pitre, 20 mars 1964.

Le Général me raconte son entretien avec Ben Bella au château de Champs-sur-Marne : « Il ne m'a pas fait mauvaise impression. Il a de l'assurance, mais sans jactance.

« Il m'a dit avec humour que sa position personnelle était assurée grâce à son incarcération, qui lui a évité de s'user dans les grenouillages du Caire et de Tunis et a fait de lui le Combattant suprême. Mais il m'a dit aussi qu'il a été par la suite traité avec honneur dans une forteresse, et non plus dans une cellule de prison, et il sait à qui il l'a dû.

« Il déborde d'éloges à l'égard des coopérants et notamment des instituteurs. Ah, si tous les colons s'étaient comportés ainsi, au lieu de faire suer le burnous ! (Est-ce bien Ben Bella qui parle, ou le Général ?)

AP. — Pourtant, la guerre a commencé par un assassinat d'instituteurs, et non de colons. »

Le Général ne répond pas : « En tout cas, Ben Bella assure qu'il n'y a plus la moindre animosité entre Français et musulmans. Je lui ai dit que nous souhaitons sa réussite, parce que la France a vocation d'aider les pays retardés. Il a reconnu qu'aucun pays africain ne bénéficie d'un équipement comparable à celui que nous avons légué à l'Algérie : ni l'Égypte, ni la Yougoslavie, qu'il situe peut-être en Afrique. (Rire.) Je lui ai répété que la France était prête à aider l'Algérie à parfaire cet équipement par une coopération prolongée ; avec deux contreparties, le pétrole, et les bases du Sahara dont nous devons pouvoir disposer jusqu'à la fin de 1966.

« Vous êtes devenu un pays étranger »

« Je lui ai dit deux choses sévères, entre quatre-z-yeux pour ne pas lui faire perdre la face.

« 1. Vous avez voulu que tous les pieds-noirs prennent leur valise, en les menaçant du cercueil. Maintenant, vous voulez des coopérants, à condition qu'ils n'arrivent qu'avec leur valise, pour repartir aussitôt que vous le déciderez. Et en outre, vous retenez leurs salaires ! Alors, ne vous étonnez pas qu'il n'y ait pas tellement de candidats.

« 2. Et puis, cessez de nous envoyer des travailleurs migrants, qui essaient encore de se faire passer pour des harkis. Nous n'en avons que trop. Vous avez voulu l'indépendance, vous l'avez. Ce n'est pas à nous d'en supporter les conséquences. Vous êtes devenu un pays étranger. Tous les Algériens disposaient d'un an pour opter pour la nationalité française. Ce délai est largement passé. Nous n'en admettrons plus. Débrouillez-vous pour les faire vivre sur votre sol. »

« Leurs cadres, ils ne peuvent les former qu'en français »

Après le Conseil, je sonde le Général sur la négociation pétrolière qui va commencer : « Les Algériens vont nationaliser les pétroles ?

GdG. — Pour eux, ce serait une catastrophe. Ils savent bien qu'il y a trop de pétrole dans le monde. Il faut qu'ils le vendent, qu'ils l'exploitent, qu'ils trouvent du personnel, et aussi cent milliards par an pour l'entretien des exploitations, et ainsi de suite. Je ne dis pas qu'ils ne le feront pas un jour, mais cela me paraît peu vraisemblable avant plusieurs années *.

AP. — Ce qu'ils veulent, c'est gagner un maximum d'argent ?

GdG. — Oui, ils veulent gagner plus d'argent et remplacer peu à peu les cadres français par des cadres algériens. Ce sera long.

« Ce pétrole, nous l'avons trouvé. Nous avons investi. Il nous

* Ils le feront le 13 mai 1968.

faut encore trois ans pour amortir nos dépenses. Notre politique est que ça continue comme actuellement.

« Ils veulent à tout prix s'industrialiser. Pour ça, il faut que nous leur prêtions la main, que nous leur donnions des cadres et de l'argent ; nous prévoyons au moins une vingtaine de milliards par an. C'est un paquet considérable, qu'aucun autre État ne leur donnera.

« L'Algérie vit pour un tiers de ce que les travailleurs algériens gagnent en France. Si un beau jour, ils nous emmerdent et que nous les foutions tous à la porte, eh bien l'Algérie crèverait, c'est évident. Et ils ne peuvent pas former des techniciens et des cadres ailleurs qu'ici. Naturellement, ils envoient quelques types à Moscou et à Cuba, mais c'est pas sérieux. Leurs cadres, ils ne peuvent les former qu'en français. Si nous leur fermions l'entrée, ils seraient dans un état épouvantable et ils le savent très bien.

« Alors, il y a la phraséologie socialiste, qu'ils sortent à tout bout de champ. Et il y a les réalités.

« Ils sont obligés de faire de l'exploitation collective »

AP. — Vous n'êtes pas inquiet de cette tournure qu'a prise le régime, ce socialisme hostile à l'Occident ?

GdG. — Les Arabes ne peuvent pas faire autrement que d'exhaler leur xénophobie ? Mais si vous parcourez toute l'Algérie, vous n'aurez que des politesses et des amabilités.

« Ils disent qu'ils veulent un socialisme à la manière algérienne. Ils mettent la terre en exploitation collective. Que voulez-vous qu'ils fassent d'autre, avec des fellahs illettrés, qui ne savent rien faire, qui n'ont pas de matériel, qui n'ont pas un sou, qui n'ont pas de bêtes, qui n'ont rien du tout. Ils sont obligés de faire de l'exploitation collective. Nous n'allons pas les en blâmer. C'est ce que nous aurions dû faire nous-mêmes. »

Salon doré, 31 mars 1965 :

AP : « Que pensez-vous de ces émeutes de Casablanca ? Voyez-vous le régime d'Hassan affaibli ?

GdG. — Les Arabes, c'est une agitation perpétuelle ; et si on cherche à s'appuyer sur eux, une perpétuelle déception. La politique à mener avec eux, c'est de ne pas s'attacher à eux, sinon on est sûr de perdre. Les Arabes, ce sont des nomades ; ce sont les enfants des sables. »

Chapitre 5

« L'ALGÉRIE, C'EST FRAGILE »

Le 21 avril 1965, je lis au Général une dépêche d'*Associated Press* annonçant pour la fin de juin la venue de Ben Bella à Paris.

GdG : « Non ! Ne confirmez pas ! Il en meurt d'envie, mais il n'en est pas question pour le moment.

« Ben Bella n'a pas mal manœuvré. Ça n'est pas un homme de mauvaise venue. Ça n'est pas un fumiste.

AP. — Il a éliminé ceux qui auraient pu s'opposer à lui.

GdG. — En tout cas, son opposition ne se manifeste plus. Mais, en réalité, toutes sortes de caciques subsistent, qui ont partie liée avec Boumedienne, avec des féodalités syndicales.

AP. — L'étonnant, c'est qu'il n'ait pas d'ennuis avec son armée.

GdG. — Mais ça peut arriver. Dans ce genre de pays, tout est suspendu à l'armée. Ou elle est loyale au chef, ou elle le renverse. Il est populaire, ça lui donne quelque assise. Mais l'Algérie, c'est fragile. »

« Ben Bella ou pas, ça continuera »

Malgré son don de vision à distance, le Général n'imaginait pas à quel point la situation algérienne était fragile.

Samedi 19 juin 1965, 9 heures du matin, dans l'autorail présidentiel. Nous allons parcourir l'Eure-et-Loir. La dernière visite en province du Général avant la fin de son septennat est aussi la première où Couve est invité à l'accompagner.

Nous bavardons, Couve, Frey, Sainteny et moi, quand l'aide de camp vient nous annoncer que Ben Bella a été renversé pendant la nuit et que l'armée prend le pouvoir à Alger. « Eh bien, dit Couve, flegmatique, annoncez-le donc au Général... »

L'aide de camp va, revient et dit à Couve que le Général veut le voir. Un quart d'heure après, Couve revenu, l'aide de camp m'appelle à mon tour.

GdG : « On va vous assaillir de questions. Il ne faut pas gloser. Ça ne nous concerne pas.

AP. — C'est quand même un coup dur ?

GdG. — Pourquoi ? Ce n'est pas un coup d'État contre la France. C'est une conspiration pour faire sauter ce type et le remplacer par un autre. Personne ne peut nous reprocher de ne pas avoir laissé l'Algérie faire ses expériences à sa guise. Ça nous dédouane aux yeux de tous les Algériens.

AP. — L'opinion en Algérie va-t-elle bouger ?

GdG. — Il n'y a pas d'opinion publique en Algérie. C'est un troupeau de malheureux, qu'on peut soulever par le fanatisme. Ils se sont révoltés contre nous par dignité, parce que nous les avions longtemps traités indignement. Avec la défaite de 40, et puis l'évolution du monde, ils n'ont plus supporté ce qui leur apparaissait auparavant comme une fatalité. C'est pourquoi la population, dans l'ensemble, était favorable à l'insurrection.

« Pourvu que soit maintenu le respect de leur dignité, la coopération se développera avec la France. Ils commencent à comprendre que la langue, la culture française, c'est le moyen pour eux d'entrer dans la vie moderne. Alors, Ben Bella ou pas Ben Bella, ça continuera. »

« Ben Bella a couvert l'inconsistance et le désordre algériens »

Au Conseil du 23 juin 1965, Broglie fait un long exposé sur ce « coup de surprise » ; d'où il ressort que ce qui était imprévu était inévitable.

GdG : « Le pouvoir en Algérie, ce sera : chacun son tour. Et probablement pour longtemps. Le lien qu'avaient créé l'insurrection et la lutte a disparu. Il ne reste que les réalités : la misère, la bagarre. Ben Bella a couvert cela pendant quelque temps, parce qu'il était habile, parce qu'il jouissait du prestige que nous lui avions donné en le jetant en prison, et parce que nous l'avions du même coup écarté des intrigues du FLN qui se tramaient au Caire ou à Tunis.

« Voilà Boumedienne et l'armée au pouvoir. Ça ne résout rien. Les bienfaits de la coopération finiront par apparaître.

« L'Algérie, c'était une pagaille avec une couverture, Ben Bella. Maintenant, c'est une pagaille sans couverture.

« Il n'y a pas, dans cette révolution de palais, l'ombre d'un caractère anti-français. Tout le monde se recommande de la coopération avec la France aussi haut que l'on peut. »

Après le Conseil.

AP : « Vous ne croyez pas que le coup d'État a été manipulé par les Russes ou les Chinois ?

GdG. — J'en ai eu un moment l'idée. Plutôt, par les Russes. Pour empêcher la conférence qui doit se tenir à Alger à la fin du mois et que Ben Bella annonçait avec fanfaronnade comme *la seconde conférence de Bandung*. Mais finalement, j'en doute. Non. Ça a été une opération algérienne. Un règlement de comptes, comme pour Khrouchtchev en Russie. C'est un type dont on a assez. Alors, un complot se monte contre lui. Et on le liquide froidement.

« *Ils feraient monter le prix du tapis !* »

AP. — Que vont-ils faire de Ben Bella ?

GdG. — Ils ne peuvent pas le zigouiller, étant donné que Nasser et compagnie ont dit à Boumedienne : “ Si vous le tuez, je ne viens pas.” Boumedienne ne le fera pas. La conférence ne pourrait pas se tenir dans une ville où le cadavre de Ben Bella serait encore chaud.

AP. — Nous-mêmes, nous n'intervenons pas pour le sauver ?

GdG. — J'ai fait dire que ce serait moche de le tuer. Discrètement, puisque nous ne voulons pas nous immiscer. Mais on l'a dit quand même et ça a porté.

AP. — Vous ne pensez pas que l'opinion française va se dire : “ Ils ne valent pas la peine qu'on leur donne de l'argent ! Ils ne sont capables que de se déchirer. Laissons-les tomber” ?

GdG. — L'opinion à courte vue dira ça. L'opinion à plus longue vue comprendra qu'au fond, l'Algérie ne peut pas sortir de la pagaille sans la France, et que c'est tout avantage pour la France qu'elle en sorte.

AP. — N'est-ce pas l'occasion de dire que la coopération avec l'Algérie représente pour la France un intérêt permanent, indifférent aux personnes ?

GdG. — Mais non ! Ne dites jamais que c'est un intérêt pour nous ! Ils s'en prévaudraient contre nous, ils y verraient la preuve que nous faisons du néo-colonialisme ! Ils feraient monter le prix du tapis ! Non ! Il faut simplement dire que les raisons qui commandent notre coopération subsistent, et ne sont nullement modifiées par la mise à l'écart de Ben Bella. »

Au Conseil du 21 juillet 1965, Jean de Broglie présente la conclusion des pourparlers franco-algériens sur le pétrole. Ils aboutissent, après deux ans, à un traité — qui sera signé le 29 juillet.

« La France s'assure un ravitaillement de quarante millions de tonnes payables en francs. Nous restons les seuls associés de l'Algérie pour l'essentiel des découvertes à faire au Sahara. L'Algérie renonce à sa prétention initiale de décrocher de l'économie française pour son industrialisation : c'est l'inverse qui va se produire. »

Pompidou tient à préciser qu'il a suivi de près ces négociations. « Les Algériens avaient une volonté têtue de revenir sur ce qu'ils nous avaient concédé dans les accords d'Évian. Cet accord nous permet d'amortir tout l'argent investi ; et l'accord sur l'industrialisation de l'Algérie devrait marcher.

GdG. — Dans l'ensemble, c'est déjà beaucoup qu'un accord si précis et si complet ait pu être négocié. Les intérêts français durables sont sauvegardés. Ce traité constitue un fondement essentiel des relations particulières entre la France et l'Algérie. »

« *La passion ne pardonne pas* »

Après le Conseil, le Général : « Dites-en le moins possible. Si vous mettez l'accent sur ce qui nous est favorable, les Algériens s'estimeront roulés. Si vous soulignez ce qui est avantageux pour eux, on dira que nos négociateurs se sont fait avoir. Mais entre nous, c'est tout de même assez satisfaisant pour nous. Il ne s'agit pas seulement, comme à Évian, de mettre fin à une guerre, mais de travailler dans la paix après trois ans d'expérience de la coopération. C'est satisfaisant qu'on puisse signer ça, alors qu'on avait tellement dit que la xénophobie reprendrait le dessus, que les Algériens nationaliseraient tout d'un seul coup d'un seul, qu'on verrait ce qu'on verrait. Mais la passion ne pardonne pas. »

Que veut-il dire ? Que la passion ne *lui* pardonne pas, il le sent bien. De son côté, il s'efforce de maintenir le couple passionnel France-Algérie entre les garde-fous de la raison. Il s'acharne à croire, souvent contre son pessimisme instinctif, parfois contre l'évidence, qu'une relation positive pourra, d'une façon ou d'une autre, se construire peu à peu entre les deux pays.

Chapitre 6

« SI LE ROI LIQUIDE OUFKIR, ÇA IRA »

Au Conseil du 3 novembre 1965, Couve annonce que Moulay Ali, à la fois cousin germain, oncle et beau-frère du roi Hassan II, va être remplacé comme ambassadeur du Maroc à Paris, bien qu'il ne soit ici que depuis un an, par Laghzaoui, ancien directeur de la Sûreté de Mohammed V. Il laisse entendre que ce remplacement inopiné est « surprenant ».

GdG : « Un ancien chef de la Sûreté ? Enfin... Il faut espérer que les affaires Ben Barka ne vont pas se multiplier. »

Première allusion à l'affaire Ben Barka, dont les journaux parlent depuis trois jours *.

Frey saisit la balle au vol : « Cette affaire Ben Barka est troublante. Il y avait quatre cents personnes devant le café. Aucun témoin ! L'enlèvement a été connu avec vingt-six heures de retard. Un étudiant marocain a disparu en même temps.

GdG. — Il ne faudra pas s'en tenir là. »

C'est lâché sur un ton très ferme, qui veut dire à la fois : « Tenez-vous-en là pour aujourd'hui, puisque l'enquête ne fait que commencer, mais il faudra aller beaucoup plus au fond des choses la prochaine fois. »

« Ce n'est pas tolérable, à aucun point de vue »

Après le Conseil, je demande au Général :

« Que s'est-il vraiment passé ?

GdG. — N'en dites pas un mot ! C'est une affaire bizarre. Le ministre de l'Intérieur marocain, Oufkir, y est mêlé. Mais il semble qu'il ait été aidé par des Français. Ce qui est sûr, c'est qu'il faudra établir la vérité et en tirer toutes les conséquences. Si les journalistes vous interrogent, dites qu'on n'en a pas parlé.

AP. — Mon général, il peut toujours y avoir un collègue qui dira qu'on en a parlé. Si je mens, ne serait-ce qu'une fois, je perds mon crédit. J'aime mieux répondre que je n'ai rien à dire. »

Le Général s'incline, comme chaque fois qu'il voit qu'on est déterminé et qu'on a de bonnes raisons de l'être.

---

* Ben Barka, chef de l'opposition de gauche marocaine, réfugié à Paris, a été enlevé devant la brasserie Lipp le 29 octobre ; on ne l'a appris que le 30.

Au Conseil du 10 novembre 1965, Couve traite l'affaire :

« Le porte-parole de l'opposition de gauche marocaine, "Union nationale des forces populaires" (UNFP), a été enlevé à Paris le 29 octobre. L'affaire n'a été connue qu'avec un jour de retard. La police a reçu aussitôt de votre part instruction de faire toute la lumière, sans aucun ménagement. Elle a vite découvert l'ensemble de l'opération, dont l'inspirateur est le ministre de l'Intérieur, le général Oufkir. On n'a pas encore établi si Ben Barka est mort ou vivant. Nous avons marqué au gouvernement marocain qu'il n'était pas tolérable qu'une opération soit menée sur le territoire français par un ministre étranger. Notre ambassadeur a vu le roi. Nous n'avons aucun intérêt à détériorer nos relations. La suite dépendra des décisions du roi. »

Frey complète, très fier : « Nous avons pu identifier les quatre cinquièmes de ceux qui ont participé à l'opération.

GdG. — Le gouvernement marocain, en tout cas son ministre de l'Intérieur, a monté cette affaire avec l'aide de Français. Ce n'est pas tolérable, à aucun point de vue. Le problème de nos rapports avec le Maroc est posé. On verra. Si le roi liquide Oufkir, ça ira. S'il ne le liquide pas, nos rapports vont se détériorer. »

« L'enlèvement d'Argoud ? Rien de commun avec Ben Barka »

Après le Conseil, le Général me donne ses instructions pour la presse : « Le gouvernement marocain est au courant de ce que la justice française est saisie et poursuivra l'affaire jusqu'à son dénouement.

AP. — On fait un rapprochement entre ce rapt et celui d'Argoud en Allemagne. »

Il me répond vivement, mais avec des détails qui montrent qu'il a mûrement réfléchi à ce parallèle :

« Argoud ? Rien de commun avec Ben Barka ! (Il tape du plat de la main sur son bureau.)

« 1. Argoud avait été condamné pour crimes ; pas Ben Barka.

« 2. Argoud faisait l'objet d'un mandat d'arrêt international, pas Ben Barka.

« 3. Nous avions demandé en vain l'extradition d'Argoud à l'Allemagne ; le Maroc n'a pas demandé celle de Ben Barka.

« 4. L'Allemagne n'a pas été en mesure de retrouver Argoud, alors que nous aurions été en mesure de retrouver Ben Barka.

« 5. La présence de l'armée française en Allemagne donne des droits à la France en Allemagne, justement dans ce cas, du fait qu'Argoud était caché par des éléments militaires français en Allemagne. Il n'y a pas d'armée marocaine en France, que je sache.

« Donc, il n'y a aucun rapport entre ces deux affaires.

AP. — Croyez-vous que Ben Barka est mort ?

GdG. — Plus les jours passent, plus c'est vraisemblable.

AP. — Qu'est-ce qui vous pousse à jeter le poids de votre autorité dans cette affaire ?

GdG. — C'est une affaire grave ! D'abord, parce que c'est une atteinte inacceptable à la souveraineté française, que j'ai pour mission suprême de défendre. Ensuite, parce qu'il y a eu, en France même, des complicités troubles. Il faut que tout soit tiré au clair et qu'on en tire toutes les conséquences.

AP. — Pensez-vous qu'Oufkir a été plus royaliste que le roi ? Qu'il a fait du zèle, en voulant débarrasser la monarchie de quelqu'un qui la menaçait ? Ou au contraire, qu'il travaille pour son compte ? Serait-il un Nasser en puissance ? Quel est le rôle du roi ?

GdG. — Je n'en sais rien à l'heure qu'il est. Si le roi lâche Oufkir, nous pouvons admettre qu'il n'était pas au courant. S'il se solidarise avec lui, ça veut dire, soit qu'Oufkir a agi sur ordre, soit qu'Oufkir le tient. On verra bien. »

Salon doré, 17 novembre. Alors que la campagne présidentielle fait rage, le Général se borne à me dire :

« L'enquête suit son cours, elle se poursuivra jusqu'au bout. Les suites judiciaires iront à leur terme. Les accusés répondront de leurs actes devant la justice française. »

« Si Pompidou ne voulait pas s'occuper du SDECE, il n'avait qu'à me le dire »

Salon doré, 5 janvier 1966, après le dernier Conseil où j'exerce mes fonctions de porte-parole, le Général m'en dit davantage :

« Du côté marocain, il est clair que le roi est *tenu* par Oufkir. Même s'il n'était pas au courant des préparatifs de l'enlèvement, il n'a pas, en tout cas, la capacité de le sanctionner. Oufkir, c'est l'armée et la police à la fois, c'est l'homme fort, c'est le chef d'un réseau à sa dévotion, c'est un État dans l'État. Le roi ne peut rien contre lui *. Tout l'échafaudage s'effondrerait et lui-même resterait sous les décombres. Que les Marocains s'entre-égorgent, c'est leur affaire. Mais ce qui nous importe, ce qui est de notre responsabilité, c'est l'honneur de la France. Nos relations avec le Maroc vont en souffrir.

« Du côté français, il y a eu des flottements. Le SDECE a flotté. Matignon a flotté. Il y a eu des négligences. Que cette opération ait

* Le général Oufkir, ministre de la Défense, après l'échec d'un complot qu'il a fomenté contre le roi Hassan II, se suicidera (ou sera abattu) en 1972.

été faite avec la complicité de policiers ou d'agents français, c'est incroyable et c'est inadmissible. Pompidou n'a pas tenu en main des services qui dépendaient directement de lui. Il dit qu'il n'a jamais aimé les histoires de barbouzes, d'espionnage et de filature. C'est bien joli de ne pas vouloir se salir les mains, mais du coup, c'est l'État qui est sali. Des services spéciaux, il y en aura tant qu'il y aura des États. S'il ne voulait pas s'occuper du SDECE, il n'avait qu'à me le dire et je le lui aurais retiré. C'est d'ailleurs ce que je vais faire *. Tant pis pour lui si ça apparaît comme une sanction. Il faut toujours tirer les leçons des réalités et fixer les responsabilités. »

Je suis tout étonné qu'il me fasse une confidence aussi lourde sur un Premier ministre qu'il vient juste de reconduire dans ses fonctions... Un peu comme s'il était lui-même *tenu* par Pompidou, tout en se maudissant de l'être.

> Trois ans plus tard, en janvier 1969, au moment de l'affaire Marcovic, Pompidou devait me dire : « L'affaire Ben Barka, ne croyez pas qu'elle appartienne au passé. Elle dure encore. »

* La décision de placer le SDECE sous la tutelle du ministre des Armées sera prise au Conseil des ministres du 19 janvier 1966.

Chapitre 7

« C'EST VRAI QUE L'INDÉPENDANCE DE L'AFRIQUE ÉTAIT PRÉMATURÉE »

En 1962, l'Afrique des indépendances est toute jeune encore — quatre ans à peine. Ses États, ses chefs, ses repères sont extrêmement fragiles. Il ne vient au Conseil des ministres que l'écho des crises qui la secouent. Elle y paraît à la fois très familière et très étrange.

La chronique commence par l'ajustement difficile entre une Afrique décolonisée et une Europe au sein de laquelle la France inscrit désormais son action.

Au Conseil du 6 juin 1962 *, Gorse ** : « À Bruxelles, la conférence des Six ne parvient toujours pas à établir une coopération avec les pays africains associés. La France demande, conformément au traité de Rome, à être soulagée des surprix qu'elle paie à ces pays africains pour favoriser leurs produits tropicaux par rapport au cours mondial. Mais elle est isolée. »

« Nous sommes les seuls à vouloir que l'Afrique s'en sorte »

À l'issue du Conseil, le Général me dit :

« Nos partenaires pratiquent l'égoïsme sacré. Nous sommes les seuls à vouloir que les Africains se développent, en les faisant échapper aux variations catastrophiques du cours mondial des matières premières et des produits tropicaux. Nous sommes les seuls à vouloir que l'Afrique s'en sorte.

« L'association de l'outre-mer était le seul avantage réel que nous tirions du traité de Rome, avec la perspective du Marché commun agricole, à condition de la transformer en réalité.

« Il n'y a que trois solutions. Ou bien, accepter que s'effondrent les recettes des Africains. C'est inacceptable, ce serait les vouer à la misère et pour certains à la famine. Ou bien, continuer à verser des surprix, mais alors renoncer au Marché commun, où nous ne serions pas à armes égales avec nos partenaires. Ou encore, obtenir de nos partenaires que la Communauté européenne accepte de

* La première année du gouvernement Pompidou, relatée dans le tome I, ayant été surchargée par le problème algérien, les problèmes de l'Afrique noire au cours de cette période n'y ont pas été évoqués.

** Haut Représentant de la République française en Algérie.

soutenir les productions de ces pays au-dessus du cours mondial. Ce serait la meilleure solution. Si nos partenaires continuent de se défiler, il faudra se résigner à sortir du Marché commun. Je ne suis pas sûr que ce soit un grand malheur. »

« Il ne faut jamais compter sur la gratitude des gens à qui on a rendu les plus grands services »

Au Conseil du 27 juin 1962, Gorse, contrairement au pessimisme de sa dernière communication, fait état de l'accord intervenu *in extremis* pour l'association des pays africains.

GdG : « Ce résultat est important. Par les chiffres obtenus, 780 millions de dollars pour les cinq années 1963-1967. Parce que les pays associés sont surtout dans notre mouvance française. Parce que les obstacles venant de nos partenaires ont été levés.

« Les choses n'avancent que parce que nous les faisons avancer. Et on dit que nous ne sommes pas européens ! »

Au Conseil du 11 juillet 1962, Gorse fait un compte rendu calamiteux des réactions des Africains, profondément déçus du compromis européen.

GdG : « Allons donc ! Ils ne se priveront pas des 780 millions de dollars qu'on leur assure ! Mais il ne faut jamais compter sur la gratitude des gens à qui on a rendu les plus grands services. »

« On n'a pas laissé aux Noirs le temps de mûrir »

Au Conseil du 25 juillet 1962, Giscard, sur la zone franc : « Le 10 mai, nous avons conclu un accord de coopération avec l'Union monétaire africaine. Mais le Mali a décidé de ne pas le ratifier. Modibo Keita * a déclaré solennellement : "La souveraineté est incomplète sans le droit de battre monnaie." Des commerçants, inquiets, ont manifesté devant notre ambassade à Bamako pour demander que la France ne permette pas cette folie. La troupe a tiré. On déplore deux morts et de nombreux blessés. »

Giscard ajoute, pince-sans-rire : « C'est la première fois dans l'histoire que des hommes meurent pour la défense du franc.

Gorse. — Ce n'est pas seulement le Mali, ce sont tous les États africains qui revendiquent chacun leur monnaie.

Pompidou. — L'Union monétaire date de mai. Attendons avant de l'enterrer ! Il faut lanterner ! Laissons se dérouler l'expérience de Sékou Touré **. Beaucoup d'Africains commencent à sentir que

* Président du Mali.

** Président de la République de Guinée.

la politique guinéenne est suicidaire et contraire aux intérêts de toute l'Afrique.

GdG. — Il faut penser à ceux qui restent avec nous. Il faut donc les traîner en longueur. » (Il ne dit pas : « faire traîner ».)

Après le Conseil, le Général me dit : « On n'a pas laissé aux Noirs le temps de mûrir. Ce sont encore de grands enfants. Il faut leur parler comme on parle aux grands enfants : en respectant leur dignité et en se faisant respecter d'eux. C'est le seul moyen de garder leur confiance. »

Le Général est très détendu. J'en profite pour lui raconter ce que m'avait dit le docteur Schweitzer*, auprès duquel, en août 1959, j'avais passé quatre jours à Lambaréné dans son village de paillotes appelé « hôpital » : « De Gaulle se trompe. Pourquoi veut-il décoloniser si vite ? Il veut traiter les *nègres* comme s'ils étaient des Blancs. Pourquoi veut-il les mettre dans des bureaux ? Ce sont des chasseurs, des pêcheurs, à la rigueur des paysans, des manuels. Ils le resteront. Les masses africaines en sont encore au néolithique. De Gaulle ne se rend pas compte qu'ils ne sont pas mûrs pour la démocratie. Encore moins pour l'indépendance. Elle sera pour eux une tragédie.

« Ce qui aurait dû s'étaler sur cinquante ans, s'est déroulé en deux ou trois ans »

GdG. — Vous croyez que je ne le sais pas, que la décolonisation est désastreuse pour l'Afrique ? Que la plupart des Africains sont loin d'être arrivés à notre Moyen Âge européen ? Qu'ils sont attirés par les villes comme les moustiques par les lampes, tandis que la brousse retournera à la sauvagerie ? Qu'ils vont connaître à nouveau les guerres tribales, la sorcellerie, l'anthropophagie ? Que quinze ou vingt ans de tutelle de plus nous auraient permis de moderniser leur agriculture, de les doter d'infrastructures, d'éradiquer complètement la lèpre, la maladie du sommeil, etc. C'est vrai que cette indépendance était prématurée. C'est vrai qu'ils n'ont pas fait encore l'apprentissage de la démocratie. Mais que voulez-vous que j'y fasse ? Les Américains et les Russes se croient la vocation de libérer les peuples colonisés et se livrent à une surenchère. C'est le seul point qu'ils ont en commun. Les deux super-grands se présentent comme les deux anti-impérialistes, alors qu'ils sont devenus les deux derniers impérialistes. Un vent de folie a soufflé sur le monde. Ce qui aurait dû s'étaler sur cinquante ans s'est déroulé en deux ou trois ans. Mais on ne pouvait pas s'y opposer. Nous ne pouvons pas nous offrir le luxe de nouveaux affrontements.

« Et puis (il baisse la voix), vous savez, c'était pour nous une

* Médecin français installé à Lambaréné au Gabon.

chance à saisir : nous débarrasser de ce fardeau, beaucoup trop lourd maintenant pour nos épaules, à mesure que les peuples ont de plus en plus soif d'égalité. Nous avons échappé au pire ! Il n'est pas possible que, dans le même ensemble français, on puisse trouver des citoyens qui aient un des niveaux de vie les plus élevés du monde, et d'autres citoyens qui aient un des niveaux de vie les plus bas. J'ai fait justement la Communauté, pour qu'elle prenne tout doucement le chemin de l'indépendance. Au Gabon, Léon M'Ba voulait opter pour le statut de département français. En pleine Afrique équatoriale ! Ils nous seraient restés attachés comme des pierres au cou d'un nageur ! Nous avons eu toutes les peines du monde à les dissuader de choisir ce statut. Heureusement que la plupart de nos Africains ont bien voulu prendre paisiblement le chemin de l'autonomie, puis de l'indépendance.

AP. — Vous n'empêcherez pas que des distances se creusent entre les élites qui atteignent le niveau européen, et les masses qui restent à l'âge de pierre.

« Le malheur, c'est que les Africains ne s'aiment pas entre eux »

GdG. — Non, nous ne l'éviterons pas ! Mais ce sera leur affaire. Vous verrez que leurs médecins s'agglutineront dans les villes. Vous verrez que la brousse, au lieu de progresser, reculera. C'est encore une chance si, ensuite, ils ne quittent pas leurs pays pour venir s'installer en France. Mais là, au moins, nous pourrons dire non.

« Jusqu'au jour où les masses regretteront le temps où nos médecins coloniaux allaient dans la brousse, où nos missionnaires les évangélisaient, où nos troupes coloniales les protégeaient des guerres tribales… Le malheur, c'est que les Africains ne s'aiment pas entre eux. Les intellectuels abandonneront leur peuple, et leur peuple sera rejeté au fond du puits. Que voulez-vous que j'y fasse ? Nous leur distribuerons des piécettes, mais nous ne serons plus responsables de leur destin.

AP. — C'est dommage, quand même, que l'antagonisme entre Houphouët-Boigny et Senghor ait fait capoter la Communauté *.

GdG. — Évidemment ! Il aurait fallu que l'évolution de la fédération vers la confédération se fasse au long des ans. Au lieu de ça, pour des considérations d'amour-propre, ils se sont entêtés à vouloir, chacun, tout ou rien de son système, comme des gosses. Ils ont cassé le jouet que nous leur avions offert. Ce n'est pas moi qui pleurerai ! Un jour viendra sans doute, où ils pleureront eux-mêmes d'avoir voulu partir si vite. »

---

* Houphouët voulait une fédération rigide d'États seulement autonomes. Senghor, une confédération souple d'États indépendants.

Chapitre 8

« IL NE FAUT SURTOUT PAS QUE DES BLANCS L'EMPORTENT SUR DES NOIRS »

Au Conseil du 12 décembre 1962, Couve fait le point de l'intervention militaire de l'ONU au Congo ex-belge.

GdG : « Nous avons blâmé cette expédition. Elle est aventureuse. Dans ces pays, l'ancienne puissance coloniale peut user de son influence, si elle en a gardé les moyens avec l'accord des indigènes. Sinon, c'est aux pays africains voisins d'user de la leur. En aucun cas, l'ONU ne doit servir de couverture pour que des Blancs remplacent d'autres Blancs, et entrent en guerre contre des Noirs.

« L'État congolais doit être fédéral, selon la nature des choses. Une des erreurs des Américains est de vouloir imposer un État unitaire, alors que le Congo n'est pas unifié. Il ne faut surtout pas que des Blancs l'emportent sur des Noirs. Leur domination n'est pas bien difficile dans l'immédiat, mais elle est catastrophique à terme, parce que la haine monte. Nous avons fait les plus grandes réserves sur l'opération militaire de l'ONU. Notre réputation africaine n'y a pas perdu. »

Quelques semaines plus tard, Tschombé * tombe, et avec lui l'indépendance d'un Katanga soutenu par l'Union minière.

Au Conseil du 9 janvier 1963, le Général conclut : « Le Katanga se retrouvera donc dans la même situation chaotique que le reste du Congo. Il y a au Congo une anarchie latente. Nous avons bien fait de ne pas nous en mêler... »

« Il vaut mieux que ce soit Senghor qui l'ait emporté »

Au Conseil du 19 décembre 1962, Couve fait état d'un conflit, au Sénégal, entre le Premier ministre Mamadou Dia et le Président Senghor. « L'armée a pris fait et cause pour Senghor, la gendarmerie pour Dia. L'armée française n'a pas à intervenir dans les affaires intérieures du Sénégal, seulement si la vie et les biens des ressortissants français sont menacés. Il n'y a rien de tel.

« Mais Senghor, dans la nuit du 17 au 18 décembre, a fait appel à l'ambassadeur, Lucien Paye, pour que des avions de transport de l'armée française fassent venir les troupes qui lui sont fidèles. Nous avons pris nos dispositions mais sommes convenus d'attendre que

* Président du Katanga, province congolaise qui avait proclamé son indépendance.

la situation s'éclaircisse. La gendarmerie s'est ralliée à l'armée sans effusion de sang.

GdG. — Les troubles du Sénégal sont dus à l'initiative de Valdiodio N'Dyoye, le mauvais génie de Dia. Tout ça s'est passé entre socialistes. Personne n'est mort. Il y aura donc très peu de condamnations. Senghor a limogé le chef d'état-major et l'a remplacé par un para, Diallo, officier français, sur lequel il s'était appuyé. Il vaut mieux que ce soit Senghor qui l'ait emporté. »

Au Conseil du 9 janvier 1963, Triboulet revient de Dakar :

Triboulet : « Tous les chefs d'État souhaitent qu'on ne désengage pas l'armée française : elle, au moins, est sûre.

GdG. — Ils ont absolument voulu toute leur indépendance et tout de suite, malgré les mises en garde que nous leur avons faites. Maintenant qu'ils l'ont, ils nous supplient de revenir. »

Au Conseil du 16 janvier 1963, Couve propose la ratification d'une convention sur l'esclavage en Afrique — datant de 1956.

GdG : « Ce qui est effrayant, c'est qu'on présente en 1963 la ratification d'une convention qui date de 1956.

Couve. — Entre-temps, le texte s'était perdu dans les méandres du ministère de la France d'outre-mer.

GdG. — Et pendant ce temps, l'esclavage continuait ! Mais ne vous en faites pas, il continuera après. »

« Si les troupes françaises avaient été là, Olympio serait encore au pouvoir, et en vie »

Dans le même Conseil, Habib-Deloncle décrit la situation au Togo : « Olympio* craignait depuis longtemps un complot fomenté par le Ghana. Le coup est venu, non du Ghana, mais des anciens soldats de l'armée française, les demi-soldes, qu'Olympio considérait comme des mercenaires de la puissance coloniale. Un guet-apens a surpris la plupart des ministres, qui ont été arrêtés. Sylvanus Olympio a été trouvé mort devant l'ambassade des États-Unis, où il cherchait sans doute à se réfugier. »

Après le Conseil.

GdG : « Ce pauvre Sylvanus Olympio était matois. Il voulait jouer au plus fin. C'était un homme d'Unilever. Il s'appuyait sur les Anglais. Il avait grandi dans l'opposition à la France. Une fois arrivé au pouvoir contre nous, il avait affecté de ne pas vouloir d'accord avec nous. Puis, voyant que ça lui était difficile de se maintenir sans notre aide, il a voulu un accord, mais sans en avoir l'air. Il lui fallait tromper tout le monde.

* Président de la République du Togo, assassiné début 1963.

« Naturellement, il a été puni par où il a péché. Il a cru, à la différence de toutes les autres Républiques africaines, que ça irait beaucoup mieux sans les Français. Si les troupes françaises avaient été là, il serait encore au pouvoir, et en vie. Là où nous avons quelques troupes, tout va bien. Là où notre armée a disparu, il peut arriver n'importe quoi.

« Enfin, tout ça fait partie de l'évolution africaine.

« Ce qui compte, c'est que nous puissions réagir immédiatement. Nous avons pris des mesures militaires immédiates, extrêmement limitées mais immédiates. Cela suffit pour peser d'une façon décisive sur l'évolution des événements. Nous avons envoyé deux petits avions à Cotonou, et du coup, Grunitzky* s'est décidé à quitter Cotonou pour aller à Lomé recevoir le pouvoir. Ce Grunitzky est très buvable pour nous, mais il n'est pas très énergique.

« Notre ambassadeur au Togo non plus. On lui avait donné un poste radio pour qu'il puisse être en communication avec Paris à tout instant. Il a cru bon de demander la permission à Sylvanus Olympio. Naturellement, Olympio a refusé. Du coup, on a construit une petite cahute dans la nature, à plusieurs kilomètres de Lomé, pour abriter le poste radio. Résultat, la radio n'était pas dans l'ambassade. Quand on a voulu communiquer avec elle, ça ne marchait pas. Il n'y avait qu'à l'installer dans l'ambassade sans demander la permission à personne. C'est incroyable, cette pusillanimité. »

Roger Seydoux ne partage pas l'optimisme du Général sur ce « buvable » qui remplace un « imbuvable ». Il m'a confié, hier : « L'expérience nous a toujours montré qu'il valait mieux s'entendre avec les durs, symboles et porte-parole de la fierté nationale, qu'avec les francophiles, qui sont des Glaoui et qui préludent à une révolution devant laquelle ils n'offrent qu'un rempart fragile. »

« Dès qu'ils ont leur armée, elle leur crée des ennuis »

Salon doré, 24 janvier 1963.

AP : « Vous m'aviez dit que vous parleriez de l'Afrique dans votre conférence de presse. Vous ne l'avez pas fait. Qu'auriez-vous dit ?

GdG. — Ça avait déjà duré assez de temps, j'ai arrêté les frais. De toute façon, l'Afrique, c'est réglé. Les Africains devinent leur voie. Ils vont la suivre cahin-caha. C'est celle que je leur ai tracée : l'indépendance dans la coopération. Ils savent qu'ils ne peuvent rien faire sans le pays qui les a colonisés, sauf à revenir à la barbarie, et qu'ils ont besoin de son aide pour développer leur technique, leur culture, leur population. Ils suivront cette direction avec bien des péripéties, mais ils la suivront.

AP. — Quelles seront les conséquences du coup d'État du Togo ?

GdG. — Ces pays ne demandent qu'une chose, c'est avoir leur

* Président du Togo.

propre armée indépendante. Aussitôt, elle leur crée des ennuis. Rien ne valait mieux que garder la protection de l'armée française. Ils sont d'ailleurs en train de commencer à le comprendre. Mais c'est moi qui ne veux pas la leur laisser. C'est une source d'ennuis et ça nous coûte cher. Je leur laisserai des troupes dans les endroits stratégiques que j'aurai choisis. Et je répondrai à leurs appels quand il me paraîtra bon de le faire. Sinon, tant pis pour eux. »

Au-delà de la fierté d'adopter un comportement exemplaire, j'ai l'impression, sinon d'un désintérêt, du moins d'une distance. L'Afrique a ses péripéties, parfois dramatiques. Mais ce n'est plus une tragédie où de Gaulle se sente en jeu.

Le 13 juillet 1965, au Conseil, il dit encore : « Moins les États d'Afrique ont de militaires, mieux ils se portent. S'ils n'en avaient aucun, ils ne risqueraient pas de se faire renverser. »

« Houphouët, Senghor et les autres ont tous le complexe du futur Président assassiné »

Au Conseil du 13 février 1963, Triboulet, qui revient d'Abidjan, raconte une confidence d'Houphouët-Boigny : « Les étudiants sont communistes quand ils reviennent de France. Ils ont des appétits. J'en avais fait des ministres. Ça ne suffit pas, ils veulent tous être Président. Je suis obligé de les mettre en prison, pour leur permettre d'attendre la place paisiblement. »

Triboulet sait raconter une histoire : hilarité générale. Même de Gaulle laisse tomber son masque d'impassibilité. Lui qui rit souvent en tête à tête, il se surveille en Conseil.

Au Conseil du 6 mars 1963, Habib-Deloncle décrit les suites de l'assassinat de Sylvanus Olympio au Togo. Une intervention militaire serait projetée, avec le concours du Nigeria, pour châtier les putschistes.

GdG : « Houphouët, Senghor et les autres ont tous le complexe du futur Président assassiné et ne pensent qu'à châtier les assassins. Une intervention militaire ? C'est toujours aléatoire et dangereux. Une guerre, on sait comment ça commence, on ne sait jamais comment ça finit. Il peut y avoir un effet d'entraînement. Entraîner la Nigeria (*sic*), c'est installer les Anglais à Cotonou et à Lomé. La crainte que chaque chef d'État éprouve pour ses propres troupes ne fera que s'accentuer ! Elles rechercheront les citations, les croix de guerre, l'augmentation de la solde ! Si la Nigeria entre dans une guerre, le Ghana s'y mettra ! Puis l'ONU, c'est-à-dire les Américains ! Puis l'URSS ! Ce serait désastreux. Ça n'aurait pas de limite. C'est particulièrement dangereux pour l'Afrique francophone. Il faut nous y opposer absolument ! »

« Nous avons plusieurs enfants chéris »

Au Conseil du 6 mars 1963, Triboulet rend compte de son voyage à Madagascar : « Tsiranana *, qui se sent menacé par son armée, réclame à cor et à cri des moyens pour l'agrandir, mais en nous priant secrètement de ne pas les lui accorder, de manière à pouvoir dire que nous refusons... Mais il nous demande un effort exceptionnel de coopération.

GdG. — Tous veulent être exceptionnels ! Nous avons beaucoup d'enfants chéris. Que feraient-ils tous sans nous ? Seulement, si nous en faisons trop, ils ne nous le pardonneront pas. Et si nous n'en faisons pas assez, non plus. »

« Des colons qui pressurent le pays et en drainent les richesses »

Au Conseil du 17 avril 1963, Habib-Deloncle revient d'une tournée en Afrique : « La République de Centre-Afrique ne s'est pas remise du choc provoqué par l'annulation du voyage que Foccart devait y faire...

(Habib m'explique qu'on le considère comme un secrétaire d'État parmi d'autres, tandis que Foccart est, pour les Africains, le bras droit de De Gaulle, presque de Gaulle lui-même.)

« ...La colonisation n'y a pas le caractère fraternel qu'elle a dans les autres territoires. Certains Français conservent un comportement désagréable.

GdG. — Il y a à Bangui et aussi à Brazzaville des types insupportables, ce qui en général n'est pas le cas ailleurs. Ce sont des colons qui ne réinvestissent pas sur place leurs bénéfices, qui pressurent le pays et qui en drainent les richesses. Les autochtones ne les supportent pas et ils ont raison.

Habib-Deloncle. — Le gouvernement de Centre-Afrique nous demande de le soutenir contre ces mauvais Français. On a confiance en la France, parce que c'est la France du général de Gaulle. »

Les « vieux-gaullistes », comme Triboulet, Maziol, Marette, Boulin **, Habib, terminent leurs interventions par un hymne à de Gaulle. Les membres du gouvernement d'autre origine, soit politique comme Giscard, Broglie, Marcellin, Pisani, soit administrative, comme Joxe, Couve, Messmer ou Sudreau, trouveraient déplacé de faire un coup de chapeau au Général. Ainsi des hauts mandarins de la Chine impériale : ceux de l'ethnie de l'Empereur mandchou revendiquaient d'être ses *esclaves* ; les autres Chinois ne se disaient que ses *serviteurs*.

---

* Président de la République malgache.

** Secrétaire d'État au budget.

« Sékou Touré revient de loin »

Au Conseil du 15 mai 1963, Couve : « Les Guinéens insistent sur leur désir de rétablir de bonnes relations avec la France.

GdG. — J'ai reçu par la poste une lettre de Sékou Touré à mon adresse à Colombey, où il pense peut-être que je réside en permanence. Il est chaleureux, ardent, débordant du désir de relations particulièrement étroites et cordiales.

Pisani. — La radio annonce qu'il vous a invité en Guinée.

GdG. — Il ne suffit pas de l'annoncer pour que j'y aille. Je suis allé à Conakry en 58. En cinq ans, l'expérience semble avoir ouvert les yeux de Sékou Touré. Mais ne nous précipitons pas. Son chemin est la démonstration par l'absurde des bienfaits de la coopération. »

Au Conseil du 22 mai 1963.

GdG : « Sékou Touré revient de loin. Il a voulu faire la grande opération de 58 contre la France et contre la Communauté. Il s'est précipité chez N'Krumah *, chez les Anglais, chez les Américains, chez les Soviétiques. (Le Général ne parle pas des Chinois, avec lesquels il caresse l'idée d'établir des relations diplomatiques.) L'expérience n'a pas été inutile, ni pour lui, ni pour ses voisins. Il est revenu vers la France. Il nous demande une “grande coopération”. Il n'y a pas de raison de se jeter dans ses bras. Mais nous n'excluons pas un arrangement **. Il fait partie d'un ensemble africain qui tient à nous de très près, et dont il ne peut rester longtemps à l'écart. »

Au Conseil du 29 mai 1963, Habib-Deloncle rend compte de la réunion de la toute nouvelle Organisation de l'Unité africaine à Addis-Abeba : « Trente pays, sauf l'Afrique du Sud, le Togo à cause de l'assassinat d'Olympio, le Maroc à cause de son conflit avec la Mauritanie.

GdG. — Tous ces Africains sont certainement enchantés de se découvrir les uns les autres. Maintenant qu'ils se sont vus, on va voir comment ils coopéreront.

« Rien n'empêchera qu'il y ait en Afrique des gens qui sont noirs et d'autres qui ne le sont pas. Des gens qui parlent anglais, et d'autres français. Des gens qui se développent, et d'autres qui n'y arrivent pas. Des ambitieux, qui tâchent d'empiéter sur les autres, et de moins ambitieux, qui veulent qu'on leur fiche la paix. »

Voici qu'apparaît, en mineur, un souci. L'OUA, porteuse du mythe de l'unité africaine, va-t-elle l'emporter sur l'Union africaine et malgache, fondée sur la réalité des liens anciens entre une partie de l'Afrique et la France ?

---

* Président de la République du Ghana.

** Cette embellie n'aura pas de suites immédiates. Il faudra attendre encore de longues années de délire anti-français et d'isolement sanglant, avant une complète normalisation, qui n'interviendra qu'en 1975, par l'établissement des relations diplomatiques, à l'initiative du Président Giscard d'Estaing.

Chapitre 9

« LA DÉMOCRATIE, ILS NE PEUVENT PAS ENCORE LA CONNAÎTRE »

Au Conseil du 21 août 1963, Habib-Deloncle rend compte de l'éviction de l'abbé Fulbert Youlou, jusque-là Président du Congo : « Se croyant appuyé par l'armée, Youlou avait voulu l'épreuve de force avec les syndicats. D'où grève générale, graves désordres, intervention des troupes françaises, état de siège, couvre-feu. Les manifestants réclament la démission des ministres. Finalement, Youlou démissionne lui-même.

GdG. — Ces gouvernements sont dépourvus d'assise. C'est un encouragement pour ceux qui veulent la place et pour les intrigues étrangères.

« Ce pauvre Youlou a été inconsistant. Il a pris des attitudes variables dans toute la crise. À Brazzaville, il y a 100 000 malheureux dont on ne sait de quoi ils vivent. Les syndicats parlent au nom de ces crève-la-faim. Y a-t-il eu intervention des Soviets ? Des Américains ? Ils ont joué, les uns comme les autres. Les premiers, par encouragement à la subversion ; les seconds, pour faire un gouvernement qui ne soit pas le nôtre.

« Nous ne pouvons pas tirer sur des manifestants ! »

« Youlou m'a téléphoné deux fois. D'abord, pour me demander le droit de réquisitionner les forces françaises. Le lendemain, les manifestations ont recommencé. Fallait-il tirer ? Youlou m'a retéléphoné à Colombey. La foule était massée sur la place. Si l'armée française ne faisait pas évacuer les abords du palais, tout était perdu. J'ai su, par le chef d'état-major des troupes françaises, que, si on voulait faire évacuer, il fallait tirer. J'ai dit à Youlou : "Nous ne pouvons pas tirer sur des manifestants et faire un massacre ! Ce ne serait ni votre intérêt, ni le nôtre, ni l'esprit de nos accords. Si nous tirons, il n'est plus question que vous puissiez rester. Quant à nous, notre situation serait impossible ! En revanche, nous pouvons assurer votre protection." Il a décliné cette offre. On a laissé entrer des officiers congolais dans le palais jusqu'à la chambre où Youlou discutait. Ils ont emporté de vive force sa démission. L'officier français a demandé à Youlou : "Voulez-vous venir avec nous ?" Youlou a répondu : "Je me mets sous la protection de l'armée congolaise." Il n'avait donc plus besoin de nous.

« Que faire, quand une situation pareille se produit ? Ou bien, intervenir systématiquement : nous le pouvons, la force nous appartient, nous pouvons l'accroître. Mais à quoi ça nous conduira ? À agir partout et, finalement, à rétablir le gouverneur général, comme naguère.

« Ou bien, procéder d'après les circonstances. C'est ce que nous avons fait. »

« Garder les mains libres, en laissant ces peuples libres de choisir eux-mêmes leur destin »

Une discussion inquiète s'instaure. On aimait bien l'abbé :

Triboulet : « L'armée nationale congolaise, à la demande de Youlou, est intervenue la première, commandée par huit officiers français. C'est gênant, d'assumer le commandement !

Messmer. — C'est ma thèse ! Le malheur, c'est que ce n'est pas celle des chefs d'État africains, même le Maroc. Ils trouvent nos officiers plus sûrs que les leurs. Ils sont plus colonialistes que nous.

GdG. — Il faut agir de manière à être présents et influents, sans être jamais engagés. Pour cela, trois conditions sont nécessaires :

« 1. Ne nous laisser accrocher ni en Afrique noire, ni en Afrique du Nord, ni ailleurs ; garder les mains libres, en laissant ces peuples libres de choisir eux-mêmes leur destin.

« 2. Bénéficier d'une situation politique sûre, qui nous permette de suivre une ligne nette. Ces deux conditions sont remplies.

« 3. Enfin, il faut que la France jouisse d'une stabilité économique, financière et monétaire ; sinon, tout s'en ira. La situation actuelle nous donne beaucoup à penser. »

> Le Général annonce ainsi à mots couverts le plan de stabilisation qu'il imposera au gouvernement le mois suivant. Tout est bon, même l'actualité africaine, pour mettre en condition les ministres.

« Comment bâtir un État, quand on n'a pas plus de ténacité ? »

Au Conseil du 4 décembre 1963, Habib-Deloncle rappelle nos sujets de préoccupation en Afrique. « Au Niger, le capitaine N'Dialo a soulevé sa compagnie contre le Président Diori Hamani, qui ne peut compter que sur ses propres gardiens. Au Dahomey, Maga a démissionné et a été incarcéré.

GdG. — Ces événements soulignent l'infirmité de ces chefs d'État qui renoncent à leur légitimité et finissent en prison. Nous ne pouvons les soutenir que s'ils se comportent en chefs d'État.

« D'autre part, il ne faut pas se laisser entraîner à alimenter les dépenses de prestige des chefs d'État locaux. Nous avons donné à Maga de quoi construire un palais scandaleux. Les architectes et les entrepreneurs s'en mettent plein les poches. »

Après le Conseil, j'interroge le Général sur ce qui vient de se passer au Dahomey et ce qui est en train de se passer au Niger.

GdG : « Tout ça, c'est la démonstration de l'incroyable faiblesse de ces chefs d'État. Je leur ai toujours conseillé de ne jamais donner leur démission. Ils me l'ont juré. Et pourtant, dès la première difficulté, ils renoncent au peu de légitimité qui existe dans ces pays. Comment bâtir un État, quand on n'a pas plus de ténacité ? Comment peuvent-ils accepter de négocier avec des gens qui veulent s'emparer du pouvoir les armes à la main ? S'ils acceptent, tous les putschs réussiront.

« Les insurgés accusent les ministres de malversations. Il est certain qu'ils en ont commis. Il est non moins certain que leurs remplaçants en commettront eux aussi. Alors, si les chefs d'État renoncent, il ne reste plus rien du tout.

AP. — La preuve *a contrario*, c'est Senghor.

GdG. — Quand Dia a voulu prendre sa place, Senghor n'a pas trafiqué avec lui. Il l'a foutu en prison. C'est ce qu'il faut faire. »

« Il faut surtout éviter que la question ne s'internationalise »

Au Conseil du 2 janvier 1964, Habib-Deloncle rend compte d'une crise survenue entre le Niger et le Dahomey.

GdG : « Il faut surtout éviter que la question ne s'internationalise et ne soit évoquée à New York. Réglons nos affaires entre nous. C'est à la France d'arbitrer, quand éclate un différend entre deux pays liés à elle par des accords de coopération.

« Quant à l'arbitrage de la Nigeria, il serait absurde ! Il faut le dire aux deux parties, en leur faisant savoir que c'est notre aide qui est en cause. » (Autrement dit : « Si vous vous en remettez au verdict de Lagos, je vous coupe les vivres. ») Après un silence, il ajoute, lourd de sous-entendus : « Il ne faut pas laisser le ministre de la Coopération tirer à hue et le ministre des Affaires étrangères tirer à dia. » (Sans que ni l'un ni l'autre se soient exprimés, il est clair que Triboulet est favorable à un arbitrage français et Couve à un arbitrage international.)

Le Général conclut par la formule de Maurras : « Politique d'abord ! » Leçon pour Couve, trop soucieux des usages internationaux.

Au Conseil du mardi 18 février 1964, Habib-Deloncle : « Un coup d'État militaire a éclaté au Gabon. Les lieutenants ont écarté leurs supérieurs français.

GdG. — On n'en est même plus aux capitaines.

Habib-Deloncle. — Il n'y en a pas ! Aucun Gabonais n'a dépassé le grade de lieutenant. Les lieutenants se sont emparés de la radio, dont la possession commande tout le reste. Le Président Léon M'Ba a été arrêté et transféré dans un camp par des mutins. Les ministres sont dans l'expectative. Vous avez prescrit d'intervenir pour délivrer Léon M'Ba. Les premières forces seront sur place à midi. L'opération doit se dérouler en ce moment même.

GdG. — Dans ces pays-là, il n'y a aucun loyalisme pour qui que ce soit, qui garantisse la sécurité des chefs d'État. Nous avons là-bas beaucoup trop de monde qui ne sert à rien. La coloniale * se maintient, malgré les directives que nous avons prises. Nos officiers n'ont pas à se mêler de la vie politique locale. Mais ils veulent garder leur villa et leurs *boys*. Ils veulent reprendre de l'existence et du pouvoir. Il faut se concentrer dans les endroits utiles pour des opérations de guerre : Dakar, Fort-Lamy, Diego-Suarez.

« Ça suffit comme ça ! L'important, c'est de ne pas être engagé dans des affaires obscures où on ne peut attraper que des coups et de ne pas nous mettre dans le cas de délivrer un Président coffré par des adjudants.

Pompidou. — Le Gabon n'a pas d'existence économique propre — ce qui existe, c'est le bois, qui est français, le pétrole, qui est français, le fer, qui est français.

GdG (comme s'il trouvait que Pompidou allait vraiment trop loin, le prend à contre-pied). — Nous sommes responsables ! Nous ne pouvons pas laisser zigouiller Léon M'Ba, alors que nous avons dix fois trop de troupes. Il est ridicule et incompréhensible que nous ayons là-bas des généraux, des états-majors, et que nos troupes n'assurent pas la sécurité du Président. La première chose à faire, c'est la sécurité. »

« C'est trop commode de trouver quelques étudiants qui déclarent qu'ils sont le peuple »

Au Conseil du 26 février 1964. Léon M'Ba a été rétabli par l'intervention de nos forces. Mais le malaise persiste. Léon M'Ba dissout son gouvernement et les anciens ministres ne pourront se présenter aux élections qui auront lieu en avril. L'Union africaine et malgache a approuvé notre intervention, quelquefois avec enthousiasme, sauf le Congo-Brazzaville et le Dahomey, qui nuancent leur approbation.

* C'est-à-dire l'infanterie coloniale.

GdG : « C'est trop commode, dans un malheureux pays qui n'est pas stabilisé ni même établi, de trouver quelques étudiants qui déclarent qu'ils sont le peuple. Nous ne pouvions laisser faire sans bouger. Nous n'avons pas pu empêcher la disparition de Youlou, parce qu'il s'est dégonflé lui-même. Non plus pour Maga, qui s'est aussitôt effondré et s'est mis sous la coupe des mutins. Au Gabon, c'était différent. Il n'y avait pas de raison de se laisser faire. C'est une agitation dérisoire.

« Il faudra mettre au point les relations entre Paris, les ambassadeurs et les militaires. Nos ambassadeurs travaillent avec tout le monde, avec l'opposition comme avec la majorité, avec les Anglais et les Américains de l'endroit, qui se mêlent de ce qui ne les regarde pas et qui, le jour où une intervention brutale est nécessaire, disparaissent. Quand la France entre en ligne, nos ambassadeurs n'ont qu'à se taire et faire ce qu'il faut pour que la France l'emporte. »

« On peut toujours arriver à s'emparer du palais du Président »

À l'issue du Conseil, je demande au Général de m'éclairer sur la doctrine française d'intervention en cas de troubles.

GdG : « Je vais vous donner quelques indications. D'abord, les troupes françaises. Elles ne cessent de diminuer. En 1964, nos effectifs, sur tout l'ensemble de l'Afrique noire, de 40 000 en 1963 sont réduits à 24 000 hommes. C'est pas mal.

« Ces troupes sont là-bas parce que nous avons passé des accords pour le maintien de l'ordre public. C'est infiniment normal pour des États tout nouveaux, qui sont vulnérables. Ils peuvent être d'un jour à l'autre la proie de n'importe quel coup de main. Avec quelques porteurs de mitraillettes, quelques étudiants communistes, quelques zigotos qui s'intitulent "syndicalistes", le tout disant qu'ils sont le peuple, et avec mille crève-la-faim qui sont dans les rues, on peut toujours s'emparer du palais du Président. Alors, ces États naissants, il est tout naturel que la force française puisse intervenir à tout moment, à leur demande. »

Il a sous les yeux une feuille de son écriture, où il a dû résumer un dossier qu'il se sera fait remettre, soit par Foccart, soit par le chef d'état-major particulier. « Au Cameroun, en 60 et 61. Au Congo, en 60, pour arrêter les massacres de Poto-Poto. En 60 encore, pour protéger des Congolais à Libreville et des Gabonais à Pointe-Noire. Au Tchad, en 63. Au Niger, où le capitaine N'Dialo, rebelle, s'est soumis. En Mauritanie, en 60 et 61.

« Ça, c'est le maintien de l'ordre intérieur. Il y a naturellement aussi le maintien de la sécurité extérieure de la Mauritanie, vis-à-vis du Maroc. Si le roi s'est abstenu d'attaquer, c'est parce qu'il savait que nous ne le laisserions pas faire.

« On a bien vu, dans les nouveaux États qui ne sont pas d'origine française, comment ça se passait. Pour toute l'Afrique orientale anglaise, il y a eu des mouvements de subversion qui ont amené les gouvernements du Kenya, du Tanganyka, de l'Ouganda, à demander le concours des forces britanniques. Et au Congo belge, il a fallu faire intervenir des forces extérieures, celles de l'ONU ou soi-disant telles, qui n'y sont guère arrivées. Au Burundi, les forces belges qui restaient encore sont intervenues à la demande de tout le monde, à cause des massacres qui se produisaient entre les Bahutus et les Batutsis * ; s'ils ne l'avaient pas fait, il y aurait eu des dizaines de milliers de morts. Alors, tout le monde a trouvé ça naturel.

« Il ne s'agit pas d'intervenir dans les affaires intérieures de ces pays-là. Mais dans la mesure où le gouvernement légal nous le demande, nous évitons que des conjurations qui sont en réalité des escroqueries ne dégénèrent en guerres tribales — dans des pays où la démocratie n'est pas encore établie par la force de la tradition. L'expérience montre que mieux vaut, avant que les désordres s'enveniment, une intervention rapide, comme un coup de lancette pour faire crever un abcès. La démocratie, ils ne peuvent pas encore la connaître ; ils n'ont pas encore leur réalité d'État et ils ne l'auront pas de longtemps.

« Dans nos colonies, il n'y a jamais eu d'État »

AP. — C'est votre doctrine : aider ces États naissants, s'ils connaissent des troubles graves et nous demandent notre aide ?

GdG. — C'est une obligation, pour faciliter l'installation de ces États. Il leur faut du temps et de l'aide pour arriver à s'établir. C'est vrai au point de vue financier et économique ; aussi, au point de vue de l'ordre public ; sans que cette aide implique de la part de la France le moindre choix de personnes. Dans les cas où nous ne sommes pas intervenus, pour Olympio et Youlou, c'est que nous n'y avons pas été invités.

« Dans l'état de gestation où se trouvent ces États, c'était la seule solution. C'étaient des territoires où il n'y avait pas d'États et où il fallait en constituer. C'est facile à l'Égypte, qui avait un État depuis longtemps, de dire : “Je suis un État.” Mais, dans nos colonies, il n'y en a jamais eu. Ce sont des situations impossibles, au point de vue ethnique, administratif, économique, et ainsi de suite ! Alors, forcément, il faut leur permettre de prendre figure. »

Après un silence, il conclut : « Il y a quelques années encore, la France faisait tout dans ces pays. Elle ne peut pas tout cesser du jour

* On a appelé ces ethnies, depuis lors, Hutus (Bantous) et Tutsis (Nilotiques), mais ce sont toujours les mêmes.

au lendemain. Notre but est de permettre à ces États de se passer complètement de nous ; mais ça ne peut être que progressif. »

Pourquoi me donne-t-il autant d'informations détaillées ? Pourquoi est-il beaucoup plus précis sur la doctrine qu'en Conseil des ministres ? Alors même qu'il ne fait aucune réserve sur l'emploi que je peux en faire devant la presse ? Peut-être le Général ne tient-il pas à s'engager personnellement à propos de ces « affaires obscures ». Le porte-parole y suffit.

Bien que j'aie tamisé ces précisions un peu brutales, quelques protestations se sont fait entendre les jours suivants, de la Mauritanie et du Cameroun, qui ont prétendu n'avoir bénéficié d'aucune intervention.

Foccart : «Il ne faut jamais que le Général soit en première ligne »

Le 26 février 1964, je tombe sur Foccart, dans le salon des aides de camp. Je lui demande pourquoi deux putschs tout semblables ont été traités de manière si contrastée dans deux États si proches : on laisse tomber Fulbert Youlou à Brazzaville, on remet Léon M'Ba sur son siège à Libreville.

Foccart : « C'est très simple. Le putsch du Congo, c'était le 15 août. J'étais sur mon bateau en Méditerranée. On n'a pas pu me joindre. On a laissé filer. Quand je suis revenu à terre, c'était irrattrapable. Pour le putsch du Gabon, j'étais à mon bureau, j'ai aussitôt téléphoné aux uns et aux autres, j'ai donné les ordres qui s'imposaient, et je n'ai mis le Général au courant qu'ensuite. Si je n'avais pas été là, on aurait eu à Libreville exactement le même scénario qu'à Brazzaville. Il ne faut jamais que le Général soit en première ligne pour ce genre de coups durs. Il faut les régler sans lui en parler. On parle en son nom. On le met au courant quand c'est fini. Il peut toujours nous désavouer, si ça rate. »

C'est la doctrine des serviteurs fidèles. Guichard pour Mai 58, Frey pour le maintien de l'ordre en France pendant la guerre d'Algérie, face au FLN ou à l'OAS, n'ont rien fait d'autre : « Il n'avait pas à le savoir. »

De l'utilité des seconds rôles. Toutefois, l'optique du Général et celle de Foccart semblent difficiles à concilier. Pour le premier, la différence des traitements réservés à Youlou et à M'Ba tient à la différence entre l'inconsistance et la consistance : on ne peut soutenir quelqu'un qui ne se soutient pas lui-même. Pour Foccart, cette différence tient seulement au fait que lui-même était hors circuit dans un cas, au centre du circuit dans l'autre.

Il est vrai que l'incompatibilité de leurs deux optiques n'est qu'apparente. Tous deux sont d'accord pour soutenir ceux qui « ne flanchent pas ». Le Général couvre l'opération Gabon, comme il aurait couvert l'opération Brazzaville si une action de force avait été engagée à temps. Seules les circonstances font la différence. La circonstance qui changeait tout, c'était la présence ou l'absence de Foccart, l'homme qui savait aider à « ne pas flancher ».

« L'essentiel est de ne pas laisser l'univers se diviser entre pays bien pourvus et mal lotis »

À l'issue du Conseil du 11 mars 1964, je l'interroge sur l'entretien qu'il a eu avec Grunitzky, nouveau Président du Togo. Il me détaille les sujets abordés, puis insiste sur sa conclusion :

« Je lui ai fait un panorama mondial. La France établit avec ses partenaires une Communauté économique européenne qui prend de plus en plus d'importance. L'Afrique a tout à y gagner, ainsi d'ailleurs que l'Amérique latine. Les pays de l'Est rencontrent de grandes difficultés économiques. Les États-Unis ont de grands moyens, mais sont gênés par les difficultés qu'ils rencontrent partout et mélancoliques à l'idée de devoir un jour renoncer à leur hégémonie.

« L'essentiel, c'est de ne pas laisser l'univers se diviser entre pays bien pourvus et mal lotis. Le monde entier participe à une civilisation commune. Tous les peuples qui vivaient à des années-lumière les uns des autres font partie désormais de la même tribu, du même village *. Ils se côtoient.

« Il devient de plus en plus insupportable que les uns soient voués à la misère, pendant que d'autres se roulent dans l'opulence. C'est le plus grand problème de notre temps. Voilà pourquoi nous vous aidons et vous aiderons. »

* C'est seulement en 1967, trois ans plus tard, que le sociologue canadien Mac Luhan, dans *La Galaxie Gutenberg*, popularisera l'idée de « *global village* ».

« LA FRANCE FAIT UNE RENTRÉE ÉCLATANTE EN ASIE »

Chapitre 10

« LES MARIONNETTES, ÇA N'ABOUTIT JAMAIS »

Au Conseil du 25 avril 1962, Couve expose la situation au Laos. En mai 1961, une conférence Est-Ouest a recherché un accord des trois factions hostiles, gauche, droite et centre, sur la base duquel les puissances s'engageraient à ne pas intervenir. Mais le gouvernement de droite de Vientiane, à l'instigation des Américains, a boycotté cette formule.

GdG : « La non-intervention, c'était la solution souhaitée par la France. Le gouvernement américain, favorable en paroles, ne l'a pas été en actes. Sur place, ses agents, et en Thaïlande ses militaires, sont intervenus avec acharnement pour la saboter. Ils ne peuvent pas s'empêcher de choisir des hommes qui leur soient dévoués, de corrompre. Le résultat, c'est qu'ils soutiennent des dirigeants de plus en plus coupés de leur peuple, de plus en plus discrédités. Les marionnettes, ça n'aboutit jamais. »

« Ce sont des confettis du passé »

Au Conseil du 6 février 1963, Couve fait une communication au sujet des anciens Établissements français dans l'Inde, que Nehru a confisqués en 1954 *.

Après le Conseil.

AP : « Dire qu'on nous faisait réciter fièrement : "*Pondichéry, Chandernagor, Yanaon, Karikal et Mahé.*" Ça serre le cœur.

GdG (sourit). — Ce sont des confettis du passé. Dans des îles, nous aurions pu rester. Dans un continent, on ne peut rien contre les grands mouvements qui le parcourent. Mais Nehru a été d'une brutalité inacceptable. Après Dien Bien Phu, il nous a vus au tapis, il a envoyé ses chars et un ultimatum, exactement comme Hitler l'aurait fait. Nous avons bien ménagé Monaco, qui est un vestige féodal. Pourquoi ne nous aurait-il pas ménagés ? Il est curieux que les Chinois ont respecté les Anglais à Hongkong et les Portugais

* L'Inde a mis la main sur les Établissements français en 1954, à la suite de notre retrait d'Indochine. La cession officielle a été consentie par le gouvernement français en 1956, mais c'est seulement en juin 1962 que la ratification parlementaire est intervenue.

à Macao. Or, c'est la Chine qui a la réputation d'être totalitaire ; et l'Inde, d'être une démocratie, et elle prétend donner des leçons de droits de l'homme au monde entier ! Si nous avions été aux affaires, nous ne nous serions peut-être pas couchés aussi facilement. »

« Les Américains aggravent le pourrissement, un jour la pourriture les atteindra »

Au Conseil du 20 février 1963, Couve traite de l'Indochine : « Politiquement, la France est en dehors des affaires du Sud-Vietnam, aujourd'hui dominé par les États-Unis. La subversion communiste a pris de grandes proportions. Diem gouverne avec les catholiques. Les Américains ont fait un gros effort pour développer l'armée de Diem*. Elle a cependant connu des revers ; une sorte d'équilibre s'est établie entre les forces de l'ordre et la subversion.

GdG. — En Indochine, la situation est pourrie. Nous n'avons aucun intérêt à prendre parti pour un camp contre l'autre... Ni, encore moins, à nous confondre avec les Américains. Ils aggravent le pourrissement. Un jour, la pourriture les atteindra. »

« La Chine est le seul pays qui puisse se permettre d'encaisser des bombes, et d'en renvoyer »

Au Conseil du 23 juillet 1963, où Couve fait état des négociations de Moscou sur la cessation des expériences nucléaires dans l'air et en mer, il annonce que « les rapports entre la Russie et la Chine sont au point de rupture ».

Après le Conseil, le Général me dit : « C'est curieux, cette coïncidence. Les Russes, les Anglais et les Américains vont se mettre d'accord pour qu'on arrête les expériences nucléaires, mais ils sont bien incapables de s'opposer aux nôtres et à celles de la Chine. Or, le seul problème est celui de la Chine. Tout le monde sait bien que la France ne se servira de ses bombes que pour se défendre. Les Anglais de même. Les Russes seuls pourraient lancer la première frappe, ou les Américains, qui ont failli le faire contre la Chine si Truman n'avait pas limogé MacArthur. Mais le seul pays qui puisse se permettre d'encaisser des bombes et d'en renvoyer d'autres, c'est la Chine. Elle n'en est pas à cinquante millions d'habitants près. Dans le poker planétaire, c'est une incroyable supériorité ! »

Son attention est en éveil sur la Chine. Il y a, entre elle et la

* Ngo Dinh Diem, Président du Sud-Vietnam depuis 1961.

France, communauté de situation, sinon d'intérêt. Et puis, si l'Indochine se fige, la Chine bouge.

« Les Américains se sont figuré qu'ils allaient réussir là où nous avons échoué »

Au Conseil du jeudi 29 août 1963, Couve analyse la crise religieuse et politique du Vietnam-Sud — qui oppose les catholiques aux bouddhistes. Il note le désarroi des États-Unis, qui s'interrogent sur Diem, mais sont conduits à être de plus en plus présents. La subversion est de plus en plus forte.

GdG : « Quand l'Indochine a été *libérée* (le mot m'étonne tellement que je le souligne sur mon carnet), la question à Genève a été de savoir si quelqu'un allait se manifester qui ferait une politique nationale, sans passer sous la loi des autres, même s'il en reçoit des concours. De notre temps, ça n'était jamais arrivé. Excepté les communistes, jamais personne n'a voulu ou pu agir sur cette base. Même quand on a tâché de découvrir un élément national, ce fut Bao Daï, que nous n'avons pas trouvé consistant.

« Dans cette carence, Diem a été adopté par les Américains. Ils se sont figuré qu'ils prenaient notre place et qu'ils allaient réussir là où nous avions échoué. Ils ont entrepris de donner beaucoup d'argent et de trouver des hommes à leur botte. Si quelque chose de national doit se révéler, il est bon que la France paraisse l'avoir souhaité. Dans la profondeur indochinoise, nous devons apparaître aux Vietnamiens comme la puissance qui contribue réellement à leur indépendance.

« Il faut que nous le disions »

« Depuis Genève, en 54, nous n'avons pas défini de politique. Il nous est maintenant facile de l'annoncer au Nord comme au Sud. Si les nouveaux dirigeants veulent être indépendants, la France les y aidera. Il faut que nous le disions. Nous sommes les seuls à pouvoir le dire. Si quelque chose a échappé en Indochine au communisme international, c'est grâce à nous. »

À l'issue du Conseil.

« Il faut que nous le disions », a-t-il dit, comme en passant. Ce n'était pas une intention vague. Revenu au *Salon doré*, il me parle lentement, et il est clair que ce texte, qui est censé résumer son intervention, bien qu'il en soit fort différent, a été mûrement préparé :

« Les graves événements qui se déroulent au Vietnam sont suivis à Paris avec attention et avec émotion.

« L'œuvre que la France a naguère accomplie en Cochinchine, en Annam et au Tonkin, les attaches qu'elle a gardées dans l'ensemble du pays, l'intérêt qu'elle porte à son développement, l'amènent à comprendre particulièrement bien et à partager sincèrement les épreuves du peuple vietnamien.

« D'autre part, la connaissance qu'elle a de la valeur de ce peuple lui fait discerner quel rôle il serait capable de jouer dans la situation actuelle de l'Asie, pour son propre progrès et au bénéfice de la compréhension internationale, dès lors qu'il pourrait déployer son activité dans l'indépendance vis-à-vis de l'extérieur, la paix et l'unité intérieures, la concorde avec ses voisins.

« Aujourd'hui plus que jamais, c'est ce que la France souhaite au Vietnam tout entier. Il appartient naturellement à son peuple, et à lui seul, de choisir les moyens d'y parvenir, mais tout effort national qui serait entrepris au Vietnam à cette fin trouverait la France prête, dans la mesure de ses propres possibilités, à organiser avec ce pays une cordiale coopération. »

Il me fait répéter, corrige un ou deux mots.

AP (sceptique) : « Vous croyez que cette déclaration aura un effet ?

GdG (de l'air de dire : "homme de peu de foi !"). — Mais oui, à long terme ! Nous faisons notre rentrée en Asie. »

Une fois de plus, des phrases à bâtons rompus devant le club des ministres deviennent déclaration publique. Les ministres s'apprêtaient à garder le secret sur les propos du Général, et ils apprennent le soir à la télévision qu'il m'a confié le soin d'emboucher la trompette. Mais les formes sont respectées : « Il faut que nous le disions » — le gouvernement a été énigmatiquement prévenu, et donc engagé.

« Je ne suis pas le pape, mais j'ai des divisions »

Au Conseil du 4 septembre 1963, Couve : « La déclaration faite par M. Peyrefitte a eu beaucoup d'écho. (Il feint de croire qu'elle n'engage que moi.) Elle a été abondamment commentée. Favorablement au Vietnam Nord et Sud et dans les milieux vietnamiens à l'étranger. Défavorablement par les Américains, parce que nous n'approuvons pas leur politique ; par l'Angleterre et la presse française ; et, paradoxalement, par les pays communistes.

GdG. — L'avenir n'est à personne. Je ne suis pas sûr qu'il soit aux Américains, en tout cas pour le Vietnam. Kennedy s'agace des conseils que je lui donne et se plaint que les États-Unis portent seuls le fardeau indochinois. À l'époque où les Américains n'avaient aucun fardeau à supporter en Indochine et où celui que nous portions était beaucoup plus lourd que le leur aujourd'hui, ça ne les empêchait pas de nous mettre des bâtons dans les roues. »

Après le Conseil.

AP : « Ce matin, le *Guardian*, et Walter Lipmann dans le *Herald Tribune*, disent tous deux : “De Gaulle a raison. Il nous rend service en affirmant que l’avenir est à un Vietnam neutre et indépendant. Rien ne justifie l’attitude américaine.”

GdG. — Quelques Anglo-Saxons commencent à se rendre compte que c’est vrai. Mais Kennedy n’en a pas dit autant.

AP. — Il a eu cette formule : “La France ne peut jouer un rôle en Indochine, puisqu’elle n’y a pas de forces.” Ça ne vous fait pas penser au mot de Staline : “Le pape, combien de divisions ?”

GdG. — Le pape n’avait effectivement pas de forces militaires. Je ne suis pas le pape, mais j’ai des divisions. Nous aurions matériellement les moyens de rentrer en Indochine et mieux que les Américains, grâce à notre connaissance du terrain et des hommes. Kennedy y entretient 15 000 hommes et y a perdu 106 soldats. Nous pourrions nous offrir le luxe d’envoyer 15 000 hommes en Indochine et d’y perdre 106 soldats. Ce serait sans commune mesure avec les efforts gigantesques que nous avons faits pendant sept ans et les hécatombes que nous avons subies. Ce serait facile, avec nos réseaux d’influence et la déception qui a suivi notre départ, de susciter à Saigon un gouvernement fantoche — un de plus —, de renverser Diem et d’organiser de grandes manifestations avec des pancartes : *Americans, go home !* et *Vive les Français !* Ce gouvernement ferait solennellement appel à nous et nous n’aurions plus qu’à arriver comme des fleurs.

« Mais, ce jeu-là, nous ne le jouerons pas. Nous ne sommes pas assez bêtes pour ça. Nous ne ferons pas comme Kennedy, qui s’use, qui ne sait pas comment y entrer ni comment en sortir, et qui doit penser que nous ne serions pas capables de corrompre quelques généraux indochinois. Nous en avons bien corrompu, dans des circonstances lamentables, contre le Vietminh. Nous sommes bien capables de faire ce que font les Américains, c’est-à-dire d’être battus. Mais pourquoi voudriez-vous que nous le fassions ?

« Les Américains seront contraints de s’en aller »

« Un pauvre pays, comme le Vietnam ou le Laos, doit échapper à la pression des communistes et des Américains. Il faut donc qu’il soit neutralisé, sans quoi il est écrasé, par moitiés, par les uns et par les autres.

« Un jour ou l’autre, il faudra bien qu’on en vienne là. Alors, pourquoi ne pas le faire tout de suite ? Un jour ou l’autre, les Américains seront contraints de s’en aller. Pourquoi ne s’en vont-ils pas d’eux-mêmes tout de suite ? Qu’espèrent-ils ? »

Il prend son temps. Il est lancé.

« Ce que les Américains pourraient faire, s'ils étaient malins, c'est de s'emparer d'un point, d'un point unique, au Vietnam ou en Chine, et de n'en pas démordre. Les invasions de la Russie par Charles XII *, par Napoléon ou par Hitler, ont brillamment commencé. Elles ont toujours fini par des désastres. L'immensité, l'impossibilité de tenir tous les territoires conquis... Et surtout la résistance du sentiment national. En Russie, il y a une seule campagne qui a réussi : la guerre de Crimée. Parce qu'on a choisi un point précis, Sébastopol. Tout l'effort militaire des deux camps s'y est concentré et quand Sébastopol est tombée, les Russes ont traité.

« Les Américains auraient pu se dire : "On prend un archipel au large d'Haiphong, ou on s'installe à Cam-Ranh, ou on prend des îles à l'embouchure du Yang-tsé."

AP. — Les îles Zhoushan.

GdG. — Peut-être...

(Il n'en est pas sûr. Il ne veut pas faire croire qu'il sait. Mais je parierais qu'il ira regarder sur sa mappemonde, à sa main gauche, si j'ai bluffé.)

« ...et on s'y installe. On peut négocier. Au lieu de ça, les Américains veulent pourchasser le communisme dans les rizières ! (Rire.). Qu'est-ce que ça peut bien leur faire, que les riziculteurs soient communistes ? De toute façon, tout ça ne tiendra pas, pas plus l'occupation américaine que le communisme. Seul tiendra le sentiment national, qui chassera les Américains. C'est dans leur intérêt que je les mets en garde. Ils sont un peuple jeune, ils n'ont pas d'expérience. Ils ne connaissent pas l'Histoire. Ou bien, ils s'imaginent que ce qui est vrai pour les autres n'est pas vrai pour eux. »

---

* Charles XII, roi de Suède, après avoir écrasé les Russes et envahi la Russie jusqu'à l'Ukraine, ne put empêcher à Poltava, en 1709, que son armée, décimée et démoralisée, soit taillée en pièces et capturée.

Chapitre 11

« LES AMÉRICAINS VONT ÊTRE DE PLUS EN PLUS ENGAGÉS, ILS NE S'EN TIRERONT PAS »

Le 21 septembre 1963, à Rambouillet *, le Chancelier Adenauer, lors de sa visite d'adieu, a abordé le thème de la reconnaissance de la Chine.

Adenauer : « Pour nous autres Européens, la Chine n'est pas une menace. Mais elle en est une pour l'Union soviétique ; et pour les Américains, parce qu'ils sont pacifiques et qu'ils craignent que la Chine ne le soit pas. L'Europe a tout avantage à normaliser ses relations avec la Chine. »

Le Général, qui boit des yeux le Chancelier : « L'Europe a, ou aura, un excédent de potentiel industriel. Si elle l'installait en Chine, elle permettrait à ce pays de sortir de sa misère ? »

Le Chancelier s'exclame : « J'avais exactement la même idée au même moment ! Et pourquoi la France n'enverrait-elle pas un chargé d'affaires en Chine ? Les Anglais l'ont bien fait. Ensuite, l'Allemagne fédérale suivrait votre exemple. »

« La brouille de la Chine et de la Russie change les données du problème »

Il se produit alors un déclic qu'on observe souvent chez le Général, quand il sent son interlocuteur trop proche de lui. Il prend le contre-pied de ses propres idées :

« Cette idée est dans l'air. Mais elle présente de grands inconvénients. D'abord, les Anglais possèdent Hongkong, il fallait bien qu'ils aient au moins des relations de voisinage. Comme ce n'est pas notre cas, si nous prenons une initiative vers Pékin, ce sera interprété comme une reconnaissance du régime. D'autre part, il y a Formose : Chiang Kaï-shek romprait évidemment ses relations avec nous si nous envoyions un représentant à Pékin.

« Puis, nous subirions une pression pour que la France recommande l'admission de la Chine communiste à l'ONU. Jusqu'à présent, nous nous étions arrangés pour ne pas y introduire une autre grande puissance communiste. Il y a un danger de déséquilibrer l'ONU. Et enfin, c'est gênant à cause des Américains. »

Là, comment croire que le Général dit ce qu'il pense ? Ce qui

---

* On a lu ci-dessus l'essentiel des entretiens de Rambouillet (III, p. 233 *sq.*).

l'attire le plus, m'a-t-il dit*, dans cette reconnaissance, c'est qu'elle manifestera que notre indépendance à l'égard des Américains est maintenant complète. Mais il sait que le Chancelier a peur de leur déplaire ; il se garde de le heurter.

Un silence. Nouveau déclic : il craint d'être allé trop loin et d'avoir convaincu le Chancelier par ses objections. Il rectifie :

« Il est vrai que la brouille entre la Chine et la Russie change les données du problème. »

Et il conclut prudemment, de manière à montrer à la fois qu'il ne faut pas renoncer à cette idée, mais qu'il faut y réfléchir soigneusement (alors que c'est tout réfléchi) : « Peut-être faudra-t-il réviser notre attitude. » Savoureux.

« Un Vietnam qui ne subirait aucune ingérence »

Au Conseil du 6 novembre 1963, Couve : « Au Vietnam, Diem et Nhu ont disparu physiquement, on ne sait trop comment. C'est arrivé avec la participation des Américains, ou du moins leur approbation. Une junte militaire a délégué le rôle de gouvernement à un soi-disant gouvernement qu'elle a nommé. »

Après le Conseil : « Dois-je dire quelque chose sur le Vietnam ?

GdG. — Oui. Voici, en gros : "La France observe sans étonnement et avec la plus grande réserve le déroulement des événements au Vietnam, qui, à son avis, ne comporte aucune issue. La seule issue se trouve dans l'unité, la liberté et la neutralité d'un Vietnam qui ne subirait aucune ingérence étrangère d'aucune sorte. La position affirmée précédemment par le gouvernement se trouve confirmée par les événements." »

Ce texte, je le sens, va soulever des tempêtes. À la différence de la déclaration d'août, il l'a assorti d'une liberté d'interprétation, puisqu'il a dit « en gros ». À la sortie du Salon doré, je l'édulcorerai un peu, et en donnerai lecture à Couve. « Ça serait déjà mieux, dit-il, soulagé de mes coups d'estompe. Mais, ajoute-t-il avec son flegme habituel, vous ne croyez pas pouvoir tout supprimer ? »

Une fois l'instruction donnée, le Général se détend : « J'ai dit à Bohlen** : " Vous subirez l'odieux de la mort de Diem et de Nhu. Vous aurez beau faire et beau dire, personne ne vous croira. C'est vous qui en serez responsables." Les Américains l'ont flatté, l'ont caressé, l'ont bâti, l'ont enrichi. Mais tout a fini par des horreurs. Ils porteront inévitablement l'opprobre de ce massacre, que rien ne peut justifier. Bohlen a baissé la tête quand je le lui ai dit.

---

* Par exemple le 13 mars 1963. Cf. t. I, p. 319.

** Le Général a donné audience la veille à l'ambassadeur des États-Unis à Paris.

AP. — Les successeurs de Diem vous inspirent plus confiance ?

GdG. — Un conglomérat de militaires n'est jamais efficace. Il n'y a pas de tête. Aucun ne s'impose. C'est l'histoire du putsch d'Alger ou de l'OAS qui recommence. Ils vont se bouffer le nez entre eux. Ils feront la preuve de leur impuissance.

« Les Américains ne s'en tireront pas, ils vont à la catastrophe »

AP. — À moins qu'ils ne se lancent dans une fuite en avant, en essayant de battre le Vietcong à plate couture ?

GdG. — Ils n'ont d'autre possibilité que de faire la guerre. Ils vont essayer de battre le Vietcong, ce qui veut dire que la guerre s'étendra, ce qui veut dire que la population se détournera de cette poignée de militaires, car la population aspire à la paix. Je ne crois pas à l'efficacité des militaires quand ils prennent le pouvoir. (Il ne sourit pas.)

AP. — Et que vont pouvoir faire les Américains ?

GdG. — Ça va être l'anarchie, ça l'était déjà, ça ne peut que le devenir davantage encore. Les Américains vont être de plus en plus engagés. Ils ne s'en tireront pas. Ils vont à la catastrophe.

AP. — Mais alors, quelle solution voyez-vous ?

GdG. — Une intervention étrangère ne peut mener à rien, sinon au désastre, à la guerre civile. Quand il y a eu les accords de Genève, il avait été déclaré expressément qu'il n'y aurait pas d'ingérence étrangère et qu'il fallait inciter les deux Vietnams à se joindre pour former une fédération, et non pas à se battre. C'est l'inverse qui a été fait, parce que les Soviets et les Américains se sont mis de la partie.

« Il n'y a qu'une solution de sagesse : que le Vietnam se débarrasse des ingérences étrangères, qu'il obtienne la liberté, l'unité et la neutralité. Tout le reste est une mauvaise littérature.

AP. — Vous ne croyez pas que Ho Chi Minh va en profiter ?

GdG. — Je ne crois pas plus au Vietnam Nord qu'au Vietnam Sud. Je n'ai jamais été pour Ho Chi Minh. »

« La Chine est un immense marché »

Il a été également question pendant le Conseil d'une mission d'Edgar Faure à Pékin. Je demande au Général ce qu'il en attend * :

GdG : « Ça devrait nous permettre de développer nos échanges. La Chine est un immense marché et les premiers qui s'y installeront auront une place préférentielle. » (Ce début m'étonne : il doit

---

* Edgar Faure, chargé d'une mission de sondage, se rend en Chine du 18 octobre au 5 novembre 1963.

y avoir de l'Edgar Faure sous cette présentation. Il ne serait pas naturel au Général de s'investir dans une vulgaire opération commerciale.) Il enchaîne aussitôt : « Et puis, nous obtiendrons des arrangements pour le Sud-Est asiatique.

AP. — Quel genre d'arrangements ?

GdG. — Eh bien, nous souhaitons que le Vietnam se réunisse, soit neutralisé et devienne indépendant. Encore faut-il que nous soyons d'accord avec les Chinois pour amener les Américains à accepter cette solution.

AP. — Edgar Faure aura tout négocié ?

GdG. — Non, je l'ai chargé d'examiner le terrain. Il faudra ensuite une véritable négociation. Il va s'arrêter à Delhi pour sonder également Nehru.

AP (après avoir fait le naïf, il faut quand même lui montrer que je n'ai pas cru aux simples prémices d'un accord commercial). — Ce serait un joli coup. Mais ça peut aussi soulever trop d'obstacles.

GdG. — Qui n'essaie rien n'a rien. Si ça ne réussit pas, ça ira de mal en pis pour le Vietnam. Si ça réussit, ça peut avoir pour effet d'épargner au Vietnam une longue guerre civile.

AP. — Les Américains feront tout pour contrecarrer votre plan.

GdG. — Ne vous en faites pas pour les Américains. Ça n'ira pas loin. Les Américains sont de plus en plus isolés. »

Comme j'arbore un air un peu hilare, le Général précise : « Ils finiront par être détestés par tout le monde. »

« Edgar Faure, disons qu'il s'est envoyé en Chine »

Salon doré, 14 novembre 1963.

AP : « On me pose des questions sur le voyage d'Edgar Faure.

GdG. — Ne dites rien ! Sachez seulement que je l'ai envoyé en Chine, enfin, plutôt, disons qu'il s'y est envoyé et que j'en ai profité pour lui confier une mission exploratoire. Il m'a déjà fait savoir l'essentiel. Maintenant, il va falloir négocier et ce ne sera peut-être pas si facile.

AP. — L'Inde le prendra mal ?

GdG. — L'Inde n'a pas de conditions à poser. D'ailleurs, elle-même a un ambassadeur à Pékin. Mais il n'était pas inutile qu'Edgar Faure s'arrête à Delhi pour avoir des conversations avec les dirigeants indiens, car tout ça va provoquer des bouleversements dans l'Asie des moussons.

(Il a dit *va* comme si c'était déjà fait.)

AP. — Et le Cambodge ? Vous avez vu ce qu'a dit Sihanouk ?

GdG. — Sihanouk est un homme à foucades. Il faut toujours qu'il fasse des discours inattendus. Un jour, il dénonce l'aide occidentale. Un autre jour, il annonce qu'il s'alignera sur la Chine communiste, ou qu'il nationalisera les banques.

AP. — Il n'est pas très aimable avec nous, alors que notre doctrine encourage sa politique de neutralité.

GdG. — Avec un type comme celui-là, il ne faut pas s'emballer. Le Cambodge en a assez des États-Unis, comme la plupart des pays sous-développés qui ont été placés sous protectorat américain. Il essaie de se tourner vers les Chinois. Et pour obtenir de bonnes dispositions de leur part, il veut faire semblant de dauber sur nous. On verra bien. »

Salon doré, 4 décembre 1963, j'essaie d'en savoir plus.

AP : « Êtes-vous satisfait du sondage qu'Edgar Faure a effectué en Chine ?

GdG. — Ce n'est pas mal. Il y a des éléments encourageants.

AP. — Mais ça ne va pas aboutir tout de suite ?

GdG. — Certes pas. On verra bien. »

Quand il prend ce ton, j'ai avantage à changer de sujet — ou à plier bagage. Il ne veut rien me dire.

« Les Américains avaient expulsé les Français, les Français prennent la relève des Américains »

Salon doré, 11 décembre 1963.

AP : « Alors, nos activités dans le Sud-Est asiatique se précisent, avec la visite de Messmer au Cambodge ?

GdG. — Cette visite va nous remettre au premier plan au Cambodge. Après Dien Bien Phu, les Américains avaient expulsé les Français. Maintenant, les Français prennent la relève des Américains. Juste retour des choses.

AP. — Mais Sihanouk nous invective de temps en temps.

GdG. — C'est un farfelu. Tantôt il nous couvre de fleurs, tantôt il pisse le vinaigre. En fait, il a besoin de nous. Il appelle Messmer et nous demande de pourvoir à ses besoins.

AP. — Une coopération avec le Cambodge sera facilitée, si en même temps nous nous rapprochons de Pékin ?

GdG. — Bien sûr. Il est essentiel que nous encouragions le Cambodge dans sa politique de neutralité et que le Cambodge devienne un exemple pour tout le Sud-Est asiatique. Si, en même temps, nous resserrons nos relations avec Pékin, nous aurons avec nous les pays qui souhaitent échapper aux deux blocs. Nous réapparaîtrons alors (un geste des deux bras grands ouverts) dans ce Sud-Est asiatique dont nous avons été chassés honteusement. Les Anglais ne comptent plus. Les Américains se sont rendus odieux. Ils se sont précipités pour nous supplanter, en pensant que c'était une bonne affaire. Ils auraient mieux fait de nous laisser tranquilles. »

« Y a-t-il avantage à laisser les Chinois s'enfermer comme des assiégés ? »

Salon doré, 18 décembre 1963.

AP : « Vous avez reçu Dean Rusk. Ça s'est bien passé ?

GdG (un peu bourru). — Il n'y a aucune raison que ça se passe mal. Les Américains font les aimables. Ils y ont intérêt.

AP. — Il vous a parlé de la Chine ?

GdG. — Il m'a fait une grande fresque des dangers que représentent les Chinois, leur doctrine conquérante, leur agressivité militaire, leurs efforts pour propager le castrisme en Amérique latine, leur exigence d'abandonner Formose, leur irresponsabilité.

« Je lui ai répondu que le monde libre devait être satisfait que la Chine et les Soviets se séparent. Les Soviets se calment en Afrique et en Amérique latine, puisqu'ils se rendent compte qu'ils n'en retirent que des ennuis. Les Chinois vont faire un galop d'essai, mais je doute qu'ils fassent mieux. La seule question qui compte est de savoir s'il y a avantage à laisser les Chinois s'enfermer comme des assiégés et devenir furieux, ou au contraire à avoir des contacts qui nous permettraient d'agir sur eux. Si la Chine s'ouvrait à l'Occident, ça aurait peut-être quelque effet à la longue ; des rapports directs et des échanges croissants pourraient la faire évoluer de l'intérieur.

(C'est ce qu'Edgar Faure m'avait appelé un jour le “syndrome d'impasse”, dans lequel on enferme un peuple en l'entourant d'un cordon sanitaire, et qui peut rendre fou. Ses brillantes idées se retrouvent ici en français usuel.)

AP. — Il vous a demandé dans quels délais vous envisagiez ça ?

GdG. — Il a essayé de me cuisiner. Je lui ai dit que je n'étais pas en mesure de répondre, ça ne tient pas seulement à la France. Mais si nous appliquions un jour la décision d'établir une représentation à Pékin, nous en reparlerions d'abord avec les États-Unis. »

Il parle de tout ça avec une telle précision dans les termes, qu'il a écrit d'avance les répliques qu'il ferait à son interlocuteur. « Si nous appliquions un jour la décision », cela veut dire à la fois que nous avons déjà pris notre décision sans consulter les États-Unis, et qu'avant de l'appliquer, nous les informerons. Il sait ce que parler veut dire.

Chapitre 12

« LES DIRIGEANTS CHINOIS SONT INÉBRANLABLES DEPUIS QUINZE ANS »

Nous avons eu un grand *Conseil, ce 8 janvier 1964*. La plupart des ministres ont été cueillis à froid, quand nous avons tous été invités à nous exprimer, comme dans les grandes occasions. Il est impressionnant que le secret ait été si bien gardé. À voir la surprise de presque tous, je crois bien qu'ils ne se doutaient de rien.

Couve : « Après l'affirmation de notre position sur le Vietnam par notre déclaration du 29 août 1963, la visite très positive de M. Messmer au Cambodge marque une nouvelle étape dans la politique française en Asie. Il a annoncé aux Cambodgiens notre intention de leur livrer un lot important de matériel, d'agrandir le lycée de Phnom Penh, de créer un Institut agronomique, de développer la coopération technique. » (Missoffe, à mi-voix : « On l'appellera Mess*khmer* ! »)

Mais Couve ne s'en tient pas au petit théâtre indochinois. Soudain, il élargit la scène : « Une étape encore plus importante va être franchie dans nos rapports avec la Chine de Pékin. » Il poursuit par un long historique de la question : « Depuis un siècle, chaque fois que quelque chose d'important se passait en Indochine, c'était réglé avec la Chine. En 1954, l'armistice conclu à Genève en présence de Chou En-lai, la question s'est posée à M. Mendès France. Mais les gouvernements successifs ont eu peur d'entrer en conflit avec Washington. En outre, les Chinois, en symbiose avec l'URSS, n'avaient pas d'autonomie pour leur politique étrangère.

« Alors, le désaccord entre la Chine et la Russie, c'est du chiqué ? »

« Depuis la rupture avec la Russie, la Chine est redevenue un facteur important sur la scène internationale. Des voyages de personnalités françaises en Chine ont commencé à créer des liens. Il y a une place à prendre pour l'Occident. Il ne faut pas trop tarder. La Grande-Bretagne a échoué : pas d'ambassadeur, un simple bureau. Il n'y a pas d'autre puissance que la France qui soit capable de tirer parti de cette situation. »

Là-dessus, il énumère objectivement les difficultés : émotion aux États-Unis, en URSS, en Afrique francophone, à Formose.

Le Général souligne l'importance du problème et demande l'avis des membres du gouvernement. « Nous n'avons pas à prendre aujourd'hui une décision explicite. Avant qu'elle soit prise, il faut consulter nos alliés, notamment américains, anglais, allemands, italiens et aussi les Japonais, les Indiens, les Pakistanais, voisins de la Chine, et des pays avec qui nous avons de bons rapports.

Sainteny. — Le problème n'est pas nouveau. La contrepartie, c'est la rupture avec Formose. Faut-il prendre ce risque ? »

Couve répondra : « Formose, c'est le vrai problème. Il n'est pas concevable que nous prenions l'initiative d'une rupture avec Formose. Il est probable que Taipeh décidera de rompre, mais ce n'est pas tout à fait certain. Pour les Américains, l'affaire est sentimentale. Chiang Kaï-shek est l'allié et le vassal des États-Unis. En outre, c'est une position stratégique. Pour les États-Unis plus que pour nous, le problème est de ne pas rompre avec Formose. »

Habib-Deloncle : « C'est grave, à cause de l'activisme de la Chine en Afrique. Attention à l'Union africaine et malgache !

GdG (déminant sans attendre cette objection qui ne manquerait pas de se répéter). — Pour les États africains qui nous sont liés, il serait embêtant qu'ils en viennent un jour à faire entrer la Chine à l'ONU sans nous.

Frey. — 1. Le désaccord entre l'URSS et la Chine me paraît faire partie d'un vaste plan et même d'une comédie, pour réintroduire la Chine dans le monde libre.

« 2. Quel intérêt réel pouvons-nous attendre de cette reconnaissance ? Je vois beaucoup d'inconvénients en politique intérieure, si les maoïstes contaminent le pays, mais je ne vois vraiment pas les avantages pour notre politique extérieure et notre économie.

GdG (laissant fuser son ironie). — Je voudrais bien savoir quelles sont vos sources ! Alors, le désaccord entre la Chine et la Russie, c'est du chiqué ? Je suis inquiet pour vos services de renseignement. Les Russes ont bel et bien évacué la Chine. Ils ont rapatrié leurs ingénieurs, leurs techniciens ; ils ne font plus rien pour les Chinois depuis quatre ou cinq ans. Où voyez-vous une mise en scène ?

« La Chine est une énorme chose »

« D'autre part, les dirigeants chinois sont inébranlables depuis quinze ans, ils se manifestent partout et avec activisme. La Chine est une énorme chose, elle est là, elle existe. Vivre comme si elle n'existait pas, c'est irréaliste.

« Sur le plan intérieur, la sagesse est de faire au-dehors ce que l'on doit pour bien servir l'intérêt national.

Joxe. — Voilà une vraie politique. C'est notre intérêt politique et économique de développer les rapports avec la Chine. »

Le Général coupe ce lyrisme : « Économique ? (Sa main droite se soulève pesamment.) Les Chinois n'ont pas le sou. »

Joxe ne se laisse pas démonter : « Les Chinois disposent d'une puissance d'agitation mondiale. Ils se promènent un peu partout. Là où ils sont, il est préférable qu'ils s'y trouvent dans des conditions régulières, contractuelles et contrôlées, plutôt que dans des conditions subversives... Il y aura une grande crise d'indignation aux États-Unis. Du côté soviétique, il n'y aura pas de difficulté, mais une négociation.

Fouchet (enthousiaste). — C'est une grande politique, celle de l'alliance de François Ier avec le Grand Turc : l'allié de revers, si différent de nous soit-il. Mais nous courons un risque, celui d'être coincés entre notre appartenance à la race blanche et notre attirance pour le tiers-monde. »

Giscard ne prend pas la parole. Comme au bridge, il « passe ». Parce qu'il a tenu la vedette pendant la première partie du Conseil, consacrée au plan de stabilisation ? Ou parce qu'il veut se donner le temps de réfléchir ? Il envoie à Marcellin un petit papier.

Marcellin : « Quelles seront les conséquences pour l'OTAN ? Nous avions demandé à avoir une politique mondiale commune. Quel effet aura notre politique dans le contexte général ? (Ça m'étonnerait que Marcellin ait élaboré spontanément ces questions.)

GdG. — Si nous reconnaissons la Chine, il n'est pas exclu que les États-Unis comprennent enfin qu'ils auront avantage à associer l'OTAN à une stratégie mondiale. (Cette réponse, si avenante pour l'OTAN et pour les États-Unis, et à laquelle il ne m'a guère habitué, est évidemment formulée à destination de Marcellin et de ses amis.)

Malraux (énigmatique à son ordinaire). — Les États-Unis, aucune importance. Mais il y a malentendu sur la question posée. Pourquoi voulez-vous reconnaître la Chine ? Pour parler. Pour parler de quoi ? Nous assistons à la naissance de la troisième puissance nucléaire en dehors des deux grands. Les conséquences de ce phénomène, le plus important depuis vingt ans, sont devant nous.

« Le plus grand pays du monde souhaite avoir des relations avec la France »

Dumas. — L'URSS ne nous obligera-t-elle pas à reconnaître l'Allemagne de l'Est si nous reconnaissons la Chine ? Et ne serons-nous pas amenés à parrainer l'entrée de la Chine populaire à l'ONU ?

GdG. — La Chine est le plus grand pays du monde ; l'Allemagne de l'Est ne compte pas. L'ONU ? De toute façon, la Chine y entrera. Peu à peu, l'ONU votera pour elle. Elle ne déparera pas la collection *. Si elle y est, il n'est pas sûr qu'elle n'en tirera pas avantage pour troubler l'eau. »

---

* Il avait déjà utilisé cette expression devant moi un an plus tôt, le 24 janvier 1963 (*cf.* tome I, p. 317).

Pompidou, avant que le Général ne conclue, veut nettoyer le terrain. Il répond méthodiquement aux principales objections avancées :

« Quelles seraient les raisons que la France aurait de ne pas prendre une telle décision ? Rester absente ? C'est exclu. Un conflit en Afrique ? C'est fini. Créer un précédent pour un pays qui est un faux-semblant, l'Allemagne de l'Est ? Ça ne tient pas.

« Il pourrait y avoir des raisons d'alliance ou de politique générale d'importance telle qu'on préférerait ne rien faire. Ces raisons existent-elles vis-à-vis de la Chine ? Non. Il n'y a de réactions à attendre que de Formose et des États-Unis.

« En face de ces inconvénients, que faire ? Il est possible d'y parer par la méthode adoptée, par la coloration qu'on donnera. Ce geste important, il faut le faire à un moment où il comporte un avantage qui peut être saisi avec le moins d'inconvénients. Ce moment approche.

« Le "*péril jaune*" ne va pas croître en fonction de cette reconnaissance. En Afrique, il y a déjà une action clandestine des Chinois : cette clandestinité n'est pas la meilleure forme d'action que l'on peut souhaiter de leur part.

« Donc, les avantages compensent, au moins, les inconvénients qu'il y a à nier la réalité chinoise. »

« La Chine meurt d'envie d'être reconnue par nous »

Le Général prend son souffle pour conclure : « Le fait chinois est là. C'est un pays énorme. Son avenir est à la dimension de ses moyens. Le temps qu'il mettra à les développer, nous ne le connaissons pas. Ce qui est sûr, c'est qu'un jour ou l'autre, peut-être plus proche qu'on ne croit, la Chine sera une grande réalité politique, économique et même militaire. C'est un fait et la France doit en tenir compte.

« Quels seraient les avantages à ne pas la reconnaître ? Personne ne nous offre rien pour nous en détourner. Nous faisons des affaires avec tout le monde. Nous avons des alliés. Nous conservons ces alliances. Peut-être, même, le fait de prendre ce tournant n'est pas sans avantages pour nos alliés. Il y a une réalité de la Chine. Il ne faut pas la méconnaître.

« Et puis, il y a la façon de faire. Nous avons procédé à quelques sondages. Les conclusions sont positives. La Chine meurt d'envie d'être reconnue par nous. Elle ne le cache pas. Elle voit le monde comme il est. Les Soviets sont devenus ses adversaires et les États-Unis le sont restés.

« Je vous récite ce que disent les Chinois. La Chine ne voit aucun autre interlocuteur que la France. Le Japon lui apparaît comme un satellite des États-Unis. La Grande-Bretagne s'est effacée. La

France existe. Elle est indépendante. Elle est pour la Chine *une réalité*, et même la seule.

« Les inconvénients ? Nous aurions tort de rompre de nous-mêmes avec Chiang Kaï-shek. Que fera le gouvernement de Formose ? Ça le regarde, mais nous ne prendrons aucune initiative hostile contre lui.

« Il y a toujours un moment où il faut trancher les nœuds gordiens »

« Les Africains, Arabes ou Noirs ? Pourquoi le fait que nous aurions des relations avec la Chine aurait-il pour conséquence d'affaiblir nos amis ? Si nous sommes à Pékin, c'est pour quelque chose, c'est pour peser.

« C'est notamment pour que, dans le Sud-Est asiatique, on fasse la paix et que la France puisse y retourner. Si nous nous apercevons que ça ne sert à rien, il sera toujours temps de partir.

« Il y a les questions pratiques. Dans l'état actuel, ça ne changera pas beaucoup en économie. Les Chinois sont misérables. Au point de vue culturel, la Chine a besoin de s'exprimer. C'est un peu fort que les Chinois n'apprennent que l'anglais. Le fait que nous y serons et que notre culture ne les dégoûte pas nous permettra de nous étendre ; il y aura davantage de gens qui parleront français à travers le monde.

« Il semble que le moment est venu de trancher le nœud gordien. Celui-là, comme les autres : il y a toujours un moment où il faut les trancher.

« Quant à l'exécution, nous allons procéder de façon normale, en parlant d'abord avec nos alliés, sans oublier les pays avec lesquels nous avons des relations suivies. Verra-t-on jaillir tellement d'étincelles ? Je ne crois pas. D'abord, parce qu'on a pris l'habitude de nous voir nous exprimer par nous-mêmes. Il y aura une tempête à Washington, mais elle finira bien un jour par s'apaiser.

« Notre position est celle du bon sens. Je serais surpris que les autres pays ne veuillent pas en profiter.

« Et même, ça m'étonnerait bien que les États-Unis restent éternellement en arrière. Il suffit d'aller à San Francisco * pour voir que cette Amérique-là a besoin, secrètement, de faire des affaires avec ce paquet formidable qu'est la Chine.

« Enfin, quand nous serons là-bas, il est probable que nous aurons des constatations importantes à y faire, et sans doute des occasions d'agir. »

---

* Les 27 et 28 avril 1960, le Général a séjourné à San Francisco. Il a été accueilli par le gouverneur de Californie et par le maire. Il a fait en vedette une visite de la baie de San Francisco, qui l'a impressionné.

« Ne nous laissons pas confisquer le bénéfice d'être les premiers »

À l'issue du Conseil, le Général me dit : « Surtout, ne dites rien, même pas en confidence, sur cette affaire tant qu'elle n'est pas officielle.

AP. — Quand voyez-vous l'annonce effective ?

GdG. — La date choisie est en liaison avec les élections américaines d'octobre prochain, où se joue le sort de Johnson. Il fallait avoir terminé le processus longtemps avant.

« Pour la Chine, contentez-vous de dire qu'à l'occasion du voyage de Messmer, Couve a examiné la situation en Asie et plus particulièrement dans le Sud-Est asiatique, où des développements sont à attendre. N'en dites surtout pas plus. »

Puis, après m'avoir bâillonné d'avance, il se laisse un peu aller. Mais il n'en a pas moins ramassé sa pensée avec beaucoup de nuances :

« L'option se réduit à un constat bien simple : la reconnaissance de la Chine par le monde occidental est quelque chose d'inéluctable. Ne nous laissons pas confisquer le bénéfice d'être les premiers. Mais, du fait que nous prenons les devants, nous recevrons des coups.

« Vis-à-vis de l'opinion française et internationale, il est opportun de ne pas donner à ce geste un caractère anti-américain. Nous reconnaissons un pays de 700 millions d'habitants, qu'il était artificiel de ne pas reconnaître. Pour les répercussions aux États-Unis, il y a des précautions à prendre : plus tard dans l'année nous attendrons, plus graves risquent d'être les conséquences dans la campagne électorale. Il y a beaucoup d'obscurantisme américain ; notamment parmi vos journalistes américains à Paris : ils vont manipuler leur opinion publique. »

Puis, évoquant le voyage de Messmer au Cambodge, il conclut :

« Nous avançons nos pions dans le Sud-Est asiatique depuis notre déclaration sur le Vietnam l'été dernier, qui a fait un grand effet. La France fait une rentrée éclatante en Asie. »

Il y avait donc bien un lien étroit entre les deux calendriers. S'il a envoyé Messmer à Phnom Penh au moment où il noue l'affaire chinoise explorée par Edgar Faure, c'est aussi pour faire comprendre, à Pékin comme à Washington, qu'il ne veut pas seulement *reconnaître* une situation, mais *agir* sur le terrain.

Chapitre 13

« AVANT D'ÊTRE COMMUNISTE, LA CHINE EST LA CHINE »

Au Conseil du 22 janvier 1964, Couve : « La discussion avec les Chinois a évolué plus vite que prévu. Depuis huit jours, nous informons de nos intentions nos interlocuteurs : l'Allemagne et les autres pays de la Communauté ; les États-Unis et la Grande-Bretagne ; l'Afrique du Nord et l'Afrique noire ; l'URSS, le Japon, l'Inde, le Pakistan. Malgré notre grande discrétion, c'est aussitôt sorti.

GdG. — J'ai envoyé à Chiang Kaï-shek un messager personnel, le général Pechkoff, qui avait été mon ambassadeur auprès de lui à Chung King pendant la guerre.

Couve. — Les réactions sont comme on pouvait le prévoir : aux États-Unis, fort défavorables ; tous les autres trouvent naturelle et même excellente cette décision ; même si, en public, ils regrettent que le moment soit mal choisi.

GdG. — Quel qu'eût été le moment, on aurait dit : "Le moment est mal choisi." »

« Les réactions sont assez hystériques du côté américain »

Couve précise alors la forme que prendra la publication de la reconnaissance, un « communiqué sobre » : « Nous reprenons des relations sans conditions, sans nous engager ni à rompre avec Formose, ni à demander l'entrée de la Chine à l'ONU.

« Les Américains exercent une vive pression à Taipeh, pour éviter la rupture avec la France : on aurait fait un pas vers la reconnaissance de la politique des deux Chines. Mais Pékin pense que Formose rompra.

« Notre initiative est un événement très important sur le plan mondial. Elle manifeste les changements profonds intervenus : la réapparition de la Chine, sa rupture avec la Russie, l'élimination des deux blocs idéologiques qui paraissaient s'être partagé le monde. Mais l'événement le plus important, c'est le retour éclatant de la France, d'une grande importance dans le Sud-Est asiatique.

GdG. — Les choses sont sur la table. Non de notre fait, mais du fait de ceux que nous avons prévenus et qui se sont hâtés d'en parler. Les réactions suscitées sont passionnelles et même assez hystériques du côté américain. Une fois le fait accompli, il est probable qu'ils jugeront peu à peu qu'il est normal qu'ils en fassent autant. Notre exemple sera suivi. Ça ne changera rien au fait que la Chine communiste est communiste à sa façon. Avant d'être communiste, la Chine est la Chine.

« Il n'y a pas de chance que le fait d'avoir une ambassade à Pékin déclenche aussitôt des échanges économiques importants. Les Chinois ne peuvent pas payer. Mais il n'y a pas d'inconvénient à être présent dans la Chine plus tôt que plus tard. Ne serait-ce que pour participer à ce qu'elle fera et sera. »

« Les Européens ne se courbent jamais assez par-devant, tout en faisant des grimaces par-derrière »

Après le Conseil :

AP : « Vous souhaitiez le secret pour la Chine, c'est raté.

GdG. — Fatalement, les journalistes des pays que nous avions informés ont demandé, dès la première fuite, à voir leur ministre des Affaires étrangères. Alors, vingt pays, naturellement, ça fait tout un hourvari. Les journaux ont immédiatement tout balancé. Puis, il y avait aussi les Chinois.

AP. — Oui. Chou En-lai, à Bamako, a confirmé. Vos ministres ont gardé le secret. Ce n'est pas mal, pour vingt-six personnes. Par la voie diplomatique, tout s'est su aussitôt.

(Le Général, silencieux, opine à peine : j'enfonce une porte ouverte. C'est la moindre des choses que des ministres se taisent ; et les fuites par les étrangers sont inévitables.)

« Est-ce que je dis qu'il doit y avoir un communiqué ?

GdG. — Ne dites rien du tout ! On vous demandera si le Général a l'intention d'en parler dans sa conférence de presse. Vous direz que ça ne vous étonnerait pas. Tant que les gouvernements n'ont pas publié ensemble qu'ils échangeaient des ambassadeurs, on ne peut pas annoncer : "Nous le faisons." Tout ce qu'on peut dire, c'est que nous avons évidemment averti des gouvernements qui nous sont chers, y compris la Russie soviétique. (Rire.)

AP. — Comment jugez-vous la conduite des Cinq européens ?

GdG. — À voix basse, ils nous disent : "Bravo, comme vous avez raison, nous allons vous imiter dès que nous pourrons !" À voix haute, ils proclament : "Quelle erreur ! Ce n'était pas le moment ! C'est un coup de poignard dans le dos des Américains !" C'est typiquement un comportement de valets, qui tremblent de peur à l'idée de contrarier leur maître, mais par en dessous manifestent leur satisfaction de voir qu'on lui joue un mauvais tour. Des valets ! Ils ne se courbent jamais assez par-devant, tout en faisant des grimaces par-derrière. Et ils se disent Européens ! Je me demande quelquefois si je ne suis pas le seul Européen. (Plainte éternelle.)

AP. — Mon homologue à Bonn a dit qu'il s'était agi d'une *information*, et non pas d'une *consultation*, contrairement au traité.

GdG. — C'est lamentable. S'il le dit, votre copain von Hase, c'est évidemment parce que le Chancelier Erhard l'en a prié. Il se croit obligé de faire la cour à Washington.

AP. — Vous avez parlé de la Chine avec Lester Pearson * ?

GdG. — Oui. Il a souhaité que l'Europe, en particulier la France, réapparaisse en Asie. Ça, c'était la politesse. Il a ajouté aussitôt qu'il "fallait prendre des précautions à Washington". Lui aussi, c'est un larbin. Il m'a quand même dit une chose qui n'est pas sotte. C'est qu'il serait grave que nous reconnaissions la souveraineté de la Chine continentale sur Formose. Je l'ai rassuré en lui précisant bien que nous ne souhaitons pas que les communistes s'installent à Formose et que nous n'accepterions pas que Pékin exige que nous rompions avec Chiang Kaï-shek.

AP. — Chou En-lai a annoncé qu'il irait en Suisse à la fin de son voyage en Afrique. N'est-ce pas une façon de se faire inviter ?

GdG. — Il y a peut-être de ça, comme les gens qui viennent vous saluer à la campagne à midi. Mais je crois qu'il vient à Genève pour se faire soigner. Il ne doit pas avoir pleine confiance dans la médecine chinoise, l'acupuncture, les plantes et tout le fourbi. Puis il a son ambassadeur à Berne, qui est en réalité son ambassadeur en Europe. Alors, il voudra voir un peu ce qui se passe.

« Il n'est pas exclu que la Chine redevienne au siècle prochain la plus grande puissance de l'univers »

AP. — Tout le monde s'attend à ce que l'essentiel de votre conférence de presse soit consacré à la Chine.

GdG. — Eh bien non, tout au plus un quart d'heure. »

Il a beau vouloir, par goût de ne pas se soumettre à l'attente, minimiser le temps qu'il lui donnera, il n'y a que ça qui l'intéresse : « Le rétablissement des relations avec la Chine, ça veut dire que nous allons tourner la page coloniale, celle de nos Concessions en Chine, celle de l'Indochine française. Ça veut dire que la France revient en tant qu'amie, respectueuse de l'indépendance des nations.

AP. — Nos moyens sont limités et ceux de la Chine sont faibles ?

GdG. — Détrompez-vous. Les moyens de la Chine sont virtuellement immenses. Il n'est pas exclu qu'elle redevienne au siècle prochain ce qu'elle fut pendant tant de siècles, la plus grande puissance de l'univers. Et les moyens de la France sont eux aussi immenses, parce qu'ils sont moraux. Parce que nous serons les premiers à le faire, nous serons comme un homme qui fait basculer un énorme rocher avec un simple levier parce qu'il a su le placer au point d'équilibre.

---

* Premier ministre du Canada, que vient de recevoir le Général.

AP. — Du fait que nous serons la première puissance d'Occident à reconnaître le régime... »

Le Général me reprend vivement : « Nous ne reconnaissons pas le régime, nous reconnaissons la réalité ! Il n'est pas question d'approuver le communisme ! »

Je rectifie et reprends : « ...Croyez-vous que nous allons prendre une place prépondérante dans le commerce chinois ?

GdG. — Faut pas rêver ! Ils n'ont pas un sou ! C'est un pays misérable ! Mais si nos chefs d'entreprise ne sont pas trop idiots, ils devraient en profiter pour nouer des liens qui leur apporteront, dans vingt ou trente ans, dix fois plus qu'ils n'auront dépensé. Si nos diplomates ne sont pas trop idiots, ils devraient en profiter pour jouer un rôle actif en Asie du Sud-Est. Et si les Américains ne sont pas trop idiots, ils devraient en profiter pour mettre fin à l'absurde guerre du Vietnam. La seule façon d'en sortir, c'est la neutralité. Et le seul pays qui peut aider la Chine et les États-Unis à surmonter leur antagonisme, c'est la France.

AP. — Ne croyez-vous pas que Ho Chi Minh va essayer d'accroître son emprise sur le Vietnam du Sud ?

GdG. — Je ne sais pas. En tout cas, nous ne pousserons pas la Chine à l'y encourager ; au contraire, nous la pousserons à la modération. Et nous tâcherons de la pousser à une politique de neutralité dans le Sud-Est asiatique, sur la base du statu quo, pour que la paix s'établisse dans ces pauvres pays. La force des choses établirait un *modus vivendi* ; par conséquent, des régimes nouveaux et, en tout cas, des régimes de paix. Ce ne sont pas des fantoches qui pourront faire ça.

« Les Américains vont dire que nous portons un coup à leur *leadership*, mais il n'en reste plus grand-chose. »

De cette ambition, on peut dire aussi qu'il n'est pas resté grand-chose. La France n'a pu, alors, jouer de son influence pour amener la paix et la neutralité. Faut-il taxer de Gaulle d'irréalisme ? En janvier 1964, tout est encore possible. Mais bientôt l'« idiotie » — la chose du monde la mieux partagée ! — va faire des ravages. Les États-Unis vont s'entêter à chercher une solution militaire. La Chine, avec la Révolution culturelle, va se précipiter dans une longue période d'enfermement sur soi. La reconnaissance de la Chine fut, de tous les actes fondateurs que de Gaulle a posés, celui dont l'effet aura été le plus longtemps différé — et, par quelques sottises trop françaises, tristement compromis. Elle ne portera pas tous les fruits que de Gaulle en espérait.

Chapitre 14

« LES AMÉRICAINS FLOTTENT ENTRE GUERRE ET PAIX »

Au Conseil du 5 février 1964, Couve : « La révolution de palais qui s'est produite à Saigon* a fait mauvais effet partout, notamment aux États-Unis, où elle a provoqué un grand désarroi. »

Après le Conseil.
AP : « Qu'avez-vous pensé de la réponse de Johnson à votre conférence de presse, à savoir qu'il accepterait peut-être d'envisager la neutralisation du Vietnam Nord et du Vietnam Sud à la fois, mais jamais celle du seul Vietnam Sud ?

« Johnson a feint de croire que je lui demandais l'impossible »

GdG. — Je n'ai jamais parlé de ça ! J'ai parlé de neutraliser le Sud-Est asiatique tout entier, c'est-à-dire aussi bien le Nord que le Sud-Vietnam, le Laos, le Cambodge. Johnson a voulu montrer qu'il ne suivait pas mes conseils. Il a feint de croire que je lui demandais l'impossible. C'est un roublard. En réalité, il ne sait à quel saint se vouer. Il ne cherche qu'à sauver la face. Il veut encore essayer tant bien que mal de constituer un régime proche des États-Unis, mais capable de se défendre par lui-même. C'est une hypothèse très optimiste. À mon avis, la partie est déjà perdue.

« La seule chose qu'on puisse faire, c'est prêcher la neutralité et puis compter sur le temps pour que le régime communiste du Nord se sépare de Pékin et finisse par s'atténuer. C'est d'ailleurs ce que Chou En-lai a dit avec beaucoup de bon sens : la division du Vietnam avec une autorité de chaque côté, mais une autorité non étrangère, sans immixtion de personne.

« Dès que les Américains sont venus, ça a commencé à foirer. Peut-être que ça aurait foiré quand même, mais au moins on ne pourrait pas les en accuser.

AP. — Mais les Américains ne partiront pas du Sud sans avoir une compensation au Nord.

GdG. — Il faut que la présence armée chinoise disparaisse du Nord en même temps que la présence armée américaine du Sud. »

---

* Profitant de la lutte de tendances qui a lieu au sein de la junte militaire après l'assassinat de Ngo Dinh Diem, le général Khanh s'est emparé du pouvoir le 30 janvier.

Après le Conseil du 26 février 1964.

AP : « Que pensez-vous des va-t-en-guerre, dans la presse américaine, qui veulent attaquer le Nord-Vietnam ?

GdG. — Ou bien ils font la guerre. Ils ont les moyens d'écraser Hanoi, et même Pékin, mais avec toutes les conséquences de la guerre, et elles seront immenses. Ou bien ils ne font pas la guerre, et il faut qu'ils cherchent la paix.

AP. — Comment arrêteraient-ils l'escalade ?

GdG. — La seule solution, c'est de neutraliser le Sud-Est asiatique. Et pour cela, évidemment, il faut être en mesure de négocier avec la Chine. »

Au Conseil du 22 avril 1964, Couve, qui revient de la conférence de l'OTASE * à Manille. « La situation au Vietnam est comparable à la nôtre en 1953-1954. Les autorités ne sont plus guère maîtresses des villes, et encore moins des campagnes. La meilleure atmosphère a régné à Manille, c'est-à-dire la plus grande *brutalité*. (Couve joue parfois avec son propre personnage, mais le mot est dit.)

GdG. — La guerre du Vietnam, c'est vraiment une "sale guerre". Dans toutes ces questions, on se préoccupe peu des intéressés. C'est une lutte de puissances. »

« Nehru était un ajusteur des choses »

Au Conseil du 3 juin 1964, Joxe revient des funérailles de Nehru à Delhi : « L'homme qui pendant dix-sept ans a gouverné l'Inde après l'avoir libérée était un génie politique ; un aristocrate qui a lutté contre les Anglais et s'est imposé à eux. Il y avait deux ou trois millions d'hommes et beaucoup de nervosité. Le bûcher était hallucinant.

« La vieille Angleterre était là, avec Mountbatten, l'ami intime de Nehru. Il a parlé, cela a fait une énorme impression. De toute l'Europe occidentale, seule la France était présente.

« Le gros problème est celui des relations avec la Chine. Les Indiens ont une terreur des initiatives américaines, militaires ou sous forme de pression. Ils souhaitent que la France joue un rôle. Mais la Grande-Bretagne et l'Amérique sont sur place et déploient conjointement une hostilité farouche à la France. J'ai été témoin du *boycott* qu'elles nous infligent.

GdG. — Une seule question a été réglée, celle de la succession **. Toutes les autres restent à régler. Deux grands hommes sont morts *** et l'Inde les pleurera longtemps. Nehru était un ajusteur des choses. L'Inde se reconnaissait en lui. »

---

* Organisation du traité de l'Asie du Sud-Est.

** Après la mort de Nehru, la charge de Premier ministre fut occupée par Lal Bagaddir Shastri, auquel Indira Gandhi, fille unique de Nehru, succédera en janvier 1966.

*** Gandhi en 1948 et Nehru en 1964.

Joxe me glisse à la fin du Conseil : « Vous avez compris que mon voyage en Inde, c'était pour embêter les Anglais. »

Après le Conseil.

AP : « J'indique que Joxe a eu des conversations avec les dirigeants indiens ? Convergence de vues ?

GdG. — Faut pas exagérer, il y a tout de même pas mal de différences. En réalité, les Indiens sont des rêveurs, voyez-vous. Et puis, l'Inde ne représente rien. Alors, dites-en le moins possible. »

Le Général, comme il aime le faire, me prend à contre-pied. Je m'attendais à ce qu'il exalte le voyage de Joxe. Il est prudentissime. La Chine et l'Inde sont chien et chat. Il ne veut pas prendre le risque d'inquiéter Pékin.

« Plus les Américains s'engageront, plus le côté colonial de cette guerre apparaîtra »

Conseil du 10 juin 1964.

GdG : « J'ai vu Ball. Les Américains flottent entre guerre et paix. Ils envisagent la guerre, mais ils devinent qu'elle pourrait avoir des conséquences mondiales énormes. »

Après le Conseil, le Général me répète le refrain qu'il souhaite me voir répercuter, ou susurrer, aux journalistes :

« On ne peut pas mater une pareille subversion. Plus les Américains s'engageront, plus l'aspect colonial de cette guerre apparaîtra et suscitera l'hostilité des populations. Il n'est pas possible de la gagner. Il est possible seulement de la perdre. La seule solution, c'est donc de négocier avec la Chine et le Nord-Vietnam. C'est une entreprise difficile ; on ne prétend pas régler le problème pour l'éternité. Mais il est sans doute possible de le régler pratiquement.

« Les Américains voudraient vaincre, et cependant ils n'y arrivent pas. Ils n'excluent pas une négociation, mais ils ne s'y résolvent pas non plus. D'ici les élections, ils ne choisiront aucune voie. Ainsi vont les démocraties. »

« Ne revenez pas sur le Vietnam, il n'y a qu'à triompher silencieusement »

Au Conseil du 26 août 1964, Couve : « Le général Khanh a été écarté. On savait qu'il ne représentait pas grand-chose. Ce qu'on ne savait pas, c'est qu'il ne représentait rien, en dehors des Américains ; même pas l'armée. C'est précisément l'armée qui l'a contraint à démissionner. »

Après le Conseil.

AP : « Souhaitez-vous que je revienne sur les points évoqués par Couve ?

GdG. — Ne revenez pas sur le Vietnam, il n'y a qu'à triompher silencieusement.

AP. — La détérioration de la situation au Vietnam confirme...

GdG. — Non. C'est trop évident. Alors, ne le dites pas.

AP. — Vous croyez que le général Khanh va être remplacé par un autre général-marionnette ?

GdG. — Ils vont retourner sans doute au général Minh, qu'ils avaient mis au rancart. Minh leur avait paru insuffisamment docile, alors ils l'avaient écarté. Ils n'en sortiront pas, c'est cuit pour eux, c'est réglé, même s'ils mettent cinq ans à s'en apercevoir.

AP. — Pourquoi cinq ans ? Ils le feront le lendemain des élections de novembre ?

GdG. — Je ne sais pas ce qu'ils vont faire. Ils sont dans une très mauvaise situation. D'ici là, ils essaieront de le dissimuler. Mais en fait, tôt ou tard, ils seront mis complètement à la porte du Vietnam, c'est évident. »

Au Conseil du 2 septembre 1964, Couve, puis Pompidou, évoquent les complications laotiennes des « trois princes ». Le Général balaie ces subtilités :

GdG : « Les réalités, ce sont les puissances. Il y a deux puissances qui s'affrontent : les États-Unis d'un côté, la Chine de l'autre, à laquelle était annexé le Vietminh. Il n'y a pas d'autre possibilité de paix qu'une conférence où la Chine et les États-Unis consentent solennellement à ne plus intervenir. Une fois qu'ils y auront consenti, ce sera la paix. Tant qu'ils n'y auront pas consenti, il y aura une pagaille lamentable et sans issue.

« Qui a pris l'initiative d'intervenir au Vietnam Sud ? Il n'y a pas de doute : ce sont les Américains. Le Vietcong n'est venu qu'ensuite. Les Américains sont responsables de leur propre malheur.

« Il n'y a pas d'autre solution que la neutralité internationale, parce que la seule réalité, ce sont les puissances. Il n'y aura pas de paix tant qu'on ne s'en sera pas rendu compte. Et puis c'est tout. »

Après le Conseil.

GdG : « Est-ce que, oui ou non, les Américains d'une part, les Chinois de l'autre, accepteront de mettre un terme à leur intervention directe ? Il est possible qu'ils le veuillent. S'ils renoncent à leur intervention, il n'y a plus de guerre en Asie du Sud-Est. Les Chinois disent qu'ils sont prêts, mais avec des préalables. De même, les Américains. Ce qui signifie qu'ils ne veulent pas. »

« J'ai fait ce que j'ai pu. Si les Américains ne veulent pas comprendre, tant pis pour eux »

Au Conseil du 10 février 1965.

GdG : « Plus ça va, plus l'affaire indochinoise apparaît comme une affaire américaine, et non (comme il y a deux ans) comme une affaire des pays du Sud-Est asiatique, auxquels les Américains apporteraient seulement leur aide. La situation est de plus en plus dérisoire : c'est l'Amérique, en face d'une Asie qui lui est hostile. Les Américains en viennent à faire quelques Sakiet * au Vietnam Nord, en attendant peut-être d'en faire en Chine. Ils vont tuer des pauvres diables qui n'en peuvent mais. »

Au déjeuner de chasse à Rambouillet, le 8 décembre 1964, j'interroge le Général sur le Vietnam.

GdG : « Les Américains vont louvoyer, vont atermoyer. Johnson n'ose pas s'opposer à ses militaires. Il est entraîné par eux, jusqu'au jour où il se rendra compte qu'il est au bord de la catastrophe.

AP. — Il y a deux ans que vous aviez mis Kennedy en garde.

GdG. — Depuis deux ans, les Américains n'ont fait qu'accumuler les échecs. Que voulez-vous que j'y fasse ? Ils n'avaient qu'à être moins bêtes. J'ai fait ce que j'ai pu pour les acheminer vers la seule voie raisonnable. S'ils ne veulent pas comprendre, tant pis pour eux. »

* Le 8 février 1958, l'aviation française avait bombardé le village tunisien de Sakiet-Sidi-Youssef, qui servait de base au FLN.

Chapitre 15

« LA GUERRE DURERA DIX ANS ET SE TERMINERA DANS LA HONTE »

Les bombardements systématiques du Nord-Vietnam par l'aviation américaine ont commencé *. C'est un tournant majeur.

Au Conseil du 24 février 1965, le Général : « Vinogradov est venu me voir. Il insiste pour que le gouvernement français se concerte plus étroitement avec le gouvernement soviétique, de manière à aboutir à une conférence sur le Vietnam. Le préalable est seulement que les Américains renoncent à taper sur le Vietnam Nord.

« Nous répondons : il faut une conférence, mais sans préalable d'aucune sorte, sinon elle n'aura pas lieu. »

« Et c'étaient eux qui avaient poussé les hauts cris au moment de Sakiet »

Salon doré, 3 mars 1965.

GdG : « Dites bien que la France a répondu positivement à la communication du gouvernement soviétique en vue de concerter les politiques, notamment pour la paix dans le Sud-Est asiatique. Il faut enfoncer le clou. En dehors de ça, il n'y a que la guerre, avec le risque d'extension progressive entre l'Amérique et l'Asie.

« Ajoutez que le Conseil a marqué son adhésion. (Curieux : le Conseil n'en a rien dit. Mais, face à un risque de guerre qui s'accroît, il s'agit d'engager officiellement le gouvernement de la France.)

AP. — Les Américains accepteront-ils ?

GdG. — Ils créent des faits tels que la conférence va devenir impossible. S'ils zigouillent des types, comme ça, tous les jours, en bombardant des villages, comment voulez-vous qu'on se retrouve autour d'une table ? Et c'étaient eux qui avaient poussé les hauts cris au moment de Sakiet ! » (Rire prolongé.) Tout ça ne trompe que les naïfs, les couillons.

AP. — Vous pensez que les Chinois ne craignent pas une guerre généralisée ?

GdG. — Je ne crois pas qu'ils la souhaitent actuellement, puisqu'ils ont autre chose à faire de plus pressé : sortir de la misère.

---

* Après une première attaque sur Dong-Hoï le 7 février 1965, les Américains commencent le 28 des bombardements aériens systématiques sur le Nord-Vietnam.

Mais enfin, ils en admettent l'idée. Si elle devait avoir lieu, ils ne reculeraient pas. Même pas devant la perspective d'un bombardement atomique.

AP. — Ça peut avoir pour effet de ressouder le bloc communiste et de pousser les Russes et les Chinois à s'entendre.

GdG. — Les dirigeants russes ne s'entendront pas pour si peu avec les Chinois, parce que ce n'est pas une affaire des communistes contre les capitalistes, c'est une affaire de l'Asie contre l'Amérique. Communistes, ils ne le sont que par-dessus le marché. Et la Russie n'est pas l'Asie. Elle est contre l'Asie, elle aussi, et réciproquement. Par conséquent, non, il ne faut pas croire que ça amènera un resserrement de la Russie avec la Chine. La Chine dira aux Russes : “Vous nous trahissez, vous êtes des cochons, vous laissez faire les Américains, vous ne faites pas ce que vous devez.” Voilà ce que la Chine va dire à la Russie. Et c'est vrai.

AP. — Seulement, ça empêche les Russes de s'accorder avec les Américains.

GdG. — Je ne sais pas jusqu'à quel point ça les en empêchera. Enfin, pour le moment, on dirait que les Soviets cherchent un appui de revers en Europe en vue de ce qui arrivera avec les Chinois, et que cet appui de revers, ils croient l'avoir trouvé en nous. »

« Ça durera longtemps, longtemps, longtemps »

Salon doré, 18 mars 1965.

GdG : « On n'aboutira pas. C'est la guerre entre l'Amérique et l'Asie, je vous dis. Alors, ça durera longtemps, longtemps, longtemps, parce que les affaires d'Asie ça dure toujours très longtemps. C'est des grosses masses, ce n'est pas du tout comme une guerre franco-allemande, c'est le contraire de la guerre-éclair. Mais cette guerre s'engage et va continuer des années et des années. En réalité, c'est la guerre entre l'Asie et l'Amérique pour la domination du Pacifique.

AP. — Les Russes vont peut-être aider le Nord-Vietnam pour éviter de le laisser seul avec les Chinois ?

GdG. — Oui. Ils aideront le Nord-Vietnam, naturellement ; c'est leur politique. Ils donneront des armes au Nord-Vietnam pour abattre des avions américains. Ça ne changera pas grand-chose.

AP. — Sans se mouiller beaucoup eux-mêmes.

GdG. — Oui. Ils ne déclareront pas la guerre à l'Amérique. Personne ne déclarera la guerre à personne. »

Salon doré, 24 mars 1965.

GdG : « Les Américains sont en train de se casser les reins. Ils se mettent tout le monde à dos, pour commencer. Et puis, ils n'aboutiront pas. Ce n'est pas difficile de jeter des bombes. Alors, il y a Ball qui dit : "Ceux qui donnent des conseils ne pourraient pas prendre des responsabilités." Mais si. Nous avons tout ce qu'il faut pour jeter des bombes sur le Vietnam Nord. C'est pas difficile. C'est pas méritoire.

AP. — Il n'a pas été aimable, George Ball.

GdG. — Non. Il faut dire que nous ne les ménageons pas beaucoup. Les malheureux, ils se casseront les reins, comme les autres. Ils caleront. Comme en 45. Ils étaient la plus grande puissance militaire de tous les temps, et ils ont calé devant Staline ! Ils lui ont bradé la moitié de l'Europe, sans même demander que les populations votent ! »

Salon doré, 31 mars 1965.

AP : « Sur l'escalade en Indochine, nous restons muets ?

GdG. — Nous avons mis les points sur les i. Alors, aujourd'hui, nous passons un tour. »

Salon doré, 7 avril 1965.

AP : « Vous serez amené à prendre de nouveau position ?

GdG. — À un moment, on dira : "Ça suffit comme ça !" Nous avons déjà dit ce qu'il fallait au moment voulu. Les Américains sont quand même partis en guerre. Et il y aura un moment où tout le monde finira par en avoir assez. Alors, on le dira. Ça ne veut pas dire qu'on les arrêtera pour si peu, parce que c'est un engrenage.

AP. — Johnson déclare qu'il exclut à la fois un conflit généralisé et le retrait pur et simple.

GdG. — Il dira ce qu'il voudra, mais il est en guerre, il fait la guerre. Il ne dépend pas de lui seul que ça se généralise ou pas. D'ailleurs, la preuve en est que, maintenant, il se bat directement sur le territoire du Vietnam Nord. Alors, après-demain, pourquoi pas sur le territoire de la Chine ?

AP. — Ce jour-là, les Russes seront amenés à réagir ?

GdG. — Ils finiront par être obligés de faire quelque chose. »

Il envisage cette hypothèse, qu'il rejetait le 18 mars. Mais « faire quelque chose », ce n'est pas forcément « changer grand-chose ».

« Ce sera une tache indélébile au front de l'Amérique »

Au Conseil du 14 avril 1965, Couve : « Un fait nouveau : l'existence du FNL *. Les Américains ne veulent pas négocier avec lui. Pour les Chinois, c'est le FNL le vrai interlocuteur.

---

* Le Vietcong s'est organisé en Front national de libération : il ne se pose plus en parti communiste, mais en rassemblement national, en gouvernement de substitution.

GdG. — Si les Américains ne décident pas souverainement de se retirer, la guerre durera dix ans, et elle ne se terminera pas à l'honneur des États-Unis face au monde, alors que la guerre d'Algérie s'est terminée, face au monde, à l'honneur de la France. Elle se terminera dans la honte. L'armée américaine aura été battue. Ce sera une tache indélébile au front de l'Amérique. Elle en sera déstabilisée et le monde entier avec elle. »

En août 1964, il me disait que la guerre durerait cinq ans, et j'avais peine à le croire *. Mais l'engagement américain retarde la « catastrophe » sans pouvoir l'éviter : il annonce dix ans.

> Dix ans plus tard, à quelques jours près, le 30 avril 1975, les Américains ont dû quitter Saigon en catastrophe.

Après le Conseil.

GdG : « Johnson a fait un discours, mais en même temps, il bombarde, alors, c'est du chiqué. »

« Ils sont habitués aux cataclysmes, aux famines, aux hécatombes »

Salon doré, 28 avril 1965.

AP : « Raymond Aron écrit dans *Le Figaro* que les bombardements américains sur le Nord-Vietnam ne peuvent pas se comparer avec Sakiet, parce qu'à Sakiet nous étions trop faibles, donc nous ne pouvions pas gagner ; tandis que les Américains sont tellement plus puissants, qu'ils vont gagner.

GdG. — Pour Raymond Aron, comme pour *Le Figaro*, ce sont nécessairement les Américains qui ont raison.

AP. — Les Américains vont peut-être détruire les bases nucléaires chinoises ?

GdG. — Ils ne détruiront rien du tout ! La force nucléaire chinoise, ce n'est pas encore grand-chose. Ils ont fait un Saclay et, si on le leur détruisait, ils le feraient souterrain. Et dans ce cas-là, les Russes leur refileront encore un peu de plutonium.

« En fait, à moins d'employer toutes les bombes et de détruire la moitié des Chinois, on ne peut pas faire grand-chose aux Chinois. Les Chinois sont le seul peuple au monde qui n'ait rien à craindre de la bombe atomique. Ils sont trop nombreux ! La Chine est la seule puissance nucléaire qui puisse se permettre l'affrontement atomique. Pour les quatre autres, ce serait un suicide. Ils seraient rayés de la carte. Alors que la Chine, avec 80 % de sa population dans les campagnes et une formidable démographie, elle rattraperait en une

---

* Voir *supra*, p. 498.

ou deux générations les pertes qu'elle aurait essuyées ; son assaillant, lui, ne se relèverait jamais des blessures qu'il aurait subies.

« Et puis, la structure économique et administrative de ces pays-là est telle que, si on en tue des millions quelque part, la vie de ces pauvres diables dans le reste du pays n'est changée en rien. Ils se contentent de manger le riz qui est sous leurs pieds.

« C'est comme quand ils avaient des épidémies, ça ne les empêchait pas de se multiplier ; ou quand les fleuves débordaient et les noyaient. Ils refaisaient du riz et des gosses l'année d'après. Ils sont habitués aux cataclysmes, aux famines, aux hécatombes. Ça fait leur force. Les peuples sous-développés, c'est insaisissable. C'est comme ça qu'il faut les considérer, et qu'ils se considèrent eux-mêmes.

AP. — L'opinion mondiale envers les Américains se dégrade.

GdG. — Même l'opinion américaine, forcément, finira par trouver que ça suffit comme ça, d'autant plus qu'il faut envoyer des *boys*. Vous savez, tant qu'on ne fait qu'envoyer des avions sans pilotes pour faire pleuvoir des bombes au napalm, ça ne gêne personne aux États-Unis. Mais quand on envoie des milliers de *boys*, alors ça commence à se sentir. Et quand les cercueils reviendront, ça fera mal. Et puis alors, ça va se conjuguer avec leurs histoires de Noirs, avec l'affaire du dollar, tout ça fera un contexte de mécontentements qui ira s'accroissant avec leur sale guerre.

« Dans l'ensemble du monde, leur perte de prestige est énorme. Après 45, ils avaient une position morale très confortable. Ils étaient opposés au colonialisme. Alors, ils tapaient sur ceux qui étaient engagés dans des conflits coloniaux en Afrique ou en Asie. Alors, eux aussi, ils se sont engagés, en Corée ; par bonheur pour eux, sous le couvert de l'ONU, ça leur facilitait les choses. Maintenant, je les défie de faire engager l'ONU avec eux pour le Vietnam. Ils sont engagés tout seuls. Ils vont déguster. »

« Le Vietcong veut avoir les Américains jusqu'au trognon »

Après le Conseil du 23 juin 1965, le Général me déclare : « Les Américains s'engagent comme des hurluberlus. Ensuite, ils ne savent pas comment partir. Ça recommence chaque fois. Cuba, Saint-Domingue. Quant au Vietnam, ils sont certainement très embêtés, mais ils s'engagent de plus en plus. Forcément. C'est inévitable. Alors ils me disent, comme Humphrey, par exemple : "Nous en sommes maintenant au point où vous auriez voulu que nous soyons il y a deux ans, c'est-à-dire que nous sommes disposés à une conférence à laquelle tout le monde participerait." Ben, je réponds : "Oui, mais maintenant, il est trop tard. Il est trop tard pour vous et il est trop tard pour les autres. Parce qu'on ne peut pas faire une conférence dans ces conditions." Les Américains ont laissé passer l'heure.

AP. — Les Américains sont prêts à accepter le Vietcong.

GdG. — Oui. Mais le Vietcong veut avoir les Américains jusqu'au trognon. Ils veulent tous que les Américains soient battus. Et c'est comme ça que ça va finir. »

Au Conseil du 1er juillet 1965, Couve annonce la « rupture de nos relations diplomatiques avec le prétendu gouvernement de Saigon.

GdG. — Tout ça est un enfantillage sinistre. »

« Ça finira par être insupportable, même à l'intérieur des États-Unis »

Salon doré, 13 juillet 1965.

GdG : « Le piège s'est refermé sur eux. Ça va devenir de plus en plus dramatique. Jusqu'au jour où les Américains en auront assez. Ce jour viendra. Mais enfin, ils n'en ont pas encore assez. Ils peuvent endurer ça, et même bien davantage encore, pendant très longtemps. Ils en ont les moyens.

« Mais ça les fait *mal venir* dans le monde (encore un archaïsme bizarre). Ça diminue leur prestige, leur *standing* (il prononce *dingue*). Peu à peu, tout ça agira forcément sur l'opinion américaine, qui finira par lâcher. Mais pas tout de suite. Ils peuvent tenir très longtemps. »

Ils tiendront, de plus en plus mal, les dix ans annoncés, jusqu'à la catastrophe annoncée.

L'AMÉRIQUE LATINE

Chapitre 16

« ON NE PEUT LAISSER TOMBER L'AMÉRIQUE LATINE »

Salon doré, 16 janvier 1963.

AP : « Parmi les sujets que vous m'aviez annoncés pour votre conférence de presse, vous n'avez pas traité de l'Amérique latine.

GdG. — L'Amérique latine est une réalité qui va apparaître de plus en plus. On ne peut laisser tomber ce continent ni dans la misère, ni dans la révolution, ni dans la dépendance des Américains...

« Offroy * a été envoyé au Mexique pour sonder les Mexicains sur un projet de voyage de De Gaulle. Il faut que cette visite, qui sera la première en Amérique latine, soit un succès. C'est elle qui donnera le ton. Les Mexicains nous promettent un triomphe. Mais ils ont demandé trois contreparties. D'abord, que leur Président soit invité à une visite officielle en France. Naturellement, c'est ce que nous allons faire **. Ensuite, ils voudraient des crédits ; nous leur en donnerons. Enfin, ils voudraient que nous leur rendions trois drapeaux que la Légion avait capturés pendant la guerre du Mexique. C'est le plus difficile. Je n'aime pas rendre des trophées que notre armée a arrachés au combat. Vous voyez de Gaulle arriver à Mexico avec des drapeaux dans ses valises ? Impossible. »

La religion du drapeau ne fait pas partie de ce « folklore » dont il veut débarrasser l'armée. On meurt pour défendre ou ravir un drapeau. Rendre ceux qu'on a conquis n'est pas un geste anodin. Le Général a trop souffert de devoir amener nos couleurs en Algérie, fût-ce au nom de l'intérêt national, pour traiter à la légère cette revendication des Mexicains.

Salon doré, 24 janvier 1963.

J'interroge à nouveau le Général sur l'Amérique latine.

GdG : « Voilà un grand sujet. De quel côté va-t-elle se tourner ? Comment va-t-elle s'organiser pour vivre ? Avec quel appui va-t-elle pouvoir se développer ?

« Son malaise a éclaté au grand jour, lors de l'affrontement des États-Unis et de la Russie à propos de Cuba. Elle étouffe dans son système d'Ancien Régime, dans ses grandes propriétés terriennes, dans ses dictatures militaires, dans son capitalisme où la misère

* Ambassadeur de France à Mexico de 1962 à 1965, gaulliste de la première heure.

** Adolfo Lopez Mateos, Président du Mexique, viendra en France du 26 au 29 mars 1963.

côtoie l'opulence. Il lui faut évoluer. La tentation est grande pour elle de le faire sous l'influence du communisme.

« L'Amérique latine déteste les Américains... C'est une magnifique carte à jouer »

« Elle déteste les Américains. Elle désire ardemment échapper à leur hégémonie, et en même temps aux risques que comporteraient la subversion et encore plus l'appel à la Russie ou à la Chine.

« C'est donc un lieu privilégié pour l'action européenne. Je vais m'efforcer, dans les prochains mois, de développer la coopération franco-allemande dans ce domaine et également de nous accorder avec les Italiens. À plusieurs pays européens, nous pourrions faire bien plus que séparément. Nous serions accueillis à bras ouverts. C'est une magnifique carte à jouer.

AP. — Et l'Espagne et le Portugal ?

GdG. — Bien sûr, il faut faire tout ça en commun entre Européens, y compris les Espagnols et les Portugais. Mais qu'est-ce que vous voulez que les Portugais envoient à l'Amérique, sinon leurs curés ? C'est déjà quelque chose, d'ailleurs.

« Quant aux Américains du Nord, ils ne sont pas tellement hostiles à ce que nous prenions des initiatives dans ce domaine. Kennedy m'en a parlé. Ils sentent qu'ils n'en sortiront pas tout seuls et que ça va tourner mal. Ils désirent que nous les aidions. Bien sûr, ils ne souhaitent pas que nous prenions leur place. C'est comme avec l'OTAN, ils veulent pouvoir continuer à diriger. Ce qu'ils aimeraient faire, c'est une sorte de pool, dont ils prendraient bien sûr la tête, qui leur servirait de masque, et derrière lequel ils pourraient encore commander. Mais je ne m'y prêterai pas. Il faut une action commune des Européens et nous avons une belle place à prendre. »

Le traité franco-allemand a été signé la veille. De Gaulle parle en représentant conquérant du nationalisme européen — nouveau *conquistador* entraînant les Européens.

« Cette guerre de la langouste, c'est encore une histoire d'Américains »

Au Conseil du 27 février 1963, Couve nous entretient de la langouste que nos pêcheurs bretons vont chercher au large des côtes brésiliennes. Cinq bateaux français sont arraisonnés. Vive émotion en Bretagne, où l'on demande la protection de notre marine de guerre. Le Brésil a refusé le recours à l'arbitrage que nous lui avons proposé. Énormes réactions passionnelles.

GdG. — Ces gesticulations sont déplacées. Il ne s'agit pas

des eaux territoriales. Ça se passe à 200 kilomètres des côtes du Brésil.

Couve. — Plutôt 150. Juridiquement, notre dossier est bon. Le fond de l'affaire, c'est que les pêcheurs bretons achètent beaucoup plus cher les langoustes, aux pêcheurs brésiliens misérables, que les pêcheurs américains. Les pêcheurs américains sont furieux de cette entorse à leur monopole. Ce sont les Américains qui soulèvent la presse brésilienne contre nous. »

Après le Conseil.

GdG : « Cette guerre de la langouste, c'est encore une histoire d'Américains ! Parce que nos bateaux osent faire concurrence à des compagnies américaines ! Ces langoustes sont payées 2 500 francs * le kilo à Paris. Les compagnies américaines, qui nous les vendent, les achètent aux pêcheurs brésiliens à Recife pour 75 centimes. Ces compagnies ont évidemment grand intérêt à garder leur monopole. Les Américains sont trop contents de déchaîner les journaux brésiliens contre la France.

AP. — Ça promet, quand vous irez sur place.

GdG (lève le bras, d'un geste indifférent). — C'est un moyen pour eux de détourner les colères. Tout ça est misérable. Misérable. »

Salon doré, 27 mars 1963.

AP : « Cette visite du Président mexicain se passe bien ?

GdG. — Oui. Lopez Mateos voudrait faire installer par des firmes françaises sa pétrochimie, ses raffineries, ses barrages pour l'électricité, etc. Il n'est pas mécontent d'échapper au tête-à-tête avec les Américains. C'est catastrophique, pour des gens comme les Mexicains, de ne pouvoir traiter qu'avec un seul pays, qui veut les dominer économiquement. Alors, la France leur permettrait dans une certaine mesure d'échapper à l'emprise américaine. »

« Il faut donner l'habitude au monde entier d'une France qui a la tête haute »

Dans le train entre Paris et Sedan, 22 avril 1963.

AP : « Ferez-vous votre voyage en Amérique latine cette année ?

GdG. — Je le ferai l'an prochain, si je ne suis pas mort d'ici là. Mais n'en parlez pas encore, c'est trop hypothétique. (Le Général n'annonce pas un projet qu'il n'est pas certain de mener à bien ; dans le ton, je sens comme un souci de ne pas défier la Providence : l'avenir n'est qu'à Dieu.)

« L'Amérique latine est un continent où bien des choses vont se

---

* Dans la conversation courante, le Général parle toujours en anciens francs et en anciens centimes.

jouer. Il est essentiel que la France et l'Europe y soient présentes. Elle a besoin de nous : nous n'avons pas à en rougir ! Il faut éviter le tête-à-tête des Américains du Sud et des Américains du Nord. Pourquoi nous en excuser ? Pourquoi nous en cacher ? Il faut garder le front haut !

« Voyez-vous, pendant des dizaines d'années, les Français ont pris peu à peu l'habitude de baisser les yeux, de s'excuser, de demander pardon. Redressons-nous ! Il faut donner l'habitude au monde entier d'une France qui a la tête haute ! Elle sait ce qu'elle veut ! Elle n'attend pas la permission des autres pour décider ce qu'elle a à faire, ni pour le faire ! »

« Le fédérateur de tous ces pays disparates, c'est l'hostilité envers les États-Unis »

Au Conseil du 13 août 1963, Fouchet : « J'ai représenté le général de Gaulle au Pérou pour l'intronisation du nouveau Président Belaunde Terry. Les dirigeants péruviens sont tous francisés ; Belaunde Terry a fait des études d'architecte à Paris. Ils se tournent vers la France.

« Le Président de la République, le Premier ministre, le ministre des Affaires étrangères demandent l'aide technique et culturelle de la France. De Gaulle, m'ont-ils dit, est " le *Lider Maximo* de la civilisation latine ".

« Le nationalisme particulier à chaque nation l'emporte sur le nationalisme général de l'Amérique latine, mais toutes ensemble ont en commun de détester les Américains, les *gringos*.

« Je me suis rendu ensuite à Mexico, comme vous m'y aviez engagé. Lopez Mateos est encore dans l'enthousiasme de la réception qu'il a reçue à Paris. Le Mexique, très ambitieux, s'estime *lider* de toute l'Amérique latine. Entre le système aristocratique péruvien et la dictature marxiste de Fidel Castro, il a trouvé un socialisme digne.

« Mes interlocuteurs ont peur d'un nouveau Yalta, qui serait cette fois un partage du monde, avec domination des Soviétiques sur l'Europe et des Américains sur l'Amérique latine, le Pacifique et l'Asie. Ils souhaitent ardemment que la civilisation latine, à l'appel de son *Lider Maximo*, c'est-à-dire vous, s'unisse pour y faire obstacle.

GdG. — Votre communication était du plus haut intérêt. » Degré rarement atteint dans la louange. Il se contente d'ajouter : « Le fédérateur de tous ces pays disparates, c'est l'hostilité envers les États-Unis. »

« La meilleure façon de bâtir l'Europe, c'est que les Européens bâtissent ensemble hors d'Europe »

Salon doré, 22 janvier 1964.

GdG : « L'Amérique latine est un centre névralgique. C'est là que nous pouvons le mieux agir pour éviter la révolution, qui résulterait inévitablement de la haine que les populations éprouvent à l'égard des Yankees. C'est là que je ferai deux voyages cette année, l'un au Mexique en mars, l'autre en automne, en Argentine, au Brésil, au Pérou.

AP. — Le Brésil aussi ? Malgré la guerre de la langouste ?

GdG. — Oui, mais ne le dites pas. Nous attendions que le Président Goulart nous exprime ses regrets. Ça va être fait : il ne souhaitait pas nous voir passer au large de ses côtes sans faire escale. »

Salon doré, 29 janvier 1964.

AP : « Votre voyage pourrait cristalliser dans le tiers-monde les aspirations à l'indépendance vis-à-vis des Américains.

GdG. — C'est possible. D'autre part, ils ont besoin de ce que leur donnent les Américains. Et puis les Américains, depuis longtemps, achètent l'essentiel de leur production, quitte à la revendre avec d'énormes bénéfices.

AP. — Vous ouvrez une brèche dans la doctrine de Monroe : "L'Amérique aux Américains" ?

GdG. — Certainement. Oui, mais ça, Kennedy lui-même n'y était pas hostile. (Il me l'a déjà dit l'an dernier *.) Il sentait qu'il faut agir pour éviter la révolution. Quand il était venu ici, il m'avait dit : "Il faut que l'Europe et en particulier la France, vous preniez place en Amérique latine ; c'est très lourd." Seulement, il aurait bien voulu que ce soit sous sa bannière. »

Salon doré, 18 février 1964.

AP : « Cette idée d'une coopération franco-allemande en Amérique latine, c'est pour faire bien, ou ça pourra être efficace ?

GdG. — D'abord, ça fait pas mal dans le tableau. Nous avons des entreprises ; il s'en créera de nouvelles. Les Allemands, pour les exportations, sont beaucoup plus avancés que nous. Alors, il est logique de se concerter, pour que les uns fassent ceci et que les autres fassent cela. Avec eux, nous avons mieux à faire que de nous manger la laine sur le dos.

AP. — Seulement, Erhard n'a pas l'air disposé à sortir un sou.

GdG. — Ça ne fait rien. Un gouvernement, par les temps qui courent, peut faire beaucoup pour déterminer les entreprises privées à faire quelque chose, ou au contraire pour les en décourager.

* Voir p. 507.

AP. — Vous annonceriez une aide collective de l'Europe ?

GdG. — Je ne suis pas en mesure de dire ça ! Si un jour l'Europe veut faire comme nous et se livrer à des entreprises collectives, alors ça irait beaucoup mieux. Tout se tient. En même temps que nous essayons d'organiser l'Europe, nous devons nous projeter à l'extérieur. La meilleure façon de bâtir l'Europe, c'est que les Européens bâtissent ensemble hors d'Europe. »

« Je ne tiens pas à rendre moi-même ces drapeaux »

Un an a passé depuis que le Général m'a parlé des drapeaux du Mexique. L'affaire vient *au Conseil du 26 février 1964*. Messmer l'expose avec une froideur qui masque son émotion d'ancien colonel de la Légion étrangère : « Il y a cent ans, l'armée française (il ne dit pas "la Légion") s'était emparée d'un certain nombre d'emblèmes militaires mexicains. La plupart sont des fanions en loques. Quand on les déplie, ils tombent en poussière.

« Trois emblèmes seulement sont d'un intérêt certain. Les Mexicains nous suggèrent de renvoyer ces trois drapeaux. Comme cette campagne n'a pas eu de suite…

GdG. — Si, elle a eu des suites ! Il y a toujours des suites. Tout s'enchaîne en histoire. L'expédition a instauré Maximilien, le général Weygand a été la suite de Maximilien, et l'armistice de 40 a été la suite de la nomination de Weygand comme général en chef*. » (Rires.)

Messmer ne rit pas et reprend, comme s'il n'avait rien entendu : « Puisque cette campagne n'a pas eu de suite, j'enverrai un officier général remettre ces trois drapeaux aux Mexicains.

GdG. — Je ne tiens pas à les rendre moi-même. »

Messmer a eu l'élégance de prendre toute cette affaire sur lui. Par sa plaisanterie désinvolte, le Général a trahi sa gêne. En passant outre, Messmer donne une leçon de discrétion et de maîtrise. Le Général encaisse et, comme pour s'excuser auprès de son ministre, révèle à tous son souci personnel.

L'honneur est sauf. Celui des armées françaises et de leur chef : l'affaire aura été réglée avant son arrivée, sans qu'il ait à « porter ces drapeaux dans ses valises ». Mais aussi l'honneur des Mexicains, réparé après cent ans. Toujours, respecter la dignité des peuples.

---

* Le Général ne fait-il que traduire l'opinion commune selon laquelle le général Weygand serait le fils naturel de l'impératrice Charlotte, épouse de Maximilien, ou en sait-il davantage ? Weygand lui-même n'aurait jamais réussi à élucider l'énigme de sa naissance.

« Nous nous présenterons comme l'avant-garde de l'Europe »

Salon doré, 11 mars 1964.

AP : « Qu'allez-vous annoncer, la semaine prochaine, à Mexico ? Les Américains redoutent votre voyage.

GdG. — Ils ont la manie de la persécution. C'est pas sérieux.

AP. — Ils ont peur que vous mobilisiez l'Amérique latine contre eux.

GdG. — Elle est mobilisée contre leur système de colonisation par féodaux interposés. Tranchons le mot : les Yankees sont insupportables à l'Amérique latine. Naturellement, ces pays prennent l'argent américain, mais ils s'en veulent. Et ils reprochent aux Américains de les réduire à la mendicité.

AP. — Vous risquez d'être le facteur de cristallisation.

GdG. — L'issue, pour l'Amérique latine, ce n'est plus le dialogue avec seulement les Yankees, c'est une situation internationale dans laquelle l'Amérique latine aura affaire aussi à l'Europe. Alors, nous nous présenterons comme l'avant-garde de l'Europe. »

Chapitre 17

« POUR LES MEXICAINS, LA FRANCE EST L'INCARNATION DE L'IDÉE NATIONALE »

Pointe-à-Pitre, 20 mars 1964.

En attendant le départ du cortège, le Général, arrivé de Mexico cette nuit, nous fait asseoir, Jacquinot et moi.

Jacquinot : « Pourquoi avez-vous soulevé un pareil enthousiasme ?

GdG. — Parce que c'est la France. Pour les Mexicains, la France est l'incarnation de l'idée nationale.

AP. — Vous avez bien fait d'aborder l'Amérique latine par le Mexique ?

GdG. — Le Mexique est différent des autres pays, d'abord par la stabilité. Comment voulez-vous sortir du sous-développement sans la stabilité ? Pour un pays misérable, la stabilité et l'autorité d'un gouvernement sont plus appropriées que l'instabilité de nos démocraties occidentales. Il faut et il suffit que le régime respecte peu ou prou les droits de l'homme et surtout la dignité du peuple. Quant à nos manies formalistes, elles ne sont pas faites pour ces pays-là.

« Le Mexique est conduit depuis trente ans par un parti unique, le "Parti révolutionnaire institutionnel", tout en ayant les apparences d'une démocratie. J'ai l'impression que ce parti-là est de plus en plus institutionnel et de moins en moins révolutionnaire. Et même, je crois bien qu'il n'est plus révolutionnaire du tout.

« Regarder vers la France, ça vaut mieux que de regarder vers Moscou »

Jacquinot. — Quels sont les sentiments des Mexicains à l'égard des États-Unis ?

GdG. — Toute l'industrie, tout le commerce, toute la finance sont dirigés par les Américains. C'est comme au Canada. Avec une grande différence. Les Anglais du Canada se prêtent à cette mainmise, parce qu'ils se sentent de la même race, de la même culture, de la même langue, et qu'ils profitent largement de cette situation. Ils font la courte échelle aux Américains. Ça leur permet d'accentuer leur domination sur les Français. Les Mexicains, comme les Canadiens français, ne se sentent ni de la même race, ni de la même culture, ni de la même langue. Ils supportent de moins en moins cette situation. Pour le moment, ils le manifestent en regardant vers la France. Ça vaut mieux que de regarder vers Moscou.

AP. — Les anciennes classes dirigeantes, les Espagnols, le clergé, se satisfaisaient de cette situation.

GdG. — C'est pourquoi ils ont été balayés. Ils étaient comme les féodaux chez nous dans l'Ancien Régime, comme les petits-blancs aux colonies : des épaves de l'histoire. Nos féodaux à nous ont cru qu'il leur suffisait d'abolir leurs privilèges. Mais il était trop tard. On a aboli les privilégiés. C'est ce qu'a fait la Révolution mexicaine, avec beaucoup de violence. C'est ce qui arrivera en Amérique latine, partout où le dollar domine et a corrompu la classe dirigeante.

Jacquinot. — Avec qui avez-vous eu des conversations ?

GdG. — Lopez Mateos, naturellement, auquel je rendais sa visite de l'an dernier. J'ai vu aussi son héritier présomptif, Diaz Ordaz, bien qu'il ne soit pas encore élu — mais c'est tout comme. Chacun affiche la volonté de suivre la même politique que son prédécesseur. Ça compense le fait qu'on ne peut être Président qu'une seule fois, c'est une bizarrerie de leur Constitution.

« Ces pays manquent de capacités, de connaissances techniques, de faculté d'organisation, plutôt que d'argent. Nous pouvons faire beaucoup dans ce domaine.

Jacquinot. — En somme, c'était un voyage utile. »

Il en avait douté jusque-là. “Pourquoi va-t-il se balader, à quoi ça sert ?” doivent lui dire ses grands électeurs sénatoriaux.

« Le Mexique est très marqué par nous, et ce n'est pas seulement par politesse »

Au Conseil du 25 mars 1964, Couve : « La visite du Général au Mexique a précédé toute autre visite éventuelle en Amérique latine. Pourquoi le Mexique ? Il bénéficie d'une grande stabilité, grâce au règne d'un parti unique qui assure la permanence des institutions par cooptation. »

Jacquet me dit : « Ce serait bien, si l'UNR était comme ça. »

Le Général a vraiment l'oreille fine. Parlant dans notre direction : « Il ne tient qu'à vous. » Missoffe souffle à Jacquet : « Il t'a eu jusqu'au trognon. »

Couve, imperturbable, relate les moments forts de la visite : « Le premier jour était spectaculaire, mais il n'y avait encore là rien d'anormal. C'était l'accueil, entre l'aérodrome et la place de la Constitution. Il y avait beaucoup de monde, de l'ordre du million de personnes.

« L'apparition des deux Présidents de la République sur le balcon du Palais national, où il est de tradition que seul le Président mexicain paraisse une fois par an, a provoqué l'enthousiasme sur la place du *Zocalo*, noire de monde.

« En outre, l'hôte s'est adressé à la foule en espagnol. Alors se sont déclenchés des phénomènes exceptionnels. L'arrangement des choses s'y prêtait : visite à une cité ouvrière, au Congrès, au Sénat, à l'Université. Partout, un accueil de plus en plus chaleureux, qui ne semblait pas organisé, mais spontané, ou plutôt contagieux, comme ce fut le cas en Allemagne.

« À l'Université, des dizaines de milliers d'étudiants étaient massés, dans un certain désordre. L'Université jouissant d'une complète autonomie, la police n'y pénètre pas. On a assisté au spectacle d'un enthousiasme extraordinaire. Tous les témoignages s'accordent pour dire que c'est un phénomène sans précédent.

GdG. — Les Mexicains voudraient voir la naissance d'une banque européenne pour le développement. Mais c'est surtout sur le plan culturel et technique que notre action peut se développer à moindres frais.

« Le Mexique a montré l'attrait que la France lui inspire. Il est très marqué par elle, et ce n'est pas seulement par politesse. »

Peut-on, dans le succès, être plus sobre ?

« Une politique de rupture non, d'affranchissement oui »

Salon doré, 21 mai 1964.

AP : « Avez-vous toujours l'intention d'aller dans la plupart des pays d'Amérique du Sud ?

GdG. — Mais oui, dans tous les pays d'Amérique du Sud !

AP. — On pouvait se demander si votre convalescence* irait assez vite pour permettre ça.

GdG. — Ah oui, ma convalescence (comme s'il allait dire : "J'oubliais"), elle ne va pas mal. »

(De l'air de dire : « Mêlez-vous de ce qui vous regarde. »)

Salon doré, 14 août 1964.

AP : « Les journalistes américains craignent de nouveau qu'après votre voyage en Amérique du Sud, les masses ne soient tentées par une politique de rupture.

GdG. — Les masses ? Elles sont tentées déjà avant que j'arrive… Une politique de rupture, non, mais d'affranchissement, oui.

AP. — Vous ne craignez pas que des mouvements de type castriste se développent ?

GdG. — Oh, il y en a déjà eu et il y en aura encore ! Il n'est pas impossible que le Chili élise un Président orienté vers les réformes, et vers l'affranchissement par rapport aux États-Unis. Les deux choses peuvent se confondre, en Amérique latine.

---

* Le Général a subi le 17 avril l'ablation de la prostate (voir p. 549 *sq.*).

AP. — Il y a encore des structures puissantes de propriétaires terriens, de nantis.

GdG. — Toute la question est là. La question est de savoir combien de temps ces structures féodales se maintiendront. »

« Que la foule s'inquiète, et que le chef la rassure en agissant »

Salon doré, 9 septembre 1964.

AP : « Bien des gens, à commencer par ceux qui vous sont le plus fidèles, se demandent si ce voyage, si fatigant, est bien nécessaire.

GdG. — Fatigant ? Oui, il le sera. Mais je crois que ce sera bien pour la France. Ce voyage a été décidé. Il faut le faire.

(Au cours du voyage dans les Antilles, il m'avait dit : "Un voyage, il ne faut pas le faire. Il faut l'avoir fait.")

AP. — Vous monterez trois fois à plus de 2 600 mètres ! Ce qui étonne, c'est la disproportion entre le résultat qu'on peut attendre de ce voyage, et l'énorme fatigue et même les risques qu'il comporte. Ça ne vaudrait pas la peine que nous donnions quelques explications ?

GdG. — Je préfère pas. J'aime mieux ne pas m'expliquer sur ce que je vais faire, ni moi-même, ni par votre intermédiaire. Voyez-vous, c'est un principe dont je me suis toujours bien trouvé et que je vous recommande : il ne faut jamais s'expliquer à l'avance sur ce qu'on va faire. Quand on a fait quelque chose, on peut en expliquer les raisons. Mais quand on ne l'a pas encore fait, il vaut mieux laisser les gens suspendus.

« Il faut toujours tenir les peuples en haleine. C'est le grand secret. Quand je serai en Amérique, j'expliquerai progressivement, dans mes interventions et dans mes discours, les raisons de mon voyage, et elles apparaîtront alors d'elles-mêmes, et elles balaieront du même coup les doutes ou les inquiétudes. Alors, pourquoi vouloir les balayer plus tôt ? On chercherait toujours à mettre mes déclarations en opposition avec ce que je ferai. Il ne faut jamais donner l'impression qu'on s'excuse de ce qu'on fait. Les peuples sont là pour s'interroger. C'est bien ainsi. Que la foule s'inquiète, et que le chef la rassure en agissant ! »

« La France, parce qu'elle a choisi les réalités de son temps, peut à nouveau rayonner à l'extérieur »

Salon doré, 16 septembre 1964.

Le Général va partir. Il consent à ce que je dise quelque chose sur ce voyage avant qu'il ne commence. Mais il faut le harceler de questions.

GdG : « Vous pouvez dire que ce voyage marquera l'importance que la France attache à l'avènement de l'Amérique latine au premier plan de la scène internationale, comme élément d'équilibre et de paix.

AP. — Et que ce voyage a aussi un sens pour la France ?

GdG. — Oui, il signifie que notre pays a retrouvé la stabilité et la paix. Sous aucune République, un Président n'avait quitté le territoire national si longtemps. Aujourd'hui, il peut s'absenter pour de longues semaines, la solidité des institutions le permet.

AP. — Et ce voyage est novateur pour notre politique extérieure ?

GdG. — Jusqu'à l'an dernier, beaucoup étaient convaincus que le pays était en train de se replier dans l'Hexagone. Hexagone, ce mot très laid, auquel les adversaires de la France voudraient la réduire, pour en faire ensuite une province dans un magma. La décolonisation pouvait apparaître aux Français comme un reflux douloureux. Ce voyage devrait leur montrer que la France, parce qu'elle a choisi les réalités et les nécessités de son temps, peut à nouveau rayonner à l'extérieur.

AP. — En débordant des frontières de notre ex-Empire ?

GdG. — Ce voyage manifeste la volonté de la France d'être présente non seulement dans ses anciennes possessions, mais dans une partie du monde qui sera de plus en plus importante et où la France avait autrefois une position éminente. La France s'était éclipsée de l'Amérique latine depuis la grande crise de 1929-1930 ; mais elle dispose encore là-bas d'un capital moral et sentimental. C'est mon devoir de le réveiller.

« La coopération, ça consiste à apporter des ferments »

AP. — La France supporte déjà une lourde charge pour l'aide aux pays sous-développés. Est-ce que ce n'est pas une tâche démesurée ?

GdG. — La coopération, c'est autre chose que de verser de l'argent. Ça consiste à apporter des ferments culturels et techniques qui permettent à un pays d'entrer dans la voie du développement ; c'est le levain qui fait monter la pâte. Mais c'est aussi la sympathie. N'oubliez pas qu'au moment de la Libération de Paris, les cloches, en Amérique latine, avaient sonné à toute volée. Notre politique d'indépendance recueille plus d'écho parmi ces peuples que nulle part ailleurs.

AP. — N'allez-vous pas mettre l'étincelle à une poudrière ?

GdG. — Aujourd'hui, les pays latino-américains sont pris d'un véritable sentiment de claustrophobie. Beaucoup de dirigeants américains se déclarent maintenant convaincus que le seul moyen de mettre fin à la situation conflictuelle entre les deux

Amériques, c'est de réintroduire en Amérique latine une présence européenne.

AP. — L'Europe se poserait en médiatrice entre Américains du Sud et du Nord ?

GdG. — Non, non ! Ils n'ont pas besoin de médiateur. Simplement, nous pensons que la reprise des relations entre l'Europe et l'Amérique latine ne peut que faciliter une amélioration des relations entre les Américains du Nord et du Sud. »

L'indication est claire : il ne s'agit pas d'attiser le feu de l'anti-américanisme, mais de faire un contre-feu. Est-ce seulement une présentation du voyage plus acceptable par les Américains ?

Chapitre 18

« UN ATTACHEMENT POUR LA FRANCE, À QUOI RIEN NE SE COMPARE »

Au Conseil du 21 octobre 1964, Couve fait longuement le récit du périple : « Vingt-six jours, dix pays : le général de Gaulle aura été reçu officiellement dans toute l'Amérique latine, sauf l'Amérique centrale et les Caraïbes.

« L'accueil a été extraordinaire. Sans exception aucune, les foules ont été innombrables et chaleureuses. Ce fut un succès complet. »

Couve a dû penser que, comme après sa relation de la visite au Mexique, le Général serait bref — c'est donc au ministre de tout conter. Mais cette fois, pour conclure ses deux voyages, le Général ne peut ou ne veut s'empêcher de dire au long son sentiment.

« Il nous appartient de reparaître »

GdG : « Il s'agissait de reprendre un contact perdu, et de revivifier une énergie latente : une vraie faveur envers la France. Cela a été fait. Si nous ne l'avions pas fait, cette faveur aurait continué à se dissoudre. Comme la concurrence est rude, c'était le moment de raviver ce sentiment.

« Il y a deux types de pays. Dans la plupart, il y a essentiellement deux peuples. Les Espagnols, qui ont été affranchis par Bolivar, dont l'action a fait tache d'huile, y compris au Brésil. Mais le *Libertador* n'a pas affranchi du tout les Indiens, une masse montagnarde, difficilement accessible, qui ne se modernise pas, et qui est tenue dans une sorte de relégation par des gouvernements héritiers du pouvoir colonial. D'où un problème continuel, qui agite ces pays en profondeur. En outre, tous ces pays, à l'exception du Mexique, sont en proie à l'instabilité politique.

« Certains — le Chili, qui a une unité ethnique et géographique et une certaine consistance, malgré son incroyable longueur, l'Argentine, le Paraguay, l'Uruguay, le Brésil — sauf l'Amazonie, mais personne n'y va —, ne souffrent pas d'une menace ethnique : ils sont donc soulagés de ce problème. Ces pays — sauf le Chili — ont quand même un gouvernement instable, à cause de leur armée, mais surtout à cause de leur penchant naturel. Ces populations de type méditerranéen sont dans l'incapacité d'assurer un exercice régulier du gouvernement. Cette instabilité politique est le drame principal de ces pays. En revanche, avec les mines, le pétrole, l'agriculture, ils ont les moyens virtuels d'un développement économique considérable, qu'ils n'ont pas encore entamé.

« Les Américains donnent de l'argent, mais ils en profitent pour conduire économiquement et politiquement ces pays, ce qui n'est pas agréable à ces derniers. Dans ces conditions, leur politique extérieure tend nécessairement, et contre leur gré, à s'accommoder des Américains dispensateurs de dollars, tout en cherchant à trouver autre chose.

« Cette autre chose, c'est une relation plus étroite avec les pays d'Europe et surtout la France. Bien qu'elle se soit retirée depuis la guerre de 14, parce qu'elle avait les reins cassés (tiens, l'expression n'est pas réservée à l'Allemagne ou à l'Angleterre), parce qu'elle n'avait ni conviction nationale, ni politique ferme, ni capitaux, disparus dans l'inflation, nous ne pouvions pas grand-chose.

« Il nous appartient de reparaître et de rassembler les forces nécessaires. Pas de doute, ces gens-là désirent que nous les aidions à former leurs cadres. Cela ne devrait pas nous coûter trop cher. Ils souhaitent que nos investisseurs engagent des capitaux. Mais ce qui est fait en ce sens, soit dans des réalisations françaises, soit dans leurs propres entreprises, n'est pas perdu pour nous.

« L'effort doit être conduit par le gouvernement. Il faut qu'il établisse un plan de coopération avec les divers pays d'Amérique latine, à l'initiative du ministre des Affaires étrangères et avec les autres ministères. Nous faisons déjà pas mal de choses et nous ne pouvons pas faire énormément plus. Il faut préciser ce qui reste à faire. Quant aux crédits, nous ne consacrerons pas en 1965 plus que le budget de l'année ne le prévoit. Mais, pour le budget 1966, il faudra faire une part plus large à la coopération en Amérique latine. Nous pourrons alors atténuer ou réduire ce que nous engouffrons en Afrique. Pour agir, il faut payer.

« L'attachement pour la France est une façon pour les Latins de célébrer leur latinité »

« Au total, nous retirons de ce voyage l'impression d'une réalité française dans les âmes, qui est quelque chose d'absolument exceptionnel. Il y a peut-être un peu l'équation personnelle du moment (c'est sa façon pudique de faire allusion à lui-même).

« Mais il y a surtout, dans le monde latin, un attachement pour la France, à quoi rien ne se compare. Il est une façon pour les Latins de célébrer leur propre latinité. C'est un fait plus vivant qu'il ne l'a jamais été. Mais ce que j'ai pu faire là devra être poursuivi et complété. »

En octobre 1978, le Président Giscard d'Estaing se rend au Brésil, accompagné de trois ministres : Louis de Guiringaud, des Affaires étrangères, Simone Veil, de la Santé, moi-même, de la Justice. Le triomphe du Général s'était transformé en mythe. À Brasilia, on récitait par cœur des phrases qu'il avait prononcées, quatorze ans plus tôt, devant le Congrès ou à l'Université.

La différence, que Giscard pouvait constater, entre l'accueil « historique » réservé au général de Gaulle et celui qu'on lui faisait, si empressé et si amical fût-il, ne pouvait que lui être sensible. Bien qu'il fût en visite d'État tout comme le Général, il fut hébergé à Rio dans le même hôtel que la presse qui l'accompagnait.

Un dîner fut donné en son honneur, dans l'ancien château impérial, aux environs de Rio, où était descendu le Général. Des plaques commémoratives le rappelaient fièrement. Le gouverneur de l'État de Rio, dans son toast, insista longuement sur le fait que cette résidence des empereurs du Brésil était à nouveau entrée dans l'Histoire en 1964, au cours de ce voyage dont chaque épisode restait dans les mémoires, en accueillant l'hôte illustre. À la fin du toast, tous les regards se tournèrent vers Giscard : il ne se leva pas. Chef d'État, il n'était pas tenu de répondre au toast d'un simple gouverneur. Les invités espéraient revivre les émotions d'hier — et il avait assez de talent pour rétablir le lien magique. Mais il est des exaltations du passé qui sonnent comme une dépréciation du présent. Est-ce ainsi que Giscard perçut le message du gouverneur ?

Au Conseil du 9 décembre 1964, Malraux revient du Mexique, pour la prise de fonctions du nouveau Président : « Il n'y avait que trois délégations, la soviétique, l'américaine et la française.

« Tout le passé indien est présenté avec éclat.

« Quand on parle de "latinité", on pense à la France. Le passé vivant, ce n'est pas l'Espagne, contre laquelle on s'est révolté, c'est la France. La lettre de Victor Hugo à Juarez est apprise par cœur dans les écoles. La France de De Gaulle est pour eux comme la Grèce de Périclès pour nous. La revendication indienne se fonde sur un passé qui n'est pas seulement l'art, mais la liberté incarnée par la France.

GdG. — C'est un fait que ces pays se tournent instinctivement vers le nôtre, parce qu'ils sont indisposés par les Américains. La France, c'est le recours. »

« *Quand on a les* marines *sur le ventre* »

Au Conseil du 12 mai 1965, Joxe, qui assure l'intérim de Couve, tente d'éclaircir les événements confus qui agitent Saint-Domingue et ont entraîné, fin avril, le débarquement des *marines* américains.

« Deux gouvernements s'affrontent : celui du général Antonio

Imbert, qui a la faveur du Président Johnson ; et celui de Camano, partisan du retour du Président Juan Bosch, que Kennedy soutenait naguère ; cet ancien Président, démocratiquement élu en 1962 puis renversé en 1963 et réfugié à Porto-Rico, a dit qu'il se tient à la disposition de son pays. »

Après le Conseil.

GdG : « Nous désapprouvons l'intervention américaine. Nous n'allons pas débarquer à Saint-Domingue pour combattre les Américains. Mais qu'ils se débrouillent tout seuls, moralement et politiquement ! Nous persistons à espérer qu'un jour viendra où il s'établira à Saint-Domingue un gouvernement qui résulte de la libre volonté des citoyens.

AP. — Laquelle ne pourra pas s'exercer tant que les troupes seront là ?

GdG. — Évidemment ! Elle ne peut pas se manifester quand on a des *marines* sur le ventre. »

Au Conseil du 18 mai 1965, Couve fait état d'une détérioration à Saint-Domingue. « Les États-Unis sont encombrés par leur propre intervention et l'énormité de leur force. »

« La politique de la canonnière, c'est fini »

Après le Conseil, le Général me dit : « Il y a un fait nouveau dans le monde. C'est que les peuples ont pris conscience d'eux-mêmes. Il y a toutes sortes de raisons pour cela, mais c'est un fait. Ils ont pris conscience de leur personnalité nationale, alors qu'autrefois, c'était très vague. On leur envoyait une canonnière ou un croiseur. Alors, l'Égypte payait sa dette, ou faisait semblant de vouloir la payer. Tout ça, c'est terminé. La politique de la canonnière, c'est fini et ça ne reviendra pas. On est aussitôt pris dans une cabale, parce que, lorsqu'on intervient dans un pays, on se trouve en face de ce peuple, qui ne veut pas que vous interveniez. Si vous intervenez, vous créez la guerre civile automatiquement. Et vous n'aboutissez jamais ! C'est là le fait que nous avons reconnu. C'est pourquoi nous avons quitté l'Algérie, bien que nous fussions les maîtres sur le terrain ; mais ça ne nous procurait pas de solution. Seulement, les Américains ne l'ont pas encore compris.

« Ils se demandent comment s'en tirer. C'est toujours la même chose. C'est comme au Vietnam. Ils s'engagent comme des hurluberlus, puis, ils ne savent pas comment partir. »

VI

« TOUT AURAIT ÉTÉ BALAYÉ »

Chapitre 1

« MON SUCCESSEUR NE ME REMPLACERA PAS »

Dans le train entre Cognac et Roumazières, 12 juin 1963.

Je ne cesse de penser à la phrase que le Général m'a glissée mercredi dernier, *après le Conseil du 5 juin 1963.* Comme je m'étonnais que le Premier ministre, à cause d'un voyage en Turquie, ne présentât pas lui-même à l'Assemblée la loi sur le droit de grève à laquelle il avait apporté tant de soin, le Général m'a dit : « Joxe fera ça très bien, tandis qu'en Turquie il ne ferait pas le même effet que le Premier ministre. Il faut que Pompidou se fasse connaître de par le monde. Il faut qu'il prenne stature. »

« Je n'entreprendrai pas un autre mandat »

Aussi, profitant de la bonne humeur évidente du Général, je lui pose la question qui est déjà sur toutes les lèvres, bien que nous soyons encore à deux ans et demi de l'échéance.

AP : « Comment voyez-vous votre succession, mon général ? Vous représenterez-vous ?

GdG (sans hésiter). — Non, je finirai mon septennat, si Dieu me prête vie, puis je me retirerai.

AP (naïvement). — Ne croyez-vous pas que, pour assurer la survie du régime, la meilleure solution serait que vous vous présentiez à la présidentielle de 65, que vous accomplissiez deux ans d'un second septennat, de manière à assurer notre succès aux législatives de 67 et à mettre le régime tout à fait en selle ? Après quoi, vous pourriez vous retirer sans danger, le régime ayant été consolidé. Le pli aurait été pris par les Français d'avoir un Président et une Assemblée qui le soutient. »

« Il ne faut pas tromper les Français ! »

Le Général me rembarre sévèrement : « Mais non ! Non, ça ne va pas ! Pour deux raisons.

« D'abord, parce que le pays ne doit pas reposer sur l'Assemblée, mais sur le Président. Alors, que les législatives soient gagnées ou perdues, c'est secondaire. Ce qui compte, c'est que le Président ait la majorité du peuple derrière lui ; si cette condition est remplie, tout le reste s'arrangera de surcroît.

« Et puis, on ne peut pas se présenter au suffrage du peuple pour un mandat de sept ans et se retirer sur la pointe des pieds après deux ans ! C'est pas honnête ! Il ne faut pas tromper les Français ! Il faut leur dire la vérité ! Ça ne serait pas clair, de se présenter soi-disant pour rester sept ans et puis, en réalité, rester deux ans. Sept ans, c'est sept ans. Il me faut tenir tout ce septennat. Je n'ai pas le droit d'en recommencer un autre, si je n'ai pas l'intention de le continuer jusqu'au bout. Non, ce que je ferai sans doute, ce sera de proposer aux Français celui qui me paraîtra le plus capable alors de poursuivre ce que j'ai entamé. Et je dirai au peuple : "Voici celui que je vous recommande, c'est le meilleur."

« Les distillateurs de nuances n'y auront pas leur compte »

AP. — Dans ce cas, votre candidat aurait les meilleures chances. Mais le successeur de votre successeur ?

GdG. — Ce qui compte, c'est la continuité. Le peuple le sait bien. Quand je me retirerai, la question sera de savoir si on continue dans la même ligne, ou si on prend la ligne opposée. Les coupeurs de cheveux en quatre et les distillateurs de nuances n'y auront pas leur compte. Ça, le peuple le sentira. Il n'en a jamais eu l'occasion jusqu'ici, mais il ne s'y trompera pas, je n'en doute pas. Et pour l'élection suivante, ce sera pareil.

« Quand le peuple est consulté dans les élections législatives ordinaires — et encore plus dans des élections partielles, comme cette élection de l'Hérault * —, les enjeux ne sont pas nationaux. Alors, les électeurs se préoccupent des intérêts locaux ; et c'est le plus démagogue qui gagne. C'est celui qui promet de mieux défendre la viticulture quand il s'agit de vignerons, ou l'ostréiculture quand il s'agit de ramasseurs d'huîtres. Mais quand il s'agira d'élire le chef des Français, tous les Français sentiront que le problème n'est pas dans les huîtres ni dans la vigne. Le problème ne sera pas de défendre les intérêts d'une catégorie contre une autre. Le problème sera de faire appel à celui qui sera le plus capable de rassembler les Français, d'assumer l'État, d'assurer le salut du pays.

AP. — Êtes-vous certain que le besoin de continuité sera la seule motivation des électeurs ?

GdG. — C'est en tout cas la meilleure chance que nous ayons de faire survivre ce régime. C'est beaucoup plus important que les partis que vous pouvez créer.

AP. — Tout dépend du nombre de candidats qui se présenteront.

GdG. — Oui, s'il y a un candidat communiste au premier tour, le

---

* Le communiste Balmigère vient d'être élu député à Béziers par une coalition des partis contre le candidat gaulliste Valabrègue (voir p. 169).

communiste aura les voix de tous les communistes. Ce qui comptera, c'est simplement que *le nôtre* vienne nettement en tête au premier tour. Alors, nous aurons gagné à coup sûr pour le second tour.

« *Un ancien de la IV*e*, le peuple le vomira* »

AP. — Mais si tous les non-gaullistes font alliance pour un candidat unique, comme ça vient d'être le cas dans l'Hérault, et surtout si les communistes ont l'habileté de renoncer à présenter eux-mêmes un candidat ?

GdG. — À ce moment-là, ça pourrait être difficile. C'est pourquoi il ne faut rien faire pour provoquer l'opposition et l'inciter à se regrouper ! C'est aller à notre propre perte ! Pourquoi diable Frey leur a-t-il lancé ce conseil, ou ce défi ? Il n'est pas impossible que tous les non-gaullistes se liguent sur un nom, et que, dès le premier tour, ils décident, par exemple, de se mettre d'accord sur Pflimlin ou sur Guy Mollet. On retomberait automatiquement dans la IVe, car le thème de la campagne de ce candidat unique serait nécessairement, pour qu'il ait quelque chance de s'imposer, de réagir contre la Ve République, qui réagissait elle-même contre la IVe.

« Alors, de deux choses l'une. Ou bien le peuple français continuera à se souvenir des désastres où l'a conduit la IVe République et mesurera le redressement que lui a valu la Ve. Alors, il écartera cette manœuvre ; c'est simplement une affaire d'information ; ce sera votre affaire. Ou bien, le peuple aura perdu le souvenir des malheurs où l'avait précipité la IVe et ne sentira pas les progrès que lui vaut la Ve. Alors, cette manœuvre pourra aboutir. Si c'est le cas, il n'y a plus qu'à désespérer. *Quos vult perdere Jupiter dementat prius* *. Il n'y aura plus qu'à espérer qu'un jour le peuple français redevienne raisonnable.

« Si le peuple français est bien informé, la réaction de bon sens devrait jouer. D'ailleurs, réfléchissez. Si le candidat opposé au nôtre est un ancien de la IVe, le peuple le vomira. Si c'est quelqu'un qui, sans avoir trempé dans la IVe, n'approuve pas la Ve, alors, ce sera un inconnu. Or il faut d'abord s'être fait connaître, de préférence en bien, dans une haute charge, sinon on n'a aucune chance ! »

« *Au fond, tout ça ne me ragoûte plus* »

Préfecture d'Angoulême, 13 juin 1963.

Une demi-heure avant le départ, le Général, après m'avoir donné quelques instructions, répond sans rechigner à mes questions.

Le bruit a couru, parmi les journalistes de l'escorte, que le

* « Ceux qu'il veut perdre, Jupiter commence par les rendre fous. »

Général pourrait abréger le septennat en cours, se faire réélire à l'automne au suffrage universel et s'ouvrir une nouvelle période de sept ans, qui le mènerait jusqu'en 1970 — à ses quatre-vingts ans. Au cours de cette tournée, dans ses discours en plein air, il a joué avec l'idée de la durée de son pouvoir, mais sans l'éclairer.

AP : « Comptez-vous avancer, comme on le raconte, la date du renouvellement de votre septennat ?

GdG. — Pourquoi voulez-vous que je l'avance ? J'ai été élu pour sept ans. Il faut que j'aille au bout de mon mandat. (Sèchement.) Vous le savez bien. J'ai pris un engagement, il faut que je le tienne. Quand on est élu pour un temps donné, il faut accomplir la totalité de sa tâche. Sinon, on est un jean-foutre.

AP. — Mais vous pourriez avoir d'autres raisons d'abréger votre septennat...

GdG. — Croyez bien que j'en suis tenté quelquefois. Au fond, tout ça ne me ragoûte plus, ça a cessé d'être dramatique. Je ne suis plus nécessaire comme je pense l'avoir été par moments. Les premières années, cela avait un sens. Ce que je représente était indispensable pour que la France sorte de l'abîme. Maintenant, elle en est sortie. Un autre pourrait prendre la barre. Mais peu importe que ça m'intéresse ou pas. C'est dans la Constitution. Il faut que la Constitution s'accomplisse. Donc, si mes forces me le permettent, j'irai jusqu'au bout.

« Il faudra bien qu'un jour ou l'autre, quelqu'un me succède »

AP (tentant de progresser vers la question tabou). — Donc, l'élection aura lieu en décembre 1965. Mais, pour l'opposition, la tâche serait plus difficile contre vous que contre un candidat de notre bord.

GdG. — L'opposition n'existe pas. Il y a des opposants opposés les uns aux autres, incapables de s'unir sur rien de sérieux. S'ils ne s'unissent pas, ils seront mis en miettes. S'ils s'unissent, ils fourniront la preuve qu'ils ne sont capables que de faire des combines louches, puisque rien de sérieux ne les unit, sinon la volonté de m'abattre et d'abattre mon œuvre.

AP. — Si vous devez vous représenter, personne de raisonnable ne doute que vous serez élu. Si vous ne devez pas vous représenter, beaucoup de gens raisonnables pensent qu'il y a doute. Or, pour la continuité d'un régime, il vaut mieux la certitude que le doute.

GdG (amusé). — Alors, vous voudriez que je me présente pour me retirer ensuite ?

AP. — Ce que vous avez engagé, la politique d'indépendance nationale, la force de dissuasion, l'Europe des États, la détente avec l'Est, tout cela sera si long à réaliser, que vous ne pouvez pas l'avoir mené à bonne fin d'ici deux ans. Sept ans de plus seraient bien utiles.

GdG (hilare). — Bien sûr. Il faudrait sept ans de plus, même vingt ans de plus, et même cinquante ans de plus ! Il faudra bien qu'un jour ou l'autre, quelqu'un me succède. Alors, pourquoi ne voulez-vous pas que ce soit dans deux ans ?

« Un vice-président ? Je ne marche pas »

AP. — Si vous ne retenez pas l'idée de vous retirer au bout de deux ou trois ans après avoir assuré le succès des législatives, vous pourriez vous présenter avec un vice-président et lui céder la place quand vous en aurez assez.

GdG. — Je connais la chanson, vous me l'avez déjà chantée. Imaginez-vous que d'autres, proches de nous, me l'ont chantée aussi. Je ne marche pas. D'abord, quand on commence une chose, je vous le redis, il faut la finir. Ça ne serait pas honnête de dire au peuple français : élisez-moi pour sept ans, tout en sachant bien que je me retirerai sur la pointe des pieds deux ans plus tard au profit de mon coadjuteur.

AP. — Un vice-président serait bien utile. Il serait élu les doigts dans le nez derrière vous, et puis, s'il vous arrivait quelque chose ou si vous étiez fatigué, il prendrait la place automatiquement et, à la fin du septennat, comme les Français donnent une prime au sortant, ils préféreront réélire le même pour assurer la stabilité.

GdG. — Tout ça, c'est bien joli… mais ça ne se fera pas… »

Il reste rêveur quelques instants. Je suis effleuré par l'idée qu'il pense : « Je n'ai pas le droit de compromettre le personnage que l'Histoire a fait de moi, en me faisant élire en même temps que quelqu'un d'autre. Du moins, je ne vois pas d'autre explication à son mutisme brusque. J'essaie de l'en faire sortir.

« C'est impossible que mon successeur me ressemble »

AP. — Pouvez-vous trouver une meilleure assurance d'être remplacé par quelqu'un qui continue votre œuvre ?

GdG. — De toute façon, mon successeur ne me remplacera pas. Le régime, après moi, de toute façon, ne sera pas le même que sous moi. Ne vous faites aucune illusion. Les choses prendront un autre ton, un autre style. On ne l'évitera pas. Quand Louis XV s'est assis sur le trône de Louis XIV, c'était un autre règne. Quand Louis XVI a remplacé Louis XV, c'était de nouveau autre chose. Pourtant, chaque fois, la succession était assurée ; d'avance, on connaissait le successeur sans le moindre doute.

AP. — On peut en tout cas essayer de faire que votre successeur vous ressemble le plus possible.

GdG. — C'est impossible qu'il me ressemble. Alors, pourquoi

se fatiguer à trouver des solutions artificielles ? La grande chance de la France réside simplement dans le fait que l'opposition n'existe pas. Et on peut espérer que les Français ont du bon sens, qu'ils aimeront la continuité et la stabilité, qu'ils ne voudront pas retourner à la chienlit de la IVe.

AP. — Certains de vos propos dans cette tournée ont été interprétés comme la décision de votre retrait.

GdG. — Que tous vos journalistes glosent comme ils l'entendront, cela n'a aucune importance. Il n'y a qu'à les laisser dans l'incertitude, une *terrible* (il fait sentir le double *r*, comme se parodiant) *incertitude*. C'est la règle des règles : ne rien dire jusqu'au dernier moment. Un homme d'État doit se réserver toutes les possibilités. Il ne doit s'engager ni à partir, ni à rester. Qu'il garde toutes les cartes dans son jeu. C'est pourquoi je ne dis rien.

AP. — Votre mutisme sur cette question, jusqu'à ce voyage, avait été souvent interprété comme le signe que vous ne pensiez pas vous retirer et que vous envisagiez de vous représenter. Je dois dire que je n'ai rien fait pour décourager cette interprétation.

GdG. — Faites ce que vous voudrez, tout cela n'a aucune importance. Que les gens s'agitent dans leurs suppositions et dans leurs chimères ! En tout cas, pas de déclarations qui m'engagent ! Ce que je sais, c'est que je ne me lancerai pas dans un second septennat pour accomplir une tâche pour laquelle je ne me sentirai pas les forces nécessaires. »

A-t-il bien employé le conditionnel, ou le futur : *je ne me lancerais pas... je ne me sentirais pas ?* Il ne fait pas de distinction phonétique. Je n'ose lui poser la question.

Pompidou : « Le Général a beaucoup trop d'orgueil... »

Matignon, le lendemain, 12 juin 1963, avant que nous ne prenions place devant la table drapée, je glisse à Georges Pompidou que le Général m'a fait des confidences sur sa succession. Il m'entraîne, l'air tendu, dans un coin de la fenêtre à l'abri du rideau, et baisse la voix. Il demande à ses collaborateurs de s'asseoir et de commencer à travailler. Je lui résume les propos du Général. D'abord, il a un tressaillement, une anxiété ; il doit se demander : « De quoi s'est-il mêlé ? » Mon récit le rassure. Il me répond :

« Il est bon de continuer à laisser entendre que le Général se représentera, cela évite qu'on puisse penser que le régime va s'effondrer et que la place est à prendre. Il faut laisser entendre que ça va presque de soi — continuité de l'action, tâches gigantesques entreprises, etc. Sinon, un état d'esprit semblable à celui que nous avions connu avant les élections de novembre dernier se développerait. Les leaders de la IVe croiraient leur tour arrivé. Les fonctionnaires prendraient des assurances avec les candidats supposés, etc. D'ici un an, la situation serait tellement pourrie qu'on ne pourrait plus rien faire en France.

« Le thème à développer : de Gaulle s'identifie à la France, il ne pourra pas la laisser à elle-même si elle est en difficulté. Tel ou tel proche du Général — moi ou un autre — préférerait toujours, par gaullisme et par patriotisme, s'effacer devant le Général et le pousserait de toutes ses forces à se représenter, s'il y avait une hésitation du Général. »

Matignon, 5 septembre 1963.

L'été a passé. Avant notre réunion matinale, Pompidou, me prenant à part, revient sur le sujet et gomme ce qu'il m'avait dit :

« Il ne faut pas faire de l'intox. La meilleure solution est de se draper dans un certain mystère.

« Qui peut dire ce qui se passera dans plus de deux ans ? Si le Général est en mauvaise santé, il ne voudra pas repiquer pour un septennat. Si tout va bien, il sera sans doute content de partir en beauté... Donc, on ne peut rien assurer à l'avance.

« Je suis moi aussi convaincu que le Général se sentira le goût de continuer, mais ne se représentera en 1965 que s'il est assuré de pouvoir tenir le coup jusqu'en 1972. Pour la vice-présidence, il a beaucoup trop d'orgueil pour accepter de mêler son nom au mien, ou à celui de Debré, ou de Chaban-Delmas, ou d'un autre.

« De même, il finira certainement son septennat, mais il n'est pas inutile de laisser croire qu'il va peut-être brusquer les choses. Cela jette le désordre dans le camp des adversaires. Je sais de façon sûre (je devine ce qu'il veut dire) que les socialistes et les communistes se sont mis d'accord pour présenter Defferre comme candidat unique. Mais je sais aussi que Mitterrand se présentera de toute façon, et d'autres encore. Dans ces conditions, conclut Pompidou, même Prelot * réussirait à passer ! Il faut donc laisser l'incertitude planer. »

La conclusion est la même que trois mois plus tôt — « cultiver l'incertitude ». Mais on sent mieux qu'il veille autant à préserver ses propres chances qu'à protéger la liberté du Général. C'est son double devoir.

Arrivant à Matignon, il me disait : « Je laisserai ma place à un professionnel dans onze mois au plus. » Seize mois ont passé, et c'est déjà à la place suprême qu'il songe.

---

* Professeur de droit, spécialiste des questions constitutionnelles, le recteur Prelot était l'une des éminences grises du RPF et son nom était parfois avancé pour la succession gaulliste.

Chapitre 2

« LE COMTE DE PARIS N'A PAS LA MOINDRE CHANCE »

Un article à sensation de Jean Ferniot * a servi de prélude à une campagne de presse sur la candidature du comte de Paris à la succession du général de Gaulle ; lequel, par ce biais, se proposerait de restaurer la monarchie. Depuis lors, toute la classe politique a en tête cette hypothèse ; elle est tentée d'y adhérer.

Matignon, le lundi matin, 10 juin 1963.

J'interroge Georges Pompidou sur cette rumeur.

Pompidou : « Le comte de Paris ? Pourquoi pas la reine des gitans ? Ça ne ressemble pas au Général d'avoir pris des engagements. Il lui aura donné de bonnes paroles. C'est sa manière. » (Le mot sur « la reine des gitans » a été depuis lors attribué au Général. Celui-ci ne l'a jamais prononcé devant moi ; et je serais bien étonné qu'il l'ait formulé devant quiconque.)

« J'ai de la considération pour le comte de Paris, mais ce n'est pas un candidat »

Préfecture d'Angoulême, 13 juin, avant le départ du cortège. J'ai dans l'oreille les propos pleins de déférence que le Général m'a tenus sur le Prince **. Et je l'ai entendu dire voici un an — alors qu'il annonçait « une initiative pour assurer la continuité de l'État » : « Ce qu'il faudrait à la France, voyez-vous, c'est un roi. »

AP : « On parle beaucoup du comte de Paris pour votre succession.

GdG. — Ce que j'en pense, c'est qu'il n'a aucune chance.

AP. — *L'Express* écrit que vous le souhaiteriez comme successeur.

GdG. — Vous avez tort de lire *L'Express*, je vous l'ai déjà dit. Et ce qui compte en politique, ce ne sont pas les souhaits, ce sont les réalités. Le comte de Paris n'a aucune chance. Pas la moindre. On ne peut pas l'empêcher de songer à se présenter et on ne l'empêchera sans doute pas de le faire, car il le considère comme son devoir. Il me l'a dit plusieurs fois lui-même, il me le fait redire de temps

---

* *L'Express* du 23 mai 1963 a publié un long article très documenté de Jean Ferniot : « Le Successeur. Pourquoi de Gaulle a choisi le comte de Paris ».

** *Cf. C'était de Gaulle*, tome I, II, chap. 16.

à autre, il le fait dire à droite et à gauche. J'en prends acte, mais le fait que j'en prends acte ne lui donnera pas une chance de plus.

AP. — On dit qu'il vous est sympathique, que vous l'aimez bien.

GdG. — J'ai de la considération pour le personnage historique qu'il est, à cause de ce qu'il représente, non seulement parce qu'il est le descendant de nos rois, mais parce qu'il est très pénétré du sens de l'intérêt général, de l'amour de la patrie. Il souhaite, chaque fois que c'est nécessaire, qu'on s'appuie sur le peuple contre les féodalités. Il a l'esprit capétien. Et puis, j'ai de la considération pour ce qu'il est personnellement : il a une magnifique famille, il a perdu un fils en Algérie. Il ne mérite que l'estime. Mais ce n'est pas un candidat. Il ne correspond plus à ce siècle. Aujourd'hui, les monarchies ne se font pas, elles se défont. Il ne s'agit pas de reconstituer la royauté héréditaire, il s'agit d'élire un Président de la République au suffrage universel. Et c'est tout différent. En tant que candidat pour la présidence de la République, il n'existe pas, et il a tort de se faire des illusions.

« Il représentait une part de la France qui eût été bien utile à la France libre »

AP. — Il aurait pu, en dehors de ses titres historiques, s'acquérir des mérites personnels ?

GdG. — Mais justement, il ne l'a pas fait et, maintenant, il est trop tard pour qu'il le fasse.

« Les services qu'a rendus le comte de Paris ne pèsent pas très lourd. Il aurait pu en rendre un très grand, il y a quelque vingt ans. Je lui avais tendu la perche. Il ne l'a pas saisie. En juin 40, il aurait pu dire, comme son ancêtre le Balafré : "Il ne faut jamais capituler." Il aurait pu relever le drapeau et venir à mes côtés ; il n'y avait pas d'encombrement. Il représentait une part de la France qui eût été bien utile à la France libre.

« Je l'ai entouré de prévenances. Quand son père, le duc de Guise *, est mort dans l'été 40, j'ai organisé un service à Londres. Toute la France libre était là. Il y avait une telle atmosphère d'union au Comité français, que René Cassin m'a dit : " Si vous avez besoin d'une place au Comité pour l'offrir au comte de Paris, je suis tout prêt à lui céder la mienne."

« Mais le comte de Paris est resté au Maroc. Il a même fait le voyage de Vichy. Et il a dîné dans un restaurant des environs de

---

* Avant de mourir, le duc de Guise avait envoyé, de sa résidence au Maroc, à Larache, un message de soutien au général de Gaulle à Londres.

Vichy avec Laval, qui lui a offert d'être ministre du Ravitaillement... Encore heureux qu'il n'ait pas donné suite * !

« Ce ne sont pas les royalistes qui ont sabordé la République en 40, ce sont les républicains »

AP. — Vous n'avez donc jamais voulu restaurer la monarchie à travers le comte de Paris ?

GdG. — Mais non ! Jamais ** ! Ni à travers lui, ni à travers personne ! Ni pendant la guerre, ni depuis mon retour aux affaires ! Simplement, le comte de Paris était utile à la France à cause de ce qu'il symbolisait.

AP. — Même comme hypothèse d'école, n'avez-vous pas *envisagé*, pendant la guerre, le rétablissement de la monarchie ?

GdG. — Dans l'abstrait, on pouvait tout envisager. Les Capétiens avaient fait la France. Ils l'avaient prise réduite à l'Île-de-France, et ils lui avaient donné les dimensions de la France d'aujourd'hui. Ils l'avaient hissée au rang de premier pays du monde. Et la IIIe République s'était effondrée d'une manière si indigne, et la France à cause d'elle, qu'il fallait bien s'interroger.

« Ce ne sont quand même pas les royalistes qui ont sabordé la République en 40, ce sont les républicains ! C'est quand même la Chambre du Front populaire qui a abdiqué dans les mains de Pétain et de Laval, alors qu'on savait bien qu'ils allaient supprimer les libertés publiques et instituer un régime dictatorial. Même ceux des communistes qui avaient pu rester parlementaires en désapprouvant le pacte Staline-Hitler ont accordé la confiance à Pétain ! Et, parmi les fameux quatre-vingts qui n'ont pas voté les pleins pouvoirs à Pétain, il n'y en a eu qu'un, ce brave Vincent Badie ***, qui a essayé de protester. Les autres sont restés muets comme des carpes. Alors, que les survivants de ces partis qui ont enseveli la République ne viennent pas aujourd'hui me donner des leçons de républicanisme !

AP. — On assure que votre famille était monarchiste et que vous-même, dans votre jeunesse...

GdG. — Je n'aime pas la République pour la République. Mais comme les Français y sont attachés, j'ai toujours pensé qu'il n'y avait pas d'autre choix. Évidemment, en 40, la question pouvait se poser : après cette lamentable débâcle, ne fallait-il pas revenir à une

---

* Cette unique visite eut lieu en août 1942. Le comte de Paris, dans ses *Mémoires*, explique qu'il était venu connaître la position exacte de Vichy sur le débarquement américain qu'il sentait venir. Il retourna aussitôt au Maroc.

** Le comte de Paris n'a pas interprété ainsi ses conversations avec le Général.

*** Député radical-socialiste de l'Hérault.

monarchie constitutionnelle ? C'est le régime que les Anglais — et tant d'autres, les Hollandais, les Scandinaves, etc. — avaient eu la sagesse de se donner, celui que 1789 avait donné à la France et qui, comme en Angleterre, aurait pu, si le torrent de 1792 ne l'avait pas emporté, ménager la permanence des traditions et l'ouverture aux évolutions.

« Louis-Philippe n'y avait pas si mal réussi. Si, devant l'émeute de Paris, il s'était appuyé sur la province au lieu de s'enfuir à l'étranger, les Orléans seraient sans doute toujours sur le trône. Et en tout cas, si le comte de Chambord * n'avait pas été aussi entêté, nous aurions toujours un roi.

AP. — Autour de vous, dans la France libre, il y avait beaucoup d'officiers royalistes ?

GdG. — Oui, naturellement, ils étaient nombreux à appeler la République " la Gueuse ".

« La République, je l'avais gardée vivante, intacte »

AP. — Pourquoi n'avez-vous pas proclamé la République au balcon de l'Hôtel de Ville ?

GdG. — D'abord, parce qu'il n'y a pas de balcon à l'Hôtel de Ville. Ensuite, parce que je n'en avais pas le droit ! Je ne pouvais tout de même pas donner à la République une base aussi fragile qu'un cri poussé devant une foule, à l'instigation d'un petit groupe qui prétendait me l'imposer ! Enfin et surtout, parce que, si je l'avais proclamée le 26 août 44, c'est que j'aurais admis qu'elle était morte le 10 juillet 40. Or je l'avais gardée vivante, intacte. La République se confondait avec la légitimité de la France libre. »

« Les Capétiens ont fait la France ; il est naturel qu'on les préfère »

Le comte de Paris m'a convié à déjeuner dans son manoir du Cœur Volant, à Louveciennes, le 17 juin 1963. Le père Carré, notre ami commun, m'a transmis l'invitation. Avant de l'accepter, j'interroge Pompidou. Il sourit :

« Mais bien sûr, allez-y, si vous avez du temps à perdre ! Il se voit déjà rétablissant la monarchie. Ça supposerait, seulement, une condition : c'est que le Général le désigne comme dauphin !

---

* Dans une lettre écrite de Frohsdorf le 23 octobre 1873, le comte de Chambord, petit-fils de Charles X, avait refusé le drapeau tricolore et repoussé toute condition préalable à son retour sur le trône. Les négociations avec la majorité royaliste de l'Assemblée nationale, qui s'étaient jusque-là déroulées favorablement, furent brusquement rompues.

AP. — Vous pensez que le Général se moque de lui ?

Pompidou. — Je ne dis pas ça. Je dis que le Général tient les gens en leur laissant entendre, sans jamais préciser, qu'il compte sur eux pour l'avenir. "Préparez-vous aux tâches qui vous attendent !" Ça marche à tous les coups. C'est comme ça qu'il a fait du comte de Paris ce qu'il a voulu. Mais il ne se moque pas de lui pour autant. C'est sa philosophie de l'histoire : "Il ne faut jamais insulter l'avenir", etc. Pour lui, le comte de Paris est une carte, parmi beaucoup d'autres, dans le jeu de la France. »

Dans le train entre Pons et Royan, 13 juin 1963, je pose la même question au Général.

GdG : « Il n'y a aucune espèce de raison pour que vous refusiez cette invitation. C'est un homme digne de la plus grande estime. C'est un patriote. Son appui ne m'a pas fait défaut depuis que je suis revenu aux affaires. Et puis, il est le chef de la Maison de France, qui a régné mille ans sur le pays. On ne peut lui marquer que du respect. Mais vous y allez à titre privé, non ès qualités de ministre de la République. Et ne soyez pas trop engageant.

AP. — Vous ne manifestez pas autant de déférence à l'égard du prince Napoléon que du comte de Paris.

GdG. — Si, je les raccompagne tous deux jusqu'au perron.

AP. — Mais personne n'imagine que vous penseriez au prince Napoléon pour vous succéder. Vous avez plus d'attrait pour les Capétiens que pour les Bonaparte ?

GdG. — À deux reprises, les Bonaparte ont pris la France grande et puissante et l'ont laissée, après un désastre, amputée et affaiblie. Les Capétiens ont fait la France à partir de leur petit pré carré. Il est naturel qu'on les préfère. »

« Nous sommes en monarchie, mais c'est une monarchie élective »

Je me hasarde à dire : « Si vous aimez bien le comte de Paris, c'est qu'il est gaulliste, et s'il vous aime bien, c'est que vous êtes capétien. »

Le Général ne sourit pas et me regarde fixement. Ai-je outrepassé la bienséance ? Au vrai, pour lui, être « gaulliste », c'est avoir cru en lui pendant la guerre. Dans les fiches d'audience que ses collaborateurs lui préparent, ils doivent répondre à la question : « Qu'a-t-il fait entre 1940 et 1944 ? » Le Prince adhère à son œuvre actuelle : ce soutien a du prix, mais cela ne peut faire de lui un « gaulliste » :

GdG : « Le comte de Paris a laissé passer l'occasion de se révéler. Il aurait pu aller se battre ! Les occasions ne manquaient pas. (Rire.) S'il avait *récolté* une blessure à Bir-Hakeim (comme on *récolte* des prix d'excellence), s'il avait été cité à l'ordre de l'Armée et de la Nation, son destin aurait pu être tout autre. Il ne l'a pas fait. Il a eu tort. Maintenant, il est trop tard. La chance de l'Histoire est passée. Il n'a pas pris figure.

AP. — Celui qui sera votre successeur a déjà pris figure ?

GdG (il reformule ma question, ce qui a pour effet de l'inclure lui-même dans les candidats qui ont une chance). — Oui, celui qui dans un an et demi sera capable d'emporter les suffrages de la majorité des Français, celui-là doit déjà avoir pris figure.

AP. — Vous m'aviez dit, mon général, que le comte de Paris serait un bon candidat pour une monarchie, et un mauvais candidat pour une République. Mais en fait, nous sommes en monarchie.

GdG. — Oui, nous sommes en monarchie, mais c'est une monarchie élective. Elle est d'une tout autre essence que la monarchie héréditaire de l'Ancien Régime. Elle a institué une nouvelle légitimité, qui fait la jonction avec la légitimité interrompue par la Révolution. Mais cette légitimité repose sur le peuple. »

Le comte de Paris : « De Gaulle peut faire élire qui il veut »

Cœur Volant, Louveciennes, 17 juin 1963.

Je passe prendre le père Carré. Le Prince nous accueille au seuil de sa demeure avec une dignité souriante. Il n'a à ses côtés que son secrétaire, celui qui rédige — si bien — son *Bulletin.*

Au cours du repas, le Prince aborde déjà *le* sujet, avec un sourire enjôleur de ses yeux verts :

« Dans notre Constitution, telle qu'elle a été modifiée et que de Gaulle l'applique, le Président est un monarque. Il ne peut pas se confondre avec un parti, ni même se satisfaire du bipartisme. Il faut qu'il se place en dehors et au-dessus des partis. Il faut qu'il soit au centre de gravité de la vie nationale et pas à droite ou à gauche. »

Au café, il m'entraîne seul sur un canapé et me déclare, en me fixant de son regard qui rayonne d'un éclat singulier :

« Le prochain Président de la République sera celui que de Gaulle aura désigné. Tout dépend de lui. Il peut faire élire qui il veut.

AP. — Vous pensez, Monseigneur, qu'il suffirait qu'il vous désigne pour que la monarchie soit rétablie en France ?

Comte de Paris. — Je ne dis pas du tout cela ! Je dis que s'il décidait de me désigner comme dauphin, il n'aurait pas de peine à me faire élire. Je ne serais pas roi pour autant, mais président de tous les Français, comme mon aïeul Louis-Philippe était roi de tous les Français. Le fil de l'Histoire serait renoué.

AP. — Les Français hésiteront peut-être à vous élire comme Président, Monseigneur, s'ils s'imaginent que vous envisagez d'abolir la République pour rétablir la monarchie.

Comte de Paris. — Mais je vous répète que nous sommes en

monarchie ! De Gaulle a voulu créer une monarchie. Il y a réussi. Il est réellement le monarque, dans la grande tradition capétienne, avec l'appui du peuple par-dessus les féodaux. C'est l'aboutissement de son passage fulgurant dans l'Histoire. C'est l'accomplissement de sa vie. Mais voyez-vous autour de lui un homme qui soit capable de se tenir au-dessus et en dehors des partis, n'ayant en vue que l'intérêt supérieur de la France ? Ce fut la grandeur de mes ancêtres. De Gaulle a repris cette grandeur à son compte. Après lui, qui en sera capable ?

« Sans doute le Général pense-t-il que ce n'est pas un homme issu des luttes politiques qui pourrait lui succéder, puisqu'il veut bien m'entourer de prévenances et m'assurer de son amitié. Il m'a chargé d'une mission au Proche-Orient auprès des dirigeants arabes *. Il n'était pas forcé de le faire. Ça n'avait de sens que pour me faire connaître… »

Il me donne l'impression de vivre dans un rêve. Le Général se refuse à le dissiper, dans la mesure où il pense que cette ouverture du champ des possibles peut servir le pays.

Le comte de Paris reprend patiemment : « Il ne s'agit pas de rétablir la monarchie, mais de préparer les voies pour une élection au suffrage universel. Les choses progressent.

AP. — Oui, Monseigneur, mais en politique, rien n'est certain. »

Il croit tant à cette fantasmagorie qu'il serait cruel de la briser. Et pourtant, je ne peux pas lui laisser croire que je la partage. J'essaie de m'en tirer par des phrases courtoises et prudentes…

Ni le Général, ni Pompidou, les jours suivants, ne m'ont interrogé sur ce qu'avait pu me dire le comte de Paris : le premier le savait par cœur, le second affectait de s'en moquer.

Jeudi 8 septembre 1966, à bord du croiseur « De Grasse ».

J'essaie de faire réagir le Général sur des propos que le comte de Paris m'avait tenus à Provins.

GdG : « C'est un homme très estimable, parce qu'il est avant tout soucieux de l'intérêt national. Mais pour sa candidature à l'Élysée, il vit sur un nuage. Ne vous inquiétez pas, ses illusions se dissiperont d'elles-mêmes. Pourquoi voulez-vous les dissiper ? Les Français ne veulent pas de la monarchie, ni d'un candidat qui serait immanquablement soupçonné de vouloir la restaurer. Alors, ce n'est pas la peine d'en parler. »

Nous n'en parlâmes donc pas davantage. Mais dans cette impatience, j'ai cru deviner une souffrance. En parler lui faisait peine, en effet. Le Prince « impossible », c'était le plus intime du rêve gaullien qu'il fallait reconnaître irréalisable, depuis que le ballottage l'avait déchiré.

---

* En mai et juin 1961.

Chapitre 3

« C'EST UNE PERPÉTUELLE IMPROVISATION »

D'un Conseil à l'autre, nous voyons Pompidou grandir, son autorité s'affirmer, sa relation avec le Général devenir plus imprévisible, sans jamais cesser de donner l'exemple d'une loyauté sans défaut. De chaque côté de la table, est-ce le Général face à son successeur ?

« Monsieur le ministre des Affaires étrangères n'est pas là »

Au Conseil du mardi 1er octobre 1963, le Général a un petit passage à vide. Il commence par observer qu'il y a beaucoup d'absents. « Enfin, ajoute-t-il, il en reste quand même quelques-uns. » En cours de Conseil, au moment d'appeler la communication du ministre des Affaires étrangères, il annonce : « Monsieur le ministre des Affaires étrangères n'est pas là. Monsieur le secrétaire d'État, vous avez la parole. »

L'ensemble du Conseil murmure. Couve avait pris la parole quelques instants auparavant pour proposer l'agrément d'un ambassadeur. Il reste interloqué, puis : « Si, mon général, je suis là !

GdG (de l'air de celui qui a fait une blague). — Vous êtes si souvent absent, que j'ai cru que vous l'étiez encore aujourd'hui. Eh bien, puisque vous avez la parole, gardez-la. »

À la sortie, entre mes collègues, échange d'impressions inquiètes : « Il a somnolé », dit l'un. « Il a été distrait, ça arrive à tout le monde », corrige un autre. Un troisième déduit : « Vous ne le voyez pas, dans deux ans, entamer une campagne pour qu'il se trouve encore à l'Élysée dans neuf ans ! » Pompidou, tirant sur sa cigarette, reste silencieux.

Le Conseil du 14 novembre 1963 décide de créer un nouvel Ordre national, l'Ordre du Mérite *, mais de supprimer en compensation dix-sept ordres de ministères, sur lesquels la chancellerie de la Légion d'honneur n'exerçait aucun contrôle. De là, selon le grand chancelier Catroux, une inflation désordonnée. Le Général

* Créé par décret du 3 décembre 1963.

est aussi vigilant devant l'inflation des décorations, que devant celle qui ronge la monnaie.

Malraux sauve du naufrage les Arts et Lettres : « Cet ordre est respecté et envié des artistes, des écrivains, des créateurs, y compris de ceux qui ne nous aiment pas. Le supprimer serait une insulte à ceux qui l'ont et une déception pour ceux qui y aspirent. » Fouchet reprend le même raisonnement pour les Palmes académiques. Pisani l'applique au Mérite agricole. Brusquement, le Général arrête la discussion et exige qu'on s'en tienne là.

Avec un accent de sincérité qui ne laisse pas indifférent, Pompidou entame une plaidoirie qu'il sait condamnée : « Pendant la grève des mineurs, j'ai vu arriver des syndicalistes qui arboraient avec fierté à la boutonnière, plusieurs de ces décorations que vous souhaitez abolir. Ils n'auront jamais la Légion d'honneur, ni le Mérite. Mais ces gens simples avaient accès à ces ordres que nous nous apprêtons à supprimer : le Mérite social, le Mérite du travail, le Mérite civil du ministère de l'Intérieur, le Mérite postal, le Mérite sportif, que sais-je ? On leur remettait cette médaille devant leur famille, leurs camarades de travail. Cette cérémonie restait un moment fort dans leur mémoire. L'Ordre national du Mérite sera accaparé par les membres des cabinets, les hauts fonctionnaires, les officiers supérieurs, la classe politique, qui s'en feront un marchepied avant la marche suivante de la Légion d'honneur. »

Pompidou : « Le Général n'a pas résisté »

Le lendemain, à Matignon, Pompidou m'explique :

« Demandez au général Catroux de vous faire visiter la grande chancellerie, et vous comprendrez. Dans son bureau, vous verrez deux tableaux : Napoléon remettant les premières croix de la Légion d'honneur au camp de Boulogne ; Louis XIV créant l'Ordre royal de Saint Louis. Quand Catroux a proposé au Général de créer un nouveau Grand Ordre, et de l'associer ainsi aux trois plus grands monarques français, il savait que le Général ne résisterait pas ! Il n'avait plus qu'à suggérer la couleur " bleu de France " — qui était celle de l'Ordre du Saint-Esprit — pour compléter cette synthèse de l'histoire de la nation. Les arguments du bon sens ne pesaient pas d'un grand poids. »

Pompidou sait débrouiller, dans la décision du Général, l'écheveau du dit et du non-dit. La vision historique de De Gaulle et la vision pragmatique de Pompidou se font pendant. Souvent elles se complètent, parfois elles s'opposent. Je crois bien qu'en la circonstance, Pompidou avait raison de contredire le Général.

Puis, à propos du plan de stabilisation, Pompidou ajoute : « Pour le Général, il n'y a que la volonté qui compte. L'État, au nom de l'intérêt général, doit imposer sa volonté à des corporations qui ne pensent qu'à leurs privilèges, à des patrons qui ne pensent qu'à gagner du fric, à des syndicats qui ne pensent qu'à obtenir des augmentations, etc.

« Moi, j'admets que seul l'État peut prendre l'initiative dans certaines circonstances : redresser une situation compromise, remédier à une injustice criante, assurer un arbitrage. Mais ce sont là, pour moi, des moyens provisoires, non des buts. Le but, c'est une économie saine, c'est-à-dire libérale, auto-régulée par des échanges sans frontières.

« Notez bien que Giscard pense exactement comme moi. Mais il excelle à saisir toute occasion de se bâtir un personnage à la Poincaré et aussi de s'attirer les faveurs du Général. Il joue son jeu. Et il faut reconnaître qu'il ne manque pas d'habileté. »

« Je maintiens qu'on n'a pas de politique ! »

De temps à autre, surgit l'étincelle d'une irritation entre le Général et Pompidou. Ainsi, au *Conseil du 27 novembre 1963*, où Jacquinot évoque les droits de douane sur le coprah, le Général, impatient : « On n'a pas de politique sur le coprah. C'est une perpétuelle improvisation.

Pompidou. — Si, il y a une politique ! Elle n'est pas faite pour être évoquée en Conseil des ministres, mais elle existe.

GdG. — Au prochain Conseil des DOM-TOM, il faudra qu'une politique soit élaborée, parce que je ne crois pas qu'elle le soit. »

Pompidou prend un air excédé ; pire : peiné. Le Général ne lui a pas fait confiance.

À la sortie, il me glisse : « Le Général n'a pas compris qu'il ne faut pas qu'il tranche de tout. D'abord, parce que nous ne devons pas lui compliquer la vie, mais la lui simplifier. Ensuite, parce qu'il y va de l'équilibre entre l'Élysée et Matignon et, finalement, de l'équilibre du régime : nous ne devons pas évoquer en Conseil des ministres ce qui doit être réglé dans une petite réunion autour de moi. »

« Le ministre des Finances est responsable de ses services »

Au Conseil du 5 février 1964, est évoqué un point de détail : la rémunération des établissements d'enseignement supérieur à l'étranger. Pompidou prend un air excédé, lui d'ordinaire si apaisant dans son souhait d'épargner au Général des affaires médiocres qui ne sont pas de son niveau : « Je le dis ici. Ce n'est pas admissible que cette affaire traîne ! J'ai rendu mon arbitrage depuis six mois. Je le dis ici publiquement, pour que ça cesse.

GdG. — Le ministre des Finances est responsable de ses services. Il doit prendre des dispositions dans ce sens. »

Giscard reste silencieux et contracté. Il regarde le Général droit dans les yeux. Une réplique lui brûle sûrement les lèvres : « Je m'interdis de répondre, mais vous savez bien que, si je ne résiste pas à la pression des dépenses nouvelles, il sera impossible d'atteindre les objectifs du plan de stabilisation. »

Surprenant échange entre ces trois hommes, dont un muet, qui tous trois ont un sens aigu de l'État et qui s'affrontent pour imposer chacun leur volonté…

Quand nous nous levons, Pompidou me retient par la manche :

« Pas un mot, même en *briefing*, de ma sortie contre Giscard ! Mais si je ne l'avais pas faite, il aurait évidemment continué. Et d'ailleurs, il continuera peut-être quand même. »

Chapitre 4

« SI NOUS PERDONS L'ÉLECTION PRÉSIDENTIELLE, NOUS AURONS PERDU TOUTE LA PARTIE »

Dans l'avion entre Lyon et Paris, 29 septembre 1963.

GdG : « Tixier-Vignancour serait le premier candidat à la Présidence de la République à se déclarer ! Eh bien ! On va pouvoir s'amuser : Vichy et l'OAS ensemble ! Puis, il y aura le communiste, le radical, le MRP, etc. Ça commence bien. »

Salon doré, 14 janvier 1964.

GdG : « À l'élection présidentielle, en réalité, notre régime, et même, je le crois, notre pays, va jouer une partie difficile. Si nous perdons cette partie, ou même si nous la gagnons dans des conditions très médiocres, nous aurons perdu toute la partie. Je veux dire par là que tout ce que j'ai pu faire sera balayé. Tout ce qui est crapoteux en France s'accommodera du retour à la IVe. Alors, il est essentiel que nous gagnions cette partie-là. Elle se jouera dans une large mesure à la radio et à la télévision. La presse écrite n'a pas le même impact qu'autrefois. L'image, l'image en mouvement, l'image parlante, rien n'est comparable. Ce sera une question d'adéquation de l'image et de la fonction. La télévision, dans deux ans, jouera le rôle capital pour bâtir un personnage de Président. »

« *Mes adversaires tâcheront de faire le cartel du* non »

Salon doré, 12 février 1964.

GdG : « Defferre raconte à qui veut l'entendre qu'il est pour de Gaulle et contre Pompidou. Mais, dans notre régime, on ne peut pas être pour le Président de la République qui oriente la politique du gouvernement, et contre le Premier ministre qui la coordonne sous son contrôle. Il faut être pour tous les deux ou contre tous les deux, si on a un peu d'esprit de logique. Seulement la logique et la gauche, ça fait deux. Parce que la gauche, par démagogie, attrape les arguments qui frappent le plus l'électorat. Plus frustes sont les électeurs, plus on nage dans la mauvaise foi pour les entraîner. Nous, nous allons de l'avant. Qui nous aime, nous suive. Et si l'on ne nous suit pas, nous en tirerons aussitôt les conséquences, nous ne nous accrocherons pas.

AP. — Defferre attaque Pompidou pour ses liens avec les Rothschild, etc. Il semble persuadé que vous ne vous représenterez pas, contrairement à la plupart des gens.

GdG (flairant le piège ?). — Laissez-les penser ce qu'ils veulent. (Silence.) Mes adversaires tâchent de faire le cartel des *non*, ça sera difficile pour eux. Trop de choses les opposent les uns aux autres.

AP. — Edgar Faure dit qu'il est à fond pour vous, mais, à défaut, pour Defferre, dont il laisse entendre qu'il deviendrait le Premier ministre.

GdG. — Je n'en doute pas ! Edgar Faure a voté *non* ?

AP. — *Oui* en 58, *non* en 62. Depuis, il est beaucoup mieux disposé. Il a été flatté de sa mission en Chine. Il se montre à nos réceptions.

GdG. — Les types qui ont voté *non* voteront pour Defferre. (Rire sceptique.) Mais il est parti trop tôt, Defferre. C'est difficile de faire la vedette pendant tant de mois. »

« C'est monstrueux ! Tous les candidats doivent être sur un pied d'égalité absolue ! »

Je lui présente deux projets de décret que j'ai préparés pour l'organisation de la campagne présidentielle à la radio et à la télévision, et entre lesquels il faut choisir : « Selon l'un, tous les candidats, quels qu'ils soient, ont droit à deux heures de télévision et à autant de radio. Seconde solution : le ou les candidats d'opposition auraient la moitié du temps, et le ou les candidats de la majorité, l'autre moitié. Le Premier ministre aurait une préférence pour cette seconde solution, qui serait conforme à ce que nous avons fait précédemment pour les campagnes législatives et référendaires : moitié, moitié. »

Le Général, croyant n'avoir pas compris, me fait répéter. Il s'exclame alors, sans ménagement pour Pompidou, en tapant sur son bureau du plat de la main :

« Mais c'est inacceptable ! C'est monstrueux ! Ce ne sont pas des partis qui s'expriment pour les élections présidentielles ! Ce ne sont pas des partisans ! Ce sont des hommes, avec leur caractère, leurs qualités et leurs défauts, leur passé, leurs projets, leur carrure. Ils doivent être tous sur un pied d'égalité absolue ! La question ne se pose même pas ! »

Je déchire ostensiblement le projet anéanti.

Salon doré, 18 février 1964.

Le Général revient devant moi sur ces projets de décret. Son indignation est retombée. Son propos est plus nuancé. Sans doute ne veut-il pas que je me méprenne sur les conséquences à tirer, *avant* la campagne, de ce qu'il a prévu *pendant* la campagne.

GdG : « La démocratie, voyez-vous, ce n'est pas la contestation perpétuelle, c'est la contestation à époques fixes. Ça fait chaque fois de grandes campagnes à la télévision. On vote souvent, dans ce pays.

« Il ne faut pas commencer la campagne trop tôt ! Jusqu'à ce que la campagne soit officiellement ouverte, aucun citoyen ne peut être considéré comme candidat privilégié à une fonction électorale. Et expliquez bien qu'il est indispensable qu'un Président, ou un Premier ministre, ou un ministre important, quand ils sont en exercice, passent plus souvent à la télévision qu'un quelconque opposant. L'opposition n'a rien à dire, si ce n'est à japper. Tandis que ceux qui sont aux affaires parlent au nom de la France quand et comme ils le veulent. Et non pas en tant qu'adversaires de l'opposition ! Pas de campagne électorale permanente

« Sans quoi, Max-Pol Fouchet serait élu Président de la République »

AP. — On dit que si un ministre, surtout le Premier, passe à la télévision en dehors des campagnes, ça fausse d'avance le jeu de la campagne.

GdG. — Si un ministre veut se présenter à l'élection présidentielle, de deux choses l'une. Ou bien la manière dont il aura gouverné lui aura attiré la sympathie des Français, alors ses passages à la télévision seront portés à son crédit. Ou bien les Français auront le désir d'être gouvernés par d'autres et autrement, et ses passages à la télévision se retourneront contre lui. On ne pourra pas le supporter : “On l'a assez vu ! Encore lui !” (Rire.) Tout ça est naturel. Je ne vois pas ce que vous pourriez avoir à y redire.

« On imagine qu'il y a un rapport mathématique entre le temps qu'un homme passe à la télévision et le nombre de voix qu'il obtient. C'est pas vrai ! Sans quoi, Max-Pol Fouchet, qui passe bien à la télé, et très souvent, serait élu Président de la République. »

Pourquoi, plutôt que telle ou telle autre vedette de la télévision, choisir Max-Pol Fouchet ? Peut-être parce que celui-ci s'adresse au téléspectateur, yeux dans les yeux, récitant son texte appris par cœur — bref, comme lui-même.

À la fin de l'entretien, je l'entreprends sur une information que j'ai eue la veille, de la bouche de Vinogradov, l'ambassadeur soviétique.

Lundi 17 février 1964, place de la Concorde.

Gaston Palewski, dans les salons de l'ancien ministère de la Marine, où plane le souvenir de Marie-Antoinette et de son collier, offre un déjeuner somptueux à son homologue soviétique, Roudniev. Vinogradov est mon voisin. Quand la conversation est générale, par le truchement des interprètes, elle reste d'une navrante banalité. Quand « Vino » me parle à voix basse en français, elle devient intéressante :

« Je suis sûr que de Gaulle se présentera. Il y a onze ans que je le fréquente. Quand je suis arrivé en 1953, j'ai demandé au Président du Conseil d'alors — j'ai oublié son nom *, vous en avez eu tellement — qui il fallait que j'aille voir en prenant mes fonctions. Je lui ai dit : " J'ai l'intention de rendre visite au général de Gaulle. — Vous n'y pensez pas, c'est absolument inutile ! De Gaulle est un homme fini, il écrit ses Mémoires, il est oublié, enterré." J'ai été quand même le voir, peu après, à l'hôtel Lapérouse. Je l'ai revu fréquemment, de 53 à 58. Je me flatte d'avoir conquis son amitié. Ceux qui croyaient alors en son avenir n'étaient pas foule. Je le connais par cœur. Il a commencé trop de choses énormes, il veut les finir.

AP. — Que pensez-vous des chances de ses adversaires ?

Vinogradov (éclatant de rire). — Il n'en a pas ! Même les communistes sont gaullistes. Regardez, moi, par exemple. On dit que je suis le plus gaulliste des ambassadeurs, et on a raison. Quand j'arrive à Moscou, Khrouchtchev m'interpelle : " Ah, voilà l'ambassadeur de De Gaulle !" De Gaulle s'est fait une place que personne ne peut lui prendre. On ne peut rien contre lui. »

Il me révèle qu'il a « sondé le Quai », pour une invitation de Khrouchtchev au Général à se rendre en visite d'État en URSS.

« Une visite en URSS, je ne dis pas non, mais l'an prochain, c'est exclu »

Le lendemain, *18 février 1964,* je demande au Général si cette information est exacte. Il commence par m'envoyer promener : « Vous savez, au Quai, il y a tant de monde...

AP. — Ce voyage pourrait faire évoluer les rapports Est-Ouest.

GdG. — Je ne dis pas non.

AP. — Dans ce cas, vous iriez cette année, ou l'an prochain ?

GdG. — Cette année, le programme est complet. L'an prochain, c'est exclu. »

Puisque cette éventualité l'attire de toute évidence, cela pourrait signifier qu'il l'a programmée en esprit pour 1966. Étrange, ce calendrier virtuel qui se dessine dans son esprit. Est-ce le calendrier du Président de la République française, tel qu'il devrait être, quel que soit son nom ? Ou le calendrier, déjà, du Président de Gaulle ?

---

* Vinogradov a pris son poste d'ambassadeur à Paris le 25 juillet 1953 ; le Président du Conseil était alors Joseph Laniel.

« Quand il n'y a pas de campagne électorale, du calme ! »

Au Conseil du 26 février 1964, je présente le projet de décret sur la campagne présidentielle à la Radio-Télévision, conforme aux directives du Général. Pour chaque candidat, deux heures d'émission à la radio et autant à la télévision. L'ordre de passage sera tiré au sort ; 100 000 francs pour frais de campagne seront remboursés, à condition d'avoir obtenu 5 % des voix. Une commission de magistrats vérifiera l'égalité des candidats.

Après le Conseil.

AP : « Nous serons attaqués sur la durée de la campagne : quinze jours seulement.

GdG. — Expliquez donc que ça ne peut pas durer plus longtemps, puisque la Constitution prévoit que le dépôt des candidatures a lieu au plus tard le dix-neuvième jour ; le temps de les vérifier et de les publier, il ne reste plus que quinze jours francs. Avec quinze jours de plus, en cas de second tour.

« Mais ne vous laissez pas impressionner par ces aboiements. Deux heures à la radio et autant à la télévision, c'est déjà énorme ! Si on faisait davantage, ça suffirait pour en susciter, des vocations de candidats, des types qui sont incapables de réunir trois pelés et quatre tondus. Tous les Ferdinand Lop * et autres Tixier-Vignancour ! C'est pas ça que le pays attend de sa radio et de sa télévision. Quand il n'y a pas de campagne électorale, du calme ! Et quand il y a campagne électorale, la radio et la télévision sont disponibles, mais selon des règles claires ! »

« On n'est pas candidat, on est quelqu'un qui se verrait bien candidat »

Il reprend vivement : « Votre Zitrone et votre télévision sont toujours aussi tendancieux : "Il y avait énormément de monde à Bordeaux", "il y avait tout Narbonne à la mairie" **.

* Ce fantaisiste, célèbre avant et après la Seconde Guerre, hantait le boulevard Saint-Michel, qu'il voulait « prolonger jusqu'à la mer ».

** Gaston Defferre, candidat présumé, a tenu un meeting à Bordeaux le 9 février 1964, et s'est rendu à Narbonne les 23 et 24 février. La télévision a couvert ces événements, en insistant sur le succès rencontré, mais sans en diffuser d'images — ce qui a entraîné une lettre de protestation de Gaston Defferre au Président de la République, le 20, à laquelle l'Élysée ne répondra, le 25, que par un bref accusé de réception.

AP. — J'ai été très attaqué par la presse, parce que la RTF n'a pas passé une émission préparée sur Defferre à Bordeaux.

GdG. — Il n'y avait aucune espèce de raison pour faire une émission sur Defferre à Bordeaux ! Ça ne se justifiait nullement ! Defferre a été à Bordeaux, il y a fait une réunion. Chaque fois qu'un type fait une réunion où il n'y a pas mille personnes, il va falloir qu'on donne son discours à la télé ? Jamais vous n'en sortirez ! N'importe qui peut réunir mille personnes sur n'importe quoi. Jusqu'à l'enregistrement des candidatures, on n'est pas candidat, on est quelqu'un qui se verrait bien candidat.

AP. — Defferre vous écrira une lettre de protestion…

GdG. — Je n'ai pas à communiquer avec Defferre… Expliquez-leur donc, à vos journalistes, que la RTF n'a pas à se mêler de la campagne tant que la campagne n'existe pas. Elle fait des tribunes contradictoires, des retransmissions de congrès, etc. et ça doit suffire en régime de croisière. Alors, pour les campagnes électorales, les ondes nationales sont appelées à donner les moyens de s'exprimer à tous les candidats. Et là, elles ne vont pas lésiner ! Elles nous en serviront des louchées ! » (Rire.)

Chapitre 5

« ALORS, VOUS AVEZ ÉTÉ DANS LE CANTAL ? »

Matignon, 17 avril 1964.

Tôt ce matin, Burin m'a appelé : « Vous êtes seul ? Le Général est à Cochin, sur la table d'opération, pour l'ablation de la prostate. On attend qu'il se soit réveillé pour faire tomber un communiqué. Surtout, ne dites pas un mot, ni vous, ni votre cabinet. Le Général a voulu le secret. »

C'est une intervention à froid, puisque je sais depuis les Antilles, voici un mois, qu'il portait une sonde. En ne disant rien, on aura provoqué le même choc émotionnel que s'il s'agissait d'une opération à chaud.

En tout cas, la consigne sera suivie. Le téléphone se met à crépiter. Je ne suis là pour personne. Mes collaborateurs répondent que s'il y avait quelque chose, ils le sauraient bien. Or, une fuite a eu lieu depuis Cochin. Des journalistes et photographes, déguisés en infirmiers, ont découvert le pavillon où se trouve l'illustre patient. Ils sont tombés sur les gorilles du Général, également déguisés en infirmiers, ce qui a confirmé la nouvelle. Elle a fait le tour du monde, comme une traînée de poudre. Les grandes agences et les grands journaux nous assaillent. *Le Monde*, qui boucle en fin de matinée, ne nous pardonnera pas ce « ratage ».

J'ai traversé la cour pour interroger le Premier ministre.

Pompidou : « Le Général a absolument tenu à garder le secret. Il a voulu éviter que les gens soient inquiets.

AP. — Je crains que le secret n'accroisse leur inquiétude. Il me semble qu'on aurait pu dédramatiser la nouvelle, en laissant filtrer son éventualité, puis sa probabilité.

Pompidou. — Vous avez peut-être raison sur le plan de la technique d'information. Mais vous ne changerez pas le Général. D'abord, il a le culte du secret...

AP. — C'est un bon principe, quand il s'agit de " surprendre l'adversaire ", comme il dit. Aujourd'hui, il n'y a pas d'adversaire à surprendre.

Pompidou. — Oui. Mais il faut compter aussi sur sa pudeur. Il ne supporte pas l'idée qu'un problème de santé intime puisse être mis sur la place publique. S'il s'était fait amputer d'une jambe, il aurait été probablement moins cachottier. »

Pompidou : « Le Président de la République décidera »

Pour la première fois de la Ve République, ce *22 avril 1964*, le Conseil se déroule sans le Général ; non à l'Élysée, mais à Matignon.
Pompidou est soucieux d'apparaître comme celui qui tient la barre sans faiblir en l'absence du Général, mais qui reste modeste.

Après le Conseil, il me met en garde : « Faites attention à ne pas donner l'impression qu'on peut très bien se passer de lui. Vous n'aurez pas de téléspectateur ou de lecteur plus attentif que lui. (Ça ne changera pas ; mais Pompidou, cette fois, se sent sur la sellette.)
« Dites bien que ce Conseil des ministres s'est déroulé comme à l'ordinaire et que les ministres ne se sont pas conduits comme des écoliers dissipés. Le Premier ministre a agi en vertu d'une délégation exceptionnelle. S'il est nécessaire, la semaine prochaine, de tenir un autre Conseil, cette formule se renouvellera une seconde fois. Le Président de la République décidera.
« N'oubliez pas de souligner qu'il m'a chargé d'expliquer aux ministres qu'il avait dû garder le secret à l'égard de tout le monde, y compris d'eux-mêmes. Il tenait à épargner au pays l'anxiété dans laquelle cette nouvelle aurait risqué de le plonger. Le Général a arrêté le minutage de l'hospitalisation en fonction du Conseil des ministres. Il reprendra ses activités à l'Élysée prochainement.
« Expliquez que ce qui se passe est prévu par les textes. Je ne suis pas Président de la République par intérim, j'exerce des pouvoirs normaux et provisoires, par délégation et sous le contrôle du Président de la République. Si vous dites un mot de trop, on va dire, *il* va dire : “Pompidou veut prendre la place.” Vous allez marcher sur des œufs. »
Je n'ai jamais eu tant de journalistes pour ma conférence de presse hebdomadaire — à la suite d'un Conseil dont l'ordre du jour était mince.

Pompidou : « Que les ministres se manifestent davantage »

Au cours du Conseil, c'est bien son style personnel que Pompidou avait affirmé. Pas de grandes fresques ; des conseils pratiques.
Pierre Dumas se soucie : « Il n'y a aucun texte à l'Assemblée ! »
Pompidou tance les ministres : « Je vous avais pourtant bien prévenus, Messieurs, en janvier ! Le Parlement n'a pas assez de travail, parce que vous n'avez pas assez travaillé.
« Que les ministres se manifestent davantage à l'Assemblée, dans les départements, dans la presse de province ! Qu'ils présentent non seulement leur propre action, mais les lignes générales de la politique du gouvernement :

« Le plan de stabilisation est en train de réussir.
« Nécessité d'un effort : rien ne marche si l'on va à vau-l'eau.
« Défense nationale : nous bâtissons notre indépendance.
« Utilité de la coopération : nous travaillons pour nous-mêmes en même temps que pour le tiers-monde.
« Ce sont des thèmes excellents. Or, je constate que les discours dominicaux sont pratiquement réservés aux représentants de l'opposition. »

Le Général préfère que chaque membre du gouvernement ne parle que des affaires de son ministère et ne se confonde pas, le dimanche, avec de simples députés haranguant des militants. Pompidou a-t-il saisi l'occasion pour faire passer un message qu'il n'aurait pas osé formuler en présence du Général — le message de sa différence ?

Pompidou : « C'est une affaire qui ne doit pas encombrer le Conseil »

Conseil du 6 mai 1964.

Le premier Conseil que préside le convalescent s'ouvre à 10 heures 30, une heure plus tard que d'habitude. Pompidou s'est arrangé pour que le Général puisse se reposer une heure de plus le matin. Et le Général, un peu amaigri, mais frais et dispos, lui a évité la présidence d'un second Conseil d'exception…

Marette demande qu'il y ait un représentant des PTT au conseil d'administration d'Air France.

Jacquet : « Impossible ! La composition est fixée une fois pour toutes.

Pompidou (agacé par une question mineure à laquelle il craint que le Général ait la tentation de s'intéresser, coupe sèchement). —Je reverrai ça, c'est une affaire qui ne doit pas encombrer le Conseil. »

Marette et Jacquet rentrent sous terre. Le Général, privé de questions comme on est privé de dessert, ne dit mot.

Au Conseil du jeudi 21 mai 1964, Pompidou, sur l'air du maître d'école grondeur : « Au Conseil du 3 mars, j'avais demandé aux ministres de me faire savoir quels étaient ceux de leurs services qui pourraient être décentralisés*. J'ai eu huit réponses. Je demande que les retardataires me répondent rapidement. »

Le Général couve du regard Pompidou, qui veille avec autorité à la mise en application de décisions inspirées antérieurement par lui. Il en sourit d'aise.

* On dit aujourd'hui « délocalisés »

Au Conseil du 17 juin 1964, Foyer propose les nominations comme conseillers d'État de Bothereau, ancien secrétaire général de la CGT-FO, ainsi que de Bouladoux, président honoraire de la CFTC. Le Général approuve avec chaleur le principe de diversifier le recrutement du Conseil d'État, en faisant appel à « des syndicalistes raisonnables, qui ont le sens de l'intérêt général et ne cherchent pas à l'escamoter derrière leur intérêt corporatif ».

Pompidou me fait passer un billet : « Je tiens à ce qu'il soit précisé par vous — sans appuyer grossièrement, bien sûr — que c'est moi qui ai provoqué et décidé ces deux nominations. »

« Il est bon que Pompidou s'enracine »

Au Conseil du mardi 23 juin 1964, le Général interroge Pompidou : « Alors, vous avez été dans le Cantal ? » (Il veut donc le faire parler sur un point qui n'était pas inscrit à l'ordre du jour.)

Pompidou, aussi heureux que surpris, n'a pas de mal à improviser : « Ce voyage a revêtu un double caractère. Un accueil sympathique et presque familial (lui, d'ordinaire si impassible, ne peut s'empêcher d'avoir un sourire radieux)... Et puis, un contact avec un département en pleine activité. J'ai été frappé de la prospérité de cette terre qui passe traditionnellement pour pauvre. Dans les petites communes, l'agriculture se développe. Le tourisme aussi. On voit se multiplier les piscines, alors que l'Auvergnat avait horreur de l'eau ! Ce pays se transforme. Aurillac et Saint-Flour changent rapidement, tout comme Tours, Orléans, Strasbourg ou Lyon. L'Éducation nationale a des crédits énormes, les constructions s'accumulent. L'effort se traduit sur le terrain dans des proportions qui sautent aux yeux. Je suis convaincu qu'il n'y a plus guère que les départements bretons et quelques départements du Sud-Ouest qui n'ont pas encore été pris dans le grand mouvement de modernisation et d'expansion qui parcourt la France. »

Le Général et Pompidou ont l'air aussi heureux l'un que l'autre de cet intermède inattendu.

À l'issue du Conseil, le Général me glisse : « Il est bon que Pompidou s'enracine. Il faut qu'il se déplace et qu'il se fasse connaître, particulièrement dans un coin où il pourra se faire élire. »

La précision renvoie à une éventuelle élection législative *. Mais comment ne pas voir qu'il pousse Pompidou vers sa succession ?

---

* Georges Pompidou sera en effet élu député du Cantal (circonscription de Saint-Flour) en mars 1967.

Matignon, jeudi 13 août 1964, Pompidou me dit : « Vous devriez profiter des trois semaines de la visite du Général en Amérique du Sud. C'est le moment de faire le voyage que je vous ai demandé de prévoir en Polynésie et en Nouvelle-Calédonie pour installer la télévision. Je tiendrai pendant ce temps un ou peut-être deux Conseils, mais je veux prendre le profil bas : on se contentera de lire le communiqué. »

Sous cette modestie, se devine la prudence : il m'envoie à l'autre bout du monde parce qu'il ne tient pas à ce que je fasse, en l'absence du Général, de ces confidences calculées dont les éditorialistes sont friands, mais qui, en braquant le projecteur sur lui, agaceraient le Général.

Pompidou : « Tout le jeu de Giscard, c'est de montrer que le ministre principal, ce n'est pas le Premier ministre »

Le 15 août 1964 a paru dans le *Journal officiel* un simple arrêté du ministre des Finances qui annule, sur un point essentiel, la loi, promulguée en juillet, qui a créé l'ORTF. Quand Pompidou revient de vacances, le 26 août, je me plains énergiquement : « Une des principales innovations de l'Office, c'est que le contrôle financier, au lieu d'être *a priori*, comme auparavant et comme dans les administrations, serait *a posteriori*, comme dans la Régie Renault ou les autres entreprises publiques. C'est indispensable pour lui donner la rapidité de mouvement, la souplesse. Comment peut-on envoyer un reporter en mission en Afrique quand éclate un coup d'État s'il faut attendre le visa du contrôleur d'État ? Et voilà que les Finances, d'un trait de plume, rétablissent le contrôle *a priori* !

Pompidou (le sourire aux lèvres). — Vous n'avez donc pas encore compris que tout le jeu de Giscard, c'est de montrer que le ministre principal, ce n'est pas le Premier ministre, c'est le ministre des Finances ? »

J'arrache quand même au Premier ministre la promesse qu'il interviendra auprès de Giscard.

Une semaine plus tard, Pompidou m'affirme qu'il est fermement intervenu auprès de Giscard. Celui-ci lui a dit : « Je ne peux pas faire perdre la face devant tout le ministère à ceux qui ont préparé cet arrêté. Laissez-moi quelque temps. »

Les semaines ont passé. J'ai relancé Giscard, puis de nouveau Pompidou. Rien n'est venu. Il a fallu attendre cinq ans * pour que paraisse enfin l'arrêté établissant le contrôle *a posteriori*.

---

* Deux textes parus au *Journal officiel* du 1er janvier 69 et au *Journal officiel* du 30 décembre 69 devaient lever certains contrôles *a priori*.

Pompidou ne se faisait pas d'illusions. Il savait qu'il ne serait pas pleinement Premier ministre tant que Giscard serait aux Finances. Mais chacun des deux doit ménager l'autre, qu'il reconnaît comme son principal rival. Comment ne pas admirer que la puissance de Giscard soit devenue telle qu'il puisse se mettre en état de rébellion, et qu'on admette la chose comme inévitable ? Le tout grâce à son seul talent ? Il est, désormais, en tiers dans le couple.

« C'est Pompidou qui a fait sauter les chiffres »

Le 4 novembre 1964, Messmer présente au Conseil une mouture de la loi de programmation militaire.

GdG : « Je constate que vous avez renoncé à donner les chiffres. Ça a peut-être quelque avantage, si l'équivoque et le doute en eurent jamais. Mais ça vide cette loi-programme de son contenu. »

Messmer se tait : le Général exige que cette loi-programme soit contraignante ; Pompidou la souhaite vague. Celui-ci réplique : « Une loi-programme doit permettre au Parlement de se rendre compte de la direction prise. Mais ce ne sont pas cinq budgets à voter d'un seul coup.

GdG (insistant). — Je ne crois pas nécessaire de spécifier les chiffres année par année. Mais pourquoi pas un ordre de grandeur pour cinq ans ? La question vous sera posée !

Messmer (renchérissant). — Inévitablement. »

Après le Conseil, le Général me dit : « C'est Pompidou qui a fait sauter les chiffres. Il prétend que ça fait un effet de masse insupportable. Je ne le crois pas. Le populo, que ce soit 20 milliards de nouveaux francs ou 140 milliards, il ne voit pas la différence. Il sait que ça fait beaucoup d'argent, c'est tout. Il y a un différend entre le Premier ministre et Messmer. »

Il ne m'en dit pas plus, et je ne me suis pas autorisé à le questionner. Son cœur va vers Messmer, mais il n'a pas voulu donner tort à Pompidou devant le gouvernement. Il se découvre :

« Il est souhaitable que les dépenses militaires soient clairement annoncées, et que les gouvernements qui suivront ne puissent en démordre, sans encourir les foudres de tous ceux qui nous auront soutenus. Ce que je souhaite, c'est lier les gouvernements qui viendront après moi. »

Ne me laisse-t-il pas entendre que Pompidou est aussi désireux de ne pas engager les gouvernements futurs (dont il espère sans doute nommer les membres), que lui-même l'est de les engager ? Et cependant, il ne me le dit pas. Parce qu'il ne veut pas tout me dire. Parce qu'il est de plus en plus prudent, au point parfois de paraître presque intimidé devant la compétence et l'autorité croissantes de Pompidou.

Peut-être aussi se rend-il compte qu'à tant expliquer qu'il veut verrouiller les cinq ans à venir, il risque de donner l'impression qu'il ne se présentera pas à l'élection présidentielle, l'an prochain. Or, là-dessus, il tient à ne donner aucune certitude, ni dans un sens ni dans l'autre, afin de rester encore libre lui-même.

Pourtant, il impose finalement son arbitrage. Il y aura des chiffres, malgré « la prudence de serpent » de Pompidou. Mais le tout est fait sans éclat ni désaveu.

Chapitre 6

« J'ESSAIERAI DE REMPILER »

Creil, samedi 13 juin 1964.

Voyage en Picardie. Le Général dans un bain de foule — une de ces cohues qui donnent la chair de poule à ses gorilles et à son aide de camp. Ils tremblent qu'il ne soit pris dans un remous, écrasé ou malmené. Comme s'ils se rappelaient la réplique de Louis-Philippe aux funérailles du maréchal Soult : « Que c'est beau, Sire, cette foule ! — Ce sera plus beau encore quand elle sera rentrée chez elle. »

Un petit vieux à béret basque lui crie : « Rempilez, mon général ! » Il répond : « J'essaierai ! », et passe. Ce n'est pas un engagement, mais c'est une indication à laquelle il me semble devoir faire prendre corps. Je répète cet échange impromptu aux journalistes de l'escorte, dont aucun n'était à portée de l'entendre.

À Abbeville, la veille, 12 juin, un ancien combattant avait interpellé le Général à peu près dans les mêmes termes :

« Encore sept ans, mon général !

— Oui, si c'est possible. »

Mme de Gaulle : « Je vous en supplie, tâchez de le retenir ! »

Le soir, à la préfecture de Beauvais, j'aperçois dans un couloir Mme de Gaulle, qui se rendait à un dîner de dames. Alors que je me contentais de la saluer par une forte inclinaison de tête, elle m'arrête, lève la main avec un doigt tendu et me dit doucement, comme une prière :

« Vous qui avez l'occasion de parler au Général, je vous en supplie, ne le poussez pas à se représenter, tâchez de le retenir ! »

Puis elle me plante là, sans attendre une réponse, et s'en va de son pas menu. Est-elle au courant du mot lâché par le Général dans la mêlée, et répercuté par mes soins ? Ou a-t-elle eu vent d'autres interventions plus ou moins conscientes de ma part, et qui tendaient à pousser le Général dans le sens qu'elle redoute ? Mais comment n'aurais-je pas souhaité de tout cœur que le Général se représente ?

Mme de Gaulle me fait mesurer soudain qu'on peut aimer de Gaulle, l'admirer, lui avoir consacré sa vie, l'avoir même risquée pour lui en plus d'une occasion, et ne pas souhaiter qu'il reste à la tête des Français.

Hôtel de la Préfecture, Beauvais, le lendemain matin, 14 juin 1964, avant le départ.

Cette interpellation d'un badaud et la réponse du Général font les titres des radios et de la presse du dimanche. Comme le Général est de bonne humeur, je lui fais observer que les journalistes lui prêtent deux réponses différentes : « J'essaierai », ce qu'il a effectivement dit, et « J'y pense », ce qu'il aurait fort bien pu dire mais qui est inexact.

Le Général : « Laissez ça en suspens. On ne peut pas encore prévoir. Vous imaginez bien que, un an et demi à l'avance, je n'ai pas encore besoin de prendre ma décision. »

« Même si je le savais, je n'en dirais rien »

Conseil du 17 juin 1964.

Le Général déclare d'un ton amusé que tous les commentaires sur sa visite en Picardie ont tourné autour d'un mot, sa réponse à « Rempilez, mon général ».

Après le Conseil, je tente de lui faire préciser cette réponse.

GdG : « J'ai dit "Peut-être. J'essaierai." Mon souci a toujours été de laisser les gens en suspens. Je ne vais pas leur dire : "Je ne me représenterai pas." Comment continuer à diriger les affaires, quand on annonce qu'on est décidé à les lâcher ? Et si je dis : "Je me représenterai", c'est absurde, car je n'en sais encore rien. Même si je le savais, je n'en dirais rien. De toute façon, on ne peut pas prévoir ce qui se passera en un an et demi, en particulier à mon âge. Par conséquent, je ne me prononce pas, mais je n'exclus rien. Alors, je leur dis toujours la même chose : il faut que ce qui a été entrepris soit poursuivi, dans son esprit, dans sa pratique, dans ses institutions. Et dans toute la mesure de mes moyens, je ferai ce qu'il faut pour que cela continue.

AP. — À Cognac, l'an dernier, vous aviez dit en quelque sorte : "Il faut que ça continue, et pour ça, je ferai en sorte que mon successeur soit dans la ligne." Tandis que cette fois-ci, vous avez suggéré : "Et pour ça, je le ferai moi-même."

GdG. — Non. J'ai dit : "Je continuerai à servir mon pays tant que j'en aurai la force." Je n'ai pas dit : "Je servirai mon pays là où je suis." Et d'autre part : "Je ferai ce qu'il faut, dans la mesure de mes moyens, pour qu'il en soit demain comme il en est aujourd'hui." Ce qui veut dire : ou je me représenterai, ce que je n'exclus pas, ou, si je ne me représente pas, évidemment, je patronnerai quelqu'un, je pousserai quelqu'un pour qu'il continue dans le même esprit où je l'ai fait moi-même. Et puis voilà. »

Il y a un an exactement*, je l'avais interrogé sur l'idée d'une vice-présidence — avec droit de succession en cas de malheur ou de démission, comme aux États-Unis. Un article du *Monde* me donne l'occasion de reposer la question.

GdG : « Ce sont des élucubrations de juristes, à la Duverger. La réalité, c'est que le Président est élu pour sept ans. Et il est élu par le peuple. Un vice-président, c'est de la blague, ça ne peut pas marcher en France. Le pays n'admettrait pas comme son Président, surtout dans un moment difficile, quelqu'un qu'il n'aurait pas élu directement pour cette fonction. Il faut que le Président soit élu. Par conséquent, le successeur du Président doit être élu.

« Il faut être de Gaulle pour faire jouer l'article 16 »

AP. — Pourtant, le Président par intérim n'est pas élu, et il dispose même de l'article 16.

GdG. — Il a l'article 16, mais l'article 16, c'est énorme ! Vous savez, il faut être de Gaulle pour faire jouer l'article 16. Et être sûr d'avoir le peuple derrière soi. Monnerville faisant jouer l'article 16, vous voyez ça ? Ça n'existe pas. Par conséquent, si je m'en vais avant les sept ans, ce serait Monnerville qui s'installerait à l'Élysée. Mais je n'ai nullement l'intention de m'en aller avant les sept ans. Naturellement, si j'étais foudroyé, alors, dans ce cas-là...

AP. — Mais dans *Le Monde*, Viansson-Ponté envisageait un second septennat, qui vous permettrait de vous retirer quand vous voudriez. Et vous passeriez tranquillement la main à votre Premier ministre.

GdG. — Mais ce serait monstrueux ! (Décidément, il affectionne cet adjectif quand on envisage une hypothèse qu'il considère comme contraire à la démocratie la plus élémentaire**) Ce serait une façon de dire aux Français : "Ce type n'était pas foutu de se faire élire par vous, alors je vous l'impose quand même !" Ce serait déshonorant ! »

Il n'a dit ni « déshonorant pour lui », ni « pour moi », ni « pour les deux ». Mais il n'est pas douteux qu'il s'implique totalement dans la réprobation de cette ruse. Il ne peut pas partir sur un geste qui manquerait à l'honneur. Pour lui, la plus haute des valeurs, c'est l'honneur. Elle récapitule toutes les autres. Celui qui ne défend pas sa patrie, celui qui n'accomplit pas sa tâche, celui qui recule devant son devoir, celui qui n'est pas digne de la confiance que les autres mettent en lui, celui qui ment au peuple... celui-là se déshonore.

---

* Le 11 juin 1963, cf. p. 529.

** Cf. p. 544, à propos de l'organisation de la campagne présidentielle.

« Vous voudriez que j'envisage un troisième septennat ? »

Salon doré, 26 août 1964.

Le budget 1965 ne comporte aucun clin d'œil vers l'électeur. Je m'en inquiète :

GdG : « La population n'a jamais été aussi prospère, et elle le sait bien. Les agitations, c'est l'agitation des professionnels de l'agitation. Et, dans l'élection présidentielle, tout ça ne comptera pas. L'élection présidentielle, c'est une élection nationale, sur le plan national. Il s'agit de savoir qui est le meilleur pour représenter la nation au plus haut niveau. Et puis voilà.

AP. — Votre voyage en Picardie, où vous avez laissé entendre que vous vous représentiez, a porté un coup à l'opposition.

GdG. — Mais non ! Elle piaille tant et plus. Elle ne fait que ça !

AP. — Savez-vous que Defferre va tout abandonner ?

GdG. — L'opposition n'a aucune consistance. Les communistes arrivent encore, à grand-peine, à réunir une clientèle, mais c'est tout. Je cherche en vain les socialistes, les radicaux, c'est totalement évanoui.

AP. — Mais si vous ne vous représentiez pas l'an prochain, ils se réveilleraient vite, ils s'engouffreraient dans la brèche.

GdG. — Ils essaieraient probablement de ressusciter ; seulement ils ne trouveraient pas, je crois, de substratum national.

AP. — Il faudrait que cette situation, qui vous est due, se prolonge suffisamment pour que le peuple ne veuille plus revenir…

GdG. — Alors, vous voudriez que non seulement j'entreprenne le deuxième, mais que j'envisage un troisième septennat ? » (Rire.)

« L'élection présidentielle est sur un autre plan »

Dans l'autorail entre Nogent et Bar-sur-Aube, 6 septembre 1964.

Le Général : « J'ai parlé au Premier ministre de la publicité à la télévision. Je lui ai dit qu'il fallait s'y décider, il n'y a aucune raison de laisser un monopole à la presse écrite. Il n'y est pas opposé. Il dit seulement qu'il vaudrait mieux attendre les élections municipales de mars prochain. Il est ennuyé de contrer *Match* et la presse de province. Alors, je crois qu'il faut tout de même prendre la décision de principe. Quant à la date et aux conditions, on verra.

AP. — Seulement, on ne pourra pas non plus faire venir la discussion à la veille de l'élection présidentielle ?

GdG. — Oh ! l'élection présidentielle, ça n'a pas de rapport. Ça ne se jouera pas là-dessus !

AP. — Si c'est vous le candidat ! Mais si c'est un autre ?

GdG (sèchement). — Nous verrons bien. »

Il coupe court, visiblement irrité. À cause de mon insistance à lui tendre des pièges pour deviner ce qu'il va faire ? Ou bien, que j'aie employé le mot de candidat, qui ne doit pas lui plaire ? Quand on incarne la légitimité depuis vingt-cinq ans, on n'a pas besoin d'être candidat ; de même qu'en arrivant à l'Hôtel de Ville de Paris le 26 août 1944, il n'avait pas besoin de proclamer la République, puisqu'elle n'avait jamais cessé d'exister en sa personne...

« Je ne jouerai pas ce jeu-là, l'élection présidentielle aura lieu »

Dans le train entre Paris et Strasbourg, le 22 novembre 1964.

AP : « Le bruit court à nouveau, de plus en plus, d'un référendum pour assurer la continuité du pouvoir sans qu'il y ait d'élections.

GdG (agacé, répète comme une évidence). — L'élection présidentielle aura lieu.

AP. — Vous ne substituerez pas un référendum à l'élection ?

GdG. — Ah non ! Mais non ! Je ne jouerai pas ce jeu-là ! Je ferai peut-être un référendum pour la fusion du Sénat et du Conseil économique et social. Ou plutôt, un référendum sur l'indépendance, pour avoir l'approbation du pays sur le fait que la France, ayant repris son indépendance, ne participe pas à des organisations qui prétendent la lui ôter. Ça c'est possible, que je fasse un jour un référendum là-dessus.

AP. — Mais pas avant les élections présidentielles ?

GdG. — Je ne crois pas, non. On ne peut pas savoir exactement. Ça peut devenir nécessaire, mais sans doute pas avant l'élection. »

Donc, c'est sûr, il va se présenter. Cette confirmation, qui vient de sortir de ses lèvres probablement par inadvertance, m'envahit d'une onde de joie. L'aide de camp a déjà entrouvert la porte plusieurs fois. Il n'y tient plus et lance : « M. Palewski est là, mon général, et vous attend. » Je me lève précipitamment.

Entretien avec Vinogradov, 30 novembre 1964.

Vinogradov * me répète à chaud un aparté qu'il vient d'avoir avec le Général à la chasse à Rambouillet :

Vinogradov : « Vous vous représenterez, mon général ?

GdG. — Je n'ai pas encore pris de décision, mais le jour où j'en aurai pris une, je ne le dirai à personne.

« Comprenez-moi bien. Je veux travailler pour le bien de la paix et de l'humanité. Avec les Américains, il n'y a rien à faire, il n'y a qu'eux qui comptent, ils ont des œillères. Les Anglais et les Allemands sont en pleine incertitude, et on ne peut rien faire non plus avec eux. Quant à vous, les Russes, on pourrait bien faire du bon

* Ambassadeur d'Union soviétique.

travail avec vous, mais on ne sait pas très bien qui vous gouverne, ni qui vous gouvernera, et ce que vous deviendrez.

« Le monde est plein de menaces. Alors, s'il m'apparaît que je suis utile pour le maintien de l'unité française et pour la paix, et si mes forces me le permettent, je me représenterai. Tout dépend, pour l'avenir de la France et de son rôle dans le monde, de l'unité qu'elle saura ou non garder. »

Quelle situation cocasse ! L'ambassadeur d'une puissance toujours menaçante, et contre laquelle s'est formée une alliance dont nous faisons partie, se flatte d'avoir reçu une confidence du Président de la République française et en informe aussitôt le ministre français de l'Information… Surréaliste.

Chapitre 7

« IL VAUT MIEUX PARTIR CINQ ANS TROP TÔT, QU'UNE MINUTE TROP TARD »

Matignon, samedi 14 novembre 1964.

Chaque samedi matin, Georges Pompidou est tout détendu. La semaine s'achève. Quand il m'aura renvoyé, il n'aura plus qu'à recevoir Couve. À midi, il partira pour Orvilliers. Il aborde avec bonhomie les bruits sur le départ du Général :

« Ceux qui le connaissent le savent bien : à chaque retour de novembre, le Général a le *spleen*, à cause de l'année de plus qu'il est obligé de compter* ! Il a toujours eu peur de la vieillesse, jamais de la mort. Novembre est le mois des hésitations douloureuses. Mais il les surmonte. »

Pompidou se dit persuadé que le Général va se représenter. Quelques indices en feraient douter. Il accentue l'effort pour créer des situations irréversibles : la loi de programmation militaire, l'élimination de la Force multilatérale, la création du Marché commun agricole. Comme si, avant de partir, il voulait avoir créé des faits accomplis, sur lesquels son successeur, quel qu'il soit, ne pourrait plus revenir. Mais beaucoup d'autres signes vont en sens inverse :

Pompidou : « Un homme qui a son tempérament ne décline pas. Mon propre père, qui a soixante-dix-sept ans, est toujours aussi lucide. Pourquoi le Général, chez lequel on ne peut constater aucune baisse d'acuité, aucune diminution d'activité, ne garderait-il pas toute ses moyens jusqu'à quatre-vingt-deux ans ?

« Rien ne l'empêche d'ailleurs d'en faire beaucoup moins dans son second septennat. Le premier aura été extraordinairement difficile. Il y avait tant de problèmes dramatiques à régler et de précédents à créer… Le second serait un septennat de maintenance. Le Général pourrait en laisser faire bien davantage à son Premier ministre, à condition d'avoir confiance en lui. Pourquoi s'obstinerait-il à vouloir régler le prix du lait à l'Élysée ? Il pourrait diminuer son activité de 50 %, tout en continuant à diriger les affaires pour l'essentiel, à donner les grandes impulsions, à implanter le régime par son prestige inégalable.

(Pompidou semble se voir encore pour sept ans à Matignon, ce qui ne l'enchante pas. Mais enfin, s'il le faut…)

---

* Charles de Gaulle est né le 22 novembre 1890.

« Giscard sait bien qu'il ne sera pas le prochain Président de la République et n'envisage pas de se présenter contre de Gaulle ; ni d'ailleurs contre moi, si la question se posait. Tout son jeu consiste à s'imposer comme Premier ministre. Des ambitions plus hautes ne viendraient que plus tard.

« On comprend qu'il louche vers Matignon : après avoir été secrétaire d'État aux Finances pendant trois ans et demi, ministre des Finances pendant trois ans et demi, encore sept ans rue de Rivoli, ce serait beaucoup. Et après un poste pareil, surtout de la façon dont il l'a tenu, il n'y en a qu'un autre, c'est celui de Premier ministre. »

Il est manifestement préoccupé par cette concurrence. La question de Matignon se pose pour lui avant celle de l'Élysée.

Pompidou : « La meilleure solution, ce serait encore qu'il se représente »

Il constate que les voyages et les discours publics, notamment au Parlement, ont servi sa popularité, mais considère qu'il doit, dans la période actuelle, rester un peu plus sur la réserve. La limite à son action, c'est toujours le Général : « Si j'en fais trop, le Général finira par dire : "Vous voyez bien. Vous n'avez pas besoin de moi. Vous pouvez très bien me remplacer." Or, vous savez bien que je ne le souhaite pas et que la meilleure solution, ce serait encore qu'il se représente. »

Matignon, jeudi 19 novembre 1964.

Pompidou me glisse : « Giscard montre de plus en plus sa puissance par son arrogance. Il se sait compétent, brillant, incontesté au Parlement. Il se croit irremplaçable. Il affirme sa personne en face de la mienne, pour le jour où le Général ne sera plus là. »

Il dit cela avec un air presque amusé — comme le spectateur d'une comédie politique bien ficelée.

Le 25 novembre 1964, pendant le Conseil, Pompidou m'envoie un billet à propos du projet de loi militaire. Il le conclut : « Je voulais le dire, mais j'ai préféré raccourcir le Conseil. »

Il ne veut pas que le Conseil dépasse deux heures. Craint-il que le Général ne se fatigue, que sa convalescence ne soit pas achevée ? Souhaite-t-il lui montrer qu'il pourra continuer à diriger l'État, tout en ménageant ses forces ? A-t-il le désir de pousser ainsi le Général à se représenter ? Ce qui est sûr, c'est qu'il veille sur lui comme à du lait sur le feu.

Matignon, 19 décembre 1964. Pompidou me dit : « J'espère que le Général va se représenter. Il en a visiblement la force. Il en meurt d'envie. Mais comme, avec lui, on n'est jamais sûr de rien, il faut quand même se préparer à l'autre hypothèse.

« Ce qu'il faudra, c'est que celui d'entre nous qui sera le mieux placé pour prendre la succession, soit assuré de faire l'unité des gaullistes, qui sont, à eux seuls, minoritaires, mais autour desquels devrait pouvoir se faire l'unité des Français.

« Ensuite, il faudra que ce candidat soit capable de maintenir le régime. L'idée la plus répandue dans la classe politique, c'est que de Gaulle est une parenthèse, au sens grammatical : la parenthèse fermée, la phrase continue exactement comme avant son ouverture. Qu'après de Gaulle, on retournera à la IVe, c'est-à-dire à la IIIe. Le Président n'aura plus qu'à inaugurer les chrysanthèmes.

« Cette machine infernale, ce sera la mission principale du prochain Président que de la bloquer. Il lui incombera d'appliquer sans faiblesse les règles institutionnelles voulues et imposées par le Général, et de faire plier la classe politique jusqu'à ce qu'elle se rallie, gauche comprise, à cette pratique. Je n'en connais pas beaucoup qui soient capables de dompter ainsi la classe politique et de donner enfin à la République sa stabilité ! »

Il est évident qu'il n'y en a pas beaucoup, et qu'il n'y en a même qu'un, qui réponde actuellement à ce portrait : c'est lui.

Pompidou : « Les institutions ne s'implanteront que par une pratique apaisée »

Il poursuit à son rythme tranquille, sa cigarette au coin de la lèvre : « Il faudra désormais faire prévaloir trois principes : l'unité de l'exécutif, la double légitimité électorale, le renforcement de la représentation nationale.

« L'unité de l'exécutif, ça veut dire la prééminence du Président ; le Premier ministre colle au Président. Je pratique ce principe comme Premier ministre. Il faudra que le successeur du Général le pratique comme Président. Vous constatez que je ne fais jamais état en public, ni dans des confidences à des journalistes, ni même devant deux personnes, de mes désaccords avec le Général. Au maximum devant une personne, et encore très rarement, de sorte que je saurais d'où vient la fuite, si fuite, il y avait. (Il me semble que son œil noir est en cet instant encore plus noir que d'ordinaire.)

« Il faut que le Premier ministre soit dans la ligne qu'arrête le Président. J'ai fixé cette doctrine en avril dernier dans mon débat avec Mitterrand*, qui considère comme anti-républicaine la

* À l'Assemblée nationale, le 24 avril 1964, un vif débat a opposé le Premier ministre et François Mitterrand, sur le rôle du Président de la République comme chef des armées et sur le rapport constitutionnel entre le Président et le gouvernement.

prééminence du Président ; s'il gagnait un jour l'élection présidentielle, on verrait bien s'il ferait prévaloir ce point de vue, ou le point de vue adverse. Vous constatez que j'ai favorisé la pratique des Conseils restreints à l'Élysée. Je n'ai plus fait de Conseil de cabinet autour de moi comme Debré en faisait à Matignon. Le pouvoir exécutif est uni au sommet, dans la main du Président. Cette mécanique, qu'a voulue le Général et que j'ai favorisée, est faite pour broyer les velléités de particularisme des ministres par rapport au reste du gouvernement, ou du gouvernement par rapport au Président.

« Le deuxième principe, c'est que l'autorité du Président de la République soit renforcée par la légitimité électorale. Déjà, pour le Général, son pouvoir charismatique n'est pas suffisant pour le mettre à l'abri de la contestation ; à plus forte raison, ses successeurs, qui ne détiendront pas de l'Histoire le même prestige. C'est pour ça que j'ai poussé le Général à se *mouiller* pour les législatives en novembre 62. Le Général aurait voulu s'enfermer dans son image historique. C'était une erreur grave par rapport à lui, et bien plus grave encore par rapport à ses successeurs. Il faut faire vivre ce régime présidentiel dans le cadre d'une démocratie représentative plus conforme aux traditions de la IIIe et de la IVe République. C'est pour ça que je n'ai jamais utilisé l'article 49-3 *. C'est pour ça que j'ai horreur du vote bloqué **. C'est pour ça que je normalise les rapports avec le Sénat. Il faudrait que le Président adresse souvent des messages au Parlement.

« Le troisième principe, c'est qu'il faut dépersonnaliser le régime. Il ne faut pas que le Président se mette tout le temps en avant. Il ne faut pas qu'il abuse du référendum. Il ne faut pas qu'il lie son sort à l'issue de ce référendum. La majorité présidentielle doit s'incarner dans la majorité parlementaire. Les deux ne doivent faire qu'un. Le Général a voulu une pratique brutale de la Constitution. C'était peut-être nécessaire pour changer les habitudes. Maintenant, ces institutions ne se feront adopter définitivement que par une pratique apaisée ; sinon, la greffe sera rejetée. »

Donc, Pompidou sait parfaitement où il veut aller. Il définit avec précision la philosophie du pouvoir, tel qu'il l'exercera s'il est élu : une sorte de compromis historique. Il est prêt. D'évidence, il ne sera pas pris au dépourvu si le Général annonce brusquement qu'il se retire.

---

* « Guillotine sèche » : à défaut pour l'opposition de censurer le gouvernement, le texte, sans avoir été voté, est considéré comme adopté.

** Autre « guillotine sèche » : le gouvernement fait voter sur un texte unique, avec les amendements qu'il accepte, à l'exclusion de tout autre amendement.

« L'année prochaine décidera de la survie de ce que nous avons voulu »

Le 23 décembre 1964, le Conseil se réunit pour la dernière fois de l'année. Le Général marque le coup :

« Je tiens à vous dire que l'année terminée me paraît vraiment satisfaisante. Évidemment, il y a eu des incidents. C'est inévitable. Mais si, au lieu de traiter les choses par le détail, on les voit d'un peu haut — c'est mon rôle —, je considère que pour la République, pour le pays, cette année a été vraiment satisfaisante.

Et de détailler en huit rubriques les prix d'excellence du gouvernement. Son fonctionnement même, dans une cohésion politique évidente. Un budget en équilibre, « c'est incroyable, mais c'est ainsi » ; la stabilisation qui continue à se renforcer. L'amélioration du sort des différentes catégories et de l'équipement social de la nation. Des réformes administratives importantes, sur le rôle des préfets et les comités d'expansion économique. L'organisation d'une défense moderne. Tout ce qui a été fait pour les monuments, pour les théâtres, pour les Maisons de la Culture. Une action extérieure couronnée de succès, « à la fois pour les progrès que nous avons voulus — je parle du Marché commun — et pour ce que nous avons voulu empêcher — la Force multilatérale. L'Histoire, enfin : il faut souligner la réussite de nos cérémonies anniversaires de 1914 et de la Libération. C'est un ensemble qui a eu une grande résonance. Il a culminé dans une séance exceptionnellement émouvante au Panthéon, pour le transfert des cendres de Jean Moulin ; nous avons tous profondément admiré l'insigne discours d'André Malraux.

« Messieurs les ministres, je vous félicite de ce qui est arrivé dans le pays grâce à vous pour cette année.

« L'année prochaine sera à tous égards celle qui décidera de la permanence et de la survie de ce que nous avons voulu. Nous avons voulu constituer un système viable et pratique pour l'époque où nous nous trouvons. Si ce système était abandonné, nous retomberions dans l'ornière.

« Mais je suis très optimiste sur ce que sera le jugement de l'ensemble de la France. »

« Il y a trop d'opposition jusque dans mon entourage »

Après le Conseil, il est toujours sur le même nuage rose. Mais son euphorie n'apaise pas son obsession des tâches à accomplir :

« Il reste deux grandes choses à faire. D'abord, notre retrait définitif de l'OTAN, l'affirmation du principe d'indépendance nationale, le refus de toute intégration. Ensuite, la participation, pour en finir avec la question sociale. Nous devons rendre ces deux grands choix irréversibles. Je ne vois guère que le référendum qui en ait la capacité.

« Pour ces deux grandes affaires, il y a trop d'opposition ou d'inertie, jusque dans mon entourage. Pour surmonter les réticences, la complicité atlantiste et l'immobilisme social, seul le référendum peut entraîner un mouvement auquel personne ne pourra plus s'opposer.

AP. — Et vous pensez engager ces deux référendums l'année prochaine ?

GdG. — Sûrement pas tous les deux dans la même année. Et probablement aucun des deux. L'année ne s'y prête pas.

AP. — Mais alors... (Je m'arrête à temps.) ...Il n'y a que vous qui puissiez graver dans le marbre de la Constitution des principes aussi à contre-courant. Il vous faudrait bien cinq ans pour y arriver.

GdG (après un instant de silence). — Il vaut mieux partir cinq ans trop tôt qu'une minute trop tard. »

Il est sorti du piège. On dirait qu'il se réserve de répéter son départ de 1946 — plutôt partir avant d'avoir achevé l'œuvre, que de prendre le risque d'abîmer la statue.

Et pourtant, comment ne pas voir que toute sa force intérieure le pousse à continuer de servir — si Dieu le veut, et lui seul ; car, des Français, le Général n'a jamais douté.

Chapitre 8

« LE VRAI SUJET DE L'ÉLECTION PRÉSIDENTIELLE, C'EST L'INDÉPENDANCE »

Au Conseil du 10 février 1965, Giscard a su éveiller l'intérêt du Général par une communication sur la politique d'indépendance de la Roumanie, qui se concluait sur la « stature » et le « prestige » du Président français *.

Le lendemain matin 11 février, dans son bureau, Pompidou, mordant, me fait remarquer que Giscard a terminé son exposé comme l'aurait fait un vieux militant du RPF. « Il se projette dans le second septennat du Général. Il pousse son affaire. »

Le Général, quant à lui, a prolongé *après le Conseil* la communication de Giscard en projetant une visite d'État en Roumanie et une autre en Pologne, pour « aider à bouger » ces démocraties populaires.

Ce n'est pas la première fois qu'il se trahit. C'est la première qu'il le fait aussi clairement : comment monter de tels voyages, alors qu'ils ne sont pas encore programmés, avant novembre, où la campagne présidentielle battra son plein ?

> Pourtant, j'ai la surprise, dans les semaines qui suivent, de voir une bonne moitié de mes collègues s'ouvrir de leur certitude que le Général se retirera en fin d'année.

« Si ce n'est pas moi, ce sera les partis »

Salon doré, 17 février 1965. Je reparle de la probabilité du retrait de Defferre.

GdG : « Ça n'a aucune importance. Ils en mettront un autre qui n'aura pas plus de poids. Lecanuet ne pourra pas se passer de se présenter, mais il n'aura guère de voix. Ils essaieront plutôt une diversion, ils mettront un type qui n'a pas de qualification politique déterminée, un Louis Armand quelconque **, voyez-vous. Ça ne gênera pas les états-majors. Un personnage pareil pourrait coaliser les mécontents.

GdG. — Oui. Il tâchera de faire le cartel des *non*, mais ça ne

---

* Voir *supra*, les propos du Général sur cette communication, partie III, p. 317.

** Louis Armand, longtemps président de la SNCF. Il n'était certes pas un homme quelconque, mais de Gaulle le prend en exemple de ces hauts fonctionnaires dont l'excellence n'a jamais subi le feu de la démocratie.

suffira pas, le pays ne connaît pas Louis Armand, ça ne lui dit rien. "Louis Armand, kekséksa ?" Ça n'entraîne pas.

AP. — Si c'est vous, en face. Mais si ce n'est pas vous…

GdG. — Ah mais si c'est pas moi, ça sera pas Louis Armand, ce sera les partis. Ils ne mettront Louis Armand que contre moi, parce qu'ils ne voudront pas avoir l'air de dire : "Nous sommes la IVe contre le Général."

AP. — D'après un sondage de l'Institut français d'opinion publique, les gens qui vous sont favorables sont passés à 64 %, chiffre que vous n'aviez pas atteint depuis la guerre d'Algérie.

GdG. — Vous savez, ça ne signifie pas grand-chose. Naturellement, si c'était 30 ou 40 %, ça finirait par être embêtant.

AP. — Il y a eu une chute au moment de l'affaire des mineurs, votre cote était tombée à 40 %.

GdG. — Oui, sur le moment. Ça n'empêchera pas que, le moment venu, lorsque de Gaulle dira : "Voulez-vous de moi, ou n'en voulez-vous pas ?", toutes ces péripéties ne compteront plus. »

« Puisque le Premier ministre n'est pas là »

Au Conseil du 7 avril 1965, Giscard fait une communication sur la préparation du budget de 1966 — celui qui réglera la vie de l'État, dont personne, autour de notre tapis vert, ne sait qui sera le chef.

Le Général interdit tout débat : « Nous n'irons pas plus avant, puisque le Premier ministre n'est pas là et qu'il joue un rôle capital dans la préparation et l'établissement du budget. »

Pompidou est alité à la suite d'une grippe. Jacquet me dit à l'oreille : « Georges est plus gravement malade qu'on ne dit. Un Premier ministre ne se couche pas parce qu'il a la grippe. On pensait qu'il remplacerait le Général. Mais c'est peut-être le Général qui va pourvoir à son remplacement. »

> J'ai noté cette observation, sans y prêter davantage attention. Je la retrouve aujourd'hui dans mes notes. Elle me frappe. Jacquet a-t-il eu l'intuition de ce mal étrange qui devait emporter Pompidou ? Et en était-ce déjà une manifestation ?

« Le destin du pays et celui de l'État se trouveront en cause »

Après le Conseil.

AP : « On glose sur votre entretien avec le bureau de l'Assemblée.

GdG. — Oui, il y a eu des cafouillages dans les interprétations. J'ai dit ceci : "Cette année est très importante du point de vue national, parce que c'est l'année de l'élection présidentielle et que, de cette élection, dépend le destin du pays et celui de l'État." Ce qui est absolument évident.

AP. — Certains, de nouveau, ont vu là l'indice qu'un référendum remplacerait l'élection, comme la rumeur en avait couru.

GdG. — Si on vous interroge, vous pourrez dire qu'étant donné les conditions dans lesquelles va s'accomplir l'élection du Président de la République au suffrage universel, il est bien évident que le destin du pays et celui de l'État seront en cause.

AP. — Vous permettez, je prends note. »

Il approuve tellement cette précaution, qu'il écrit lui-même devant moi une phrase, la rature, comme il en ressent le besoin quand on aborde des sujets délicats. Il me recommande de présenter cette formule comme mon commentaire personnel : « Ce n'est pas de la dignité d'un Président de la République que de démentir des commentaires stupides. »

Il me tend la feuille.

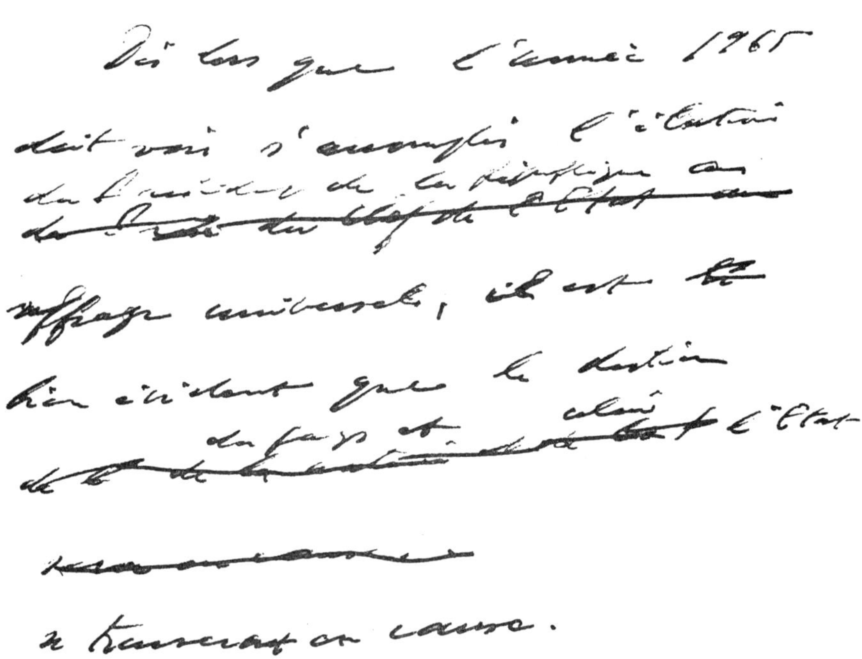
LE GÉNÉRAL DE GAULLE

« DÈS LORS QUE L'ANNÉE 1965 DOIT VOIR S'ACCOMPLIR L'ÉLECTION DU PRÉSIDENT DE LA RÉPUBLIQUE AU SUFFRAGE UNIVERSEL, IL EST BIEN ÉVIDENT QUE LE DESTIN DU PAYS ET CELUI DE L'ÉTAT SE TROUVERONT EN CAUSE.

GdG : « Je ne comprends pas cette agitation. Tout le monde sait qu'il va y avoir une élection présidentielle en 65. Un référendum, ça n'a aucun rapport. Quand les Américains élisent leur Président, le destin des États-Unis est en cause. Si je n'avais pas été élu, le destin de la nation aurait été différent. Tâchez d'expliquer ça. »

« C'est l'indépendance qui sera en cause dans l'élection »

Salon doré, 21 avril 1965.

AP : « La venue de Gromyko à Paris va être très commentée. Plusieurs journaux parlent de renversement d'alliances.

GdG. — Ça m'est égal, ce que les journaux disent. Ce qui ne m'est pas égal, c'est la masse française. Je veux faire entrer dans l'esprit des Français que, pour la France, c'est l'ère de l'indépendance. C'en est fini avec l'ère de l'impérialisme. C'est ça, le vrai sujet de l'élection présidentielle. C'est ça la seule question. Et tout ce que j'ai fait depuis vingt-cinq ans n'a pas de sens, si ce n'est pour établir *définitivement* l'indépendance de la France. Définitivement, vous m'entendez ? Sans que ça puisse être remis en question. Tout se résume à ça. C'est l'indépendance qui sera en cause dans l'élection. »

J'admire et je me surprends à craindre que cet enjeu-là ne soit pas, pour les électeurs, aussi évident que pour le candidat.

« Vous êtes mal placés pour m'apitoyer sur la misère paysanne »

Deux mois plus tard, une scène pénible offre de quoi y réfléchir.

Melun, Hôtel de la Préfecture, 17 juin 1965.

Le Général achève une journée harassante, en tout cas pour nous, qui a commencé de bon matin à Chelles, et s'est terminée par Fontainebleau et Melun, en passant par Provins où j'ai eu l'honneur et la joie de le recevoir.

La fatigue a-t-elle joué un rôle dans l'incident qui a suivi ?

Pendant le dîner, le Général, entouré de Joxe, Jacquet et moi-même, a fort peu parlé. Au café, les deux grands patrons de l'agriculture seine-et-marnaise, Louis Rémond, président de la Chambre d'agriculture, et André Marteau, président de la Fédération des syndicats d'exploitants agricoles, m'approchent : « Pourriez-vous nous ménager un moment d'entretien avec M. le Président de la République ? » Quand je les présente au Général, le visage de celui-ci me fait deviner que les choses vont mal se passer.

« Mon général, commence Marteau, nous voulons vous faire part du très vif mécontentement des agriculteurs que nous représentons. Ils ont le sentiment que votre gouvernement se refuse à comprendre l'angoisse dans laquelle ils sont plongés. L'ensemble de la paysannerie française est aux abois. Nous sommes chargés de vous en prévenir. »

Le Général le toise : « Je sais qui vous êtes ! Vous avez chacun des centaines et des centaines d'hectares. Vous êtes la catégorie la plus favorisée de France, parce que votre blé, vos betteraves se vendent à un prix inespéré. Alors, vous êtes mal placés pour m'apitoyer sur la misère paysanne. »

Rémond vole au secours de son collègue : « Mon général, nous voulions simplement vous faire part du désarroi de la paysannerie française, avant que se concluent avec nos partenaires des négociations dont dépend son avenir, car nous tenons à vous dire que nous sommes très européens.

(S'il y a un mot que le Général exècre, c'est celui d'*européen*, quand on veut le réserver à ceux qui militent pour la "supranationalité" et l' "intégration".)

« Et moi, je ne suis pas européen ? Vous ne savez donc pas que le gouvernement défend avec bec et ongles les intérêts de l'agriculture française ? Vous ne savez donc pas que nous sommes prêts à rompre avec nos partenaires, s'ils n'acceptent pas d'ici à la fin du mois de conclure avec nous le règlement financier qui doit enfin rendre effectif le Marché commun agricole ? »

« Et vous imaginez que nous nous entendrons avec nos partenaires si nous leur mangeons dans la main ? »

Rémond bredouille : « Mais nous souhaitons au contraire que vous vous entendiez avec eux !

GdG. — Et vous vous imaginez que nous nous entendrons avec eux si nous leur mangeons dans la main ? Vous ne savez donc pas que leur point de vue est radicalement opposé au nôtre ? Qu'ils ne veulent à aucun prix s'embarrasser de notre agriculture ? Qu'il faut leur mettre les points sur les i ? Vous ne savez donc pas que nous n'aboutirons à rien, si nous ne leur manifestons pas que nous mettrons fin au Marché commun, dans le cas où ils continueraient à refuser d'y faire entrer l'agriculture ? »

Et le Général nous plante là.

Lui qui demeure toujours d'une courtoisie très « vieille France », même et surtout avec les visiteurs qui ne l'aiment pas — parlementaires d'opposition, délégations syndicales —, il a lâché d'un seul coup la bile que, depuis des mois, ce sacré Marché commun agricole et la résistance de nos partenaires accumulent en lui.

Marteau, furieux : « Ils nous a insultés, et avec nous toute la paysannerie française ! C'est intolérable ! Nous allons en rendre compte à nos mandants et nous savons d'avance comment ils réagiront ! D'ici à la fin de l'année, nous aurons l'occasion de montrer que les agriculteurs et les ruraux représentent le quart des électeurs français ! »

Ces deux responsables ne doutent pas qu'ils peuvent manœuvrer la population agricole comme des soldats à la parade. Ils doivent savoir déjà pour qui ils feront voter, si le Général ou son dauphin ne se montrent pas plus complaisants envers eux.

J'essaie de raccommoder la porcelaine : « Il ne vous a pas insultés ! Vous n'imaginez pas à quel point le Général est tendu vers la réussite de cette négociation ! Il aurait aimé se sentir soutenu par vous. Laissons passer dix minutes, j'irai lui dire deux mots, et vous lui exprimerez vos regrets que le dialogue ait pris cette tournure. »

Sans me répondre, aussi mécontents du Général que lui d'eux, c'est leur tour de tourner les talons.

« L' " inquiétude ", on commence à en avoir assez »

Le Général ne m'a pas reparlé de mes deux Seine-et-Marnais, mais il ne les a pas oubliés ; ils vont resurgir pendant le *Conseil du 23 juin 1965.*

Couve relate les péripéties de la négociation de Bruxelles. Elle n'avance pas. « C'est encore ténébreux. »

Comment éclairer ces ténèbres pour l'opinion publique ? Sur ce point, Pompidou et le Général vont diverger — l'un cherchant les tranquillisants, l'autre les excitants.

Pompidou : « Le ministre de l'Information pourrait souligner, à l'usage des professionnels agricoles, que le gouvernement défend fermement l'agriculture française. Il est important de ne pas laisser s'établir l'inquiétude.

GdG. — L' " inquiétude ", on commence à en avoir assez ! Lors de mes récents déplacements en Île-de-France, j'ai été assailli par certains de ceux qui se disent les représentants des paysans. Je les ai envoyés faire fiche. Je souhaite que ce soit l'attitude du gouvernement. Ce sont de vulgaires démagogues ! Je vous demande à vous aussi, Messieurs les ministres, de répondre à la mauvaise foi des démagogues de l'agriculture en les envoyant faire fiche. »

Je ne doute plus depuis longtemps que le Général va se présenter. Mais je commence à me demander s'il fait tout ce qu'il faut pour être élu.

Chapitre 9

« INUTILE DE PARLER DE TOUT ÇA À MATIGNON »

19 juin 1965. Chartres. Pour la première fois du septennat, Couve accompagne le Général en province. Jusque-là, il mettait autant de soin à ne pas apparaître à ses côtés sur le territoire national, qu'il déployait de vigilance pour empêcher que d'autres ministres ne l'accompagnent dans ses visites d'État à l'étranger.

À la fin du dîner à la préfecture, nous allons nous promener tous deux dans les petites rues qui avoisinent la cathédrale. Il reste, sur le visage des gens qu'on croise, comme une atmosphère de fête.

Couve : « Il ne va pas gâcher son image historique en s'incrustant à l'Élysée »

Couve : « Voilà un spectacle auquel on n'assistera plus jamais.

AP. — Pourquoi jamais ?

Couve. — Il est clair que son successeur, et aucun de ses successeurs, ne pourra réunir des foules pareilles, ni susciter un tel enthousiasme. Aucun n'aura tenu la même place que lui dans l'Histoire.

AP. — Et s'il se succède à lui même ?

Couve. — Vous parlez sérieusement ? Ce septennat aura été une trop grande réussite pour qu'un second reste au même niveau. Il le sait bien. »

J'insiste, fort de ma certitude : « Le Général a besoin de plusieurs années pour achever la constitution de la force de frappe, pour se retirer de l'OTAN, pour accentuer la politique de détente avec l'Est, pour affermir l'indépendance, pour implanter les institutions. »

Couve secoue la tête : « Il ne va pas gâcher son image historique en voulant s'incruster à l'Élysée. Il répète que la vieillesse est un naufrage. Il a soixante-quinze ans cette année, il en aurait quatre-vingt-deux dans sept ans. C'est exclu. »

Nous décidons de parier un bon déjeuner : « C'est comme si vous l'aviez déjà perdu », me dit-il. Du moins n'est-ce pas l'ambition qui guide sa certitude. Il sait sans doute que sa seule chance de devenir Premier ministre est que le Général « s'incruste » à l'Élysée. Et s'il est aujourd'hui du voyage, au contact du peuple, n'est-ce pas en signe de cette intention ? Frey m'a dit ce matin, dans l'autorail : « Bizarre, cette invitation à Couve. À la place de Georges, je m'inquiéterais. »

« *Je n'ai en face de moi que ce pauvre Marcilhacy* »

Salon doré, 1er juillet 1965.

Au milieu des drames de la négociation bruxelloise, le Conseil de ce matin a adopté un texte sur l'élection présidentielle, qui se déroulera le 5 décembre, avec un éventuel second tour le 19. Le Général me prescrit d'annoncer qu'il tiendra une conférence de presse au début de septembre.

AP : « À cette date, vous pourrez difficilement éviter de parler de vos intentions pour l'élection.

GdG. — Non ! Je préviendrai tout de suite les journalistes : "Je ne vous dirai pas ce que je ferai. Pas cette fois-ci." D'ailleurs, le jour où je le dirai, je ne le dirai pas aux journalistes, je le dirai aux Français. Pour les journalistes, j'analyse des questions. Mais les Français, je les saisis directement, les yeux dans les yeux.

AP. — Et ça, vous ne le ferez que plus tard ?

GdG. — Fin octobre, parce qu'il y a un calendrier à respecter.

AP. — Depuis hier, on parle de Maurice Faure comme candidat des "démocrates" pour remplacer Defferre, qui s'est effondré. C'est de Bruxelles que la nouvelle est venue.

GdG. — Naturellement, Maurice Faure et ses copains ont cogité ça ensemble. L'opposition est à Bruxelles, elle y fait son travail de sape.

AP. — Justement, ce qui a été décidé tout à l'heure, de laisser notre chaise vide jusqu'à nouvel ordre à Bruxelles à cause de notre différend avec nos partenaires sur l'agriculture, est-ce que ça ne risque pas d'être mal compris ? Ça ne va pas vous gêner pour l'élection ?

GdG. — Pourquoi voulez-vous que ça me gêne ? Je n'ai en face de moi que ce pauvre Marcilhacy et ce pauvre Tixier-Vignancour.

AP. — Il y en aura peut-être d'autres ?

GdG. — Eh bien, qu'ils viennent ! »

Comme s'il se repentait d'être allé trop loin dans la confidence, il me dit, en m'accompagnant à la porte : « Inutile de parler de tout ça à Matignon. » Ce qui veut dire : « N'en parlez pas à Pompidou *. »

À l'égard de Pompidou, je suis tenu au secret. Je le comprends : le Général se réserve de l'informer comme et quand il le voudra. Je n'ai pas à m'insinuer dans leur intimité.

Le « secret du roi » me rend l'exercice de plus en plus difficile. Il ne faut pas que Pompidou soupçonne que je sais que de Gaulle va se présenter. Il ne faut pas que de Gaulle soupçonne que Pompidou se prépare à le remplacer. En tout cas, ce n'est pas par moi que l'un ou l'autre de ces soupçons doit passer.

---

* Pour éviter toute fausse manœuvre de mon entourage, je préviens ce jour-là, sous le sceau du secret, mes trois plus proches collaborateurs, J.J. de Bresson, J. Leprette et A. de La Loyère, de ma certitude que le Général se présentera. Ils respecteront le secret, autant que moi-même, jusqu'au 4 novembre.

Pompidou : « S'il ne se dévoile pas assez tôt »

Matignon, samedi matin 4 juillet 1965.

Le Premier ministre me questionne sur la date de la conférence de presse du Général, sur ce qu'il y dira, sur la date de l'annonce de sa décision. « Il faut que le Général fasse attention ! Plus il attend, plus il s'engage en fait à se présenter lui-même. S'il ne se dévoile pas assez tôt, il sera, pour ainsi dire, happé par sa propre candidature... »

C'est bien vu. Mais comment transmettrais-je au Général une pareille mise en garde ?

AP : « Sauf s'il ne déclarait sa décision de renoncer qu'au tout dernier moment, de manière à dramatiser et à dire alors : "La solution, c'est de voter pour celui que je vous recommande."

Pompidou. — Oui, sans doute c'est ce qu'il pense.

AP. — Le Général ne m'a rien dit de formel. Mais des indices nombreux, et tous dans le même sens, me donnent pourtant l'impression qu'il va se présenter.

Pompidou (très calme). — Oui, mais d'autres, parmi ses proches, accumulent des indices en sens contraire. De toute façon, ce ne sont que des impressions. Il faut donc se préparer aux deux hypothèses. »

Nos réunions du matin dans le bureau de Pompidou, depuis juin, tournent à la préparation de sa propre campagne. Son cabinet s'en préoccupe de plus en plus. Le Premier ministre nous fait des petits discours qu'il prépare mentalement pour pulvériser les arguments des adversaires. Il semble déjà en esprit devant les caméras ou sur les planches *.

Salon doré, 18 août, le Général me reparle de la prochaine campagne, du marasme de l'opposition. Lui aussi, il affûte ses arguments. Il ne prend même plus de précautions oratoires.

Jamais je ne me suis senti à ce point, et pour une affaire aussi grave, placé entre l'enclume et le marteau. Pompidou s'est convaincu, ou son entourage l'a convaincu, qu'il lui fallait passer son été à préparer une campagne pour laquelle les adversaires s'armaient tout à loisir, mais dans laquelle il n'aurait que quelques jours pour se lancer. Prisonnier de ma double loyauté, je ne puis ni trahir les confidences que m'a faites le Général (« Inutile de parler de tout ça à Matignon »), ni jouer pleinement mon rôle dans l'équipe qui prépare la campagne de Pompidou.

---

* Il donne instruction à Charles Orengo, patron de Plon, de tirer en quelques jours, dès que la décision du Général sera connue, deux à trois millions de livres de poche de la biographie que lui a consacrée Bromberger, de manière à le faire mieux connaître des Français.

« *Pinay ne provoquerait pas de passions nationales* »

Salon doré, 1er septembre 1965.

AP : « Puisque vous voulez parler du rôle du Président, vous n'annoncerez pas votre propre décision ?

GdG. — Non ! On me posera la question. Je répondrai : "Je vous promets que je vous le ferai savoir avant deux mois d'ici. C'est-à-dire avant le 9 novembre."

AP (surpris : le 1er juillet, le Général m'avait parlé de la "fin octobre"). — Vous comptez attendre le 9 novembre ?

GdG. — Je n'ai pas fixé la date. Je ne suis pas pressé.

AP. — Pinay s'est déclaré "en réserve". Tixier-Vignancour s'effacerait peut-être devant lui.

GdG. — Non, Tixier ne s'effacera pas. Pinay a fait l'indépendance du Maroc, il était dans le gouvernement quand j'ai fait évoluer l'affaire algérienne, il n'a jamais pris position pour l'Algérie française.

AP. — Il aurait les rentiers, les possédants, les gens qui boursicotent.

GdG. — Combien y a-t-il de gens qui boursicotent ? Pinay ne provoquerait pas de passions nationales. Comme passions nationales, il y a un certain résidu de passions d'extrême droite, qui a toujours existé, avec l'Action française, avec Vichy, avec Poujade *, avec l'Algérie française. Ça, ça existe. C'est une réalité nationale.

« *Les communistes, ça existe* »

« Et puis il y a une réalité communiste, ou, plus exactement marxiste, vaguement révolutionnaire. Ça existe. Ça a toujours existé en France. Il y a eu les Sections pendant la Révolution, il y a eu la Commune de Paris. C'est une réalité française, qui fut plus ou moins volumineuse suivant les circonstances, mais qui persiste. Et puis c'est tout. Il n'y a rien d'autre. Alors le reste, ce sont les Français, un public qui n'a aucune espèce de raison de se soulever et qui souhaite que ça continue.

AP. — À chaque consultation locale, nos candidats n'arrivent guère à percer, ça encourage l'opposition.

GdG. — Oui. Les vieux crabes ont des situations locales. Il faut du temps pour qu'un mouvement nouveau arrive à prendre racine.

* Pierre Poujade, le héraut du « poujadisme », dont les élections législatives de 1956 marquèrent le plus haut période.

AP. — Votre conférence de presse sera si ample, d'après vos indications, qu'on va se dire : “Ça signifie qu'il se retire et qu'avant de partir, il fixe la ligne.”

GdG. — Quelques-uns diront ça. Les autres diront : “Il a posé les problèmes à si longue échéance qu'il doit rester pour les résoudre.” (Rire.) On dira des choses contradictoires. Il faudra les laisser patauger. »

« La campagne, elle est perpétuellement ouverte »

Salon doré, 8 septembre 1965.

AP : « Votre conférence de presse, demain, sera interprétée comme le commencement de la campagne...

GdG. — La campagne, elle est perpétuellement ouverte. Nous avons fondé un nouveau régime, et dès le premier jour on l'a attaqué. Mais avec l'élection, il y aura tout de même une décision du pays. »

Salon doré, 15 septembre 1965.

AP : « Les journalistes s'excitent beaucoup sur une candidature Pinay.

GdG. — Il n'y aura pas de candidature Pinay. (Il est épanoui.) Tout ça, c'est inconsistant. Il leur a dit, à tous ces fumistes : “Apportez-moi 8 millions de voix, alors je peux considérer la question.” Mais où les prendrait-il ? C'est bien tard.

AP. — Il y a ceux qui se souviennent de la stabilisation du franc en 52, et ceux qui lui attribuent le mérite de la stabilisation de 59.

GdG. — Pour 59, personne ne sera dupe, vous savez. Quant à 52, sa stabilisation, elle a duré quelques mois. Il y avait une baisse générale des matières premières dans le monde, alors il y a eu un moment favorable, qui était en train de disparaître, c'est pour ça qu'il est parti. Il a pris prétexte d'une insolence des MRP. Il a dit : “Eh bien, puisque c'est comme ça, je m'en vais.” Il n'a jamais eu le culot d'augmenter les impôts ni de bloquer les prix. Il voulait sauver sa légende, pour plus tard. Mais personne ne s'y trompera.

« Defferre, lui, en aurait attrapé, des voix. Il a de la gueule. Il a un certain culot. Il s'était présenté tout de suite, en disant : “Je me battrai, je me présente contre de Gaulle.” Ça avait de l'allure. Il faisait du gaullisme contre de Gaulle.

« Mitterrand, le Rastignac de la Nièvre ? »

AP. — Il y a encore Mitterrand qui pourrait se présenter. »

Au nom de Mitterrand, le Général éclate franchement de rire : « Le Rastignac de la Nièvre ? Léon Noël, qui était mon délégué pour le RPF dans ce département, m'a raconté que Mitterrand, lors de sa première campagne, en 46, se mettait au premier rang de la cathédrale de Nevers, à genoux sur un prie-Dieu, la tête dans les mains. L'évêque disait à Léon Noël, en joignant ses doigts avec extase : "Comme il est bien, ce Mitterrand, c'est tout à fait ce qu'il nous faut." (Rire.)

A.P. — Vous l'avez rencontré vous-même ?

GdG. — Il est venu me voir à Alger dans l'hiver 43-44. Il a mis du temps à me parvenir. Il avait travaillé pour Vichy avec tant de zèle que ça lui avait valu la francisque. Il était entré dans ce corps d'élite. Voyant que ça allait tourner mal, il a voulu se dédouaner en entrant dans un réseau. Il est arrivé à Londres. Il est allé trouver d'abord les Anglais et les Américains, qui n'ont pas été très chauds pour l'accueillir, puisqu'ils voyaient qu'il mangeait à tous les râteliers. À la fin des fins, Passy * l'a vu, l'a cuisiné, l'a expédié sur Alger, me l'a fait recevoir avec une fiche le présentant comme un personnage douteux. Mitterrand m'a demandé de lui confier la direction d'un réseau Charette, qui marchait très bien sans lui. Je n'avais pas envie de risquer de mettre un agent double dans un mouvement de résistance. Je lui ai donc proposé de se battre, soit dans le corps expéditionnaire en Italie, soit comme parachutiste dans le corps qui serait le premier à prendre pied en France. Il a refusé les deux propositions. Je l'ai congédié : "Nous n'avons plus rien à nous dire."

« Eh bien si, nous avions encore à nous dire ! Il s'était arrangé pour prendre la tête d'un "mouvement national des prisonniers" et pour se faire nommer secrétaire général du ministère des Anciens combattants et Prisonniers.

AP. — Il dit qu'il a été ministre dans le gouvernement de la Libération.

GdG. — C'est faux ! Un mensonge de plus ! C'est un imposteur ! Il a été nommé secrétaire général à titre intérimaire. Le ministre, c'était Henri Frénay. Mitterrand a essayé de le faire sauter en lançant son mouvement contre lui. Vous imaginez ! Le plus haut gradé du ministère prenant la tête d'une rébellion contre son propre ministre ! Il a organisé des manifestations, qui se massaient devant le ministère en hurlant : "Frénay au poteau !" (Rire. Le Général avale sa salive avec un petit sifflement.) Je l'ai convoqué au ministère de la Guerre. Il est arrivé avec deux acolytes. Il m'a prétendu que les prisonniers avaient bien raison d'être en colère. Je lui ai dit : "De deux choses l'une. Ou bien, vous ne pouvez rien pour empêcher ces désordres bien que votre mouvement les ait provoqués, et vous me remettez votre démission. Ou bien, vous êtes le chef et vous me signez l'engagement de faire cesser tout ça aujourd'hui même. Sinon, je vous fais mettre en état d'arrestation à la sortie de ce bureau." Il a demandé à se concerter avec ses deux acolytes dans

* Le colonel Passy, chef du BCRA (Bureau central de renseignements et d'action).

l'encoignure de la fenêtre. Je lui ai donné trois minutes pour se décider. Je lui ai dicté la formule. Il a obtempéré *.

AP. — Si vous avez gardé ce document dans vos archives, vous devriez le publier !

GdG. — J'y avais pensé dans le temps, mais ce n'était pas possible de le publier, il y avait deux fautes d'orthographe. (Gros rire. Il met quelques secondes avant de se reprendre.) Eh bien, Mitterrand, il aurait des voix. Il aura les voix socialistes s'il n'y a pas de candidat socialiste. Il aura les voix communistes. Il aura quelques voix radicales, mais c'est pas grand-chose. Ce sera comme le cartel des *non* en 62. »

---

* Le général de Gaulle a raconté cette scène à la fin des *Mémoires de guerre*, au chapitre « Désunion », mais sans dire de qui il s'agissait.

Chapitre 10

« MITTERRAND ? IL N'A ABSOLUMENT RIEN POUR LUI QUE DE L'AMBITION »

Salon doré, 22 septembre 1965.

Le « Rastignac de la Nièvre » a annoncé sa candidature. Le Général en parle avec moins de désinvolture, mais sans plus d'inquiétude :

AP : « La candidature Mitterrand vous paraît dangereuse ?

GdG. — Il va regarder du côté des communistes, tout en ayant l'air d'entrer dans le jeu des socialistes.

AP. — Vous croyez que les communistes ne vont pas présenter de candidat ?

GdG. — Mais non, ils ne vont pas en présenter ! Pas si bêtes. Ils auraient peur de faire la preuve qu'ils n'ont pas beaucoup de voix.

AP. — Seulement, Mitterrand ne peut pas à la fois solliciter les voix communistes et vous attaquer parce que vous ne seriez pas assez atlantique ni européen à son goût.

GdG. — Il ne peut rien dire de cohérent. Ça n'a ni tête ni queue. Il se déclare à la fois pour l'OTAN, pour la supranationalité, pour l'intégration, et pour les communistes qui combattent l'OTAN, la supranationalité et l'intégration.

AP. — Il a rencontré Pinay la semaine dernière.

GdG. — Ça n'a aucune importance. Mitterrand, c'est le type du *politichien.* Il n'a absolument rien pour lui que de l'ambition, le désir de prendre la place le jour où il le pourrait.

AP. — Finalement, pour nous, vous pensez que c'est meilleur que si ç'avait été Defferre ?

GdG. — Ah oui ! Defferre avait une certaine sincérité, une certaine surface, il suscitait une certaine estime, que Mitterrand ne suscite pas du tout. Mitterrand n'est pas aimé. Et puis, il a trop de casseroles, l'attentat simulé, tout ça. Defferre avait une certaine réalité nationale. Il a été un résistant méritoire et méritant. Il avait fait quelque chose au gouvernement, la loi-cadre pour les territoires d'outre-mer, le début de l'émancipation des colonies. Defferre, on pouvait dire : "C'est le maire de Marseille, et Marseille, c'est pas rien ; et le ministre de la loi-cadre, c'est pas rien." Tandis que Mitterrand, on ne peut absolument rien avancer en sa faveur.

AP. — Pensez-vous qu'il empêchera Lecanuet de se présenter ?

GdG. — Mais non. Il ne l'empêchera pas.

AP. — Il enlèvera peut-être à Pinay la tentation de se présenter ?

GdG. — Je ne sais pas. Mitterrand aura des voix communistes, parce que les communistes feront passer une consigne : "Il vaut mieux celui-là. C'est le début d'une opération de regroupement de la gauche." Il aura des voix socialistes ; pas toutes, car il est méprisé, en particulier dans le Nord et dans le milieu ouvrier. Il y a des paquets d'électeurs qui n'aiment pas un type méprisable. Les PSU vont faire campagne contre lui, ou en public, ou sournoisement, parce qu'ils ne peuvent pas le voir et parce qu'il les empêche d'apparaître comme ceux qui pouvaient regrouper la gauche. À mon avis, Mitterrand peut espérer avoir au grand maximum quatre millions et demi de voix *. »

« Couve est appelé à prendre des responsabilités »

Salon doré, 13 octobre 1965.

AP : « Pendant que j'étais en Yougoslavie, il s'est passé un grand tohu-bohu dans la presse à propos des bruits sur votre candidature.

GdG (rire malicieux). — Je ne sais pas d'où c'est venu. Ça a commencé par Bernard Lefort **.

AP. — Il le tenait bien de quelqu'un.

GdG. — Pour moi, il s'est dit : "C'est sûr que le Général se présente, parce que Pompidou a annoncé qu'il allait parler à la télévision. Or, s'il devait être candidat, il ne parlerait pas maintenant à la télévision."

AP. — On peut faire le raisonnement inverse.

GdG. — Mais enfin, c'est le raisonnement qu'il a fait. Ensuite, son affirmation a rencontré le sentiment de la masse des Français ; tout de suite, elle a trouvé un terrain favorable. »

Curieusement, le Général est tout à fait détendu à propos de cette fuite de presse. D'ordinaire, il est agacé par les « élucubrations ». Cette fois, on dirait qu'il est content du bon tour joué à Pompidou.

Je profite de sa bonne humeur pour vérifier qu'il n'a pas changé d'avis : « Le prochain gouvernement sera-t-il très différent de l'actuel ? » « Votre prochain gouvernement » aurait été un peu provocant ; mais il est clair qu'il ne pourrait rien dire sur un gouvernement qui ne serait pas le sien. Peut-être parce que l'ambiguïté de la question n'a pas éveillé sa vigilance, la réponse me confirme dans mes certitudes : « Il faudra un gouvernement très différent : l'actuel gouvernement est trop gestionnaire, pas assez réformiste, je ne parle pas pour vous (toujours sa courtoisie envers l'interlocuteur), mais dans l'ensemble. » Puis il ajoute : « Couve de Murville est appelé à prendre des responsabilités. »

Autrement dit : « Couve sera le prochain Premier

---

* Il en obtiendra plus de sept millions et demi.

** Éditorialiste à *Paris-Jour.*

ministre. » Mais il ne l'a pas dit. C'est l'art de la confidence ambiguë.

Pompidou : « Son mutisme à mon égard est de plus en plus inconvenant »

Burin, avec lequel je déjeune ensuite, me raconte que, pendant mon absence, au cours d'une chasse à Rambouillet, Pompidou lui a fait un vif incident à propos de cette fuite de presse, qu'il le soupçonne d'avoir organisée :

« Ça me met dans une position impossible ! Le Général ne m'a rien dit sur ses intentions. J'imagine bien qu'il a pris sa décision. Son mutisme à mon égard est de plus en plus inconvenant ! Et pendant ce temps, l'Élysée organise des fuites pour indiquer que le Général se représente ! Mon devoir était tout de même de me préparer à cette élection dans l'hypothèse, qui semble à beaucoup vraisemblable, où le Général ne se représente pas. Mais maintenant que ce brûlot a été lâché, quelle figure voulez-vous que j'aie ? Comment pourrai-je, s'il annonce en novembre qu'il ne se représente pas, surmonter la déception qu'il aura lui-même créée en ayant laissé entendre au préalable qu'il se représentait ? »

Comme on est loin du Pompidou de 1962 qui se donnait pour un « amateur », acceptant pour quelques mois seulement une fonction de « Premier ministre de transition ». Il sait qu'il est la chance du gaullisme, fors de Gaulle. Son propos révèle une nervosité inhabituelle. Il imagine que les collaborateurs du Général ne jouent pas le jeu de la stricte égalité des chances entre les deux hypothèses de la candidature ou de la non-candidature du Général. Mais au-delà, je sens s'alourdir un mauvais silence dans le couple qu'il forme depuis si longtemps avec le Général.

« Ils vont emmerder tout le monde »

Conseil du 20 octobre 1965.

Frey nous saisit de l'organisation matérielle de la campagne présidentielle. Il commence par une constatation qui semble une platitude et qui, pourtant, nous fait sursauter : « Le premier septennat finit. » Que le Général se succède à lui-même ou non, ce sera la fin d'une époque. Et quelle époque !

Salon doré, après le Conseil.

GdG : « Dites-leur bien ceci, à vos journalistes. Si les types qui ont manifesté l'intention de se porter candidats vont jusqu'au bout, nous offrirons vingt heures sur les ondes nationales à l'opposition, et nous en réserverons seulement quatre pour le candidat de la

Ve République. Alors que la IVe ne m'a jamais donné la parole à la radio ni encore moins à la télévision *.

AP. — Tout de même, cette fois, nous y allons fort.

GdG. — Ils vont emmerder tout le monde et ça se retournera contre eux. Les gens vont les voir défiler et ils vont dire : "Oh là là, ils nous barbent", et ils les mettront tous dans le même panier. Ça va être insupportable. C'est ce qui s'est produit pour le référendum de 62 : on a donné la parole à tous les partis, ils sont tous venus à la télévision et ça leur a fait le plus grand mal.

AP. — Ils ne parlaient que sept minutes à la télé. Cette fois-ci, deux heures.

GdG. — Sept minutes, ça suffisait pour emmerder tout le monde. Quand ils vont avoir deux heures, deux heures au Marcilhacy, deux heures au Mitterrand, etc., les gens tourneront le bouton.

AP. — Seulement, ils passeront bien mieux que ceux de 62. Tixier-Vignancour est un très bon orateur, Lecanuet aussi.

GdG. — Un orateur, à la télévision, qui tient le coup dix minutes, c'est tout à fait extraordinaire. Alors, deux heures ! Même si on les coupe en quatre !

AP. — Parodi ** est venu me voir. Nous avons eu une première conversation. Il se posait des tas de questions sur le maintien de l'égalité des candidats. Par exemple, il m'a dit : "Si le Président de la République devait parler en tant que tel en dehors des heures consacrées aux candidats, ça nous mettrait dans un cruel embarras, parce qu'on pourrait dire que ça fausse l'égalité des temps."

GdG. — Vous pouvez lui répondre que, quels que soient les temps, quelles que soient les égalités, on ne peut pas empêcher la République d'être la République, la France d'être la France, et les affaires publiques d'être les affaires publiques. Ceux qui en sont responsables, s'ils ont quelque chose à dire dans le cadre de leurs responsabilités, il faut qu'ils puissent le dire ! Naturellement, s'il s'agit de chanter leur propre candidature, c'est une autre question. Mais le Président a non seulement le droit, mais le devoir d'exercer sa charge. De même pour les ministres. Ne vous laissez pas ficeler !

« Tout ce qu'on pourra raconter, susurrer, chanter, clamer, hurler sur les tréteaux ne servira à rien »

AP. — Souhaiterez-vous que les ministres participent à la campagne en province en tant qu'hommes politiques ? Qu'ils fassent des réunions publiques ?

---

* *Cf.* tome I, p. 99.

** Qui va présider la commission de contrôle.

GdG (me regarde, éberlué). — Mais non ! Quelle idée ! C'est tout à fait inutile. Je crois même que ce serait fâcheux ! Vous savez, la simplification est la règle, dans les grands rendez-vous avec la nation. Le scrutin va se poser d'une façon extrêmement simplifiée. Tout ce qu'on pourra raconter, susurrer, chanter, clamer, hurler sur les tréteaux ne servira à rien.

AP. — Le jour où vous annoncerez votre décision, la situation se clarifiera.

GdG. — Bien sûr ! Tout sera éclairé d'une lumière aveuglante ! Et tous les discours des uns et des autres ne serviront à rien. Le choix sera simple, et il se simplifiera encore pendant la campagne, au lieu de se compliquer. Il faut voir ça de haut !

AP. — Vous ne voyez pas davantage d'utilité à ce que l'UNR fasse des réunions publiques pour vous soutenir ?

GdG. — Bien sûr que non ! Ça ferait plus de mal que de bien. »

En me raccompagnant, le Général me lâche enfin : « Je parlerai au pays probablement le 4 novembre, mais ne le dites pas encore. »

« Je parlerai au pays »

À la fin du Conseil du 27 octobre 1965, le Général, négligemment : « Je parlerai au pays la semaine prochaine sur la question de l'élection présidentielle. »

Une émotion se peint sur les visages — sauf ceux qui sont habitués à garder une maîtrise absolue de leur physionomie, comme Pompidou, Couve, Messmer, Giscard. À la sortie, dès qu'il s'est éclipsé, mes collègues s'interrogent avec volubilité et interrogent Pompidou, qui reste un sphinx. Une grosse moitié pensent qu'il ne se présentera pas et que Pompidou, seul au courant, se prépare en secret.

Couve ne croit toujours pas perdre le pari que nous avons fait à Chartres, mais reconnaît que, plus le temps passe, plus le silence du Général sur ses intentions est « désobligeant pour Pompidou ».

Pisani disserte, sans l'ombre d'une hésitation : « Comment pouvez-vous poser la question ? C'est évident ! Il s'est jusqu'à maintenant tiré miraculeusement d'affaire, malgré toutes les embûches qu'il a rencontrées. Les miracles ne durent pas toute la vie. Un nouveau septennat ne rajouterait rien à sa gloire et pourrait lui en retirer beaucoup. »

Salon doré, après le Conseil.

AP : « Plon souhaite publier un livre de poche sur vous, avec des photos commentées par Georges Cattaui et Jean Mauriac.

GdG. — Il ne faut pas prendre ce moyen à notre compte ! Je ne m'en mêle pas. J'appartiens à tout le monde, tout le monde peut écrire sur moi ce qu'il veut. Je n'empêche personne.

AP. — *Match* voudrait faire un numéro spécial sur vous, un

reportage-photos, et prendre une photo inédite de vous dans ce bureau.

GdG. — Non ! Si je laisse *Match* prendre une photo de moi à mon bureau, ça veut dire que je prends à mon compte ce que *Match* va raconter sur le général de Gaulle. Or, je ne le veux à aucun prix. Ils ont des photos. Qu'ils les sortent. Rien ne les en empêche. Mais je ne vais pas introduire *Match* dans mon bureau, on s'arrangerait pour raconter que ça a été voulu et organisé par moi.

« Notre force, c'est de ne pas être sur le même plan »

AP. — Si les autres candidats se voient offrir des moyens semblables, ils ne les refuseront pas.

GdG. — Je ne suis pas sur le même plan qu'eux. Précisément, notre force, c'est de ne pas être sur le même plan. »

Il n'est pas sur le même plan, soit. Mais il me donne un peu l'impression de planer. Et sur les plans inférieurs, il se passe beaucoup de choses. J'essaie de l'alerter :

AP : « Je crois que la masse des paysans ont peur, parce qu'on leur raconte que vous voulez casser le Marché commun. J'ai l'impression que c'est le point qui va faire difficulté.

GdG. — Je n'y peux rien. Je ne vais pas saboter nos efforts pour imposer le Marché commun agricole contre l'unanimité de nos cinq partenaires, parce qu'il y a des paysans qui ne comprennent rien, ou parce que leurs dirigeants ne veulent rien comprendre. D'ailleurs, on voit bien, si on est de bonne foi, qu'en réalité, c'est nous qui tenons les cartes ! C'est clair comme la lumière du jour.

AP. — Clair pour vous, pour nous, mais au fond des campagnes ?

GdG. — Si. Si, au fond des campagnes aussi.

AP. — L'intoxication de l'opposition finit par jouer. Et nous allons encore subir vingt heures de Tixier-Vignancour, de Lecanuet, de Mitterrand et autres, qui vont taper sur le clou.

GdG. — Croyez-moi, ça ne leur fera aucun bien ! »

Sa confiance, en lui et dans les Français, est inaccessible au doute.

Chapitre 11

« MAIS CETTE FOIS, SANS RECOURS POSSIBLE »

Après le Conseil du 27 octobre 1965.

Pompidou m'accompagne jusqu'au bureau du Général. Comme c'est inhabituel, il m'explique, chemin faisant : « Il m'a demandé de venir pour fixer la date de son allocution.

AP. — Jeudi 4, c'est la Saint-Charles. Ça ferait rigoler.

Pompidou. — Il doit le savoir mieux que nous.

AP. — Pourquoi pas mercredi ?

Pompidou. — Il y a Conseil le mercredi matin et il ne veut pas en parler aux ministres, parce qu'il ne veut pas que ça sorte dans l'après-midi. »

Le Général nous fait asseoir : « Alors, Monsieur le ministre de l'Information (c'est ainsi qu'il m'appelle dès qu'il y a un tiers), vous pouvez annoncer que je m'adresserai à la nation, je pense jeudi, à 20 heures.

Pompidou. — M. Peyrefitte me faisait observer que c'était la Saint-Charles.

GdG. — Bah, c'est la Saint-Charles ? J'y peux rien. Ça tombe comme ça. (Mais il réfléchit : manifestement, il n'avait pas vu cette coïncidence.) Que faire ? Mercredi, c'est pas commode, il y a le Conseil des ministres.

AP. — Vous pouvez n'enregistrer qu'à 19 heures...

« Je ne dirai pas aux ministres ce que je vais dire à la Nation »

GdG (me coupant). — C'est pas pour ça. C'est parce que, au cours du Conseil des ministres, je ne dirai pas aux ministres ce que je vais dire à la Nation. Je ne le leur dirai pas, pour autant qu'ils ne s'en doutent pas. Je dois mettre tous les Français sur le même pied : c'est eux, le souverain. S'il y a Conseil des ministres le matin et que je parle à la nation le soir sans leur avoir rien dit, ils pourront peut-être se sentir désobligés. (Explication fort différente de celle de Pompidou.)

AP. — Et vendredi ?

GdG. — Vendredi, ça devient tard.

AP. — Pourquoi pas déplacer le Conseil au lendemain ?

GdG. — Ce n'est pas très convenable. Ça aurait l'air de dire : “Je ne veux pas leur en parler.” Ce serait pas chic.

Pompidou. — Moi, je pense que le jeudi, la Saint-Charles, après tout, c'est un détail. Personne n'y pensera, sauf *Le Canard enchaîné*, et ce sera pour le mercredi suivant.

GdG. — Bien. Entendu. Merci, Monsieur le Premier ministre. »

Il raccompagne Pompidou. La situation est surréaliste. Pompidou est persuadé que le Général prend toutes ces précautions pour annoncer qu'il se retire et pour recommander aux Français de voter Pompidou. Et le Général est persuadé que les ministres, dont le Premier, ont bien compris qu'il se représentait.

Nous restons seuls au *Salon doré*. Nous mettons au point les détails techniques pour qu'il n'y ait pas de fuites : « Je ne veux pas que les gens achètent *France-Soir* dans l'après-midi, titrant : “Le Général va dire...” »

« Les Cinq viennent à Canossa, mais ils vont essayer que ça ne se voie pas »

Il revient alors sur la crise du Marché commun, qui a occupé l'essentiel du Conseil :

GdG : « Il ne faut rien dire sur la réunion des Cinq à Bruxelles. Car nous la désapprouvons, par principe. Nous ne pouvons pas empêcher cinq gouvernements de se réunir, mais nous considérons que ça n'a aucune valeur organique. En réalité, ils viennent à Canossa, mais ils vont essayer que ça ne se voie pas. Ils vont essayer de nous emberlificoter, de remélanger tout.

AP. — Et d'obtenir que la prochaine réunion à six ait lieu à Bruxelles.

GdG. — Oui. Ça, c'est entre nous. Je ne veux pas qu'elle ait lieu à Bruxelles. Ça créerait une équivoque. Les Italiens vont nous proposer Venise ; si on attend janvier, ce sera Luxembourg. Nous y serons tout de suite favorables. Mais il ne faut pas en parler encore.

AP. — Vous ne voulez pas que les membres de la Commission se trouvent dans les couloirs, comme hier pour la réunion des Cinq à Bruxelles ?

GdG. — Évidemment. Tous mes ennemis sont navrés, n'est-ce pas ? (Il garde le vocabulaire guerrier, même dans la vie civile.) Vous avez vu les journaux de ce matin ? Vous avez vu Massip dans *Le Figaro ? Combat* est désolé. Ce sont des gens qui depuis toujours ont excité les étrangers contre la France. »

« Sinon, la République s'écroulera »

Au Conseil du 3 novembre 1965, juste avant de lever la séance, le Général laisse tomber :

« Je parlerai demain à la Radio-Télévision. Je m'excuse de ne pas vous dire ce que je vais dire à la nation — dans la mesure, du moins, où vous ne vous en doutez pas… C'est une question de conscience. Je garde ma décision pour moi-même, jusqu'au moment où j'en parlerai à la nation tout entière. »

Après le Conseil.

GdG : « Dites bien que le général de Gaulle a confirmé qu'il s'adresserait demain à la nation et qu'il n'a pas révélé aux ministres ce qu'il dirait à celle-ci. »

Si olympien qu'il soit, il ne néglige pas les détails d'exécution : « J'enregistrerai demain à 18 heures. Vous prenez vos précautions auprès de la Radio-Télévision pour que personne dans Paris ne puisse communiquer à l'extérieur le son ou même le sens de ma déclaration. »

Je peux le rassurer. Toutes les dispositions ont été prises. Les persiennes du rez-de-chaussée de l'Élysée seront closes, pour que nul ne puisse, en levant ou en abaissant son pouce, indiquer à l'extérieur le sens de la déclaration du Général.

Élysée, Salle des fêtes, 4 novembre 1965.

À 18 heures, le rituel ordinaire des enregistrements est prêt. Une vingtaine de techniciens s'affairent dans la grande salle, achevant de monter le décor ; ils déroulent leurs câbles, pointent leurs caméras vers le bureau vide en faux Louis-XV et la bibliothèque en trompe-l'œil sur contre-plaqué. Toutes les personnes présentes resteront ici, comme dans une bulle, jusqu'à huit heures moins cinq. Nous avons droit à un buffet, dissimulé par un paravent de velours pourpre. Nous sommes prisonniers, mais bien traités.

Le Général enregistre. Son texte est aussi majestueux que d'ordinaire, aussi imprégné de Bossuet et de Chateaubriand ; et sa mémoire est aussi infaillible :

« Françaises, Français !

« Il y a vingt-cinq ans, lorsque la France roulait à l'abîme, j'ai cru devoir assumer la charge de la conduire jusqu'à ce qu'elle fût libérée, victorieuse et maîtresse d'elle-même. Il y a sept ans, j'ai cru devoir revenir à sa tête pour la préserver de la guerre civile, lui éviter la faillite monétaire et financière et bâtir avec elle des institutions répondant à ce qu'exigent l'époque et le monde modernes. »

C'est beau, c'est noble. Mais est-ce de nature à toucher les télé-spectateurs, si portés à la critique, et qui ne suivent le Général les yeux fermés que lorsque grondent les dangers ? Ne vont-ils pas trouver dans ce rappel un argument pour changer de tête ? Un quart de siècle… « Il a fait son temps », commence-t-on à entendre dans les couloirs de l'Assemblée et du Sénat, et pas seulement parmi les parlementaires de gauche. Ce rappel va conforter les railleries ravageuses sur l'auto-célébration.

Ma perplexité grandit avec le paragraphe suivant.

« Que l'adhésion franche et massive des citoyens m'engage à rester en fonctions, l'avenir de la République nouvelle sera décidément assuré. Sinon, personne ne peut douter qu'elle s'écroulera aussitôt et que la France devra subir — mais cette fois sans recours possible — une confusion de l'État, plus désastreuse encore que celle qu'elle connut autrefois. »

Le Général se projette déjà *au terme* de la campagne : il voit le régime s'écrouler, si un adversaire du régime devait l'emporter — ce qui est presque une lapalissade. Les électeurs, eux, sont *au début* et ils attendent qu'il explique son choix personnel. C'est en pensant à cette question (« Pourquoi lui plutôt que Pompidou ? ») qu'ils vont interpréter sa réponse. L'écroulement, *s'il était battu demain*, va être interprété par eux comme l'écroulement *s'il ne s'était pas présenté aujourd'hui*. Comment Pompidou n'y verrait-il pas un désaveu ?

Impossible de rien dire. Il m'est arrivé d'obtenir du Général qu'il fasse un raccord pour changer quelques mots. Mais là, c'est la structure tout entière du discours qu'il faudrait changer. Il n'en est pas question, à cette heure et devant tant de témoins.

L'enregistrement fini et sans bavure, nous avons une heure et demie de captivité devant nous. Nous nous approchons du buffet. Le Général, détendu comme chaque fois qu'il a effectué victorieusement un effort de mémoire, va de l'un à l'autre, tient des propos aimables, se soucie que chacun ait un verre en main, pose des questions aux techniciens sur leur métier. Ils sont éperdus de respect et d'admiration, même ceux qui s'apprêtent à voter Mitterrand.

À huit heures moins cinq, nous sommes délivrés. Je file droit à Matignon, où j'arrive, pendant la diffusion du discours, dans le bureau de Michel Jobert, où on aperçoit des silhouettes dans la pénombre : les habitués de notre « petit cours » du matin s'y sont réunis, les bureaux ni de Pompidou ni d'Ortoli ne disposant d'un téléviseur. Le silence est tendu. À mesure que le Général parle, j'ai l'impression que le visage de Jobert, d'ordinaire impassible, se décompose. Pompidou, que je n'avais pas vu, se retire sans un mot.

À la fin, Jobert me déclare sèchement : « Ce n'est guère aimable pour Pompidou. C'est même franchement insultant. En somme, si le Général n'avait pas décidé de se présenter, personne n'aurait pu sauver la République à sa place. »

On ne peut pas reprocher à un collaborateur intime de préférer son patron au patron de ce patron. Mais si ce loyal serviteur du régime, parfaitement maître de ses nerfs, ne cache pas son indignation, comment va réagir la « classe jacassante » ?

Pisani : « Françaises, Français... »

Tard le soir, Pierre Lazareff m'appelle chez moi, hilare. Il pouffe à chaque phrase. En compagnie de Desgraupes et Dumayet, il était en train d'enregistrer à Cognacq-Jay un entretien avec Pisani pour « Cinq colonnes à la une » sur la crise du Marché commun agricole, quand il propose à Pisani une interruption, pour qu'ils puissent, ensemble, regarder l'allocution du Général. Pisani refuse : « Absolument inutile de s'interrompre, maintenant que nous sommes lancés. Je sais par cœur ce que de Gaulle va nous dire, je peux vous le réciter.

— Eh bien, récitez-le-nous. »

Pisani singe le Général : « Françaises, Français, après vingt-cinq ans passés au service du pays dans les circonstances les plus extrêmes, j'estime qu'il est temps pour moi de me retirer. La France a été remise sur ses rails, elle s'est tirée des pièges où l'avait fait tomber l'impéritie du régime défunt.

« Aujourd'hui, je vous demande de voter pour celui qui est le mieux à même, par sa solidité, par son intelligence, par sa capacité, par sa connaissance des dossiers, de mener à bien la tâche que j'ai entreprise et où il m'a si efficacement secondé. Je vous demande donc, le mois prochain, de reporter sur Georges Pompidou la confiance que vous n'avez jamais cessé de me témoigner. Fermez le ban ! »

« Nous disons à Pisani que nous sommes convaincus par son talent d'imitation, mais pas tout à fait par son texte. Depuis, nous n'avons pas cessé de rire. Quant à Pisani, il était suffoqué. »

« Pierrot » se calme et prend un ton grave : « C'est Georges qui doit être malheureux. Il y croyait tellement ! Et de Gaulle non seulement n'a pas eu un mot pour lui, mais déclare que s'il ne s'était pas présenté, tout s'écroulait (toujours cette interprétation perverse). Georges va être submergé par le chagrin. Je l'ai appelé avant vous à Matignon, mais il était en route. Je l'appelle maintenant chez lui. »

Pompidou : « Tout cela n'atteindra pas le Général ni moi »

Matignon, vendredi matin 5 novembre 1965.

Guichard m'apprend, en attendant que Pompidou nous rejoigne, que celui-ci a été prévenu hier à midi par le Général ; qu'il est revenu de l'Élysée impassible, et n'a rien dit avant l'allocution du Général.

Pompidou arrive, aussi serein et souriant qu'à l'ordinaire. La presse est mauvaise et les réactions de l'opposition féroces. Defferre a eu un mot terrible pour résumer l'allocution : « Moi ou le chaos » — sur lequel titrent beaucoup de journaux. Pompidou traite ces réactions par le dédain : « Tout cela n'atteindra pas le Général. » Il ajoute : « Ni moi. »

Je me suis souvent demandé, depuis, pourquoi le Général n'avait pas mis Pompidou dans sa confidence — ne fût-ce que quelques semaines à l'avance. A-t-il pensé que ce n'était pas nécessaire et que, comme moi, Pompidou avait compris, en le voyant agir si uniment, si constamment, comme si le même Président devait continuer de tenir la barre ? Ou bien, informé des préparatifs qui se faisaient à Matignon, a-t-il craint que, Pompidou prévenu, celui-ci aurait, d'une façon ou d'une autre, calmé l'entrain de ses fidèles ? La mise en sommeil de l'équipe de Matignon ne serait pas passée inaperçue et, de proche en proche, le secret, sans avoir besoin d'être trahi, aurait pu être éventé.

Chapitre 12

« LES FRANÇAIS N'ONT PAS BESOIN QUE JE LEUR PARLE DE MOI »

Palais-Bourbon, 16 novembre 1965.

Il se murmurait depuis l'an dernier que, *le 30 mars 1964*, le Général avait invité à dîner Malraux, Palewski, Pompidou, Debré, avec Galichon comme témoin. Dans quelle mesure cette conversation a-t-elle pesé sur sa décision ? Depuis, ils étaient tous restés muets, comme il se doit.

Après la déclaration de candidature du Général, Michcl Debré se croit sans doute délié de l'obligation de secret. Il me lâche, dans l'encoignure de la fenêtre de la Salle de bronze :

« Palewski et moi, nous sommes allés à fond dans le sens de la candidature du Général. Pompidou prenait une attitude très nuancée. Ce qui signifie qu'il était d'avis contraire sans oser le dire.

« Mais il avait circonvenu Malraux qui, contrairement à ce qu'on a dit et à ce qu'on croit, a parlé pour le retrait, mais à mots couverts. Il était clair que Pompidou avait fait son siège et qu'ils avaient combiné leur affaire ensemble. »

Telle est du moins la version d'un témoin qui ne portait pas dans son cœur celui qui l'avait remplacé en 1962. Et qui souhaitait si passionnément le maintien du Général, que même une présentation objective du pour et du contre devait lui donner l'impression d'une trahison. (Pourtant, à chacune de mes conversations avec Malraux depuis le début de 1962, je l'ai toujours entendu souhaiter le maintien du Général à l'Élysée tant que celui-ci s'en sentirait l'énergie.) Pompidou par prudence, Malraux par respect pour la liberté de son héros, avaient dû éviter de formuler un avis tranché.

Quoi qu'il en soit, qui peut croire que le Général aurait obéi à quatre conseils, qu'ils se fussent annulés ou non ?

La formule « Moi ou le chaos » fait des ravages. Tous ces derniers jours, la vague s'est enflée. Les journaux de gauche n'hésitent pas à présenter le Général comme un paranoïaque, si imbu de son *ego* qu'il n'imagine pas que personne puisse le remplacer.

Cette campagne est mal partie. Faut-il même parler de campagne ? Le Général ne fait pas campagne. Ou plutôt, la seule campagne qui l'intéresse est celle qu'il mène contre la Commission de Bruxelles, contre les Cinq, contre la supranationalité, pour une « Europe des États », c'est-à-dire de la responsabilité politique.

Je relis mes notes de ces semaines-là, et il n'y est question que de la position de la France, jamais de celle du candidat.

« *Ils ont cru que le général de Gaulle allait être vulnérable à cause de l'élection présidentielle* »

Au Conseil du 10 novembre 1965, Couve précise les contacts qu'il a avec l'Italie, président semestriel des Six :

« J'ai rappelé que la Commission, son comportement, son état d'esprit, la façon dont elle fonctionne ne sont en aucune façon satisfaisants et sont à réviser entièrement ; de même que la règle de la majorité applicable en principe le 1er janvier prochain.

« Les Cinq l'ont bien compris. Ils proposent une réunion à Six, sans la Commission. Il faut qu'on ait défini une orientation donnant la certitude qu'on ne va pas retomber immédiatement dans la crise. Il faudra sûrement de longues semaines pour que cette réunion des Six puisse se tenir.

GdG. — De toute façon, ce sera long ; de toute façon, on ne sait pas comment ça aboutira. Mais il y a un certain progrès. »

Après le Conseil, le Général me dit : « La Commission et nos cinq partenaires ont été remontés depuis des semaines et des mois par notre opposition. Tous ensemble, ils ont cru que le général de Gaulle allait être vulnérable à cause de l'élection présidentielle. Nous allons leur montrer que nous pouvons, élection ou pas, défendre l'intérêt de la France en le faisant passer avant nos intérêts électoraux. »

« *Plus les autres ragoteront, promèneront des majorettes et des éléphants, plus ça leur fera du tort* »

À la fin de notre entretien, le Général me précise : « L'élection présidentielle, dites bien qu'il n'en a pas été question *. (C'est un fait.)

AP. — Que pensez-vous de la réaction de l'opposition à votre allocution ?

GdG. — Elle fait son métier, elle aboie. Ça n'a jamais empêché les caravanes de passer.

AP. — Et la réaction étrangère ?

GdG. — Elle n'est pas mauvaise du tout ! Notre opposition avait fini par la persuader que cette élection n'aurait pas lieu suivant les règles démocratiques, que j'allais trouver une entourloupette pour me maintenir par référendum, etc. Ils sont tout étonnés que les choses se passent conformément à la Constitution.

AP. — Comment entendez-vous mener cette campagne ?

* Ce sera le cas, en Conseil des ministres, jusqu'après le premier tour.

GdG. — J'ai dit le 4 novembre ce que je pensais avoir à dire. Je m'exprimerai donc en fin de campagne, très brièvement. En réalité, je souhaite ne parler qu'une seule fois, mais ne le dites pas formellement.

AP. — Les autres candidats vous cribleront de coups !

GdG. — Plus les autres ragoteront, raconteront des histoires, promèneront des majorettes ou des éléphants, plus ça leur fera du tort. »

Cependant, il ajoute en me raccompagnant : « Ce que vous pourriez faire, mine de rien, c'est ridiculiser cette campagne sur cette formule "moi ou le chaos" que je n'ai jamais prononcée. On fait semblant de ne pas comprendre ce que j'ai dit. Vous pouvez vous faire interroger et prendre la chose sur le ton de l'ironie. »

Je me fais donc interviewer à la télévision, à la faveur du compte rendu du Conseil, et réponds de manière que les deux phrases qui ont donné prise à cette campagne ne soient plus considérées comme un camouflet pour Pompidou, mais comme un coup à ses adversaires.

Matignon, 12 novembre. À la fin de notre petite réunion du matin, Pompidou me retient une seconde : « J'ai vu votre interview à la télé. Je n'ai pas d'objection, ni pour le fond, ni pour la forme. Mais vous auriez dû m'en parler avant. C'est le Général qui vous l'a demandé, ou c'est vous qui avez pris l'initiative ?

AP. — Le Général me l'a seulement suggéré. »

La corde est si tendue qu'elle frémit au moindre contact.

« Je ne parlerai qu'une fois »

Salon doré, 17 novembre 1965.

GdG : « J'ai vu votre entretien à la télévision, c'est ce qu'il fallait dire.

AP. — J'ai dit que vous useriez modérément de la radio et de la télévision. Avez-vous l'intention de parler plusieurs fois ?

GdG. — Je ne parlerai qu'une fois.

AP. — Une seule fois, alors que les ondes et le petit écran vont être envahis par l'opposition ?

GdG. — Les Français me connaissent bien, depuis vingt-cinq ans que je leur parle à la radio ou à la télé et que je traîne mes guêtres dans tout le pays. Ils n'ont pas besoin que je leur parle de moi. Ils peuvent se prononcer en connaissance de cause.

AP. — Un seul candidat est vraiment gênant, c'est Lecanuet qui, depuis vendredi, s'acharne à dire qu'il veut revenir aux sources du gaullisme, à l'esprit de 1958, en prenant autour des centristes les radicaux, les Indépendants, les socialistes et les gaullistes "déçus" ; un gouvernement "libéral, social et européen".

« C'est la première fois depuis vingt-cinq ans que je me présente »

GdG. — En réalité, entre 58 et 62, c'était une période de transition. Ce n'est que depuis le départ des ministres MRP que nous sommes vraiment dans la Ve République. Et naturellement, c'est à partir de ce jour-là que les partis ont compris qu'ils n'étaient plus les maîtres, qu'ils ne pourraient plus faire chanter le Président de la République en retirant leurs ministres du gouvernement. Nous avons rempli le vide le jour même. Ce fut comme s'il ne s'était rien passé. Les vieux kroumirs de la IVe n'en revenaient pas. Ce que veulent tous les opposants sans exception, c'est qu'on retourne à la IVe. Le choix est là. Les Français ne s'y tromperont pas. »

Cet optimisme m'inquiète. Dimanche, à la chasse, des agriculteurs de ma circonscription m'ont dit, entre deux traques : « Nous allons voter Lecanuet. Naturellement, au second tour, nous voterons de Gaulle. Mais au premier tour, on veut lui donner *chaud aux fesses*. Ça le rendra moins arrogant avec nous. » Or, le vote paysan en France, ça représente près de 20 % de l'électorat.

Pendant que je cherche le moyen de lui dire mon souci, sa réflexion a avancé :

GdG : « C'est la première fois que je me présente au suffrage des Français, depuis vingt-cinq ans que j'incarne la Nation. Jamais je n'ai été candidat pour me faire élire député, ou conseiller général, ou maire. Même pas conseiller municipal. Je n'attends pas d'eux de la reconnaissance, mais enfin c'est la première fois qu'ils ont l'occasion de se prononcer sur mon aptitude à diriger le pays.

AP. — Ils se sont prononcés quatre fois par référendum ; et puisque vous mettiez votre mandat en jeu, c'était un vote de confiance personnelle.

GdG. — Oui, mais ils votaient sur des sujets : la Constitution, la paix en Algérie. Cette fois, ils votent sur des hommes, qu'ils jaugent en fonction de leur capacité à assumer le destin de la Nation. C'est autre chose. Ils ne l'ont jamais fait. C'est aussi pour ça que je me présente. Pour roder une élection nouvelle, dont on ne connaît pas vraiment encore les tenants et aboutissants. »

Il pimente d'un zeste d'incertitude cette certitude qui m'inquiète.

Chapitre 13

« NOUS N'ALLONS PAS SACRIFIER LA FRANCE À LA BAGATELLE ! »

En cette année électorale, il a beaucoup été question du droit des femmes et de « la pilule ». Mitterrand, grâce à ce petit comprimé d'hormones, captera les voix de beaucoup de femmes. Or, sur les femmes, le Général a des idées bien arrêtées.

Au Conseil du 10 mars 1965, Foyer expose les motifs de son projet de loi sur la réforme des régimes matrimoniaux. Il échappe à la flagornerie par l'humour : « L'empereur Justinien, qui avait, le premier, protégé les droits de l'épouse dans le droit romain, fut appelé *imperator uxorius* *. La même épithète pourra vous être décernée, grâce au projet de loi, tendant à l'émancipation des femmes, que j'ai l'honneur de vous présenter. (Rires.)

« Il s'efforce d'assurer une plus grande indépendance de la femme et, par la restriction des pouvoirs du mari, de concrétiser l'idée d'égalité entre les deux époux. Désormais, la femme administrera ses biens propres. Le pouvoir du mari de disposer des biens de la communauté est réduit **.

Pompidou. — Le mouvement vers l'émancipation de la femme sera étendu au droit électoral. La faculté sera donnée à la femme d'être éligible là où elle aura son commerce, comme son mari. »

Après le Conseil, le Général me dit : « Comment a-t-on pu laisser le Code Napoléon inchangé pendant plus d'un siècle et demi ? Le régime matrimonial est resté immuable depuis 1804, comme si le rôle de la femme n'avait pas changé pendant ces cent soixante années ! L'émancipation des femmes est un fait énorme, favorisé chez nous par le droit de vote que je leur ai accordé. Mais il ne faut pas oublier que l'essentiel pour un pays, c'est que la femme soit mère de famille. *Primum omnium, salus patriae* ***. »

Jean-Jacques de Bresson **** me raconte qu'en décembre 44, alors qu'il était secrétaire de la Commission des grâces, une femme

---

* Empereur des épouses.

** Un projet avait été déposé en 1959 et retiré en 1961, les uns trouvant qu'il allait trop loin, d'autres pas assez.

*** Avant tout, la survie de la patrie.

**** Magistrat, directeur de mon cabinet de 1964 à 1966.

avait été condamnée à mort pour des crimes de collaboration. Le Général était en Union soviétique ; on ne savait quand il en reviendrait. La grâce arrivant à échéance, il appartient à Jules Jeanneney, qui assure l'intérim du Général, de décider. Il étudie le dossier et conclut : « C'est abominable. Il faut que justice se fasse. »

On lui fait remarquer que le Général graciait systématiquement les femmes. Jeanneney proteste : « Mais pourquoi donc gracier une femme parce qu'elle est femme ? La femme est l'égale de l'homme, en responsabilité aussi ! C'est moi qui détiens le droit de grâce en l'absence du Général, il me l'a délégué. En conscience, je ne peux faire autrement. »

Bresson prend les dispositions nécessaires avec le parquet de Tours. La femme sera fusillée le lendemain à l'aube. Le soir même, il apprend que le Général sera à Paris le surlendemain. En accord avec sa hiérarchie, il fait suspendre l'exécution pour laisser la décision au chef de gouvernement provisoire. Mis au courant dès son arrivée à Paris, celui-ci réagit comme prévu : « Vous savez bien que je ne laisse jamais exécuter une femme ! »

« Il y a quelque chose de sacré dans la femme »

Sans faire allusion à cette affaire, je questionne le Général sur ce principe surprenant.

GdG : « Les grands criminels sont des calculateurs. Ils pèsent le pour et le contre, le bénéfice à attendre de leur crime, comparé au risque du châtiment qu'ils encourent. Les femmes ne sont pas des calculatrices. Elles tuent par passion, par impulsion. La dissuasion ne joue pas sur ce genre de criminels, alors qu'elle joue pleinement sur les criminels de profession, ou les conspirateurs, ou ceux qui préméditent.

AP. — Ça remet en cause l'égalité de l'homme et de la femme ?

GdG. — L'homme et la femme sont égaux, mais ils ne seront jamais pareils. Il y a quelque chose de sacré dans la femme. Elle peut devenir mère. Une mère, c'est beaucoup plus qu'un individu. C'est une lignée. Il faut respecter dans la femme les enfants qu'elle peut avoir.

AP. — Et le père ? Ne faut-il pas respecter en lui les enfants qu'il peut engendrer ?

GdG. — Ce n'est pas la même chose ! L'enfant n'engage pas l'homme autant qu'il engage la femme. Un spasme, et c'est fini. La femme, elle le porte en elle neuf mois. Parce qu'elle l'a porté, elle est celle qui peut le mieux le faire grandir. Et puis, il y aura toujours assez d'hommes. Une seule giclée suffirait à féconder des milliers de femmes. C'est sur les femmes que repose le destin de la nation. »

Le général de Gaulle est vraiment un homme d'exception. Il est partisan de l'abolition de la peine de mort pour les femmes, mais de son maintien pour les hommes. Qui a jamais soutenu une thèse aussi extravagante ? Mais qui peut nier qu'elle ait un sens * ?

Au Conseil du 24 novembre 1965, Grandval présente un projet sur le travail des femmes, les congés de maternité, la retraite des femmes. Ce texte a été conçu à la demande personnelle du Général, préoccupé de favoriser les familles nombreuses. Les mères de plus de deux enfants accéderaient à la retraite plus jeunes que les hommes et que les autres femmes.

Ce projet est mis en morceaux dans la discussion, surtout par Pompidou, Grandval n'ayant pas pris la peine de s'assurer de l'accord complet de Matignon.

Le Général vole au secours de Grandval, en sérieuse difficulté : « Il est souhaitable de tenir compte du nombre des enfants pour déterminer l'âge de la retraite des femmes. » Il en profite pour observer que « l'allocation maternité » impose que les enfants naissent à moins de trois ans d'intervalle. Il voudrait qu'on lève cette restriction : « Les familles nombreuses et même très nombreuses ne se font pas toujours en un seul temps. À partir du troisième enfant, il y a souvent un espace notable. Il n'est pas équitable de priver alors la mère de l'allocation-maternité. On ne peut pas imposer de rythme à la naissance dans les familles nombreuses. Cette réforme peut être faite par décret. Elle est souhaitable. Il faut donc la faire. »

Après le Conseil, je saisis l'occasion d'aborder un autre sujet qui intéresse les femmes :

« Parmi les arguments de campagne de Mitterrand, il y a en a un qui fait des dégâts : la pilule. Vous l'avez rejetée. Le gouvernement l'a rejetée. Et voici que Mitterrand vous le reproche et en fait un de ses thèmes majeurs **. Je crains que tout ça ne fasse des ravages parmi les électrices. Ne pourriez-vous pas laisser entendre que vous ne seriez pas hostile à ce que le Parlement en délibère ? »

---

* En graciant systématiquement, avec ses raisons propres, les femmes condamnées à mort, le Général n'a fait que revenir à la tradition de la IIIe République, seulement interrompue pendant la guerre 14-18 — pour Mata Hari — et par le régime de Vichy. À la Libération, des cours martiales ont condamné à mort pour faits de collaboration de nombreuses femmes. Certaines ont été exécutées, le droit de grâce étant alors exercé par les commissaires de la République ; mais aucune après que le général de Gaulle eut repris personnellement l'exercice du droit de grâce, en octobre 1944.

** François Mitterrand a déposé le 29 octobre une proposition de loi pour autoriser la propagande anticonceptionnelle, et depuis il fait campagne pour l'abrogation de la loi de 1920 sur le contrôle des naissances et l'avortement.

« La femme a reçu le pouvoir de donner la vie, elle doit rendre ce qu'elle a reçu »

Le Général rugit : « La pilule ? Jamais ! Qu'est-ce que ça veut dire "délibère" ? Ça veut dire que le Parlement votera une loi ? Jamais mon gouvernement ne déposera un tel projet de loi ! On ne peut pas réduire la femme à une machine à faire l'amour ! Vous allez contre ce que la femme a de plus précieux, la fécondité. Elle est faite pour enfanter ! Si on tolère la pilule, on ne tiendra plus rien ! Le sexe va tout envahir !

(La "prière" d'Anatole France à la Vierge me traverse soudain l'esprit : "Vous qui avez conçu sans pécher, permettez-moi de pécher sans concevoir." Mais l'instant n'est pas à l'humour.)

AP. — Il n'est pas nécessaire d'annoncer que votre gouvernement déposera un projet ; simplement, que vous ne vous opposerez pas au dépôt d'une proposition* et, avec la majorité que nous avons, nous pourrons l'étouffer.

GdG (me rudoie de plus en plus). — Vous voulez que j'annonce que je ne m'y opposerai pas, tout en étant décidé à m'y opposer ? C'est une attitude exécrable ! Vous avez songé à l'enjeu ? Ça veut dire que j'accepterais que la population française, au lieu de croître, diminue ? Que notre race disparaisse dans un siècle ou deux ? Les naissances qui assurent le maintien de notre population et même, depuis la guerre, un progrès sensible, sont dues à des grossesses non désirées. La femme ne se doit pas seulement à elle-même, elle se doit à son foyer et à son pays ! Elle a reçu le pouvoir de donner la vie ; elle doit rendre ce qu'elle a reçu. C'est bien joli de favoriser l'émancipation des femmes, mais il ne faut pas pousser à leur dissipation. C'est leur intérêt, elles ne s'épanouissent vraiment que dans la maternité. C'est l'intérêt de la France, dont la démographie s'effondrerait si on adoptait la pilule. Introduire la pilule**, c'est préférer quelques satisfactions immédiates à des bienfaits à long terme ! Nous n'allons pas sacrifier la France à la bagatelle ! »

---

* Une proposition de loi est d'origine parlementaire. Un projet de loi est d'initiative gouvernementale.

** La question sera évoquée dans le tome III. Le Conseil du 7 juin 1967 fera apparaître l'évolution du Général, hors de toute pression électorale. Le projet de loi Jeanneney autorisant la mise en vente de la pilule sera discuté au Parlement en juillet et définitivement adopté le 19 décembre 1967.

Chapitre 14

« JE NE FERAI PAS LA POLITIQUE DES BOULES PUANTES »

À la fin du Conseil du 24 novembre 1965, au moment où le Général fait le tour de la table, Roger Frey lui demande s'il peut l'accompagner un instant dans son bureau.

Frey : « Vous ne voulez pas attaquer vos adversaires. Mais nous ? Votre seul adversaire qui compte, c'est Mitterrand. Pourquoi ne permettriez-vous pas que sortent quelques bonnes vérités cachées ? »

Il extrait d'un dossier une photo de Mitterrand, arborant la francisque et serrant respectueusement la main du maréchal Pétain.

« Et quel est celui qui le soutient le plus activement dans l'ombre ? Bousquet * ! On pourrait en dire, sur lui ! Et pourquoi ne pas exploiter l'affaire de l'Observatoire ? Elle est déshonorante. Il a simulé un attentat contre lui-même et tenté de tromper la justice, la police et le peuple. Il suffit de reprendre le rapport du Sénat, qui a entraîné la levée massive de son immunité. Tout est public, mais tout est oublié, ou occulté. Et nous avons bien d'autres pièces au dossier. On peut le pulvériser. »

Le Général a écouté en silence

« Mitterrand est une arsouille »

GdG : « Vous ne m'apprenez rien. Mitterrand et Bousquet, ce sont les fantômes qui reviennent : le fantôme de l'anti-gaullisme issu du plus profond de la collaboration. Que Mitterrand soit un arriviste et un impudent, je ne vous ai pas attendu pour le penser. Mitterrand est une arsouille. »

On devine l'état d'esprit d'Alain de Boissieu **, quand il démissionna pour n'avoir pas à élever François Mitterrand à la dignité de grand-croix de la Légion d'honneur : il avait dû entendre, dix fois plutôt qu'une, des propos analogues tenus par le général de Gaulle devant ses enfants et ses petits-enfants.

---

* René Bousquet, l'ancien secrétaire général de la police de Vichy, disposait de la très influente *Dépêche du Midi*.

** À la veille du second tour de l'élection présidentielle de 1981, le général de Boissieu, grand chancelier de la Légion d'honneur, annonça qu'en cas de victoire de François Mitterrand, il démissionnerait et refuserait de passer le collier de grand-maître autour du cou du nouveau Président. Ce refus souleva une vive réprobation.

Après un temps, le Général secoue la tête et laisse tomber comme un couperet : « Non, je ne ferai pas la politique des boules puantes.

« Il ne faut pas porter atteinte à la fonction, pour le cas où il viendrait à l'occuper »

AP. — Mon général, une campagne électorale, c'est comme un match de boxe. On donne des coups et on en reçoit. Si on n'en donne aucun et qu'on se contente d'en recevoir, on a beau être champion du monde, on finit par être KO debout.

Frey. — C'est tout de même étonnant que des pans entiers de la vie d'un homme public soient cachés, qu'il ait pu subir cette condamnation morale, rarissime au Sénat, qu'est la levée d'immunité, et qu'il puisse parader ! En démocratie, les campagnes électorales, c'est fait pour faire tinter les casseroles, quand il y en a !

AP. — Pourquoi prendre des gants ? Il vous a injurié en vous comparant à Hitler, Mussolini et Franco.

GdG. — Non, n'insistez pas ! Il ne faut pas porter atteinte à la fonction, pour le cas où il viendrait à l'occuper *. »

Le Général vient d'inventer, avec son instinct de l'État, l'immunité des présidentiables. Aujourd'hui, cette vertu romaine nous semble, à Frey et à moi, plus édifiante que convaincante.

« Mitterrand est le plus roublard, le plus dangereux. Il n'y en a qu'un qui soit sympathique, c'est Barbu »

Frey se retire. Resté seul, je demande au Général : « Vous suivez la campagne électorale à la télévision ?

GdG. — Oui, hélas. Ça ne vole pas haut. Comme tout ça est médiocre !

AP. — Comment appréciez-vous les différents candidats ?

GdG. — Tous les cinq se ressemblent, mais tous sont différents. Ils se ressemblent, parce qu'ils pataugent dans la bassesse. Ils sont différents, parce que chacun appartient à une des oppositions et se confond avec elle. Tixier-Vignancour, c'est Vichy, la collaboration fière d'elle-même, la Milice, l'OAS. Marcilhacy, c'est le notable, sûr de lui parce qu'il est notable et qu'il regarde de haut les Français, comme si les pouvoirs de la République lui étaient dus par droit d'hérédité. Lecanuet, c'est l'enfant de chœur qui a bu le vin des burettes et qui s'en est enivré. Mitterrand est le plus roublard, le plus dangereux ; il est prêt à soutenir toutes les thèses, à renier tout le monde et

* Roger Frey a approuvé le 30 septembre 1994 le compte rendu que je lui avais soumis de cette conversation à trois.

à se renier lui-même pour s'emparer du pouvoir. En réalité, il n'y en a qu'un qui soit sympathique, c'est Barbu. C'est un brave couillon, il y en a beaucoup qui doivent se reconnaître en lui. Il ne m'en veut que parce qu'il est écrasé par la vie, il se demande comment faire.

« Vous ne voulez pas que je proclame : “Je m'appelle Charles de Gaulle” ? »

AP. — Tout le monde se demande, mon général, pourquoi vous dédaignez la télévision ?

GdG. — Au nom de quoi, sous prétexte que nous avons aussi largement laissé la parole à cinq opposants, le général de Gaulle s'exprimerait-il autant que les autres ? Néanmoins, avant la fin de la campagne, je m'adresserai au public.

AP. — Il ne faut pas minimiser l'impact de vos adversaires. Quand Lecanuet a fait son apparition en disant : “Je m'appelle Jean Lecanuet. Je suis agrégé de philosophie”, etc., son ton, son style, son sourire, ses dents blanches ont frappé.

GdG. — Vous ne voulez tout de même pas que je proclame devant les caméras : “Je m'appelle Charles de Gaulle” ?

AP. — Il me semble indispensable que vos ministres réfutent les arguments de l'opposition.

« Je ne vais pas m'user en petite monnaie »

GdG. — On parle trop. J'ai annoncé que je parlerai à la fin de la campagne. Je le ferai. Je ne vais pas m'user en petite monnaie. Moins on parle, plus ce qu'on dit est attendu et a des chances de porter. Il vaut mieux ne pas mêler Pompidou ni les autres à ma campagne. En tout cas, à ma campagne radiotélévisée.

AP. — Vous admettez quand même que nous participions à des réunions publiques, à des meetings ?

GdG. — Si vous y tenez, je ne peux pas vous en empêcher.

(Il a donc évolué sur ce point.)

AP. — Ne craignez-vous pas que les Français prennent votre attitude pour du mépris ?

GdG. — Pourquoi ? Je reste sur les hauteurs, les Français le comprendront. Plus les autres roulent dans la boue, plus le peuple appréciera que je reste digne.

« Ce serait une lapalissade d'annoncer mon départ »

AP. — À quel pourcentage s'élève l'adhésion “franche et massive” à laquelle vous avez fait allusion ?

GdG. — Je ne vais pas avancer de chiffres, mais je verrai bien si le courant passe ou ne passe pas.

AP. — Et si jamais vous sentiez que le courant ne passe pas ? Laisseriez-vous percer la possibilité d'un départ ?

GdG. — Non ! Mon départ, je l'annonce quand je soumets au peuple un référendum en liant mon sort au résultat, ce qui ne serait pas obligatoire. Pour l'élection, ce serait une lapalissade de l'annoncer.

AP. — Mais si votre majorité était, selon votre expression, "faible et aléatoire" ?

GdG. — Ne tirons pas de plan sur la comète. On verra bien. »

Je repars à la charge pour le convaincre de parler, ne fût-ce qu'une fois *pendant* la campagne.

AP : « Si vous faites une première intervention au début de la semaine, vous montrerez que vous acceptez de vous insérer dans la campagne comme candidat. Si vous vous contentez de parler après tous les autres, pour tirer les leçons de la campagne quand elle est terminée, vous risquez de donner l'impression de ne pas jouer le jeu. »

Il m'écoute patiemment, et laisse tomber, maussade : « Je verrai. »

Samedi 4 décembre 1965.

Les journaux reprennent en gros titres les sondages qui font prévoir le ballottage du Général.

J'ai convoqué pour l'après-midi le directeur général de l'ORTF, Jacques-Bernard Dupont, et les deux directeurs généraux adjoints, Claude Contamine, le diplomate, et André Astoux, le militant gaulliste. « Le Général va très probablement se trouver demain en ballottage. Quelles dispositions prenez-vous pour la campagne télévisée du second tour ? »

Astoux se lève, pâle d'émotion, et m'apostrophe : « Monsieur le ministre, imaginer que le Général peut se trouver en ballottage, c'est pire que du défaitisme ! C'est un crime de lèse-majesté ! On dirait que vous voulez tout faire pour que l'invraisemblable devienne possible ! »

Comme lui, des millions de Français n'arrivent pas à imaginer l'inimaginable. Pour les gaullistes, ce ne sera pas seulement la surprise, ce sera la foudre.

Chapitre 15

« JE NE SUIS PAS LÀ POUR VAINCRE LA GAUCHE ET LA DROITE, MAIS POUR LES RASSEMBLER »

Dimanche 5 décembre 1965. Matignon, bureau du Premier ministre, 21 heures 30. Ses collaborateurs, Ortoli et Jobert, apportent sans arrêt des informations de plus en plus consternantes : le Général va être en ballottage avec 44 % des voix. « Ça ne peut plus bouger significativement », disent les experts.

Pompidou, très serein, mais quand même grave, veille à garder le contrôle des événements et l'événemcnt, il pcut se passer à Colombey : « Ça va être un coup terrible pour le Général. Il faut que je l'appelle. »

Il demande à Joxe et à moi de rester : « Ça va être une des conversations les plus pénibles de ma vie, nous dit-il. Je vous appellerai peut-être en renfort. » Il demande à Anne-Marie Dupuy de condamner sa porte et de venir lui donner la communication de Colombey, pour que le Général n'ait pas à attendre.

Le Général est au bout du fil, Pompidou parle sur ce ton d'extrême douceur qu'il sait prendre quand il joue son rôle de soigneur.

« Mon général, les résultats presque au complet sont là. Ils signifient que vous allez être mis en ballottage avec 44 ou 45 % des suffrages exprimés. Nous sommes déçus, évidemment. Nous espérions que vous passeriez au premier tour. Mais ça n'a rien de dramatique. Il est exclu que les 55 ou 56 % qui se sont dispersés entre les cinq opposants se regroupent sur un seul. Ces oppositions sont trop hétéroclites. Les 15 % de Lecanuet devraient se reporter sur vous à plus de la moitié, probablement aux deux tiers ou aux trois quarts. De même, les voix de Marcilhacy et de Barbu. Seuls les électeurs de Tixier-Vignancour vous détestent suffisamment pour voter au second tour pour le candidat des communistes. Jamais Mitterrand ne rassemblera, en plus de ses voix du premier tour, les 17 % qui lui manquent pour atteindre les 50 %. »

Entre chacune de ces phrases, Pompidou s'arrête pour laisser au Général le temps de réagir. Mais le Général reste obstinément muet. Dans un dernier effort, Pompidou conclut :

« Nous devons nous battre dans les quinze jours qui viennent, mais le résultat ne fait absolument aucun doute. »

Le Général n'a apparemment pas repris la parole, sauf quand Pompidou, inquiet de ne pas l'entendre, profère un « Allô ? », ou « Mon général ? », ou « M'entendez-vous ? » De guerre lasse, le Premier ministre finit par dire :

« Je vous passe Joxe, qui est à mes côtés avec Peyrefitte. »

Joxe a plus de succès, puisque le Général se décide à parler.

« Mais non, mon général, comment voulez-vous que les électeurs de Lecanuet, en tout cas la majorité d'entre eux, mêlent leurs votes à ceux des communistes ? »

On perçoit des nasillements. Au bout d'un moment, Joxe reprend : « De toute façon, vous n'avez pas d'autre choix que de rester pour le second tour *. Si vous vous retiriez, vous assureriez l'élection de Mitterrand, qui n'aurait rien de plus pressé que de jeter bas tout ce que vous avez réalisé ou entrepris. »

« Je ne vois pas comment les 56 % qui ont voté contre moi vont pouvoir se déjuger »

À bout d'arguments, Joxe me passe le combiné.

« Mon général, la majorité des Français pensaient comme nous que vous alliez passer haut la main au premier tour. Mais on ne tenait pas assez compte de la brutalité de la campagne, où vous avez été attaqué par les cinq autres candidats sans pratiquement faire campagne vous-même. »

Il m'interrompt, avec une lassitude extrême : « Je ne vois pas comment les 56 % qui ont voté contre moi aujourd'hui vont se déjuger dans deux semaines.

AP. — Mais justement, c'est la logique de notre scrutin à deux tours. "Au premier tour on choisit, au second tour on élimine." Au premier tour, sachant que c'était sans danger, chacun a choisi selon sa famille habituelle ; on a voulu exprimer un mécontentement, et il y a toujours des sujets de mécontentement. Au tour décisif, il n'y aura plus que vous et Mitterrand. Les Français élimineront celui qui leur paraîtra le moins apte à assurer l'intérêt national. »

Le Général ne me répond que par quelques mots indistincts, que je n'ose pas lui faire répéter. Il clôt par un bref « Bonsoir, je vous remercie bien ». Il raccroche.

Un peu plus tard dans la soirée, Burin m'informe qu'il vient d'avoir à son tour le Général. Il craint beaucoup que celui-ci refuse de revenir de Colombey et se retire de la compétition. « Il est abattu à un point que vous n'imaginez pas. »

Comment remonter le moral du Général ? Me revient à l'esprit une note de François Goguel, en octobre 1962. Le Général était effondré parce que les 62 % des suffrages exprimés, qui ont

* Selon l'article 7 de la Constitution révisée en 1962, « seuls peuvent se présenter au second tour les deux candidats qui, *le cas échéant après retrait des candidats plus favorisés*, se trouvent avoir recueilli le plus grand nombre de suffrages au premier tour. L'ordre d'arrivée au premier tour étant : 1. le Général, 2. Mitterrand, 3. Lecanuet, le second tour aurait donc opposé Mitterrand à Lecanuet en cas de retrait du Général.

approuvé l'élection populaire du Président, ne représentaient en fait que 47 % des inscrits. Goguel avait démontré que dans une élection, il y a un nombre d'abstentions incompressible (malades, impotents, femmes en couches, vieillards, voyageurs, morts non radiés, etc.). Cette abstention involontaire peut représenter de 5 à 10 % des inscrits. Les 47 % des inscrits correspondaient donc à une majorité réelle de ceux qui étaient en mesure d'exercer leur droit de vote. Cette note avait aussitôt ragaillardi le Général.

Malgré l'heure tardive, je téléphone de Matignon à Goguel pour lui suggérer une nouvelle note roborative pour le Général. Il abonde dans mon sens. « Le ballottage, me répond-il, est inévitable dans notre nouveau système. Il correspond aux "primaires" à l'américaine. Il n'empêche nullement qu'ensuite, le Président proclamé se conduise comme l'élu de tous les Français, et non pas seulement de ceux qui auront voté pour lui au second tour, ni à plus forte raison au premier. »

Lundi 6 décembre. Cette note, rédigée en quelques heures, est aussitôt livrée à Burin, qui la fait porter par motard à Colombey *.

Mardi. Burin me téléphone : la note a eu sur le Général l'effet magique espéré ; il a décidé de revenir de Colombey.

« Je pensais que les résultats seraient meilleurs. J'avais tort »

Conseil du 8 décembre 1965.

Les visages sont tendus. On s'assied en silence. Tous les regards se tournent vers le Général. On s'inquiète pour lui ; on attend ses réactions, son inspiration, ses instructions.

GdG : « On a vu les résultats. Je pensais qu'ils seraient meilleurs. J'avais tort. Ils ne pouvaient pas être meilleurs. Les comparaisons avec les référendums ne pouvaient pas valoir. Celui de 1958 était un vote inévitable, c'était la panique et le dégoût ; ce n'était pas une épreuve électorale. De même pour le référendum sur l'Algérie ; ce n'était pas électoralement valable en ce qui concerne de Gaulle. Le référendum de 62, moins brillant, mais convenable, reflétait encore la crainte ; d'autre part, il y avait la réforme institutionnelle qui, le fait l'a prouvé, intéressait le public.

(Mais le Général ne se borne pas à cette histoire récente : il la recadre dans un combat plus ancien.)

« Jusqu'en 1946, je n'ai pas eu à me soumettre au suffrage populaire. Dès les premières élections, j'ai senti converger contre moi les représentants de tous les partis. Ceux-ci avaient délégué au

---

* François Goguel, secrétaire général du Sénat et politologue, en publiera l'essentiel quelques jours après dans *Le Monde.*

Parlement des émissaires qui m'étaient tous hostiles. Je ne pouvais que partir, ou faire le dictateur.

« Je suis revenu à la charge contre le projet de Constitution de 46, je l'ai dénoncé devant le pays, je n'ai eu qu'un tiers des voix *.

« Puis ce fut le Rassemblement et les élections de 51, où je n'ai pas eu le tiers des voix.

« Le résultat est là. En face des 44 % de voix de De Gaulle, il y a une masse de voix répartie entre au moins trois fractions inconciliables.

« On verra quelles conclusions les électeurs en tireront. Mais d'ores et déjà, il apparaît que la situation électorale de De Gaulle n'a pas diminué, au contraire.

« Pourtant, la conjoncture ne nous était pas favorable. On n'a peur de rien, les caisses sont pleines : ce sont des conditions exceptionnelles pour la démagogie. D'autre part, la politique de stabilité, c'est-à-dire de l'intérêt national, a multiplié les mécontentements. Cela vaut aussi pour l'affaire du Marché commun, qui alarmait des agriculteurs angoissés par les transformations et donc livrés à tous les mythes qu'on leur propose **.

« Je ne veux pas être l'expression d'une fraction. Je ne suis pas l'UNR »

« Naturellement, je ne vais pas me retirer. On verra bien. Je ne suis pas convaincu de l'effet massif de la campagne. Tixier-Vignancour pérore en vain depuis des mois. Mitterrand s'est agité, mais sa campagne a été faite sur le terrain par les communistes. Quant à Lecanuet, qui a produit un effet personnel, il n'a guère ajouté aux voix que, de toute manière, peut rassembler un candidat des centristes.

« Cela dit, il faut être actif pour le second tour. Le général de Gaulle ne peut se commettre à parler de la vignette ou de la pilule. C'est au gouvernement, autour de moi, qu'il appartient d'informer les Français. Les ministres, à commencer par le Premier, interviendront, diront où on était, où on est, où on va. Il faut que la Ve continue. Pour cela, il faut que le général de Gaulle soit élu.

« Quant à ces fameuses voix de gauche, regardons les chiffres.

---

* Un tiers des inscrits a voté non au référendum constitutionnel du 15 octobre 1946.

** Le poids électoral des agriculteurs était beaucoup plus important qu'aujourd'hui : ils comptaient pour 18 % de la population active, et pour un pourcentage des électeurs du même ordre. Ils s'abstiennent moins que la moyenne et représentent au moins 20 % des votants. La FNSEA avait appelé à ne pas voter pour de Gaulle. On estime que 30 % d'entre eux ont voté pour Lecanuet, soit le double de sa moyenne nationale, et 40 % pour Mitterrand ou Tixier-Vignancour.

(Il a une note sous les yeux.) L'ensemble que représentent les radicaux, la SFIO et les communistes a fait, en octobre 1945, 54,85 % ; en 1946, 52 % ; en juin 1951, 46,5 % ; en janvier 1956, 52 % ; en novembre 1958, 43 % ; en 1962, 40 % ; et maintenant 32 %. Cette chute, c'est de mon fait et non du fait de Lecanuet.

« Je ne veux pas être l'expression d'une fraction. Je ne suis pas l'UNR. Je ne me confonds pas avec elle. Je ne divise pas les Français, je veux les rapprocher en leur donnant quelque chose de commun. Il faut manœuvrer en conséquence.

« Je ne suis pas là pour vaincre la gauche et la droite, mais pour les rassembler. »

« Je vois, vous voudriez que je parle aux Français en pyjama »

Après le Conseil.

AP : « Mon général, vous allez bénéficier de deux heures de télévision et d'autant de radio. Vous ne pouvez pas vous permettre, cette fois-ci, de ne pas les utiliser. Le second tour est un duel. Toute minute que vous n'utiliserez pas donnera l'impression d'être concédée à l'adversaire. À la télévision, à la radio, vous pourriez faire passer votre message en quatre heures, en variant les modes de présentation.

GdG (sèchement). — Si j'emploie une partie de mon temps, en tout cas, je ne l'emploierai pas deux fois différemment. Rayez ça de vos papiers. Le même enregistrement servira pour la radio et pour la télévision.

AP. — La radio et la télévision sont deux vecteurs très différents... Enfin, renonçons à cette idée. Puis-je vous en proposer une autre ? Vous avez l'habitude de parler aux Français en chef qui oriente la Nation. Puisque vous avez accepté de vous présenter, vous êtes un candidat, en position de concurrence. Vous avez déjà éliminé quatre adversaires sur cinq. Reste à éliminer le dernier. Le ton du Président parlant ex cathedra n'est pas le meilleur pour ce genre de joute. Il vaudrait mieux un langage familier.

GdG. — Je vois, vous voudriez que je parle aux Français en pyjama. »

Je ne peux m'empêcher de rire — et il a failli me désarçonner. Mais je reprends : « Je n'en demande pas tant. Je suggère simplement le ton "coin du feu" (je ne mentionne ni Roosevelt, inventeur de la formule, ni Pompidou qui l'a reprise : il ne supporterait pas que je les lui donne en modèles). Le ton de tous les jours, celui que vous avez dans le tête-à-tête.

« Ce serait bien si vous vous faisiez interroger par un journaliste. Avec Burin des Roziers, nous avons passé en revue les noms des interlocuteurs envisageables. Michel Droit serait très bien. Il a du talent, il est gaulliste, il saura vous renvoyer la balle sans être complaisant. »

Il conclut par un très louis-quatorzien : « Je verrai. »

Jeudi 9 décembre 1965.

Il a vu. Et il fait ce que nous lui suggérions. Burin m'en informe. Nous sommes aussi soulagés l'un que l'autre.

« La France, c'est plus que les Français du moment »

Lundi 13 décembre 1965. Dans ce Salon Murat, j'ai déjà assisté à bien des enregistrements. Jamais à un comme celui-là.

Pour la première fois de sa longue vie, le Général se fait « interviewer ». Il ne délivre pas d'en haut son message au peuple. Il passe par la médiation d'un interlocuteur. Michel Droit est très à son aise. En revanche, Burin, Galichon, Pérol * et moi sommes tendus. Nous sentons bien que le Général joue son va-tout. Les techniciens ont l'air moins dévots que naguère. Ce sont les mêmes qui se sont occupés des autres candidats. De Gaulle n'est plus que l'un d'eux, parmi d'autres. Il est banalisé. L'empreinte du sacré a disparu.

À mesure que l'entretien se déroule, nous avons l'impression d'une mécanique bien huilée. Le Général est en forme. Au bout de trois quarts d'heure, il demande à continuer. On enchaîne donc, et il va jusqu'au bout du temps dont il dispose ; il enregistre trois entretiens sans avoir soufflé. Plus il avance, plus nous avons l'impression qu'il a trouvé son vrai style de communication. Pourquoi diable ne l'a-t-il pas utilisé plus tôt ? Les formules jaillissent, comme d'elles-mêmes (bien qu'il les ait, évidemment, peaufinées à l'avance) : « Et les Français ? Eh bien, c'est eux qui font la France. Mais la France, c'est plus que les Français du moment », « La démagogie, c'est très commode, c'est vulgairement commode », « Ce n'est pas la peine de raconter des histoires », « À qui le dites-vous ! » Dans le deuxième entretien, il se laisse même aller à la mimique : « On peut sauter sur sa chaise comme un cabri en disant : "L'Europe !" », et ainsi de suite trois fois. Il est tel que nous le connaissons, tel qu'il sait nous amuser, nous séduire, nous convaincre, nous entraîner.

Sur cette longue séance d'enregistrement, il n'y a que deux raccords à faire. Le premier, parce qu'il n'avait pas regardé la caméra qu'il fallait pour l'exhortation finale. L'autre est de nature politique. Il n'a pas résisté à sa tentation familière de brocarder Lecanuet et ses amis, en les comparant aux « enfants de chœur qui

* Diplomate, chargé de la presse à l'Élysée.

ont bu le vin des burettes ». (Il avait essayé la formule devant moi quelques jours plus tôt *.)

AP : « Il faut séduire les 15 % de voix Lecanuet. Votre quolibet va les froisser. »

Burin des Roziers m'appuie fortement, Galichon et Pérol approuvent. Le Général accepte de se censurer.

« Le rassemblement qui est avec moi doit se maintenir, dans le succès ou dans le revers »

Conseil du 15 décembre 1965.

Le Général est remonté sur son cheval, et tient à nous le montrer :

« Nous approchons de la fin.

« Il y a quelque chose de très exemplaire dans la campagne : la cohésion et la dignité du gouvernement.

« Nous verrons le résultat : s'il est favorable, nous l'aurons vraiment emporté. Jamais il n'était arrivé qu'il y ait une pareille conjonction de démagogie, de promesses, de tromperies et d'invectives.

« Ensuite, il faudra marcher de façon à élargir le succès et qu'il soit assuré pour la France.

« Si nous ne l'emportons pas, ce qui nous remplacerait est voué à la déconfiture et voue le pays au désarroi et probablement au malheur.

« Il n'est pas possible d'imaginer qu'on gouverne, et surtout qu'on gouverne la France, avec un agglomérat informe, qui deviendrait alors la majorité. Ce serait une escroquerie.

« Ce qui nous remplacerait serait condamné à s'effondrer. Rien ne serait plus important, dans ce cas, que de maintenir cette adhésion de tous ceux que nous sommes. Il n'y a pas pour la France d'autre avenir que ce que nous représentons. Moi-même, ne fussé-je pas à l'Élysée, je ne manquerai pas d'exister jusqu'à ce que la mort me prenne. Et quand elle l'aura fait, il restera quand même quelque chose de ce que nous aurons dit et fait.

« Le rassemblement qui est avec moi doit se maintenir quoi qu'il arrive, dans le succès ou dans le revers.

« Je vous le dis comme je le crois, et je crois traduire votre pensée à tous. Alors, à bientôt. »

Ainsi, battu le 19 décembre, il ne se retirerait pas à Colombey ! Il conduirait l'opposition, il serait le chef d'un nouveau « rassemblement », il se battrait encore « jusqu'à ce que la mort le prenne ».

Nous nous regardons. Nous avons la gorge serrée.

Il a surmonté l'écœurement de dimanche soir. Dans l'épreuve, il retrouve son tempérament d'invincible. Il avait cru vaincre sans combat et s'était démobilisé. Il faut se battre pour vaincre : le voici plus de Gaulle que jamais.

---

* Voir p. 602.

Chapitre 16

« MAINTENANT, IL FAUT REPARTIR POUR AUTRE CHOSE »

Salon doré, mardi 21 décembre 1965.

Le Général est réélu. Il fait pour lui-même et pour quelques-uns de ses « renvoyeurs de balles » le bilan de cette épreuve. Mon tour vient aujourd'hui.

GdG : « En réalité, s'il n'y avait pas eu la conjoncture, qui s'appelle le Marché commun et qui s'appelle la stabilisation, ça aurait fait 59 ou 60 %. (Le premier tour est si bien surmonté qu'il ne s'intéresse qu'au second.)

AP. — Je ne crois pas que votre politique extérieure en tant que telle ait été sanctionnée.

GdG. — Non, c'est la crise du Marché commun, sous l'angle des paysans. Leur inquiétude a été excitée par les démagogues. C'est indiscutable. Mais ce scrutin, c'est le rejet de l'Europe supranationale. Personne n'en veut ! C'est la défaite des soi-disant "européens".

« Le plan de stabilisation a créé une sorte de dépression morale »

« Le mécontentement des paysans tient à ce que leurs revenus ne s'améliorent pas, il faut le reconnaître, depuis deux ans. Et puis, l'affaire du Marché commun, qui était pour eux une espérance, leur a paru se fermer. Ils ont réagi par la négative en ce qui me concerne. Pas tous, mais un certain nombre d'entre eux qui y étaient déjà assez naturellement disposés.

« Quant au plan de stabilisation, il a également créé une certaine dépression morale chez beaucoup de gens, d'abord les chefs d'entreprise, mais aussi beaucoup d'artisans et même d'ouvriers, qui ont vu les commandes et la durée de travail se réduire quelque peu. Et ils ne voient pas trop où ça va. Alors, le type qui arrive et qui dit : "Moi, je m'en vais vous arranger tout ça", on l'écoute.

« Mettez tout ça ensemble, ça fait 4 ou 5 % qui seraient venus auparavant et qui ne sont pas venus. Au lieu de faire 60 % que j'aurais dû avoir, ça en fait 55. Voilà la vérité.

« Pour les élections de 1967, nous devrions être sortis de ces deux crises.

« Quant à la suite, je vais vous dire ce que j'en pense. Je crois que les partis, c'est terminé. Ça n'est pas les partis qui ont entraîné les électeurs. Ce sont des vedettes qui sont venues, et qui ont dit : "Voilà ce que je vais faire, voilà où je vous promets d'aller." Ça, ça a intéressé les électeurs. Je ne parle pas des communistes. Quoi qu'on puisse raconter, ça n'a aucune importance, les électeurs communistes vont voter dans le sens où ils en recevront l'ordre. Mais je parle des autres partis. Ils se sont évanouis.

« Aucun des autres n'aurait tenu le coup »

AP. — En tout cas, vous avez rodé le système, vous avez permis de subir le choc de cette expérience inconnue.

GdG (saute sur cette remarque, se penche en avant, tend le doigt vers moi). — *Aucun* n'aurait tenu le coup ! Aucun des autres ! Ils auraient été balayés (il fait de la main le geste d'un violent coup de balai). Et sans aucune solution de rechange ! Ils auraient été balayés, pour faire place à l'anarchie. Ils auraient été balayés et la Ve République avec eux, et tout ce que nous avons essayé de faire depuis vingt-cinq ans aurait été balayé en même temps.

(Ce qui a été « balayé », en tout cas, ce sont les doutes qu'il pouvait avoir sur l'opportunité de se présenter. Mais Pompidou, lui, ne croit sûrement pas qu'il aurait été « balayé », puisqu'il ne cristallisait aucune haine.)

« Je n'ai pas manœuvré en fonction de l'élection »

« Le septennat qui s'achève, ça a été d'abord une liquidation. La liquidation de l'affaire algérienne, qui a été pénible et même terrible à tous égards. Ça a été ensuite des nécessités nationales pas drôles. La stabilisation, qui était indispensable ; il fallait en finir avec l'inflation, ou bien nos progrès étaient de nouveau corrompus et perdus. Et aussi la liquidation de la subordination aux Américains. C'est-à-dire une politique internationale de dégagement, qui a été décisive, mais a provoqué des contrecoups, pour l'OTAN et pour le Marché commun. Ça créait, inévitablement, une atmosphère désagréable, et qui ne pouvait pas ne pas l'être et qu'il fallait cependant savoir supporter. Là-dessus, est arrivée l'élection présidentielle. Je n'ai pas manœuvré en fonction de l'élection (la litote est belle). Ça s'est fait comme ça.

« L'indépendance, c'est fait, virtuellement au moins, il n'y a plus que quelques formalités à remplir. Nous ne serons plus intégrés. Tout le monde l'a compris. L'Algérie, c'est fini. Naturellement, il y a la vengeance des rapatriés, qui votent contre de Gaulle ; c'était inévitable. Ça s'estompera avec le temps. Maintenant, tout ça est fait. Il faut repartir pour autre chose. »

« *La complainte inguérissable des oppositions, dans une dispersion totale* »

Conseil du 22 décembre 1965.

Le Conseil a été reporté au jeudi, pour que la proclamation officielle des résultats intervienne avant qu'il se réunisse à nouveau.

Frey présente les résultats et conclut : « Ce qui s'est manifesté dimanche, ce n'est pas une majorité changeante, comme celle des référendums, mais une majorité large et stable, qui approuve l'ensemble d'une politique.

GdG. — Je n'ai pas d'objections à votre analyse. Voici comment j'ai vu les choses.

« D'abord, la dispersion politique des Français. Parce qu'il n'y a aucun danger, aucune inquiétude profonde sur aucun sujet, notre pays s'éparpille tout naturellement. À partir du moment où il ne s'agit plus d'éviter le pire — les Allemands, les événements d'Algérie — on s'en va de droite et de gauche.

« Des réalités politiques sont apparues, qui ne sont pas nouvelles, mais qui sont caractéristiques.

« 1. Il existe maintenant un noyau très considérable, plus fort dans les régions les plus avancées, avec une compréhension des problèmes mondiaux — le Nord, l'Est, la Région parisienne — qui s'est manifesté puissamment dès le premier tour. C'est ce qui existe politiquement autour de moi ; et ça suffit pour avoir une majorité.

« 2. La complainte inguérissable des oppositions, dans une dispersion totale. Si elles l'avaient emporté, on ne peut pas imaginer qu'elles auraient pu gouverner.

« *Si j'avais quinze ans de moins* »

« D'avance, il était certain qu'elles n'auraient pas une majorité positive. Le problème était pour elles de recommencer un jeu dont tous, y compris eux-mêmes, savaient qu'il ne donnerait rien. Il n'y a pas une opposition, mais des foules d'oppositions, faites pour écarter le général de Gaulle, sans aucune possibilité de se substituer à lui. Les voix de Mitterrand étaient en majorité d'essence totalitaire, communiste et fasciste. Comment aurait-il gouverné ? Il ne l'a jamais dit et pour cause. Comment faire un gouvernement ? Que ferait ce gouvernement ?

« Donc, la concentration du noyau qui me soutient contraste avec l'éparpillement des oppositions en face de moi.

« La conjoncture était pour moi difficile :

« – À cause de l'âge que j'ai — si j'avais quinze ans de moins, cela aurait été sensible dans mon comportement.

« – À cause du plan de stabilisation : la démagogie a profité des remous et contrecoups qui l'ont suivi.

« – À cause de notre décision de suspendre le Marché commun. Il fallait le faire ; mais ça permettait aux démagogues de dire que nous voulions casser l'Europe.

« Les notables ont moins d'influence qu'autrefois. Les féodalités d'intérêt sont toutes contre l'État, dès qu'il apparaît comme fort et voulant gouverner. Elles entraînent contre l'État toutes les clientèles qu'elles peuvent : les partis, les syndicats, les journaux se dressent face à l'État s'il tient debout.

« Les journaux, on est aux petits soins, on a tort »

« Le public n'est pas informé des réalités.

« L'information est difficile parce que la presse est contre nous. Elle présente systématiquement notre action à notre désavantage. Par exemple, elle parle des "réussites et défaillances". Elle veut ainsi se donner l'air objectif et balancé. Mais en réalité, elle mentionne en passant les réussites qui sautent aux yeux, tout en les minimisant, et elle s'arrange surtout pour mettre l'accent sur les prétendues défaillances, qu'elle m'impute.

« Ces journaux, on les ménage, on est aux petits soins, on a tort. On leur accorde le monopole de la publicité, qu'on n'ose pas introduire à la télévision, on leur accorde des privilèges sur les tarifs postaux, etc.

« Pour la radio et la télévision, on a ouvert les vannes au dénigrement. On l'a fait à l'excès. Je m'en accuse, j'ai voulu qu'on donne le même temps de parole à chaque candidat.

« Pour le reste du temps, je ne suis pas sûr que la radio et la télévision nous soient si favorables. Elles sont bourrées de gens hostiles. Et peut-être qu'on ne s'en est pas servi comme on aurait dû le faire. (C'est pour moi ?)

« Tout cela a donné le résultat que l'on sait. Peut-être qu'il ne pouvait pas être meilleur.

« L'élection du Président au suffrage universel, personne ne reviendra dessus »

« Dans la conjoncture présente, finalement, ces résultats ne sont pas si mauvais. Ils permettent à la Ve République de continuer son œuvre. Il n'y a pas de raison que les élections législatives ne soient pas à l'image de ce qui vient de se passer et que la majorité ne soit pas confirmée. Personnellement, je l'y aiderai.

« Quelle est la composition sociale des voix ? On ne peut pas contester que la plupart sont des voix populaires. On n'obtient pas la majorité dans *tous* les arrondissements de Paris, sans une masse de voix populaires. Je n'en dirais pas autant des voix Lecanuet : il y a des voix de bourgeois mécontents et de paysans, mais je serais surpris que ce soient les plus malheureux. Les ouvriers n'ont pas voté Lecanuet.

« Le Midi est en retard, notamment au point de vue politique, mais moins qu'on ne croit. La majorité a été acquise à Limoges, Guéret, Cahors *. Il y aurait eu une majorité favorable à Marseille, Montpellier, Carcassonne, sans les pieds-noirs. On peut en dire autant de Toulon et de Nice. Les voix des rapatriés, pour des raisons de passion momentanées, sont contre moi. Il fallait me faire disparaître, à cause du chapeau de Gessler **. Il faut donc entrer dans le combat dans le Midi, la bataille n'est pas perdue. Cela est vrai des villes, mais aussi des campagnes »

« Ce scrutin constitue la consécration définitive du mode d'élection du Président de la République au suffrage universel direct. Le peuple a montré, par l'intérêt avec lequel il a suivi la campagne et par sa participation massive, que la réforme de 1962 a désormais droit de cité en France. Personne ne reviendra dessus. »

« Il aurait fallu que nous eussions des espèces de Michel Droit »

Après le Conseil.

AP : « Puis-je vous demander ce que vous aviez dans l'esprit quand vous avez dit qu'on ne s'était pas servi de la radio et de la télévision comme on aurait dû le faire ?

GdG. — Je ne dis pas que notre déconvenue, ce serait la faute de la radio et de la télévision par elles-mêmes. Seulement, je crois qu'il y a beaucoup à imputer à la façon dont nous nous en servons. Nous avons fait beaucoup de choses, mais nous les avons mal expliquées. Ou alors, nous les faisons expliquer à la radio et à la télévision par des gens qui sont intéressés à les présenter. Quand Jacquet explique le coup pour les autoroutes, on dit : "Oui, oui, mais enfin, il ne peut pas dire autre chose". De même, pour l'Éducation nationale, nous faisons un effort énorme. Mais si c'est le ministre qui l'explique, ça ne prend pas, on le soupçonne de faire valoir son action. On ne peut pas être juge si on est partie.

---

* Le Général cite des villes où le scrutin a été très serré : ainsi, il a obtenu 4 061 voix à Cahors, contre 4 059 pour Mitterrand…

** Il a fallu se jeter sur le dictionnaire pour savoir qu'un certain Gessler fit planter sur la place du village d'Altdorf une perche surmontée d'un chapeau aux couleurs des Habsbourg, et exigea que les villageois saluent cet emblème. Guillaume Tell ayant refusé, Gessler l'obligea à percer d'une flèche une pomme placée sur la tête de son propre fils. Le « chapeau de Gessler », c'est l'insupportable hommage réclamé par l'ennemi.

« Il aurait fallu que nous eussions des espèces de Michel Droit, qui auraient été capables d'expliquer notre action, sans cacher les objections. Il faudrait trouver chaque fois quelqu'un qui ait l'air impartial, et qui dise : "Tout de même, c'est incroyable, ce qui se fait." Si c'est un monsieur qu'on a pris en Allemagne, en Amérique ou ailleurs, et qui dit, mine de rien : "Oh là là, mais dites donc, c'est fou ce que la France change", ça fait beaucoup plus d'effet que si c'est nous qui le disons.

« S'il n'y avait pas eu cette irruption colossale de l'opposition »

AP. — Il y a eu un grave déséquilibre entre la période ordinaire, où la radio et la télévision donnaient souvent une impression d'autosatisfaction gouvernementale, et la période de la campagne où, tout à coup, nous sommes devenus pratiquement muets, et où l'opposition s'est emparée des ondes. L'opposition est passée de la diète à l'orgie. Raphaël-Leygues *, qui était revenu d'Abidjan pendant la campagne, disait drôlement qu'il avait cru que l'ORTF avait été prise par les rebelles.

GdG. — Vous savez, les rebelles, ils y sont en permanence. On sent bien qu'une bonne partie des présentateurs se délectent de tout ce qui va dans le sens de l'opposition et de ce qu'on peut retenir contre nous !

AP. — Ce n'est pas l'avis de l'opposition et de la presse, qui affirment volontiers que la télévision est aux ordres. Et il y a le fait que la plus grande partie de la presse est antigouvernementale, et jette une suspicion sur ce que dit la radio et la télévision.

GdG. — Tout ça a pu jouer un rôle pour faire se prononcer contre moi ces 5 % qui auraient dû voter pour moi, tout en ayant des raisons d'être mécontents. S'il n'y avait pas eu cette irruption colossale de l'opposition pour formuler leurs griefs, ils auraient été beaucoup moins assurés dans leur opposition.

AP. — Ça a peut-être même porté sur plus de 5 %. Les sondages de l'IFOP, avant le début de la campagne, annonçaient que 68 % des Français s'apprêtaient à voter de Gaulle. Ils ont fondu pour tomber à 43 %. C'est une leçon pour l'avenir.

GdG. — Mais de toute façon, il devait y avoir une campagne. Avant qu'elle commence, beaucoup de gens n'avaient pas de griefs contre moi. Quand on leur demandait s'ils voteraient de Gaulle, alors qu'ils ne connaissaient personne contre lui, ça leur paraissait normal de répondre "oui". La question ne se posait pas. À partir du moment où elle s'est posée, ça devenait différent ; ce n'était plus

* Ambassadeur de France en Côte-d'Ivoire.

une question de sentiment ; ça devenait une question politique. De toute façon, le pourcentage devait baisser. C'était forcé. »

« Il faut donner des buts à la jeunesse »

En me raccompagnant, le Général me dit : « Il va y avoir de petits changements. À vrai dire, je pensais à un plus grand changement. Les conditions dans lesquelles s'est déroulée l'élection ne me laissent pas une grande marge. »

Le « plus grand changement », ç'aurait été évidemment celui du Premier ministre. La main sur la poignée de la porte, il reprend : « Ce qui apparaît, c'est le désir à peu près général d'un *new deal*, autrement dit d'un changement de style et d'objectifs, pour l'avenir proche et l'avenir lointain. Alors, le Mitterrand et le Lecanuet auraient été incapables d'atteindre les objectifs qu'ils faisaient miroiter, mais le fait même qu'ils les faisaient miroiter avait une certaine influence. La question, maintenant, c'est d'avoir un *new deal* à proposer, un grand but à donner.

AP. — La constatation la plus préoccupante, c'est que la jeunesse n'a pas bien voté. La IVe République, pour elle, c'est du passé, elle ne sait pas ce que c'est ; c'est comme la prise de Constantinople.

GdG. — Oui, c'est ça, c'est exactement ça. Il faut donner à la jeunesse des buts qui puissent lui communiquer un enthousiasme. La seule question, c'est le *new deal*, ce sont les objectifs nouveaux qu'il faut indiquer au pays, à la jeunesse. »

Inlassable, le voilà qui grimpe à nouveau sur son cheval.

« Quel homme serais-je, si je m'accrochais alors que le peuple me désavoue ? »

Après le Conseil du 5 janvier 1966.

« Ministre de la Recherche scientifique et des questions atomiques et spatiales. » Tel va être mon nouveau titre, qui va mettre fin à près de quatre ans d'intimité intellectuelle avec le Général. Pour notre dernière conversation détendue, je lui pose une question de fond qui me tracasse.

AP : « Vous ne dissoudriez pas l'Assemblée ?

GdG. — Pourquoi, grands dieux ?

AP. — Dans la foulée de l'élection présidentielle, vous pourriez avoir une Assemblée toute neuve, où votre majorité se retrouverait, et nous aurions cinq ans de bon. Alors que, si nous attendons mars 67, la gauche aura le temps de se mobiliser, et le résultat devient aléatoire.

GdG. — Je m'en garderai bien. Pour plusieurs raisons. D'abord, personne ne comprendrait cette dissolution. Comment la justifier devant l'opinion ? Cette Assemblée a soutenu mon gouvernement sans faiblesse, et je la renverrais dans ses foyers ? Ce serait absurde. Ce serait immoral. Le Président ne lance pas la foudre par commodité, mais pour donner la parole au peuple. La dissolution est prévue pour cette seule raison : que le souverain puisse trancher un conflit entre le gouvernement et les députés. Où est le conflit ?

« Ensuite, parce que cette dissolution ferait coïncider les deux mandats. Elle ferait naître l'idée que le mandat présidentiel a besoin d'être validé par un vote législatif. Ne brouillons pas le tableau ! Il faut que les choses soient nettes et que le peuple y voie clair. Le pouvoir présidentiel a le pas.

« Enfin, parce que ces élections législatives, aujourd'hui, rien ne prouve que nous les gagnerions. Et si nous les perdions, je n'aurais plus qu'à m'en aller.

AP. — Parce que vous ne pourriez plus dissoudre pendant un an ?

GdG. — Pas seulement ! Parce que, si je prenais l'initiative de dissoudre l'Assemblée et que les élections tournent à mon désavantage, je serais obligé d'en tirer aussitôt la leçon. Quel homme serais-je, si je m'accrochais alors que le peuple me désavoue ? De quelle autorité disposerais-je ?

« Cela fait trois raisons, dont une suffirait.

(Visiblement, il a réfléchi à la question. Il vient de la "vider" devant moi.)

AP. — Mais si nous perdons les élections l'an prochain ?

GdG. — Ce sera très différent. Des élections législatives qui arrivent à leur heure ne remettent pas en cause le mandat donné par le peuple au Président pour sept ans. Elles éclatent en 476 consultations locales. Elles sont dominées par les considérations catégorielles ou circonstancielles. Elles peuvent manifester une mauvaise humeur passagère. Elles ne sont pas une réponse unique à une question catégorique. Le Président doit pouvoir se tirer d'affaire, en remaniant son gouvernement avec des personnalités indépendantes, des commis de l'État, etc., et en mettant l'Assemblée au défi de le renverser. Et comme les députés ont horreur de risquer leur peau, ça les incitera à se tenir tranquilles. C'est seulement s'ils votent la censure que la dissolution devra intervenir.

AP. — Et dans ce cas-là ?

GdG. — Eh bien, si je perds, je partirai. Tout le monde sera bien prévenu. »

Dans sa réponse, il n'a pas eu la moindre hésitation : sa doctrine est bien arrêtée. Elle a au moins l'avantage d'être cohérente et lumineuse.

« La France restera souveraine »

À Luxembourg, *le 10 janvier 1966*, le Général gagne son bras de fer contre les fédéralistes et la supranationalité. Sans toucher au traité — les Parlements nationaux n'auraient pas ratifié une modification aussi profonde —, les Six conviennent par un *gentlemen's agreement* que la règle de la majorité ne sera pas opposable si l'un des pays estime que des intérêts nationaux très importants sont mis en cause par tel ou tel projet de décision *.

À la fin du Conseil du 2 février 1966.
Le Général dit en *a parte* à Michel Debré **, qui le félicite chaudement du résultat de Luxembourg, devant André Malraux et moi :

« Hallstein et sa commission ont commis une erreur. Ils ont cru qu'ils pouvaient pousser les virtualités fédérales du traité de Rome, du fait que nous étions demandeurs pour le Marché commun agricole. Ils ont réussi à monter nos agriculteurs contre moi. Mais ils ne s'attendaient pas à ce que nous réagissions sans concession, malgré la proximité de l'élection présidentielle. Ils ne pensaient pas non plus que j'allais profiter de ces circonstances pour enterrer la perspective fédérale, au lieu de la laisser s'installer comme ils l'espéraient. Aujourd'hui, le Marché commun agricole est institué. Hallstein et sa commission ont disparu. La supranationalité a disparu. La France restera souveraine. »

Sans cette victoire du 30 janvier 1966, qu'aurait valu à ses yeux celle du 19 décembre ?

« On peut entrer au gouvernement, en sortir, y revenir »

À la fin du Conseil du 5 janvier 1966, le Général conclut :

« Le Conseil est terminé. Le septennat aussi est terminé. Un autre va commencer.

« Il est normal qu'il y ait quelques changements dans la composition du gouvernement. Je demande à ceux que ces changements intéresseront (doux euphémisme) de considérer que, de toute façon, ce qu'ils ont fait ici aura été profondément apprécié. La vie politique est longue. Mais la vie politique ne se réduit pas à la vie ministérielle. On peut entrer au gouvernement, en sortir, y revenir. Il ne

* C'est le fameux « compromis de Luxembourg », qui survivra même à Maastricht.

** Nouveau ministre de l'Économie et des Finances.

faut pas se targuer d'en être, il ne faut pas se désoler de n'en être pas. De toute façon, les ministres qui sont ici, autour de cette table, sont et resteront mes compagnons et mes amis.

« Je vous remercie. »

Autour de la table, l'émotion est d'autant plus forte que personne n'est tout à fait sûr de s'y rasseoir mercredi prochain — bien que tous, dans leur for intime, sachent qu'ils ont, depuis 1962, participé à un grand ministère. Le Général fait le tour, serre toutes les mains : c'est vrai, la vie gouvernementale, à la différence de la vie politique, on y entre, on en sort, on y revient, mais on reste compagnons et amis — on a partagé le même honneur.

FIN DU DEUXIÈME TOME

LISTE DES SIGLES

AFP : Agence France Presse.

AMGOT : *Allied Military Government for Occupied Territories*, Gouvernement militaire allié pour les territoires occupés.

CDU : *Christlich Demokratische Union*, Union chrétienne démocrate.

CEA : Commissariat à l'Énergie Atomique.

CECA : Communauté Européenne du Charbon et de l'Acier.

CED : Communauté Européenne de Défense.

CEE : Communauté Économique Européenne.

CIA : *Central Intelligency Agency*, Services secrets américains.

CNR : Conseil National de la Résistance.

CSF : Compagnie générale de Télégraphie Sans Fil.

CSU : *Christlich Soziale Union*, Union sociale chrétienne.

EURATOM : *EURopean ATOMic energy commission*, Commission européenne pour l'énergie atomique.

PAL : *Phase Alternative Line.*

FDP : *Freie Demokratische Partei*, Parti libéral démocrate.

FORMA : Fonds d'Orientation et de Régularisation des Marchés Agricoles.

GATT : *General Agreement on Tariffs and Trade*, Organisation mondiale du commerce.

GLAM : Groupe de Liaisons Aériennes Ministérielles.

MRP : Mouvement Républicain Populaire.

NTSC : *National Television System Committee.*

OAS : Organisation Armée Secrète.

ORTF : Office de Radiodiffusion Télévision Française.

OTAN : Organisation du Traité de l'Atlantique Nord.

OTASE : Organisation du Traité de l'Asie du Sud-Est.

OUA : Organisation de l'Unité Africaine.

RDA : République Démocratique Allemande.

RFA : République Fédérale Allemande.

RPF : Rassemblement du Peuple Français.

RTF : Radiodiffusion Télévision Française.

SAFER : Société d'Aménagement Foncier et d'Établissement Rural.

SALT : *Strategic Arms Limitation Talks*, Discussions sur la limitation des armes stratégiques.

SDECE : Service de Documentation Extérieure et de Contre-Espionnage.

SFIO : Section Française de l'Internationale Ouvrière.

SHAPE : *Supreme Headquarters (of the) Allied Powers in Europe*, Haut Commandement des forces alliées en Europe.

SIBEV : Société Interprofessionnelle du Bétail et des Viandes.

SLII : Service de Liaison Interministérielle pour l'Information.

SMAG : Salaire Minimum Agricole Garanti.

SNECMA : Société Nationale d'Étude et de Construction de Moteurs d'Avions.

SMIG : Salaire Minimum Interprofessionnel Garanti.

SPD : *Sozialdemokratische Partei Deutschlands*, Parti social démocrate allemand.

TSF : Téléphonie Sans Fil.

UAM : Union Africaine et Malgache.

UNEF : Union Nationale des Étudiants de France.

UNR : Union pour la Nouvelle République. Sigle remplacé en 1962 par UNR-UDT, en 1967 par UDV^{e} (Union des Démocrates pour la Ve République), en 1968 par UDR (Union pour la défense de la République de mai à octobre 1968, puis Union des démocrates pour la République), en 1976 par RPR (Rassemblement pour la République).

UDT : Union Démocratique du Travail (gaullistes de gauche).

INDEX DES PRINCIPAUX NOMS CITÉS *

* Une brève note de présentation des personnes les plus utiles au récit figure à la page indiquée en gras.

CHRONOLOGIE

18 juin 1940, appel du général de Gaulle à la Résistance.
6 juin 1944, débarquement allié en Normandie.
8 mai 1945, capitulation allemande.
20 janvier 1946, démission du Général.
13 mai 1958, insurrection d'Alger.
15 mai 1958, de Gaulle « prêt à assumer les pouvoirs de la République ».
1er juin 1958, de Gaulle investi par l'Assemblée comme Président du Conseil.
28 septembre 1958, référendum sur la Constitution de la Ve République.
8 janvier 1959, de Gaulle Président de la Ve République.
16 septembre 1959, de Gaulle annonce l'autodétermination en Algérie.
24-31 janvier 1960, barricades d'Alger.
8 janvier 1961, référendum sur l'autodétermination en Algérie.
Février 1961, création de l'OAS.
21 avril 1961, putsch des généraux à Alger.
Septembre 1961, plan Fouchet sur l'avenir politique de l'Europe.
18 mars 1962, accords d'Évian.
19 mars 1962, cessez-le-feu en Algérie.
8 avril 1962, référendum sur l'indépendance algérienne.
11-13 avril 1962, procès Jouhaud.
14 avril 1962, Georges Pompidou nommé Premier ministre succède à Michel Debré.
15 avril 1962, ministère Pompidou.
3 juillet 1962, indépendance de l'Algérie.
22 août 1962, attentat du Petit-Clamart.
10 octobre 1962, dissolution de l'Assemblée nationale.
14-28 octobre 1962, crise de Cuba.
28 octobre 1962, référendum sur l'élection présidentielle au suffrage universel.
18-25 novembre 1962, élections législatives.
21 décembre 1962, accords anglo-américains de Nassau sur les armes nucléaires.
14 janvier 1963, conférence de presse (*non* à l'entrée de la Grande-Bretagne dans le Marché commun et au projet américain de « Force multilatérale » atomique).
22 janvier 1963, signature à l'Élysée du traité franco-allemand.
28 janvier 1963, Marché commun : rupture entre les Six et la Grande-Bretagne.
24 janvier-5 avril 1963, grande grève des mineurs.
16 avril 1963, Algérie : Ben Bella demande la révision des accords d'Évian.
22-28 avril 1963, voyage officiel du Général en Champagne.
3 juin 1963, décès du pape Jean XXIII.
12-16 juin 1963, voyage du Général en Poitou-Charentes.
15 juin1963, la France retire de l'OTAN sa flotte de la Manche et de l'Atlantique.
22 juin 1963, élection du pape Paul VI.

4-5 juillet 1963, de Gaulle participe à Bonn aux premiers entretiens franco-allemands.
29 juillet 1963, conférence de presse (économie, social, Alliance atlantique, Europe).
12 septembre 1963, début du plan de stabilisation.
15 septembre 1963, Algérie : Ben Bella est élu Président de la République.
21-22 septembre 1963, visite d'adieu d'Adenauer à Rambouillet.
24-29 septembre 1963, le Général visite la Drôme, le Vaucluse, l'Ain, le Rhône.
16 octobre 1963, RFA : Ludwig Erhard succède au Chancelier Adenauer, démissionnaire.
16-20 octobre 1963, voyage officiel du général de Gaulle en Iran.
22 novembre 1963, États-Unis : assassinat du président Kennedy ; le vice-président Lyndon B. Johnson lui succède.
24-25 novembre 1963, le Général assiste aux obsèques de Kennedy.
14 décembre 1963, le général de Gaulle inaugure la Maison de la Radio.
18 décembre 1963, Gaston Deferre candidat aux élections présidentielles de 1965.
27 janvier 1964, la France reconnaît la République populaire de Chine.
31 janvier 1964, conférence de presse (institutions françaises, coopération, Marché commun, reconnaissance de la Chine).
6 février 1964, accord franco-britannique pour la construction d'un tunnel sous la Manche.
13 mars 1964, le Général s'entretient avec Ben Bella au château de Champs.
15-24 mars 1964, voyage officiel du Général au Mexique et aux Antilles.
17 avril 1964, le Général est opéré à Cochin, où il est hospitalisé jusqu'au 30 avril.
11-14 juin 1964, voyage du Général dans l'Aisne, la Somme et l'Oise.
25 juin 1964, la loi créant l'ORTF est adoptée définitivement par l'Assemblée nationale.
3-4 juillet 1964, le général de Gaulle se rend à Bonn, accompagné de neuf de ses ministres.
23 juillet 1964, conférence de presse (budget, réforme du Conseil économique et social, force de frappe).
5 août 1964, Nord-Vietnam : premiers bombardements aériens américains.
21 septembre-17 octobre 1964, voyage du Général en Amérique latine.
15 octobre 1964, URSS : Brejnev et Kossyguine remplacent Khrouchtchev, limogé.
15 octobre 1964, Grande-Bretagne : les élections sont remportées par les travaillistes.
16 octobre 1964, explosion de la première bombe atomique chinoise.
21 octobre 1964, Marché commun : la France cessera de participer aux réunions des Six si la politique agricole commune n'est pas adoptée.
4 novembre 1964, États-Unis : Lyndon B. Johnson est élu président.
19 décembre 1964, transfert des cendres de Jean Moulin au Panthéon. Discours de Malraux.
7 janvier 1965, le gouvernement français convertit en or 150 millions de dollars.
28 janvier 1965, le Général assiste aux obsèques de Churchill.
4 février 1965, conférence de presse (retour à l'étalon-or, crise de l'ONU, relations franco-allemandes).
11 février 1965, la France sort du *Gold Exchange Standard.*
28 février 1965, Nord-Vietnam : début des bombardements américains systématiques.

8 mars 1965, Nord-Vietnam : premiers débarquements d'unités combattantes américaines.
14 et 21 mars 1965, France : élections municipales.
22 mars 1965, accord franco-soviétique : le procédé français SECAM de télévision en couleurs est adopté par les Russes.
19-23 mai 1965, voyage du Général en Vendée, Maine-et-Loire, Mayenne, Sarthe.
11-13 juin 1965, voyage du Général en Allemagne.
16-20 juin 1965, voyage du général de Gaulle en Seine-et-Oise, Seine-et-Marne, Eure-et-Loir.
18 juin 1965, échec du projet de Fédération démocrate socialiste de Gaston Defferre.
19 juin 1965, Algérie : coup d'État du colonel Boumedienne. Arrestation de Ben Bella.
19 juin 1965, Vietnam : le général Ky s'empare du pouvoir.
25 juin 1965, Gaston Defferre renonce à sa candidature aux élections présidentielles.
1er juillet 1965, Marché commun : désaccord sur le financement de la politique agricole commune. Rupture des négociations entre les Six. Le gouvernement français décide de ne plus participer aux réunions de Bruxelles.
9 septembre 1965, conférence de presse (incertitude sur sa candidature aux élections présidentielles, crise du Marché commun).
9 septembre 1965, François Mitterrand annonce qu'il sera candidat aux présidentielles.
20 octobre 1965, Allemagne : Erhard réélu chancelier.
29 octobre 1965, enlèvement à Paris de l'opposant politique marocain Ben Barka.
4 novembre 1965, le Général annonce qu'il sera candidat aux élections présidentielles.
19 novembre 1965, début de la campagne présidentielle.
5 décembre 1965, premier tour des élections présidentielles : le Général en ballotage.
19 décembre 1965, second tour des présidentielles : le Général réélu.
23 décembre 1965, Marché commun : la France accepte d'envisager une réunion à six en janvier.
30 janvier 1966, Marché commun : accord des Six sur l'Europe agricole et compromis de Luxembourg.
7 mars 1966, la France quitte l'OTAN.
30 août 1966, discours de Phnom-Penh sur la paix en Indochine.
5 septembre 1966, première expérience nucléaire à Mururoa en présence de De Gaulle.
Juillet 1967, voyage au Québec.
Septembre 1967, voyage en Pologne.
27 avril 1969, référendum sur la régionalisation et démission de De Gaulle.

REMERCIEMENTS

Je tiens à exprimer ma reconnaissance à ceux qui m'ont aidé dans mon entreprise :

- Les déposants des Archives nationales qui m'ont permis d'effectuer les vérifications d'archives souhaitées, avec le concours de Rozenn Le Corre.
- Madame Paule René-Bazin, conservateur général aux Archives nationales, section du XXe siècle et Mademoiselle Monique Constant, conservateur en chef aux Archives du ministère des Affaires étrangères, division historique, ainsi que leurs équipes respectives, qui se sont prêtées à ces investigations multiples.
- Marialys Bertault et Isabelle Gobron qui ont contrôlé l'ensemble de ma documentation.
- Ceux de mes amis et proches qui m'ont fait bénéficier de leurs critiques et de leurs conseils, après lecture de tout ou partie des épreuves.

Que tous trouvent ici l'assurance de ma gratitude. Ce livre, cependant, n'engage évidemment que son auteur.

TABLE

Washington ! ». « L'histoire de Kennedy, c'est la mienne ». « Ils observeront la loi du silence ». « Les États-Unis ne sont pas une nation, c'est un costume de Polichinelle ».

7. « Il faut laisser à ce type le temps de comprendre quelque chose » (46). *« Johnson, le pauvre diable, veut se faire couronner ». « Il faut donner une leçon à ce type-là ». « Un* cow-boy *radical ». « Notre force atomique, c'est le starter ». « Il faudrait que la France se précipite pour lécher les bottes des Américains ». « Les Anglo-Saxons, je les aime, à condition qu'ils ne prétendent pas nous dominer ». « Il ne sert à rien d'envenimer les choses ».*

8. « Il faut que les Américains s'en aillent » (52). *« J'aurais foutu ce gouvernement au clou ». « Churchill piquait une lèche éhontée à Roosevelt ». « Eux qui n'ont à la bouche que l'Europe, l'Europe, l'Europe ». « Ils toléraient les Noirs quand c'étaient des domestiques ». « Ça ne peut plus durer, l'hégémonie ».*

9. « La suprématie américaine est un énorme danger mondial » (57). *« La bombe chinoise, c'est excellent ».« C'est l'OTAN qui nous tournerait le dos ». « L'assurance tous risques, les Américains ne la donneront jamais à l'Europe ».*

10. « Ce n'est pas Johnson qui a barre sur moi, c'est moi qui ai barre sur lui » (61). *« Johnson va mobiliser ses domestiques ? Ça le conduira à quoi ? ». « Si les Allemands se font les* boys *des Américains... ». « Seulement la Chine et nous ». « Tape sur mon client... mais ne tape pas sur moi ». « Nous aurons de quoi anéantir 80 millions de Russes ». « Nous aurions payé nos bombes pour qu'elles soient placées sous commandement américain ». « Entre nous et les Américains, c'est la lutte ».*

11. « L'indépendance, ça ne se négocie pas » (68). *« Johnson est un noyeur de poissons ». « À Washington, nous ne sommes pas demandeurs, ce qui est assez agréable ». « Vous êtes le représentant d'une France qui a de l'audience partout ». « McNamara veut avoir l'air de faire quelque chose ». « Comme vous êtes nos amis, ça nous ennuie de vous voir vous enfoncer ». « L'organisation militaire de l'Alliance se terminera pour nous au plus tard en 69 ». « Je n'ai pas à répondre au* New York Herald ». *« L'Alliance cessera d'exister quand le rideau de fer se lèvera ».*

12. « L'impérialisme américain le plus insidieux est celui du dollar » (74). *« L'invasion américaine se déroule comme le cours d'un fleuve ». « Bull, c'est vraiment une entreprise française ? ». « Sans indépendance économique, il n'y a plus d'indépendance tout court. « Nous payons les Américains pour qu'ils nous achètent ».*

13. « Le dollar décrochera un jour ou l'autre de l'or » (78). *« Il faut rendre à l'or son rôle de support essentiel». « La livre est à bout de souffle, les Anglais aussi ». « Nous ne sommes pas assez riches pour nous ruiner ». « Rétablir l'équilibre, c'est une opération terrible ». « Les Américains se prennent pour les gendarmes du monde monétaire ».*

14. « Il faut commémorer la France, et non les Anglo-Saxons » (84). *« La France a été traitée comme un paillasson ». « Les Français sont déjà trop portés à croire qu'ils peuvent dormir tranquilles ». « Le débarque-*

ment en Normandie se passait en dehors de la France ». « Les Américains ne se souciaient pas plus de délivrer la France, que les Russes de libérer la Pologne ». « La Libération, c'est l'affaire de la France ».

II
« UN PAYS QUI TIENNE DEBOUT »

« FERME SUR SES JAMBES »

1. « La grandeur, c'est le chemin qu'on prend pour se dépasser » (91). *« En politique, on n'a pas d'amis ». « On s'attache plus à un enfant fragile qu'à un enfant normal ». « De Gaulle ne serait plus de Gaulle ».*

2. « Que vous ne me réserviez pas une affaire Profumo, et tout ira bien » (96). *« Un ministre doit être insoupçonnable ». « Encore heureux que ce zigoto n'ait pas été ministre ». « Alors, on aime les femmes ? ». « Quand on a eu l'Histoire pour amie, comment pourrait-on en avoir d'autres ? ».*

3. « Pour le rang de la France » (100). *« Il faut surtout que nos athlètes gagnent ». « Ce n'est pas la masse qui compte le plus ». « Quand l'État s'abstient, ça merdoie ! ». « Ça arrondirait notre total ». « La presse nous vomit, les peuples nous admirent ». « Soutenir les nationaux de tous les pays ! ». « Être gaulliste, c'est être de gauche et de droite à la fois ».*

4. « On a un peu honte d'être à droite, on se pavane d'être à gauche » (106). *« Monnerville et Mitterrand sont les princes des* politichiens ». *« Il y a une internationale des politiciens ». « La gauche, c'est bavard, mais ça a des couleurs ». « Qui a pourchassé les sociétés de pensée, les francs-maçons ? C'est moi ? ». « Des francs-maçons, il faut bien en avoir un ou deux avec soi ». « Si nous durons assez longtemps, les politiciens s'étoufferont ».*

L'ATOME, « ARME DE L'INDÉPENDANCE »

5. « Il faut se préparer à tirer tous azimuts » (112). *« Héroïsme pour soi, trouille pour les autres ». « La guerre atomique remet en cause tous les engagements ». « Depuis qu'ils ont appris qu'Israël avait sa bombe ». « Si des éléments hostiles s'installaient à Bizerte… ». « …nous aurions tôt fait de liquider Bizerte avec une petite bombe ». « Nous sommes à l'abri d'une attaque nucléaire ». « Peut-être mon successeur s'installerait-il à la Martinique ». « L'armement atomique, c'est une affaire de quarante ans au moins ». « La reconquête de l'indépendance est le principal objet de notre force nucléaire ».*

6. « Que la France se lance dans le Pacifique, ça a quelque chose d'incroyable » (120). *« Que la population polynésienne trouve son avantage dans l'arrivée des militaires ». « Notre bombe est pacifique ! ». « Y a-t-il quelqu'un qui en soit mort ? ». « Que les Polynésiens vivent en français ». « La Nouvelle-Zélande est à plus de 2 000 km à l'Ouest et les vents vont vers l'Est ». « Ce qui est sérieux, c'est que nous devenons enfin des gens sérieux ». « Les Français sont capables de prouesses ».*

7. « Dans l'armée, le folklore, c'est fini » (125). *« Le service militaire, c'est une grande tradition patriotique et républicaine ». « L'armée devient homogène, le folklore c'est fini ». « Les chantiers de jeunesse ? Ce n'était pas si bête ». « Une armée capable d'intervenir partout ».*

LES SÉQUELLES ALGÉRIENNES

8. « Il y a encore quelques fous, il n'y a plus de folie collective » (129). *« Tant qu'il y aura des crimes, il faudra qu'il y ait des châtiments ». « Si les officiers se mettent à dévaliser les bijouteries... ». « Ce n'est pas une juridiction d'exception, c'est une juridiction spécialisée ». « La justice française ne veut pas prendre de risques ». « À dix-huit ans, on n'est pas responsable ». « Bastien-Thiry avait quelque chose de romantique ». « Les pauvres diables tournent en rond ». « La Cour de sûreté a bien fait son travail ».*

9. « L'affaire Argoud, connais pas ! » (135). *Erhard : « Je souhaite que le général de Gaulle traite l'affaire Argoud avec délicatesse ». « Ils veulent pouvoir dire que les lascars qui ont arrêté Argoud n'étaient pas en service commandé ». « La position allemande dans l'affaire Argoud nous préoccupe ».*

10. « Le fantôme de la catastrophe nationale s'est dissipé » (139). *« Le pays a eu beaucoup plus à gagner qu'à perdre d'avoir récupéré nos compatriotes ». « Jamais l'Algérie n'a été française, c'était une colonie ». « La guerre d'Algérie a été une guerre civile entre les Français d'Algérie et les musulmans ».*

LES INSTITUTIONS

11. « Cette Constitution est bonne, il faut la garder » (143). *« La foire aux vanités a quelque chose d'inéluctable ». « Les ministres n'appartiennent pas à leur parti ». «Il faut que le Président puisse se séparer du Premier ministre quand il le voudra ». «Le Congrès, c'est bon pour les réformettes ». « Le Président aura toujours le moyen de s'en sortir ». « Il faudra bien qu'un jour ou l'autre, on puisse se passer de moi ». « S'il y avait dans l'opposition un grand bonhomme ». « Il n'y a que des dictatures, ou des poupées de son ».*

12. « Le pouvoir ne doit dépendre d'aucun parti, y compris celui qui se réclame de moi » (151). *« La définition du gouvernement, c'est qu'il n'est pas comme du sable entre les doigts ».*

13. « La fonction publique doit être neutre ! » (154). *« On ne punira pas un maire partisan par un préfet partisan en sens contraire ». « L'ENA a été faite pour réduire les clans et les castes. Et ils se reconstituent ». « Il faut régénérer l'ENA, on n'a pas fait ce qu'il fallait ». « C'est l'honneur d'un chef de payer pour les autres ». « Trop d'avantages, trop d'honneurs, trop d'effectifs ». « L'honorariat, il faudra y remédier ». « Même avec les meilleurs, il faut que l'État garde les mains libres ». « Il n'existe pas un pouvoir de plus, qui s'appellerait le Conseil d'État ». « Le Conseil d'État, au fond, a raison ».*

14. « Les élections locales, je m'en bats l'œil » (163). *« Essayer d'enlever des sièges, c'est secondaire ». « Vous êtes nombreux à vous passionner pour ce scrutin ». « J'avais voulu rendre incompatible la fonction de ministre avec celle de maire ». « Une municipalité, c'est le gouvernement d'une ville : il doit être un ». « Laissez les électeurs tranquilles ! Ne les tracassez pas ! ».*

L'ESPRIT PUBLIC

15. « Vous ne tiendrez plus rien à la télévision » (169). *« Vous logez dans la Maison de la Radio, naturellement ? ». « Un jour, on fera un* lock-out *». « Vous ne pourrez pas tenir devant la conjonction de l'opposition et de la majorité ». « Je me demande si nous allons la faire, cette réforme ». « Il ne faut pas une moitié de rouspéteurs ». « Prenez donc d'Ormesson, c'est un serviteur de l'État ». « Couper le cordon, ça n'a jamais empêché les mères abusives ». « J'ai vu que vous aviez usé du vote bloqué, c'est ce qu'il fallait faire ».*

16. « Vos types ne s'intéressent qu'à ce qui choque et à ce qui est moche » (178). *« C'est triste, on ne peut rien faire dans ce pays ». « Si ça vous fait plaisir... ». « Que vos types ne se laissent pas impressionner par les réalisateurs, ce sont des décadents ». « Le nécessaire n'a pas été fait par qui devait le faire ». « Le grand manitou de la radio, c'est un ennemi déclaré ». « Les monopoles sont injustifiables ». « D'Astier gaulliste ? Vous voulez rire ! ».*

17. « Une grosse tête est plus responsable qu'une tête de piaf » (183). *« Le vichysme ne ralentit pas, il accélère ». « Paul Morand m'a* manqué *». « Je vous fais duc ». « Les paroles d'un intellectuel sont des flèches ». « Comment la puissance peut se tirer de la désinvolture ». « Une pensée de Péguy ? "L'ordre seul fait en définitive la liberté" ». « Péguy sentait les choses exactement comme je les sentais ».*

18. « Démentez... Ne démentez pas » (190). *« Il n'y a qu'un État, il ne doit y avoir qu'une information d'État ». « Vous n'avez pas fait la rectification que je vous ai demandée ». « La presse est une citadelle hostile ». « Ils ont vécu de la guerre d'Algérie pendant huit ans ». « Il y a une rééducation à faire de la Nation ». « Plus ils pataugent, mieux ça va ». « Pas de photographes à Colombey ». « Je suis la preuve vivante que les journaux n'ont aucune importance ».*

19. « L'Église de France, ce n'est pas le patriotisme qui l'étouffe » (198). *« Il est souhaitable que le nouveau pape ne se laisse entortiller par personne ». « L'Église s'était crispée depuis quatre cents ans dans une attitude réactionnaire ». « Jean XXIII a ouvert toutes grandes les vannes et n'a pas pu les refermer ». « L'Église ne nous est pas tellement reconnaissante de ce que nous avons fait pour elle ». « Vichy, c'était la France selon son cœur ». « Il n'y a qu'une Église qui compte, c'est l'Église catholique ».*

III
« L'EUROPE DOIT S'ENFONCER COMME UN COIN ENTRE LES DEUX BLOCS »

LES NATIONS ET L'EUROPE

1. « Les idéologies passent, les peuples demeurent » (207). *« Sans doute ferai-je un référendum sur l'indépendance de la France ». « Le bout de ficelle, c'est Tito ». « Un peuple dure plus longtemps que le cèdre ». « Les Irlandais savent ce que c'est que d'avoir été un satellite ». « L'Irlande n'est pas anglo-saxonne ! ».*

2. « L'excuse à toutes les lâchetés : l'Europe intégrée » (214). *« Une poignée de phraseurs qui font la roue ». « Être soi-même et ne pas hésiter à l'affirmer ». « Ça assure surtout la mobilité des ministres ». « Ces organismes internationaux sont bons pour y attraper la vérole ». « Il y a des gens qui jouent les utilités dans le monde ».*

LE COUPLE FRANCO-ALLEMAND

3. « Nous allons faire à deux ce que les Belges et les Hollandais nous ont empêchés de faire à six » (219). *« Les Allemands ont des complexes, il faut les comprendre ». « Nos cinq partenaires n'ont jamais aimé notre agriculture ». « Le rapprochement franco-allemand demeurera ». « Adenauer est de moins en moins sûr que les Américains utiliseraient leur bombe nucléaire pour défendre l'Allemagne ». « Si les Allemands ne respectaient pas le traité, ils nous obligeraient à une politique de rechange ». « Depuis des siècles, les Anglais ont essayé d'éviter l'intimité entre les Gaulois et les Germains ». « Il vaut mieux faire envie que pitié ». « La politique de la France est de faire une Europe qui en soit une ». « S'ils ne ratifient pas le traité, ce sera fini à jamais ».*

4. « Les Américains poussent les Allemands à faire de notre traité une coquille vide » (226). *« Vous êtes un colosse formidable et vous nous faites une scène ! ». « Au besoin, je parlerai de nouveau moi-même au peuple allemand ». « Les Allemands mériteraient que nous dénoncions le traité ». « Les Anglais veulent entrer, mais à* leurs *conditions ». « Ils sont ivres de l'ONU, de l'OTAN, de l'intégration européenne ». « Les Allemands ont beaucoup promis et peu tenu ». « Les traités sont comme les jeunes filles et les roses ». « Si le Marché commun est mis sur pied, ce traité et cette mécanique seront justifiés ».*

5. « Si l'Allemagne et la France ne sont pas unies dans tous les domaines, nous serons noyés » (233). *Adenauer : « Il ne faut pas aider l'URSS à surmonter ses difficultés ». « Vous voulez empêcher l'Occident de prêter la main au salut des Soviets sans contrepartie ». « Nous avons un intérêt commun à ce qu'il n'y ait pas d'aide directe des Américains aux Russes ». « Ces derniers temps, notre coopération n'a pas été très active ». Adenauer : « La Force multilatérale, j'ai cru devoir l'accepter, mais je n'ai pas confiance en elle ». « Il n'y a pas d'autre réalité européenne que l'Allemagne et la France ».*

6. « Soyons ensemble l'embryon d'une Europe indépendante » (238). *« Plus le temps passera, plus notre accord trouvera d'applications ». « Je n'irai pas à l'ONU, tant qu'elle n'appliquera pas sa charte ». « Le dimanche, on allait à Fribourg en diligence ». Mme de Gaulle : « Au lieu d'aller au café ». « Il veut être empereur ; en dessous, ça ne l'intéresse pas ». « Je comprends votre allemand ; je ne comprends pas l'allemand des Allemands ». « C'est bien du Malraux ».*

7. « L'Allemagne a la psychologie d'un peuple protégé » (245). *« Si le traité de Rome est transgressé, nous ne nous en embarrasserons plus ». « Erhard, je ne lui demande pas de choisir entre la France et l'Amérique ». « Ce fonctionnement en dehors des gouvernements, ça fait des irresponsables ». « Schröder est l'homme des Anglo-Saxons ».*

8. « Ces Allemands disent : "Avec de Gaulle, on ne peut jamais savoir" » (250). *« Si nous n'arrivons pas à aboutir, le Marché commun disparaîtra ». « Nous renoncerions même à avoir des troupes en Allemagne ». « Il n'est pas exclu que le Marché commun soit une machine impossible ». « Croyez-vous que nous ayons besoin du Marché commun pour respirer ? ». « Il faut toujours avoir une poire d'angoisse ». « Si le Marché commun n'est pas possible, nous vivrons sans lui ». « Parlez-en avec désinvolture ».*

9. « Je vais faire une grosse bouderie à Erhard » (257). *« Je suis pour l'Europe, je ne suis pas pour le protectorat ». « J'étais avec Konrad Adenauer, je n'ai pas vu le temps passer ». « Les deux pays n'ont pas encore une politique commune ». « Nous ne sommes pas impatients ». « L'Europe sera européenne ou ne sera pas ». « S'il n'y a aucun progrès avec les Allemands, eh bien nous nous orienterons vers la Russie ». « Les Anglo-Saxons ne voulaient pas voir la France être la première en Europe ». « Dans notre attelage, les Allemands ne sont pas le cheval de tête, ça les embête ». « Le Marché commun agricole, ça ne peut pas rater, ou bien le Marché commun lui-même ratera ». « Le fond du peuple allemand a choisi le peuple français ».*

10. « La clef, nous la détenons » (265). *« Nous n'admettons pas de traiter avec l'Amérique, tant que le Marché commun agricole n'existe pas ». « Notre expansion industrielle a besoin du grand large ». « Quand on est couillonné, on dit : " Je suis couillonné " ». « C'est commode de se dire de la majorité, tout en censurant le gouvernement ». « Que les Allemands mijotent dans leur jus ». « Les Allemands trahissent l'Europe ».*

11. « C'est un succès des gouvernements et non de la Commission » (271). *« Si ce qui est convenu n'est pas conclu, nous nous retirerons du Marché commun ». « Ce pas en avant fait admettre la nécessité pour nos six États de se réunir réellement ». « Ça n'a pu aboutir que grâce aux États ». « Les mille milliards qu'on filait tous les ans à l'agriculture, nous ne les lui filerons plus ».*

12. « L'unification allemande n'est pas possible sans un complet changement entre l'Ouest et l'Est » (275). *« Le gouvernement de Pankow, je ne le reconnaîtrai pas parce qu'il a été fait par l'étranger ». « Je donnerai un coup de main à Erhard pour ses élections, mais la Force multilatérale, c'est fini ». « Nous admettons bien la frontière belge, suisse* *et italienne ! Alors, que les Allemands nous foutent la paix avec leurs allogènes ». « Il n'y aura pas de réunification si l'Est n'en veut pas ». « La clef de la réunification allemande, nous la détenons ». « Les Allemands sont assommants ».*

13. « La Commission vous attend comme une araignée dans sa toile » (281). *« Ils bombinent dans le vide comme la coquecigrue de Rabelais ». « Qu'on nous foute la paix avec leurs histoires de supranationalité ». « On ne va pas s'excuser de la victoire ». « Les Américains admettent enfin qu'il n'y aura pas d'unification allemande si les pays de l'Est ne le veulent pas ». « Il n'y a qu'une solution, c'est de revenir au plan Fouchet ».*

14. « Notre chaise restera vide, toute réunion sera sans valeur » (286). *« Nous avons découvert la supercherie ». « En Allemagne on se croirait sous la IV*e *» . Couve : « Il n'y a eu qu'à prendre acte de l'échec ». « Nous arrêtons les frais, puisque frais il y a ». « La première conséquence, c'est qu'il n'y a plus de session, de réunion, de négociations à Bruxelles. Tout ça, c'est fini ». « Tout ça c'est une écume dont il faut se débarrasser ».*

15. « Il faut profiter de cette crise pour en finir avec les arrière-pensées politiques » (292). *« La règle de la majorité : il faut réviser cette stupidité ». « Nous ne l'emporterons pas tout de suite, parce que nous voulons l'emporter complètement ». « Ce qu'il faut liquider, c'est l'histoire du vote majoritaire ». « On garde un silence effrayant ». « À partir de ce moment-là, on entrerait dans la lune ». « Nous ne voulons pas que notre destin soit fixé par des étrangers ». « Je ne peux pas discuter avec Hallstein, ni avec Mansholt, surtout après ce qu'ils ont dit. — Qu'on n'avait rien vu de tel depuis Hitler ».*

16. « Faire perdre son indépendance à la France, ce n'est pas dans la vocation de De Gaulle » (298). *« C'est à la force du poignet que j'ai obligé nos partenaires à accepter l'agriculture dans le Marché commun ». « C'est le même processus que la décolonisation, mais en sens inverse ». « Ils vont tous finir par capituler ». « Ils espèrent que je serai remplacé par quelqu'un de plus coulant ». « Ce qu'on raconte n'a aucune importance. Ce qui compte, c'est ce qu'on fait ».*

17. « Les Allemands avaient été mon grand espoir, ils sont mon grand désappointement » (302). *« Erhard, je voudrais bien qu'il devienne plus sûr de lui ». « Nous ne pouvons plus avoir une politique commune avec l'Allemagne ». « Adenauer a empoché tout ce qu'il pouvait, mais il n'a pas dépassé la limite ». « Les ministres allemands n'en feront chacun qu'à leur tête ». « Ils en sont là, ils se traînent aux pieds de la presse ! ».*

LES AUTRES

18. « La Grande-Bretagne, ce n'est plus grand-chose » (306). *« Si le tunnel pouvait vraiment attacher l'Angleterre à l'Europe ! ». « Les Anglais ne savent plus où ils en sont ». « C'est bizarre, comme démocratie ». « Les Anglais sont complètement dans la main des Américains ». « Le peuple anglais a besoin de se régénérer ».*

19. « Il faut resserrer les liens avec les Russes » (312). *« Ils ont limogé Khrouchtchev, ils ne changent pas de politique ». « C'est de la guerre entre Napoléon et les Russes que date notre décadence ». « Il ne faut pas s'offrir ; il faut se faire courtiser ». « On ne peut pas troquer la télévision en couleurs contre la reconnaissance de l'Allemagne de l'Est ». « Maintenant, les Russes nous courtisent ». « Nous touchons les dividendes de notre indépendance ». « Un jour, il faudra que j'aille en Roumanie et en Pologne ». « Peu à peu, l'Internationale devient le nationalisme ».*

IV
« IL FAUT BIEN QUE L'INTENDANCE SUIVE »

LE PLAN DE STABILISATION

1. « Tout le monde doit s'apercevoir qu'un jour, il faut payer » (321). *« Il est fâcheux de légaliser un supplément de déficit ». « Vous êtes trop nombreux à crier misère ». « Excusez-moi d'être banal ! ». « Voulez-vous citer ces héroïques ministres ? ». « Il faut reprendre la question* ab ovo *». « Nous sommes capables de rembourser toutes les dettes de la IVe ! ».*

2. « Il fallait reprendre les rênes, j'ai voulu que ce soit fait, c'est ce qui est fait » (327). *« L'inflation, c'est le chien crevé au fil de l'eau ». « Il faut* accommoder *». « Qu'on ne se borne pas à des mesures fractionnelles ». « Aujourd'hui commence la bataille ».*

3. « Notre but n'est pas de casser des œufs ; mais ce qui est nécessaire est nécessaire » (331). *« Si je n'avais pas donné l'impulsion, personne ne l'aurait fait ». « Vous avez lâché 1 % dans le secteur public quand je n'étais pas là ! ». « Les syndicats traduisent les* peut-être *en promesses fermes ». Pompidou : « L'économie ne se dirige pas comme une parade ». « Ce sont les mentalités qu'il faut changer ». « Si vous remettez tous en cause le resserrement de vos budgets, nous n'en sortirons pas ».*

4. « Nous resterons longemps sur le fil du rasoir » (336). *« Tout ça est très insuffisant ». « On rouspète pour obtenir plus que les copains». « Il n'y a pas contradiction entre l'expansion et la stabilité ». « Le plus sûr moyen de se perdre en forêt, c'est de changer de direction ».*

5. « L'impasse, c'est fini ; l'inflation, c'est fini » (340). *« Il faut que la part de l'État dans l'économie soit contenue ». « Il ne faut pas d'impasse du tout en 1965. Dites-le bien ». « Non, le plan de stabilisation, on ne l'arrête pas encore ». « Non seulement ça continue, mais ça durera ! ». « Il faut se laisser les mains libres ».*

6. « Le premier budget en équilibre depuis Poincaré » (345). *« Pour des raisons politiques évidentes ». « L'État avait pris l'habitude de vivre au-dessus de ses moyens ». « Pourquoi voulez-vous que le plan de stabilisation ait un effet sur l'élection présidentielle ? ». « L'inflation des salaires vient du laisser-aller des patrons ». « Les gens ont toujours l'argent facile ». « Il y a de plus en plus de gens qui vont chez le coiffeur ».*

7. « Nous passons de la stabilisation à la stabilité » (351). *« Il y a eu, par triche, des augmentations de salaire considérables ». « Pourquoi les pauvres diables seraient-ils seuls exclus de la croissance ? ». « Discutez-en tant que vous voulez, je n'entre pas là-dedans ». « Vous avez fait tellement de promesses que vous êtes bien embarrassés maintenant ». « La formation professionnelle, c'est ça l'essentiel ».*

LA FIN DES PAYSANS

8. « Ce sont les paysans les plus riches qui sont les plus larmoyants » (356). *« Si les paysans portent atteinte à l'ordre public, ce n'est plus l'affaire du ministre de l'Agriculture, ça devient celle du ministre de l'Intérieur ». « Les petits paysans sont toujours représentés par de gros agriculteurs, qui tirent la couverture à eux ». « Ils n'ont pas la chance de pouvoir faire la grève ». Un tas de petits bonshommes qui vivent sur le pis de leurs vaches ». « Les ministres sont des veaux, l'État est servi par des veaux ».*

9. « Et les gardes mobiles regardent dignement ces désordres » (360). *« Depuis le temps que les Bretons piaillent, pourquoi n'a-t-on pas organisé quelque chose ? ». « Ces revendeurs se transforment en prolétaires ». « Il y a tout de même trop de petits agriculteurs et de petits commerçants ». « Qu'on ne paie pas la frénésie ! ». « Si encore les Français le buvaient, ce vin ! ». « Comme toujours, dans les systèmes compliqués, il y a des gens qui trouvent leur compte, ce sont les initiés ». « L'État ne peut pas mettre tous les Français à l'abri de tous les risques ».*

10. « Monsieur le ministre de l'Agriculture, vous n'êtes pas ministre des agriculteurs » (366). *« Vous comparez des situations qui ne sont pas comparables ». « Il faut des années ? Raison de plus pour s'y mettre tout de suite ». « Ils sont hypnotisés par le service courant. Moi, pas ». « L'idée d'arroser tout le monde est une idée de démagogues ». « Il était nécessaire que le problème agricole fût pris dans son ensemble ». « Il faudra un jour augmenter le salaire minimum agricole ». « Nous, nous sommes écrasés par notre agriculture ». Rien n'empêchera que nous étions un pays avant tout agricole, qui devient avant tout industriel ». « Ces farfelus farfelutent dans tous les sens ».*

LA SOCIÉTÉ INDUSTRIELLE : ENTREPRENDRE

11. « En France, il faut être l'État pour entreprendre de grandes choses » (375). *« Les entrepreneurs n'entreprennent pas ». « Comment voulez-vous que les collectivités locales assument ces travaux d'Hercule ? ». « Il ne faut pas pousser Saint-Nazaire au désespoir ». « L'élection présidentielle se fera au niveau de la nation, pas à celui des garagistes ».*

12. « Si les Anglais ne veulent pas faire le Concorde, qu'ils le disent » (379). *« Le Concorde n'intéresse pas les Américains, sauf à leur remettre tout ». « Depuis quarante ans, nous ne sommes pas foutus de faire des moteurs ». « Nous nous plaçons sous dépendance ». « C'est pas une raison* *de jeter le manche après la cognée ». « Il faut regrouper les industries françaises autour de grandes ambitions ». « Ils ne veulent pas le faire ». « Je m'étais habitué à l'idée qu'on ne le ferait pas ». « Il n'y aurait que les Russes, mais ça ferait des tas d'histoires ».*

13. « Cette affaire de la télévision en couleurs est importante » (385). *« Occupez-vous sérieusement de ce dossier ». « Pourquoi ne ferions-nous pas aussi bien que les Allemands ? ». « Les Allemands se conduisent mal ». « Voyez Vinogradov. Mais que tout ça reste secret ». « Que votre voyage accroche la négociation au sommet ».*

14. « Nous touchons là les dividendes de notre indépendance » (390). *« On lui avait fait une démonstration ? ». « Comme si c'était un pays sous-développé ? ».*

15. « Si on avait davantage cru en la France » (393). *« Ne pas courir deux lièvres à la fois ». « Il n'y a qu'à violer le Cocom ». « Ce sera une sorte de " Concorde " franco-russe ». « Nous n'allons pas honorer à titre exceptionnel un administrateur de sociétés ! ». « Nous n'allons pas encore flancher ! ». « On ne peut rien faire si on ne concentre pas les moyens ». On ne s'est pas débarrassé des arrière-pensées ». « L'intérêt national, pour le Quai d'Orsay, est toujours secondaire ». « Le Premier ministre n'a pas fait le nécessaire ». « Il s'agit de montrer que la France est une grande nation scientifique et technique ». « Tout ça, on ne l'aurait pas obtenu si l'État n'y avait pas mis son poids ».*

LA SOCIÉTÉ INDUSTRIELLE : PARTICIPER

16. « Maintenant, il faut aller à fond vers la participation » (401). *Pompidou : « La question sociale aujourd'hui, ce n'est pas les ouvriers ». « La grève des mineurs ne doit pas nous décourager, mais nous stimuler ». Pompidou : « Il y a du pour et du contre ». « Les corps intermédiaires se refusent à jouer le second de leurs deux rôles ». Pompidou : « Naturellement, le Général a enfourché ce dada ». « Les travailleurs français, c'est un troupeau d'assujettis ».*

17. « La Sécurité sociale, c'est délicat » (405). *« Quelle est la différence entre un artiste et un non-artiste ? ». « Si la Sécurité sociale doit appeler l'État au secours, il faut que l'État intervienne plus directement dans son administration et dans son contrôle ». « La Sécurité sociale échappe complètement à une autorité digne de ce nom ». « Le peuple français est anarchique, il faut bien qu'on le dirige ». « Quoique Pompidou n'aime pas le terme, le dirigisme est nécessaire, puisqu'il nous faut bien diriger ».*

18. « Il faut ôter aux syndicats leur domaine revendicatif, et leur ouvrir le domaine constructif » (410). *« Les grèves ? Affichez un détachement complet ». « Les grèves improvisées, c'est fini ». « Il ne faut pas traîner pour annoncer une augmentation qui, de toute façon, sera faite ». « Les postiers, ils pourront courir pour leurs étrennes ». « Dans l'association capital-travail, les syndicats peuvent jouer un rôle considérable ».*

19. « Ni le communisme, ni le libéralisme : la politique des revenus » (415). *« Si on fait passer caporal un soldat sur deux, c'est bien une augmentation de salaire pour ces hommes. Mais ça n'apparaît pas ». «La politique des revenus, c'est le dirigisme, c'est ce que nous avons adopté ». « L'État-patron, ça doit être rayé des esprits ». « L'État c'est l'intérêt général, les syndicats c'est un intérêt particulier ». « La politique des revenus, ça contrarie les syndicats, qui ont l'habitude du libéralisme ». « Il est capital d'augmenter la participation des travailleurs à la vie des entreprises ».*

V

« NOS RAPPORTS AVEC LE TIERS-MONDE DOIVENT DEVENIR UN MODÈLE »

1. « L'ONU nous aime parce que le tiers-monde nous aime » (421). *« Les Nations Unies ne devraient pas essayer d'agir ». « Je veux bien croire que les places seraient chères ». « Nous ne payons pas la cotisation, ce serait une monstruosité ». « C'est l'ONU qui a changé, ce n'est pas nous ». « Si je voulais y aller avant de mourir, j'irais sans prévenir ». « Comme une goutte d'eau à une autre ».*

LA FRANCE D'OUTRE-MER

2. « Ce ne sont que des poussières dans l'océan » (426). *« Le progrès rend toujours les choses plus difficiles ». « Il faut que l'autorité soit ressaisie ». « Je vais crever l'abcès du séparatisme ». « On ne bâtit pas avec des poussières ». « Ils sont tous directeurs... ». « Il faut caser les enfants ». « C'est la première fois qu'un ministre... ». « Je vous ai compris ! ». « J'ai bien dit ce que je voulais dire ». « Le problème reste à la mesure de nos moyens ».*

LE MAGHREB

3. « J'aimerais qu'il naisse plus de bébés en France et qu'il y vienne moins d'immigrés » (436). *« Ben Bella n'a que la pauvreté à partager ». « Ben Bella, c'est Danton ; Boumedienne, c'est Robespierre ». « Il n'y a plus que le pétrole et les essais qui comptent ». « Les Algériens ne sont pas sortis de l'auberge. Nous, si, heureusement ». « Au lieu de nous faire la guerre, les Arabes vont se faire la guerre entre eux ». « Une révolution, c'est un cerceau qui tombe s'il ne roule pas ». « L'Algérie s'engage sur le chemin du sous-développement ».*

4. « Ce sont des histoires d'Arabes » (442). *« Ils essaient de se chaparder un peu de sable ». « Ils ont la manie de la fantasia ». « Je n'irai pas en Algérie ». « Vous êtes devenu un pays étranger ». « Leurs cadres, ils ne peuvent les former qu'en français ». « Ils sont obligés de faire de l'exploitation collective ».*

5. « L'Algérie, c'est fragile » (447). *« Ben Bella ou pas, ça continuera ». « Ben Bella a couvert l'inconsistance et le désordre algériens ». « Ils feraient monter le prix du tapis ! ». « La passion ne pardonne pas ».*

6. « Si le roi liquide Oufkir, ça ira » (451). *« Ce n'est pas tolérable, à aucun point de vue ». « L'enlèvement d'Argoud ? Rien de commun avec Ben Barka ». « Si Pompidou ne voulait pas s'occuper du SDECE, il n'avait qu'à me le dire ».*

L'AFRIQUE NOIRE

7. « C'est vrai que l'indépendance de l'Afrique était prématurée » (455). *« Nous sommes les seuls à vouloir que l'Afrique s'en sorte ». « Il ne faut jamais compter sur la gratitude des gens à qui on a rendu les plus grands services ». « On n'a pas laissé aux Noirs le temps de mûrir ». « Ce qui aurait dû s'étaler sur cinquante ans, s'est déroulé en deux ou trois ans ». « Le malheur, c'est que les Africains ne s'aiment pas entre eux ».*

8. « Il ne faut surtout pas que des Blancs l'emportent sur des Noirs » (459). *« Il vaut mieux que ce soit Senghor qui l'ait emporté ». « Si les troupes françaises avaient été là, Olympio serait encore au pouvoir, et en vie ». « Dès qu'ils ont leur armée, elle leur crée des ennuis ». « Houphouët, Senghor et les autres ont tous le complexe du futur Président assassiné ». « Nous avons plusieurs enfants chéris ». « Des colons qui pressurent le pays et en drainent les richesses ». « Sékou Touré revient de loin ».*

9. « La démocratie, ils ne peuvent pas encore la connaître »(465). *« Nous ne pouvons pas tirer sur des manifestants ! ». « Garder les mains libres, en laissant ces peuples libres de choisir eux-mêmes leur destin ». « Comment bâtir un État, quand on n'a pas plus de ténacité ? ». « Il faut surtout éviter que la question ne s'internationalise ». « Nous ne pouvions pas laisser zigouiller Léon M'Ba » « C'est trop commode de trouver quelques étudiants qui déclarent qu'ils sont le peuple ». « On peut toujours arriver à s'emparer du palais du Président ». « Dans nos colonies, il n'y a jamais eu d'État ». Foccart : « Il ne faut jamais que le Général soit en première ligne ». « L'essentiel est de ne pas laisser l'univers se diviser entre pays bien pourvus et mal lotis ».*

« LA FRANCE FAIT UNE RENTRÉE ÉCLATANTE EN ASIE »

10. « Les marionnettes, ça n'aboutit jamais » (473). *« Ce sont des confettis du passé ». « Les Américains aggravent le pourrissement, un jour la pourriture les atteindra ». « La Chine est le seul pays qui puisse se permettre d'encaisser des bombes, et d'en renvoyer ». « Les Américains se sont figuré qu'ils allaient réussir là où nous avons échoué ». « Il faut que nous le disions ». « Je ne suis pas le pape, mais j'ai des divisions ». « Les Américains seront contraints de s'en aller ».*

11. « Les Américains vont être de plus en plus engagés, ils ne s'en tireront pas » (479). *« La brouille de la Chine et de la Russie change les données du problème ». « Un Vietnam qui ne subirait aucune ingérence ». « Les Américains ne s'en tireront pas, ils vont à la catastrophe ». « La Chine est un immense marché ». « Edgar Faure, disons qu'il s'est envoyé en Chine ». « Les Américains avaient expulsé les Français, les Français prennent la relève des Américains ». « Y a-t-il avantage à laisser les Chinois s'enfermer comme des assiégés ? ».*

12. « Les dirigeants chinois sont inébranlables depuis quinze ans » (485). *« Alors, le désaccord entre la Chine et la Russie, c'est du chiqué ? ». « La Chine est une énorme chose ». « Le plus grand pays du monde souhaite avoir des relations avec la France ». « La Chine meurt d'envie d'être reconnue par nous ». « Il y a toujours un moment où il faut trancher les nœuds gordiens ». « Ne nous laissons pas confisquer le bénéfice d'être les premiers ».*

13. « Avant d'être communiste, la Chine est la Chine » (491). *« Les réactions sont assez hystériques du côté américain ». « Les Européens ne se courbent jamais assez par-devant, tout en faisant des grimaces par-derrière ». « Il n'est pas exclu que la Chine redevienne au siècle prochain la plus grande puissance de l'univers ». « Si nos chefs d'entreprise ne sont pas trop idiots... ».*

14. « Les Américains flottent entre guerre et paix » (495). *« Johnson a feint de croire que je lui demandais l'impossible ». « Nehru était un ajusteur des choses ». « Plus les Américains s'engageront, plus le côté colonial de cette guerre apparaîtra ». « Ne revenez pas sur le Vietnam, il n'y a qu'à triompher silencieusement ». « J'ai fait ce que j'ai pu. Si les Américains ne veulent pas comprendre, tant pis pour eux ».*

15. « La guerre du Vietnam durera dix ans et se terminera dans la honte » (500). *« Et c'étaient eux qui avaient poussé les hauts cris au moment de Sakiet ». « Ça durera longtemps, longtemps, longtemps ». « Ce sera une tache indélébile au front de l'Amérique ». « Ils sont habitués aux cataclysmes, aux famines, aux hécatombes ». « Le Vietcong veut avoir les Américains jusqu'au trognon ». « Ça finira par être insupportable, même à l'intérieur des États-Unis ».*

L'AMÉRIQUE LATINE

16. « On ne peut laisser tomber l'Amérique latine » (506). *« L'Amérique latine déteste les Américains... C'est une magnifique carte à jouer ». « Cette guerre de la langouste, c'est encore une histoire d'Américains ». « Il faut donner l'habitude au monde entier d'une France qui a la tête haute ». « Le fédérateur de tous ces pays disparates, c'est l'hostilité envers les États-Unis ». « La meilleure façon de bâtir l'Europe, c'est que les Européens bâtissent ensemble hors d'Europe ». « Je ne tiens pas à rendre moi-même ces drapeaux ». « Nous nous présenterons comme l'avant-garde de l'Europe ».*

17. « Pour les Mexicains, la France est l'incarnation de l'idée nationale » (513). *« Regarder vers la France, ça vaut mieux que de regarder vers Moscou ». « Le Mexique est très marqué par nous, et ce n'est pas seulement par politesse ». « Une politique de rupture non, d'affranchissement oui ». « Que la foule s'inquiète, et que le chef la rassure en agissant ». « La France, parce qu'elle a choisi les réalités de son temps, peut à nouveau rayonner à l'extérieur ». « La coopération, ça consiste à apporter des ferments ».*

18. « Un attachement pour la France à quoi rien ne se compare » (519). *« Il nous appartient de reparaître ». « L'attachement pour la*

France est une façon pour les Latins de célébrer leur latinité ». « Quand on a les marines *sur le ventre ». « La politique de la canonnière, c'est fini ».*

VI
« TOUT AURAIT ÉTÉ BALAYÉ »

1. **« Mon successeur ne me remplacera pas » (525).** *« Je n'entreprendrai pas un autre mandat ». « Il ne faut pas tromper les Français ! ». « Les distillateurs de nuances n'y auront pas leur compte ». « Un ancien de la IV*[e]*, le peuple le vomira ». « Au fond, tout ça ne me ragoûte plus ». « Il faudra bien qu'un jour ou l'autre, quelqu'un me succède ». « Un vice-président ? Je ne marche pas ». « C'est impossible que mon successeur me ressemble ». Pompidou : « Le Général a beaucoup trop d'orgueil... ».*

2. **« Le comte de Paris n'a pas la moindre chance » (532).** *« J'ai de la considération pour le comte de Paris, mais ce n'est pas un candidat ». « Il représentait une part de la France qui eût été bien utile à la France libre ». « Ce ne sont pas les royalistes qui ont sabordé la République en 40, ce sont les républicains ». « La République, je l'avais gardée vivante, intacte ». « Les Capétiens ont fait la France ; il est naturel qu'on les préfère ». « Nous sommes en monarchie, mais c'est une monarchie élective ». Le comte de Paris : « De Gaulle peut faire élire qui il veut ».*

3. **« C'est une perpétuelle improvisation » (539).** *« Monsieur le ministre des Affaires étrangères n'est pas là ». Pompidou : « Le Général n'a pas résisté ». « Je maintiens qu'on n'a pas de politique ! ». « Le ministre des Finances est responsable de ses services ».*

4. **« Si nous perdons l'élection présidentielle, nous aurons perdu toute la patrie ». (543).***« Mes adversaires tâcheront de faire le cartel du* non*». « C'est monstrueux ! Tous les candidats doivent être sur un pied d'égalité absolue ! ». « Sans quoi, Max-Pol Fouchet serait élu Président de la République ». « Une visite en URSS, je ne dis pas non, mais l'an prochain, c'est exclu ». « Quand il n'y a pas de campagne électorale, du calme ! » « On n'est pas candidat, on est quelqu'un qui se verrait bien candidat ».*

5. **« Alors, vous avez été dans le Cantal ? » (549).** *Pompidou : « Le Président de la République décidera ». Pompidou : « Que les ministres se manifestent davantage ». Pompidou : « C'est une affaire qui ne doit pas encombrer le Conseil ». « Il est bon que Pompidou s'enracine ». Pompidou : «Tout le jeu de Giscard, c'est de montrer que le ministre principal, ce n'est pas le Premier ministre ». « C'est Pompidou qui a fait sauter les chiffres ».*

6. **« J'essaierai de rempiler » (556).** *Mme de Gaulle : « Je vous en supplie, tâchez de le retenir ! ». « Même si je le savais, je n'en dirais rien ». « Il faut être de Gaulle pour faire jouer l'article 16 ». « Vous voudriez que j'envisage un troisième septennat ? ». « L'élection présidentielle est sur un autre plan ». « Je ne jouerai pas ce jeu-là, l'élection présidentielle aura lieu ».*

7. « Il vaut mieux partir cinq ans trop tôt, qu'une minute trop tard » (562). *Pompidou : « La meilleure solution, ce serait encore qu'il se représente ». Pompidou : « Les institutions ne s'implanteront que par une pratique apaisée ». « L'année prochaine décidera de la survie de ce que nous avons voulu ». « Il y a trop d'opposition jusque dans mon entourage ».*

8. « Le vrai sujet de l'élection présidentielle, c'est l'indépendance » (568). *« Si ce n'est pas moi, ce sera les partis ». « Puisque le Premier ministre n'est pas là ». « Le destin du pays et celui de l'État se trouveront en cause ». « C'est l'indépendance qui sera en cause dans l'élection ». « Vous êtes mal placés pour m'apitoyer sur la misère paysanne ». « Et vous imaginez que nous nous entendrons avec nos partenaires si nous leur mangeons dans la main ? » « L' " inquiétude ", on commence à en avoir assez ».*

9. « Inutile de parler de tout à Matignon » (574). *Couve : « Il ne va pas gâcher son image historique en s'incrustant à l'Élysée ». « Je n'ai en face de moi que ce pauvre Marcilhacy ». Pompidou : « S'il ne se dévoile pas assez tôt ». « Pinay ne provoquerait pas de passions nationales ». « Les communistes, ça existe ». « La campagne, elle est perpétuellement ouverte ». « Mitterrand, le Rastignac de la Nièvre ? ».*

10. « Mitterrand ? Il n'a absolument rien pour lui que de l'ambition » (581). *« Couve est appelé à prendre des responsabilités ». Pompidou : « Son mutisme à mon égard est de plus en plus inconvenant ». « Ils vont emmerder tout le monde ». « Tout ce qu'on pourra raconter, susurrer, chanter, clamer, hurler sur les tréteaux ne servira à rien ». « Je parlerai au pays ». « Notre force, c'est de ne pas être sur le même plan ».*

11. « Mais cette fois, sans recours possible » (587). *« Je ne dirai pas aux ministres ce que je vais dire à la Nation ». « Les Cinq viennent à Canossa, mais ils vont essayer que ça ne se voie pas ». « Sinon, la République s'écroulera ». Pisani : « Françaises, Français... ». Pompidou : « Tout cela n'atteindra pas le Général ni moi ».*

12. « Les Français n'ont pas besoin que je leur parle de moi » (593). *« Ils ont cru que le général de Gaulle allait être vulnérable à cause de l'élection présidentielle ». « Plus les autres ragoteront, promèneront des majorettes et des éléphants, plus ça leur fera du tort ». « Je ne parlerai qu'une fois ». « C'est la première fois depuis vingt-cinq ans que je me présente ».*

13. « Nous n'allons pas sacrifier la France à la bagatelle ! » (597). *« Il y a quelque chose de sacré dans la femme ». « La femme a reçu le pouvoir de donner la vie, elle doit rendre ce qu'elle a reçu ».*

14. « Je ne ferai pas la politique des boules puantes » (601). *« Mitterrand est une arsouille ». « Il ne faut pas porter atteinte à la fonction, pour le cas où il viendrait à l'occuper ». « Mitterrand est le plus roublard, le plus dangereux. Il n'y en a qu'un qui soit sympathique, c'est Barbu ». « Vous ne voulez pas que je proclame : " Je m'appelle Charles de Gaulle " ? ». « Je ne vais pas m'user en petite monnaie ». « Ce serait une lapalissade d'annoncer mon départ ».*

15. « Je ne suis pas là pour vaincre la gauche ou la droite, mais pour les rassembler » (605). *« Je ne vois pas comment les 56 % qui ont voté contre moi vont pouvoir se déjuger ». « Je pensais que les résultats seraient meilleurs. J'avais tort ». « Je ne veux pas être l'expression d'une fraction. Je ne suis pas l'UNR ». « Je vois, vous voudriez que je parle aux Français en pyjama ». « La France, c'est plus que les Français du moment ». « Le rassemblement qui est avec moi doit se maintenir, dans le succès ou dans le revers ».*

16. « Maintenant, il faut repartir pour autre chose » (612). *« Le plan de stabilisation a créé une sorte de dépression morale ». « Aucun des autres n'aurait tenu le coup ». « Je n'ai pas manœuvré en fonction de l'élection ». « La complainte inguérissable des oppositions, dans une dispersion totale ». « Si j'avais quinze ans de moins ». « Les journaux, on est aux petits soins, on a tort ». « L'élection du Président au suffrage universel, personne ne reviendra dessus ». « Il aurait fallu que nous eussions des espèces de Michel Droit ». « S'il n'y avait pas eu cette irruption colossale de l'opposition ». « Il faut donner des buts à la jeunesse ». « Quel homme serais-je, si je m'accrochais alors que le peuple me désavoue ? ». « La France restera suzeraine ». « On peut entrer au gouvernement, en sortir, y revenir ».*

ANNEXES

Certains textes de la période antérieure à janvier 1966, relatifs au Québec, à la Belgique, à la Corse, à l'Espagne, à la régionalisation, à l'aménagement du territoire, au Sénat, seront publiés dans le tome III, qui couvrira la période de janvier 1966 à 1970, où ces thèmes ont été pour l'essentiel évoqués.

Impression réalisée sur CAMERON par
BRODARD ET TAUPIN
La Flèche
en septembre 1997

Imprimé en France
Dépôt légal : octobre 1997
N° d'édition : 2779 – N° d'impression : 6654S-5
35-69-9458-01/7
ISBN : 2-213-59458-9